客户受理与业务扩充

岗位培训教材

贵州电网公司　组编

杜泽芳　主编

中国电力出版社

www.cepp.com.cn

客户受理与业务扩充岗位培训教材

内容提要

本书是结合供电企业实际，通过对电力营销人员的岗位知识和技能水平进行科学的分析，组织相关单位及专家编写的。本书内容紧扣“职业技能鉴定规范”和企业岗位培训与考核标准的要求，目的在于培养适应企业发展需要的初、中、高级技能和技术人才，内容深入浅出，文字通俗易懂，便于阅读自学。全书由供用电基础知识、营业工作、电力营销管理三部分组成，共十三章，主要内容包括：概述，电气设备，客户受电装置二次回路，客户工程安装及验收基本技术标准，电能计量，业务扩充，变更用电业务，电价，抄、核、收基础工作，电力市场营销，电力客户服务，电力营销技术支持系统，客户服务技术支持系统及相关的一些规定。

本书可作为供电企业客户受理、业务扩充两个岗位的上岗（在岗）培训教材，可供从事客户受理、业务扩充的专业技术人员学习和使用，也可作为大专院校相关专业的参考教材。

图书在版编目（CIP）数据

客户受理与业务扩充岗位培训教材/杜泽芳主编.
北京：中国电力出版社，2006.5（2014.6 重印）
ISBN 978-7-5083-4198-9

Ⅰ.客… Ⅱ.杜… Ⅲ.电力企业-工业企业管理：供销管理-技术培训-教材 Ⅳ.F407.615

中国版本图书馆 CIP 数据核字(2006)第 027410 号

中国电力出版社出版、发行
（北京市东城区北京站西街 19 号 100005 http://www.cepp.com.cn）
北京丰源印刷厂印刷
各地新华书店经售
*
2006 年 5 月第一版 2014 年 6 月北京第四次印刷
787 毫米×1092 毫米 16 开本 25 印张 609 千字
印数 9001—10500 册 定价 **39.00** 元

《客户受理与业务扩充岗位培训教材》

编委会名单

前　言

岗位培训是企业职工教育培训的重要组成部分。岗位培训与考核标准是提高岗位培训的针对性和实效性的重要工具，也是使企业培训工作步入标准化、制度化的必要条件。为实现南方电网公司“以人为本、人才强企”战略和全面推进职工教育培训工作，贵州电网公司结合贵州供电企业实际，通过对电力营销人员的岗位知识和技能水平进行科学的分析，从岗位能力分析入手，组织贵阳市南供电局、贵阳市北供电局、遵义供电局、安顺供电局、都匀供电局五家供电单位，对现行电力营销岗位进行科学分类，共分为九个岗位类别，即：①用电营销管理；②用电检查；③电测仪表；④电能计量现场工作；⑤室内校表；⑥业扩报装；⑦客户受理；⑧抄表、核算、收费；⑨装表接电。根据岗位分类编写了《岗位培训与考核标准》(以下简称“标准”)，“标准”对各岗位需要了解和掌握的理论知识和操作技能作了具体的要求，并按“标准”的要求编写了各岗位培训教材和配套习题。

本书内容紧扣“职业技能鉴定规范”和“标准”的要求，目的在于培养适应企业发展需要的初、中、高级技能和技术人才，内容深入浅出，文字通俗易懂，便于阅读自学。本书主要由供用电基础知识、营业工作、电力营销管理三部分组成，可作为供电企业客户受理、业务扩充两个岗位的专业知识和技能培训教材，可与贵州电网公司组编的“电力营销基础知识”配套使用，同时也可作为大专院校相关专业的参考教材。

本书由贵州电力职业技术学院杜泽芳主编，贵州电力调度通信局杜泽秀等参与了编写工作。编写过程中参照比较成熟的书籍和资料，注重针对性和实用性，理论问题的阐述主要从物理意义上进行定性分析，尽量避开繁杂的数学推证。本书在编审过程中得到安顺供电局的大力支持，第一章至第四章由杨金华审定，第五章由李涛、韦玉祥修改并审定，第六章由杜晓玲审定，第七章由牟明超审定，第八章由谷耀南、张晓梅审定，第九章由秦文胜审定，第十章由刘颖、张晓梅审定，第十一章由刘颖修改并审定，第十二章由张克贤修改并审定，第十三章由肖安全审定，六盘水供电局黎洁对第九章提出了修改意见。贵州电网公司人力资源部余遐强组织人员对本书进行了审查，各位专家对本教材提出了许多宝贵的建议和意见，在此对他们表示衷心的感谢！

尽管各方面对本书的编审作了相当大的努力，但仍难免存在不妥或错误之处，恳请读者提出宝贵的意见。

编　者

2006 年 1 月

目 录

第一篇 供用电基础知识

全国统一供电服务热线

95598

第一章

概 述

第一节 电力系统基础知识

一、电力生产过程与特点

1. 电力生产过程

一些自然资源中存在着某种形式的能量，人们将这样一些自然资源称为能源。发电机生产电能就是将某种自然能转变为电能的过程，电能是二次能源。

在发电厂中由热力部分、水力部分、原子能反应堆部分为发电机提供动力，使发电机将热能、势能、原子能等能量转换为电能，然后再经过变压器、送配电线路将电能输送到用电设备。由用电设备将电能变为人们所需要的能源方式。

由各种类型发电厂中的发电机，各种电压等级的变压器及输配电线路，各种类型的用电设备组成的统一体，称为电力系统。

图 1－1－1 是一个简单的电力系统示意图。

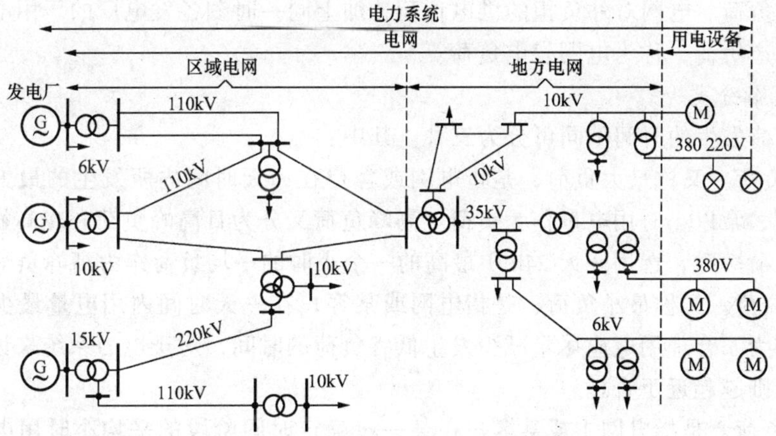

图 1－1－1 一个简单的电力系统示意图

电力系统与锅炉、汽轮机、热力网和用热设备、水库、水轮机以及原子能发电厂的反应堆等组成的动力部分称为动力系统。

各种电压等级的输电线路和各种类型的变电所连接而成的网络称为电力网。

动力系统、电力系统、电力网关系见图 1－1－2。

2. 电力生产的特点

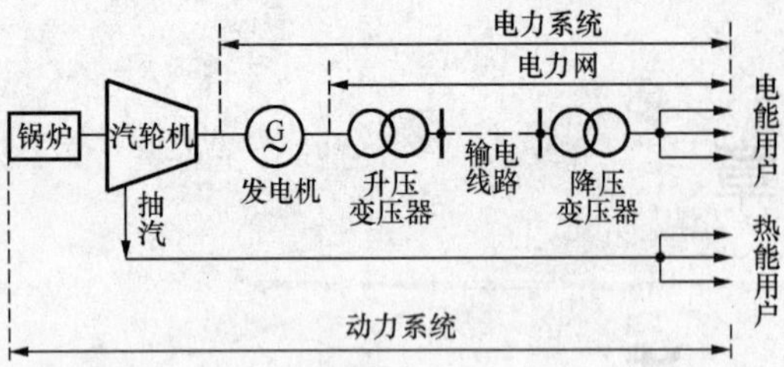

图 1-1-2 动力系统、电力系统、电力网关系

电力生产是一个复杂的过程，具有与其他工业产品生产不同的特点。

(1) 电能的生产、输送、分配以及转换为其他形态能量的过程，是同时进行的。

(2) 电能生产是高度集中的、统一的。

(3) 电能使用最方便，适用性最广泛。

(4) 过渡过程相当迅速。电力系统中各元件的投入或退出都在一瞬间完成。

(5) 电力生产在国民经济发展中具有先行性。

二、电力负荷及分类

1. 电力负荷

所谓电力负荷，是指发电厂或电力系统中，在某一时刻所承担的各类用电设备消费电功率的总和，叫电力负荷，单位为 kW。

(1) 用电负荷。它是指客户的用电设备在某一时刻实际取用的功率的总和。就是客户在某一时刻对电力系统所要求的功率。

(2) 线路损失负荷。电能从发电厂到客户的输送过程中，不可避免地会发生功率和能量的损失，与这种损失所对应的发电功率，叫线路损失负荷。

(3) 供电负荷。用电负荷加上同一时刻的线路损失负荷，是发电厂对外供电时所承担的全部负荷，称为供电负荷。

(4) 厂用电负荷。电厂在发电过程中要消耗一部分功率和电能，这些厂用电设备所耗用的功率，称为厂用电负荷。

(5) 发电负荷。电网对外负担的供电负荷，加上同一时刻各发电厂的厂用电负荷，构成电网的全部生产负荷，称为电网发电负荷。

2. 用电负荷分类

(1) 按负荷发生的时间不同可分为三种。其中：

1) 高峰负荷。又称最大负荷，是指电网或客户在一天时间内所发生的最大负荷值。为了分析的方便，常以小时用电量作为负荷。高峰负荷又分为日高峰负荷和晚高峰负荷，在分析某单位的负荷率时，选用一天 24h 中最高的一个小时的平均负荷作为高峰负荷。

2) 低谷负荷。又称最小负荷，是指电网或某客户在一天时间内用电量最少的一点的小时平均电量。为了合理用电应尽量减少发生低谷负荷的时间，对于电力系统来说，峰、谷负荷差越小用电则越趋近于合理。

3) 平均负荷。是指电网中或某客户在某一段确定时间阶段的平均小时用电量。为了分析负荷率，常用日平均负荷，即一天的用电量被一天的用电小时来除。

(2) 根据客户在国民经济中所在部门分为：

1) 工业用电负荷。

2) 农业用电负荷。

3) 交通运输用电负荷。

4) 照明及市政生活用电负荷。

(3) 从安全和经济的角度考虑，根据突然中断供电所引起的损失程度分为：

1）一类负荷，也称一级负荷。是指突然中断供电将会造成人身伤亡或会引起对周围环境严重污染的；突然中断供电将会造成经济上的巨大损失，如重要的大型设备损坏，重要产品或重要原料生产的产品大量报废，连续生产过程被打乱且需长时间才能恢复生产的；突然中断供电将会造成社会秩序严重混乱或产生政治上的严重影响的，如重要的交通与通信枢纽、国际社交场所等的用电负荷。

2）二类负荷，也称二级负荷。是指突然中断供电会造成经济较大的损失，如生产的主要设备损坏，产品大量报废或减产，连续生产过程需较长时间才能恢复；突然中断供电将会造成社会秩序混乱或在政治上产生较大影响，如交通与通信枢纽、城市主要水源、广播电视、商贸中心等的用电负荷。

3）三类负荷，也称三级负荷。不在一类，二类负荷范围内的都属于此类，对这类负荷突然中断供电仅引起不便，所造成的损失不大或不会造成直接损失。如某些工厂的辅助车间，小城镇和农村的公用电等。

(4) 根据国民经济各个时期的政策和季节的要求分为：

1）优先保证供电的重点负荷，如农业排灌、粮食加工、能源生产、交通运输、建材工业等。

2）一般性供电的非重点负荷，如一般机械工业等。

3）可以暂时限制或停止供电的负荷，如能耗大、质量差、亏损大的工厂等。

三、供电量、售电量及用电容量

供电企业作为电力企业的主要基层企业单位，除了管辖营业（用电）业务之外，就是对供电系统的运行、维护进行管理。因此，供电管理是整个电力企业管理中的一个重要组成部分，它的业务内容随着电力工业的不断发展，日益繁重起来。供电系统在整个电网中的重要地位，决定了它对于电网安全、可靠、经济、运行的改善，具有决定性的作用。随着电力工业管理体制的改革，这种作用显得更加重要。

1. 供电量

电力工业中的负荷有两种，即电负荷与热负荷。电负荷是指发电厂或电力系统中，在某一时刻所承担的各类用电设备消费电功率的总和，单位是kW。所谓供电量，是指供电负荷在一段时间内供出的电能量。

电负荷在一日内供出的电能量，称为日供电量；供电负荷在一个月内供出的电能量，称为月供电量；供电负荷在一年内供出的电能量，称为年供电量。

热电厂中，蒸汽在汽轮机中做功之后不进行冷却循环，而是直接供给周边热能客户，这部分负荷称为热负荷。

2. 售电量

供电企业通过电能计量装置测定并记录的各类电力客户消耗使用的电能量的总和，称为售电量。在一定范围内，各类电力客户的用电量就是供电企业在这一范围的售电量。

供电企业在售电过程中，售电量是要少于供电量的，也就是说，在供电过程中，有一部分供电量在输送过程中损失掉了，形成了供电企业的线损电量。

3. 用电容量

用电容量是指客户的用电设备容量的总和。

在电力系统中，电力生产的特点是发电、供电、用电同时完成。因此，用电容量的增加或减少直接影响电力网中发、供电设备容量的变化。一个地区或部门的发展，增加用电设备，用电容量必然增加，引起电网容量随之增加。可见电力系统要按照发、供、用电协调发展的规律进行建设。

四、单位产品电耗管理

1. 单位产品电耗定额的含义

生产每一单位合格产品实际消耗的电量称为单位产品电耗，定额就是其指标，它是衡量生产工艺水平和企业管理水平的综合性指标。

产品品种多的也常用代表产品电耗定额，其他产品用折换率折算至代表产品，例如纱厂以20支纱为代表产品等。

对品种多批量小的企业，也常用综合性电耗指标，如产值单耗或重量单耗。

除全厂性单耗指标外，还视情况制订车间定额或工序、机台定额，作为全厂定额的基础和完成的保证。

工序定额是指产品（或半成品）在生产过程中直接消耗的电量及相关的损耗电量。

车间定额包括直接生产用电（即车间内各工序用电定额之和）及辅助生产用电量，如起重运输、车间通风照明及其他辅机用电、车间变压器损耗。

全厂定额即生产该项产品的各车间电耗定额之和，并包括辅助车间、厂区及办公室照明以及线路、变压器损失分摊给该产品的电量。

2. 单位产品电耗的构成

单位产品电耗定额的构成只包括与生产该项产品有关的全部用电量。其中包括基本生产用电量、辅助生产用电量、生产照明用电量，以及与上述各项用电有关的变压器和线路损失电量或分摊电量。

电耗定额构成的用电量不应包括：基建用电、三废处理及综合利用用电，科研、新产品试制、新设备试运行用电以及与产品无关的非生产用电。

3. 制订单耗定额考虑因素

(1) 应考虑在正常生产的条件下，历年或同期的实际电耗和先进定额标准，如在生产范围、规模和工艺操作上没有较大变化的情况下，定额不应高于历年曾达到的先进水平。

(2) 考虑由于生产工艺改进、设备的革新、原材料的变化、机械化自动化程度的提高，以及生产组织、企业管理的调整改进等因素。

(3) 考虑推行节电技术措施获得的效果和达到同行业同类产品先进定额的可能性等。

第二节 功率因数的有关知识

一、功率因数的概念

功率因数也叫力率，是有功功率与视在功率的比值，用符号 $\cos\varphi$ 表示。

电网在向电力客户输送电能的过程中，由于用电负荷的特性不同会产生有功功率、无功功率和视在功率。

有功功率是被用电设备所消耗的功率，将电能转换为机械能、光能、热能等形式而消耗，用符号 P 表示，计量单位是瓦或千瓦，单位符号为 W 或 kW。

无功功率是用电设备与电源进行能量交换的功率，这部分功率不做功，不被消耗，但又是不可避免的，用符号 Q 表示，计量单位是千乏，用符号 kvar 表示。

视在功率是电源供给的总功率，是电压与电流的乘积，是有功功率与无功功率的相量之和，用符号 S 表示，计量单位是千伏安，用符号 kVA 表示。

有功功率、无功功率、视在功率三者之间的关系可用三角形表示，见图 1-2-1。

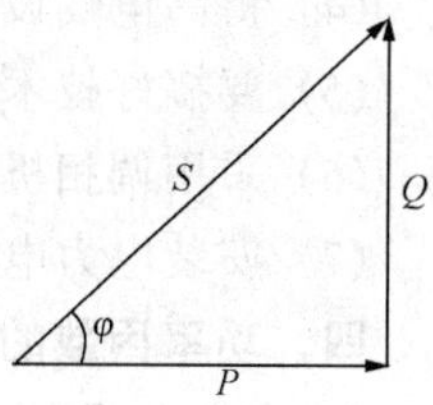

图 1-2-1 P、Q、S 三者关系

有功功率、无功功率、视在功率关系图又可称为“功率三角形”，由图可以直观地看出有功功率、无功功率、视在功率之间的关系，即根据勾股定理：$S = \sqrt{P^2 + Q^2}$。φ 角为功率因数角，由三角形可得：$\cos\varphi = \frac{P}{S}$，即功率因数为有功功率与视在功率之比值。

在一定的电压和电流下，功率因数 $\cos\varphi$ 越高，其有功功率越大。因此，改善功率因数是充分发挥现有设备潜力、提高设备利用率的有效办法，是电力工业企业和客户双方的共同职责。从宏观经济角度出发，客户所需的无功负荷和供电网络中的无功损耗，应当尽量在受电端予以补偿，这是发挥供用电设备潜力、增加发电机组有功出力的有效措施。为此，电力工业企业要求广大客户特别是大工业客户改善其功率因数。为提高供用电双方和社会的经济效益，鼓励客户改善功率因数而增加的投资和开支，在功率因数调整电费办法中作了明确的规定。

二、功率因数低的原因及危害

感应电动机和变压器是消耗无功功率的主要电气设备，如若经常轻负荷运行，将严重影响功率因数降低。

感应电动机的配套不合理，造成低负荷或空负荷运行。它是消耗无功功率最大，并使功率因数降低的一种用电设备，其次是变压器。变压器空载运行时，损耗是与负荷无关的。一些主变压器较大的客户和一些负荷较低客户的变压器，都是不合理的。其他如电焊机、日光灯、霓虹灯等电气设备也是造成功率因数低的用电设备。

用电功率因数低则无功电流大，线损也大，致使耗电量增加，使成本增高，有的还要影响产品质量，同时对电力系统也有一定的影响，由于客户的用电功率因数低，就不能充分发挥电力系统随船备潜力。由于功率因数低电流增大，电压下降，则损耗也增大。

三、提高功率因数的措施

提高功率因数的措施有两种，即自然调整和机械调整。采用自然调整提高自然功率因数的措施是不增加补偿设备，而是适当的按负荷情况调配电动机和变压器的容量，以减少轻负荷运行的现象。它是直接提高功率因数的办法。采取机械调整提高功率因数是指增加补偿设备的方法。以上两种方法的具体措施有以下几项：

(1) 对于平均负荷小于 30% 额定容量的变压器应该更换，使变压器在负荷率 60% 以上运行。

(2) 正确选择电动机的容量，使其合理配套。拆除电动机的多余容量，以小容量电动机调换轻负荷的大容量电动机。

(3) 采用空载自动断电装置，使电动机、电焊机在无负荷时自动停下来，这样既可节省有功损耗，也降低无功损耗。

(4) 提高电气设备的检修质量，特别是感应电动机的修理质量。

(5) 要搞好技术革新、改造设备、改进工艺，学习各种先进技术。

(6) 采用调相机补偿无功，提高电压质量。

(7) 安装电力电容器补偿无功、提高功率因数。

四、功率因数的计算

《供电营业规则》规定：无功电力应就地平衡。客户应该在提高自然功率因数的基础上，设计和装设无功补偿设备，并做到随其负荷和电压变动及时投入或切除，防止无功电力倒送。功率因数调整电费按国家批准的《电热价格》的规定执行。为此营业人员特别是抄表人员必须清楚其计算方法，以便以此执行功率因数调整电费。

在实际工作中功率因数的计算是以有功电量和无功电量为已知条件进行的，对装有功电能表和无功电能表的客户一般可采用下列方法计算功率因数：

(1) 在抄表之后先求出无功电量与有功电量之比得正切函数值，再在三角函数表中找出与其对应的余弦函数值，即为所求的功率因数值。由功率三角形可以看出 $\tan\varphi$ 等。

【例 1-2-1】 某客户一个月抄表后有功电量为 9.567×10^5kW·h，无功电量为 4.4965×10^5kvar·h，求功率因数是多少？

解： $P = 9.567\times10^5$kW·h，$Q = 4.4965\times10^5$kvar·h

根据 $\tan\varphi = \frac{Q}{P}$，将已知条件代入公式得

$$\tan\varphi = \frac{4.4965}{9.567} = 0.47$$

查三角函数表可得 $\cos\varphi = 0.91$。

(2) 利用有功电能表和无功电能表的抄见电量直接求功率因数。根据三角函数变换可以得出

$$\cos\varphi = \frac{1}{\sqrt{1+\tan^2\varphi}} = \frac{1}{\sqrt{1+\left(\frac{Q}{P}\right)^2}} = \frac{P}{\sqrt{P^2+Q^2}}$$

将［例 1-2-1］中的数据按此方法计算得

$$\cos\varphi = \frac{1}{\sqrt{1+(0.4)^2}} = 0.9046 \approx 0.9$$

(3) 功率因数的计算是按有功电量和无功电量，电网要求客户无功负荷就地平衡，既不允许向电网索取无功，也不允许向电网倒送无功。因此，采取具有止逆装置的双向计量无功电能表或加装计量倒送无功的无功电能表。当有向电网倒送无功电量时，计算功率因数的无功电量应该是正向与反向无功电量的绝对值之和。

【例 1-2-2】 某客户平均月有功电量为 6.78×10^5kW·h，消耗电网无功电量为 5.43×10^5kvar·h。由于该客户购置电容器较多，没有根据电压和负荷情况及时投切电容器，造成每月又向系统倒送无功 3.2×10^5kvar·h，试分别求下列情况下的功率因数：(1) 未加倒置装置时；(2) 加倒送装置时；(3) 按现行规定计算。

解： (1) 未加防倒装置时

$$无功电量 = 543000 - 320000 = 223000\ (kvar\cdot h)$$

则

$$\cos\varphi = \frac{1}{\sqrt{1 + \left(\frac{223000}{678000}\right)^2}} = 0.9499 \approx 0.95$$

(2) 加防倒送装置时

$$无功电量 = 543000kvar\cdot h$$

则

$$\cos\varphi = \frac{1}{\sqrt{1 + \left(\frac{543000}{678000}\right)^2}} = 0.745 \approx 0.75$$

(3) 按现行规定计算得

$$无功电量 = 543000 + 320000 = 863000\ (kvar\cdot h)$$

$$\cos\varphi = \frac{1}{\sqrt{1 + \left(\frac{863000}{678000}\right)^2}} = 0.617 \approx 0.62$$

第三节 配电线路的损耗及计算

一、线损的定义和分类

在输配电过程中，电能的传送和电磁能量的转换皆是通过电流来实现的，电流通过导线时要产生损耗。此外，运行在网络中有大量的输配电变压器、电容器、开关、仪表等设备，这些设备本身也要消耗一定的能量。因此，工程上把给定时段内，电网中所有元件产生的电能损耗称线损电量，简称线损。

线损按其特点可分为三大类：

1. 可变损耗

所谓可变损耗是指与电网中的负荷电流有关且随其大小而变化的损耗。其中包括导线中的损耗、变压器绕组中的铜损、电流表和电能表电流线圈中的损耗等。

2. 固定损耗

所谓固定损耗是指与电网中的负荷电流无关且不随其变化的一种损耗。其中包括变压器的铁损、电容器的介质损耗、电压表和电能表电压线圈中的损耗、电晕损耗等。

3. 不明损耗

所谓不明损耗系指实际线损与理论线损之差的一种损耗。该种损失变化不定，数量不明，难以用仪表和计算方法确定，只能由月末的电量统计确定，其中包括客户违章用电和窃电的损失、漏电损失、抄表以及电费核收中差错所造成的损失、计量表计误差所形成的损失等。

二、损失电量和损失率

1. 技术线损电量

技术线损电量又称为理论线损电量。称为技术线损电量的原因是因为这种电量损失可以通过技术措施予以降低；称为理论线损电量的原因是因为这种线损电量可通过计算得出。技术线损电量包括变压器的铁损、铜损，输、配电线路中的损耗，电容器介质损耗和电晕损耗等。这部分损失与网络的构成、网络运行的技术状态、运行方式、电气设备的质量等有关。

2. 管理线损电量

所谓管理线损电量是与网络维护管理水平有直接关系的一种电量损失，其可以通加用电管理予以降低，其中包括各种计量电能表的综合误差，抄表不同期、漏抄、错抄、错算所产生的误差，电气设备绝缘不良所引起的漏电、无表用电和窃电所引起的损失电量。

3. 统计线损电量

所谓统计线损电量是指用电能表计量的总供（购）电量 A_G 和总售电量 A_S 相减而得出的损失电量，即

$$\Delta A = A_G - A_S \quad (1-3-1)$$

统计线损电量包括技术线损电量和管理线损电量，因此，统计线损电量不一定反映电网的真实损耗情况。并且由于电网结构、电源的类型和电网的布局、负荷性质和负荷曲线均有很大的不同，所以各地区电网的损失也是不同的，有时其差别很大。因此，一般不能像考核电气设备那样，同类型的设备采用相同的考核指标，这就给各电力网线损的可比性带来困难。

为了克服这种困难，在电网中一般只好通过线损理论计算来求得电网的理论线损电量，然后与电网的统计线损电量进行比较。如果二者接近，说明管理线损电量小，管理工作中的疏漏少；相反，如果二者差别大，说明管理工作中的疏漏多，以督促加强管理，堵塞漏洞。

4. 统计线损率

统计线损率由下述公式来定义

$$\Delta A = \frac{A_G - A_S}{A_G} \times 100\% \quad (1-3-2)$$

5. 理论线损率

设理论计算所得出的损失电量为 ΔA_1，则

$$\Delta A_1 = \frac{\Delta A_1}{A_G} \times 100\% \quad (1-3-3)$$

三、线损管理和降损措施

1. 线损管理

所谓线损管理是指电力企业赖以降低损失的诸种措施的综合。这些措施就是计量完善、控制误差、零点抄表、分级考核、损失分析、理论计算、用电普查、专业竞赛、奖金分配等。线损管理是电力企业一项很重要的工作，这项工作所要完成的任务和所起的作用是：

(1) 贯彻国家的能源政策。

(2) 制定计划，采取各种措施降损节能，提高企业的经济效益。

(3) 按时编制各种线损报表，上报给上级主管部门。

配电网的线损管理，是线损管理的一个很重要方面，因为配电网的线损在全网的线损中占有相当高的比例，改善配电网的线损率会使电力网的总体损失电量大幅度的下降。

2. 降损措施

降损措施可分为技术措施和组织措施两大类。

(1) 技术措施。技术措施又可分为建设措施和运行措施。所谓建设措施，包括以投资来改进系统结构的措施，例如，电网结构向合理性的调整，线路升压和调压，简化电压等级，

高压深入，增设和新装补偿容量，改变变压器结构，更换节能变压器，更换大截面导线管，均系建设措施。所谓运行措施，系指通过不投资或少投资的方法来降低网络损耗的措施。

(2) 组织措施。组织措施包括：建立健全线损管理组织；开展线损理论计算，分析线损指标；制定线损管理制度；开展营业普查；加强抄表和核算工作；提高线损管理人员的业务水平；组织专业竞赛；采用现代化管理手段等。

在降损的技术措施中，无疑应该注意到以建设措施来降低网络损耗，但其毕竟要依靠大量的投资作为基础。因此，我们更应该注意到少花资金降损节能的运行措施和组织措施。据统计，如果全网变压器采用经济运行方式，年节约资金可以建设一条由沈阳至大连的高速公路。

四、配电网的降损、节能的意义及途径

1. 降损节能的意义

改革开放以来，我国电力工业始终保持着持续、快速、健康发展的势头，1990 年，我国的年发电量已居于世界的第四位，与居于第三位的日本差距正在缩小。但是总体来说，我国不是一个能源很富有的国家，人均能源占有量少，消耗水平低，节约的任务十分迫切。据统计，我国能源的产量仅为美国的 1/4，原苏联的 1/7，而能源利用率仅为工业发达国家的 3/4，这种状况必须引起我国的高度重视。

为保持国民经济持续、稳定、健康、高速的发展，为子孙后代的幸福，我们必须在思想上牢固树立“总量丰富、人均不足、厉行节约”的观念，坚定不移的执行开发与节约并重，以节约为主的能源方针。在这一方针的指引下，1995 年，国家计委、国家经贸委、原电力部在联合推出 10 项重点节电技术措施的同时，还一并推出了《农村电网节电的十大措施》。这些节电措施涉及到照明、动力、技术改造、负荷调整、新技术应用等各个方面。这些节电措施的实施，将会使我国在年均节电量为 150 亿 kW·h 的基础上，完成年均节电量为 170 ~ 200 亿 kW·h 的宏伟任务，以期电力紧张的局面基本上得到缓解。

2. 降损途径

(1) 降低配电变压器的电能损耗。配电变压器是配电网中的重要设备，通常电能的传送，从发电厂到客户要经过 3 ~ 5 次变压，可见，在电力网中所用变压器的数量是相当大的。统计指出：网络中变压器的装机容量为发电容量的 4 ~ 7 倍，是运行在网络中电动机容量的 5 ~ 8 倍。由于数量多、容量大，这便决定了变压器必须是高效率的设备。网络损耗通常占发电功率的 5% ~ 6%，而变压器的损耗将为总损耗的 25% ~ 30%，这是一个非常可观的数字。

因此，降低变压器损耗对降损节能具有重要的意义。特别是配电变压器，在电网中的数量达数百万台，合理地确定配电变压器容量，强调其经济运行，具有很大的节电潜力，我们应予以特别的重视。

在降低配电变压器损耗方面，应该充分注意下述几个问题。

1) 选用低损耗变压器。S9 系列变压器比 SL7 系列和 S7 系列的性能优越，其空载损耗比上两种变压器降低 7%，负载损耗平均可降 21%，总损耗降 20%，其技术性能与 20 世纪 80 年代意大利的产品水平相当。例如容量为 50kVA 的变压器，S9 系列的空载损耗 $P_0 - 170W$，负载损耗 $P_K = 870W$，意大利 20 世纪 80 年代的产品的 $P_0 = 175W$，$P_K = 870W$。S9 系列采用铜芯导线，铁芯采用晶粒取向的冷轧硅钢片（0.3mm）。但该种产品的用铜量和成本皆有所增加。

配电变压器已出现了比S9系列更节能的S11系列和非晶合金铁芯配电变压器（典型型号：SH11—M.R）。S11系列包括卷铁芯（典型型号：S11—M.R）和叠铁芯（典型型号：S11—M)两种，其中卷铁芯又分平面卷铁芯和立体卷铁芯。SH11—M.R型配电变压器的空载损耗比S11—M、S11—M.R型降低70%～80%，运行性能优异，是配电变压器理想的发展方向。但由于其价格过高，投资经济效益不如后两者，目前只能试点采用。S11—M.R型和S11—M型配电变压器比S9—M型配电变压器空载损耗降低了30%左右，投运两年内能收回差价投资，投资见效快，具有良好的经济效益。S11—M.R型配电变压器的综合运行性能要优于S11—M型配电变压器，应优选S11—M.R型。但由于S11—M.R型315kVA及以上大容量配电变压器的制作尚未十分成熟，所以目前315kVA及以上大容量配电变压器应选用S11—M型。

2）合理地确定配变容量。根据用电负荷的要求，考虑5年内的发展，应合理地确定配电变压器容量。切不可将容量选择得过小，因为当负荷发展时，配电变压器将要超负荷运行，易导致损耗的增加或烧毁变压器。也不应将容量选择得过大，因为容量过大，则形成所谓“大马拉小车”的状态，将导致变压器损耗的急剧增加。DL/T 499—2001《农村低压电力技术规程》推荐采用下式来确定配电变压器容量，即

$$S_e = R_s P_e (\text{kVA}) \tag{1-3-4}$$

$$R_s = \frac{K_1 K_2}{K_3 \cos\varphi} \tag{1-3-5}$$

以上式中 P_e——当年负荷容量，kW；

R_s——容载比，一般不大于3；

S_e——计划年限（5年）内所需容量，kVA；

K_1——负荷分散系数，取1.1；

K_2——负荷发展系数，取1.3～1.5；

K_3——经济负荷率，取0.6～0.7；

$\cos\varphi$——功率因数，取0.8。

例如，负荷容量$S=90$kVA，$P_e=S\cos\varphi=90\times0.8=72$（kW）

取$K_1=1.1$，$K_2=1.4$，$K_3=0.65$，则有

$$R_s = \frac{1.1\times1.4}{0.8\times0.65} = 2.96$$

$$S_e = R_s P_e = 2.96\times72 = 213(\text{kVA})$$

选SL7系列，容量为250kVA的变压器。

3）强调配变经济运行。配电变压器有三个运行区，这就是经济区、不良区和高耗区。当变压器的负荷率$\beta=0.3\sim0.6$时，则其运行在经济区；当变压器的负荷率$0.18\leqslant\beta<0.3$和$0.6<\beta\leqslant1$时，则其在不良区工作，其损耗与经济区相比有所增加；当变压器负荷率$\beta<0.18$时，变压器将进入高耗区工作，即通常所说的“大马拉小车”工作状态。

4）改造高能耗变压器。投入电网的高能耗变压器，其中64系列，T3系列与低损耗变

压器相比，其铁损平均高40%～60%。

对高能耗配电变压器的改造，归纳其方法有三种：降容改造、调容改造、等容改造。

等容改造是保持配电变压器的原始容量，改造中既换线圈，又换铁芯，改造费用约为同容量变压器原价的60%，参数可达到S7系列的标准，如能改为S9系列或更改系列，应改造为更改系列。现给出改造方法如下：

a. 老型变压器拆卸，检查各焊接部位渗漏情况和零部件完好情况，油箱彻底清洗。采用DQ151—0.35型优质冷轧硅钢片，考虑一般老型号变压器之间尺寸都比较富裕。按设计尺寸加工铁芯，铁芯采用45°全斜接缝V形模冲槽，铁芯叠装。

b. 设计加工一、二次绕组。一次采用QQ-2型缩醛高强度漆包线；二次采用ZB—0.45型加强绝缘纸包线。

c. 按照制造变压器的工艺进行装配：引线装配—烘干、变压器油处理—总装配—电气性能试验—温升—密封试验—喷漆—出厂质量检查—入成品库。

(2) 降低配电网的电能损耗。降低配电网损耗的方法有：确定合理的供电半径；更换截面不合理的导线；配电变压器力求装于负荷中心；合理的规划配电变压器台区；平衡三相负荷等。

五、线路损失的计算

电业部门的线损，大体分三部分来计算。由网局计算的是由发电厂出口计量点到一次变电所进口计量点这一段，称为一次网损。其余的两部分是送变电损失和配电损失，由供电部门计算。送变电损失是由一次变电所到二次变电所之间的损失；配电损失是由二次变电所到客户之间的损失，这里包括营业上的不明损失。

线损的计算与管理是营业工作的主要内容之一，直接影响供电部门的经济效益，所以营业人员要密切与送配变电人员配合，做好线损管理工作，把损失率控制在最低限度。

线损率，是指线损电量与供电量比值的百分数。可表示为

线损率 = [（供电量 - 售电量）/供电量] ×100%

1. 线路的实际损失计算

凡是客户投资建设，并自行维护运行或暂时未移交给供电部门的线路设备，其损失应由客户承担。一般在计算上只计算有功损失，因为线路的无功损失不同于变压器的无功损失，而线路的无功损失要比变压器无功损失少得多，故可忽略不计。线路损失电量计算公式为

$$\Delta A_L = 3I^2 R_L TK \times 10^{-3} \qquad (1-3-6)$$

式中 ΔA_L——线路损失电量，kW·h；

I——线路中的电流值，一般按平均负荷或均方根电流求得，按平均负荷求得的计算公式 $I = \dfrac{A_P}{\sqrt{3}UT\cos\varphi}$；

R_L——线路电阻值，Ω；

T——用电时间，h；

U——额定电压，kV；

K——修正系数，取1.2。

因为在三相电路中，$I = \dfrac{A_P}{\sqrt{3}UT\cos\varphi}$；$\cos\varphi = \dfrac{A_P}{\sqrt{A_P^2 + A_Q^2}}$，将两公式代入式(1-3-6)便有

$$\Delta A_{L}=\frac{KP_{L}\times10^{-3}}{U^{2}T}(A_{P}^{2}+A_{Q}^{2})\qquad(1-3-7)$$

式（1－3－7）由两部分组成，第一部分为常数部分，即 $\frac{KR_{L}\times10^{-3}}{U^{2}T}$。另一部分是变数，即（$A_{P}^{2}+A_{Q}^{2}$）。在实际线损计算过程中，只要把常数算好，对每条需计算线损的线路设计一张“线损计算卡片”，每月将抄见的有功电量与无功电量的平方和与这个常数相乘即可。因此，式（1－3－7）在实际计算时比较方便，但必须是装有无功电能表的客户。

除按式（1－3－7）计算线损外还可以用查表的方法计算。《变压器、线路损失计算手册》（中国电力出版社）中各种电量的计算表，都是事先按式（1－3－7）将各种用电量的损失值计算出来列于表中，以备日常工作中查用。这个表是按二次功率因数为1，线路长度为1km计算的。因此在查表之前，必须将功率因数小于1的电量换算为功率因数等于1的电量。查表时。按四舍五入的原则，按其上线数值取值计算。

【例1－3－1】 某客户受电电压为60kV，线路长度为25km，用70mm²的钢芯铝绞线，本月抄见有功电量为59万kW·h，二次功率因数为0.8，计算该客户当月的线损电量是多少？

解： 已知70mm²钢芯铝绞线电阻为0.46Ω/km，运行时间为720h，线路长度25km，二次功率因数为0.8时电流

$$I=\frac{A_{P}}{\sqrt{3}UT\cos\varphi}=\frac{590000}{1.73\times60\times0.8\times720}\approx10(\mathrm{A})$$

（1）按式（1－3－6）计算，得

$$\Delta A_{L}=3I^{2}R_{L}TK\times10^{-3}$$
$$=300\times0.46\times25\times720\times1.2\times10^{-3}=2980(\mathrm{kW\cdot h})$$

（2）利用查表法计算

抄见电量590000kW·h，二次功率因数0.8，换算为功率因数等于1时的电量为

$$590000/0.8=737551\ (\mathrm{kW\cdot h})$$

以此电量去查表中对应的101，即为每千米线路的线损为101kW·h，所以总的损失为

$$101\times25\times1.2=3030\ (\mathrm{kW\cdot h})$$

查表与公式计算相比多了50kW·h，这是由于四舍五入影响的，关系不大，所以说用两种方法计算都是可以的。

【例1－3－2】 有一客户线路，运行电压60kV，线路长为30km，其中LGJ—35型导线15km，LGJ—50型导线15km，全月有功抄见电量为1196.8kW·h，无功抄见电量为897.6kvar·h，计算线损。

已知：$U_{e}=60\mathrm{kV}$，$R_{50}=0.65\Omega$，$R_{30}=0.85\Omega$，$T=720\mathrm{h}$，$L_{50}=50\mathrm{km}$，$L_{35}=15\mathrm{km}$，$K=1.2$。

解：（1）按公式法计算

$$\cos\varphi=\frac{A_{P}}{\sqrt{A_{P}^{2}+A_{Q}^{2}}}=\frac{1196.8}{\sqrt{1196.8^{2}+897.6^{2}}}=0.8$$

$$I=\frac{A_{P}}{\sqrt{3}UT\cos\varphi}=\frac{1196.8}{\sqrt{3}\times60\times720\times0.8}\approx20(\mathrm{A})$$

导线长度为LGJ—35型15km，LGJ—50型15km，其电阻分别为0.85Ω/km，0.65Ω/km。

所以电阻 $R_L = 0.85\times15+0.65\times15=22.5$（Ω）：

$$\Delta A_L = 3I^2R_LTK\times10^{-3}$$
$$= 3\times20^2\times22.5\times720\times10^{-3}\times1.2 = 23328(\text{kW}\cdot\text{h})$$

在实际的线损管理工作中可以制成客户的线损计算卡片，将计算公式中的固定部分计算出来，与已知的数据填于计算卡内，每月的计算工作只需将固定部分与可变部分（$A_P^2+A_Q^2$）相乘便可求出该户的当月损失电量为

$$\Delta A_L = 3I^2R_LTK\times10^{-3}$$
$$= \frac{KP_L\times10^{-3}}{U^2T}(A_P^2+A_Q^2)$$

在公式中 $\frac{KR_L\times10^{-3}}{U^2T}$ 是固定不变的（对于一段固定的线路，当参数变时发生变化），计算出数据与其他各项数据填列于表1-3-1中，即

$$\text{损失常数} = \frac{KR_L\times10^{-3}}{U^2T} = 0.01042$$

根据表1-3-1中的数据和当月抄见的有功电量及无功电量计算出线损电量

$$\Delta A_L = \text{损失常数}\times(A_P^2+A_Q^2)$$
$$= 0.01042\times(1196.8^2+897.6^2) = 23320(\text{kW}\cdot\text{h})$$

表1-3-1　线损计算卡片

导线型号	单位长度电阻（Ω/km）	线路长度（km）	电　阻（Ω）
LGJ—50	0.65	15	9.75
LGJ—35	0.85	15	12.75
线路总电阻			22.5
运行电压	60kV	修正系数	$K=1.2$
损失常数	0.01042		

注　1. 线路损失电量＝损失常数×（平方有功电量＋平方无功电量）；
2. 抄见电量的单位为kW·h。

（2）用查表的方法计算线路损失电量，即可计算出功率因数

$$\cos\varphi = \frac{A_P}{\sqrt{A_P^2+A_Q^2}} = 0.8$$

将抄见的有功电量折合到功率因数为1时的电量为

$$\frac{A_P}{\cos\varphi} = \frac{1196.8}{0.8} = 1496(\text{kW}\cdot\text{h})$$

查《变压器、线路损失计算手册》（中国电力出版社），查表的已知条件为 $\cos\varphi=0.8$，$A_P=1496\text{kW}\cdot\text{h}$。LGJ—35型导线损失电量为734kW·h/km，LGJ—50型导线损失电量为562kW·h/km，$K=1.2$，其总的线路损失电量为

$$\Delta A_L = [(15\times734)+(15\times562)]\times1.2 = 23328\ (\text{kW}\cdot\text{h})$$

从计算结果可见，应用线损计算公式计算与查表计算其计算结果是基本相同的，在实际工作中可根据具体情况选择计算方法。

2. 营业上的损失

在供电系统中，线损率是供电局一项重要的经济考核指标。由线损率的计算公式可以看出，实际上线损率是损失电量与供电量比值的百分数。

客户应负担的变压器损失电量、线路损失电量均加在客户的抄见电量中发行。在供电局的损失电量中即包括供电局的送、配电线路损失电量；主变压器、配电变压器的损失电量，同时还包括另外一部分就是营业上的损失电量称为不明损失电量。不明损失电量主要是营业管理上漏洞造成的，一般有以下几方面：

（1）电能表的误抄、误算、漏乘倍率等。

（2）电能表本身的误差超过国家规定的误差标准，也就是说电能表不准。

（3）电能表的错误接线，计量不合理。

（4）漏户，由于手续传递上的漏洞，致使客户长期用电不交费。

（5）客户窃电，如表外接线、分流等手段使电能表不计或少计电量。

（6）不按例日抄表，电量虽然没有损失，但能造成损失电量计算上的虚数，使线损计算不准确。

（7）不及时办理用电手续，如临时用电协定电量客户到期不拆除用电、高压客户停用后不停变台。

（8）电流互感器变比错误。

（9）漏收变压器损失和线路损失电量。

要减少上述各项不明损失应做好以下几方面的工作：

（1）加强对营业人员培训，使他们热爱本职工作，精通业务，熟练地胜任本职工作。

（2）加强用电监察工作，按规定开展定期检查。

（3）加强工作责任心，一丝不苟地工作。全员动员，随时消灭漏抄和窃电户。

（4）加强营业普查工作，做到账、卡、簿和现场完全相符。

（5）建立严格的考核制度，工作失职者要予以处罚。

（6）严格按例日抄表，一般客户最多不得提前和推迟两天，大客户必须按例日进行，不许估算，要尽量扩大月末零点抄表户。

（7）提高电能表的实抄率和正确率，提高抄表人员的责任心和自觉性，减少和消灭“锁门户”，杜绝错抄、漏抄、误抄和误乘倍率等现象发生。

（8）合理计量，对高压供电低压计量户，要逐月加收变损和线损。

（9）建立专责与审核制度，要严格对客户特别是大客户进行用电情况分析，对用电变化较大的客户应查明原因。

第四节 无功补偿的概念及计算

无功补偿的基本原理是：把具有容性无功负载装置与感性负载接在同一电路，当容性负载释放能量时，感性负载吸收能量。从而使感性负载吸收的无功功率，由容性负载输出的无功功率中得到补偿。

一、并联电容器技术数据的计算

1. 额定容量与电容容量计算

$$C = \frac{Q_N \times 10^3}{314 U_N^2}$$

式中 Q_N——电容器的额定容量，kvar；
C——电容器的电容值，μF；
U_N——电容器的额定电压，kV。

2. 并联电容器电流的计算

(1) 按标称容量和额定电压计算电流：

单相 $$I_N = Q_n / U_N$$

三相 $$I_N = Q_n / \sqrt{3} U_N$$

式中 I_N——电容器额定电流，A；
Q_n——电容器标称容量，kvar；
U_N——电容器额定电压，kV。

(2) 按电容器的实际电容值和额定电压计算电流（f为工频，50Hz）：

单相 $$I_C = 0.314 C U_N \tag{1-4-1}$$

三相 $$I_C = \frac{0.314 C U_N}{\sqrt{3}} \tag{1-4-2}$$

式中 I_C——电容器的实际电流值，A；
C——电容器的实际电容值，μF；
U_N——额定电压，kV。

按此种方法计算，一般更接近实际情况。

(3) 由单台电容器组成的三相电容器组的电流计算：

Y形接线，线、相电流相等，线电压等于$\sqrt{3}$倍的相电压

$$I_C = I_L = \frac{Q_C}{\sqrt{3} U} \tag{1-4-3}$$

△形接线，线电流等于$\sqrt{3}$倍的相电流，线电压等于相电压

$$I_C = \frac{Q_C}{\sqrt{3} U_L} C \tag{1-4-4}$$

式中 Q_C——电容器组三相总容量，kvar；
U_L——线电压，kV。

【例 1-4-1】 有 BW0.4—12~3 型电容器，铭牌电容值为 239μF，试计算额定电流。($f = 50$Hz)

解：$U_N = 0.4$kV，$C = 239$μF

由式 (1-4-2)，得

代入已知数值 $$I_C = \frac{0.314 \times 239 \times 0.4}{1.732} = 17.3 \text{ (A)}$$

二、电容器容量的选择

电容器容量的选择，可根据使用日的不同，按改善功率因数、提高运行电压和降低线路损失等因素来确定。

1. 按提高功率因数确定补偿容量

按提高功率因数确定补偿容量的方法简便明确，为国内外所通用。根据功率补偿中的功率之间的相量关系，可求出无功补偿容量 Q_C

$$Q_C = P\tan\varphi_1 - P\tan\varphi_2 = P(\tan\varphi_1 - \tan\varphi_2) \quad (1-4-5)$$

$$或\ Q_C = P\left(\sqrt{\frac{1}{\cos^2\varphi_1}-1}-\sqrt{\frac{1}{\cos^2\varphi_2}-1}\right)(\mathrm{kvar}) \quad (1-4-6)$$

式中 P——最大负荷月的平均有功功率，kW；

$\tan\varphi_1$、$\tan\varphi_2$——补偿前后功率因数角的正切值；

$\cos\varphi_1$、$\cos\varphi_2$——补偿前后功率因数值。

【例 1-4-2】 某工厂最大负荷月平均有功功率为 200kW，功率因数 $\cos\varphi = 0.6$，拟将功率因数提高到 0.9，问需装设电容器组的总容量应该是多少？

解：按式（1-4-6），总容量为

$$Q_C = 200 \times \left(\sqrt{\frac{1}{0.6^2}-1}-\sqrt{\frac{1}{0.9^2}-1}\right) = 200 \times (1.33-0.48) = 170(\mathrm{kvar})$$

2. 按提高电压确定补偿容量

按提高电压要求确定补偿容量的方法，适用于以调压为主的枢纽变电所和电网末端的客户变电所，采用近似计算法（实际应用很少）。

近似计算公式为

$$Q_C = \frac{\Delta U U_2}{X}(\mathrm{kvar}) \quad (1-4-7)$$

式中 ΔU——需要提高的电压值，V；

U_2——需要达到的电压值，kV；

X——线路电抗，Ω。

【例 1-4-3】 某工厂建 10kV 变电所，处于配电网末端，电源专用线路长 20km，线路电抗值为 8Ω，线路电压损失 800V，一次母线实际电压为 9.2kV，问需要多少补偿容量才能使母线电压达到 10kV？

解：已知 $\Delta U = 800\mathrm{V}$，$U = 10\mathrm{kV}$，$X = 8\Omega$，代入式（1-4-7），得

$$Q_C = \frac{800 \times 10}{8} = 1000(\mathrm{kvar})$$

由此可知，需装 1000kvar 的补偿容量，才能使变电所母线一次电压达到 10kV。

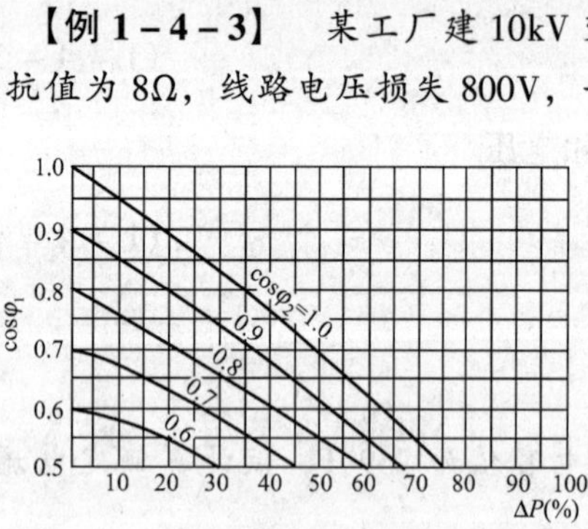

图 1-4-1 线损降低率与提高功率因数关系曲线

3. 按降低线损确定补偿容量

这种补偿方法比较繁琐，很少被人采用，但可以说明补偿容量与降低线损的关系。安装电容器补偿的线损降低率可按 $\Delta P = \left[1-\left(\frac{\cos\varphi_1}{\cos\varphi_2}\right)^2\right] \times 100\%$ 式求出，由该式可绘出图 1-4-1 曲线，再根据原有功率因数和补偿的线损降低率，查图 1-4-1 曲线，得补偿后需要达到的功率因数，然后将补偿前后的功率因数代入式(1-4-6)，即：$Q_C = P\left(\sqrt{\frac{1}{\cos^2\varphi_1}-1}-\sqrt{\frac{1}{\cos^2\varphi_2}-1}\right)$ 中，即可求出所需

安装的电容和容量。

第五节 供电质量

供电质量指电能质量与供电可靠性。电能质量包括电压、频率和波形的质量。电能质量的主要指标包括电压偏差、电压波动和闪变、频率偏差、谐波（电压谐波畸变率和谐波电流含有率）和电压不对称度。电能质量的指标体系如图 1－5－1 所示。供电可靠性是以供电企业对用户停电的时间及次数来衡量的，因此，供电质量和电能质量是两个不同的概念，不能混为一谈。

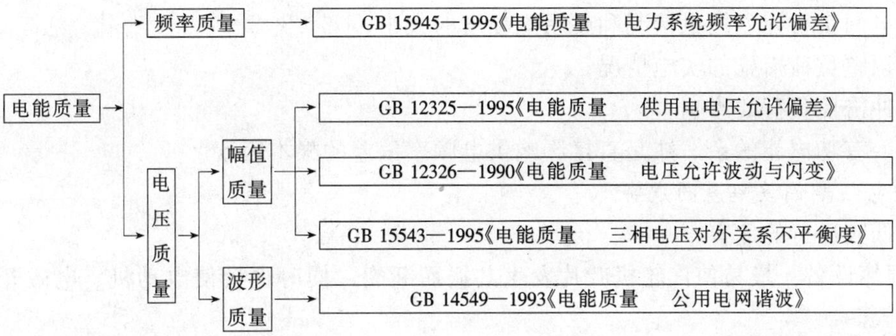

图 1－5－1 电能质量指标体系

一、供电可靠性

供电可靠性是指供电企业每年对用户停电的时间和次数。供电企业应不断改善供电可靠性，减少设备检修次数和由于电力系统事故引起的用户停电次数及每次停电持续的时间。供用电设备计划检修应做到统一安排。供电设备计划检修时，对 35kV 及以上电压供电用户的停电次数，每年不应超过 1 次，对 10kV 供电的用户，每年不应超过 3 次。

电网供电可靠性用年平均供电可用率指标进行量化，即

$$R = (1 - \Sigma n_1 t_1 / 8700 N) \times 100\% \qquad (1-5-1)$$

式中 R——年平均供电可用率，%；

N——统计用户总数；

n_1—— 一年每次停电影响用户数；

t_1—— 一年每次停电持续时间，h。

式中，影响 n_1 及 t_1 的因素有：

（1）线路太长，所带负荷户数太多，使 n_1 增大。

（2）及时抢修故障及恢复供电运行工作水平，可直接减少 t_1 值。

（3）统一检修安排和带电作业等，可以减少 n_1 和 t_1 值。

（4）供电设备故障率及检修周期要求等。

国家规定供电可靠性不低于 95%。

二、供电频率质量

1. 供电频率的国家标准

电网中发电机发出的正弦交流电压每秒钟交变的次数，称为频率，或叫供电频率。

GB 15945—1995《电能质量　电力系统频率允许偏差》中规定供电频率为50Hz。

在电力系统正常状况下，供电频率的允许偏差分为三种情况：

(1) 电网装机容量在300万kW及以上的为±0.2Hz；

(2) 电网装机容量在300万kW以下的为±0.5Hz；

(3) 用户冲击负荷引起系统频率变动一般不得超过±0.2Hz。

在电力系统非正常状况下，供电频率允许偏差不应超过±1.0Hz。

2. 影响供电频率偏差的因素

影响供电频率偏差的因素有：

(1) 电网的装机容量与调峰能力；

(2) 电网实行计划用电情况和超用电幅度的大小；

(3) 调整负荷措施的实施情况；

(4) 冲击性负荷的影响。

总之，有功电能的余、缺是直接影响供电频率偏差的根本因素。

3. 供电频率偏差超差的危害

(1) 低频运行的危害：

1) 损坏设备。最易使汽轮机叶片发生共振而断裂，同时也会使电动机、电磁开关等用电设备烧毁。

2) 降低电厂出力。频率降低使电厂风机、水泵出力下降，导致发电能力下降，严重时可能造成恶性循环，迫使频率不断下降。一般频率下降1Hz，电厂出力下降3%左右。

3) 增加消耗。频率降低时，电厂的汽耗、煤耗、厂用电率均上升。用电产品的电耗上升，废品率升高，原材料的消耗增加，使成本增高。

4) 影响产量。频率下降使电动机转速下降，一般频率下降到48Hz时，电动机转速下降4%，因而影响产量。一般频率每下降1Hz，产量下降2%～6%。

5) 降低产品质量。频率下降使电机转速下降，因而使一些产品出现废品、次品，如纸的厚薄不均、棉纱的粗细不匀；频率下降0.3Hz，就会使精美的印刷品颜色深浅不匀。

6) 易造成电网瓦解事故。低频率运行的电网稳定性差，降低了电网应付事故的能力，稍有波动就可能导致系统的瓦解崩溃。

7) 自动化保护设备容易动作。在电源频率降低时，往往会造成误动。如国外曾发生过因电网频率下降，使铁路信号出现"危险"的误指示，而影响铁路交通运输。

8) 影响通信、广播、电视的音像质量。如低频率运行，会造成电唱机、录音机转速慢，声调失真；电影、电视后期制作中口形配不上；电报传真的字形歪扭。

(2) 高频运行的危害：

1) 损坏设备。高频运行时，因发电机、电动机和所有生产设备的转速增加，电压上升，超过原设计要求而遭损坏。

2) 汽轮机有时由于危急保安器动作而使机组突然甩负荷运行。

3) 使电厂消耗不必要的燃料等，造成燃料浪费和增加成本开支。

4) 影响广播、通信、电视等音像质量。

3. 改善供电频率偏差的措施

改善供电频率偏差的措施主要有以下几点：

(1) 解决电力供需不平衡问题。

(2) 电力管理部门应当遵照国家产业政策，按照统筹兼顾、保证重点、择优供应的原则，做好计划用电工作。用户应严格遵守供用电合同，不擅自改变用电类别，不擅自超过合同约定的容量用电。

(3) 努力做好调整负荷工作，移峰填谷，减少峰谷差。

(4) 装设低频减负荷自动装置及排定低频停限电序位，使电网频率降低时，能够适时地甩掉一些非重要负荷，以保证重要负荷的安全连续供电。

(5) 对一些冲击性负荷采取必要的技术措施等。

三、供电电压质量

电压质量包括电压幅值质量和电压波形质量。幅值质量又包括电压允许偏差、电压允许波动和闪变、三相电压允许不平衡度等内容，电压正弦波形畸变，通常用谐波来表示，详细内容在后面讲解。

1. 电压允许偏差

(1) 电压偏差的国家标准。电压偏差是指实际电压偏移额定值的大小，一般用相对值表示

$$\Delta U = \frac{\Delta U}{U_N} \times 100\% = \frac{U_Z - U_N}{U_N} \times 100\% \qquad (1-5-2)$$

式中 ΔU——电压实际偏移额定电压的百分数；

U_N——额定电压值；

U_Z——实际工作电压值。

供电企业变电所母线到用户受电端的电压允许偏差，GB 12325—1990《电能质量供电电压允许偏差》中规定为：

1) 35kV及以上电压供电的电压偏差绝对值之和不超过额定电压值的10%。

2) 10kV及以下三相供电的为额定电压的±7%。

3) 低压220V单相供电的为额定电压的+7%、-10%。

(2) 影响电压偏差的原因。供电电压超过合理允许偏差的原因主要有：

1) 供电距离超过合理的供电半径。

2) 供电导线截面选择不当，电压损失过大。

3) 线路过负荷运行。

4) 用电功率因数过低，无功电流大，加大了电压损失。

5) 冲击性负荷、非对称性负荷的影响。

6) 调压措施缺乏或使用不当，如变压器分接头摆放位置不当等。

7) 用电单位装用的电容器补偿功率因数采用了“死补”，即24h内不论本单位需用无功量多少，都固定供给一定量的无功，造成高峰负荷时间向电网吸收无功，而低谷负荷（尤其是后夜）时间大量向系统反送无功，引起电压变动幅度的增大。总之，无功电能的余、缺状况是影响供电电压偏差的重要因素。

(3) 供电电压偏差超差的危害。当用电负荷消耗的无功功率大于电网无功功率供应能力时，将出现大面积的低电压情况；反之，则出现高电压运行情况。无论电网低电压运行或高电压运行，都会给电气设备的运行带来较大的危害。主要表现为：

1）照明负荷。电压低时，发光效率下降，影响照度。如电压降低5%，亮度要降低15%～20%。电压降低10%，亮度降低32%。反之，电压升高5%时，电灯使用寿命减少一半；当电压升高10%时，电灯使用寿命只能维持原寿命的1/3。

2）整流器、电热、电弧炉等负荷的有功功率与电压平方成正比。当电压降低1%时，有功功率下降2%，从而降低了用电设备的出力。反之，电压升高时，则有功功率增加。

3）感应电动机及其他电动机负荷。电压下降时，经常会使电动机过负荷而烧毁，同时也会使电动机的启动十分困难。反之，长期高电压运行，会对电动机的绝缘造成危害。

4）电压偏低会降低发、供、用电设备的出力。

5）电压偏低会增加供电线路及电气设备中的电能损失。

6）电压偏低常常会引起低电压保护装置动作，电磁开关、空气开关跳闸，影响生产的正常进行。反之，电压偏高也将引起过电压保护装置动作，以及使电气设备的电压线圈烧坏。

7）电压偏低或偏高都会影响到通信、广播、电视等的音像质量。

8）电压偏高或偏低都会影响到家用电器设备的正常工作，如电压偏低，电冰箱、空调等难以启动。

9）如果电网的无功功率严重匮乏，将导致电压崩溃、系统振荡、电网瓦解，严重危及供用电安全运行。

（4）改善电压质量的措施：

1）改善用电功率因数，使无功就地平衡。

2）合理选择供电半径，尽量减少线路迂回、线路过长、交叉供电、功率倒送等不合理供电状况。

3）合理选择供电线路的导线截面。

4）合理配置变、配电设备，防止其过负荷运行。

5）适当选用调压措施，如串联补偿、变压器加装有载调压装置、安装同期调相机或静电电容器等。

6）正确选择变压器的变压比和电压分接头。

7）根据电力系统潮流分布及时调整运行方式。

2. 电压波动和闪变

（1）电压波动。在某一时段内，电压急剧变化而偏离额定值的现象，称为电压波动。

电压波动程度以电压在急剧变化过程中，相继出现的电压最大值和最小值之差与额定电压的百分比来表示，即

$$\Delta U = [(U_{max} - U_{min})/U_N] \times 100\% \quad (1-5-3)$$

式中 U_{max}、U_{min}——某一时段电压波动的最大值与最小值；

U_N——额定电压。

GB 12326—1990《电能质量电压允许波动和闪变》对电压波动允许值规定为：10kV及以下为2.5%，35～110kV之间为2%，220kV及以上为1.6%。

电压波动值的变化速度大于0.2%/s。

（2）电压闪变。周期性电压急剧变化引起电光源的光通量急剧波动，造成人眼视觉不适的现象，称为闪变。

闪变电压用"等效闪变值"ΔU_{10}来表示。ΔU_{10}为电压调幅波中不同频率的正弦波分量的均方根值，等效为10Hz时的1min平均值，以额定电压的百分值表示

$$\Delta U_{10}=\sqrt{\Sigma(a_f\Delta U_{f1})^2} \qquad (1-5-4)$$

式中 ΔU_{f1}——电压调幅波中频率为f_1的正弦波分量的1min均方根值，以额定电压的百分数表示；

a_f——人眼对不同频率f的电压波动而引起灯闪的敏感程度，称为闪变视感系数。

电力系统公共供电点，由冲击功率负荷产生的闪变电压应小于ΔU_{10}或U_N的允许值，否则会出现闪变。

GB 12326—1990《电能质量电压允许波动和闪变》中对电压的闪变ΔU_{10}允许值规定为：对于照明要求较高的白炽灯负荷允许值为0.4%，对于一般照明负荷允许值为0.9%。

(3) 产生电压波动和闪变的原因。电压波动主要是由大型用电设备负荷快速变化引起的冲击性负荷造成的。大型电动机的直接启停及加载、轧钢机轧钢、起重机提升启动、电弧炉熔化期发生工作短路、电气机车启动或爬坡等都有冲击负荷产生。电压波动是否会引起闪变取决于电压波动的频率、波动量和电光源的类型，以及工作场所对照明质量的要求。偶然产生的电压波动，即使是较大的电压波动，也不会引起严重的闪变，如大容量的电动机直接启动引起的电压降落对视觉影响不大。但当电压波动的频率过大时，即使是很小的电压波动，也会引起严重的闪变。

(4) 抑制电压波动和闪变的措施。抑制电压波动和闪变的措施有：

1) 增加系统供电容量，提高供电电压等级。

2) 采用专用变压器和专线供电。

3) 改进生产工艺，提高操作水平。

4) 采用快速响应的静止无功补偿装置。

3. 三相电压不平衡度

电力系统中，三相电压不平衡度用电压或电流负序分量的均方根值百分比表示。三相电压不平衡是因三相负荷不平衡引起的。

GB 15549—1995《电能质量三相电压允许不平衡度》中规定，电力系统公共连接点正常电压不平衡度允许值为2%，短时不超过4%。

降低三相电压不平衡度的措施有：

1) 220V或380V单相用电设备接入220V/380V三相系统时，宜使三相负荷平衡。

2) 由地区公共低压电网供电的220V照明负荷，线路电流小于或等于30A时，可采用220V单相供电。大于30A时，宜以220V/380V三相四线制供电。

四、电力谐波

1. 电力谐波的概念

在交流电网中，由于有许多非线性电气设备投入运行，其电压、电流波形实际上不是完全的正弦波形，而是不同程度畸变的非正弦波。非正弦波是周期性电气量，根据傅立叶级数分析，可分解成基波分量和具有基波频率整数倍的谐波分量。非正弦波的电压或电流有效值等于基波和各次谐波电压或电流有效值和的平方根值。基波频率为电网频率（工频50Hz）。谐波次数（n）是谐波频率与基波频率之比的整数倍。

另有一些非线性用电设备，如变频交流调速中，除了基波整数倍频率的谐波外，在整数倍谐波的两侧还有其他频率的波形，称为旁波。上述这些非基波频率的各次波，称为谐波。或者说非基波频率的电压和电流，均称为谐波电压和谐波电流。

2. 产生谐波的原因

电力系统中谐波主要是由冶金、化工、电气化铁路及其他行业的换流设备、非线性用电设备产生的。它们向公用电网注入谐波电流，在公用电网中产生谐波电压，这些用电设备称为谐波源。其中，尤为严重的谐波源是硅整流、可控硅整流的换流设备和电弧炉、电焊机等非线性设备。

大量的谐波电流流入电网，在电网阻抗下产生谐波压降，叠加到电网基波上，引起电网电压波形畸变。

3. 谐波的危害

大量的谐波电流注入电网，会造成电压正弦波波形畸变，使电能质量下降，给发供电设备、用户用电设备、用电计量、继电保护带来危害，成为污染电网的公害。

谐波使电网中感性负荷造成过电压，容性负荷造成过电流，影响用电计量准确度，给安全运行带来危害。例如，使继电保护误动，引起避雷器、断路器爆炸等，干扰电子设备，使计算机误动作，电子设备误触发，使通信回路、弱电回路产生杂音，甚至造成故障。

为了保证电网的电压波形质量，国家对波形质量标准作出规定，要求电网公共连接点电压正弦波畸变率和用户注入电网的谐波电流不得超过 GB/T 14549—1993 的规定。

当用户的非线性用电设备接入电网运行所注入电网的谐波电流和引起公共连接点电压正弦波畸变率超过标准时，用户必须采取措施予以消除，否则，供电企业可中止对其供电。

4. 谐波的防治措施

不论从保证电力系统的安全经济运行还是从保证设备和人身的安全来看，对谐波加以防治都是极为迫切需要的。目前，谐波的防治措施主要有：

(1) 受电变压器采用 Yd 或 Dy 接线方式；

(2) 使用多相整流设备；

(3) 装设谐波滤波装置；

(4) 采用静止无功补偿装置。

第二章 电气设备

第一节 变 压 器

一、变压器的基本工作原理

变压器是根据电磁感应原理工作的，图 2-1-1 是变压器的工作原理图。在构成闭合回路的铁芯上绕有两个互相绝缘的线圈（或称绕组）1 和 2，两个线圈有不同的匝数 N_1和 N_2。两个线圈中的一个接到交流电源上，称为一次线圈。另一个线圈接到负载上，称为二次线圈。当一次线圈接到交流电源上时，在电源电压作用下，一次线圈中有交变电流通过，根据电磁感应原理，交变电流产生的磁势在铁芯中建立交变磁通 $\dot{\Phi}$，其频率和电源电压的频率相同。这个交变磁通沿铁芯穿过二次线圈，在二次线圈内产生感应电势。二次线圈有了电势，便可向负载供电，从而实现能量传递。

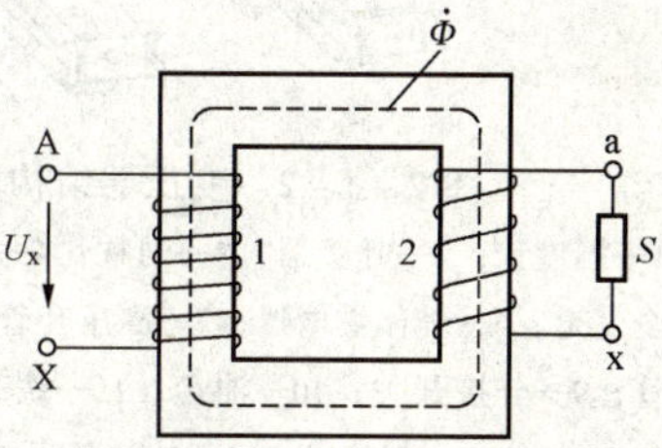

图 2-1-1 变压器工作原理图
1—一次绕组；2—二次绕组

两个线圈分别套在硅钢片制成的同一铁芯上，因为每匝所感应的电势相等，因此，当一次线圈和二次线圈的匝数不同时，线圈的感应电势也不一样。匝数多的，电压高，电流小；匝数少的，电压低，电流大。当通过变压器来进行电能转换时，只要改变一、二次线圈的匝数，便可转换为所需要的电压与电流。升压变压器是一次电压低，二次电压高。降压变压器正好相反。

二、变压器的类型

变压器的应用范围十分广泛，类型很多，且各种类型的变压器在结构上、性能上的差异也很大。一般按照变压器的用途进行分类，也可按照结构特征、相数、冷却方式等进行分类。

按用途可分为电力变压器、调压变压器、仪用互感器和其他变压器（如电焊变压器、整流用变压器、高压试验变压器）等。

按相数可分为单相变压器和三相变压器。

按冷却方式可分为油浸式变压器（油浸自冷变压器、油浸风冷变压器、油浸强迫油循环变压器）和干式变压器。

按线圈数可分为自耦变压器（单线圈）、双线圈变压器和三线圈变压器。

按变压器的铁芯结构可分为心式变压器和壳式变压器。

三、电力变压器的结构

变压器的主要部件是铁芯和线圈，统称为变压器器身。油浸式变压器的器身放在灌满变压器油的油箱内。此外，还有冷却装置、保护装置和出线装置等。

图 2-1-2 标出了油浸式电力变压器的主要组成部分和各部分的名称。下面简要叙述各部分的结构和作用。

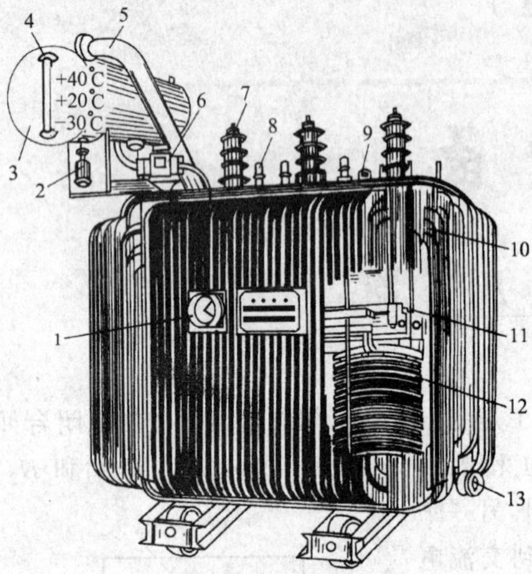

图 2-1-2 变压器结构图

1—温度计；2—呼吸器；3—油枕；4—油表；5—安全气道；6—气体继电器；7—高压套管；8—低压套管；9—分接开关；10—油箱；11—铁芯；12—线圈与绝缘；13—放油阀门

1. 铁芯

铁芯既是变压器的磁路，又是它的机械骨架。它由铁芯柱、铁扼和夹紧装置组成。铁芯柱上套有线圈，铁扼使整个磁路成为闭合磁路。

2. 线圈

线圈是变压器的电路部分，它一般用绝缘纸包的铜线或铝线绕制而成。接到高压电网的线圈称为高压线圈，接到低压电网的线圈称为低压线圈。

3. 绝缘结构

变压器的绝缘分为外部绝缘和内部绝缘两种。外部绝缘指的是不同相的套管间及套管的载流部分对接地部分的空气绝缘。内部绝缘指的是油箱内部零件、组件、器身的绝缘，其中主要是线圈的绝缘、引线和分接开关的绝缘。内部绝缘又分主绝缘和从绝缘。主绝缘是指线圈（或引线）对地，对异相或同相的其他线圈（或引线）之间的绝缘；从绝缘是指线圈匝间、层间和相应引线之间的绝缘。

4. 分接开关

电压是电能质量的指标之一，电压变动范围一般不得超过额定电压值的 ±5%。为了保证电压波动在一定范围内，就必须进行调压。为此，把线圈引出若干个抽头（分接头），当用分接开关切换到不同的抽头时，线圈便接入了不同的匝数，就可以对变压器二次线圈的输出电压进行适当的调节，达到了调压的目的。

切换变压器分接头的方法有两种：一种是停电切换，称为无载调压；另一种是带电切换，称为有载调压。

5. 油箱和冷却装置

油浸式电力变压器的器身在充满变压器油的油箱内。油箱用钢板焊成，呈椭圆桶状。变压器油箱结构随变压器的容量不同而异。容量很小的变压器可用平板式油箱。容量稍大一些的变压器采用管式油箱，此种油箱壁上装有增加散热面用的管子。容量较大的变压器，在油箱上装有散热器，以提高散热能力。大容量的变压器可采用强迫油循环冷却方式，即利用油泵将变压器中高温的变压器油抽到变压器外的冷却器中，冷却后再送入变压器。冷却器用风扇冷却，称强油风冷；用水冷却，称强油水冷。

6. 保护装置

变压器的保护装置有以下几部分：

（1）油枕和呼吸器；

(2) 净油器；

(3) 气体继电器；

(4) 安全气道（防爆管）；

(5) 测温器。

7. 绝缘套管

变压器的引出线从油箱内穿过油箱盖时，必须经过瓷质的绝缘套管，以使带电的引线与接地的油箱绝缘。绝缘套管的结构主要取决于电压等级。10kV 以下的采用实心瓷套管；10~35kV 采用空心充气式或充油式套管，电压在 110kV 及以上时采用电容式套管。为了增加表面放电距离，高压绝缘套管外部做成多级伞形，电压愈高，级数就愈多。

四、变压器的额定值

变压器的额定值是制造厂规定的变压器正常运行数据。变压器在额定值下运行，可以保证变压器长期可靠地工作并且具有良好的性能。额定值通常标注在铭牌上，故又称铭牌值。

1. 额定容量 S_N

变压器的额定容量系指它的额定视在功率，其单位为 VA、kVA 或 MVA。通常把变压器一、二次侧的额定容量设计得相等，即 $S_{1N}=S_{2N}=S_N$。

2. 额定电压 U_N

一次额定电压 U_{1N}是指规定的加到一次线圈上的电压。二次额定电压 U_{2N}是当变压器一次线圈加额定电压，二次线圈不接入负载时，二次的空载电压，其单位以 V 或 kV 表示。三相变压器的额定电压指线电压。

3. 额定电流 I_N

变压器规定的一、二次线圈中允许长期通过的电流值，分别称为一、二次线圈的额定电流 I_{1N}、I_{2N}。在三相变压器中 I_{1N}和 I_{2N}都指线电流。

额定电流可根据额定容量（kVA）和额定电压（kV）计算得到，其单位为 A。

对于单相变压器

$$\left.\begin{aligned} I_{1N} &= \frac{S_N}{U_{1N}} \\ I_{2N} &= \frac{S_N}{U_{2N}} \end{aligned}\right\} \qquad (2-1-1)$$

对于三相变压器

$$\left.\begin{aligned} I_{1N} &= \frac{S_N}{\sqrt{3}U_{1N}} \\ I_{2N} &= \frac{S_N}{\sqrt{3}U_{2N}} \end{aligned}\right\} \qquad (2-1-2)$$

4. 额定频率 f_N

单位为 Hz，我国规定的工作频率通常为 50Hz。

5. 额定温升

额定温升是以周围环境温度为 +40℃作参考，根据绝缘材料允许的温度，考虑到使用寿命和充分利用变压器等条件，规定变压器在运行中温度允许超过周围环境温度的数值。根据国家标准规定：当变压器安装地点的海拔高度不超过 1000m 时，线圈的温升限值为 65℃，上层油面的温升限值为55℃；当变压器安装地点的海拔高度超过1000m或周围空气温度超过+40℃时，由于散热效率降低，变压器的温升限值亦应降低。

此外，铭牌上还列有变压器的相数、接线图、阻抗电压等。

五、变压器的型号

变压器型号含义如下：

□—□/□

- 高压侧额定电压等级(kV)
- 额定容量(kVA)
- 基本型号，其型号符号含义见表2-1-1

表2-1-1 变压器型号符号含义

分类项目	代表符号		分类项目	代表符号	
	新	旧		新	旧
单相变压器	D	D	强迫油导向循环	D	不表示
三相变压器	S	S	双绕组变压器	不表示	不表示
油浸式	不表示	J	三绕组变压器	S	S
空气自冷却	不表示	不表示	自耦变压器	O	O
风冷式	F	F	无励磁调压	不表示	不表示
水冷式	W	S	有载调压	Z	Z
油自然循环	不表示	不表示	铝线变压器	不表示	L
强迫油循环	P	P			

按表2-1-1所列符号组成基本型号。例如，三相油浸自冷双绕组铝线500kVA，10kV电力变压器，新型号表示为S—500/10（旧型号表示为SJL—500/10）。又如新型号为SFP—63000/110（旧型号SFPL—63000/110），它表示的是三相强迫油循环风冷式双绕组的电力变压器，绕组是铝制的，额定容量为63000kVA，高压侧额定电压为110kV。

六、变压器损耗计算

变压器在变压的过程中，输入功率与输出功率产生的差额，称为变压器损耗，或称电能损失。变压器的电能损失分为有功损失和无功损失，这些损失是由不变（固定）损失和可变损失两部分组成。

（一）有功损失

有功损失包括两部分，一部分是与变压器负荷无关的空载损耗，通常称为铁损。只要变压器一次侧接上电源，不论二次侧是否有负荷都会产生这部分损失，所以也称为固定损耗。运行中变压器铁损的计算时间，每月按30d×24h/d=720h计算。另一部分是与变压器负荷有关的损耗，通常称为铜损。当变压器带负荷时，就有电流通过线圈，由于线圈有电阻，因此就要产生电能损失，而且是随负荷电流变化而变化的，与电流平方成正比例，所以也称作可变损耗。当停用时，它的损耗很小，可以不计，所以在计算铜损时，按带负荷运行的使用时间计算。

有功损失的计算公式为

$$\Delta A_{\mathrm{P}} = P_0 T + P_{\mathrm{K}} \frac{K}{T S_{\mathrm{N}}^2}(A_{\mathrm{P}}^2 + A_{\mathrm{Q}}^2) \qquad (2-1-3)$$

式中 ΔA_{P}——变压器有功损失电量，kW·h；

P_0——变压器额定电压下铁损，kW；

S_N——变压器额定容量，kVA；

K——与负荷曲线有关的修正系数，按生产班次确定，一班生产 $K=3.6$，二班生产 $K=1.8$，三班生产 $K=1.2$；

P_K——变压器额定电流时的铜损，kW；

A_P——二次抄见有功电量，kW·h；

A_Q——二次抄见无功电量，kvar·h；

T——变压器运行时间，一般取720h。

当已知变压器二次侧功率因数时有功损失电量按下式计算

$$\Delta A_P = P_0 T + KP_K\left(\frac{A_P}{S_N\cos\varphi T}\right)^2 T \tag{2-1-4}$$

式中 $\cos\varphi$——变压器二次侧功率因数。

（二）无功损失

无功损失同有功损失一样也包括两部分，一部分是与负荷无关的固定损耗；另一部分是随变压器负荷而变化的可变损耗。

无功损失的计算公式为

$$\Delta A_P = I_0 S_N T + U_k \frac{K}{TS_N^2}(A_P^2 + A_Q^2) \tag{2-1-5}$$

式中 I_0——变压器空载电流的百分数，%；

U_k——变压器短路电压的百分数，%。

当已知变压器二次侧功率因数时无功损耗电量按下式计算

$$\Delta A_P = I_0 S_N T + KS_N U_k\left(\frac{A_P}{S_N\cos\varphi T}\right)^2 T \tag{2-1-6}$$

（三）变损计算的作用

在电价分类中高压供电电价低，低压供电电价高，某些时候客户计量点的安装位置与所执行的电价的电压等级不相统一，所以为了准确合理地收费，使执行电压高的电价客户负担变压器损耗电量，就需要进行变压器损失电量的计算。

一次侧计量的客户，因为电能表装在变压器前边，变压器的损失由电能表计量，所以不用计算变压器损耗电量。对于二次计量的客户，因为电能表装在变压器后边，也就是说变压器接在表外，所以要加收变压器损耗电量。

一次侧与二次侧计量是区分加收还是不加收变损的决定因素。凡是装有电压互感器，而且它的一次电压和受电电压是一致的为一次计量客户；如果是电压互感器的一次电压低于受电电压和未装电压互感器的就是二次计量。

受电电压与计量点的关系见表2-1-2及图2-2-3。

表2-1-2　　受电电压与计量点关系

受电电压（kV）	电 压 比	计 量 点	受电电压（kV）	电 压 比	计 量 点
60	60000/100	一次	10	10000/100	二次

对于执行功率因数调整电费的客户，除计算出变压器有功损失电量加到抄见电量中计收电费外，还要计算出其无功损失电量加到抄见的无功电量中去，以便计算该客户的功率因

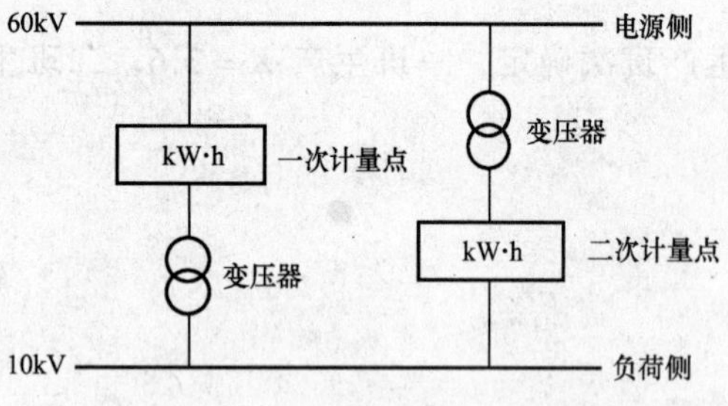

图 2-1-3 受电电压与计量点关系

数。对不执行功率因数调整电费的客户，只算出其变压器有功损失电量加到抄见有功电量中计收电费就可以了。

实行峰、谷电价的客户，其计算的变损和线损电量均按平时段电量计收电费。

（四）有功损失和无功损失电量的计算

损失电量的计算可根据客户的不同特点采用不同的计算方式。

1. 大客户变压器损耗电量的计算

凡装有电能表二次计量的大客户，其变压器损失电量可按式（2-1-3）和式（2-1-4）进行计算。该公式基本是两部分，一部分是常数，另一部分是有功电量平方和这个变数。在实际计算中一种方法是建立变损计算卡片，见表 2-1-3，各种固定数据填于卡内，每月根据有功电量和无功电量计算变损，计算起来比较方便精确。另一种方法是利用求出功率值来查表求变损，这种方法虽简单但不及第一种方法精确。

表 2-1-3　　变损计算卡片

型　号	SJ—3200/60	额定容量（kVA）	3200
空载电流（%）	4.5	空载损失（kW）	11.5
短路损失（kW）	37	短路电压（%）	7
用电时间（h）	600		
有功损失范围（kW）	8280～34920	无功损失范围（kvar）	103680～264960
有功不变损失（kW）	8280	有功损失常数	0.006022
无功不变损失（kvar）	103680	无功损失常数	0.0365

注　有、无功抄见电量的单位为 MW·h。

有功损失电量＝有功不变损失＋有功损失常数×（平方有功电量＋平方无功电量）
＝8280＋0.006022×（平方有功电量＋平方无功电量）

无功损失电量＝无功不变损失＋无功损失常数×（平方有功电量＋平方无功电量）
＝103680＋0.0365×（平方有功电量＋平方无功电量）

卡片计算变损的步骤：

(1) 制成一种计算卡片。

(2) 按公式计算出有关常项填入表内。

(3) 将抄见的有功电量、无功电量代入公式求出有功、无功变损。

【例 2-1-1】　某户受电变压器型号为 SJ—3200/60 的容量为 3200kVA。受电电压为 60kV，三班生产，二次装表计量。本月抄见有功电量为 1.1056MW·h，无功电量为 829.2kvar·h，求变压器有、无功损耗？

解：首先建立变损计算卡片，有关数据填入卡内。计算有关数据：

t 值：三班生产 $t=600\text{h}$

有功不变损耗 $=P_0\times720=11.5\times720=8280$（kW·h）

有功损耗常数 $=\dfrac{KP_\text{K}}{TS_\text{N}^2}\times10^6=\dfrac{1.2\times37}{720\times3200^2}\times10^6=0.006022$

无功不变损耗 $= I_0 S_N T = 4.5\% \times 3200 \times 720 = 130680$（kvar·h）

无功损耗常数 $= \dfrac{KU_k}{TS_N} \times 10^6 = \dfrac{1.2 \times 7\%}{720 \times 3200} \times 10^6 = 0.0365$

有功损耗范围 $= P_0 T \sim (P_0 + P_K) T = 11.5 \times 720 \sim (11.5 + 37) \times 720$

$= 8280 \sim 34920$（kW·h）

无功损耗范围 $= I_0 S_N T \sim (I_0 S_N + U_k S_N) T$

$= 4.5\% \times 3200 \times 720 \sim (4.5\% + 7\%) \times 3200 \times 720$

$= 103680 \sim 264960$（kvar·h）

然后再按每月实际发生的有功电量、无功电量求出变损电量。

当月有功损耗电量 $= 8280 + 0.006022 \times (1105.6^2 + 829.2^2)$

$= 8280 + 0.006022 \times 1909924 = 19782$（kW·h）

当月无功损失电量 $= 103680 + 0.0365 \times 1909924$

$= 173316$（kvar·h）

按上述方法计算，只要变压器参数不变，将有关数据填入表内后，每月计算有功、无功损耗电量时，只需将抄见有功电量、无功电量按表2－1－3中公式计算即可。计算出的有功、无功损耗电量应在表2－1－3中已算出的损耗范围之内。

2. 小型变压器的损耗计算

小型变压器的损耗计算采用下列公式，其 $\cos\varphi$ 按0.7计算。

有功损耗电量 = 铁损 × 运行时间 + 铜损 × $\left(\dfrac{平均负荷}{容量 \times \cos\varphi}\right)^2$ × 使用时间

无功损耗电量 = 变压器容量 × 空载电流(%) × 运行时间 + 变压器容量 × 短路电压(%)

$$\times \left(\frac{平均负荷}{容量 \times \cos\varphi}\right)^2 \times 使用时间$$

平均负荷 = 抄见有功电量/变压器运行时间

运行时间为 30d × 24h = 720h

使用时间常用 t 表示，按一班生产 $t = 200$h，二班生产 $t = 400$h，三班生产 $t = 600$h 计算，不再乘修正系数。

【例2－1－2】 某工厂10kV受电，变压器容量为320kVA，二次侧计量，某月份抄表有功电量为38100kW·h，无功电量为38730kvar·h，变压器空载损耗1.9kW；空载电流7%；短路损耗6.2kW；阻抗电压4.5%。两班生产使用时间为400h。求变压器的有功损失电量及一次功率因数值。

解： 二次侧计量，二次功率因数可根据有功电量和无功电量求出。

$$\tan\varphi = \frac{无功电量}{有功电量} = \frac{38730}{38100} = 1.0165$$

查表得出 $\cos\varphi = 0.7$。

或按公式

$$\cos\varphi_2 = \frac{38100}{\sqrt{38100^2 + 38730^2}} = 0.7$$

$$有功损耗电量 = 1.9 \times 720 + 6.2 \times \left(\frac{38100 \div 720}{320 \times 0.7}\right)^2 \times 400$$

$$= 1368 + 6.2 \times 0.056 \times 400 = 1507(\text{kW} \cdot \text{h})$$

$$\text{无功损耗电量} = 320 \times 7\% \times 720 + 320 \times 4.5\% \times 0.056 \times 400 = 16451(\text{kvar})$$

一次功率因数的计算，应先求出功率因数角的正切值

$$\tan\varphi_1 = \frac{38730 + 17171}{38100 + 1817} = 1.4$$

查表得出 $\cos\varphi_1 = 0.58$。

$\cos\varphi_1 = 0.58$ 是该客户执行功率因数调整电费的值。

3. 每天的变损计算

对月投入或停止运行的变压器损耗电量要按实际运行日期进行计算。用计算公式直接计算时，把使用的天数按规定时间折算为小时数，代入公式即可算得；如查表计算时，应将抄见电量折算为月电量，即$\frac{\text{抄见电量}}{\text{使用天数}} \times 30$，查表得出月损耗电量，再折算为日损耗电量，据此计算实际损耗数，即

$$\text{应收损耗电量} = \frac{\text{月损失电量}}{30} \times \text{使用天数}$$

关于其起用和停止日期的算法是：由开始接电那天算起，停止用电的前一天算止。例如18日接电，就是由18日开始起算，算到当月抄表日止；如果是18日停止，就算到17日为止。

【例2-1-3】 一普通工业客户，新装10/0.4kV，180kVA变压器一台，本月3日投入运行，于当月20日抄表，使用电量为3600kW·h。一班生产，求应加多少变压器损失电量？

解：3～20日计用18天，其平均每日电量为3600/18 = 200（kW·h），月用电量为200×30 = 6000（kW·h），以此查表得月损失电量为953kW·h。一天的损失为953/30 = 31.8（kW·h），而18天的损失就是18×31.8 = 572（kW·h）。

4. 客户有外供的变损计算

当客户有外供时，对变损的计算必须先求出总电量，用总电量去查简算表，找出总的损耗，而后再去求部分的损耗。

其公式为

月总电量 =（变压器容量×月抄见电量）/契约容量

应收变损 =（总变损×契约容量）/变压器容量

【例2-1-4】 某工业客户10kV供电，二次计量，变压器容量为320kVA。契约容量170kVA，外带150kVA，本月抄见电量为17000kW·h，一班生产，求该户变损是多少？

解：先求出320kVA变压器的月总电量按公式为

月总电量 =（320×17000）/170 = 32000（kW·h）

查简表（也可按公式计算）可得损失电量为2229kW·h，其应收变损为

应收变损 =（170×2229）/320 = 1184（kW·h）

在实际工作中，计算变损的方法很多，过去多用查简表为主，现在可以多利用计算器或计算机，按公式计算为好。

（五）变压器的经济运行

配电变压器是配电网中的重要设备，通常电能的传送，从发电厂到客户要经过3～5次变压，可见，在电力网中所用变压器的数量是相当大的。统计指出：网络中变压器的装机容

量为发电容量的4~7倍，是运行在网络中电动机容量的5~8倍。由于数量多、容量大，这便决定了变压器必须是高效率的设备。网络损耗通常占发电功率的5%~6%，而变压器的损耗将为总损耗的25%~30%，这是一个非常可观的数字。因此，降低变压器损耗对降损节能具有重要的意义。特别是配电变压器，在电网中的数量达数百万台，合理地确定配电变压器容量，强调其经济运行，具有很大的节电潜力，我们应予以特别的重视。

1.SL7系列与S7系列电力变压器

20世纪60年代，我国生产的配电变压器皆按照国家标准GB500—1964、GB1300—1973制造，为高能耗变压器，其主要产品有SJ、SJ1—5、SJL、SJL1等系列。1983年，原水利电力部第16号文下达“关于停止装用高能耗变压器的通知”；1985年第24号文再次下达“关于高能耗变压器更换问题的通知”，文中规定，凡按1964、1973标准制造的变压器必须限期逐步更换为节能型变压器。

我国生产节能变压器的类型有SL7、SZL7系列。该系列变压器在各制造厂占据着很大的优势，其比按1973年标准生产的变压器的能耗平均可降1/3，其技术性能符合国家标准GB1094—1985，与现行标准GB6541—1986的技术数据相吻合。

此外，尚有S7系列变压器，该系列变压器并非统一设计，除性能、参数、结构形式与SL7系列相同外，绕组、铁芯、外形尺寸与SL7系列皆不同，其为SL7系列的变形设计。S7系列的性能和损耗与西门子公司1974年的同类产品水平相当。

SL7系列和S7系列变压器现在国家已经明文列入淘汰产品，逐渐停止使用。

2.S9系列电力变压器

S9系列变压器的性能比SL7系列和S7系列优越，其空载损耗比上两种变压器降低7%，负载损耗平均可降21%，总损耗降20%，其技术性能与20世纪80年代意大利的产品水平相当。例如容量为50kVA的变压器，S9系列的空载损耗P_0为170W，负载损耗P_K为870W，意大利20世纪80年代的产品的P_0为175W，P_K为870W。S9系列采用铜芯导线，铁芯采用晶粒取向的冷轧硅钢片（0.3mm）。但该种产品的用铜量和成本皆有所增加。

S9系列变压器采用铜芯导线，选用晶粒取向冷轧硅钢片作为铁芯材料，取全斜接缝方式拼装，钢片厚度由0.35mm改为0.3mm，以适应国外发展趋向，同时进一步降低损耗。但这种变压器的用量和成本与SL7系列相比皆有所增加。

此外尚有S10、SL10系列的低损耗变压器，SZL7系列铝线低损耗有载调压变压器，SL14系列铝线全密封低损耗变压器等。

第二节 异步电动机

一、异步电动机的工作原理

图2-2-1表示两极异步电动机的示意图。A—X、B—Y、C—Z代表定子三相对称绕组，转子上的小圆圈代表转子绕组导体。当定子绕组中通入三相对称电流时，便产生旋转磁场。假设在图示瞬间定子旋转磁场的N极在上面，S极在下面。n_1的箭头表示旋转磁场的转向。

当电机具有p对磁极时，合成磁场的转速为

$$n_1 = \frac{60f}{p}$$

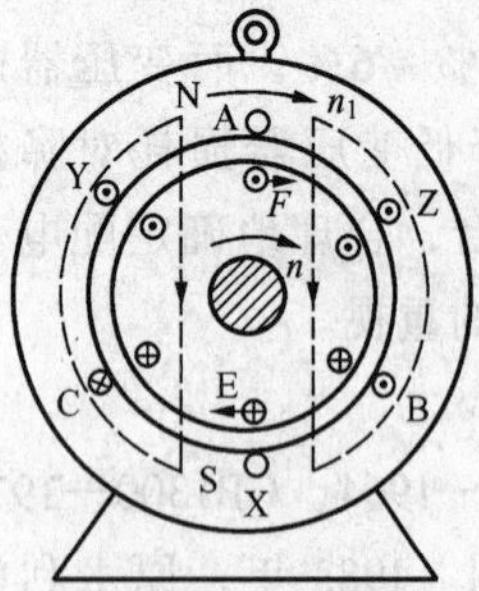

图 2-2-1 两极异步电动机示意图

由于转子绕组导体切割旋转磁场的磁力线，在转子绕组导体内产生感应电势，感应电势的方向可由右手定则判定。假设转子电路是纯电阻性的，则转子绕组导体内的感应电流，与感应电势同相位。带电导体在磁场中受到力的方向可由左手定则判定，所以图 2-2-1 中的转子绕组导体在产生感应电流后受顺时针方向力矩的作用，使转子跟着旋转磁场以转速 n 旋转。

假设将转子加速到 $n = n_1$，即转子与旋转磁场同步旋转时，由于转子绕组导体与旋转磁场之间没有相对运动，这时转子绕组导体中不产生感应电势，没有感应电流流过，转子就没有了让其旋转的转动力矩。因此，在异步电动机中，转子的转速 n 总是小于同步转速 n_1 的。转速差的存在是异步电动机工作的必要条件，异步二字也由此而来。

二、异步电动机的类型和结构

1. 异步电动机的类型

(1) 按外形分类。按异步电动机外形可分为防护式和封闭式。

图 2-2-2 (a)、(b) 分别为防护式和封闭式异步电动机的外形图。防护式电动机能防止水滴、尘土、铁屑或其他物体从上方或斜上方落入电动机内部，可作为一般机械的动力设备。封闭式电动机能防止水滴、尘土、铁屑或其他物体从任意方向侵入电机内部（但并不完全密封，如水仍能沿轴渗入），这种电动机常用于尘埃较多的场合。

(2) 按起动力矩分类。按异步电动机起动力矩的大小可分为一般起动力矩的电动机和高起动力矩的电动机。

高起动力矩的电动机常用于起动静止负载或惯性较大的机械，如卷扬机等。

(3) 按转子结构分类。按异步电动机的转子结构可分为鼠笼式（又称短路式）和绕线式（又称滑环式）。

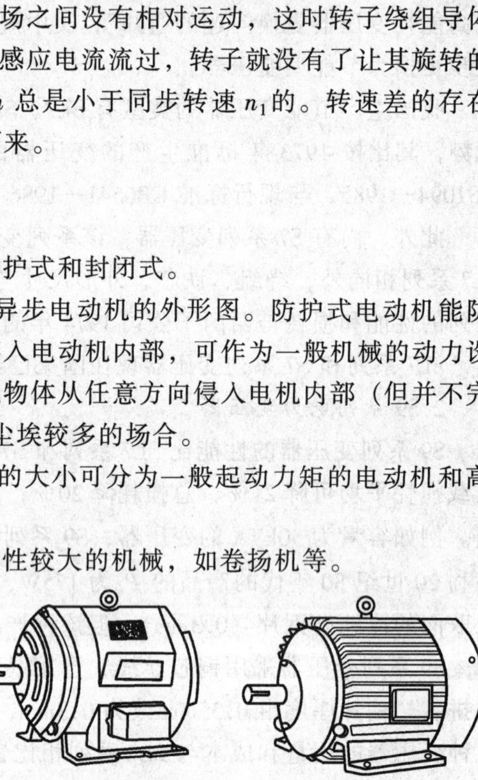

图 2-2-2 异步电动机外形
(a) 防护式；(b) 封闭式

2. 异步电动机的结构

三相异步电动机主要由两个基本部分组成，即定子和转子。定子与转子之间有一个很小的间隙，称为空气隙。

三、异步电动机的参数

异步电动机铭牌上面标有额定运行条件下主要技术数据。这些数据是正确选择和使用电动机的依据，现说明如下。

1. 型号

型号是表示电动机品种、防护型式、转子类型等用的代号。我国电动机的型号多采用汉语拼音字母，常用的字母含义是：

J——交流异步；

O——封闭式（没 O 为防护式）；

R——绕线式转子（没 R 为鼠笼式转子）；

S——双鼠笼式转子；

C——深槽式转子；

Z——冶金和起重用铜条鼠笼式转子；

Q——具有高起动转矩；

L——铝线电动机；

D——多速；

B——防爆。

2. 主要技术数据

(1) 额定功率：电动机在额定运行情况下机轴输出的机械功率，单位是 W 或 kW。三相异步电动机的额定功率用下式计算

$$P_N = \frac{\sqrt{3} U_N I_N \cos\varphi_N}{1000} \cdot \eta_N$$

式中 P_N——电动机额定功率，kW；

U_N——电动机额定线电压，V；

I_N——电动机额定线电流，A；

$\cos\varphi_N$——电动机额定功率因数；

η_N——电动机额定运行时的效率。

(2) 额定电压：电动机在额定运行时，三相定子绕组应接的线电压。

(3) 额定电流：电动机在额定电压、额定负载情况下工作的线电流。运行时如果电流超过这个数值，电动机就会过热甚至损坏。

(4) 额定频率：电动机在额定状态下运行时的交流电源频率，我国工频为 50Hz。

(5) 额定转速：当电源电压和频率为额定值时，电动机在额定负载时的转速。额定转速一般比电动机的同步转速低 1%～6%。

(6) 绝缘等级和温升：电动机定子绕组所用绝缘材料的等级，反应了绝缘材料耐热性能的好坏，决定了电动机的允许温升。绝缘材料按其耐热性能，可分为 A 级（105℃）、E 级（120℃）和 C 级（130℃）等几种，目前中小型电机多采用 E 级绝缘材料。

电动机铭牌上所指的温升指在规定的环境温度（一般为 40℃）下，电动机长期运行时绕组允许上升的温度。电动机的温升与电动机的绝缘材料有关，如采用 E 级绝缘材料，温升为 75℃，表示环境温度为 40℃时，定子绕组最高温度（电阻法测量）不得超过 115℃。

第三节 高压开关设备

客户受电装置常用的高压开关设备有高压断路器、隔离开关、负荷开关和熔断器等。

一、高压断路器

高压断路器是电力系统中非常重要的工作和保护设备，它对维持电力系统的安全、经济和可靠运行起着非常重要的作用。在负荷投入或转移时，它应该准确地开、合。在设备（如发电机、变压器、电动机……等）出现故障或母线、输配电线路出现故障时应能将故障切

除，保证非故障部分的安全连续运行。

1. 高压断路器的用途、要求和分类

(1) 高压断路器的用途。高压断路器是高压电器中最重要的部分，是一次电力系统设备中控制和保护电网的关键电器，无论在空载、负载或短路故障状态，都应可靠地动作。

总的来讲，高压断路器在电网中起两方面的作用：一是控制作用，即根据电网运行的需要，将部分电气设备或线路投入或退出运行；二是保护作用，即在电气设备或电力线路发生故障时，继电保护自动装置发出跳闸信号，跳开断路器，将故障部分设备或线路从电网中迅速切除，确保电网中无故障部分的正常运行。

(2) 高压断路器的基本要求。断路器在正常工作时能接通和切断小容量的负荷电流，短路时要求能切断大容量的短路电流，并不受装设地点环境变化的影响。它应满足以下要求：

1) 工作可靠性。高压断路器在厂家给定的技术条件下工作时，应能够可靠地长期运行。

2) 应具有足够的断路能力。由于电网发生短路故障时产生很大的短路电流，所以当断路器在断开电路时，要有很强的灭弧能力才能可靠断开电路，并保证具有足够的热稳定和动稳定。

3) 具有尽可能短的切断时间。当电网发生短路故障时，要求断路器迅速切断故障电路，这样可以缩短电力网的故障时间和减轻短路电流对电气设备的损害。在超高压电网中，可以提高电力系统的稳定性。

4) 实现自动重合闸。架空输电线路的短路故障，大多数是瞬时性的，能够在切除故障电流后短时间内自行恢复。为了提高供电可靠性并增强电力系统的稳定性，线路保护多采用自动重合闸方式。当发生瞬时性短路故障时，继电保护快速动作跳开断路器，经很短时间后继电保护再次发出合闸命令要求断路器重合。

5) 结构简单、价格低廉。在满足安全、可靠的同时，还应考虑到经济性，故要求断路器结构简单、尺寸小、重量轻、价格低廉。

(3) 高压断路器的分类。高压断路器一般按灭弧介质的不同进行分类。

1) 油断路器。指采用变压器油作灭弧介质的断路器。它又可分为多油断路器和少油断路器。多油断路器的油除了作灭弧介质和触头开断后绝缘外，还作为带电部分对地绝缘使用。少油断路器的油只作为灭弧介质和触头开断后的绝缘，而带电部分对地绝缘采用瓷件或其他介质。油断路器因性能不如新型断路器，已逐步淘汰。

2) 真空断路器。指利用真空作灭弧介质来灭弧的断路器。

3) 六氟化硫 (SF_6) 断路器。指利用具有优异的绝缘性能和灭弧性能的六氟化硫气体作为灭弧介质和绝缘介质。可发展成六氟化硫组合电器。

此外，高压断路器按其安装地点的不同，分为户内式和户外式两种。

2. 高压断路器的技术参数和型号含义

(1) 高压断路器的技术参数。

1) 额定电压。指断路器长时间运行能承受的正常工作电压。它不仅决定了断路器的绝缘水平，而且在相当程度上决定了断路器的总体尺寸和灭弧条件。

2) 最高工作电压。考虑输电线路有电压降，线路供电端母线电压高于受电端母线电压，使断路器可能在高于额定电压下长期工作，因此，规定了断路器有一最高工作电压。

按国标 220kV 及以下设备，其最高工作电压为额定电压的 1.15 倍；对于 330kV 的设备规定为1.1倍额定电压。

3）额定电流。指断路器在额定容量下允许长期通过的工作电流。它决定了断路器触头及导电部分的截面，并且在某种程度上也决定了它的结构。

4）额定开断电流。指在额定电压下，断路器能可靠切断的最大电流。它表明断路器的断路能力。当电压低于额定电压时，开断电流比额定开断电流有所增大，但有一最大值，并称其为极限开断电流。

5）额定断流容量。表明断路器的切断能力。在三相电路中，其大小等于额定电压与额定开断电流乘积的$\sqrt{3}$倍。

6）动稳定电流。表明断路器在冲击短路电流的作用下，承受电动力的能力，其值由导电和绝缘等部件的机械强度决定。

7）热稳定电流。指断路器在某一规定时间范围内允许通过的最大电流，它表明断路器承受短路电流热效应的能力。

8）合闸时间。从发出合闸命令（合闸线圈通电）起至断路器导电部分接通时为止所经过的时间，称为断路器的合闸时间。

9）分闸时间。从发出分闸命令（分闸线圈通电）起至断路器导电部分开断且三相电弧完全熄灭时所经过的时间。它为断路器固有分闸时间和电弧熄灭时间之和。一般为0.06~0.12s，分闸时间小于0.06s的断路器，称为快速断路器。

固有分闸时间是指从发出分闸命令起到导电部分刚刚分离时所经过的时间。灭弧时间指导电部分分离到各相电弧完全熄灭所经过的时间。

（2）高压断路器型号的含义。断路器型号主要有以下七个单元组成。

□□□—□□/□□

第一单元表示灭弧介质类型：S—少油断路器；Z—真空断路器；L—SF_6断路器；Q—产气断路器；C—磁吹断路器。

第二单元表示使用环境：N—户内式；W—户外式。

第三单元表示设计序号。

第四单元表示额定电压（kV）。

第五单元表示设计类别或操作方式：G—改进型；F—分相操作型。

第六单元表示额定电流（A）。

第七单元表示额定开断容量（MVA）。

例如：型号为SN4—20G/8000—3000的断路器，其含义表示为：少油断路器、户内设计序号4，额定电压20kV，改进型，额定电流为8000A，额定断流容量3000MVA。

3. 高压断路器的基本结构和灭弧过程

（1）少油断路器。少油断路器导电部分间的绝缘是利用空气和陶瓷绝缘材料或有机绝缘材料，它的灭弧室装在绝缘筒或不接地的金属筒中，变压器油只用作灭弧和触头间的绝缘，用油量少，比多油断路器体积小、重量轻、运输安装方便、有利于防火。

SN10—10Ⅰ型少油断路器结构如图2-3-1所示，该系列断路器可配用CD10直流电流操动机构CT8型弹簧储能操动机构，也可配用其他操动机构。SN10—10Ⅰ、Ⅱ、Ⅲ型断路器的机构基本相似，由框架、传动系统和箱体三部分构成。框架上装有分闸弹簧31、支持绝缘子30、分闸限位器28和分闸缓冲器25；传动系统包括主轴27、绝缘拉杆29和轴承座26；

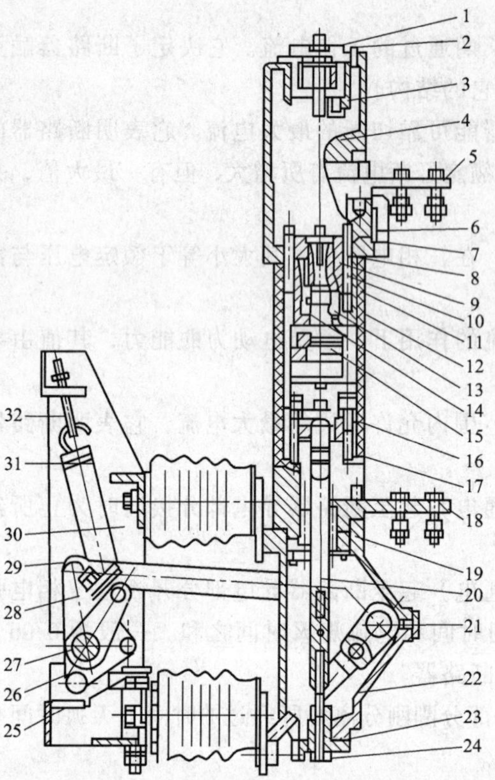

图 2-3-1 SN10—101 型断路器结构

1—排气孔盖；2—注油螺栓；3—回油阀；4—上帽装配；5—接线座；6—油标指示器；7—静触座装配；8—逆止间；9—弹簧；10—绝缘套筒；11—上压环；12—绝缘环；13—触指；14—触指座；15—灭弧室装配；16—下压环；17—绝缘筒装配；18—下座装配；19—滚动触头；20—导电杆装配；21—特殊螺栓；22—上座装配；23—油缓冲器；24—放油螺栓；25—合闸缓冲器；26—轴承座；27—主轴；28—分闸限位器；29—绝缘拉杆；30—支持绝缘子；31—分闸弹簧；32—框架装配

箱体包括基座和灭弧室。

箱体的下部是基座，基座内装有转轴、拐臂和连板组成的变直机构。当断路器合分时，操动机构通过主轴、绝缘拉杆和基座内的变直机构，使导电杆上下运动，实现断路器的合分闸。基座下部装有油缓冲器 23 和放油螺栓 24，分闸时油缓冲器起缓冲作用。导电杆的端部和静触头的触指座 14 上均装有耐弧铜钨合金，以提高寿命和短路开断能力。

箱体中间部位是灭弧室，采用纵横吹和机械油吹联合作用的灭弧装置，有三级横吹、一级纵吹。横吹采用了肩喷口，配合快速分闸的速度使燃弧时间很短。开断电流时，在动静触头分离而产生电弧的高温作用下，绝缘油被分解成气体和油蒸气，形成紧密包围电弧的气泡，并使灭弧室内压力增高。由于压力的作用，首先使静触头中心逆止间内钢球迅速上升堵塞中心孔。电弧在密封的空间内燃烧，灭弧室内压力继续增高。随着动触头向下运动，依次打开第一、二、三横吹口和纵吹口，使油和气体的混合体强烈吹向电弧。此外，由于导电杆快速向下运动形成向上的附加油流，产生机械油吹。在横纵吹和机械油吹的作用下，使电弧在短时间内熄灭。触指座装在上接线座的相反方向，使断路器分断电流时，在电动力的作用下，把电弧吹至触指座上，避免烧伤主触头。

从弧道排出的高压油气冲向上帽的缓冲空间惯性膨胀并通过一个 $\phi3.5$mm 斜孔进入小室，并沿着小室内壁切线方向旋转，使油和油气流回箱体内，少量气体通过分离器项盖排气孔逸出。采用这种惯性膨胀和油气分离器进行油气分离的效果较好，排出的油气少，在开断满容量短路电流的情况下油位基本不下降。

(2) 真空断路器。在真空容器中进行电路开断和关合的电器叫真空断路器，它利用真空度为 6.6×10^{-2}Pa 以上的高真空作为内绝缘和灭弧质。真空间隙的气体稀薄分子的自由行程大，发生碰撞游离的机会少，其绝缘强度很高，电弧很容易熄灭。真空的绝缘强度比变压器油、1 个大气压下的 SF_6 和空气的绝缘强度都要高得多。

真空断路器一般分为悬臂式和落地式两种，主要由真空灭弧室、支架和操动机构三部分组成。真空灭弧室的性能主要取决于触头材料和结构，并与屏蔽罩的结构、材质以及灭弧室的制造工艺有关。典型的真空灭弧室如图 2-3-2 所示，动静触头分别焊在动静导电杆上，用波纹管实现密封。动触头在机构驱动力的作用下，能在灭弧室沿轴向移动，完成分闸和合闸。

真空灭弧室的触头，一般采用磁吹对接式。如图 2-3-3 所示，其头的中间接触面的四周开有三条螺旋槽的吹弧面，触头闭合时，只有接触面相互接触。当开断电流时，真空间隙击穿，在触头电极蒸发出来的金属蒸气中产生电弧。在接触面上产生的电弧，在电弧磁场作用下，驱使电弧沿触头四周切线方向运动，即在触头外缘上不断旋转，避免了电弧固定在触头某处而烧损触头。电流过零时，电弧即自行熄灭。

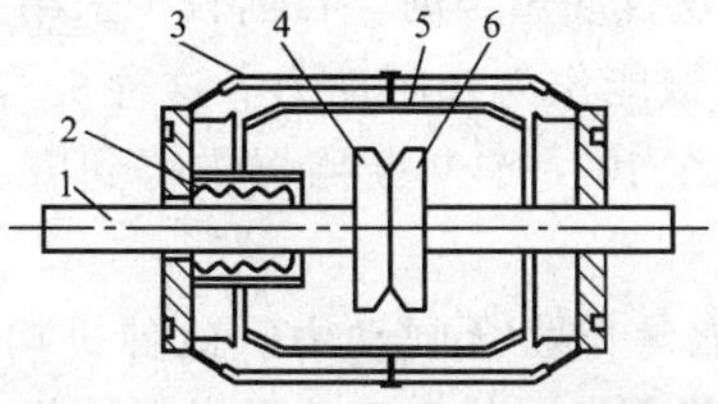

图 2-3-2 真空灭弧室的原理
1—动触杆；2—波纹管；3—外壳；4—动触头；5—屏蔽罩；6—静触头

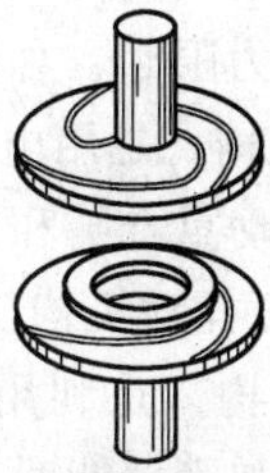

图 2-3-3 内螺槽触头

（3）SF_6 断路器。六氟化硫断路器简称为 GCB，属于气吹式断路器。其特点是：工作气压较低，在吹弧过程中，气体不排向大气，而在密封系统中循环使用。因 SF_6 气体介质的绝缘和灭弧性能好，使 GCB 具有开断能强、断口电压高、允许连续开断的次数较多，噪声小和无火花危险等优点。

1）瓷支柱式 GCB。如图 2-3-4 所示，其灭弧装置装在支持瓷套的顶部，由绝缘杆进行操动。这种结构的优点是系列性好，用不同个数的标准灭弧单元和支持瓷套，即可组装成不同电压等级的产品；其缺点是稳定性差，不能加装电流互感器。

2）落地罐式。其总体结构类似于多油断路器。它的灭弧系统用绝缘体支撑在接地金属罐的中心，借助于套管引线，基本上不改装就可以用于全封闭组合电器之中。这种结构便于安装电流互感器，抗振性能好，但系列性差。

用于中压级的 GCB 有旋弧式、气自吹式和压气式三种，在 35kV 及以下的配电装置中，GCB 的总体结构常做成小车式，外形与少油和真空断路器极为相似。

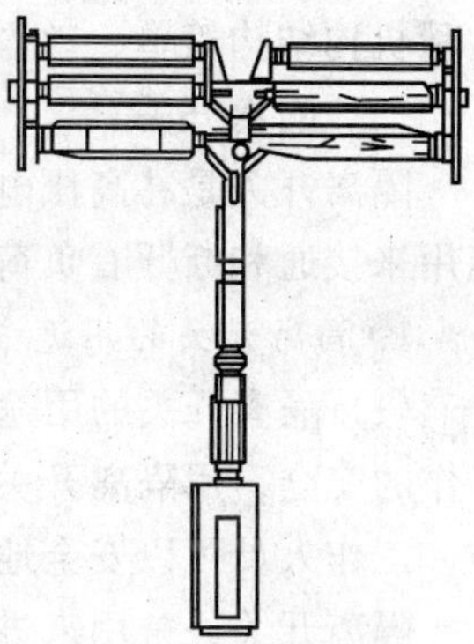

图 2-3-4 瓷支柱式 GCB

灭弧室常态时只有单一的 SF_6 气体。分闸过程中，压气缸与动触头同时运动，将压气室内的气体压缩。触头分离后，电弧即受到高速气流纵吹而将电弧熄灭。

（4）断路器的操动机构。操动机构是带动高压断路器传动机构进行合闸和分闸的机构。要求：

1）应具有足够的操作功率。在断路器合闸过程中，操动机构要克服很大的机械力和电动力，因此，断路器合闸时，操动机构必须发出足够大的功率。而在断路器分闸时所需功率较小。

2）要求动作迅速。通常要求快速断路器的全分闸时间不大于 0.08s，近代高压和超高压断路器甚至要求分闸时间为 0.02～0.04s。而断路器的全分闸时间中，固有分闸时间约占一半以上，它与操动机构的结构有关。

3）要求操动机构工作可靠、结构简单、体积小、重量轻、操作方便等。

根据断路器合闸时所用能量的形式，操动机构可分为手动式、电磁式、弹簧式、压缩空气式和液压式等几种类型。其特点如下：

a. 手动式操动机构的特点是靠人力合闸，靠弹簧力分闸，并具有自由脱扣机构；构造简单，不需要其他辅助设备，一般只使用于额定开断电流不超过6.3kA的断路器。它的最大缺点是操作功率受人力限制，合闸时间长，不能实现自动重合闸。目前较少采用。

b. 电磁式操动机构，是用电磁铁将电能变成机械能作为合闸动力。这种机构结构简单，运行可靠，能用于自动重合闸和远距离操作。因而在10～35kV断路器中得到广泛应用，常用的有CD10系列电磁操动机构。

c. 弹簧式操动机构，是利用弹簧预先储存的能量作为合闸动力。此种机构成套性强，不需配备附加设备，弹簧储能时耗用功率小；但结构复杂，加工工艺及材料性能要求高，且机构本身重量随操作功率增加而急剧增大。目前我国生产的CT7、CT8等系列机构，可供SN10系列断路器使用：CT6系列弹簧操作机构，供SW4系列断路器使用。CT10系列弹簧操作机构，供LW系列和ZN系列断路器使用。

d. 液压式操动机构，是利用压缩气体（氮气）作为能源，以液压油作为传递能量的媒介，推动活塞做功，使断路器合闸或分闸。CY3、CY3Ⅲ型和CY4型液压操动机构具有压力高、出力大、体积小、传递快、延时短、动作准确及出力比较均匀等优点。

e. 气动式操动机构，是利用压缩空气进行断路器分闸，利用弹簧力进行断路器合闸。这种机构结构简单、动作可靠。

二、隔离开关

隔离开关是在高压电气装置中保证工作安全的开关电器，结构简单，没有灭弧装置，不能用来接通和断开有负荷电流的电路。

1. 隔离开关的用途分类及基本结构

(1) 隔离开关的用途。隔离开关的重要用途是保证电压在1000V以上的高压装置中检修工作的安全，用隔离开关将高压装置中需要检修的部分，与其他带电部分可靠地隔离。这样，工作人员可以安全地进行作业，而不影响其余部分正常工作。

隔离开关经常用来进行电力系统运行方式改变时的倒闸操作。例如，发电厂或变电所的主接线为双母线时，与母线相连的隔离开关将用来进行倒母线操作。

隔离开关也可以接通或切断小电流。例如，可以用隔离开关接通和断开下列电路：

1）电压互感器和避雷器；

2）母线和直接与母线相连设备的电容电流；

3）空载变压器（一定电压等级和容量）；

4）空载线路（一定电压等级和线路长度）。

特别强调，隔离开关在任何情况下，均不能切、合负荷电流和短路电流，并应设法避免可能发生的误操作。

(2) 隔离开关的分类及基本结构。隔离开关根据极数可分为单极和三极；根据安装的地点可分为屋内（GN型）和屋外（GW型）；根据构造又可分为转动式和插入式，转动式的刀闸在垂直于绝缘子的平面内转动，而插入式的刀闸和绝缘子则在接通和断开时沿自身的轴转动。此外，隔离开关还分为带接地开关和不带接地开关的两种，接地开关的作用是用来在检修时接地用的。

2. 隔离开关的技术参数

技术参数是对隔离开关工作性能的基本描述，它对隔离开关的选择和使用有重要的意义。其主要技术参数如下：

(1) 额定电压：指隔离开关长期运行时承受的工作电压。与安装点电网的额定电压等级对应。

(2) 最高工作电压：由于电网电压的波动，隔离开关所能承受的超过额定电压的电压。它不仅决定了隔离开关的绝缘要求，而且在相当程度上决定了隔离开关的外部尺寸。

(3) 额定电流：指隔离开关可以长期通过的工作电流，即长期通过该电流，隔离开关各部分的发热不超过允许值。

(4) 热稳定电流：指隔离开关在某规定的时间段内，允许通过的最大电流。它表明了隔离开关承受短路电流热稳定的能力。

(5) 极限通过电流峰值：指隔离开关所能承受的瞬时冲击短路电流。这个值与隔离开关各部分的机械强度有关。

对于隔离开关的额定电压和额定电流可以从其型号中表示出来，如 GN6—10T/400 型隔离开关，额定电压为 10kV、额定电流为 400A。其他各部分的含义是

G□ □—□ □/□

G—表示隔离开关；

第一单元：N—户内式；W—户外式。

第二单元：设计序号。

第三单元：额定电压（kV）。

第四单元：C—瓷套管出线；K—快分型；D—带接地开关；G—改进型；T—统一设计。

第五单元：额定电流（A）。

三、高压负荷开关

高压负荷开关是用于切合线路负荷电流的开关电器，有的还可用于切断与关合空载线路、空载变压器以及电容器等，高压负荷开关在分闸状态有明显的断口，可起到隔离开关的作用；同时它还带有快速合闸机构和灭弧装置，其性能又优于隔离开关，是介于隔离开关与断路器之间的一种开关电器。

负荷开关只能开合负荷电流，不能切断短路电流。它只能通过和熔断器一起，来切断短路电流保护其他电器。

1. 高压负荷开关的分类、工作原理及型号含义

(1) 高压负荷开关的分类。负荷开关分为户内型和户外型。

从灭弧方式的不同，可分为产气式、压气式、压缩空气式、油浸式、真空式、SF_6 等多种形式。

按是否带熔断器可分为带熔断器和不带熔断器。

(2) 工作原理。主回路通过刀闸对电路进行接通和断开。

高压负荷开关的工作主要是分闸时的灭弧过程。压气式负荷开关的灭弧，是利用分闸时主轴带动活塞压缩空气，使压缩空气从喷嘴中高速喷出以吹熄电弧。产气式负荷开关的灭弧

系统采用固体产气元件，在分闸时电弧产生的高温使固体产气元件分解出大量气体，沿喷嘴高速喷出，形成强烈的纵吹作用，使电弧很快熄灭。对于其他类型的负荷开关，其灭弧装置利用了不同材料的绝缘介质和灭弧装置来熄灭电弧。

(3) 负荷开关型号的含义：

□□□—□□□

第一单元：负荷开关，常用F表示。

第二单元：N—户内型；W—户外型。

第三单元：设计序号。

第四单元：额定电压（kV）。

第五单元：熔断器代号。

第六单元：熔断器安装方式。

2. 高压负荷开关的结构

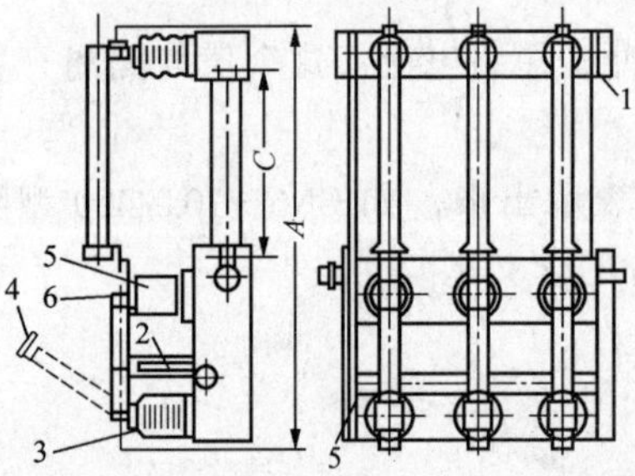

图 2-3-5 FN3—10RS 型负荷开关的外形图

1—框架；2—传动机构；3—支持绝缘子；4—刀形触头；5—兼作气缸用的绝缘子；6—喷嘴

(1) FN3—6、FN3—10 型户内负荷开关。这两种负荷开关为压气式，额定电压分别为 6kV 和 10kV。一般用于这类电压等级的配电系统中，开合带有正常负荷电流及过负荷电流的电路，也可开合空载线路、空载变压器及电容器组。开关上配有 RN3 系列熔断器的负荷开关，还可以通过熔断器切断短路电流，作保护电器用。

该类型开关配接 CS2、CS3、CM4—T 型手动操作机构，并由框架、传动机构、支持绝缘子、刀型触头、灭弧装置等组成，见图 2-3-5。6 只绝缘子的上部中的 3 只（图中 5）兼做气缸用，活塞装在其内，由轴带动；下部的 3 只仅起支持作用。6 只绝缘子的顶部均装有触座，下触座装有刀闸，靠 6 片蝶形弹簧片紧固。动、静触头装有弧动触头，开关打开时，主回路先断，弧动触头断开，喷嘴 6 喷出压缩气吹断电弧。

负荷开关框架上设有跳扣、凸轮与合闸弹簧，可以快速合闸。

该负荷开关有以下三种组合方式：

1）熔断器的 FN3—10 型负荷开关；

2）有熔断器的 FN3—10R/S 型负荷开关，熔断器位于开关的上面；

3）有熔断器的 FN3—10（R）型负荷开关，熔断器位于开关的下面。

(2) FW7—10Ⅰ、FW7—10Ⅱ型户外负荷开关。FW7—10Ⅰ型是两相开关设备、FW7—10Ⅱ型是三相开关设备，均适用于额定电压 10kV 的电力系统，一般安装在电源进线与配电变压器之间。当变压器空载运行时，负荷开关能自动分闸，从而达到节电的目的。

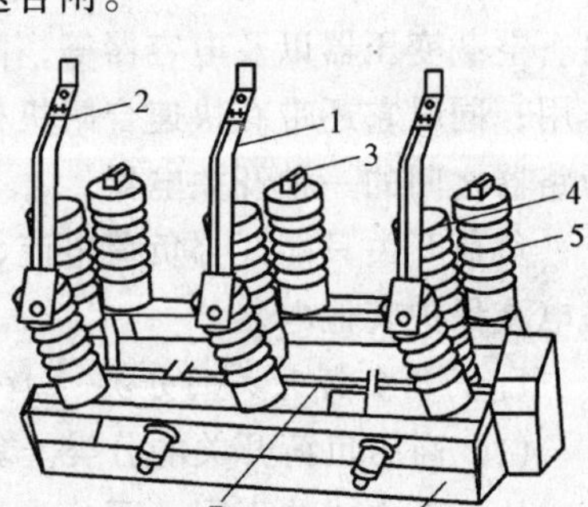

图 2-3-6 FW7—10Ⅰ、Ⅱ型负荷开关结构

1—导电刀板；2—动触头；3—静触头；4—拉杆绝缘子；5—支持绝缘子；6—底座；7—转动部分

该负荷开关由开关本体和控制盒两部分组成，如图 2-3-6 所示。开关本体由导电刀板 1、动触头 2、静触头

3、拉杆绝缘子4、支持绝缘子5、底座6及转动部分7构成。控制盒与本体通过电缆线连接。控制盒内有监视器、缓冲器、闭锁器、延时器及电源等。

FW—10Ⅰ型和FW7—10Ⅱ型仅是相数有差别，其他均相同。

(3) FW11—10型六氟化硫负荷开关。该型负荷开关是用六氟化硫气体作灭弧介质的户外型开关，适用于10kV交流配电系统，可用以开、合正常工作电流，能切断过负荷电流，用作控制及保护电器。

开关如图2-3-7所示，采用三相共用一个箱筒底部是吸附剂罩，内装有吸附剂和充气阀门。瓷套管起对地绝缘、支持动静触头和引出接线端子的作用。

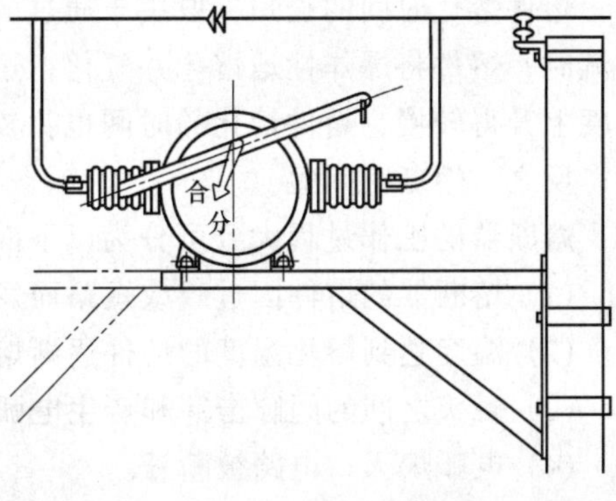

图2-3-7 FWⅡ—10型六氟化硫负荷开关

静触头为梅花形结构，动触头是铜钨合金。采用旋弧式原理灭弧，灭弧效果好。

第四节 高压熔断器

熔断器是一种最简单的保护电器，它串联在电路中，当电路发生短路或过负荷时，熔断器自动断开电路，使其他电气设备得到保护。熔断器分为低压熔断器和高压熔断器，本节只介绍高压熔断器。

一、高压熔断器的基本结构、工作原理和技术参数

1. 基本结构和熔件材料

断熔器主要是由金属熔件（也叫熔体）、支持熔体的载流部分（触头）和外壳构成。有些熔断器内还装有特殊的灭弧物质，如产气纤维管、石英砂等用来熄灭熔件熔断时形成的电弧。

熔件是熔断器的主要部件。要求熔件的材料熔点低、导电性能好、不易氧化和易于加工。一般用铅、铅锡合金、锌、铜、银等金属材料。

铅、铅锡合金和锌的熔点较低，分别为320、200℃和420℃，但导电性能差，所以用这些材料制成的熔件截面相当大，熔断时产生的金属蒸气太多，对灭弧不利，故仅用于500V及以下的低压熔断器中。

铜和银的导电性能好，热传导率较高，可以制成截面较小的熔件，因此铜熔件广泛应用于各种电压的熔断器中，银熔件的价格较高只使用于高压小电流的熔断器中。铜、银熔件的缺点就是熔点较高，分别为1080℃和960℃。当熔断器长期通过略小于熔断电流的过负荷电流时，熔件不能及时熔断断开电路导致其他部件损坏。为了克服这些缺点，可采用“冶金效应”来降低熔件的熔点，即在难熔的熔件上焊上铅或锡的小球，当温度达到铅或锡的熔点时，难熔金属与熔化了的铅或锡形成电阻大、熔点低的合金，结果熔件首先在小球处熔断，然后电弧使熔件全部熔化。

2. 工作原理

熔断器是串联在电路中的，当电路中的电流增加到一定数值时，例如电路过负荷或发生

短路时，较大的过负荷电流或短路电流导致熔件发热，熔点较低的熔件在被保护设备的温度未达到破坏其绝缘之前熔断，电路断开，使设备得到了保护。

熔件熔化时间的长短，取决于通过的电流和熔件熔点的高低。当电路中通过很大的短路电流时，熔件将爆炸性地熔化并气化，迅速熔断；当通过幅值不是很大的过电流时，熔件的温度上升得较慢，熔件熔化的时间也就较长。熔件材料的熔点高，则熔件熔化慢、熔断时间长；反之，熔断时间短。

熔断器的工作过程大致可分为以下四个阶段：

(1) 熔断器的熔件因过载或短路而发热；

(2) 温度达到熔化温度的熔件逐渐熔化和气化；

(3) 触头之间的间隙击穿和产生电弧；

(4) 电弧熄灭、电路被断开。

显然，熔断器的动作时间为上述四个过程所经过时间的总和。熔断器的开断能力决定于熄灭电弧能力的大小。

3. 技术参数和型号标识

表征熔断器技术特性的主要参数如下：

(1) 额定电压。熔断器长期能够承受的正常工作电压，即安装处电力网的额定电压。

(2) 额定电流。熔断器壳体部分和载流部分允许通过的长期最大工作电流。长期通过此电流时，熔断器不会损坏。

(3) 熔件的额定电流。熔件允许长期通过而不熔断的最大电流。熔件的额定电流可以和熔断器的额定电流不同。同一熔断器可装入不同额定电流的熔件，但熔件的最大额定电流不应超过熔断器的额定电流。

(4) 极限断路电流。熔断器所能断开的最大电流。若被断开的电流大于此电流时，有可能使熔断器损坏，或由于电弧不能熄灭引起相间短路。

高压熔断器的型号分为五个部分，其含义如下：

□□□—□□

第一单元：熔断器，通常用 F（旧型号用 R）表示。

第二单元：N—户内型；W—户外型。

第三单元：设计序号。

第四单元：额定电压（kV）。

第五单元：T—带热脱扣器；Z—带自动重合闸。

二、高压熔断器的分类

高压熔断器可分为户内型和户外型，用于户内或户外的又有不同型号。按电压等级分有 3、6、10、35、60、110kV 等。按是否有限流作用又可分为限流式和无限流式。

1. 分类及用途

(1) RN1 系列：户内管式，供电力线路短路和过流保护用，充石英砂。

(2) RN2 系列：户内管式，供电压互感器短路保护用，充石英砂。

(3) RW1 系列：户外式，与负荷开关配合可代替断路器。RW1—35Z（或 60Z）型户外自动重合闸熔断器，具有一次自动重合闸功能。

(4) RW2 系列：RW2—35 型与 RD1—35 附加电阻配合，可作为 35kV 电压互感器保护，现已被 RW9—35 型代替。

(5) RW3 ~ RW6 系列：户外自动跌落式，可作为电气设备、输电线路和电力变压器的短路和过负荷保护。

(6) RW9—35 型为新型产品。

2. 户内高压熔断器

如图 2-4-1 所示为 RN1 系列熔断器外形图。熔件在装满石英砂的密封管内，根据其额定电流的大小，每相熔丝有 1、2、4 根三种（RN2 系列均为单根）。

当过负荷时，熔件先在焊有小锡球处熔断，随之电弧使熔件沿全长熔化，电弧在电流为零时熄灭。当短路电流通过时，细熔丝几乎全长熔化并蒸发，沟道压力增加，金属蒸气向四周喷渗，渗入石英砂凝结，同时由于狭缝灭弧原理而使电弧熄灭，此种熔断器属限流熔断器。

3. 户外高压熔断器

(1) RW3—10 型跌落式熔断器。如图 2-4-2 所示，主要用于 6 ~ 10kV 配电变压器，其熔件焊在编织导线上，并穿过熔件管用螺丝固定在上、下部的触头上，此时编织导线处于拉紧状态，使熔件管上的活动关节锁紧，熔断器可以分合闸。当熔件熔断时，编织导线失去拉力，使熔件管活动管节释放，熔件管由其本身重量自动绕轴跌落，电弧被拉长熄灭。此型熔断器还有 RW9—10 型及新型产品 RW7—10 型，二者结构相似，此型熔断器要经过几个周波才能熔断，所以称为无限流作用熔断器。

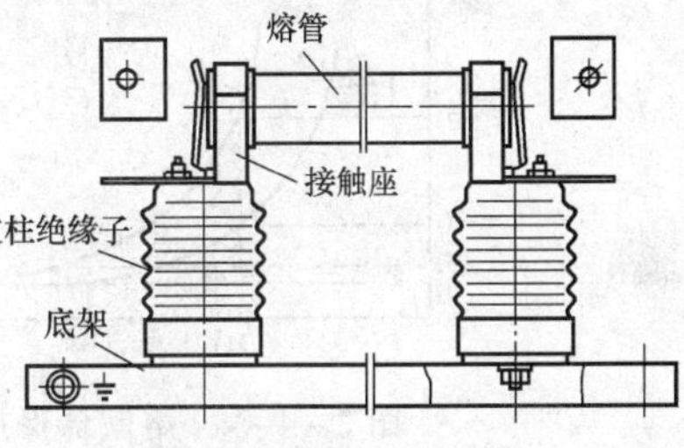

图 2-4-1 RN1 系列熔断器外形

图 2-4-2 RW3—10 型跌落式熔断器外形

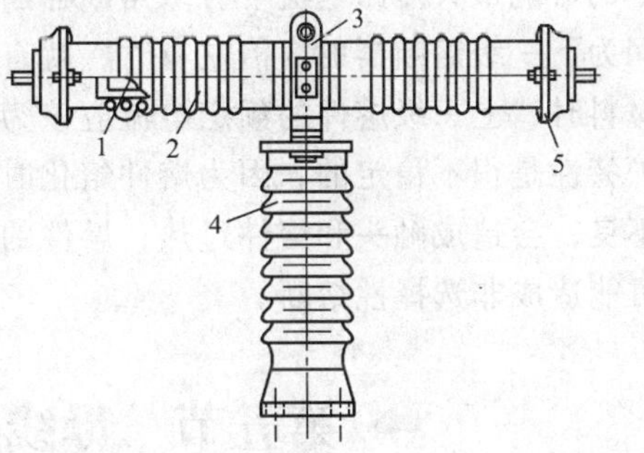

图 2-4-3 RW9—35 型熔断器结构
1—熔管；2—瓷套；3—紧固法兰；4—棒形支持绝缘子；5—拉线立帽

(2) RW9—35 型熔断器。此型为高压限流型新型断器，它具有体积小、重量轻、灭弧性能好、限流能力强、断流容量大等优点，从而大大提高了可靠性。同时，由于维护简单，熔件熔断后可以更换，故将取代旧型产品。如图 2-4-3 所示，它由熔管 1、瓷套 2、紧固法兰 3 及棒形支持绝缘子 4、拉线立帽 5 组成。熔管装于瓷套内，熔件放在装满石英砂填料的熔管内，有限流作用。

三、高压熔断器的保护特性

熔断器的断路时间决定于熔件的熔化时间和灭弧时间，断路时间也称熔断时间。熔断时间与通过熔断器使熔件熔断的电流之间的关系曲线，称为熔断器的保护特性曲线。曲线对不同额定电流的熔件分别作出，图 2－4－4 所示为不同额定电流的熔件 1 和 2 保护特性，也称为安秒特性曲线，保护特性曲线由制造厂家试验作出。当熔断器通过的电流小于最小熔断电流时，熔件不会熔断。熔件 1 的额定电流小于熔件 2 的额定电流，熔件 1 的截面也小于熔件 2。同一电流通过不同额定电流的熔件时，额定电流小的熔件先熔断，例如当通过短路电流 I_{k1}时，$t_1 < t_2$，熔件 1 先熔断。

熔断器的保护特性曲线是选择熔断器的重要依据。例如，当电网中有几级熔断器串联，分别保护各电路中元件，当某元件发生过负荷或短路故障时，保护该元件的熔断器应该熔断，即为选择性熔断；如果保护该元件的熔断器不熔断，而上一级熔断器熔断，即为非选择性熔断。当发生非选择性熔断时，必将扩大停电范围，造成不应有的损失。

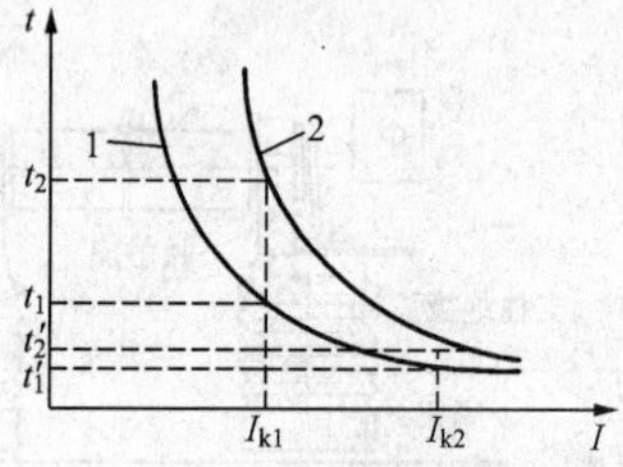

图 2－4－4 熔断器保护特性曲线

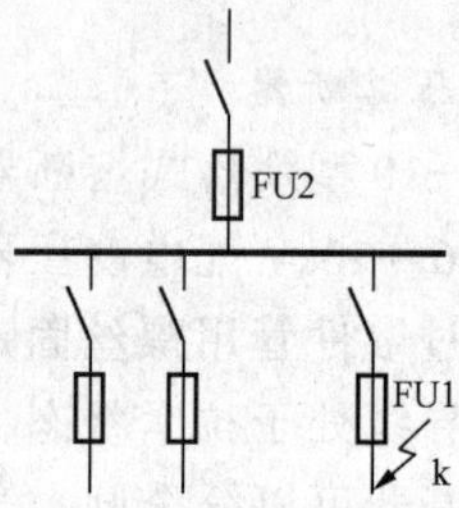

图 2－4－5 低压配电熔断器的配置

如图 2－4－5 所示电路中，当 k 点发生短路时，FU1 应该先断熔，FU2 不应该断熔。

为了保证电路中几级熔断器能够实现选择性熔断，应根据它们的保护特性曲线，检查在电路中的可能最大短路电流下各级熔断器断路时间。在通常情况下，如果上一级熔断器的断路时间为下一级熔断器的 3 倍左右时，就有可能保证选择性熔断。一般情况下，如果熔件为同一材料时，上一级熔件的额定电流应该为下一级熔件额定电流的 2～4 倍。但是，熔断器的保护特性是很不稳定的，因为熔件熔化时间与熔断器触头和熔件本身状况有关。例如触头接触不良，会造成触头和熔件过热；熔件的氧化和损伤，会使熔件有效截面减小等，这些因素都可能造成非选择性熔断。

第五节 母线、绝缘子、电力电缆

母线、绝缘子及电力电缆是电力系统配电装置中最常见的电气设备，而套管是一种特殊的绝缘子。在本节中主要讲述母线、绝缘子及电力电缆的用途、构成材料、型号及其分类，并简要阐述其安装方法和适用范围。

一、母线

1. 母线的作用、类型及特点

在发电厂及变电站的各级电压配电装置中，将发电机、变压器等大型电气设备与各种电器之间连接的导线，称为母线。母线的作用是汇集、分配和传送电能。母线是构成电气主接线的主要设备。

母线按所使用的材料可分为铜母线、铝母线和钢母线。不同材料制作的母线具有各自不同的特点和适用范围。

(1) 母线材料。

1) 铜母线。铜的电阻率低，机械强度高，抗腐蚀性强，是很好的母线材料。但它在工业上有很多重要用途，而且储量不多，是一种贵重金属，因此，除在含有腐蚀性气体或有强烈振动的地区（如靠近化工厂或海岸等）应采用铜母线之外，一般都采用铝母线。

2) 铝母线。铝的电阻率约为铜的1.7～2倍，而重量只有铜的30%，所以在长度和电阻相同的情况下，铝母线的重量仅为铜母线的一半。而且铝的存储量较多，价格也较低，总的来说，用铝母线比用钢母线经济。因此目前我国在屋内和屋外配电装置中都广泛采用铝母线。

3) 钢母线。钢的优点是机械强度高，价格便宜。但钢的电阻率很大，为铜的6～8倍，用于交流时产生很强烈的集肤效应，并造成很大的磁滞损耗和涡流损耗，因此仅用在高压小容量电路（如电压互感器回路以及小容量变压器的高压侧）、工作电流不大于200A的低压电路、直流电路以及接地装置回路中。

(2) 母线截面。母线按截面形状可分为矩形、圆形、槽形和管形等。母线的截面形状应保证集肤效应系数尽可能小，同时散热条件好，机械强度高，安装简单和连接方便。

1) 矩形截面。矩形截面母线常用在35kV及以下的屋内配电装置中。矩形母线的优点（与相同截面的圆形母线比较）是散热条件好，集肤效应小，安装简单，连接方便。在相同的截面积下，矩形母线比圆形母线具有更大的周长和散热面，因而散热条件好，在相同的截面和相同的容许发热温度下，矩形截面母线要比圆形母线的容许工作电流大。

为增强散热条件和减小集肤效应的影响，同时兼顾机械强度，矩形截面母线的边长比通常约为1:12～1:5。单条母线的截面积不应大于$10\times120=1200$（mm^2）。当工作电流超过最大截面的单条母线之允许电流时，每相可用两条或三条矩形母线固定在支持绝缘子上，每条间的距离应等于一条的厚度，以保证较好的散热。但每相条数增加时，其允许电流并不成正比地增加，而是随条数的增加而增加得较少。当每相有三条时，中间一条电流约为总电流的20%，两边的二条各占40%。每相矩形母线的条数不宜超过三条。

2) 圆形截面。在35kV以上的户外配电装置中，为了防止产生电晕，大多采用圆形截面母线。一般情况下，母线表面的曲率半径越小，则电场弧度越大。因此，矩形截面的四角处在电压等级较高时易引起电晕现象，而圆形截面不存在电场集中的场所。因此，在110kV及以上电压的户外配电装置中，一般都采用钢芯铝绞线或管形母线。

3) 槽形截面。槽形母线的电流分布较均匀，与同截面的矩形母线相比，具有集肤效应小、冷却条件好、金属材料的利用率高、机械强度高等优点。当母线的工作电流很大，每相需要三条以上的矩形母线才能满足要求时，一般采用槽形母线。

4) 管形截面。管形母线是空心导体，集肤效应小，且电晕放电电压高，多应用于在35kV以上的户外配电装置。

母线还可分为软母线和硬母线，软母线指多股铜绞线或钢芯铝绞线，应用于较高（35kV以上）的户外配电装置。硬母线多应用于电压较低（35kV及以下）的户内配电装置。

2. 母线的布置方式

母线的散热条件和机械强度与母线的布置方式有关。以矩形截面母线为例，最为常见的布置方式有两种，即水平布置和垂直布置。

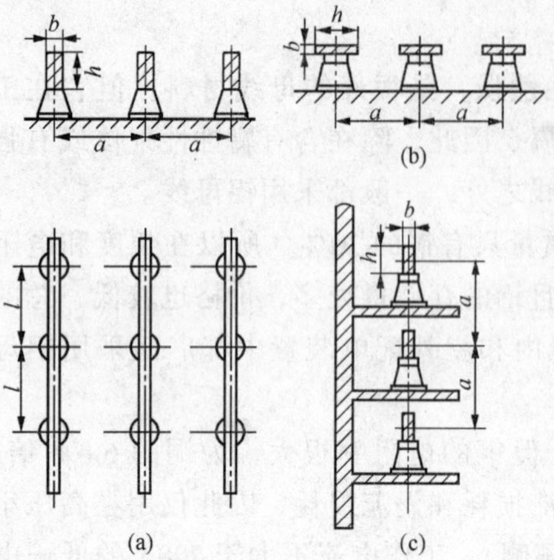

图 2－5－1 母线布置方式

(a)、(b) 水平布置；(c) 垂直布置

(1) 水平布置。如图 2－5－1 (a)、(b) 所示，三相母线固定在支持绝缘子上，具有同一高度。各条母线之间既可以竖放，也可以平放。竖放式水平布置的母线散热条件好，母线的额定允许电流较其他放置方式要大，但机械强度不是很好。对于允许载流量要求不大，但机械强度有较高要求的场合可采用平放式水平布置的结构。

(2) 垂直布置。垂直布置方式的特点是三相母线分层安装，如图 2－5－1 (c) 所示，图中母线采用竖放式垂直布置，这种布置方法不但散热性好，而且机械强度和绝缘能力都很高，克服了水平布置存在的不足之处，然而垂直布置增加了配电装置的高度，需要更大的投资。

槽形截面母线布置方式与矩形母线是相似的。

3. 母线在绝缘子上的固结和着色

(1) 母线在绝缘子上的固结。矩形截面母线和槽形截面母线都是通过衬垫安置在支柱绝缘子上，并利用金具进行固结，如图 2－5－2 所示。在交流装置中由于铁耗等原因，会造成母线金具的发热。为减小发热程度，在 1000A 以上的大工作电流装置中，通常母线金具上边的夹板用非磁性材料铝制成，而其他零件采用镀锌铁。

母线用金具固结在绝缘子上，必须考虑到母线热效应而产生的纵向自由伸缩，以免支柱绝缘子受到很大的应力。为此，在固结铝板的螺栓上套以间隔钢管，使母线与上夹板之间保持一定的空隙。圆形截面的母线是利用卡板固结在支柱上，多股绞线则利用专门的线夹固结在悬式绝缘子串上。

当矩形截面的长度大于 20m 时，一般在母线上装设伸缩补偿器，如图 2－5－3 所示。

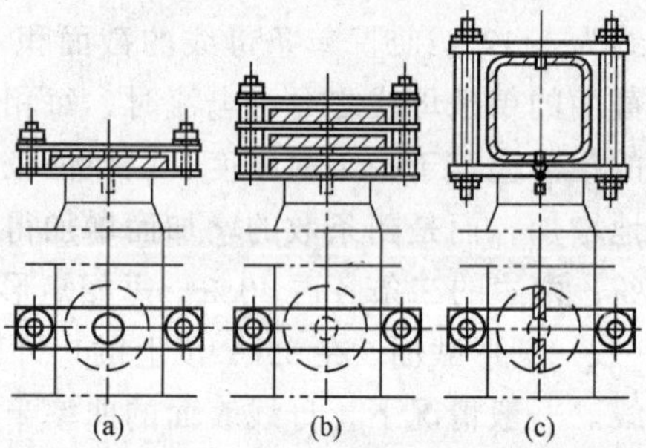

图 2－5－2 母线在支柱绝缘子的固结

(a)、(b) 水平布置；(c) 垂直布置

(2) 母线的着色。对母线进行着色有其实际意义，它可以增强热辐射能力，有利于母线的散热，母线着色后允许负荷电流提高 12%～15%。钢母线着色还可防止生锈。同时，为了使工作人员便于识别直流的极性及交流的相别，母线可涂以不同的颜色标志。

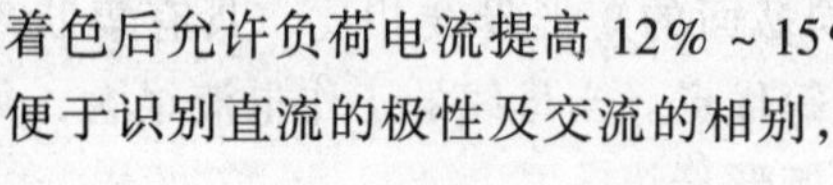

图 2－5－3 半圆形母线的伸缩补偿器

直流装置：正极——红色；负极——蓝色。

交流装置：A 相——黄色；B 相——绿色；C 相——红色。

中性线：不接地中性线——白色；接地中性线——紫色。

4. 封闭母线

在易受气候变化影响及污染严重的场所，可采用封闭母线（用外壳将母线封闭起来）。封闭母线的类型，按外壳材料可分塑料外壳和金属外壳。按外壳与母线间的结构型式可分为如下几种型式：

（1）不隔相（亦称共相）式封闭母线。如图 2-5-4（a）所示，三相母线设在没有相间隔板的金属（料）公共外壳内。

（2）隔相式封闭母线。如图 2-5-4（b）所示，母线布置在相间有金属（或绝缘）隔板的金属外壳内。

（3）分相封闭母线。其每相导体分别用单独的铝圆形外壳封闭。分相封闭母线根据金属外壳各段的连接方法，又可分为分段绝缘式和全连式（段间焊接）两种。

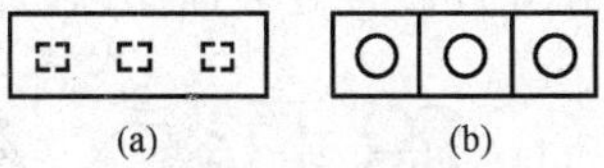

图 2-5-4　不隔相与隔相式封闭母线
（a）不隔相式；（b）隔相式

二、绝缘子

1. 绝缘子的作用

绝缘子俗称瓷瓶，绝缘子广泛地应用在发电厂和变电所的配电装置中以及输电线路上，用来支持和固定载流导体，并使导体与地绝缘，或使装置中处于不同电位的载流导体之间绝缘。绝缘子必须具有足够的绝缘强度和机械强度，并能耐热和耐潮湿。

2. 绝缘子的分类

（1）按装设地点可分为户内式和户外式两种。户外式绝缘子具有较多和较大的伞裙，以增长沿面放电距离，并能在雨天阻断水流，使其能在恶劣的气候环境中可靠地工作。在多灰尘或有害气体的地区，应采用特殊结构的防污绝缘子。而户内式绝缘子表面则无伞裙。

（2）按用途可分为电站绝缘子、电器绝缘子和线路绝缘子等。

1）电站绝缘子：主要用来支持和固定发电厂及变电所屋内外配电装置的硬母线，并使母线与大地绝缘。电站绝缘子一般按其作用不同分为支柱绝缘子和套管绝缘子，如图 2-5-5 所示。

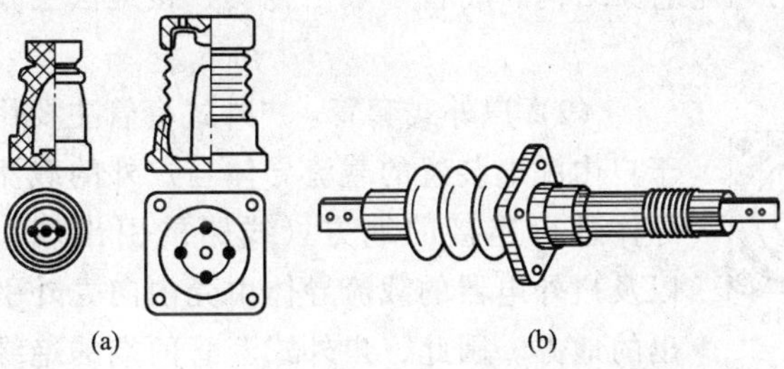

图 2-5-5　电站用支柱绝缘子和穿墙套管
（a）ZA—6Y 型和 ZLD—10F 型支柱绝缘子；（b）CWLB—10 型户外穿墙套管

2）电器绝缘子：主要用来固定电器的载流部分，也可分为支柱和套管绝缘子两种。支柱绝缘子用于固定没有封闭外壳电器的载流部分，如隔离开关的静、动触头等。套管绝缘子用来使有封闭外壳的电器（如断路器、变压器等）的载流部分引出外壳。有些电器绝缘子具有特殊形状，如柱形、牵引杆形和杠杆形等，以使其具有优良特性，并更好地与电器相配合。

3）线路绝缘子：线路绝缘子主要用来固结架空输、配电导线和屋外配电装置的软母线，并使它们与接地部分绝缘。目前主要有针式、悬式、蝶式三种，如图 2-5-6 所示。

3. 绝缘子的结构

高压绝缘子主要由电瓷作绝缘体，具有结构紧密均匀、表面光滑、不吸水、绝缘性能稳定和机械强度高等优点。绝缘子也可用钢化玻璃制成，它具有尺寸小、重量轻、机械强度高、价格低及制造工艺简单等优点。绝缘瓷件的外表面涂有一层棕色、白色或天蓝色的硬质瓷釉，以提高绝缘子的绝缘性能和机械性能。

为了把绝缘子固定在支架，以及把载流导体固定在绝缘子上，绝缘子除瓷件以外，还有牢固地固定在瓷件上的金属配件。金属配件与瓷件大多用水泥胶合剂胶合在一起，在金属附件和瓷件胶合处表面涂以防潮剂。金属配件皆镀锌处理，以防其氧化生锈。

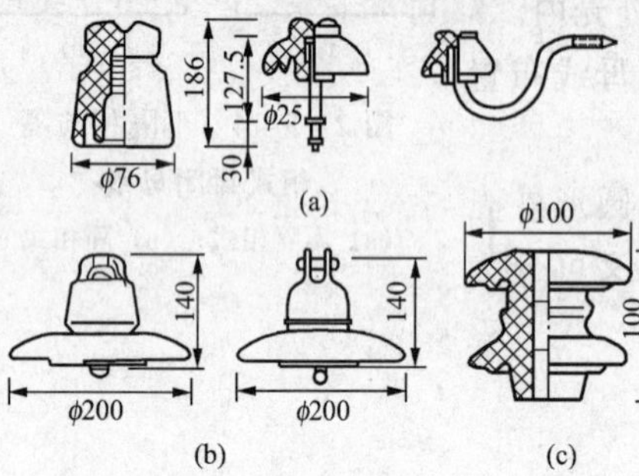

图 2-5-6　线路绝缘子
（a）针式；（b）悬式；（c）蝶式

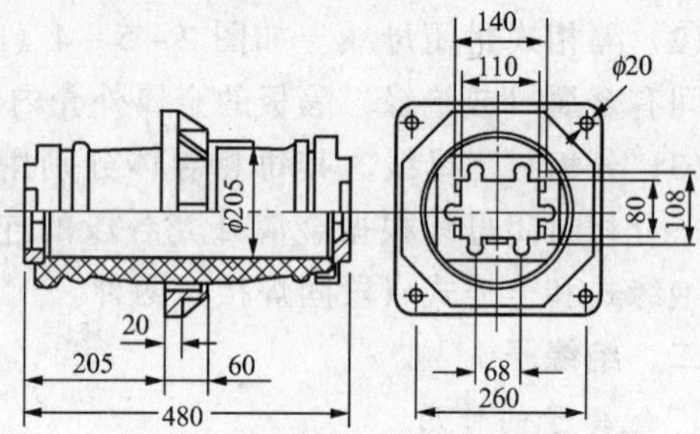

图 2-5-7　CME—10 型母线式套管外形尺寸

依金属配件及瓷件胶装方式不同，绝缘子可分为外胶装、内胶装和联合胶装。

4. 套管

套管是一种特殊类型的绝缘子，分户内式和户外式。

（1）户内式套管。户内式套管根据其载流导体的特征可分为三种型式：采用矩形截面的载流导体的套管、采用圆形截面载流导体的套管和母线型套管。前两种套管载流导体与其绝缘部分制做成一个整体，使用时由载流导体两端与母线直接相连。而母线型套管本身不带载流导体，安装使用时将原载流母线装于该套管的矩形窗口内，如图 2-5-7 所示。套管的导体材料一般用铜或铝。

户内式套管的额定电压为 6~35kV，采用纯瓷绝缘结构。套管一般由瓷套、接地法兰及载流导体三部分组成。

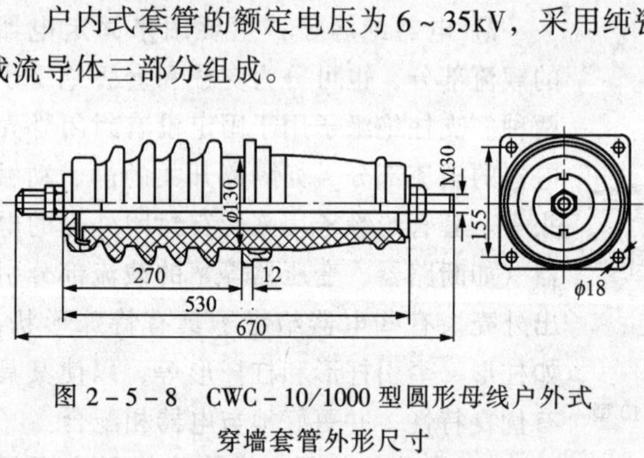

图 2-5-8　CWC-10/1000 型圆形母线户外式穿墙套管外形尺寸

（2）户外式套管。户外式套管主要用于户内配电装置的载流导体与户外的载流导体进行连接的地方（线路的引出端），以及户外电器的载流导体由壳内向壳外引出的地方。因此，户外式套管两端的绝缘分别按户内外两种要求设计：一端为户内式套管安装在户内；另一端则为有较多伞裙的户外式套管，以保证户外部分的绝缘要求，如图 2-5-8 所示。套管的导体材料一般也为铜或铝。户外式套管的额定电压从 6kV 到 500kV。

三、电力电缆

1. 电力电缆的作用

电力电缆是传输和分配电能的一种特殊电线，它被大量地应用于发电厂及变电所的接线中。它具有防潮、防腐和防损伤等特点，但价格昂贵，敷设、维护和检修较为复杂。由于电缆线路不用占地，在城市或厂区，使用电缆可使市容和厂区整齐美观，并增加出线走廊。

2. 电力电缆的结构

图 2－5－9 具有扇形线芯电力电缆

(1) 电缆线芯。电缆线芯是由铜或铝绞线组成，其截面形状有圆形、弓形和扇形等几种，如图 2－5－9 所示。

(2) 绝缘层。作为相间及对地的绝缘，材料有油浸纸、塑料、橡皮等。

(3) 保护层。其作用是避免电缆受到机械损伤，防止绝缘受潮和绝缘油流出。聚氯乙烯绝缘电缆和交联聚乙烯电缆的保护层是用聚乙烯护套做成的；对于油浸纸绝缘电力电缆，其保护层分为内保护和外保护层两种：

1) 内保护层：主要用于防止绝缘受潮和漏油，其保护层必须严格密封；内保护层可分为铅包和铝包两种。

2) 外保护层：主要用于保护内保护层不受外界的机械损伤和化学腐蚀；外保护层又可细分为衬垫层、钢销层和外皮等几层组成。内衬垫层一般用浸以沥青的黄麻或电缆纸包绕而成，保护密封层不受外层钢铠的机械损伤和周围介质的化学作用；钢铠层保护电缆不受机械损伤，并承受外力，钢铠层可以用钢带或钢丝制成；外皮层用来保护钢铠层不受外界腐蚀，普遍情况下由一层浸油的电缆麻和两层沥青混合物组成。

3. 电力电缆的种类及特点

电力电缆的种类较多，一般按照构成其绝缘物质的不同可分为如下几类：

(1) 油浸纸绝缘电力电缆。其绝缘性能好，耐热能力强，承受电压高，使用年限长，因此被广为采用。按绝缘纸浸渍剂浸渍情况，油浸纸绝缘电缆又可分为黏性浸渍电缆、干绝缘电缆和不滴油电缆三种。

(2) 橡皮绝缘电力电缆。橡皮绝缘电力电缆的绝缘层为橡皮，保护层为铝或聚氯乙烯，也可为橡皮。这种电缆性质柔软，弯曲方便，但耐压强度不高，易变质、老化，易受机械损伤。

(3) 聚氯乙烯绝缘电力电缆。其绝缘材料和保护外套均采用聚氯乙烯塑料，又称为全塑料电力电缆。其电气性、耐水性、抗酸碱、抗腐蚀较好，具有一定的机械强度，可垂直敷设。但塑料的老化问题有待进一步解决。

(4) 交联聚氯乙烯绝缘电力电缆。这种电缆的绝缘材料采用交联聚氯乙烯，但其内护层仍然采用聚氯乙烯护套。这种电缆不但具有全塑料电缆的一切特点，而且缆芯长期允许工作温度高，机械性能好，耐压强度高。

4. 电力电缆的敷设和连接

(1) 电缆的敷设。在变电所中，为使电缆不受外界损伤并安全可靠地运行和维修方便，应根据具体情况确定电缆的敷设方法，通常将其敷设在电缆沟或电缆隧道中。目前，敷设电缆还有一种形式，即用电缆桥架敷设，特别适用于架空敷设全塑电缆，具有容积大、外形美、可靠性高、利于工厂生产等特点。

敷设电缆时，为避免绝缘和保护层受到损坏，电缆弯曲处的曲率半径 R 与电缆外径 D 应保持一定的数值关系，即：

1) 具有钢铠和没有钢铠的油浸纸绝缘电缆，单芯时满足 $R>25D$，多芯时满足 $R>15D$。

2) 对于铅包橡皮绝缘电缆和聚氯乙烯护套电缆，有钢铠时满足 $R>10D$，无钢铠时满

足 $R>6D$。

(2) 电缆的连接。当两条电缆相互连接，或将电缆接到电器及架空线路时，必须把电缆端部的包皮剥去。此时若不采用特殊措施，空气中的水分和酸类物质便会从连接处侵入电缆的绝缘中，使绝缘层的绝缘强度降低，电缆中的绝缘油也可能由端部渗出。因此，需要采用专门的设备，如接头盒、封端盒等，将电缆的端部密封好。

两条电缆相互连接时，一般采用接头盒。电压为1kV以下的电缆，常采用铸铁接头盒。更高电压等级的电缆，则采用铅接头盒。当电缆与电器或架空线路相连接时，一般采用封端盒，即电缆头。电缆头的耐压强度要高于电缆本身，连续安全运行的时间也应高于电缆本身，且应具有足够的机械强度。同时，电缆头的结构必须简单、紧凑和轻巧，便于成型。

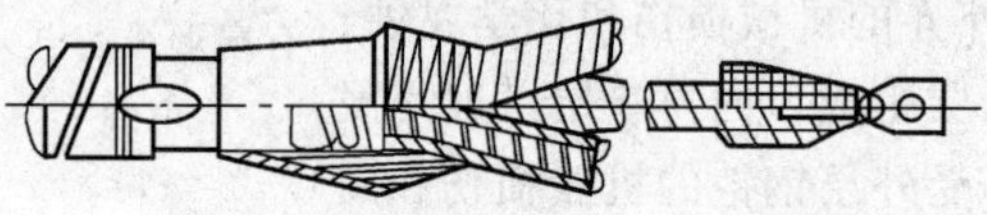

图 2-5-10 聚氯乙烯带干包电缆头

电缆末端用绝缘漆和包带来密封，称为干包电缆头，其基本形式有包涂式及手套干包式两类。图 2-5-10 所示为聚氯乙烯带干包电缆头，此电缆头具有体积小、重量轻、成本低、施工简单等优点，且能防止漏油。但由于聚氯乙烯耐油以及耐热性能差、易老化、机械性能差，当头部发生短路时易造成缆芯分叉处开裂，而且在三芯分支处可能存在空气小间隙，易产生电晕现象。

第三章

客户受电装置二次回路

第一节 断路器控制回路信号系统与测量仪表

一、二次回路的一般概念

在变电所中通常将电气设备分为一次设备和二次设备两大类。一次设备是指直接生产、输送和分配电能的设备。变压器、高压断路器、隔离开关、电抗器、并联补偿电力电容器，电力电缆、送电线路以及母线等属于一次设备，由这些设备构成的电路称为变电所的主电路或一次接线，是变电所的主体。对一次设备的工作状态进行监视、测量、控制和保护的辅助电气设备称为二次设备。一次设备与二次设备都是变电所电气部分的重要组成部分。

变电所的二次设备包括测量仪表、控制与信号回路、继电保护装置、自动装置以及远动装置等。这些设备通常由电流互感器、电压互感器、蓄电池或所用低压电源供电，它们相互间所连接的电路称为二次回路或二次接线。二次回路按照功能可分为控制回路、合闸回路、信号回路、测量回路、保护回路以及自动装置、远动装置回路等；按照流过的电流类别来分有直流回路、交流回路。

二、控制回路

变电所在运行时，由于负荷的变化或系统运行方式的改变，经常需要操作断路器和隔离开关等设备。断路器的操作是通过它的操动机构来完成的，而控制回路就是控制操动机构动作的电气回路。

控制回路按照控制地点的不同，可分为就地控制回路及控制室集中控制回路两种类型。车间变电所和容量较小的总降压变电所的6～10kV断路器的操作，一般多在配电装置旁手动进行，这种控制的方式称为就地控制。总降压变电所的主变压器和电压为35kV以上的进出线断路器，以及出线回路较多的6～10kV断路器，采用就地控制很不安全、容易引起误操作，通常增加一套由控制室远方集中控制的控制回路。两套控制回路间通过一个远方/就地切换把手进行切换，均可对同一设备进行操作。

按照对控制回路监视方式的不同，又有灯光监视控制回路及音响监视控制回路之分。一般多采用灯光监视控制电路，只在重要情况下才采用音响监视控制电路。

对控制回路的基本要求是：

(1) 由于断路器操动机构的合闸与跳闸线圈都是按短时通过电流进行设计的，因此控制回路在操作过程中只允许短时通电，操作停止后即自动断电；

(2) 能够准确指示断路器的分合闸位置；

(3) 断路器不仅能用控制开关通过控制回路进行跳闸及合闸操作，而且能由继电保护及自动装置通过控制回路实现跳闸及合闸操作；

(4) 能够实时地对控制电源及控制回路的完整性进行监视；

(5) 如果断路器操动机构本身没有机械“防跳”装置时，则控制回路中应考虑电气“防跳”措施。

上述五点基本要求是设计控制回路的基本依据。设计时如果参考有关手册选用典型回路，必须检查是否满足上述基本要求。

三、信号回路

为了实时地监视变电所中各种电气设备的运行状态，变电所必须装设各种信号装置。由信号电源、信号装置及连接线组成的回路称为信号回路。

根据信号装置按用途不同，可分为位置信号、事故信号及预报信号等。

1. 位置信号

利用位置信号可以指示断路器及隔离开关等设备的工作状态，也就是处于分闸还是合闸位置。断路器多利用灯光信号来指示工作状态：隔离开关多用其本身带有的位置信号指示器来指示工作状况。

2. 事故信号

当断路器由于系统内出现某种故障而跳闸时，利用事故信号通知运行值班人员。断路器出现事故跳闸时有两种信号：事故音响信号和事故灯光信号。事故音响信号为高音电笛声，事故灯光信号为指示灯闪光。其中事故音响信号可以设计成全变电所公用，即无论哪一台断路器因事故而跳闸都启动同一电笛，发起鸣叫声以引起值班人员的注意。事故灯光信号均设计成由各断路器专用，这样可以使值班人员能及时判断出跳闸（或自投）的断路器。事故音响信号长时间的保持鸣叫，当值班人员发现本变电所事故跳闸后，即可将事故音响信号解除。以上是设计事故信号电路时必须考虑的一些原则。

3. 预报信号

预报信号是用来通知值班人员本变电所设备的某些部分出现了不正常的运行状态，必须采取措施来消除，否则可能会导致严重事故的出现。例如变压器的过负荷、轻瓦斯动作以及中性点不接地系统发生了单相接地等都应发出预报信号，以便值班人员进行处理。预报信号一般也分为灯光信号和音响信号，但为了与事故信号相区别，预报音响信号均设计成用电铃，预报灯光信号设计成光字牌。光字牌平时熄灭，只有当发生不正常情况时，才接通电路点亮光字牌，显示出不正常运行情况的内容。

四、测量仪表

变电所的测量仪表是保证电力系统安全经济运行的重要工具之一，是变电所值班人员监视设备运行、准确统计企业电力负荷、积累技术资料和计算生产指标的重要依据。而测量仪表的连接回路则是变电所二次接线的重要组成部分。电气测量与电能计量仪表的配置，首先必须保证运行值班人员能方便可靠地掌握设备运行情况，在发生事故后能便于及时正确地处理。其次，为防止仪表过多使观察不便且增加建设投资，测量仪表的数量必须在保证需要量测的条件下减少到最低限度。

电气测量与计量仪表应尽量安装在被测量设备的控制平台或控制箱柜上，以便操作时易于观察。

第二节 继电保护装置的一般概念

工业企业供电系统中，最常见的故障就是短路故障，它可使电气设备由于受短路电流的电动力和热作用而损坏，甚至使整个系统运行紊乱。因此，一旦发生短路，必须尽快将故障元件切除，以防故障范围扩大。另外，供电系统运行中还会发生不正常运行情况（主要是过负荷和单相接地），如不及时发现和消除，往往会扩大为事故。继电保护装置就是一种由互感器和继电器等元件组成的、能够快速发现并切除故障和预报不正常运行状态的装置。它和供电系统的其他自动装置（如自动重合闸，备用电源自动投入等）相配合，可大大缩短事故停电时间，提高供电系统运行的可靠性。

一、对继电保护装置的基本要求

根据继电保护装置所担负的任务，它应满足以下四个基本要求：

1. 选择性

当供电系统发生故障时，继电保护装置应只把故障部分切除，而保证无故障部分继续运行，这种性能称为选择性，图3-2-1可用来说明继电保护装置的选择性。当k1点短路时，继电保护装置只应使断路器1QF跳闸，切除故障电机M，而其他断路器都不应跳闸。同样当k3点短路时，也只应由断路器3QF跳闸切除故障线路。如k1点发生短路时，由于某种原因断路器1QF拒绝动作，则3QF处的保护就对线路起着后备保护的作用，在这种情况下，3QF的动作应视为是有选择性的。

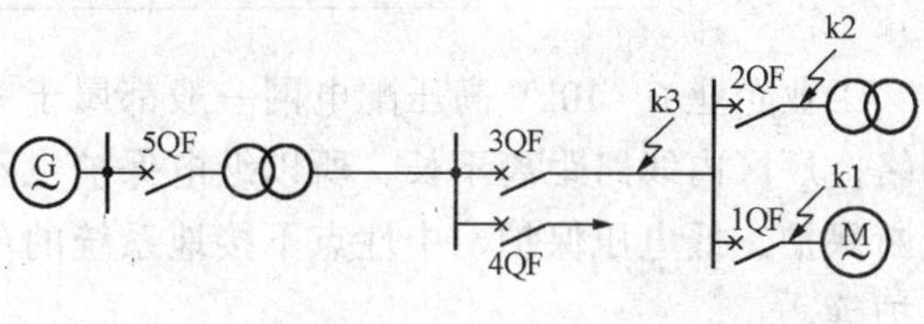

图3-2-1 继电保护装置动作选择性示意图

2. 快速性

供电系统发生故障时，快速切除故障可以减轻短路电流对电气设备的破坏程度，加速恢复供电系统的正常运行，减小对运行设备的影响。因此，继电保护装置应力求动作迅速。但在快速性与选择性发生矛盾时，应首先满足选择性要求，然后再考虑快速性。

3. 可靠性

保护装置应随时处于准备动作状态，一旦其保护区内发生故障或不正常运行状态时，它不应拒绝动作或误动作。因为保护装置的拒动或误动，都将使系统事故扩大，给企业带来严重损失。为提高可靠性，首先应采用高质量的继电器等元件，其次保护装置的接线应力求简单，以减少继电器及触点数目。另外，还应正确地设计、调试和安装，并做好维护和管理工作。

4. 灵敏性

保护装置对其保护区内发生的故障或不正常运行状态，无论其距离远近，程度轻重，均应敏锐反应并保证动作，这种性能称为灵敏性。各种保护装置的灵敏性常以灵敏度来衡量。灵敏度的具体定义和规定，将结合具体保护分别讨论。

二、常用保护继电器

继电保护装置中的主要元件是继电器，继电器的种类繁多，可分类如下：

按其反应的物理量分，继电器有电流继电器、电压继电器、功率继电器、气体继电器、温度继电器和时间继电器等。

按其反应的参量变化情况分，继电器有过量继电器和欠量继电器，如过电流继电器，欠电压继电器等。

按其在保护装置中的功能分，继电器有启动继电器、时间继电器、信号继电器和中间继电器或出口继电器等。

按其组成元件分，继电器有机电型、晶体管型、微机型。

按其作用于断路器的方式分，继电器有直接动作式和间接动作式两类。按其接入一次线路的方式分有一次式和二次式两类。一次式继电器线圈与一次线路直接相连，而二次式继电器线圈接在电流互感器或电压互感器的二次侧，通过互感器与一次侧相联系。目前应用最广泛的是二次式间接作用的继电器。

第三节 工业企业高压配电网的继电保护

工业企业 6～10kV 高压配电网一般都属于中性点不接地系统，即小接地电流的单端供电网络，厂区内线路距离不长，所以继电保护也不复杂。常用的保护装置有过电流保护、电流速断保护、低电压保护、中性点不接地系统的单相接地保护以及由双电源供电时的功率方向保护等。

一、相间短路保护

1. 过电流保护

当流过被保护元件中的电流超过预先整定的值时就使断路器跳闸的保护装置，称为过电流保护装置。按其动作的时限特性，可分为定时限和反时限两种。定时限就是保护装置的动作时间固定不变，与故障电流大小无关。反时限就是保护装置的动作时间与故障电流大小成反比关系。

(1) 定时限过电流保护装置。

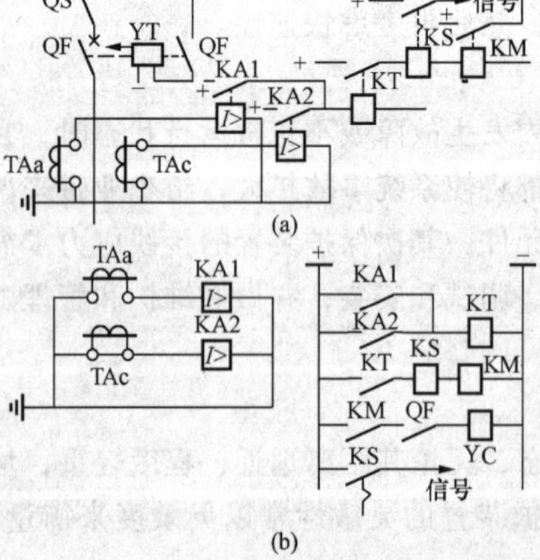

图 3-3-1 定时限过电流保护原理图
(a) 过流保护原理图；(b) 展开图

1) 保护装置的组成与工作原理保护装置的原理电路如图 3-3-1 所示。正常运行时，通过电流互感器 TAa、TAc 流过电流继电器 KA1、KA2 线圈的电流为负荷电流，达不到继电器的动作值，KA1、KA2、KT、KS 的触点都是断开的。当保护区内一次电路发生故障时，流过 KA1 或 KA2 线圈的电流达到继电器的动作值，KA1 或 KA2 瞬时动作，其触点闭合，使时间继电器 KT 启动，经过整定时限后，KT 的延时触点闭合，使串联的信号继电器 KS 和中间继电器 KM 动作。KS 动作后，指示牌掉下，同时 KS 的触点接通信号回路，发出灯光和音响信号；KM 动作后触点闭合，通过断路器的辅助触点 QF 使得跳闸线圈 YT 通电，断路器跳闸，切除故障。断路器断开后，其辅助触点 QF 随之断开跳闸回路。在故障切除后，保护装置中除 KS 外其他所有继电器均自动返回起始状态，而 KS 则需手动复位或远方复位。

2）保护装置动作电流的整定能够使保护装置启动的流经电流互感器（串联于被保护线路中）一次侧的最小电流值，称为一次侧动作电流，用 I_{op1} 来表示。与其相对应的是二次动作电流，即电流互感器二次侧的电流值，就是能够让电流继电器动作的电流，用 I_{op2} 来表示。定时限过电流保护装置中的动作电流应按躲过线路最大负荷电流整定，继电器动作电流的整定应考虑两方面，首先，当线路上流过最大负荷电流时，保护装置不应动作；其次，当保护装置被其主保护区外的短路故障启动作为后备保护时，应保证在外部短路被其主保护切除后，保护装置应能可靠返回，不应误动作。

3）保护装置动作时限的整定。在单端供电系统中，每一段线路均装设各自的过电流保护装置于线路段的始端，定时限过电流保护按阶梯形时限特性整定。

由于每段线路的保护装置既作为本段线路的基本保护，又作为下一段线路的后备保护，为保证动作的选择性，保护装置的动作时限是按时间阶梯的原则来选择的，如图 3－3－2（b）所示。当 k 点发生短路时，短路电流有可能使装设于电源至短路点之间的所有保护装置启动（大于其动作电流时）。但由于 KA2 的动作时限最短，所以它最先动作使其 QF2 跳闸，不会使 QF1 跳闸，这就保证了动作选择性。对于电磁式电流继电器，时限级差上 t 一般取 0.5s。

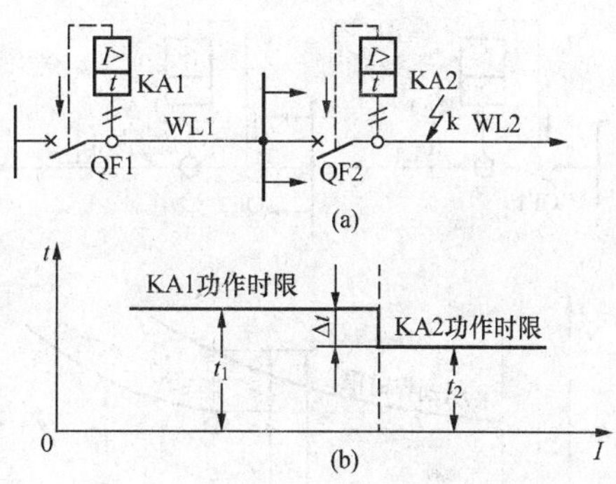

图 3－3－2 定时限过电流保护整定说明图

（a）电路；（b）时限

（2）反时限过电流保护装置。

1）保护装置的组成与工作原理。反时限过电流或有限反时限过电流保护由 GL 型或 LL 型电流继电器组成，其原理电路如图 3－3－3 所示。图 3－3－3（a）为用直流操作电源两相两继电器反时限过电流保护装置原理电路图。被保护线路正常运行时，流过继电器线圈的电流较小，继电器不动作。如被保护线路发生短路，流经继电器线圈中的电流超过其整定值，继电器铝盘轴上蜗杆与扇形齿片立即咬合启动，经反时限延时，触点闭合，使高压断路器跳闸。跳闸后，继电器中电流消失，返回原状态。

图 3－3－3（b）为交流操作电源两相单继器反时限过电流保护装置原理电路图。正常

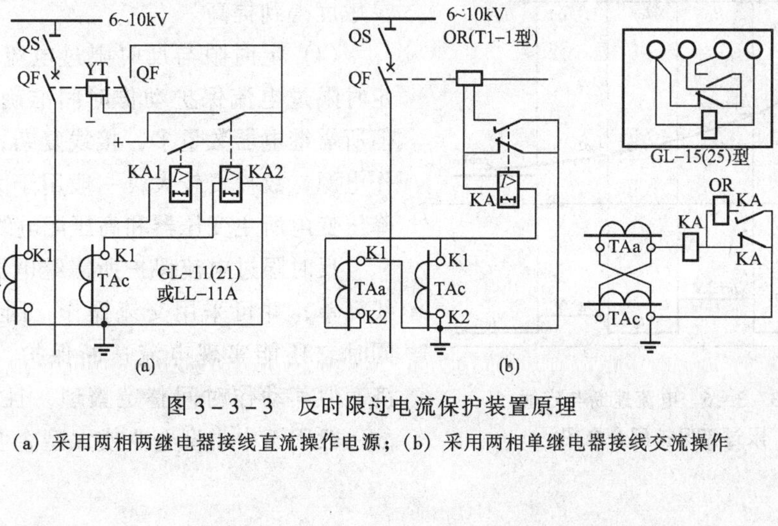

图 3－3－3 反时限过电流保护装置原理

（a）采用两相两继电器接线直流操作电源；（b）采用两相单继电器接线交流操作

时继电器KA动合触点断开，交流瞬时电流脱扣器OR无电，不能跳闸。当保护区内一次电路发生短路时，电流经继电器KA的动断触点流过其线圈启动KA，经反时限延时后，动合触点先接通，动断触点随后断开。此时瞬时电流脱扣器OR串入互感器二次回路，利用短路电流使断路器QF跳闸，同时，继电器发出掉牌信号。短路故障切除后，继电器KA和脱扣器OR均返回原状态，但继电器信号牌仍需手动复位或远方复位。

2）保护装置动作时限与动作电流整定。反时限过电流保护各段线路动作时限仍按与阶梯原则相似的方法来整定，以保证动作的选择性，如图3-3-4所示。

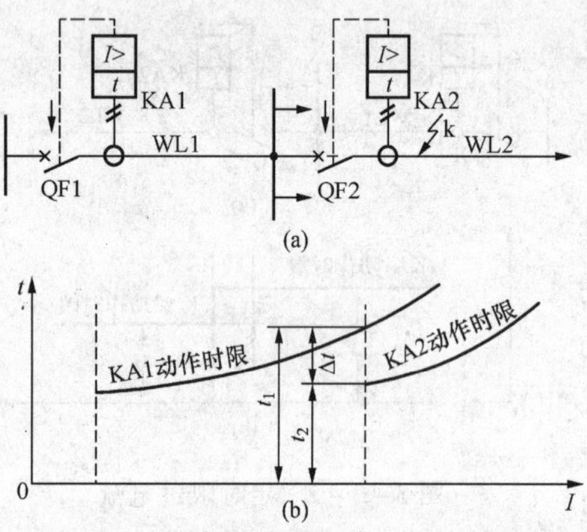

图3-3-4 反时限过电流保护整定

（a）电路；（b）反时限

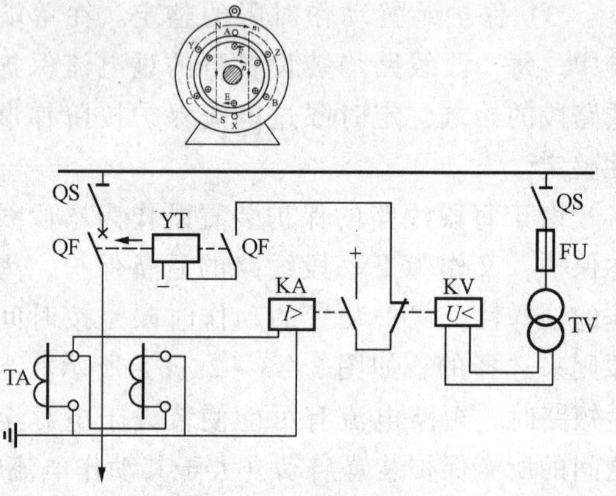

图3-3-5 采用低压闭锁的过电流保护原理图

反时限过电流保护的动作电流的整定及灵敏度计算与定时限过电流保护相类似。

(3) 提高过电流保护灵敏度的措施。当过电流保护的灵敏度不满足要求时，可采用低电压闭锁来提高其灵敏度，如图3-3-5所示。供电系统正常运行时，母线电压接近于额定电压，低电压继电器KV的触点是断开的，因而即使此时电流继电器KA动作使其触点闭合，断路器也不会跳闸。

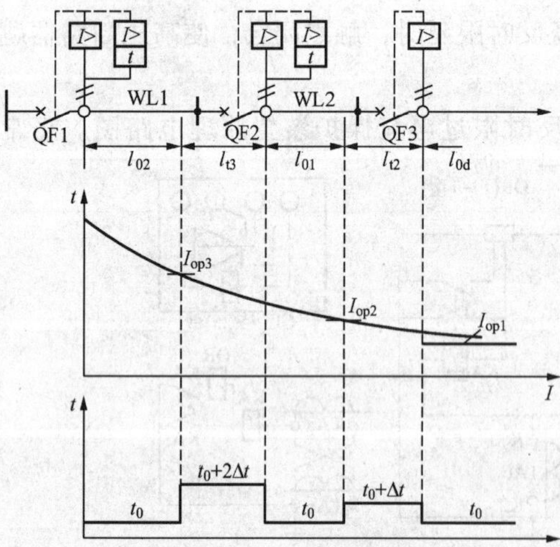

图3-3-6 电流速断与定时限过流保护配合全图

装设有低电压闭锁的过电流保护装置的动作电流只需躲过故障时的计算电流，过电流保护装置需整定的动作电流较小，从而使保护的灵敏度得到提高。

(4) 定时限与反时限过电流保护的比较。定时限过电流保护动作时间准确，整定简便，但所需继电器数量多，接线复杂，且需直流操作电源，故投资较大，一般用于大型企业的总降压变电所主变压器和高压配电线路的保护。

反时限过电流保护所需继电器数量少，接线简单，并可采用交流操作，因而投资较少，同时它还能实现电流速断保护，因而更加经济。但其动作时间整定繁琐，且动作误差大，故一般用于中小型企业或大型企业的车间作为变压器、高压线路及电动机的保护。

2. 电流速断保护

过电流保护为保证选择性，在按阶梯形时限整定的情况下，越靠近电源端，其动作时限越长，如图 3-3-7 所示。然而短路电流则是越靠近电源端，其值越大，危害也更严重。因此，当过电流保护动作时限大于 0.5~0.7s 时，应装设电流速断保护装置，以弥补过电流保护的缺陷。

(1) 电流速断保护装置的组成及动作电流整定。电流速断保护是一种瞬时动作的过电流保护，它按照预先选定短路计算点的短路电流来整定动作电流，从而获得动作的选择性。

1) 电流速断保护装置的组成。对于采用 DL 系列电流继电器的速断保护装置来说，它的原理接线与定时限电流保护的原理接线不同之处就在于取消了时间继电器，其他部分均与定时限电流保护相同，而且一般与定时限过电流保护共用一套电流互感器。

若采用 GL 系列电流继电器，则可利用其电磁元件实现电流速断保护，用其感应元件用来实现反时限过电流保护。

2) 动作电流的整定。电流速断保护装置的动作电流应按躲线路末端故障时最大短路电流（即三相短路电流）整定。考虑到运行方式的变化，通常速断保护整定的保护范围为线路全长的 80%。

这样整定后，就能避免在后一级速断保护线路首端发生短路时前一级速断保护的误动作，从而保证选择性，但同时也使电流速断不能保护线路的全长，存在保护死区。当系统运行方式或短路类型不同时，短路电流值也相应变化，从而引起保护范围的变化，所以速断保护必须与其他保护配合，不能单独使用。对于 6~10kV 线路，电流速断保护的最小保护区不应小于线路全长的 15%~20%。

(2) 电流速断保护与过电流保护的配合。为保护线路全长，电流速断保护应与定时限过电流保护相配合，速断保护为主保护，而定时限过电流保护为后备保护，用以弥补速断保护的保护死区。

二、单相接地保护

工业企业 6~10kV 电网的中性点不接地，属小电流接地系统，在其发生单相接地故障时，不会引起线电压降低和电网电流的急剧增大，电网仍可运行一段时间。

中性点不接地系统发生单相接地时，尽管故障相的对地电压变为零，非故障相的对地电压升高为线电压，中性点对地电压也升高为相电压，但此时电网的相电压和线电压量值不变，而且相位关系也不变，所以用电设备运行条件未被破坏，仍可照常工作。

1. 绝缘监视装置

尽管对于中性点不接地系统而言，发生单相接地时，用电设备感受不到这一故障，仍可照常工作一段时间，但由于完好相对地电压升高为线电压，而且如果接地点出现间歇电弧，还可能引起更高的过电压。长期工作可能击穿非故障相的绝缘，导致设备损坏。所以在这种电网中必须装设绝缘监视装置及单相接地保护装置，如图 3-3-7 所示。电压互感器的二次侧的星形接线每

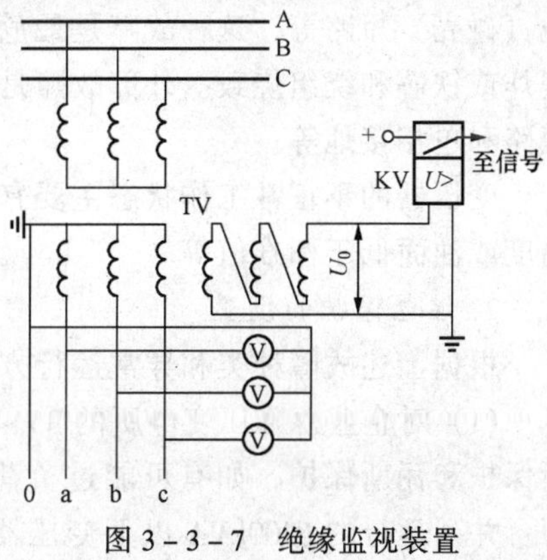

图 3-3-7　绝缘监视装置

相都接入一个单相电压表计，三角形接线接入电压继电器。正常运行时三角形接线没有输出电压，当某一相有故障时，会产生一个较高的零序电压，启动电压继电器发出故障信号报警。这时可以从单相电压的指示表计上看出每相电压的具体幅值，判断是哪一相发生的接地故障。

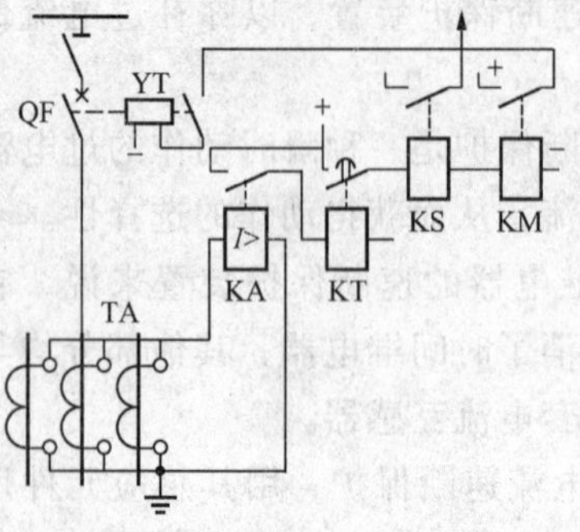

图 3-3-8 采用三只电流互感器组成的单相接地保护

这种装置不能指出是哪一回线路发生故障，故障线路只能采用依次断开各回线路后，观察系统电压是否恢复正常的方法寻找。因此，只适用于出线不多且允许短时停电的中小型变电站。

2. 单相接地保护装置

对于出线较多或不允许停电的变电所，不能采用依次断开各回线路的方法查找故障线路，这时可装设单相接地保护（又称零序电流保护）装置。利用单相接地故障线路的零序电流比非故障线路大的特点，实现有选择性地跳闸或发出信号。

对于架空线路，单相接地保护常采用三个相的电流互感器同极性并联组成零序电流过滤器，其二次公用线接入电流继电器，如图 3-3-8 所示。对于电缆线路，单相接地保护则用专用的零序电流互感器，套在三相电缆上构成。

单相接地保护的整定动作电流应躲过其他线路发生单相接地时在正常线路上引起的电容电流，以保证动作的选择性。

第四节 电力变压器的继电保护

电力变压器是工业企业供电系统中的重要设备，它运行可靠较少发生故障。但一旦发生故障，却会严重影响整个企业或车间的供电，因此必须根据变压器的容量及其重要程度装设各种保护装置。

一、变压器故障的种类及继电保护的设置原则

1. 变压器故障的种类

变压器的故障可分为内部故障和外部故障两种，内部故障是指油浸式变压器油箱内所发生的故障或干式变压器铁芯和绕组发生的故障，主要有绕组的相间短路、匝间短路和单相接地（碰壳）短路等，这种故障是最危险的，因为故障时产生的电弧有可能使变压器油箱发生爆炸或铁芯和绕组烧毁。外部故障是指油浸式变压器油箱外或干式变压器引出线套管的相间短路和单相接地等。

变压器的不正常工作状态主要有由外部短路或过负荷引起的过电流，运行温度超过额定温度或油面低于标准值等。

2. 继电保护的设置

根据上述故障种类和异常运行方式，变压器继电保护的装设原则如下所述。

(1) 对企业总降压变电所的 35～110/6～10kV 主变压器一般均装设过电流保护、电流速断保护和瓦斯保护，如有可能过负荷，也装设过负荷保护。但对单台运行 1000kVA 以上或两台并列运行的 6300kVA 以上变压器，则应该装设差动保护取代电流速断保护。以上保护

除过负荷保护作用于信号外，其余均作用于跳闸。

(2) 对车间变电所 6～10/0.4～0.23kV 主变压器通常应装设过电流保护、电流速断保护（过电流保护的动作时限小于 0.5s 时，可不装），容量在 800kVA 以上（车间内安装的 400kVA 以上）的油浸式变压器应设瓦斯保护。对于 400kVA 以上或单台运行且作为备用电源的变压器，还应装设过负荷保护。为求简化，可采用熔断器或熔断器与负荷开关配合作为变压器短路及过负荷保护。

二、变压器的电流保护装置

容量较小的变压器广泛采用电流速断保护作为相间短路保护，并用定时限过电流保护来保护变压器全部，同时作为外部短路和变压器内部故障的后备保护。当变压器有过负荷可能时，还应装设过负荷保护。

1. 保护装置的接线方式

(1) 两相单继电器式接线。对于 Yyn0 接线的小容量变压器，两相单继电器式接线可用于相间短路保护和过负荷保护，但不能作为低压侧的单相短路保护。

(2) 两相两继电器式接线。两相两继电器式接线适用于相间短路保护和过负荷保护，而且接线系数为 1，对各种相间短路灵敏度相同。但对于 Yyn0 接线的变压器，当未接入那一相的低压侧发生单相短路时，流入继电器的电流仅为单相短路电流的 1/3，达不到保护灵敏度的要求，所以不能作为低压侧单相短路保护。

2. 变压器低压侧的单相短路保护

为保护变压器低压侧单相短路，可采用下列方法：

(1) 在变压器低压侧装设三相都带过流脱扣器的低压断路器。这种方法经济实用，应用较普遍。

(2) 在变压器低压侧装设三相熔断器。由于熔体熔断需较长更换时间，故只适于给不重要负荷供电的变压器。

(3) 在变压器低压侧中性点引出线上装设零序过电流保护。

三、变压器的瓦斯保护

油浸式电力变压器的铁芯和绕组都是浸在油箱内，利用油作为绝缘和冷却介质。当变压器发生内部故障时，绝缘物质和变压器油受热或在电弧作用下分解而产生气体，利用这一特点实现的变压器保护装置，就称为气体保护，又称为瓦斯保护。它是变压器匝间短路和相间短路的主保护，能反应变压器油箱内的所有故障。

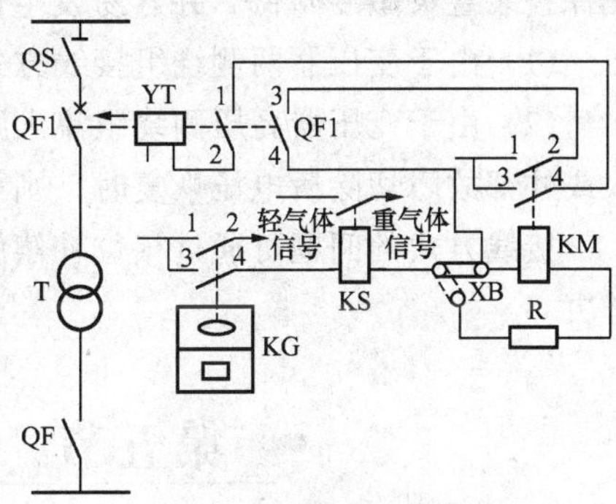

图 3－4－1 变压器气体保护的原理电路图

变压器气体保护的接线图如图 3－4－1 所示。当气体继电器 KG 上触点闭合即轻瓦斯动作时，发出轻瓦斯告警信号；当下触点闭合即重瓦斯动作时，信号继电器 KS 发出重瓦斯跳闸信号，同时经中间继电器 KM 作用于断路器跳闸机构 YT，切除变压器。在检修或试验时，也可利用切换片 XB 切换位置，串接限流电阻 R，只给出报警信号。

由于气体继电器的下触点在故障时油流的冲击下可能振动或闭合时间很短，为保证断

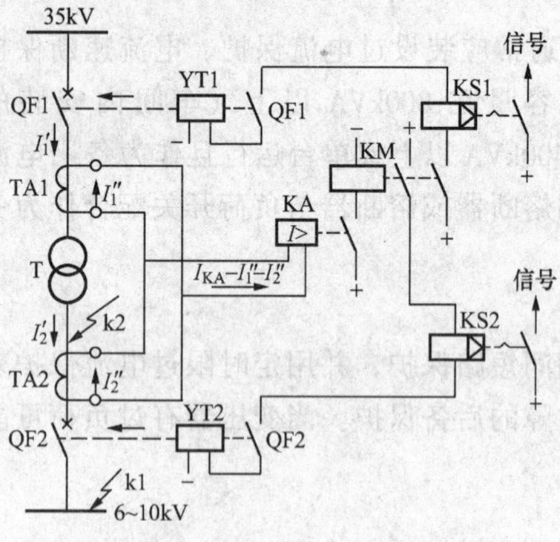

图 3-4-2 变压器差动保护的单相原理图

路器可靠跳闸，可利用中间继电器 KM 的一对动合触点实现 KM 的自保持。自保持可以用按钮手动解除，当中间继电器 KM 与断路器 QF1 距离较近时，也可利用断路器的动合接点自动解除。

四、变压器的差动保护

前面介绍的几种保护，各有其优点和不足之处。过电流和电流速断保护虽然接线简单，设备投资少，但前者动作时间长，后者灵敏度低，且保护有死区。气体保护对变压器内部故障反应灵敏，但却不能保护变压器油箱外的故障。因此对于大容量电力变压器就有必要装设灵敏而快速的差动保护，用以取代电流速断保护。

1. 差动保护的工作原理

差动保护反应被保护元件两侧电流差额而动作的保护装置，其保护区在两侧电流互感器安装点之间。它可用于保护变压器内部及引出线和绝缘套管的相间短路，以及绕组间的匝间短路。图 3-4-2 为变压器差动保护的单相原理电路图。在变压器正常运行时，通过适当选取两侧电流互感器的变比和接线方式，可使其二次侧电流 $\dot{I}''_1$ 和 $\dot{I}''_2$ 大小相近，相位一致，则流入继电器的电流为零，差动保护不动作。

当在保护区内发生短路时（如 k2 点短路），I''_1、I''_2 和电流 I_{KA} 正好反应的是故障电流的大小，若 I_{KA} 超过继电器 KA 整定的动作电流 lop（d），则继电器 KA 瞬时动作，启动出口继电器 KM 使两侧断路器跳闸，切除故障。同时信号继电器发出差动保护动作信号。

2. 保护装置中的不平衡电流及其限制措施

实际上，变压器无论在正常运行或外部短路时，由于电流互感器工作特性不同，与三相负荷不可能完全相同，实际流过变压器两侧电流互感器的电流总是不相等的。所以实际流入继电器的电流也不为零，这一电流就称为不平衡电流，用 I_{dsp} 来表示。不平衡电流太大，将使保护装置灵敏度降低，并容易发生误动作。分析不平衡电流产生的原因主要有两个方面。

（1）由于变压器两侧绕组接线方式不同而产生不平衡电流；

（2）由于变压器高压侧绕组流入励磁涌流而产生的不平衡电流。尤其是在变压器空载投入或外部故障切除后电压恢复时，则可能出现数值很大的励磁电流。

接线方式的问题可通过相位补偿解决。励磁涌流可采用速饱和变流器、谐波制动等方法解决。

第五节 备用电源自动投入装置

为了提高向客户供电的可靠性，保证重要负荷不间断供电，在供电中常采用备用电源自动投入装置（APD）。当工作电源不论由于何种原因而失去电压时，备用电源自动投入装置能够将失去电压的电源切断，随即将另一备用电源自动投入以恢复供电，因而能保证一类负荷或重要的二类负荷不间断供电，提高供电的可靠性。

APD装置应用的场所很多，如用于备用线路、备用变压器、备用母线及重要机组等。使用较广泛的有下述两种备用电源自动投入装置。

图3-5-1（a）是有一条工作线路和一条备用线路的明备用情况。正常运行时，备用电源断开，当工作线路一旦失去电压后便被APD切除，随即将备用线路自动投入。

图3-5-1（b）为两条独立的工作线路分别供电的暗备用情况。正常运行时分段断路器QFB断开，当其中一条线路失去电压后，APD能自动将失压线路的断路器断开，随即将分段断路器自动投入，让非故障线路供应全部负荷。

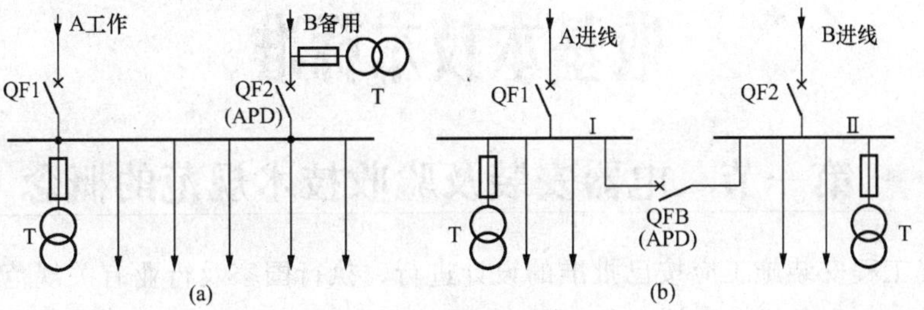

图3-5-1 备用电源自动投入示意图
（a）明备用；（b）暗备用

对APD装置的基本要求如下：

（1）当工作电源上的电压不论因何种原因消失时，APD均应动作，而且应保证在工作电源断开后再投入备用电源，防止工作电源和备用电源非同期合环；

（2）备用电源无电压时，APD不应动作；

（3）工作电源因负荷侧永久故障被继电保护切断，为了避免将备用电源多次投入到具有永久性故障的线路上，应保证APD装置只动作一次；

（4）电压互感器的熔断器熔断或其刀闸拉开时，APD装置不应误动作；

（5）常用电源正常停电操作时，APD装置不应动作，以防备用电源误投入。

对于低压系统的重要负荷，如果用电容量不大，则可采用交流接触器构成两路进线开关的简单互投装置。

第四章

客户工程安装及验收基本技术标准

第一节 电器安装及验收技术规范的概念

客户电气工程安装施工应按已批准的设计进行，执行国家及行业有关规范和要求。电气工程的安装施工，应从设备运输保管开始，按施工工艺要求严格把关。所有电气设备应按规定做好开箱检查、中间检验和竣工验收工作，不能让不符合质量要求的设备进入电网运行。

一、电器安装施工一般规范（《高压电器施工及验收规范》GBJ 147—1990）

（1）安装施工应按已批准的设计进行施工。

（2）设备和器材的运输、保管，应符合规范要求，当产品有特殊要求时，并应符合产品的要求。尤其是重要设备，如变压器、电容器、开关、保护屏、控制屏等，在运输和保管过程中，认真做好防潮、防火工作。

（3）设备及器材到达现场后，应及时作下列验收检查：

1）包装及密封应良好。

2）开箱检查，规格应符合设计要求，附件、备件应齐全。

3）产品的技术文件应齐全。

4）按规范要求作外观检查。

（4）按规范制定施工中的安全技术措施，对重要工序应事先制定安全技术措施。

（5）与电气安装施工的有关建筑工程施工，应符合下列要求：

1）与高压电器安装有关的建筑物、构筑物的建筑工程质量，应符合国家现行的建筑工程施工及验收规范中的有关规定。当设备及设计有特殊要求时，尚应符合其要求。

2）设备安装前，建筑工程应具备下列条件：

a. 屋顶、楼板施工完毕，不得渗漏。

b. 室内地面基层施工完毕，并在墙上标出地面标高；在配电室内，设备底座及母线的构架安装后，做好抹光地面的工作；配电室的门窗安装完毕。

c. 预埋件及预留孔符合设计要求，预埋件牢固并应达到设计规定的强度要求。

d. 进行装饰时有可能损坏已安装的设备或设备安装后不能再进行装饰的工作应全部结束。

e. 混凝土基础及构支架达到允许安装的强度和刚度，设备支架焊接质量符合要求。

f. 模板、施工设施及杂物清除干净，并有足够的安装用地，施工道路通畅。

g. 高层构架的走道板、栏杆、平台及梯子等齐全牢固。

h. 基坑已回填夯实。

3）设备投入运行前，建筑工程应符合下列要求：

a. 消除构架上的污垢，填补孔洞以及装饰等应结束；

b. 完成二次灌浆和抹面；

c. 保护性网门、栏杆及梯子等齐全；

d. 室外配电装置的场地应平整；

e. 受电后无法进行或影响运行安全的工作施工完毕。

(6) 设备安装用的紧固件，电器接线端子用的紧固件应符合现行国家标准 GB 5273—1985《变压器、高压电器和套管的接线端子》的规定。

(7) 高压电器的瓷件质量，应符合现行国家标准 GB/T 4109—1999《高压绝缘与瓷件技术条件》和有关电瓷产品技术条件的规定。

(8) 按规定的工艺进行施工。

二、竣工验收一般要求

1. 竣工检查组织

参加竣工检查小组的人员组成，应根据检查对象的用电性质、容量大小、设备复杂程度和组织机构的分工而定。一般可参照下列情况组成：

(1) 10kV 以下的用电客户和低压供电客户，由专责用电检查员组织进行现场检查验收。

(2) 35kV 报装容量在 1000kVA 及以上的客户，由用电检查负责技术的专责人员组织，用电检查员参加检查验收。

(3) 110kV 及以上的大型重要客户由用电管理部门主管工程师或技术负责人主持，并会同有关检查员参加检查和验收。

(4) 客户变电所或配电室的进线电源开关的继电保护检查与验收、整定、校试、加封等工作，应由供电部门的继电保护人员进行，其结果写成书面报告一式二份，一份交用电检查人员，一份交客户。用电检查人员应了解其试验情况是否良好，各电源开关机构能否正确动作跳闸，如有问题应向客户提出并督促改进。

当客户第一道进线保护选用熔断器保护时，则应由用电检查人员负责检查其熔断器的配备是否合理。

(5) 客户的出线分开关和用电设备的继电保护，则应由客户自行负责校验，并将其整定值、计算资料、校验报告一并交用电检查人员审查。

2. 检查的程序

(1) 客户电气装置安装工程安装完工经试验合格，并按照规定要求提供各项技术资料，经用电检查人员审查合格后，即可组织检查小组进行竣工检查。检查的重点是与系统直接连接的一次设备，但对其用电设备，特别是高压用电设备，也应进行检查，不可忽视。

(2) 对客户二次设备检查验收和继电保护调试工作进行完毕，应由用电检查人员整理与草拟书面意见书一式两份，按以上组织分工的要求进行审核后向客户提出改进意见，并与客户协商改进的办法和完成的日期，经双方签字认可，各执一份。在客户改装完毕，检查人员应带上意见书前往客户进行复查；一般仅对意见书中的改进部分进行复查，而不应再提出新的修改意见，除非因客户在改进中又产生了新的问题。

(3) 检查验收合格，确认该用电工程已具备用电条件，则在用电申请书上注明“合格，可以送电”字样，交由下一道业务部门签订各种供电协议和办理接电手续。

(4) 在完成电能计量装置的安装和外线工程验收，签定好供用电协议和有关用电手续后，可决定接电日期，用电检查人员届时应到客户现场参加试运行的工作。试运行无故障且各种指示仪表正常，方可离开现场，至此对这一客户的全部竣工检查宣告完成。

(5) 在接电试运行后，应将该客户图纸资料分别处理，有关设备出厂资料退回客户，其余资料与现场记录整理成册归档。

第二节 高压电器安装施工的基本技术规范

一、电力变压器、油浸电抗器、互感器安装施工规范（《电力变压器、油浸电抗器、互感器施工及验收规范》GBJ148—1990）

1. 设备和器材的运输、保管，应符合规范要求，当产品有特殊要求时，并应符合产品的要求。变压器、电抗器在运输过程中，当改变运输方式时，应及时检查设备受冲击等情况，并做好记录。

8000kVA 及以上变压器和 8000kvar 及以上的电抗器的装卸及运输，必须对运输路径及两端装卸条件作充分调查，制定施工安全技术措施，并应符合下列要求：

(1) 水路运输时，应做好下列工作：

1) 选择航道，了解吃水深度、水上及水下障碍物分布、潮汛情况以及沿途桥梁尺寸；

2) 选择船舶，了解船舶运载能力与结构，验算载重时船舶的稳定性；

3) 调查码头承重能力及起重能力，必要时应进行验算或荷重试验。

(2) 陆路运输用机械直接拖运时，应做好下列工作：

1) 了解道路及其沿途桥梁、涵洞、沟道等的结构、宽度、坡度、倾斜度、转角及承重情况，必要时应采取措施；

2) 调查沿途架空线、通信线等高空障碍物的情况；

3) 变压器、电抗器利用滚轮在现场铁路专用线作短途运输时，应对铁路专用线进行调查与验算，其速度不应超过 0.2km/h；

4) 公路运输速度应符合制造厂的规定。

2. 设备及器材在安装前的保管，其保管期限应为一年及以下。当需长期保管时，应符合设备及器材保管的专门规定。

3. 采用的设备及器材均应符合国家现行技术标准的规定，并应有合格证件。设备应有铭牌。

4. 设备到达现场后，应及时进行下列外观检查：

1) 油箱及所有附件应齐全，无锈蚀及机械损伤，密封应良好。

2) 油箱箱盖或钟罩法兰及封板的联结螺栓应齐全，紧固良好，无渗漏；浸入油中运输的附件，其油箱应无渗漏。

3) 充油套管的油位应正常，无渗油，瓷体无损伤。

4) 充气运输的变压器、电抗器，油箱内应为正压，其压力为 0.01～0.03MPa。

5) 装有冲击记录仪的设备，应检查并记录设备在运输和装卸中的受冲击情况。

5. 设备到达现场后的保管应符合下列要求：

1）散热器（冷却器）、连通管、安全气道、净油器等应密封。

2）表计、风扇、潜油泵、气体继电器、气道隔板、测温装置以及绝缘材料等，应放置于干燥的室内。

3）短尾式套管应置于干燥的室内，充油式套管卧放时应符合制造厂的规定。

4）本体、冷却装置等，其底部应垫高、垫平，不得水淹，干式变压器应置于干燥的室内。

5）浸油运输的附件应保持浸油保管，其油箱应密封。

6）与本体联在一起的附件可不拆下。

7）按规定对绝缘油进行试验。

6. 变压器、电抗器到达现场后，应进行器身检查。器身检查可为吊罩或吊器身，或者不吊罩直接进入油箱内进行。当满足下列条件之一时，可不进行器身检查。

1）制造厂规定可不进行器身检查者。

2）容量为1000kVA及以下，运输过程中无异常情况者。

3）就地生产仅作短途运输的变压器、电抗器，如果事先参加了制造厂的器身总装，质量符合要求，且在运输过程中进行了有效的监督，无紧急制动、剧烈振动、冲撞或严重颠簸等异常情况者。

器身检查的主要项目和要求应符合下列规定：

(1) 运输支撑和器身各部位应无移动现象。运输用的临时防护装置及临时支撑应予拆除，并经过清点做好记录以备查。

(2) 所有螺栓应紧固，并有防松措施；绝缘螺栓应无损坏，防松绑扎完好。

(3) 铁芯检查：

1）铁芯应无变形，铁轭与夹件间的绝缘垫应良好；

2）铁芯应无多点接地；

3）铁芯外引接地的变压器，拆开接地线后铁芯对地绝缘应良好；

4）打开夹件与铁轭接地片后，铁轭螺杆与铁芯、铁轭与夹件、螺杆与夹件间的绝缘应良好；

5）铁轭采用钢带绑扎时，钢带对铁轭的绝缘应良好；

6）开铁芯屏蔽接地引线，检查屏蔽绝缘应良好；

7）夹件与线圈压板的连线，检查压钉绝缘应良好；

8）铁芯拉板及铁轭拉带应紧固，绝缘良好。

(4) 绕组检查：

1）绕组绝缘层应完整，无缺损、变位现象；

2）各绕组应排列整齐，间隙均匀，油路无堵塞；

3）绕组的压钉应紧固，防松螺母应锁紧。

(5) 绝缘围屏绑扎牢固，围屏上所有线圈引出处的封闭应良好。

(6) 引出线绝缘包扎牢固，无破损、拧弯现象；引出线绝缘距离应合格，固定牢靠，其固定支架应紧固；引出线的裸露部分应无毛刺或尖角，其焊接应良好；引出线与套管的连接应牢靠，接线正确。

(7) 无励磁调压切换装置各分接头与线圈的连接应紧固正确；各分接头应清洁，且接触紧密，弹力良好；所有接触到的部分，用0.05mm×10mm塞尺检查，应塞不进去；转动接点应正确地停留在各个位置上，且与指示器所指位置一致；切换装置的拉杆、分接头凸轮、小轴、销子等应完整无损；转动盘应动作灵活，密封良好。

(8) 有载调压切换装置的选择开关、范围开关应接触良好，分接引线应连接正确、牢固，切换开关部分密封良好。必要时抽出切换开关芯子进行检查。

(9) 绝缘屏障应完好，且固定牢固、无松动现象。

(10) 检查强油循环管路与下轭绝缘接口部位的密封情况。

(11) 检查各部位应无油泥、水滴和金属屑末等杂物。

7. 变压器、电抗器是否需要进行干燥，应根据"新装电力变压器、油浸电抗器不需干燥的条件"进行综合分析判断后确定。

8. 本体就位应符合下列要求：

1) 变压器、电抗器基础的轨道应水平，轨距与轮距应配合；装有气体继电器的变压器、电抗器，应使其顶盖沿气体继电器气流方向有1%～1.5%的升高坡度（制造厂规定不需安装坡度者除外)。当与封闭母线连接时，其套管中心线应与封闭母线中心线相符。

2) 装有滚轮的变压器、电抗器，其滚轮应能灵活转动，在设备就位后，应将滚轮用能拆卸的制动装置加以固定。

9. 密封处理应符合下列要求：

1) 所有法兰连接处应用耐油密封垫（圈）密封；密封垫（圈）必须无扭曲、变形、裂纹和毛刺，密封垫（圈）应与法兰面的尺寸相配合。

2) 法兰连接面应平整、清洁；密封垫应擦拭干净，安装位置应准确：其搭接处的厚度应与其原厚度相同，橡胶密封垫的压缩量不宜超过其厚度的1/3。

10. 冷却装置的安装应符合下列要求：

(1) 冷却装置在安装前应按制造厂规定的压力值用气压或油压进行密封试验，并应符合下列要求：

1) 散热器、强迫油循环风冷却器，持续30min应无渗漏；

2) 强迫油循环水冷却器，持续1h应无渗漏，水、油系统应分别检查渗漏。

(2) 冷却装置安装前应用合格的绝缘油经净油机循环冲洗干净，并将残油排尽。

(3) 冷却装置安装完毕后应即注满油。

(4) 风扇电动机及叶片应安装牢固，并应转动灵活，无卡阻；试转时应无振动、过热；叶片应无扭曲变形或与风筒碰擦等情况，转向应正确；电动机的电源配线应采用具有耐油性能的绝缘导线。

(5) 管路中的阀门应操作灵活，开闭位置应正确；阀门及法兰连接处应密封良好。

(6) 外接油管路在安装前，应进行彻底除锈并清洗干净；管道安装后，油管应涂黄漆，水管应涂黑漆，并应有流向标志。

(7) 油泵转向应正确，转动时应无异常噪声、振动或过热现象，其密封应良好，无渗油或进气现象。

(8) 差压继电器、流速继电器应经校验合格，且密封良好，动作可靠。

(9) 水冷却装置停用时，应将水放尽。

11. 储油柜的安装应符合下列要求：

1）储油柜安装前应清洗干净。

2）胶囊式储油柜中的胶囊或隔膜式储油柜中的隔膜应完整无破损；胶囊在缓慢充气胀开后检查应无漏气现象。

3）胶囊沿长度方向应与储油柜的长轴保持平行，不应扭偏；胶囊口的密封应良好，呼吸应通畅。

4）油位表动作应灵活，油位表或油标管的指示必须与储油柜的真空油位相符，不得出现假油位。油位表的信号接点位置正确，绝缘良好。

12. 套管的安装应符合下列要求：

（1）套管安装前应进行下列检查：

1）瓷套表面应无裂缝、伤痕；

2）套管、法兰颈部及均压球内壁应清擦干净；

3）套管应经试验合格；

4）充油套管无渗油现象，油位指示正常。

（2）充油套管的内部绝缘已确认受潮时，应予干燥处理；110kV 及以上的套管应真空注油。

（3）高压套管穿缆的应力锥应进入套管的均压罩内，其引出端头与套管顶部接线往连接处应擦拭干净，接触紧密；高压套管与引出线接口的密封波纹盘结构（魏德迈结构）的安装应严格按制造厂的规定进行。

（4）套管顶部结构的密封垫应安装正确，密封应良好，连接引线时，不应使顶部结构松扣。

（5）充油套管的油标应面向外侧，套管末屏应接地良好。

13. 气体继电器的安装应符合下列要求：

（1）气体继电器安装前应经检验鉴定；

（2）气体继电器应水平安装，其顶盖上标志的箭头应指向储油柜，其与连通管的连接应密封良好。

14. 吸湿器与储油柜间的连接管的密封应良好；管道应通畅；吸湿剂应干燥；油封泊位应在油面线上或按产品的技术要求进行。

15. 绝缘油必须按现行的国家标准 GB50150—1991《电气装置安装工程电气设备交接试验标准》的规定试验合格后，方可注入变压器、电抗器中。不同牌号的绝缘油或同牌号的新油与运行过的油混合使用前，必须做混油试验。

16. 互感器安装时应进行下列检查：

（1）互感器的变比分接头的位置和极性应符合规定；

（2）二次接线板应完整，引线端子应连接牢固，绝缘良好，标志清晰；

（3）油位指示器、瓷套法兰连接处、放油阀均应无渗油现象；

（4）隔膜式储油柜的隔膜和金属膨胀器应完整无损，顶盖螺栓紧固。

17. 互感器安装：

（1）油浸式互感器安装面应水平，并列安装的应排列整齐，同一组互感器的极性方向应一致；

（2）具有等电位弹簧支点的母线贯穿式电流互感器，其所有弹簧支点应牢固，并与母线接触良好，母线应位于互感器中心；

（3）具有吸湿器的互感器，其吸湿剂应干燥，油封油位应正常；

（4）零序电流互感器的安装，不应使构架或其他导线与互感器铁芯直接接触，或与其构成分磁回路。

18. 互感器的下列各部位应予良好接地：

（1）分级绝缘的电压互感器，其一次绕组的接地引出端子，电容式电压互感器应按制造厂的规定执行。

（2）电容型绝缘的电流互感器，其一次绕组末屏的引出端子、铁芯引出接地端子。

（3）互感器的外壳。

（4）备用的电流互感器的二次绕组端子应先短路后接地。

（5）倒装式电流互感器二次绕组的金属导管。

二、断路器安装施工规范（《高压电器施工及验收规范》GBJ 147—1990）

（1）真空断路器现场检查，应符合下列要求：

1）开箱前包装应完好。

2）断路器的所有部件及备件应齐全，无锈蚀或机械损伤。

3）灭弧室、瓷套与铁件间应粘合牢固，无裂纹及破损。

4）绝缘部件不应变形、受潮。

5）断路器的支架焊接应良好，外部油漆完整。

（2）真空断路器到达现场后的保管，应符合下列要求：

1）断路器应存放在通风、干燥及没有腐蚀性气体的室内。

2）断路器存放时不得倒置，开箱保管时不得重叠放置。

3）开箱后应进行灭弧室真空度检测。

4）断路器若长期保存，应每6个月检查1次，在金属零件表面及导电接触面应涂一层防锈油脂，用清洁的油纸包好绝缘件。

（3）真空断路器的安装应符合下列要求：

1）安装应垂直，固定应牢靠，相间支撑瓷件在同一水平面上。

2）三相联动连杆的拐臂应在同一水平面上，拐臂角度一致。

3）安装完毕后，应先进行手动缓慢分、合闸操作，无不良现象时方可进行电动分、合闸操作。

4）真空断路器的行程、压缩行程及三相同期性，应符合产品的技术规定。

（4）真空断路器的导电部分，应符合下列要求：

1）导电部分的可挠铜片不应断裂，铜片间无锈蚀；固定螺栓应齐全紧固。

2）导电杆表面应洁净，导电杆与导电夹应接触紧密。

3）导电回路接触电阻值应符合产品的技术要求。

4）电器接线端子的螺栓搭接面及螺栓的紧固要求，应符合现行国家标准GBJ149—1990《电气装置安装工程母线装置施工及验收规范》的规定。

（5）六氟化硫断路器现场检查应符合下列要求：

1）开箱前检查包装应无残损。

2）设备的零件、备件及专用工器具应齐全、无锈蚀和损伤变形。

3）绝缘件应无变形、受潮、裂纹和剥落。

4）瓷件表面应光滑、无裂纹和缺损，铸件应无砂眼。

5）充有六氟化硫等气体的部件，其压力值应符合产品的技术规定。

6）出厂证件及技术资料应齐全。

（6）六氟化硫断路器到达现场后的保管应符合下列要求：

1）设备应按原包装放置于平整、无积水、无腐蚀性气体的场地，并按编号分组保管；在室外应垫上枕木并加盖篷布遮盖。

2）充有六氟化硫等气体的灭弧室和罐体及绝缘支柱，应定期检查其预充压力值，并做好记录；有异常时应及时采取措施。

3）绝缘部件、专用材料、专用小型工器具及备品、备件等应置于干燥的室内保管。

4）瓷件应妥善安置，不得倾倒、互相碰撞或遭受外界的危害。

（7）六氟化硫断路器的组装，应符合下列要求：

1）按制造厂的部件编号和规定顺序进行组装，不可混装。

2）断路器的固定应牢固可靠，支架或底架与基础的垫片不宜超过3片，其总厚度不应大于10mm，各片间应焊接牢固。

3）同相各支柱瓷套的法兰面宜在同一水平面上，各支柱中心线间距离的误差不应大于5mm，相间中心距离的误差不应大于5mm。

4）所有部件的安装位置正确，并按制造厂规定要求保持其应有的水平或垂直位置。

5）密封槽面应清洁，无划伤痕迹；已用过的密封垫（圈）不得使用；涂密封脂时，不得使其流入密封垫（圈）内侧面与六氯化硫气体接触。

6）应按产品的技术规定更换吸附剂。

7）应按产品的技术规定选用吊装器具、吊点及吊装程序。

8）密封部位的螺栓应使用力矩扳手紧固，其力矩值应符合产品的技术规定。

（8）六氟化硫气体的管理及充注，应符合规范规定。

第三节　电缆线路安装施工的基本技术规范

一、电缆运输与保管

（1）在运输装卸过程中，不应使电缆及电缆盘受到损伤。严禁将电缆盘直接由车上推下。电缆盘不应平放运输、平放储存。

（2）电缆及其附件到达现场后，应按下列要求及时进行检查：

1）产品的技术文件应齐全。

2）电缆型号、规格、长度应符合订货要求，附件应齐全；电缆外观不应受损。

3）电缆封端应严密。当外观检查有怀疑时，应进行受潮判断或试验。

4）充油电缆的压力油箱、油管、阀门和压力表应符合要求且完好无损。

（3）电缆及其有关材料如不立即安装，应按下列要求储存：

1）电缆应集中分类存放，并应标明型号、电压、规格、长度。电缆盘之间应有通道。地基应坚实，当受条件限制时，盘下应加垫，存放处不得积水。

2）电缆终端瓷套在储存时，应有防止受机械损伤的措施。

3）电缆附件的绝缘材料的防潮包装应密封良好，并应根据材料性能和保管要求储存和保管。

4）防火涂料、包带、堵料等防火材料，应根据材料性能和保管要求储存和保管。

5）电缆桥架应分类保管，不得因受力变形。

二、电缆管加工和敷设（《电缆线路施工及验收规范》GB50168—1992）

（1）电缆管的加工应符合下列要求：

1）管口应无毛刺和尖锐棱角，管口宜做成喇叭形。

2）电缆管在弯制后，不应有裂缝和显著的凹瘪现象，其弯扁程度不宜大于管子外径的10%；电缆管的弯曲半径不应小于所穿入电缆的最小允许弯曲半径。

3）金属电缆管应在外表涂防腐漆或涂沥青，镀锌管锌层剥落处也应涂以防腐漆。

（2）电缆管的内径与电缆外径之比不得小于1.5，混凝土管、陶土管、石棉水泥管除应满足上述要求外，其内径尚不宜小于100mm。

（3）电缆管明敷时应符合下列要求：

1）电缆管应安装牢固；电缆管支持点间的距离，当设计无规定时，不宜超过3m。

2）当塑料管的直线长度超过30m时，宜加装伸缩节。

（4）电缆管的连接应符合下列要求：

1）金属电缆管连接应牢固，密封应良好，两管口应对准。套接的短套管或带螺纹的管接头的长度，不应小于电缆管外径的2.2倍。金属电缆管不宜直接对焊。

2）硬质塑料管在套接或插接时，其插入深度宜为管子内径的1.1~1.8倍。在插接面上应涂以胶合剂粘牢密封；采用套接时套管两端应封焊。

（5）敷设混凝土、陶土、石棉水泥等电缆管时，其地基应坚实、平整，不应有沉陷。电缆管的敷设应符合下列要求：

1）电缆管的埋设深度不应小于0.7m；在人行道下面敷设时，不应小于0.5m。

2）电缆管应有不小于0.1%的排水坡度。

3）电缆管连接时，管孔应对准，接缝应严密，不得有地下水和泥浆渗入。

三、电缆支架的配制与安装

1. 电缆支架的加工应符合下列要求

（1）钢材应平直，无明显扭曲。下料误差应在5mm范围内，切口应无卷边、毛刺。

（2）支架应焊接牢固，无显著变形。各横撑间的垂直净距与设计偏差不应大于5mm。

（3）金属电缆支架必须进行防腐处理。位于湿热、盐雾以及有化学腐蚀地区时，应根据设计作特殊的防腐处理。

（4）电缆支架的层间允许最小距离，按有关规定。但层间净距不应小于两倍电缆外径加10mm，35kV及以上高压电缆不应小于2倍电缆外径加50mm。

2. 电缆支架安装

（1）电缆支架应安装牢固，横平竖直：托架支吊架的固定方式应按设计要求进行。各支架的同层横挡应在同一水平面上，其高低偏差不应大于5mm。托架支吊架沿桥架走向左右的偏差不应大于10mm。

（2）在有坡度的电缆沟内或建筑物上安装的电缆支架，应有与电缆沟或建筑物相同的坡度。

(3) 电缆支架最上层及最下层至沟顶、楼板或沟底、地面的距离，按有关规定数值。

(4) 组装后的钢结构竖井，其垂直偏差不应大于其长度的2/1000；支架横撑的水平误差不应大于其宽度的2/1000；竖井对角线的偏差不应大于其对角线长度的5/1000。

四、电缆敷设

(1) 电缆型号、电压、规格应符合设计。

(2) 电缆通道畅通，排水良好。金属部分的防腐层完整。隧道内照明、通风符合要求。

(3) 电缆外观应无损伤、绝缘良好，当对电缆的密封有怀疑时，应进行潮湿判断；直埋电缆与水底电缆应经试验合格。

(4) 充油电缆的油压不宜低于0.15MPa；供油阀门应在开启位置，动作应灵活；压力表指示应无异常；所有管接头应无渗漏油：油样应试验合格。

(5) 电缆放线架应放置稳妥，钢轴的强度和长度应与电缆盘重量和宽度相配合。

(6) 敷设前应按设计和实际路径计算每根电缆的长度，合理安排每盘电缆，减少电缆接头。

(7) 在带电区域内敷设电缆，应有可靠的安全措施。

第四节 盘、柜及二次回路结线施工规范

一、运输与保管

(1) 盘、柜等在搬运和安装时应采取防振、防潮、防止框架变形和漆面受损等安全措施，必要时可将装置性设备和易损元件拆下单独包装运输。当产品有特殊要求时，尚应符合产品技术文件的规定。

(2) 盘、柜应存放在室内或能避雨、雪、沙的干燥场所。对有特殊保管要求的装置性设备和电气元件，应按规定保管。

(3) 设备和器材到达现场后，应在规定期限内作验收检查，并应符合下列要求：

1) 包装及密封良好。

2) 开箱检查型号、规格符合设计要求，设备无损伤，附件、备件齐全。

3) 产品的技术文件齐全。

4) 按规范要求外观检查合格。

二、盘、柜及二次接线的安装（《盘、柜及二次回路结线施工及验收规范》GB50171—1992）

1. 安装应符合下列要求：

1) 基础型钢安装的允许偏差应符合规定。

2) 基础型钢安装后，其顶部宜高出抹平地面10mm；手车式成套柜按产品技术要求执行。基础型钢应有明显的可靠接地。

3) 盘、柜及盘、柜内设备与各构件间连接应牢固。主控制盘、继电保护盘和自动装置盘等不宜与基础型钢焊死。

4) 盘、柜单独或成列安装时，其垂直度、水平偏差以盘、柜面偏差和盘、柜间接缝的允许偏差应符合规定。

5) 模拟母线应对齐，其误差不应超过视差范围，并应完整，安装牢固。

6）盘、柜、台、箱的接地应牢固良好。装有电器的可开启的门，应以裸铜软线与接地的金属构架可靠地连接。

2. 成套柜的安装应符合下列要求：

1）机械闭锁、电气闭锁应动作准确、可靠。

2）动触头与静触头的中心线应一致，触头接触紧密。

3）二次回路辅助开关的切换接点应动作准确，接触可靠。

4）柜内照明齐全。

3. 抽屉式配电柜的安装应符合下列要求：

1）抽屉推拉应灵活轻便，无卡阻、碰撞现象，抽屉应能互换。

2）抽屉的机械连锁或电气连锁装置应动作正确可靠，断路器分闸后，隔离触头才能分开。

3）抽屉与柜体间的二次回路连接插件应接触良好。

4）抽屉与柜体间的接触及柜体、框架的接地应良好。

4. 手车式柜的安装尚符合下列要求：

1）检查防止电气误操作的“五防”装置齐全，并动作灵活可靠。

2）手车推拉应灵活轻便，无卡阻、碰撞现象，相同型号的手车应能互换。

3）手车推入工作位置后，动触头顶部与静触头底部的间隙应符合产品要求。

4）手车和柜体间的二次回路连接插件应接触良好。

5）安全隔离板应开启灵活，随手车的进出而相应动作。

6）柜内控制电缆的位置不应妨碍手车的进出，并应牢固。

7）手车与相体间的接地触头应接触紧密，当手车推入柜内时，其接地触头应比主触头先接触，拉出时接地触头比主触头后断开。

三、盘、柜上的电器安装

1. 电器的安装应符合下列要求：

1）电器元件质量良好，型号、规格应符合设计要求，外观应完好，且附件齐全，排列整齐，固定牢固，密封良好。

2）各电器应能单独拆装更换而不应影响其他电器及导线束的固定。

3）发热元件宜安装在散热良好的地方；两个发热元件之间的连线应采用耐热导线或裸铜线套瓷管。

4）熔断器的熔体规格、自动开关的整定值应符合设计要求。

5）切换压板应接触良好，相邻压板间应有足够安全距离，切换时不应碰及相邻的压板；对于一端带电的切换压板，应使在压板断开情况下，活动端不带电。

6）信号回路的信号灯、光字牌、电铃、电笛、事故电钟等应显示准确，工作可靠。

7）盘上装有装置性设备或其他有接地要求的电器，其外壳应可靠接地。

8）带有照明的封闭式盘、柜应保证照明完好。

2. 端子排的安装应符合下列要求：

1）端子排应无损坏，固定牢固，绝缘良好。

2）端子应有序号，端子排应便于更换且接线方便；离地高度宜大于 350mm。

3）回路电压超过 400V 者，端子板应有足够的绝缘并涂以红色标志。

4）强、弱电端子宜分开布置；当有困难时，应有明显标志并设空端子隔开或设加强绝缘的隔板。

5）负电源之间以及经常带电的正电源与合闸或跳闸口路之间，宜以一个空端子隔开。

6）电流回路应经过试验端子，其他需断开的回路宜经特殊端子或试验端子。试验端子应接触良好。

7）潮湿环境宜采用防潮端子。

8）接线端子应与导线截面匹配，不应使用小端子配大截面导线。

9）二次回路的连接件均应采用铜质制品；绝缘件应用自熄性阻燃材料。

10）盘、柜的正面及背面各电器、端子牌等应标明编号、名称、用途及操作位置，其标明的字迹应清晰、工整，且不易脱色。

11）盘、柜上的小母线应采用直径不小于6mm的铜棒或铜管，小母线两侧应有标明其代号或名称的绝缘标志牌，字迹应清晰、工整，且不易脱色。

第五节 工程验收基本技术规范

一、断路器验收项目及要求（《高压电器施工及验收规范》GBJ 147—1990）

1. 油断路器及其传动装置的验收项目与要求：

1）油断路器的技术规格（电压、电流、型号等）应与设计相符。

2）油箱及操作机构等的外表应清洁，无铁锈、污垢或表面损坏等缺陷，油箱焊缝良好。

3）套管瓷质完好，套管及油箱各处密封良好，无渗油现象，油位、油色正常。

4）分、合闸指示器位置正确，传动机构灵活。检查中可操作1~2次。

5）外部油漆完整、接地良好。断路器的操作机构上应用油漆标明断路器的编号。成套开关柜还应在柜面上标明其所控制的设备名称。

6）操作机构与相应的前、后隔离开关操作机构之间应有连锁装置并灵活可靠。紧急事故手动拉闸装置应明显且灵活。

在验收时应提交下列资料和文件：

1）变更设计的证明文件。

2）制造厂提供的产品说明书、试验记录；合格证件及安装图纸等技术文件。

3）安装技术记录。

4）调整试验记录。

5）备品、备件、专用工具及测试仪器清单。

2. 六氟化硫断路验收项目及要求：

1）断路器应固定牢靠，外表清洁完整；动作性能符合规定。

2）电气连接应可靠且接触良好。

3）断路器及其操动机构的联动应正常，无卡阻现象；分、合闸指示正确；辅助开关动作正确可靠。

4）密度继电器的报警、闭锁定值应符合规定；电气回路传动正确。

5）六氟化硫气体压力、泄漏率和含水量应符合规定。

6）油漆应完整，相色标志正确，接地良好。

7）相关文件、资料。

3. 真空断路验收项目及要求：

1）真空断路器应固定牢靠，外表清洁完整。

2）电气连接应可靠且接触良好。

3）真空断路器与其操动机构的联动应正常，无卡阻：分、合闸指示正确：辅助开关动作应确准可靠，接点无电弧烧损。

4）灭弧室的真空度应符合产品的技术规定。

5）并联电阻、电容值应符合产品的技术规定。

6）绝缘部件、瓷件应完整无损。

7）油漆应完整、相色标志正确，接地良好。

8）相关文件、资料。

4. 断路器操动机构验收项目及要求：

1）操动机构应固定牢靠，外表清洁完整。

2）电气连接应可靠且接触良好。

3）液压系统应无渗油，油位正常；空气系统应无漏气；安全阀、减压阀等应动作可靠；压力表应指示正确。

4）操动机构与断路器的联动应正常，无卡阻现象：分、合闸指示正确；压力开关、辅助开关动作应准确可靠，触点无电弧烧损。

5）操动机构箱的密封垫应完整，电缆管口、洞口应予封闭。

6）油漆应完整，接地良好。

7）相关文件、资料。

二、隔离开关、负荷开关、高压熔断器验收项目及要求（《高压电器施工及验收规范》GBJ 147—1990）

1. 操动机构、传动装置、辅助开关及闭锁装置应安装牢固，动作灵活可靠；位置指示正确，无渗漏。

2. 合闸时三相不同期值应符合产品的技术规定。

3. 相间距离及分闸时，触头打开角度和距离应符合产品的技术规定。

4. 触头应接触紧密良好。

5. 空气压缩装置及管道系统应符合规范的有关规定。

6. 油漆应完整、相色标志正确，接地良好。

7. 相关文件、资料。

三、电容器 、避雷器验收项目及要求（《高压电器施工及验收规范》GBJ 147—1990）

1. 电容器验收项目及要求：

1）电容器组的布置与接线应正确，电容器组的保护回路应完整。

2）三相电容量误差允许值应符合规定。

3）外壳应无凹凸或渗油现象，引出端子连接牢固，垫圈、螺母齐全。

4）熔断器熔体的额定电流应符合设计规定。

5）放电回路应完整且操作灵活。

6）电容器外壳及构架的接地应可靠，其外部油漆应完整。

7）电容器室内的通风装置应良好。

8）相关文件、资料。

2. 避雷器验收项目及要求：

1）现场制作件应符合设计要求。

2）避雷器外部应完整无缺损，封口处密封良好。

3）避雷器应安装牢固，其垂直度应符合要求，均压环应水平。

4）阀式避雷器拉紧绝缘子应紧固可靠，受力均匀。

5）放电记数器密封应良好，绝缘垫及接地应良好、牢靠。

6）排气式避雷器的倾斜角和隔离间隙应符合要求。

7）油漆应完整，相色正确。

8）相关文件、资料。

四、电缆验收项目及要求（《电缆线路施工及验收规范》GB50168—1992）

1. 电缆规格应符合规定；排列整齐，无机械损伤；标志牌应装设齐全、正确、清晰。

2. 电缆的固定、弯曲半径、有关距离和单芯电力电缆的金属护层的接线、相序排列等应符合要求。

3. 电缆终端、电缆接头及充油电缆的供油系统应安装牢固，不应有渗漏现象；充油电缆的油压及表计整定值应符合要求。

4. 接地应良好；充油电缆及护层保护器的接地电阻应符合设计。

5. 电缆终端的相色应正确，电缆支架等的金属部件防腐层应完好。

6. 电缆沟内应无杂物，盖板齐全，隧道内应无杂物，照明、通风、排水等设施应符合设计。

7. 直埋电缆路径标志，应与实际路径相符。路径标志应清晰、牢固，间距适当，且应符合要求。

8. 水底电缆线路两岸，禁锚区内的标志和夜间照明装置应符合设计要求。

9. 防火措施应符合设计要求，且施工质量合格。

10. 电缆作为隐蔽工程应在施工过程中进行中间验收，并做好签证。

五、盘、柜及二次结线验收项目及要求

1. 盘、柜的固定及接地应可靠，盘、柜漆层应完好、清洁整齐。

2. 盘、柜内所装电器元件应齐全完好，安装位置正确，固定牢固。

3. 所有二次回路接线应准确，连接可靠，标志齐全清晰，绝缘符合要求。

4. 手车或抽屉式开关柜在推入或拉出时应灵活，机械闭锁可靠；照明装置齐全。

5. 柜内一次设备的安装质量验收要求应符合国家现行有关标准规范的规定。

6. 用于热带地区的盘、柜应具有防潮、抗霉和耐热性能，按国家现行标准 JB/T 4159—1999《热带电工产品通用技术》要求验收。

7. 盘、柜及电缆管道安装完后，应做好封堵。可能结冰的地区还应有防止管内积水结冰的措施。

8. 操作及联动试验正确，符合设计要求。

9. 相关文件、资料。

六、变压器、电抗器、互感器验收项目及要求（《电力变压器、油浸电抗器、互感器施工及验收规范》GBJ148—1990）

1. 变压器、电抗器在试运行前，应进行全面检查，确认其符合运行条件时，方可投入试运行。检查项目如下：

1）本体、冷却装置及所有附件应无缺陷，且不渗油。

2）轮子的制动装置应牢固。

3）油漆应完整，相色标志正确。

4）变压器顶盖上应无遗留杂物。

5）事故排油设施应完好，消防设施齐全。

6）储油柜、冷却装置、净油器等油系统上的油门均应打开，且指示正确。

7）接地引下线及其与主接地网的连接应满足设计要求，接地应可靠。

铁芯和夹件的接地引出套管、套管的接地小套管及电压抽取装置不用时其抽出端子均接地：备用电流互感器二次端子应短接接地；套管顶部结构的接触及密封应良好。

8）储油柜和充油套管的油位应正常。

9）分接头的位置应符合运行要求；有载调压切换装置的远方操作应动作可靠，指示位置正确。

10）变压器的相位及绕组的接线组别应符合并列运行要求。

11）测温装置指示应正确，整定值符合要求。

12）冷却装置试运行应正常，联动正确；水冷装置的油压应大于水压；强迫油循环的变压器、电抗器应启动全部冷却装置，进行循环4h以上，放完残留空气。

13）变压器、电抗器的全部电气试验应合格；保护装置整定值符合规定；操作及联动试验正确。

14）相关文件、资料。

2. 变压器、电抗器试运行时应按下列规定进行检查：

1）接于中性点接地系统的变压器，在进行冲击合闸时，其中性点必须接地。

2）变压器、电抗器第一次投入时，可全电压冲击合间，如有条件时应从零起升压；冲击合同时，变压器宜由高压侧投入；对发电机变压器组接线的变压器，当发电机与变压器间无操作断开点时，可不作全电压冲击合闸。

3）变压器、电抗器应进行5次空载全电压冲击合闸，应无异常情况；第一次受电后持续时间不应少于10min；励磁涌流不应引起保护装置的误动。

4）变压器并列前，应先核对相位。

5）带电后，检查本体及附件所有焊缝和连接面，不应有渗油现象。

3. 互感器验收项目及要求：

1）设备外观应完整无缺损。

2）油浸式互感器应无渗油，油位指示应正常。

3）保护间隙的距离应符合规定。

4）油漆应完整，相色应正确。

5）接地应良好。

6）相关文件、资料。

第二篇　营　业　工　作

全国统一供电服务热线
95598

第五章

电 能 计 量

第一节 电能计量基本概念

在电力市场的整体运作中，电能计量装置的读数作为电力产品贸易结算的依据，已越来越受到贸易双方的重视，是贸易双方进行经济核算的重要指标。随着我国加入 WTO、融入国际大市场步伐的加快，工农业生产的自动化程度以及劳动生产率的大大提高，降低单位产品的电能成本已成为广大电力客户追求的目标，人们比过去更加重视电能计量的准确性。电力行业现已厂网分家，今后还可能输、配、售分开核算，独立经营，电力生产企业之间的电能计量装置，其性质由内部核算变为贸易结算，是质的变化。电力市场中的发电公司、电网公司、供电公司、用电客户，分属于电力系统中的上、下游产业，相互之间均有对电能量的计量及贸易结算业务，相互间的经济关系靠“电能计量装置”这杆“秤”来裁定，加之城乡广大居民客户推行一户一表，工商客户推行分时电价，集中客户推行集中抄表，大电力客户实行远方抄表及远方监控，特定客户推行预付费电能表，大客户推行安装无功电能表、最大需量表，所以整个电力市场中电能计量装置的数量、类型，在近几年间急骤增多，新技术含量大幅度提高，电能计量在电力市场中的地位显著提高。

加强电能计量基础知识和新技术的学习，使电能计量工作管理标准化、规范化、法制化，保证计量装置准确可靠，接线正确统一，为查获违章用电及防止窃电提供良好的技术环境，为处理电费纠纷提供理论依据，从而降低管理线损，降低供电成本，提高供电企业的综合效益。最终达到稳定电价、开拓电力市场，服务于人民、服务于社会，增强我国工农业产品的国际竞争力的目的。

一、电能计量装置及电能计量管理简介

电能计量是由电能计量装置来确定电能量值的一组操作，是为实现电能量单位及其量值准确、可靠而进行的一系列活动。

由电能表、测量专用互感器及二次回路组成的装置称为电能计量装置。电能计量装置主要安装在电力系统各枢纽及客户处，计量发电厂的发电量、总厂用电量以及供电公司的供电量、售电量，可作为客户用电量公正收费的依据，保证电力系统经济技术指标的核算。

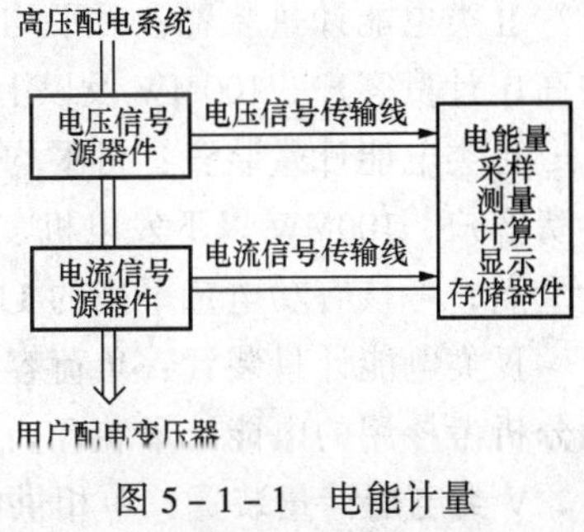

图 5-1-1 电能计量装置的原理框图

电能计量装置的原理框图如图 5-1-1 所示。客户供电线路分支是与高压配电系统相连接的，要对这个高压供电系统分支的电能进行计量，首先要通过电压信号源器件

将高电压信号成正比地变为低电压信号，通过电流信号源器件将大电流信号成正比地变为小电流信号；然后通过传输线将这个低电压、小电流信号传输给电能量采样、测量、计算、显示、存储器件。电压信号源器件一般选用电磁式电压互感器，也有用电容分压器或电阻分压器的，高新技术选用光电压互感器；电流信号源器件一般选用电磁式电流互感器，高新技术选用电子式电流互感器、光电流互感器；传输线一般选用电缆，高新技术选用光缆；电能量采样、测量、计算、显示、存储一般由电能表来完成，高新技术直接用计算机来取代电能表。

目前广泛使用的电能计量装置包括：计量用电流、电压互感器、电能表、互感器与电能表之间的二次回路、电能计量箱（柜）、电能计量集抄设备等。

电能通过电网传输会产生网损，通过专线传输会产生线损，一个变压器台区变压器的供电量会大于售电量之和，其差值也称为线损。线损造成的经济损失使输电、供电成本加大，电力系统中各级电能计量装置计量结果正确与否会影响每段线路记录的线损大小，影响线损的归属，是个值得注意的经济问题。在一些发达国家，电能计量工作由独立的计量装表公司、技术监督部门来管理，这可使发电、供电、用电各方的经济利益得到保护，使电力市场更加公平、公正。

对电能计量装置管理的目的是为了保证电能计量量值的准确、统一和电能计量装置运行的安全可靠。

对电能计量进行的管理包括：计量方案的确定；计量器具的选用、订货验收、抽检、周期轮换、周期检定、耐压走字、检修、保管、报废；电能计量装置的数据安全与闭锁；电能计量装置的线路设计及审查、设备安装及竣工验收；现场运行维护巡视，现场接线检查，现场误差检验，故障处理；查获跨越或围绕计量装置实施的窃电事件；异常电量的退补计算；电能计量资产及账务管理；电能计量数据的分析与统计；有时还要涉及到与电能计量有关的失压计时器、失流计时器、防窃电器，电能量抄核收计费系统，远方集中抄表系统，综自站的自动监测系统等相关内容。

二、电能计量装置的类别与接线方式

1. 电能计量装置的类别

运行中的电能计量装置，按其所计量电能量的多少和计量对象的重要性程度分为五类。

Ⅰ类电能计量装置：月平均用电量500万kW·h及以上或变压器容量为1万kVA及以上的高压计费客户，200MW及以上发电机、发电企业上网电量、电网经营企业之间的电量交换点、省级电网经营企业与其供电企业的供电关口计量点的电能计量装置。

Ⅱ类电能计量装置：月平均用电量100万kW·h及以上或变压器容量为2000kVA及以上的高压计费客户，100MW及以上发电机、供电企业之间的电量交换点的电能计量装置。

Ⅲ类电能计量装置：月平均用电量10万kW·h及以上或变压器容量为315kVA及以上的计费客户，100MW以下发电机、发电企业厂（站）用电量、供电企业内部用于承包考核的计量点，考核有功电量平衡的110kV及以上的送电线路电能计量装置。

Ⅳ类电能计量装置：负荷容量为315kVA以下的计费客户、发供电企业内部经济技术指标分析考核用的电能计量装置。

Ⅴ类电能计量装置：单相供电的电力客户计费用电能计量装置。

显然，从Ⅴ类至Ⅰ类，随着贸易电量的增多及计量对象重要性的递增，所配置的电能表、互感器设备的准确度等级也随之递增，并应符合表5-1-1所列值。

表5-1-1 五类电能计量装置所配设备的准确度等级

电能计算装置类别	准确度等级			
	电压互感器	电流互感器	有功电能表	无功电能表
Ⅰ	0.2	0.2S或0.2*	0.2S或0.5S	2.0
Ⅱ	0.2	0.2S或0.2*	0.5S或0.5S	2.0
Ⅲ	0.5	0.5S	1.0	2.0
Ⅳ	0.5	0.5S	2.0	3.0
Ⅴ		0.5S	2.0	

* 0.2级电流互感器仅指发电机计量装置中配用。

注 表中"0.2S"或"0.5S"中的"S"，表示这种电能表或互感器要求在极低负荷下的准确度比一般同等级的表计要高。如非"S"级电能表在5% I_b（标定电流）以下没有误差要求，而带"S"级电能表在1% I_b 即有误差要求，周检时要求在这个负荷点校验其准确性。

2. 电能计量装置的接线方式及配置原则

110kV及以上电压等级的高电压、大电流接地系统，是中性点直接接地系统，其TV常采用3台单相电压互感器按YNyn方式接线，同时接入3台单相电流互感器，用三相四线有功、无功电能表进行计量，表型最好采用三相四线多功能电子式电能表。35kV电压等级的中性点绝缘系统，可采用Yyn接线方式的电压互感器及三元件电流互感器将信号接入至有三组电能采样元件的有功、无功电能表进行计量。35、10kV电压等级的城乡配电网均是中性点绝缘系统，中性点无任何接地线，电能计量装置若安装在客户配电变压器的一次高压侧，称为高压计量方式，俗称"高供高计"，一般通过Vv接线方式的电压互感器及两元件电流互感器接入至三相三线有功、无功电能表，这种表表内只有两组电能采样元件；10kV供电，客户变压器容量小于315kVA时，为了节省客户申请接电的一次性投资，开拓电力市场，可采用低压计量方式，俗称"高供低计"，电能计量装置安装在客户变压器的低压侧，低压侧中性点有接地线必须采用3台电流互感器接入三相四线有功、无功电能表进行计量，这种表表内有三组电能采样元件，同时每次抄表加计变压器的电能损耗。

单相供电电流超过40A时宜采用三相四线制供电，以平衡各相负荷，增强安全保障。三相低压供电最大负荷电流在50A以上时宜采用电流互感器接入电能表。

贸易结算用的电能计量装置原则上应设置在供用电设施产权分界处；在发电企业上网线路、电网经营企业间的联络线路和专线供电线路的两侧均应设置结算用、考核用的电能计量装置。

Ⅰ、Ⅱ、Ⅲ类贸易结算用的电能计量装置应按计量点配置专用电压、电流互感器或者专用二次绕组。电能计量专用电压、电流互感器或专用二次绕组及其二次回路不得接入与电能计量无关的设备。

计量单机容量在100MW及以上发电机组上网贸易结算电量的电能计量装置和电网经营企业之间购销电量的电能计量装置，宜配置准确度等级相同的主、副两套有功电能表。即在同一回路的同一计量点安装一主一副两套电能表，同时运行、同时记录，实时比对和监测，以保证电能计量装置的准确、可靠，避免大的差错出现。

35kV以上贸易结算用的电能计量装置中电压互感器二次回路，应不装设隔离开关辅助接点，但可装设熔断器；35kV 及以下贸易结算用的电能计量装置中电压互感器二次回路，应不装设隔离开关辅助接点和熔断器。

两元件电流互感器宜采用四线连接，三元件电流互感器宜采用六线连接，即采用分相接线方式，不提倡采用电流互感器的公共回线。电流互感器二次端子与试验端子盒之间的二次回路导线上，不允许有接头，应采用直达线。

安装在客户处的贸易结算用的电能计量装置，10kV 及以下电压供电的客户，应配置符合全国统一标准 GB/T16934 的电能计量柜或电能计量箱；35kV 电压供电的客户，宜配置符合全国统一标准 GB/T16934 的电能计量柜或电能计量箱。

贸易结算用高压电能计量装置应装设电压失压计时器。未配置计量柜（箱）的，其互感器二次回路的所有接线端子、试验端子应能实施铅封。

执行功率因数调整电费的客户，无功电能应就地平衡，除安装有功电能表外，还要安装能分别累计感性和容性无功电能的无功电能表。客户应在提高用电自然功率因数的基础上，按有关标准、设计和安装无功补偿设备，并做到随其负荷和电压变动及时投入或切除，防止无功电能倒送。

另外实行两部制电价的客户，需安装最大需量表或有计量最大需量功能的多功能电能表。执行分时电价的客户，需安装具有分时计量功能的复费率电能表或多功能电能表。

带有数据通信接口的电能表，其通信规约应符合 DL/T645 多功能电能表通信规约的要求。

具有正反向送电功能的计量点，如有供、受电量能力的地方电网、有自备发电设备的客户、省际电网间的关口变电所等均应装设能计量正反向有功电能及四象限无功电能的电能表。

有两路及两路以上供电线路或供电电源的重要客户，每一路均应分别安装计量装置。

不同客户应分别安装电能计量装置。同一客户有不同电价类别的用电设备时，对每一类别必须分别安装电能计量装置，不得混计。

三、互感器简介

互感器分为电压互感器与电流互感器两种，它起着一次系统和二次系统之间的桥梁作用。

1. 互感器的作用

在计量高电压、大电流系统的电能时，要用到电压互感器，按电压互感器的变比 K_u 降低电压；用到电流互感器，按电流互感器变比 K_i 来缩小电流，使接到二次侧的电能表能够准确、安全地计量电能。此时所计电能量 W 为

$$W=（本月抄见数-上月抄见数）K_u K_i$$

尽管一次电压与电流有各种不同的值，但通过合理选择互感器变比，可使电压互感器的二次额定线电压统一为 100V，使电流互感器二次额定电流统一为 5A（或者 1A），这样可使电能表制造规格单一化、标准化，使电能表校准及资产管理时的程序简单化、规范化。

现在一般将电流互感器用 TA 表示，将电压互感器用 TV 表示。电流互感器过去的简称是 CT、LH；电压互感器过去的简称是 PT、YH，这些简称现在还经常出现在各种书刊、文献上。

2. 测量用电流互感器介绍

电流互感器的准确度等级有：0.01、0.02、0.05、0.1、0.2、0.5、1.0、3.0、10级，其中0.1级及以上各级别的为标准互感器，在实验室及标准仪器中使用；0.2、0.5级用于电能计量；1.0级及以下用于电流、功率、功率因数等电量的监视测量，还用于继电保护装置中。

电流互感器根据一次绕组匝数可分为单匝式和多匝式，根据铁芯多少可分为单铁芯和多铁芯。

单匝式电流互感器结构简单、尺寸小、价格低，通过短路电流时稳定性较好，但是当被测电流很小时测量准确度低。因此，单匝式电流互感器一次的额定电流一般为150A以上，一次额定电流超过600A的电流互感器都制成单匝式。

多匝式电流互感器的一次绕组由穿过环形铁芯的多匝绕组构成，由于一次绕组匝数较多，所以即使一次电流很小，也能获得较高的准确度，但构造比较复杂，且不能做成母线型电流互感器。

多匝式电流互感器还可以有两个或两个以上的铁芯，每个铁芯都有自己单独的二次绕组，一次绕组为两个铁芯共用。因此，在不改变电流互感器的尺寸，且造价增加不多的情况下可得到两个电流变比。两个铁芯的二次绕组互不影响，因为改变一个二次绕组的负荷时，一次电流值并不改变，所以对第二个铁芯没有影响。国内生产的35kV及以上的电流互感器，还可根据需要做成具有三个铁芯或四个铁芯的结构，以供多种测量、控制所需。

电流互感器的类型根据安装方式可分为穿墙式、支柱式和套管式；根据安装地点可分为户内式和户外式；根据绝缘方式可分为环氧树脂浇注绝缘式、油浸瓷绝缘式、支柱绝缘式等。

电压为110kV的电流互感器的一次绕组，有相同的两段组成，可串联或并联连接，这样使同一个电流互感器适用与两个不同的额定一次电流值。电压为220kV的电流互感器的一次绕组由四段组成，四段间可串联，两两串联或并联或四段并联，故可适用于三种不同的额定一次电流值。

3. 测量用电压互感器介绍

准确度等级为0.1级以上的电压互感器为标准互感器，在实验室及标准仪器中使用；0.2、0.5级用于电能计量；1.0级用于电压、功率、功率因数等电量的监视测量；3.0级用于继电保护装置中。电压互感器的测量准确度与接入的二次负荷大小有关，二次负荷阻抗值越大、二次负荷电流越小表明负荷越轻，随着二次负荷电流的增大电压互感器的比差会从正值变为负值，只有在实际二次负荷等于额定二次负荷时误差才最小。

电压互感器根据绝缘方式一般分为干式、浇注绝缘式和油浸式三种。油浸式电压互感器又分为普通结构和串级式两种。

干式电压互感器仅用于电压为6kV及以下的空气干燥的屋内配电装置中，其主要优点是重量轻、无着火和爆炸的危险。

浇注绝缘式电压互感器供3～35kV电压等级户内使用，如JDZ—10型为单相双绕组环氧树脂浇注绝缘式电压互感器，其一次绕组额定电压为安装点系统的线电压。JDZJ型为单相三绕组环氧树脂浇注绝缘式电压互感器，其一次绕组额定电压为安装点系统的相电压。

油浸式电压互感器分为普通式和串级式两种。普通式用于3～35kV系统，串级式用于

110kV及以上系统。普通结构的油浸式电压互感器由铁芯、绕组、油箱和瓷套管等组成。铁芯和绕组浸在充有变压器油的油箱中，绕组的引出线通过瓷套管引出。

串级油浸式电压互感器的电压等级为110kV及以上，这种电压互感器的铁芯和绕组装在充油的瓷外壳内。普通结构的电压互感器中，高压一次绕组与铁芯和二次绕组之间，是按装置的全部线电压来进行绝缘的，而在串级式电压互感器中，其绝缘是均匀分布于各级的，每一级只处在装置的一部分电压之下，各级之间串接起来，因此可将110kV及以上的高压分降在各级中，从而降低了绝缘要求，可大量节约绝缘材料。

电容分压式电压互感器广泛用于110～330kV中性点直接接地的电网中，基本原理是电容分压。

四、电能表简介

电能表由爱迪生1881年首先发明。100多年来，各国在电能表的原理、结构、材料、工艺、准确度、过载能力、一次寿命、功能多样化、自动化程度上展开了激烈竞争，使电能表行业发生着日新月异的变化。

1. 电能表的作用

电能表除在电力市场中做贸易结算依据外，发电厂还用它计量厂用电量；供电公司用它测量每条线路的实际线损；工农业客户用它计算单位产品耗电量，进行电能成本核算；电力系统从发电厂直至电力客户每个企业与其下属车间、分公司、各部门之间用它计量分电量，以便内部经济承包核算。

2. 电能表的分类

电能表按所测电能种类分，可分为有功电能表、无功电能表、直流电能表三种，后者一般用于特殊行业，不用于电力贸易计量。有功电能表计量客户实际消耗的电能 W_1，这些电能已经不可逆转地变成了机械能、热能、光能、化学能、生物能等。无功电能表用于计量客户的无功电能 W_2，W_2 是客户的感性无功电能和容性无功电能的绝对值之和。无功电能不是客户消耗的电能，而是客户曾经存储起来的电能，这部分电能会与电网进行能量交换。计量无功电能的目的，是要核算客户一个抄表期内的平均功率因数 λ，即平均功率因数，即

$$\lambda = \cos\varphi = \frac{W_1}{\sqrt{W_2^2 + W_1^2}} = \frac{1}{\sqrt{1 + (W_2/W_1)^2}} \qquad (5-1-1)$$

客户消耗的无功电能越多，平均功率因数就越低，配电网在为客户输送这些无功电能时，要增加的线损就越多，增加了供电成本，因此在电费结算时要对功率因数进行考核。功率因数高的客户，供电公司对其在电费中要进行奖励，反之功率因数低则要给予适当的处罚，用经济杠杆来鼓励客户提高本单位的功率因数。

电能表按相别及接线方式分，可分为单相、三相三线制和三相四线制三种。

按电压等级分可分为高压电能表、低压电能表两种，前者因为要配接电压互感器。其额定线电压为100V，后者额定相电压统一为220V。

按电流的测量范围分，可分为直通表和经电流互感器接入表两种，后者的额定二次电流一般为1.5（6）A，330kV及以上电压等级的计量装置中采用额定二次电流为0.3（1.2）的电能表，配上各种不同变比的电流互感器，可用来测量不同负荷容量客户的电能。

按准确度等级分，可分为0.01、0.02、0.05、0.1、0.2、0.5、1.0、2.0、3.0级等。准确度等级的数字越小，准确度等级越高。0.01～0.1级一般作为计量标准使用，其他等级在

现场使用。所计量的电能量越多、计量性质越重要，所选用的表计准确度等级要求越高。

按结构原理分，可分为感应式电能表、全电子式电能表、机电一体化电能表。

按所计电能量多少和重要程度分，可分为五类，如表5-1-1所示。

按测量功能分，可分为分时计费（复费率）电能表、最大需量电能表、预付费电能表、集抄电能表、多功能电能表等。

3. 电能表的铭牌标志

电能表铭牌上主要标有名称、型号、准确度等级、额定参数、电能表常数、脉冲常数、厂家表号等多种信息，新型电能表铭牌上还加贴了用于计量管理的条形码。

电能表名称说明该表的用途，有三相三线、三相四线之分，有功表、无功表之分，感应式、全电子式之分，单功能、多功能之分，是否有预付费功能等等。

型号一般由2~4个字母加数字再加字母数字组成。电能表型号组成如表5-1-2所示：

表5-1-2 电能表型号组成

类别代号	组别代号	结构及功能代号		设计序号	派生号
D—电能表	D—单相 S—三相三线 T—三相四线 B—标准表	S—静止式 Y—预付费 D—多功能 I—载波抄表 Z—最大需量	F—复费率 X—无功电能 L—长寿命 M—脉冲表 J—直流	阿拉伯数字（可指代是某个厂家的产品）	T—湿热、干热两用 TH—湿热带用 TA—干热带用 G—高原用 F—化工防腐用

最重要的是前面几个字母，它说明了该表计的用途、接线方式、结构及功能。只要第三个字母不是“S”，表明为感应式表。不出现“X”这个字母，就是有功电能表；出现“(X)”，表明有功、无功电能都能测量；仅出现“X”，是单纯的无功电能表。

如“DSSD331—1型”为“三相三线全电子多功能电能表”，“331”为设计序号，是“威胜电子有限公司”的一款产品，横线后的“1”为辅助说明，如为“2”则表明为第二代产品。“DTSD341”是“威胜电子有限公司”生产的“三相四线全电子多功能电能表”。

再如“DTZF930M”型为“三相四线感应式最大需量复费率表”即为机电一体化脉冲式有功电能表，“M”表示脉冲表。

再如“DDS1251”型为“陕西银河公司”的“单相全电子式载波电能表”。“DTS（X）251型”为“陕西银河公司”的“三相四线全电子式有功无功电能表”。

额定参数包括电流和电压的额定值。

五、几种不同结构电能表的比较

1. 几种主要表型的优缺点

感应式电能表已有100多年的生产历史，其工艺成熟、价格低廉、过载能力强，可靠性好、可视性好，虽有准确度等级较低（一般1.0级及以下），不易实现自动化等缺点，但目前国内乃至国外，尤其是在农村电网及三相低压中、小客户中，感应式电能表还占有相当大的市场份额。

全电子式电能表因其内部没有可动部件，又称为静止式电能表，它突出的优点是由于内部无机械摩擦而准确度高，灵敏度高，易实现自动化计量。可实现遥测、遥控，实现数据自动分析统计，计量中可有效排除人为因素干扰，功能多，数据可储存，便于无纸化抄核收作业，便于远方集中抄表。目前单相表选用全电子电能表已经很普遍，价格也已接近传统的感应式电能表，但是三相全电子电能表价格还是偏高，实际工作寿命还不太理想。全电子式电能表随着我国半导体技术及工艺的进步，必将逐步完善，成为电能表行业的主流。

机电一体化电能表又称为脉冲电能表，它综合了感应式及全电子式电能表的优点。该表型的电能采样，仍然由感应式母表完成，这部分的结构与一般感应式电能表相同，用字轮显示电度数。机电接口在铝盘盘面上沿直径方向均匀喷上几道黑色吸光层，由一对发光二极管、光敏三极管进行光电转换，将铝盘转数变成电脉冲。该脉冲信号整形输出后进入全电子系统，可用单片机及辅助电路实施诸如分时计费、记录最大需量、红外线抄表、负荷控制、远方通信等自动化功能。但机电一体化电能表的准确度等级，不可能高于普通感应式电能表，因此对Ⅰ、Ⅱ、Ⅲ类重要程度高的电能计量装置一般选用信誉好的厂家生产的全电子式电能表。而目前一些地区第Ⅳ类三相高供低计电能计量装置选用机电一体化表型较为普遍，因为它价格适中且功能较为齐全，可利用掌上抄表微机无接触红外线抄表，为抄核收无纸化作业提供了条件，尤其它能方便地分时计费，适合一般中小工商户的计量要求。这类表要全部更新为全电子表还需数年时间。

IC卡预付费电能表的优点是：

（1）不需要人工抄表。客户持卡先到供电公司、乡供电所或银行代售点买电，一次买多买少不限，然后再回去用电，有效地解决了客户数激增、人工抄表工作量大的问题。

（2）可以解决一些电费收缴困难户的收费问题。近年来，经济与文化交流日益频繁，流动人口增多，这部分人收费困难。使用预付费电能表先购电后用电，很好地解决了零散居民客户、公寓租房客户、临时用电客户、经常欠费客户的收费问题。

（3）可以实行功率限定。超负荷用电，会引起客户变压器及进户线过载。增加温升，缩短配电设备使用寿命，引起计量误差，甚至火灾，因此对客户的实际用电功率进行限定是必要的。IC卡表当负荷超过表内设置的限定功率时，会报警后自动跳闸，但这仅适合于居民客户，不能为重要客户安装，对重要客户首先要保证供电可靠性。

（4）具有一定的防窃电能力。一方面它始终正计数，另一方面它的电流输入采样用较厚、较宽的锰铜片采样，锰铜片本身电阻极小，为微欧数量级，当客户在表外短接电流回路窃电时，基本上不起作用。有些IC卡表还能自动记录客户非法用电信息，预付费售电系统可以对客户的用电情况进行监控，当客户超过预期时间不来买电时，预付费计算机售电系统可以自动生成户名清单，营销人员可根据清单进行核查。

（5）有利于培养客户“电是商品”的意识，有利于用电管理部门提高现代化管理水平。

IC卡表在使用和管理上也存在一定的问题，如一次性投资大，表耗功率大，要增加营业网点，增加设备投资及管理人员，导致增加供电成本。IC卡表不能按时将客户已用电量自动反馈给售电网络，因此每条线路IC卡表客户剩余电量总数无法获取，给按时计算每条线路的实际线损带来困难。另外若是给三相客户安装IC卡表，要考核抄表期功率因数也会带来不便。IC卡表要与分时计费制度结合，再加上电价有变化的可能，会增加IC卡表的设计制造成本。加之有些地方安装IC卡表，没有经过慎重的试运行阶段，就快速推进，发现问题后又下马，给IC卡表的发展蒙上了阴影。

2.电子式电能表与传统感应式电能表的比较

电子式电能表是在工作原理上与感应式电能表完全不同的计量仪器，它误差特性稳定、重量轻、便于安装，故障现象易于观察和发现，修理程序简单快捷，易于实现自动化管理，适应了电力市场发展的经济要求。电子式电能表在用料方面，有色金属和黑色金属用量不多，有利于国家的环境保护。人们逐步改变了“电子式电能表易受干扰、不稳定”的旧观念，更多地认识了它在性能和功能上的许多优点。传统的感应式电能表由于受其工作原理、制造工艺、制造材料的制约，没有余地再降低表耗、提高准确度、增加功能，而电子式电能表在这些方面有明显的优势。

兹将两者对比如下：

(1) 功耗的对比。通过整机功耗测试，单相电子式电能表小于 0.6W；而感应式 862 型单相电能表接近 1.8W，比电子式电能表大 1.2W。这样每月按 30 天计算，每台单相电子式电能表较 862 型感应式电能表每月可节约 0.864kW·h 电能。电子式三相电能表的功耗一般在 3W（5VA），而三相感应式电能表的功耗在 18W（35VA）左右。

(2) 启动电流的对比。测试同规格的 5（20）A 电子式电能表和感应式电能表的启动电流，可知感应式电能表的启动电流为 25mA，而电子式电能表的启动电流为 10mA，即电子式电能表在额定电压下 2.2W 就可启动。电子式电能表的启动电流是感应式电能表启动电流的 40%，在额定电压下启动功率下降了 3.3W。

(3) 误差的对比。在 5% ~400% I_b 范围中测量两种单相表的误差发现：①电子式电能表误差变化小，变化范围为 +0.2% ~ +0.87%，感应式电能表误差变化较大，变化范围为 -5.7% ~ +0.86%。②低负荷时，电子式电能表的误差偏正，感应式电能表则出现较大的负误差。

(4) 寿命的对比。传统的感应式电能表由于元件磨损、灰尘增多、电磁性能变差等因素影响，投入运行几年后，误差就逐渐增大，而且均为负误差，需要重新调整、校验。由于各种性能已变差，要达到 10 年的使用寿命难度大，进行轮换工作量也大。电子式电能表由于影响寿命的主要是电子元件，生产厂家只要严格控制元器件进货的来源，并严格筛选，严格监控过程和生产工艺，是可以基本保证电子式电能表的可靠性和使用寿命的。

目前电子式电能表理论上的长寿命还要受时间考验，新开发的长寿命感应式表一次寿命得到了一定程度的提高。

(5) 供电技术指标变化对误差影响的对比。这些指标包括电压、频率、功率因数、谐波等。从对比实验中可看出，这些指标变化对电子式电能表误差影响较小，对感应式电能表影响较大。

感应式电能表在负载电压低于额定电压时误差偏正，高于额定电压时误差偏负；感性负荷时误差偏正，容性负载时误差偏负。电网信号中三次、五次、七次谐波对感应式电能表影响较大。当客户向电网送出谐波时，感应式电能表的误差偏正，变化明显；而电子式电能表的误差偏负，变化较小。

从实验数据和负载曲线的对比中可明显看到，电子式电能表的线性较好，误差调整较容易；而感应式电能表由于电磁感应的原理、结构，其工作线性区域较窄，负荷电流过大过小时均有较大负误差。而且由于元器件之间的相互影响，各个负荷点的误差数据差距较大，使得调整时较难同时满足各个负荷点的要求。

(6) 从运行与管理的效率上对比。感应式电能表的修理、校验及调整费时、费力，调整装置过多，调整量难以确定，调整过程中不确定因素多，使工作效率低、可靠性低。而电了式电能表在这些方面有较优的性能，线性度好，工作效率高，故障率低。

(7) 电子式电能表与感应式电能表功能的对比。电子式电能表便于自动测量、自动抄表、遥测遥控，而感应式电能表的功能单一，无法实行自动测量。

(8) 使用的经济效益对比。电子式电能表在电网中计量，具有良好的经济效益，主要体现在防止窃电和降低线损两方面。电子式电能表不会倒走，三相电子式电能表有记录失压失流、窃电报警功能，减损效果十分明显。电子式电能表对改善无功补偿提高功率因数也起到积极的作用，有些客户过去功率因数一直很高，长期受到电费奖励，改装三相多功能电子式电能表后反受罚，通过检查后发现该客户无功补偿装置一直处于手动位置，全部投入的补偿电容器晚上工厂不生产时仍不退出，以致严重过补偿。原来安装的感应式无功表只装了止逆器，客户在向电网倒送无功时，虽然无功表不转，但无法计量倒送的无功电能，导致了客户功率因数虚高，使供电部门遭受了经济损失。三相电子式电能表可把客户吸入和倒送的无功电能按绝对值自动相加计量，改变感应式表导致客户功率因数虚高的现象。

(9) 电压互感器二次压降的对比。电子式电能表电压回路的输入阻抗大，因此电压互感器二次回路电流几乎为零，导致 TV 二次回路连线上的压降减小，减小了 TV 二次压降误差，减小了线损。

(10) 潜动情况的对比。客户完全停止用电后，电子式电能表不会产生潜动；而感应式电能表正、反向潜动事件时有发生，引发了计量纠纷。

3. 新型电能计量方式简介

电能计量技术随着微电子技术、计算机技术、通信技术的发展，新的构思、新的理念日新月异，应该对它的发展前沿有一个了解。

(1) 网络化电能表。网络化电能表实际上是指电能计量信息网络，它是电能计量装置与自动抄表系统的集成，其中电能表本身带有上网接口并具备通信能力。设计好网络的硬件编码、技术指标与功能、通信规约、软件平台与统一的数据格式，要做到与原有各系统接口统一与兼容，实现实时计量、实时抄表、实时分析、实时管理。

(2) 多客户静止式单相复费率电能表。这种电能表在高层住宅楼中，多个用电户共取同一个公共电压，而每个用电户的电源进线处只需装一个 TA 即可。这些采集到的电流、电压信号可由就地微处理机处理，并由各家的电能计度器显示出来，供客户了解自己的用电情况；采集到的电流、电压信号也可仅通过某种接口就直接送上电能计量信息网络或无线通信网络，所有用电户的用电信息都交由设在异地的微机来处理、记录、存储、结算，那么在客户处电能表这个实体就不存在了。

城镇居民住宅公寓化，相对集中，开发适应电能计量管理自动化需要的多客户静止式单相复费率电能表适合我国国情。其中一种具体设计思路是将多个单客户计量单元和数据处理单元有机组合在一起。它采用大规模专用芯片与高性能单片机实时对多个客户的用电量分别计量、集中控制和管理，主要用于居民楼的集中用电计量、远程抄表、计费与用电的自动化管理。这种电能表的特点是：①体积小、外形美观；②产品系列化和成套性强，建筑用电计量配套成本低；③没有潜动、测量准确、不丢脉冲，掉电时数据不丢失（可保存 10 年）；④全部采用插接式结构，安装和维修方便；⑤功能全，可红外抄表、远程抄表、远动控制、多费率，远程抄表可靠性、实时性强；⑥具有防窃电功能，过载能力强；⑦表内线路供电电源采用开关稳压电源，具有良好的电磁兼容性。

多客户静止式单相多费率电能表除可以使用掌上电脑采用红外方式现场抄表外，它还配有远程抄表接口，该接口兼容 485 专用线抄表和低压电力线载波抄表，可根据客户需要选择相应模块。由于多客户表本身就是一个数据采集器，因而相对于一般单相电子式电能表的集抄来说，节省了第一二级采集成本，大大降低了自动抄表的成本。

多客户静止式单相复费率电能表的一种设计原理，如图 5-1-2 所示。A、B、C 分别为单相进线与客户接线盒，共连接 24 个单相客户计量单元。RS485 接口与电力载波接口兼容，可与 RS485 接口或电力载波接口连接实现远程抄表或用手提电脑进行本地抄表；测试脉冲输出端提供对本表进行校验的测试脉冲。在有光照的情况下，外接显示表头可为客户查看自己的用电量提供方便。

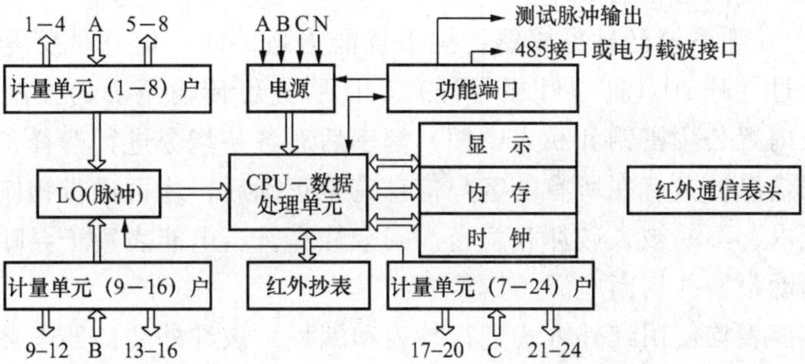

图 5-1-2　多客户静止式单相复费率电能表的原理图

（3）寻呼式电能表。寻呼通信是移动通信系统的一个组成部分，由于它传输迅速、费用低廉而深受广大客户的欢迎。寻呼机问世以来，由于技术不断进步，机体越来越小、功能越来越多、成本越来越低，因而普及很快。

寻呼通信的特点决定了寻呼通信是一种灵活的个人单向通信，而且是普及的系统。它的优点很多，网络结构简单，组网投资小，见效快。由于寻呼是单向通信，系统发射机的功率较大，覆盖范围广，传输可靠性高，频率利用率高。

无线寻呼式多功能电能表既可利用寻呼通信电路来接收电费费率、时段设置、预付费用设置、广播校时复位和显示方式等编程命令，同时又可利用单片机控制整个电能表的运行。其工作流程如下：电力部门通过信息服务中心发送设置命令 信息码；电能表接收到信号后，进行 ID 检查，在译码器中解码，并将解出的字符信息传送至单片机（控制单元），单片机收到信息后，根据电力部门的通信规约，解释该字符串，并进行相应的操作。

目前，无线寻呼式多功能电能表可实现的功能有：

1）复费率计量设置，四费率（尖、峰、平、谷）任意选定（可扩充）。

2）日时段设置，每日可任意分隔 1～8 个时段（可扩充）。

3）初始电量、电能表常数设置，巡显项目、巡显周期设置。

4）各时段电量底数设置，每一时段可有两种费率，时段内用电数低于电量底数电价按费率 1 计算；高于电量底数按费率 2 计算。如在高峰用电时段中用电量越少价越低，而在低谷用电时段中用电量越多价越低，利用经济杠杆，充分调动客户“削峰填谷”的积极性。

5）客户信息设置（包括标识号、表号，局号、客户级别等），用于客户变更用电后有些客户信息要变化时。

6）购电款额或购电量设置，相当于原 IC 卡客户购电后插卡向电能表输入购电数。

7）报警电量、报警余额、赊欠电量设置。

8）广播校时复位，无需人工对时。储存用电数据10年以上。

9）电量报警、越界（寻呼区外）报警，欠费断电、越界（寻呼区外）断电。

10）自检功能，控制模块可自动检测寻呼模块的状态，发现寻呼模块工作异常，立即自动报警。

与传统的复费率电能表和预付费电能表相比，无线寻呼式多功能电能表具有以下优点：

1）成本低廉。在电能表方面，只需在传统复费率电能表上增加一块接收板和译码器单元，相当于给电能表加装了一部寻呼机，使得硬件成本大大降低。该电能表的使用可为电力部门节省大量人力、时间等社会成本。

2）安全可靠。寻呼系统已日见成熟，抗干扰能力强，同一信息可反复传送。所传输的信息均已加密，经过寻呼ID（即寻呼机号码）认证后方可传输至表的控制单元。控制单元使用密钥（每块表内置公用密钥和私人密钥）解密后对各条指令进行解释，每条指令包含客户表号和客户密码信息，只有在所有的客户信息完全正确后，才可进行相应的操作，且所有模块均密封于表壳内，不易被人破坏和解密。安全性高。当电能表置于寻呼区外或客户屏蔽寻呼信号时，可自动报警并切断电源。

许多复费率电能表均使用红外方式进行抄表和编程，该红外端口处于常开状态，容易受到攻击，受到其他红外线光源的干扰，造成漏计电量和窃电。采用寻呼电能表后，可使红外端口处于关闭状态，如需抄表，再通过寻呼命令打开端口，防止了窃电的可能。

3）灵活简便。在设置费率时段、广播校时复位、电价等功能时可采用群呼、定时呼方式。电力部门只需寻呼一次命令，即可对所有的电能表设置进行修改；在设置电能表参数、预付费用等功能时可采用单机选呼方式。

售电方式多样化。传统的IC卡预付费电能表，购电时必须到专门的售电点刷卡购电，而采用无线寻呼式电能表后，电力部门既可设置专门的售电点，也可采用互联网上、电话转账、普通银行转账及发行电力充值卡等方式售电。

4）管理方便。无线寻呼式电能表无需在出厂时设置时钟，电力部门可每日定时发送无线对时命令。这样，在电能表中可不采用价格昂贵的高能电池，采用超级电容技术作为备用电源，就可在断电情况下为时钟电路提供一周至一月的能源，进一步降低了成本。应注意到这种寻呼式电能表只能单向通信，只能由电能表单向接受电力部门的命令，可解决客户“费率随便选”、“先付费后用电”等问题，且不需客户刷卡插卡，但不能解决自动抄表问题。若要同时发展自动抄表功能需研制出双向寻呼式电能表，相当于“手机”的功能，投资就要大得多。

（4）智能化住宅区的智能式电能表。智能化住宅区的智能化管理系统主要功能有住户信息管理、安防（包括防盗、防入侵系统、电视监控、门禁系统）和通信（包括闭路电视、电话程控交换机、无线基站）等功能模块。科研人员尝试过基于智能化住宅区如此完善的硬件环境，发展自动抄表技术不但可行而且投资不高，其基本的思路是：住宅区中各住户均加装电子式智能电能表、数字化水表、数字化燃气表及数字化热量表，每个单元所有住户的数据汇总于单元的集中器和一个无线发射终端，将所有住户的数据通过蜂窝移动无线网（GSM）以短信息（SMS）的模式上传到GSM网的SMS中心，SMS中心将接收到的电能计量数据通过专线传递给供电公司用电管理部门的数据处理服务器。现在GSM网的覆盖面几乎已经遍及全国，所以构建这种智能化住宅区的电能计量自动抄表系统，可利用现成的GSM无线网络而不需要投资建立更多的基站。

(5) 虚拟电能表。在有些科技文献上还提出了"虚拟电能表"的概念。这种"电能表"在变电所出线间隔处或客户配电屏上的硬件设备很少，不出现电能表这个设备实体，仅有一对 TV、TA，通过互感器采集客户（或专线或下一段配电网）的电流电压等用电信息，再通过电光转换器将客户的用电信息转换为光信号，然后通过光纤将信号直接传送到供电公司的数据中心、电费结算中心的大型计算机中进行运算，得出电费信息。光纤通信的优点是衰减小、抗干扰能力强、传输距离远。

(6) 电力系统自动化体系中的电能计量。在电力系统自动化体系中的电能计量已不是常规意义下的电能计量，必须能够自动采样，自动传送信息，要保证信息的准确性，要保证整体自动化装置的性能价格比。在将来的变电所中可能逐步取消电能表这个硬件实体，采用继保、计量、调度、负荷预测等信息资源完全共享，电能信息采集之后直接由计算机算出各客户、各条出线的电能量，将电能计量纳入整个电力系统自动化的体系之中。

变电所综合自动化系统应能全面代替常规的二次设备，包括电能计量在内。其继电保护、计量、测量、监视、运行控制和通信处于一个分级分布式的系统中，此系统由多个微机保护子系统、测量子系统、各种功能的控制子系统组成，应能替代常规的继电保护、监视仪表、电能表、中央信号、模拟屏、控制屏和运行控制装置。微机保护是综合自动化系统中很重要的关键环节，它的软、硬件设置既要与监控系统相对独立，又要相互协调。变电所综合自动化系统的功能和配置，应满足无人值班的总体要求，这已成为电网调度自动化深入发展的必然趋势，是电网调度管理的发展方向。

变电所综合自动化系统的结构形式有集中式、分布集中式、分散与集中相结合和全分散式等四种类型。

其中分散和集中相结合的结构，如图 5-1-3 所示，是当前变电所综合自动化系统的主要结构形式。按每个电网元件（例如一条出线、一台变压器、一组电容器等）为对象，集计量（测量）、保护、控制为一体，设计在同一机箱中。对于 6～35kV 的配电线路，可以将

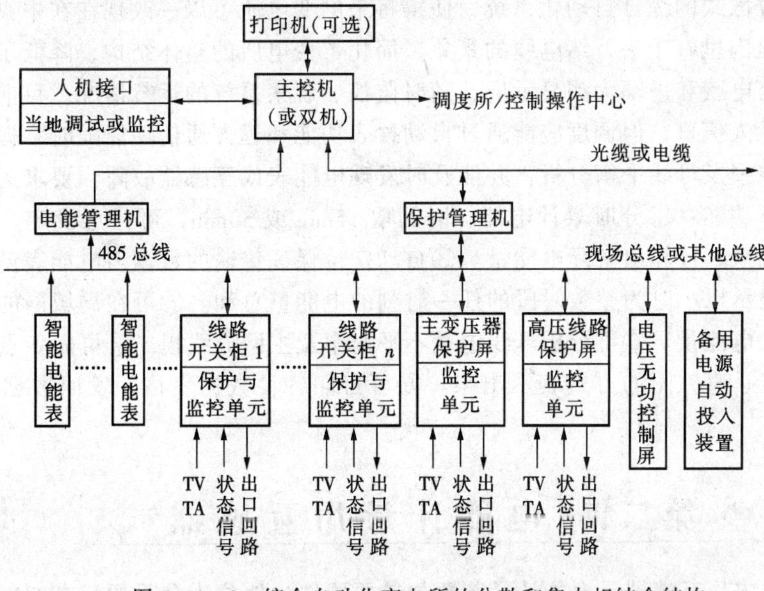

图 5-1-3　综合自动化变电所的分散和集中相结合结构

这个一体化的计量、保护、控制单元就近分散安装在各个开关柜中，然后由监控主机通过光纤或电缆网络，对它们进行管理和信息交换，这就是分散式的结构。这种结构简化了控制室的设置，减少了地沟中用于信号传输的电缆，减小了二次线的压降，提高了可靠性和测量准确性。至于高压线路保护装置和变压器保护装置，仍可采用集中组屏安装在控制室内。

这种将配电线路的保护和测控单元就近分散安装在开关柜内，而高压线路保护和主变压器保护装置等采用集中组屏的系统结构，就称为分散和集中相结合的结构。为了保证电能计量的准确性，电能计量可采用两种方法解决：①采用脉冲电能表，由电能管理机采集各电能表的脉冲量，计算出电能量，然后送给监控主机，再转发给控制中心。②采用带串行通信接口的智能型电子电能表，通过串行总线，由电能管理机将采集的各电能量送往监控主机，再传送给控制中心。

变电所目前安装有两种类型的电磁式电流互感器，即保护 TA 和计量 TA。保护 TA 要求通过短路电流时不饱和，即要求它通过大电流时，线性度好，测量准确，在小电流时，准确度可能保证不了；而对于计量 TA，要求在正常负荷时，甚至低负荷时线性度要好，以保证电能计量的准确性，至于短路电流流过时，计量 TA 可能早已饱和了。因此如果要将保护和测量的模拟量完全统一，只能将电流量的采样选择接在保护 TA 上，这样必然影响电能计量的准确性，虽然可以用软件做些补偿，但由于 TA 特性的分散性，还是不符合计量准确性的要求。因此，在没有新型的 TA（如光互感器）替换原来的计量 TA 和保护 TA 之前，电力系统自动化中的数据就不可能完全共享，只有采取数据独立处理。数据独立处理就是保护与计量的数据采集分别由不同的模拟量输入通道负担，各取自保护 TA 和计量 TA 的信号。

变电所综合自动化系统的全分散式结构是今后的发展方向。全分散式结构是指利用先进的光电互感器，使计量、保护和控制功能集成到同一装置中，实现数据的完全共享。由于光电传感器的抗干扰能力强，电绝缘特性优，使得原来只能集中组屏的高压线路保护装置和变压器保护装置也可以考虑就近分散安装于高压场附近，并利用日益发展的光纤技术和局域网络技术，构成一个全分散式的综合自动化系统，有利于更多的变电所实现高水平、高可靠性的无人值班。全分散式的综合自动化系统，使得将来的变电所可以一改现在在中央控制室有一排排控制屏、地沟里有千头万绪电缆的景象，简化了变电所的整体结构，降低了投资，中央控制室可以只有电脑和一幅大型显示屏，随时监控、观察系统的运行情况。目前的综合自动化变电所，虽无人值班，但调度应能通过自动抄表功能和远方通信功能随时掌握各条线路的供电量，实现线损及母线平衡分析，并能及时发现电能表或互感器故障。要求远方集信电能计量装置有以下功能：①分时累计电能，时间取 15min 或 30min，可任意设定。②传输的数据自动与倍率相乘，计算出实际电能量。③自动定位保证传输的数据与电能表窗口读数相吻合。④可计算显示以小时为整数时段的任一时刻的电能量总和。⑤可在局域网的任一端点读取任一数据端的电能量。⑥可分析母线电量不平衡率及主网分线损。⑦可做各点的负荷曲线，用扇形、折线、直方图的方式表示出来。⑧可打印各种数据表格，发回数据可实现共享。

第二节 电能计量用互感器

电流互感器、电压互感器是电能计量装置的首要器件，地位十分重要。若 TA、TV 不准确，选用不合适，配用的电能表再准确，计量结果仍不会准确。

一、电流互感器

1. 电流互感器的种类、结构与型号

电流互感器的种类很多，按电压等级可分为低压和高压；按一次绕组的匝数可分为单匝式和多匝式；按外形可分为羊角式和穿心式；按安装方法可分为支持式和穿墙式；按绝缘方式可分成油浸式、干式和瓷绝缘；按安装地点可分成户内式和户外式；按铁芯多少可分为单铁芯和多铁芯。其外形结构如图 5-2-1 所示。

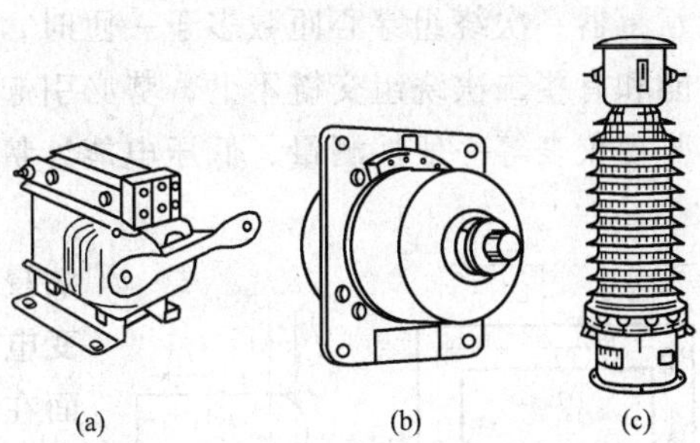

图 5-2-1 电流互感器的外形结构
(a) 干式；(b) 浇注绝缘式；(c) 油浸式

TA 的型号一般表示为：

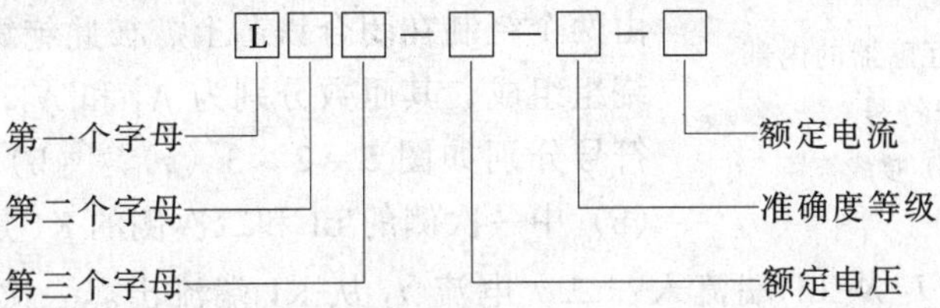

第一个字母固定为 L，表示电流互感器，第二、第三个字母的意义如表 5-2-1 所示。

表 5-2-1 电流互感器型号字母意义

电流互感器型号字母含义			电流互感器型号字母含义			电流互感器型号字母含义			电流互感器型号字母含义		
第二个字母	A	穿墙式	第二个字母	R	装入式	第三个字母	Z	浇注绝缘	第三个字母	D	差动保护
	B	支持式		Q	线圈式		C	瓷绝缘		S	速饱和
	D	贯穿式单匝		C	瓷箱式		W	户外装置		J	接地保护或加大容量
	F	贯穿式复匝		Z	支柱式		B	过流保护		Q	加强型
	M	贯穿式母线型		Y	低压型		G	改进型		K	瓷外壳式

10kV 及以上的电流互感器一般有两个二次绕组，一个用于电能计量；另一个用于继电保护、测量等，前者的准确度等级高于后者，必须 0.5 级及以上。

例如：LFC—10—0.5—300 表示 10kV 的贯穿式复匝（即多匝）瓷绝缘电流互感器，其额定电流为 300A，准确度等级为 0.5 级。

低压电流互感器常用的有 LQG—0.5 型和 LMZ1—0.5 型两种，前者俗称为“羊角式”；后者俗称“穿心式”，如图 5-2-2 所示。

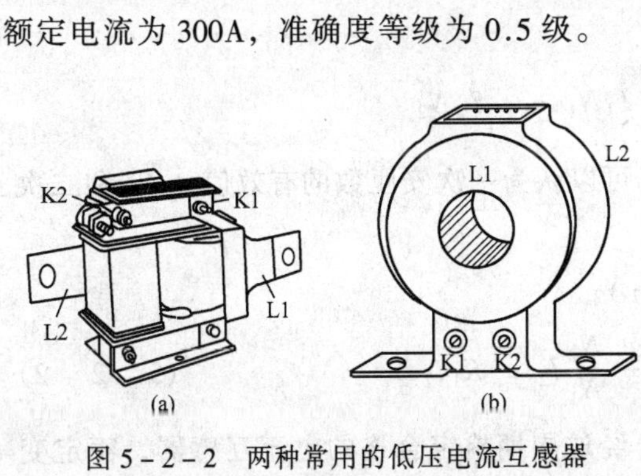

图 5-2-2 两种常用的低压电流互感器
(a) LQG—0.5 型；(b) LMZ1—0.5 型

LMZ1—0.5 型低压穿心式电流互感器的一次绕组在互感器内部没有接线端子，一次绕组从圆环中间通过，就算有一匝一次绕组了。一次绕组激起的圆环形交变磁通，刚好通过圆环形铁芯闭合，故装表接电时应注意将一次绕组尽量处于圆环中心，以免引起误差。穿心式电

流互感器一次绕组穿心匝数多于一匝时，一次绕组更难位于圆环中心，一次电流引起的磁通可能和有些二次绕组交链不上，势必引起误差。因此有专家建议，穿心式电流互感器只能用于监视仪表等一般性测量，低压电能计量需用LQG—0.5型“羊角式”电流互感器。

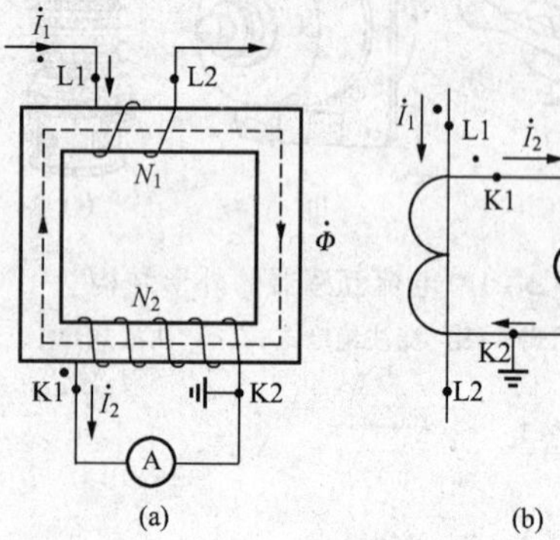

图 5-2-3 电流互感器的内部结构和接线符号

(a) 内部结构；(b) 接线符号

我国大多数生产厂生产的户外型电流互感器都是油浸式，运行一段时间后会不同程度的渗漏油，破坏了变电所的所容，况且由于这种TA没有设计油标管，油面在什么位置看不到，油面下降到一定程度时，互感器还可能喷油爆炸，影响变电所安全运行。若采用质量可靠的环氧树脂混合胶浇注的LZW—12型干式电流互感器，虽价格高一些，但能使变电所向无油化迈进一步。

2. 电流互感器的工作原理与误差

电流互感器的内部结构和原理与一般变压器相似，由两个绕制在闭合铁芯上、彼此绝缘的一次绕组和二次绕组组成，其匝数分别为 N_1 和 N_2，其内部结构和接线符号分别如图 5-2-3（a）、（b）所示。图 5-2-3（b）中一次侧的L1和二次侧的K1是一对同名端，即为同极性端。一次电流 I_1 从L1端流入，二次电流 I_2 从K1端流出。一次绕组与被测电路串联，二次绕组与测量仪表（电能表、功率表、相位表、电流表、继电保护器）的电流线圈串联，这些仪表的电流线圈内阻抗都很小。电流互感器二次回路所接的阻抗很小，故电流互感器相当于短路运行的变压器。电流互感器磁路中的磁力线密度设计得很低，一般在0.08～0.1T范围内，磁损耗较小。这种情况下，用来在铁芯中建立磁场传递能量的励磁安匝数 I_0N_1 很小，I_0N_1 在总安匝数 I_1N_1 中所占比例也很小，为0.3%～1%之间。电流互感器的相量图如图 5-2-4（a）所示，其中 $\dot{\Phi}$为由励磁安匝数 $\dot{I}_0N_1$ 在铁芯中建立起的磁通；$\dot{U}_2$ 为二次的感应电压，二次回路阻抗为感性，因此二次回路电流 $\dot{I}_2$ 滞后 $\dot{U}_2$ 一个角度，一次安匝数 $\dot{I}_1N_1$ 与二次安匝数 $\dot{I}_2N_2$ 的相量和等于励磁安匝数 $\dot{I}_1N_1$，即

$$\dot{I}_1N_1 + \dot{I}_2N_2 = \dot{I}_0N_1 \tag{5-2-1}$$

由于 $\dot{I}_0N_1$ 很小，若忽略 $\dot{I}_0N_1$，则有

$$\dot{I}_1N_1 + \dot{I}_2N_2 = 0 \text{ 或 } \dot{I}_1N_1 = -\dot{I}_2N_2$$

即 $\dot{I}_1N_1$ 与 $\dot{I}_2N_2$ 大小相等方向相反，基本平衡。可以认为一次安匝数的有效值 I_1N_1 和二次安匝数的有效值 I_2N_2 基本相等，有

$$I_1N_1 \approx I_2N_2$$

即

$$\frac{I_1}{I_2} = \frac{N_2}{N_1} = K_1 \text{ 或 } I_1 = \frac{N_2}{N_1}I_2 = K_1I_2 \tag{5-2-2}$$

其中 K_1 为电流互感器的额定变比，标在铭牌上，经过周期检定合格的电流互感器，额定变比和实际变比是相等的。额定变比 K_1 也称为额定电流比，可表示为

$$K_1 = \frac{\text{一次额定电流值}}{\text{二次额定电流值}} = \frac{I_{1N}}{I_{2N}}$$

电流互感器在实际运行中会产生变比误差，简称比差；还有相位角误差，简称角差。从图 5-2-4（a）可以看出 $-\dot{I}_2N_2$ 与 $\dot{I}_1N_1$ 并没有完全重合，$-\dot{I}_2N_2$超前于 $\dot{I}_1N_1$，长度却比 $\dot{I}_1N_1$ 要短，这是因为 I_0N_1 并不为零的缘故，因此会引起电流互感器的角差 δ_1 和比差 f_1，角差 δ_1 一般为正，比差 f_1 一般为负。为保证电流互感器的准确度，出厂前的电流互感器二次匝数 N_2 要适当减少 1~2 匝，以补偿实际电流互感器由于存在很小的励磁安匝数 I_0N_1 而引起负的比差。

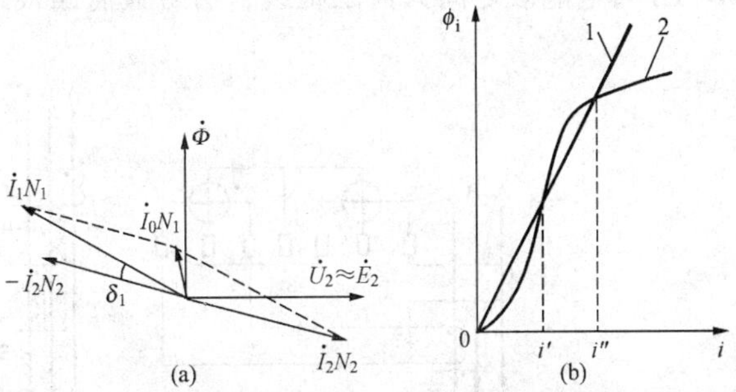

图 5-2-4 电流互感器的误差来源

(a) TA 的相量图；(b) 铁芯线圈的磁化曲线

电流互感器的比差 f_1、角差 δ_1 和一次电流 I_1 的有效值关系分别为

$$f_1 = \frac{I_2N_2 - I_1N_1}{I_1N_1} \times 100\% = -\frac{I_0}{I_1} \times \sin(\theta + \varphi_2) \times 100\% \propto \frac{1}{I}$$

$$\delta_1 = \frac{I_0}{I_1} \times \cos(\theta + \varphi_2) \times 3438 \propto \frac{1}{I_1}$$

其中，θ 为 $\dot{I}_0N_1$ 与 $\dot{\Phi}$之间的夹角，φ_2 为 $\dot{I}_2N_2$ 与 $\dot{U}_2$ 之间的夹角，即二次负荷的阻抗角。从上两式可看出，比差和角差均与一次电流的大小成反比，一次电流越小，比差、角差越大。一次电流小于额定一次电流的 30%时，比差很大，一般称为“大马拉小车”，“大马”指的是额定一次电流很大的互感器，“小车”指的是小负荷电流，而且此时比差一般为负，少计电量，给供电公司带来损失。因此，应保证电流互感器在正常运行中的实际负荷电流达到额定一次电流的 60%左右，至少应不小于 30%，而最大负荷电流应尽量接近额定一次电流值，不允许过载太多。经 TA 接入的电能表，其标定电流不宜超过电流互感器额定二次电流的 30%，其额定最大电流应为电流互感器额定二次电流的 120%左右。

用于计量的电流互感器二次回路中只允许串接有功、无功电能表的电流线圈，不允许再串接其他监视仪表和继电保护装置的电流线圈，因为串联的仪表越多，二次线路的阻抗就越大，会使负的比差增大，少计电量。为了减小二次线路的总阻抗，要求电流互感器二次连线不能太长，线径不能太细，中间不能有辅助接点，从二次绕组的 K1、K2 端接出来的二次连线应直达电能表，必须用单芯铜线，其截面积至少不少于 $4mm^2$，所有接线端子要接触牢靠，去掉氧化层。

基于铁芯线圈电磁感应原理的电流互感器，由于铁芯线圈磁化曲线的非线性影响会产生误差。图 5-2-4（b）是电流铁芯线圈的磁化曲线（仅画出了第一象限），其中曲线 1 是理想磁化曲线，ϕ_i 随着电流 i 的增长成正比的线性增长。曲线 2 是实际磁化曲线，当一次负荷电流 $i < i'$时，ϕ_i 小于理想值；当一次负荷电流 $i > i''$时，ϕ_i 也小于理想值，进入铁芯线圈的磁饱和区，并且 i 值越大相差越多，都会产生负误差，少计电量，这是铁芯式电流互感器的致命弱点。

3. 电流互感器的接线方式

以往三相三线两元件计量、三相四线三元件计量电流互感器二次连线均采用公共回线，前者 TA 与电能表之间只需三根线，后者只需四根线，如图 5-2-5 所示。

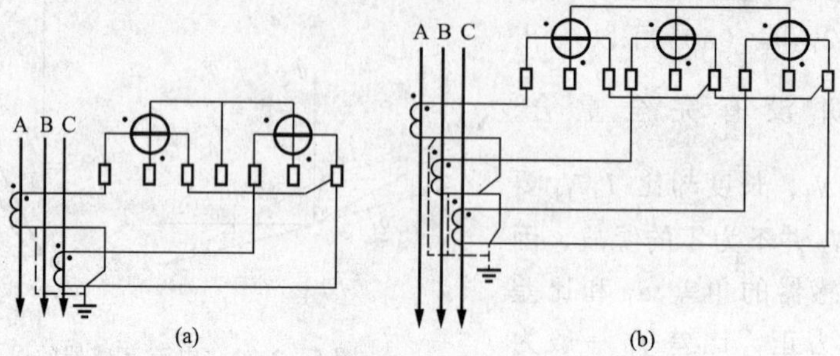

图 5-2-5 采用公共回线的电流互感器二次连线
（a）两元件计量装置；（b）三元件计量装置

这种接线目前在现场仍存在，其优点是接线简捷、用线节省，两元件计量装置的回线电流就是（$-i_b$），三元件计量装置的回线电流大约为零（三相负荷对称时），这样便于通过测量检查接线正确性。其缺点是三相计量线路相互间不独立，公共回线一断，同时影响所有元件的计量，还有可能将公共回线接入某个计量元件电流线圈的进线孔，增加了错误接线发生的几率和种类。非贸易计费用计量装置对 TA 的接线方式限制可以宽一些。

DL/T 448—2000《电能计量装置技术管理规程》中，要求“对三相三线制接线的电能计量装置，其 2 台电流互感器二次绕组与电能表之间宜采用四线连接。对三相四线制连接的电能计量装置，其 3 台电流互感器二次绕组与电能表之间宜采用六线连接”，接线方式如图 5-2-6所示。

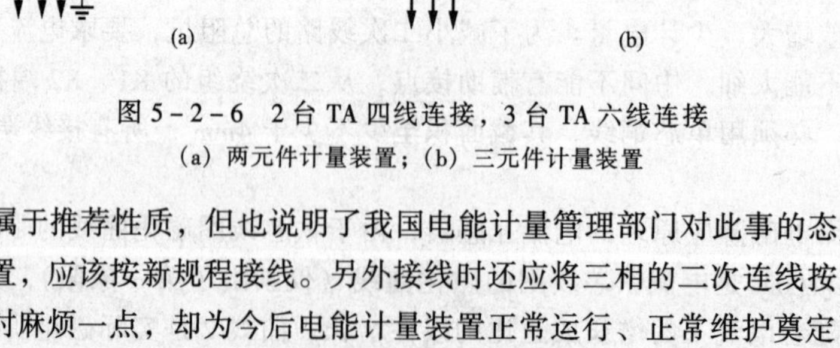

图 5-2-6 2 台 TA 四线连接，3 台 TA 六线连接
（a）两元件计量装置；（b）三元件计量装置

该规程虽然属于推荐性质，但也说明了我国电能计量管理部门对此事的态度。因此至少对新装电能计量装置，应该按新规程接线。另外接线时还应将三相的二次连线按黄、绿、红不同颜色分开，接线时麻烦一点，却为今后电能计量装置正常运行、正常维护奠定了良好的基础。

4. 电流互感器的选择

电流互感器的选择应符合国家标准，并经有关部门鉴定为质量优良，准许进入电力系统的产品。

在选择电流互感器时要注意额定电压的正确选择、海拔高低的正确选择。电流互感器的额定电压指一次绕组与地（或与二次回路）之间的绝缘电压。电流互感器的额定电压应与其一次的工作电压相一致。海拔高度越高空气越稀薄，同电压等级的电流互感器绝缘要求越高。

电流互感器额定一次电流的确定，应保证其在正常运行中的实际负荷电流达到额定电流值的60%左右，至少应不小于30%。否则应选用高动热稳定的电流互感器以减小变比。额定二次电流必须与电能表的额定电流值相吻合。

电流互感器额定二次电流一般都采用5A和1A两种，当额定电压为330kV及以上时选用TA的额定二次电流为1A，对应的电流表选择为0.3（1.2）A；其他电压等级时选用TA的额定二次电流为5A，对应的电能表选择为1.5（6）A。

同一组电流互感器的制造厂、型号、额定电流比、准确度等级、二次容量均应相同，不宜使用能任意改变一次绕组匝数而改变计费倍率的穿心式电流互感器及变压器套管型电流互感器，宜使用一次绕组在制造厂已固定好或一次只绕一匝的穿心式电流互感器，以防计费倍率错误的计量事故发生。

穿心式电流互感器因无一次绕组接头已被广泛采用，但如用改变一次绕组匝数的办法来改变计费倍率，常造成管理上的混乱，且运行的准确性难以保证，故不宜采用；变压器套管式TA装于变压器内部，不便维护，且运行状况受变压器磁场影响，也不宜采用。

应正确选择电流互感器的额定二次容量 S_{2N}。电流互感器额定二次负荷是在保证准确度等级条件下，允许电流互感器二次所接测量仪表、导线等的总阻抗值 Z_{2N}，电流互感器额定二次输出容量为 S_{2N}，为额定二次电流 I_{2N} 通过额定二次负荷 Z_{2N} 所需要的视在功率为

$$S_{2N} = I_{2N}^2 Z_{2N}(\mathrm{VA}) \tag{5-2-3}$$

通常，当二次额定电流为5A　$I_{2N} = 5\mathrm{A}$

因此　$S_{2N} = 25 Z_{2N}(\mathrm{VA})$

电流互感器额定二次负荷的标准值为0.4Ω和0.6Ω，那么电流互感器的额定二次容量就有10VA和15VA两种。一般若电流互感器二次所串接的计量设备的电流线圈较多、二次线较长时，就应该选择 S_{2N} 大一点的，即15VA。

二次额定电流为1A时，$S_{2N} = Z_{2N}(\mathrm{VA})$，对二次负荷的限制宽一些。

具体选择电流互感器时，其实际二次容量 S_2 与额定二次容量 S_{2N} 之间应满足下式的关系

$$0.25 S_{2N} \leqslant S_2 \leqslant S_{2N}$$

5. 使用电流互感器的注意事项

（1）TA工作时二次不允许开路，开路时二次绕组两端会出现峰值达数千伏的高电压，会危及人身安全，损坏互感器的绝缘，铁芯和绕组将因过热而损坏。产生高压的原因是，正常情况下一次电流产生的磁通大部分被二次电流产生的磁通所平衡所抵消，励磁安匝数 I_0N_1 很小，一旦二次开路，所有的一次磁通都用于励磁，致使铁芯饱和，产生高压、高温。

工作中若因更换电能表等原因，确实需要带电解开电流互感器二次连线时，应先通过试验端子排或直接将K1、K2端用短路片连接好，再解开二次线。计量中二次连线若开路，会

使相连的计量元件停计电量，有时解开二次线是窃电者所为。为检验二次线是否断开过，可在电流互感器外壁贴上易熔蜡片，若发现蜡片有熔化的迹象，可能是出现过二次开路或严重过载。

（2）电流互感器必须按减极性连接，即一次电流从 L1 端流进，二次电流从 K1 流出，或者说 L1 接向电力电网输来电能的一方，K1 接向电能表电流进线端左孔，任一处接反，该元件驱动力矩就变为负值。也有的高压电流互感器一次侧所标字母为 P1、P2，二次侧所标字母为 S1、S2，其中 P1 与 S1 端子是一对同名端。

（3）高压电流互感器 K2 端要可靠接地，防止一次侧的高压窜入二次侧，但只允许有一个接地点，在端子箱内经端子接地。低压电流互感器有条件的也应该接地，但因低压电流互感器的导线、相连的仪表与电压回路的绝缘等级相同，可能承受的最高电压亦基本一致，因此也可以不接地。在雷电频发地区，低压 TA 二次接地，还可能会引入雷电损坏计量装置。而低压三相四线制有功电能表如按电压线和电流线共用方式接线，TA 二次绝不能接地。

（4）有些穿心式低压电流互感器，虽然铭牌上标了一个标称变比，但其一次绕组的匝数却是可变的，以适应不同一次电流的客户需要。匝数不同，计费倍率也不同。

如某穿心式电流互感器铭牌上标明的变比是 75/5，铭牌上附有的表格（只有上面两行）如表 5-2-2 所示。根据该表可知，一次穿 2 匝时，计费倍率是 75/5 = 15。若一次匝数增加，它将按比例增加通过铁芯中的磁通，从而按比例增加二次电流，增加电能表计度数。那么一次匝数增加几倍，计费倍率就应降低几倍；相反一次匝数减少几倍，计费倍率就应增加几倍。抄表员抄表时务必核对计费倍率，以免铸成大错。

表 5-2-2　　电流互感器铭牌上所附的表

一次电流（A）	150	75	50	20
一次穿心匝数	1	2	3	5

为防止以上错误发生，选择电流互感器变比时，应尽量使一次穿心匝数为一匝，使窃电者无法在匝数上做手脚。如果客户的负荷电流实在太小，选最小变比的 TA，一次穿心一匝，二次电流仍达不到 TA 额定电流的 30%，就改装成直通表。另外数一次穿心匝数时，要看通过 TA 圆环中心有几匝，不能看通过外环有几匝。

（5）三相三线计量，其两台电流互感器二次绕组与电能表之间宜采用四线连接；三相四线制计量，三台电流互感器与电能表之间宜采用六线连接，最好不采用公共回线，以减少接错线的几率。

（6）对一些已发生过窃电的客户，可采用防窃电流互感器，即将电流互感器二次的 K1、K2 端用一小盒罩住，并封上铅封，以防窃电者在二次出线端子上做手脚窃电。

（7）按规程要求，Ⅰ类计量装置应配置 0.2S 级的电流互感器，当电流互感器至电能表距离较长时，建议采用二次额定电流为 1A 的电流互感器，以适应二次回路阻抗较大的情况，从而使二次回路上的压降较小。用加大互感器二次回路导线截面的办法来减小压降、减小误差，是在设备就位后不得已采取的办法，并不可取。因为它不仅使改造、测试工作较为繁琐，而且因导线太粗给二次端子接线带来困难，还增加了不必要的费用。

（8）对一年当中，负荷随季节变化较大的客户，宜采用二次侧有抽头，变比可以改变的电流互感器。

二、电压互感器

1. 电压互感器的种类、结构与型号

电压互感器按电压等级可分为低压和高压；按相数可分为单相、三相；按安装地点可分为屋内式和屋外式；按结构可分为普通式和串级式；按绝缘方法可分为干式、浇注式、油浸式；按准确度等级可分为 0.2、0.5、1.0、3.0 等级。

油浸式电压互感器又有普通结构和串级式两种。而串级油浸式电压互感器、电容分压式电压互感器（不是铁芯结构）适用于 110kV 及以上高电压等级，110kV 及以上高电压等级的电压互感器一次不安装熔断器。

只有准确度等级在 0.2、0.5 级的 TV 才能用于电能计量。

电压互感器的外形结构举例如图 5-2-7 所示。

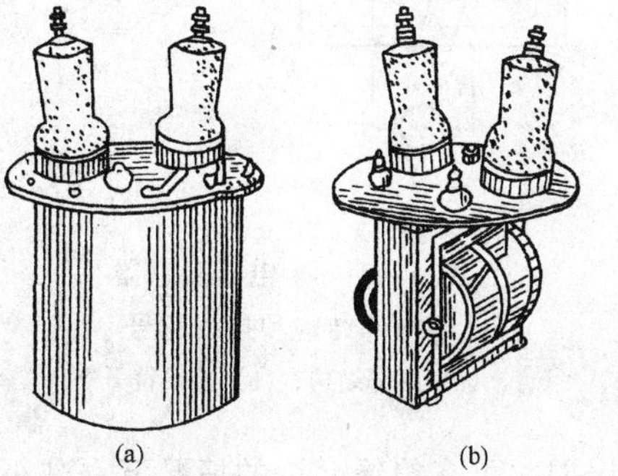

图 5-2-7 YDJ—10 型单相电压互感器的外形及结构

（a）外形图；（b）取出部分

电压互感器的型号一般表示如下：

□□□□—□
　　　　└—额定电压

前面四个字母的意义如表 5-2-3 所示。

表 5-2-3　电压互感器型号字母的含义

电压互感器型号字母的含义			电压互感器型号字母的含义			电压互感器型号字母的含义		
第一字母	J	电压互感器	第三字母	J	油浸式	第四字母	F	胶封型
	HJ	仪用电压互感器		G	干　式		J	接地保护
第二字母	D	单　相		C	瓷箱式		W	五柱三绕组
	S	三　相		Z	浇注绝缘		B	三柱带补偿绕组
	C	串级结构		R	电容分压式			

例如 JDJJ—35 型表示 35kV 的单相油浸式具有接地保护的电压互感器，再如 JDZ—10 型为单相双绕组环氧树脂浇注绝缘式电压互感器，一次电压为 10kV。

小型变电所安装的国产户外型电压互感器一般有两种型号：JSW—10 型与 JSJW—10 型，都是三相五柱式。户外型互感器的表面都带有伞裙，用以防雨和增加绝缘性能。

2. 电压互感器的工作原理及误差

电压互感器的工作原理与电力变压器相似，同样是由相互绝缘的一、二次绕组绕在公共的闭合铁芯上组成的，其内部结构和接线符号分别如图 5-2-8 所示，其一次绕组与被测负载并联，二次绕组与测量仪表的电压线圈并联。与电力变压器的主要区别，其一是两者容量不同；其二是电压互感器的二次负荷——电压线圈的阻抗很大，因此电压互感器相当于开路运行的变压器。电压互感器是一个降压变压器，N_1 匝数多，N_2 匝数少，若忽略掉励磁电流和二次电流在一、二次绕组的铜电阻和漏抗中的压降，那么一次、二次绕组的电压均与匝数成正比，有 $\frac{U_1}{U_2}=\frac{N_1}{N_2}=K_U$，即

$$U_1=\frac{N_1}{N_2}U_2=K_U U_2 \tag{5-2-4}$$

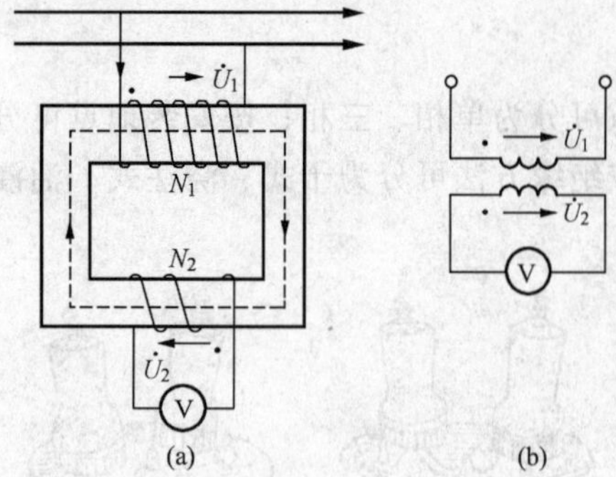

图 5-2-8 电压互感器的内部结构和接线符号

（a）内部结构；（b）接线符号

式中 K_U 是电压互感器的额定变比，标在电压互感器的铭牌上。额定变比 K_U 也称为额定电压比，还可表示为

$$K_U = \frac{\text{一次额定电压}}{\text{二次额定电压}} = \frac{U_{1N}}{U_{2N}} \quad (5-2-5)$$

出厂前的电压互感器，N_2 的匝数要适当增加几匝，以补偿实际电压互感器由于励磁电流和二次电流在一、二次绕组的铜电阻和漏抗中的压降引起的负的比差。经过周期检定合格的电压互感器其实际变比等于额定变比。

电压互感器的误差主要来源于励磁电流和二次电流在一、二次绕组的铜电阻和漏抗中的压降。为减小误差，可在绝缘允许的情况下，减小一、二次绕组间的间隙，以减小其漏磁阻抗。电压互感器二次连接导线上有电阻，当二次电流通过二次连线导线时，在该二次连线导线的电阻上会产生压降，使加在电能表两端的电压 U'_2 小于电压互感器二次绕组出线端的端电压 U_2，从而产生负误差，少计电量。单相电压互感器二次连线电阻压降引起负误差如图 5-2-9 所示。

从图 5-2-9（b）相量图可知，二次连线电阻上的压降 $\Delta\dot{U}$ 为

$$\Delta\dot{U} = 2r\dot{I}_U = \dot{U}_2 - \dot{U}'_2$$

其绝对值大于零，并且与 r 成正比，与二次连线上的电流 $\dot{I}_U$ 也成正比，使相量 $\dot{U}'_2$ 的有效值小于相量 $\dot{U}_2$ 的有效值，同时还产生角差 δ_r。因此用于计量的电压互感器二次回路应独立，只能并接有功、无功电能表的电压线圈，不允许再并接其他监视仪表和继电保护装置的电压线圈，以保证电压互感器二次阻抗较大（电压线圈并得越多，总并联阻抗越小），限制 I_U 的大小。规程还规定二次连接导线不能太长，需用截面积不小于 $2.5mm^2$ 的单芯铜线作为二次连线，以限制 r 不至于太大，最终达到使 ΔU 尽可能小的目的。

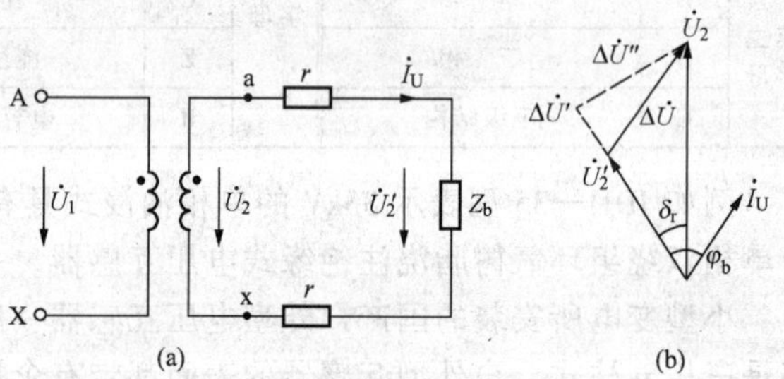

图 5-2-9 单相电压互感器二次连线电阻压降引起负误差

（a）原理图；（b）相量图

DL/T488—2000《电能计量装置技术管理规程》规定："Ⅰ、Ⅱ类用于贸易结算的电能计量装置中的电压互感器二次回路电压降应不大于其额定二次电压的 0.2%；其他电能计量装置中电压互感器二次回路电压降应不大于其额定二次电压的 0.5%。"

3. 电压互感器的接线方式

（1）电压互感器的 Vv 接线。Vv 接线广泛用于中性点绝缘系统或经消弧线圈接地的 35kV

及以下的高压三相系统，特别是 10kV 三相系统。两台相互绝缘接于相与相之间的单相电压互感器连接如图 5-2-10 所示，接线图中上面两个线圈属于一套单相电压互感器，共一个铁芯，下面两个线圈属于另一套单相电压互感器，两个单相电压互感器之间没有磁的联系。因为它的接线来源于三角形接线，只是“口”没闭住，称为 Vv 接线。这种接线能节省一台电压互感器，可满足三相三线有功、无功电能计量的要求。电能表的电压线圈接于二次侧的 a、b 间和 c、b 间。Vv 接法不能用于测量相电压，不能接入监视系统绝缘状况的电压表。

（2）电压互感器的 Yyn 接线。Yyn 接线如图 5-2-11 所示，这种接法采用一台三铁芯柱三相电压互感器，也可用三台单相电压互感器构成一台三相电压互感器。Yyn 接线多用于小电流接地的高压三相系统，二次侧中性线引出并接地。Yyn 接线为了防止高压侧单相接地故障，高压侧中性点不允许接地，故不能测量对地电压。当二次负载不平衡时，这种接线会引起较大的误差。

（3）电压互感器的 YNyn 接线。YNyn 接线多用于大电流接地系统，常采用三台单相电压互感器构成三相电压互感器组，如图 5-2-12 所示。此种接线由于高压侧中性点接地，每相绕组上所加电压为相电压，故可降低绝缘水平，使成本下降。互感器绕组是按相电压设计的，所以既可测量线电压，又可测量相电压。

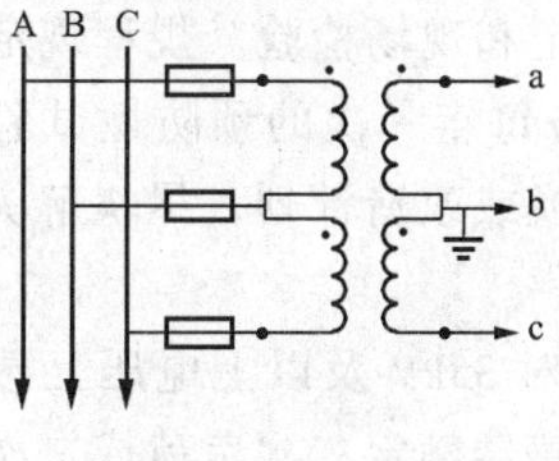

图 5-2-10 电压互感器的 Vv 接线

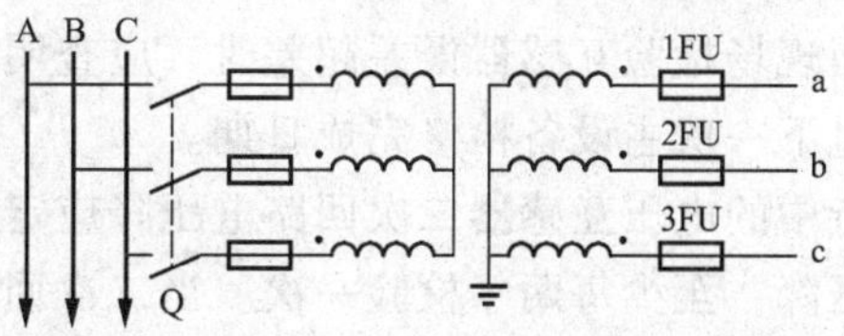

图 5-2-11 电压互感器的 Yyn 接线

电压互感器接线时一次侧应装设隔离开关，共检修之用，还应装设熔断器，以免二次侧发生短路事故后，扩大事故波及面，造成客户大面积停电。35kV 以上贸易结算用电能计量装置中的电压互感器二次回路，应不装设隔离开关辅助触点，但可装设熔断器；35kV 及以下贸易结算用电能计量装置中 TV 的二次回路，应不装设隔离开关辅助触点和熔断器。因为二次侧装设隔离开关，可能为窃电提供方便，其辅助触点可能被断开，触点处有氧化物附着，会增加二次连线上的总电阻 r，从而增加二次连线上的压降，增加误差；二次侧装设熔断器也有类似问题存在，尤其是对电压等级较低的计量装置，因此 35kV 及以下电能计量装置中 TV 的二次回路，也不允许装设熔断器。

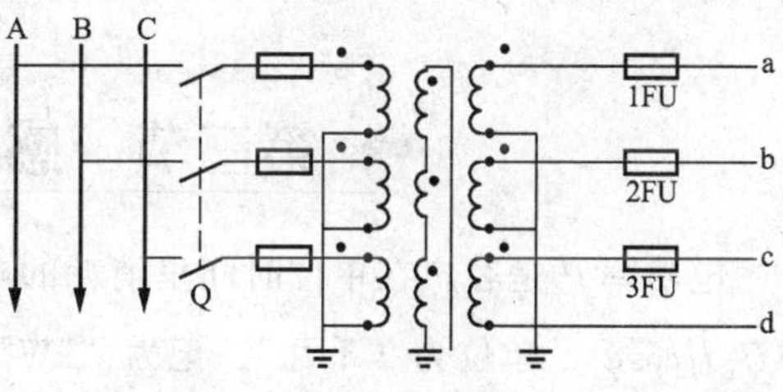

图 5-2-12 电压互感器的 YNyn 接线

4. 选择和使用电压互感器的注意事项

（1）电压互感器应选用符合国家标准，并经有关部门鉴定为质量优良，准许进入电力系统的产品。

(2) 要正确选择电压互感器的额定电压，额定电压指加在三相电压互感器一次绕组上的线电压，应与供电线路的线电压相适应。选择时该额定电压应大于接入的被测电压的0.9倍，小于1.1倍。

(3) 按要求的相序接线，防止接错极性，否则将引起某相的线电压或升高$\sqrt{3}$倍，或降低$\sqrt{3}$倍，引起错误计量。二次侧要可靠接地，以防一次侧的高压窜入二次侧造成危害，保证人身及电能表的安全。

(4) 二次侧严禁短路，否则造成烧断一次侧熔断器，计量停止。

(5) 正确选择电压互感器的额定二次容量。电压互感器的额定二次容量定义为$S_{2N}=U_{2N}^2Y$(VA)。式中Y为电压互感器的额定二次负荷，用能保证准确度等级时的二次负荷导纳来表示。电压互感器二次所并接的电压线圈越多，实际阻抗越小，实际导纳越大，二次实际负荷就越重。一般电压互感器的$U_{2N}=100\text{V}$，那么

$$S_{2N}=U_{2N}^2Y=10000Y\ (\text{VA})$$

选择S_{2N}的原则是

$$0.25S_{2N}\leqslant S_1\leqslant S_{2N}$$

S_{2N}的大小在铭牌中给出，而$S_1=10000Y_1$,式中S_1、Y_1为实际容量和导纳。

(6) 对于互感器也要像其他计量设备一样，进行周期检定和现场检验。规程规定：高压互感器每10年现场检验一次，时间可选择在大客户配电设备每年一次的预防性试验时一起进行。当现场检验互感器误差超差时，应查明原因，制订更换或改造计划，尽快解决，时间不得超过下一次主设备检修完成日期。

运行中的电压互感器二次回路电压降应定期进行检验。对35kV及以上电压互感器二次回路电压降，至少每两年检验一次。当二次回路负荷超过互感器额定二次负荷或二次回路电压降超差时应及时查明原因，并在一个月内处理。

运行中的低压电压、电流互感器宜在电能表轮换时进行变比、二次回路及其二次负荷检查。

第三节 感应式电能表

电功率P是客户在单位时间里消耗的电能，对单相电路$P=UI\cos\varphi$，对三相电路$P=\sqrt{3}U_LI_L\cos\varphi$，单位为“千瓦”，记为“kW”；电能$W$是客户在某段时间里消耗的电能，单位为“千瓦小时”，记为“kWh”。如某客户一台电功率为3kW的电动机工作了3h，所耗电能

$$W=Pt=3\text{kW}\times3\text{h}=9\text{kWh}$$

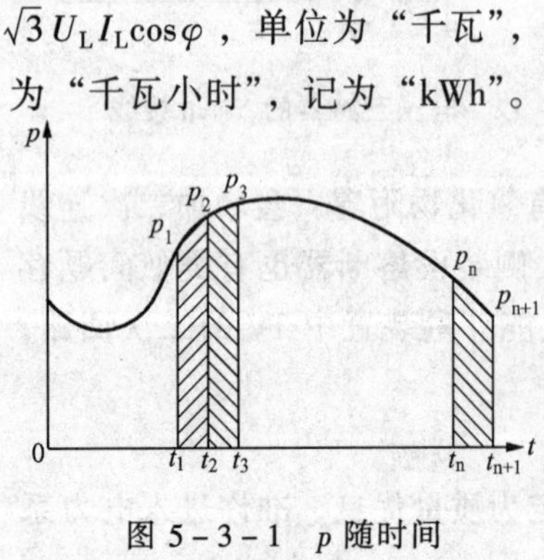

图5-3-1 p随时间t变化曲线

电能表要测量电能首先要对电功率进行采样，采样环节的任务是将输入的与电流电压成正比的信号，变为与功率成正比的信号输出；然后设法将功率与时间相乘。从物理概念出发，电能量W等于电功率p对时间t的积分。电功率随时间变化的曲线如图5-3-1所示。p_1、p_2、p_3分别为时刻的瞬时功率，面积$t_1p_1p_2t_2$为$t_1\sim t_2$时段的电能量，面积$t_2p_2p_3t_3$为$t_2\sim t_3$时段的电能量，将所有时段的这一

小块电能量全加起来（即对时间积分），就得到整个时段的总电能量 W，即功率 p 的曲线与横轴（时间轴）包围起来的这整块面积。

感应式电能表是用铝盘来对电功率进行采样的，它的电压、电流铁芯线圈分别位于铝盘的上下两侧，将铝盘夹在中间，线圈上产生的电压、电流交变磁通穿过铝盘时会在铝盘上产生感应电流，磁通和感应电流相互作用，使铝盘转动起来。铝盘的转速与电功率 p 成正比，实现了对电功率采样，电功率大转一圈用的时间就少，电功率小转一圈用的时间就多，每转一圈代表的电能量是一样大的，用计度器的机械传动机构将铝盘所转圈数记录下来，等效于将图 5-3-1 块面积累加起来，实现了与时间相乘，所以计度器所记录的铝盘转的总圈数正比于电能量 W。本节详细说明感应式电能表的结构与工作原理。

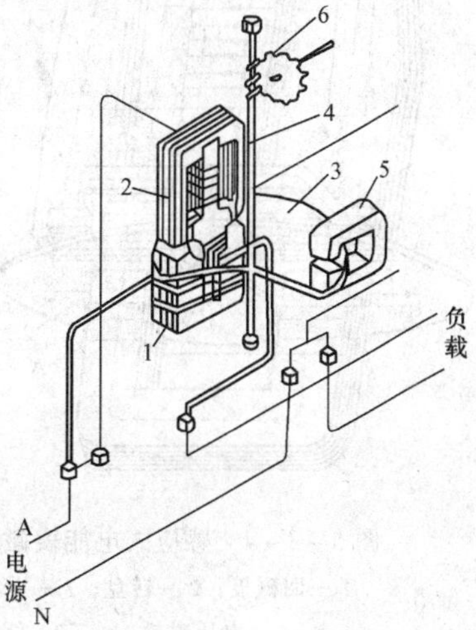

图 5-3-2 感应式电能表结构简图

1—电流线圈；2—电压线圈；3—铝盘；4—转轴；5—制动磁铁；6—蜗轮蜗杆传动机构

感应式电能表内部有电磁部件、可动部件、可调部件、线圈等，结构比较固定，调节原理简单易懂。安装完毕后，为了不使内部计量参数发生变化，不允许再打开表盖，一般在表盖外要设置铅封。

一、感应式电能表的结构

感应式电能表的结构包括测量机构和辅助部件，结构简图如图 5-3-2 所示。

1. 测量机构

测量机构又分为驱动元件、转动元件、轴承、制动元件和计度器。

（1）驱动元件。驱动元件由电压铁芯线圈和电流铁芯线圈组成，作用是使夹在其中间的铝盘上产生三个空间位置不同，达到最大值的时间也不同的交变磁通，从而产生驱动力矩 M_Q 推动铝盘转动。

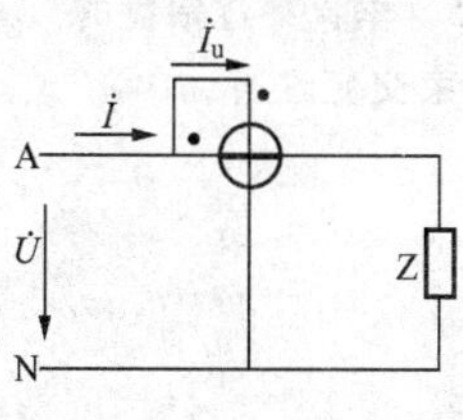

图 5-3-3 单相电能表原理接线图

图 5-3-3 是单相感应式电能表的原理接线图，电流、电压线圈旁标有黑点的一端，称为电流、电压线圈的首端（或称为“进线端”，应朝向电源一方），应与电源的相线侧（电能输入侧）连接。当负荷电流 $\dot{I}$ 和流经电压线圈的电流 $\dot{I}_u$ 都由首端流入相应线圈时，电能表才会运转。

图 5-3-4 是感应式电能表磁通分布图。图上部的电压线圈与负荷并联，虽然消耗的功率较小（0.5～1.5W），但因始终带电，消耗的电能仍较多。单相电能表电压线圈上所加电压为相电压 $\dot{U}$，由于电压线圈匝数多（约 10000 匝左右）、线径细，所以电压线圈的阻抗很大，流过电压线圈的电流 $\dot{I}_u$ 很小。电压线圈电感性很强，理想情况下，认为 $\dot{I}_u$ 滞后 $\dot{U}$ 的角度为 90°。电压磁通分为工作磁通和非工作磁通两股，非工作磁通 $\dot{\Phi}_F$ 从电压铁芯中心柱向上，通过左右两上磁轭、两边柱、两下磁轭回到中

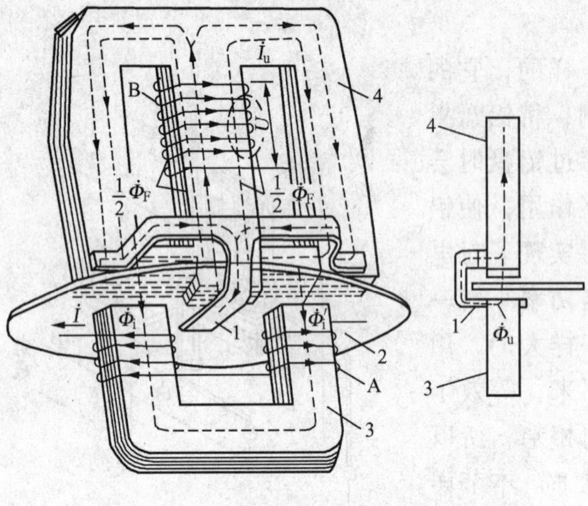

图 5-3-4 感应式电能表磁通分布图
1—回磁极；2—转盘；3—电流磁铁；
4—电压磁铁；A、B—绕组

心柱，主要起调节误差作用，不通过铝盘；电压工作磁通 $\dot{\Phi}_u$ 从电压铁芯中心柱向上，通过两上磁轭、两边柱到边柱底部上到弓形回磁板上，通过回磁极伸到铝盘下方，再朝上穿过铝盘回到中心柱。图 5-3-4 中铝盘下面的电流线圈匝数少、线径粗，消耗视在功率约为 2.0VA。电流线圈一般分成匝数相等的两部分，分别绕在左、右两磁柱上，线圈与负载串联，形成的两电流磁通 $\dot{\Phi}_i$ 与 $\dot{\Phi}'_i$ 在电压磁通 $\dot{\Phi}_u$ 的一左一右穿过铝盘，两电流磁通穿过铝盘的方向相反，形成了如图 5-3-5 所示的三磁通垂直穿过铝盘，就像并排的三块“磁斑”，这三个磁通 $\dot{\Phi}_i$、$\dot{\Phi}_u$、$\dot{\Phi}'_i$ 均是交变磁通，分别会在铝盘上产生感应涡流 $\dot{I}_{pi}$、$\dot{I}_{pu}$、$\dot{I}'_{pi}$，这三个交变磁通与三个感应涡流相互作用，就能驱动铝盘转动。

对感应式电能表检修时，应注意检查电压、电流铁芯对于铝盘的位置是否对称，公差间隙是否合适，缝隙里有无铁屑、灰尘，固定螺钉是否拧紧，线包绝缘是否良好。

2. 转动元件

转动元件指的是转盘和转轴。转盘由铝板压制而成，轻且有一定强度，导电系数大，盘面的凹点能增加抗拉能力，边缘上有一供计转数的黑色标志。

转轴是由铜或铝的合金材料制成，上面附有累计转数的蜗杆、防潜钩、止逆器，有的还附有机电接口的叶轮等。

检修时要注意检查转动元件是否变形，转轴是否笔直，附件是否处于合适位置。

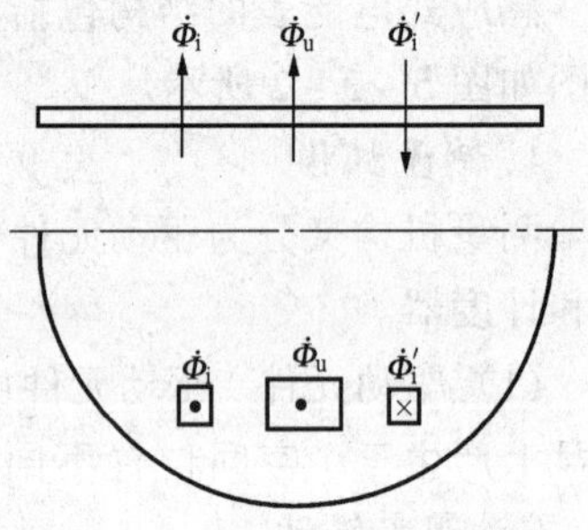

图 5-3-5 垂直穿过铝盘的三束交变磁通

3. 轴承

轴承用于支持铝盘及转轴的重量，与轴之间存在着相对运动。

轴与轴承之间若摩擦力太大会引起计量负误差，少记电量。因此杭州华立集团、哈尔滨电表厂等厂家生产了“长寿命电能表”，采用了磁推轴承，上海电度表厂还采用了磁悬轴承，用磁力平衡铝盘和转轴的重力，使相对运动的轴与轴承之间无轴向接触，从而延长电能表的一次寿命。所谓“一次寿命”指电能表首装使用后不需检修、校准的时间。如图 5-3-6 (b) 所示，磁推轴承安置在轴的下方，轴承的下半部是固定的，上半部分随轴转动，但上、下两部分中的永久磁铁的磁极总是同极性相对，因此产生垂直向上的推斥力，以平衡铝盘和转轴向下的重力。轴承的上下两部分套在一个耐磨的聚甲醛或合成石墨衬套中，轴承的上半部分和衬套间仅有少许的径向摩擦存在。轴的上方是上轴承，如图 5－3－6（a）所示，仅起导向作用，使轴始终在垂直方向上转动即可。

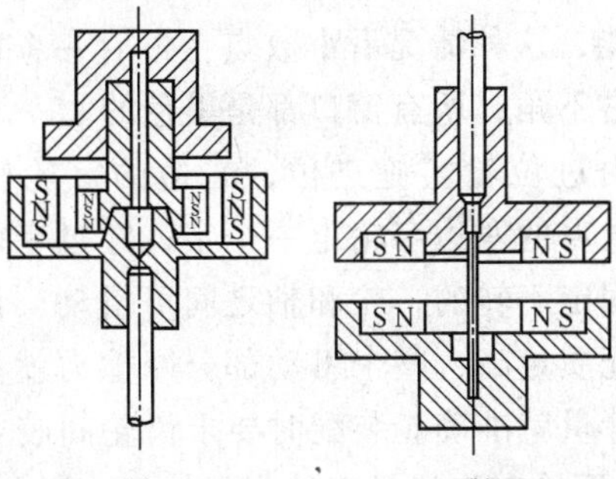

图 5－3－6 磁推轴承
（a）上轴承；（b）下轴承

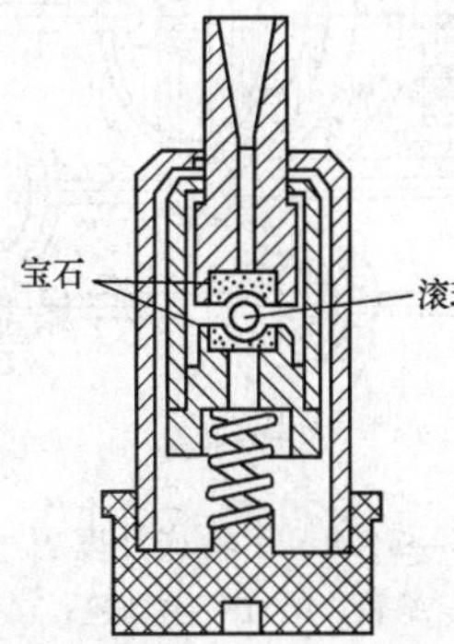

图 5－3－7 双宝石轴承

若仍采用传统的钢珠宝石轴承，必须采用双宝石结构，以减小摩擦力，如图 5－3－7 所示。更耐磨的两个半圆形宝石中间夹着可任意滚动的钢珠，钢珠四面八方受摩均匀，不易变形。检修时如有必要，更换钢珠也十分方便。

4．制动元件

铝盘上如果仅存在驱动力，那么铝盘会在这个驱动力的作用下获得加速度 $a = F/m$，越转越快，所转圈数就不会与电能成正比了。与仪表的偏转指针一样，铝盘上还必须存在与铝盘转速成正比的反作用力矩，即制动力矩。制动元件用于产生制动力矩 M_T，作用相当于秤杆上的"秤砣"，使铝盘在负载功率不变时能匀速转动，此时驱动力矩 M_Q 等于制动力矩 M_T，铝盘的转速正比于有功功率。制动元件安装在铝盘一侧与驱动元件对称的地方，由高磁能的永久磁钢做成，观察图 5－3－2 右侧的部件 5，U 形物是永久磁钢，有两个磁极，铝盘从两磁极的缝隙间转过，切割永久磁铁的磁力线，从而产生制动力矩。

制动元件上一般有两个误差调节部件，电能表校准以后，调节部件就不允许再动，一旦移动了可调部件会引起很大的计量误差。另外在装配及检修时，要检查铝盘与制动元件上下之间的缝隙是否对称，有无擦盘。

5．计度器

计度器由三对传动齿轮组成的减速器和字轮构成的，用于累计铝盘的转数，从而指示客户耗电量，如图 5－3－8 所示。

减速器传动齿轮的传动比 K 定义为三级传动齿轮传动比的乘积，即

$$K = \frac{Z_A}{Z_G} \cdot \frac{Z_C}{Z_B} \cdot \frac{Z_E}{Z_D} \qquad (5-3-1)$$

式中：Z_A、Z_C、Z_E 为三个从动轮齿数，数字较大；Z_G、Z_B、Z_D 为三个主动轮齿数，数字较小。K 的意义是：铝盘每转完 K 圈，最后一个从动轮 E 转完一圈；或者说最后一个从动轮 E 转完一圈，第一个主动轮 G（即转轴上的蜗杆）转完 K 圈。

最后一个从动轮 E 和最低位字轮连为一体，若电能表常数 A 与传动比 K 相等，则最低位字轮转 1 圈代表 1kW·h 电能，那么最低位字轮每个字（即 1/10 圈）代表 0.1kW·h 电能，

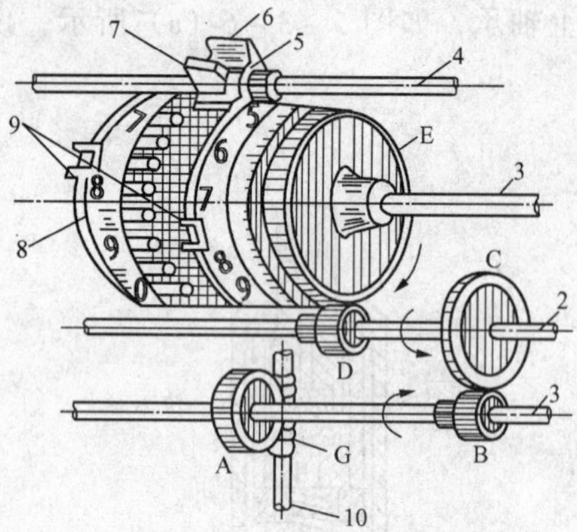

图 5-3-8 字轮式计度器

G—蜗杆；A—蜗轮；B、D—主动轮；C、E—从动轮 1～4—横轴；5—进位轮；6—长齿；7—短齿；8—梢齿；9—槽齿；10—转轴

这种情况下一般最后一个窗口是红色的，表示是“十分位”；若 $K/A=10$，减速器减速更多，则最低位字轮转 1 圈代表 10kW·h 电能，最低位字轮每个字代表 1kW·h 电能，这种情况下小数点在最后一个窗口显示的数字的右下角，所有窗口都是黑色的。

字轮由进位轮实施进位，右边的字轮转满一圈时，使紧挨着的左边字轮走一个字。穿过字轮和进位轮的轴是固定不转的，轮和轴之间可滑动。计度器的润滑及装配质量高，整个可动部分摩擦力就小，灵敏度就高，计量就准确。装配时要求齿轮间咬合深度为 1/2 齿高，要检查齿轮是否缺齿，缺齿会引起负误差，周期检定前必须对电能表的计度器进行清洗、润滑、重装。若人为改变了齿轮的齿数，就改变了减速器的传动比，会引起很大的计量误差。

6. 辅助部件

辅助部件包括基架、底座、表盖、铭牌、端钮盒等。基架必须是由非磁性材料做成。从而保证磁路不受干扰。端钮盒由盒体、端钮、盒盖、封印螺丝等组成，主要功能是将表内部线圈与外电路相接。端钮盒与底座、端钮盒与盒盖、底座与表盖间均应有良好的密封性，避免外部灰尘及腐蚀性气体侵入。盒盖的设计应将电源进线和负荷出线全部盖住不露出来，以免窃电行为的发生。为方便接线，盒盖上应画有接线图。

7. 三相电能表的构成

用于三相三线制的电能表有两套驱动元件，用于三相四线制的电能表有三套驱动元件，铝盘增为 2 个，盘的直径也比单相表要大些，其他部件与单相表一致，如图 5-3-9 所示，装配时注意各元件对铝盘均要保持对称。

若为机电一体化电能表，在表体的下部有一块电路板，安装有脉冲处理电路、单片机、数字显示电路等。

二、感应系电能表的工作原理

感应系电能表是根据电磁感应原理来工作的。

一般电能表的铁芯结构见图 5-3-10 (a)。图中电流元件铁芯 1 和电压元件铁芯 2 之间留有空隙，以便使铝盘 3 在空气隙中自动转动。在电压元件铁芯上还装有由钢板冲制成的回磁极 4，回磁极的下端伸入铝盘下部，隔着铝盘与电压元件的铁芯柱相对应，以便构成电压线圈工作磁通的回路。由图 5-3-10 (b) 可以看出，当电能表接入被测电路后，被测电路电压 u 加在电压线圈上，电压线圈中将通过电

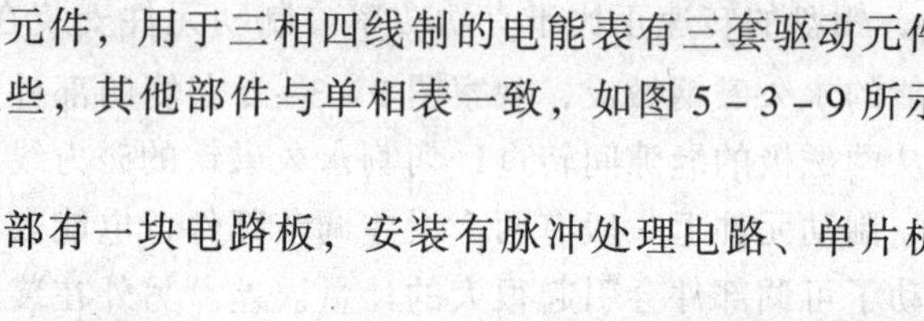

图 5-3-9 三相电能表驱动元件位置示意图

(a) 三相三线两元件表；(b) 三相四线三元件表

1—电压元件；2—电流元件；3—转盘；4—制动磁铁

流 i_u。i_u 产生的磁通分成两部分，一部分是穿过铝盘并由回磁极构成通路的工作磁通 $\dot{\Phi}_u$，另一部分是非工作磁通 $\dot{\Phi}'_F$，不穿过铝盘，而由左右铁轭构成通路。同理，被测电路电流 i 通过电流线圈后也要在电流线圈的铁芯中形成一个交变磁通 ϕ_i，该磁通由铁芯的一端由下至上穿过铝盘，然后又由上至下穿过铝盘回到铁芯的另一端，构成闭合磁路。由右手螺旋定则定出的电压 u 、电流 i 产生的磁通 ϕ_u 、ϕ'_F、ϕ_i 的正方向表示在图 5－3－10（b）中。

磁通 ϕ_u、ϕ_i 在不同位置穿过铝盘，各自产生涡流 i_{eu} 和 i_{ei} 见图 5－3－11。图中由下向上穿过铝盘的磁通用符号"·"表示，相反方向的磁通则用"×"表示。从上向下看图 5－3－10（b）磁通 ϕ_u、ϕ_i 所产生的涡流如图 5－3－11 虚线所示。由图可见，涡流 i_{eu} 处在 ϕ_i 的磁场中，而涡流 i_{ei} 又处在 ϕ_u 的磁场中。由于涡流和磁场的相互作用，产生了电磁力，也就产生了推动铝盘转动的转矩。使铝盘转动的转矩包括以下两个部分：

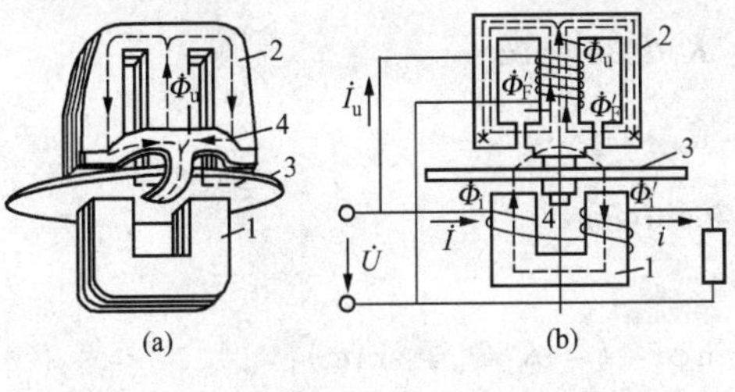

图 5－3－10 感应式电能表电流和磁通
（a）铁芯结构；（b）电流和磁通
1—电流元件铁芯；2—电压元件铁芯；
3—铝盘；4—回磁极

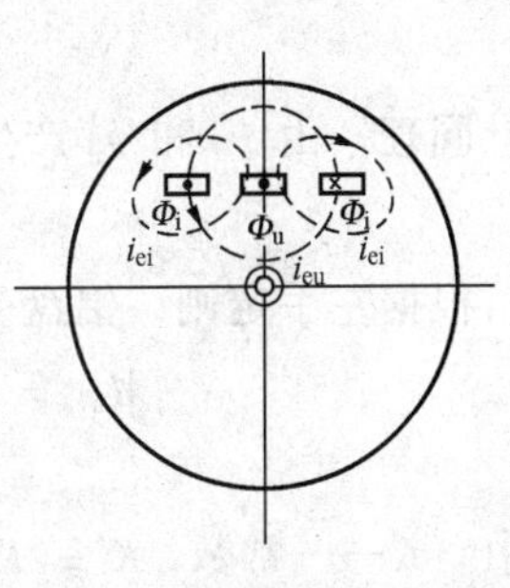

图 5－3－11 铝盘上磁通与涡流

（1）由 i_{eu} 和 ϕ_i 产生的瞬时转矩 m_1 应与涡流 i_{eu}、磁通 ϕ_i 成正比。即

$$m_1 = K_1 i_{eu} \phi_i \tag{5-3-2}$$

（2）由 i_{ei} 和 ϕ_u 产生的瞬时转矩 m_2 应与涡流 i_{ei}、磁通 ϕ_u 成正比，即

$$m_2 = K_2 i_{ei} \phi_u \tag{5-3-3}$$

由于铁芯具有空气隙，所以磁通是不饱和的。这样当外施电压是正弦波时，则 ϕ_u、ϕ_i 以及由它们感生的涡流 i_{eu}、i_{ei} 也都是按正弦规律变化。如果电能表外部电路是感性的，u 则超前电流 i 一个 φ_1 角。又由于电压线圈的电抗很大，如忽略其电阻，则电压线圈中的电流 i 将滞后于电压 90°。在忽略铁芯的磁滞和涡流的情况下，还可以近似地认为磁通 $\dot{\Phi}_i$ 和产生该磁通的电流 $\dot{I}$ 同相，$\dot{\Phi}_u$ 和产生该磁通的 $\dot{I}_u$ 同相，因而得出 $\dot{\Phi}_i$ 和 $\dot{\Phi}_u$ 之间的相位差为 $\varphi = 90° - \varphi_1$。另外，由于磁通 $\dot{\Phi}_i$ 、$\dot{\Phi}_u$ 在铝盘上产生的感应电势 $\dot{E}_{ei}$ 、$\dot{E}_{eu}$ 分别滞后于相应的磁通 90°，如果把涡流的途径近似看作纯电阻电路，则涡流 $\dot{I}_{ei}$ 和 $\dot{I}_{eu}$ 分别和产生它的电势 $\dot{E}_{ei}$ 、$\dot{E}_{eu}$ 同相。

有关各量的瞬时值分别为

$$\phi_i = \sqrt{2}\Phi_i \sin\omega t$$

$$\phi_u = \sqrt{2}\Phi_u \sin(\omega t - \varphi)$$

$$i_{ei} = \sqrt{2}\Phi_{ei}\sin(\omega t - 90°)$$

$$i_{eu} = \sqrt{2}\Phi_{eu}\sin(\omega t - 90° - \varphi)$$

将上列 i_{ei} 及 ϕ_i 的瞬时值代入式（5－3－2）得

$$m_1 = K_1\sqrt{2}I_{eu}\sin(\omega t - 90° - \varphi)\sqrt{2}\Phi_i \sin\omega t$$

$$= 2K_1\sqrt{2}I_{eu}\Phi_i \sin\omega t \sin(\omega t - 90° - \varphi)$$

由于涡流 i_{eu} 由磁通 ϕ_u 所产生，所以 I_{eu} 应和 Φ_i 成正比，因而可改写为

$$m_1 = K_1\Phi_u\Phi_i 2\sin\omega t\sin(\omega t - 90° - \varphi)$$

$$= K_1\Phi_u\Phi_i[-\sin\varphi - \sin(2\omega t - \varphi)]$$

电能表铝盘的运动是由平均转矩来决定的，平均转矩 M_{av} 为

$$M_{av} = \frac{1}{2\pi}\int_0^{2\pi} m_1 \mathrm{d}t = -K_1\Phi_u\Phi_i\sin\varphi$$

同理，由 i_{ei} 和 ϕ_u 产生的平均转矩 M_{av2} 为

$$M_{av2} = K_2\Phi_u\Phi_i\sin\varphi$$

根据左手定则，铝盘受到的合成转矩为

$$M_{av} = M_{av2} - M_{av1} = K_2\Phi_u\Phi_i\sin\varphi - (-K_1\Phi_u\Phi_i\sin\varphi)$$

$$= K\Phi_u\Phi_i\sin\varphi \qquad (5-3-4)$$

式中 K——常数，$K = K_1 + K_2$。

当 $\sin\varphi > 0$，则 $M_{av} > 0$，这说明转矩的方向和规定的正方向相同。$\sin\varphi < 0$，则 $M_{av} < 0$，表示实际的方向和规定的正方向相反。

从以上的讨论可以看出，电能表的转矩是由第一个磁通 ϕ_i 和第二个磁通感应的涡流 i_{eu}，以及第二个磁通 ϕ_u 和第一个磁通感应的涡流 i_{ei} 相互作用而产生的。因此，要求这两个磁通应在不同的位置穿过铝盘；另外从式（5－3－2）可以看出要产生转矩，两个磁通之间还必须存在时间相位差，如果 $\varphi = 0°$ 则 $M_{av} = 0$。总之，感应系电能表要使铝盘转动，必须具备两个条件，一个是两个磁通在空间上要有不同的位置，另一个是两个磁通在时间上要有不同的相角。

因为 Φ_i 正比于电流线圈通过的电流 I（即负载电流），Φ_u 成正比于电压线圈流过的电流 I_u，在电压线圈电抗不变的情况下，I_u 又与外施电压成正比，所以将这些关系代入式（5－3－4）并加以改写得

$$M_{av} = K\Phi_u\Phi_i 2\sin\varphi = KK_uK_iIU\sin(90° - \varphi)$$

$$= KK_uK_iIU\cos\varphi = CP \qquad (5-3-5)$$

式中 C——常数，$C = KK_uK_i$。

上式说明铝盘的平均转矩是与负载的有功功率成正比的。

当负载不变时，平均转矩也是一定的。在这个转矩作用下，铝盘开始转动，如果只有这个转矩的作用，铝盘的转速将不断增加，而不能有一个稳定的转速。要使铝盘有稳定的转速就必须加一制动力矩来平衡它。

为了产生制动力矩，在电能表中装设了永久磁铁作为制动元件。当铝盘在转动力矩的作

用下开始转动时，切割穿过它的永久磁铁的磁通 ϕ_Z，将在其上产生一个涡流 i_e，这个涡流与永久磁铁的相互作用，将产生一个作用于铝盘与其转动方向相反的力矩 M_Z，称为制动力矩。显然，铝盘转动越快，切割穿过它的磁力线就越多，所引起的磁通变化率就越大，产生的涡流就越大，则制动力矩就越大，所以制动力矩 M_Z 和铝盘的转速 n(r/s) 成正比，即

$$M_Z = Kn \tag{5-3-6}$$

式中 K——比例常数。

由此说明，制动力矩是一个动态力矩，当铝盘不动时（$n=0$），制动力矩不存在。制动力矩是随铝盘的转动而产生的，并随转速增大而增大，其方向总是和铝盘的转动方向相反。

当电能表接入电路，铝盘在转动力矩的作用下开始转动，随着转速的增加，制动力矩不断增加，直到制动力矩与转动力矩相平衡。此时，作用于铝盘的总力矩为零，铝盘转速不再增加，而是稳定在一定的转速下。即

$$M_Z = M_{av}$$

将式（5-3-5）和式（5-3-6）代入上式得

$$Kn = CP$$

即转速为

$$n = \frac{C}{K}P = C'P \tag{5-3-7}$$

式中 C'——电能表的比例常数。

可见铝盘转速和负载功率成正比。

将式（5-3-7）两端同时乘以测量时间 t，得

$$nt = C'Pt \tag{5-3-8}$$

从式（5-3-8）可见，等式的左边表示电能表铝盘在时间 t 内的转数，以 N 表示。等式的右边 Pt 即为时间 t 内通过电能表的电能，用 W 表示，则式（5-3-8）可以写成

$$N = C'W \tag{5-3-9}$$

式中 C'——电能表每千瓦时铝盘的转数，$C' = \frac{N}{W}$，[r/(kW·h)]，是电能表的一个重要参数，通常标注在电能表的铭牌上。

式（5-3-9）表明电能表铝盘的转数与通过电能表的电量成正比，经过传动机构和机械记数器的记录，就可以测量出电能的多少。

第四节 电 子 式 电 能 表

一、电子式电能表的一般结构与原理

1. 电子式电能表的发展史及分类

(1) 发展史。电子式电能表是新一代电能表，在近几年得到了客户的普遍认可和接受，使用逐渐广泛起来。随着电子技术的发展和客户用电管理水平要求的不断提高，电子式电能表得到了迅猛的发展，成为电能计量产品系列中不可缺少的重要组成部分。了解和掌握其构成和基本原理、技术特点和使用方法，对于从事电能计量的技术人员来说是非常重要的。

电子式电能表的测量部分完全由电子元器件构成，而且内部时钟部分、电源部分、显示部分等均由电子元器件构成。电子式电能表由于其构成不同于机械电能表而得名。由于其内部没有可转动部分也称为静止式电能表。

电子式电能表诞生在20世纪40年代，由欧洲的公司制造。它的诞生也是得益于电子技术的发展。在20世纪80年代之前，电子式电能表并没有显现出它的巨大的生命力和活力，它的应用局限于高精度电能表、标准表和检验装置，其成本也比较高，性能和可靠性比机械表并不优越很多。

在20世纪90年代，电子技术发展迅速，电子式电能表也取得了飞跃的发展，无论是高档、高精度三相表，还是低档、低精度单相表都有大量的、性能优越的电子式电能表产品。电子式电能表在技术上从模拟乘法器到数字乘法器，性能越来越好，而价格越来越低，大规模批量生产工艺也非常成熟，已形成了一个非常有活力、欣欣向荣的产业。

(2) 分类。电子式电能表的分类方法很多，所站的角度不同，分类方法也不同，通常有以下几种。

1) 按规格分类：单相电子式电能表、三相电子式电能表，经互感器接入式电子式电能表、直接接入式电子式电能表等。

2) 按功能分类：有功电子式电能表、无功电子式电能表、有功复费率电子式电能表、最大需量电子式电能表、多功能电子式电能表等。

3) 按原理分类：模拟乘法器电能表、数字乘法器等。

2. 电子式电能表的构成

电子式电能表通常由以下几部分构成：测量部分、电源部分、显示部分、管理部分、接口部分、外壳及接线端子。以下简单介绍其功能。

1) 测量部分：它接收交流电压、电流信号，将其运算后得到相乘的电功率信号，电子式电能表的精度和稳定性等主要性能就由此部件决定。它是电子式电能表的心脏，一般由模拟乘法器、数字乘法器或A/D模拟数转换加高速微处理器构成。

2) 电源部分：将输入的交流电压整流、降压、滤波后得到直流5、12V等电压等级的电压，供给其他电路。电源部分非常重要，它是电子式电能表工作的动力源，一般由线性或开关稳压电路构成。

3) 显示部分：将电能量及其他信息显示出来。一般有数码管LED（发光二极管构成）、液晶显示器LCD以及机械计度器三种方式。其中高档电子式电能表由于功能较多，需要显示多项数据，一般用液晶显示器，而单相电子式电能表绝大多数使用简单直观的机械计度器。

4) 管理部分：接收测量部件输出的电功率信号，计算出各种所需的电量，如多费率电量、最大需量等，并且管理显示、时钟、通信接口、数据存储器等部件。一般由单片机或嵌入式计算机构成其核心，它是电子式电能表的大脑，指挥其他部分完成工作。

5) 接口部分：一般有电能脉冲输出接口，用于电能表校验。有数字通信接口，用于与其他设备进行数据交换、抄表、设置表计参数等，常用的有远红外数字通信接口、RS485通信接口、IC卡读写接口等。有按键输入电路用于接收按键信号，进行显示切换等动作。

6) 外壳及接线端子：外部电压、电流线接入端子。

二、电子式电能表的功能

电子式电能表与机械式电能表相比功能非常丰富，而且随着电子技术的不断发展，电子式电能表的性能不断提高，其功能也在迅速增加，实现的成本也越来越低。这也是电子式电能表最有优越性的地方，以下着重介绍其主要功能和部分扩展功能。

1. 电能计量功能

作为电能表，最为重要的就是电能计量功能，简单电能表只具有有功电能计量，但多功能电能表可能具有输入、输出有功计量，输入、输出无功计量，四象限无功计量，视在电能计量等，还根据客户要求可以计量组合无功（如Ⅰ象限无功与Ⅳ象限无功绝对值相加，Ⅲ象限无功与Ⅱ象限无功绝对值相加等）。

一般电能计量是累计电量，为用表以来的用电量的总和，多功能电能表还要求记录多月电量，如3~12个月的历史电量。

输入有功一般也叫正向有功，指电流从输入端子到输出端子的方向；而输出有功也叫反向有功，电流方向与正向相反。

输入无功指电流滞后于电压时，线路所具有的无功；而输出无功指电流超前于电压时线路所具有的无功。

图5-4-1为有功、无功方向以及Ⅳ象限无功示意图。

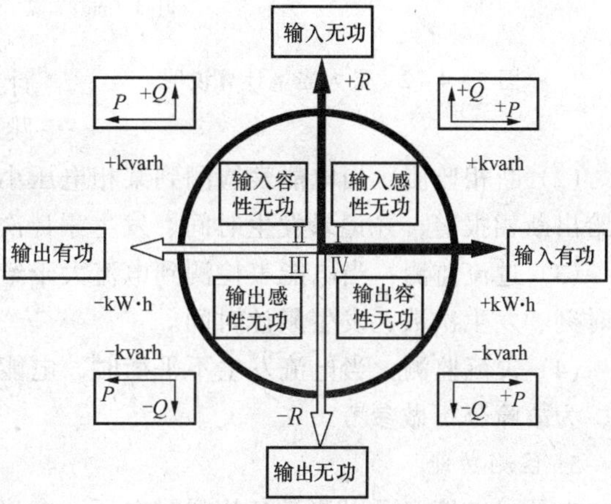

图5-4-1 有功、无功Ⅳ象限示意图

2. 分时计量功能

将一天分成若干时间段，给每段时间规定其费率特征：尖峰、峰、平、谷。按照费率特征分别累计电量，即得到电能的分时计量。如果规定不同的费率就起到了调节用电量从而达到削峰添谷、平衡负荷的作用，使发电机及供电网发挥最大的功效。

目前国内绝大部分省份都实行了变电所和大客户的分时计量和计费，部分省份的居民客户也实行了分时计费（如上海、浙江、辽宁等）。电能表的分时计量需要表计内部自带实时时钟，并且将时段参数设置到表计中，电能表自动进行时段的切换。

一般简单时段表全年365天只按照一个日时段进行，复杂的时段表有节假日表、周休日表、季节表、多套日表，以满足不同需要。

为了准确进行分时计费，要求表计内部时钟精度较高：日计时误差小于0.5s，而时段切换误差小于5s。

3. 最大需量计量

需量的定义：定长时间的平均功率；最大需量：需量的最大值。

定长时间也称为需量周期，一般为5、10、15、30、60min。

而计算需量的间隔称为滑差步进时间，一般为1、3、5、15min。其计量方法为：每个滑差步进时间到时，计算截止到当前时刻的一个需量周期的平均功率，并且与最大值进行比较。如需量周期为15min，滑差步进时间为5min，即每5min计算一次当前15min的平均功率，并且与最大值进行比较，如果大于最大值，将其记录为最大需量，图5-4-2为最大需量计算说明。

如图5-4-2中所示，电能表从0min开始计算需量，每5min计算一次最大需量，当第50min计算时达到最大值。

国内只需要计量有功最大需量，并依此进行收费。国外有计量视在最大需量的需求。

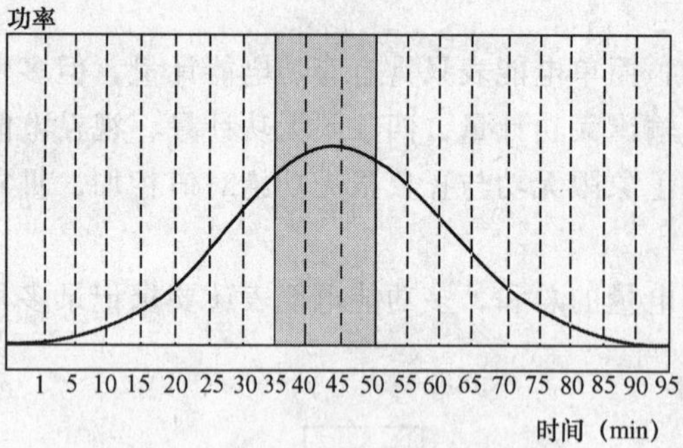

图 5-4-2 最大需量计算说明

最大需量也需要分时计量。

最大需量为一个月的最大值，过月时，要求将当月最大值保留到上月，而当前最大值清零重新开始计量。一般要求记录多个月最大需量，如 3~12 个月的历史数据。

4. 监控功能

电子式电能表可以实现一些监控功能。一般有以下几种：

(1) 功率监控：设定功率上限，当电能表计量的功率超过上限时报警。如果连续超限将跳闸。

(2) 断相监测：当电能表检测到某相电压小于给定电压下限时，表明发生故障，电能表将给出断相报警，并记录发生时间、发生累计次数、发生累计时间。

(3) 过流监测：当电能表检测到电流大于给定上限时，电能表给出过流报警，并记录发生时刻、发生次数、发生累计时间。

(4) 失流监测：当电流发生不平衡时，电能表判断为失流，将记录累计时间以及发生时刻，为故障分析做参考。

5. 监测功能

电子式电能表可以测量各相瞬时电压、电流、有功功率、无功功率、电网频率、各相功率因数、视在功率等，测量准确度一般可以达到 0.2、0.5 级。高档表还可以分析谐波含量和相角等，这些功能可以用于用电监测与判断，如安装表计时观察电能表上显示的电压、电流、功率等以判断接线是否正确，电能表工作是否正常。这些功能也可以为用电管理系统以及综合分析系统提供数据。

6. 事件记录功能

电子式电能表可以记录多种事件的发生时间及当时的状态，以便进行故障分析和判断。这些事件有电能表上电、电能表掉电、清零、设置参数、最大需量清零、断相、失压、过流、失流、功率超限、自检出错等。在多功能电能表中，事件记录数据非常重要。

7. 预付费功能

预付费功能是通过客户自行持 IC 卡到售电点购电，然后输入到电表中。电能表按设定的费率自动进行扣费。当剩余电费小于设定限额时，报警提示客户去购电；当剩余电费小于 0 后，电能表自动跳闸，切断客户供电线路。客户购电的介质为 IC 卡。在设计预付费电表时，要考虑数据的安全性，一般 IC 卡中均采用加密技术，以防止非法修改数据，进行窃电。

8. 自检功能

电子式电能表，尤其是多功能电能表，其功能多，构成比较复杂，由于承担着电能量计费的重要功能，使用可靠性要求高。电能表中各个部件可能都会损坏。在损坏后，电能表会及时发出信号（显示报警或声光报警）以提示客户尽快处理。

一般自检如下部件：电能表内部的时钟芯片、存储器（包含数据存储器和程序存储器）、显示器等，电能表外部的接线情况：逆相序、电流反向，线路故障：断相、电流不平衡、电压过压、超功率等。

9. 失压记录

当电能表检测某相电压小于设定的定值（一般设定为额定电压的78%±2V），而相应相电流又大于设定定值（一般为额定电流的0.5%），将判定此相为失压。此时记录发生失压的累计时间、累计次数、失压期间的电量、失压发生的时刻等。多功能电能表可以取代失压记录仪而实现失压判断和记录功能。失压的发生一般是由于计量二次线路故障引起，由于故障发生而引起的电量丢失可以根据失压记录的数据在结算时进行追补。

10. 电压合格率记录

在电能表中设定电压考核范围和电压合格范围，当实际电压在考核范围之内时，记录总运行时间；当实际电压在合格范围之外时，记录超上限或低于下限累计时间，并且记录在超上限时的最大电压和发生时刻以及低于下限时的最小电压和发生时刻。

电压合格率=电压合格时间/电压运行时间

多功能电能表可以取代电压合格率记录仪，电压合格率记录是进行供电电压质量考核的重要指标。

11. 负荷曲线记录

为了满足用电监测、关口表竞价上网等功能，电能表需要带时标（记录时刻）记录电量，一般记录间隔可以设定为1min或几十分钟，记录的电量数据有有功电能、无功电能、电压、电流、有功功率、无功功率等。要求记录时间为几天、几个月甚至一年。通过手持装置或其他方式从电表内将这些数据读出，可以画出不同记录电量的时间曲线。电表内部一般设计有大容量数据存储器用于保存负荷曲线记录数据。

12. 谐波测量功能

电子式电能表还可以进行谐波测量，测量高达几十次的谐波电压、电流有效值和相角也可以计算各次谐波电压、电流含有率，谐波电压含量、谐波电流含量，电压、电流总谐波畸变率等。谐波测量功能对分析供电质量、分析客户对电网的谐波危害都有用。

第五节 电能计量装置的接线安装及维护

一、电能计量装置的接线安装

电能计量装置在接线安装时按规范要求操作，可为后续的接线检查提供良好的技术基础。而接线检查是用电检查中的重点工作，可防范违章用电、查获窃电线索，从而降低线损，降低供电成本。

1. 电能计量装置的接线安装

(1) 电能表的安装。电能表的安装场所应符合下列规定：高供低计的客户，计量点至变压器低压侧的电气距离不宜超过20m，对加热系统的距离不得少于0.5m。安装地点周围环境应干净明亮，使表计不易受损、受振、不受磁力及烟灰影响；无腐蚀性气体、易蒸发液体的侵蚀；运行安全可靠，抄表读数、校验、检查、轮换装拆方便；电能表原则上装于室外的走廊、过道、公共的楼梯间，高层住宅一户一表，宜集中安装于位于一、二楼的专用配电间内；装表点的环境温度应不超过电能表技术标准规定的工作温度范围。

电能表的安装高度，对计量屏，应使电能表水平中心线距地面0.6~1.8m；安装在墙壁上的计量箱高为1.6~2.0m。单户表箱安装布置原则采取横向一排式，如因条件限制，允许上、下两排布置，但上表箱底对地面垂直距离不应超过2.1m。装设在高层住宅专用配电间内的表箱底部对地面的垂直距离不得少于0.8m。电能表的空间距离及表与表之间的距离均不应小10cm。

低压三相供电的计量装置表位应在屋内，进门后3m范围内；单相供电的客户，计量表位应设计在屋外；凡城市规划指定的主要道路两侧，表计应装设在屋内；基建工地和临时用电户电能计量装置的表位应设计在屋外，装设在固定的建筑物上或变压器台架上。

装设在计量屏（箱）内及电能表板上的开关、熔断器等设备应垂直安装，上端接电源，下端接负荷。相序排列顺序从左至右或从上至下分别起为A、B、C或A、B、C、N。电能表安装必须牢固垂直，每只表除挂表螺丝外，至少有一只定位螺丝，使表中心线朝各方向的倾斜不大于1°。安装在绝缘板上的三相电能表，若有接地端钮，应将其可靠接地或接零。

在多雷地区，计量装置应装设防雷保护，如采用低压阀型避雷器。

（2）电流互感器的安装。电流互感器安装必须牢固，铭牌、极性标志必须完整、清晰。互感器外壳的金属外露部分应良好接地。同一组电流互感器应按同一方向安装，以保证该组电流互感器一次及二次回路电流的正方向均一致，并尽可能易于观察铭牌。

电流互感器二次有双二次，只用一个二次回路时，另一个二次回路应可靠短接。

（3）二次回路的安装。计量装置的一次与二次接线，必须根据批准的图纸施工。对于成套计量装置，导线与端钮连接处，应有字迹清楚，与图纸相符的端子编号牌。二次回路的导线绝缘不得有损伤，不得有接头，导线与端钮的连接部位必须拧紧，接触良好。

在对装置的二次进行布线安装时，要为以后的查线创造好的工作条件，严格按A、B、C三相分别黄、绿、红颜色分开；电压二次线截面为2.5mm^2，电流二次线截面为4mm^2，按导线的粗细再分开；两元件电流互感器用四线连接，三元件电流互感器用六线连接，取消公共回线，减少错误机会。有的供电公司还创造条件，将TA的二根或三根回线，统一接成咖啡色、蓝色、灰色线，与TA的二根或三根进线从颜色上再分开，接地线用白线，中性线用黑线。颜色分开的目的是，查线时只要看装置各相相应端子导线的颜色，就可知接线是否正确。有功、无功计量联合接线时，线头较多，可将进出接线盒的线头按上层、中层、底层分别是电流进线、电压进出线、电流出线随空间分布，以备查线方便。要求各走线整齐、端直、平行、绝少交叉、固定良好，并以此作为装表接线工种技术比武项目。走线尽头进接线盒的地方，在长度上不留裕地，以免私自拉扯。因为走线端直，按空间平行排布整齐，若擅自动线，必定留下痕迹，以便发现问题。

低压计量装置的电压线宜单独接入，不与电流线共用。母线上的电压接线点和电流互感器一次绕组接线点间不得有任何断口；母线上的电压接线点应在母线上打孔连接，禁止在两段母线之间的连接螺丝上引出电压。

当需要在一组互感器的二次回路中安装多块电能表（包括有功电能表、无功电能表、最大需量电能表、多费率电能表等）时，必须遵循以下接线原则：①每块电能表仍按本身的接线方式连接；②各电能表同相所有的电压线圈并联，所有的电流线圈串联；③保证电流二次回路的总阻抗不超过电流互感器的二次额定阻抗值；④电压回路从母线到每个电能表端钮盒之间的电压降，不应超过额定电压的0.5%。

二、电能计量装置的现场维护

1. 现场校验

运行中的高压电能计量装置应定期进行现场校验。电能计量技术机构应制订电能计量装置现场校验管理制度。编制并实施年、季、月度现场校验计划。现场校验应执行 SD 109—1983 和 DL/T 448—2000 的有关规定。现场校验应严格遵守《电业安全工作规程》。

现场校验应采用标准电能表法，利用光电采样采集铝盘转数或利用被试表所发电脉冲信号开展检验，宜使用可测量电压、电流、相位和带有错接线判别功能和电能表现场检验仪。

现场校验用标准器准确度等级至少应比被检品高两个准确度等级，其他指示仪表的准确度等级应不低于 0.5 级，量限应配置合理。电能表现场检验标准器应至少每 3 个月在试验室比对一次。

现场检验时不允许打开电能表罩壳和现场调整电能表误差。当现场检验电能表误差超过电能表准确度等级值时应在 3 个工作日内更换。不允许现场调整电能表误差，原因是受现场运行条件的限制，如环境条件、负荷大小和功率因数等不符合电能表检定的条件，只能是监督考核电能表的实际运行情况。如果现场打开电能表的罩壳和现场调整电能表误差会存在以下问题：①无法保证电能表的真实误差。现场检验仅能测定某一特定状况下的误差，其他运行状况下的误差情况是否超差难以判断。②难以监督现场检验工作质量，造成电能计量装置封印权限管理混乱，责任不清。③现场打开电能表罩壳和现场调整电能表误差后，电能表制造厂的封印也会被破坏，会丧失对制造厂产品质量追究的权利。

每次送电前，应根据图纸检查一次接线与实际是否相符，计量点、计量方式是否正确、合理，计量装置的 TA 变比、电能表精度是否配置合理，二次接线是否正确；在现场实际情况下检查 TA 的极性、实际二次负载及该负载下的误差；检查计量装置是否可靠准确。凡达不到要求的可以拒绝送电，直至整改合格方可送电。

新投运或改造后的Ⅰ、Ⅱ、Ⅲ、Ⅳ类高压电能计量装置应在 1 个月内进行首次现场检验。Ⅰ类电能表至少每 3 个月现场检验一次；Ⅱ类电能表至少每 6 个月现场检验一次；Ⅲ类电能表至少每年现场检验一次。

高压互感器每 10 年现场检验一次，当现场检验互感器误差超差时，应查明原因，制订更换或改造计划，尽快解决，时间不得超过下一次主设备检修完成日期。运行中的电压互感器二次回路电压降应定期进行检验。对 35kV 及以上电压互感器二次回路电压降，至少每两年现场检验一次。当二次回路负荷超过互感器额定二次负荷或二次回路电压降超差时应及时查明原因，并在 1 个月内处理。

运行中的低压电流互感器宜在电能表轮换时进行变比、二次回路及其负载检查。现场检验数据应及时存入计算机管理档案，并应用计算机对电能计量装置历次现场检验数据进行分析，以考核其变化趋势。

现场校验计量装置的操作程序是：①标准电能表接入计量二次回路时，应先接标准表一侧，再接被检表一侧；②将标准表按规定通电预热；③记录被检电能表的铭牌、厂号、形式、底数、运行负荷、功率因数、温度；④按现场校验仪的操作要求输入有关参数；⑤测定被检电能表运行负荷点的相对误差，误差应取三次的算术平均值并且化整；⑥标准电能表撤除运行时，应先拆除被检电能表侧的接线，后拆除标准电能表侧的接线；⑦操作中严禁 TA 开路，对电流二次绕组进行短路，必须使用专用短路线（或短路片），严禁使用裸露导线缠绕短路。

现场更换电能表的操作程序：①做好换表前的准备工作，包括准备工作票、检验记录、工具仪器；②查阅计量二次回路图纸，找出其电流、电压端子位置；③记录原电能表及新换电能表的厂号、型号、底数、TV及TA变比、计费倍率、运行负荷、功率因数、温度；④接入标准表，校验原电能表运行负荷点的相对误差；⑤将TA短路后换表；⑥再次接入标准表校验新换电能表运行负荷点的相对误差，并用六角图法在电能表端子处检查电能表接线是否正确，无误后投入运行；⑦清理现场，结束工作票；⑧填写工作凭证，通知有关单位，并追补因TA短路后少计的电量。

2. 现场巡视

对运行中的高、低压电能计量装置、进户装置应定期组织巡视，以便掌握其运行状况，及时消除缺陷，预防计量故障、差错及事故的发生。巡视的主要内容如下。

计量屏（箱）中各种电气元件是否清洁，有无损坏，安装是否牢固，观察窗玻璃是否完好，各种铅封是否齐全完好。

感应式电能表有无卡字、倒转、擦盘、跳字、潜动、过负荷烧坏；表玻璃是否有被烟熏过的模糊痕迹。多功能电能表计量数据、监控状态、时间等各种显示是否齐全、正确、清晰，电池是否欠压，具有失压计时、防窃电功能的，应检查相应记录，并告知客户核对，做好有关记录。

对复费率电能表，应核对所示时间是否准确，各个费率时段是否设置正确，工作是否正常；机电一体的复费率电能表还必须比较电子计度器与机械计度器的数据是否一致。预付费电能表，应检查累计用电量、剩余电量、购买电量三者之间数据的一致性，是否出现透支电量、不跳开关等情况。

对二次回路检查导线绝缘是否老化变质，接线端子是否锈蚀和接触不良。一、二次回路导线接点的接触是否发热和松动，有无放电痕迹。

通过试验来核对电流互感器铭牌倍率是否与实际相符；对于原已采用的穿心式电流互感器一次绕组绕多匝的应仔细核对；对双二次或多变比电流互感器，应检查计量二次接线是否对应接入电能表。是否有过负荷烧坏、雷电击穿等现象，互感器变比选择是否合理。

用钳形功率表法测量负荷实际功率，与用瓦秒法测算的表计功率对照，判断整套电能计量装置计量的准确性。核对用电设备装接容量，了解经常性用电负荷是否与计量装置匹配。

了解接户线、进户线是否老化变质、损伤，连接处有无松动、发热现象，安全距离是否足够，支持物是否牢固，铁件锈蚀是否严重，进户熔断器是否完好。

巡视中检查是否窃电嫌疑也是一个重点，应将巡视情况做好详细记录，发现问题及时通知有关部门进行处理。

3. 周期轮换与抽检

电能计量技术机构应按规程，根据轮换周期、抽样方案、地理区域、工作量等情况，借助计算机制定出每年电能表的轮换和抽检计划。

运行中的Ⅰ、Ⅱ、Ⅲ类感应式电能表的轮换周期为3年；运行中的Ⅳ类感应式电能表的轮换周期为4年；Ⅴ类单宝石电能表的轮换周期为5年，Ⅴ类双宝石电能表的最长轮换周期不得超过10年；电子式电能表的轮换周期为5年。

到周期后按同厂家、同型号表修调前抽检10%，若Ⅰ、Ⅱ类电能表的修调前检验合格率为100%；Ⅲ类电能表的修调前检验合格率不低于98%；Ⅳ类电能表的修调前检验合格率不低于95%，则该批运行表计允许延长一年使用，待第二年再抽检，直到不满足上列要求时全部轮换。

所有轮换拆回的Ⅰ～Ⅳ类电能表应抽取其总量的5%～10%（不少于50只）进行修调前检验，且每年统计合格率。按照DL/T448—2000的规定，运行中的Ⅴ类双宝石及磁力轴承感应式电能表，在运行的第六年开始每年应进行分批抽样，做修调前检验，以确定整批表是否继续运行。抽样方法参照GB/T15239进行。电能计量管理机构专责人应根据电能表运行档案确定批量，用随机方式确定样品，监督抽样检验结果，统计抽检合格率。

低压电流互感器从运行的第20年起，每年应抽取10%进行轮换和检定，统计合格率应不低于98%，否则应加倍抽取样品，进行检定、统计合格率，直至全部轮换。

对安装了主、副电能表的电能计量装置，主、副电能表应有明确标志，运行中主、副电能表不得随意调换，对主、副表的现场检验和周期轮换要求相同。

在实验室的周期检验中检验人员应严把校验质量关，校验合格的电能表，应及时加封，校验质量分级负责，层层把关。耐压试验不符合要求的由检修人员负责退还耐压组。检修质量由校验人员把关，校验人员对检修质量不符合要求、直观检查不细致的电能表，应退还检修人员重新检修。潜动、基本误差不合格由校验人员负责，走字人员把关。对潜动、基本误差不合格的电能表，走字人员应退还校验人员重新校验。入库待发和现场运行的电能表，出现常数与铭牌不符、潜动，由走字人员负责。

4．电能计量装置的考核与统计指标

（1）计量标准器和标准装置的周期受检率与周检合格率

周期受检率=(实际检定数/按规定周期应检定数)×100%

周检合格率=(实际检定合格数/实际检定数)×100%

周期受检率应不小于100%；周检合格率应不小于98%。

（2）运行中电能计量装置的周期受检（轮换）率与周检合格率。

1）电能表

周期轮换率=(实际轮换数/按规定周期应轮换数)×100%

修调前检验率=(修调前检验数/实际轮换回的电能表数)×100%

修调前检验合格率=(实际修调前检验合格数/实际修调前检验数)×100%

现场检验率=(实际现场检验数/按规定周期应检验数)×100%

现场检验合格率=(实际现场检验合格数/实际现场检验数)×100%

对于长期处于备用状态或现场检验时不满足检验条件（如负荷电流低于被检表标定电流10%或低于标准表额定电流20%等）的电能计量装置，经实际检测，可计入实际检验数，但应填写现场检验记录，统计时视为合格。

周期轮换率应达100%，现场检验率应达100%，Ⅰ、Ⅱ类电能表现场检验合格率应不小于98%，Ⅲ类电能表现场检验合格率应不小于95%。

2）高压TV二次回路电压降周期受检率和合格率均应达100%

周期受检率=（实际轮换和现场检验数/按规定周期应检验数）×100%

周检合格率=（实际检定和现场检验合格数/实际检定和现场检验数）×100%

（3）计量故障的差错率

计量故障的差错率 = (实际发生故障差错次数/运行电能表互感器总数) × 100%

计量故障差错率应不大于1%。

另外规定仪器、设备事故有以下两种：①电能表机械故障与电气故障造成表计无法正常工作，并在规定时间内未做处理，造成重大经济、电量损失（千元、万 kW·h）并无法追回；②标准仪器、仪表、计量装置，因违规操作、使用不当，造成严重损坏。

还规定计量工作责任事故有以下三种：①TV、TA 铭牌变比与实际不符，计费倍率错误，造成重大电量损失；②检修质量不高，造成卡字、擦盘、跳字、潜动，并未及时处理，造成重大电量损失；③多功能电能表参数设置错误、表计误差超出国家标准，并未及时处理，造成重大电量损失。

以上两种事故均属于统计指标之列，必须严肃处理，分析事故原因，教育计量人员吸取教训。

(4) 计量装置的完好率

计量装置完好率 = (完好计量装置数/运行计量装置总数) × 100%

高压计费计量装置完好率要求达到97%，低压三相计费计量装置完好率要求达到90%，低压单相计费计量装置完好率要求达到80%。

第六节 电能计量装置的接线、误差及配置

一、电能计量装置正确接线

1. 单相表的接线方式

用于单相电路的电能计量装置一般只有电能表，如居民用 DD862 型单相电能表。这种表只有一个驱动元件，即一个电流线圈和一个电压线圈。其接线方式是：电流线圈与负载串联，电压线圈与负载并联；电压线圈的电压钩子端与对应的电流线圈同名端共同接在电源侧，只有这样才能保证电能表正转，图 5-6-1 为单相电能表直接接入式。

我国单相电能表的额定电压一般为220V，目前，额定电流最大可达80A，若实际电流大于80A，则可采用以下两种方法解决：

(1) 安装电流互感器。将大电流变为小电流再进单相电能表，其接线如图 5-6-2 所示。

(2) 改为三相四线电路供电。将单相负荷平均分配到三相，三相四线电能表采用直接接入式，如图 5-6-3 (a) 所示。

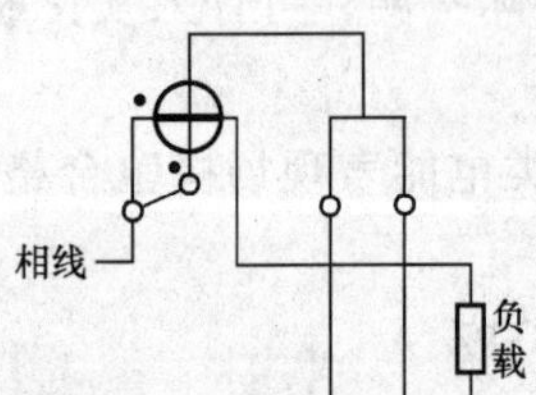

图 5-6-1 单相电能表直接接入式

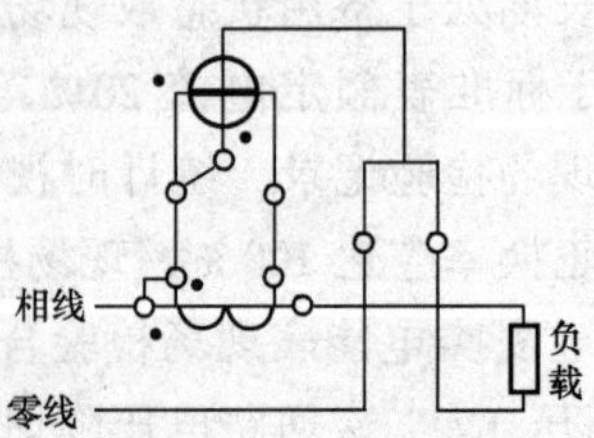

图 5-6-2 单相电能表经电流互感器接入式

2. 三相四线电路中电能计量装置正确接线

我们知道三相负载消耗的有功功率是

$$P_S = U_A I_A \cos\varphi_A + U_B I_B \cos\varphi_B + U_C I_C \cos\varphi_C \tag{5-6-1}$$

当三相电压对称时，即 $U_A = U_B = U_C = U_{ph}$ 时

$$P_S = U_{ph}(I_A \cos\varphi_A + I_B \cos\varphi_B + I_C \cos\varphi_C) \tag{5-6-2}$$

当三相电路对称时，即 $U_A = U_B = U_C = U_{ph} = \dfrac{U_L}{\sqrt{3}}, I_A = I_B = I_C = I_L, \varphi_A = \varphi_B = \varphi_C = \varphi$ 时

$$P_S = U_{ph} I_{ph} \cos\varphi = \sqrt{3} U_L I_L \cos\varphi \tag{5-6-3}$$

式中 U_{ph}、I_{ph}——相电压、相电流；

U_L、I_L——线电压、线电流；

P_S——三相负载总的有功功率。

（1）三相四线有功电能表的接线方式。常见的三相四线有功电能表型号有 DT1、DT2、DT10、DT864 等，它们的共同特点是有三个规格相同的驱动元件，其接线方式是：元件 1 $\dot{U}_A$、$\dot{I}_A$；元件 2 $\dot{U}_B$、$\dot{I}_B$；元件 3 $\dot{U}_C$、$\dot{I}_C$。接线图和相量图见图 5-6-3，三相电能表反映的功率为

$$\begin{aligned} P &= P_1 + P_2 + P_3 \\ &= U_A I_A \cos\varphi_A + U_B I_B \cos\varphi_B \\ &\quad + U_C I_C \cos\varphi_C \end{aligned}$$

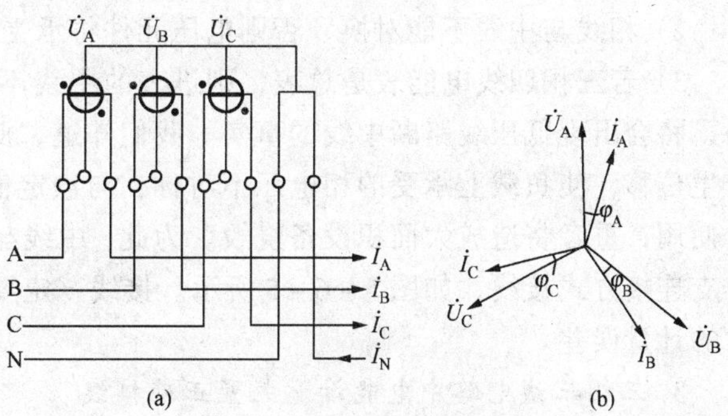

图 5-6-3 三相四线有功电能表接线图及相量图
（a）直接接入式；（b）相量图

与式（5-6-1）相比，三相四线电能表反映的功率就是三相负载消耗的有功功率，因此电能表的读数就是负载消耗的总有功电能。

三相四线制供电线路一般为低电压、大电流电路，例如含低压动力设备的照明电路，需要用电流互感器，将大电流变为小电流后再进电能表的电流线圈。图 5-6-4 为电流互感器的两种接入方法。

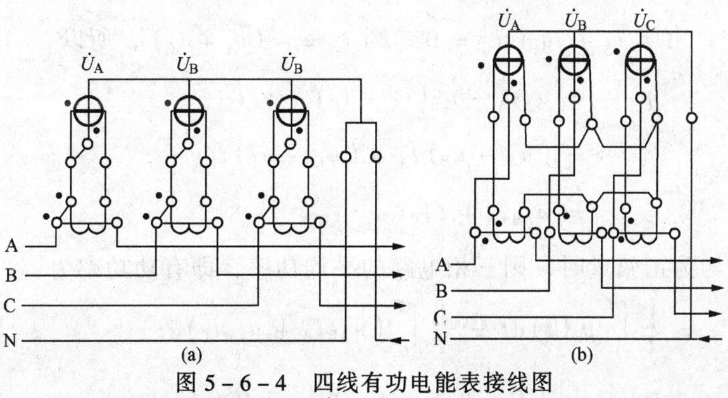

图 5-6-4 四线有功电能表接线图
（a）电压、电流分开方式；（b）电压、电流共用方式

（2）实用电路。三相四线电路的每一相就是一个单相负载，所以三相负载的电能也可以用三块单相电能表来计量。三块单相表的接线方式与三相表三个元件的接线方式完全相同，其计量结果为三块单相表读数的代数和。在农村低压三相四线供电线路中，经常采用这种计量方式。因为农村不经常抄表，也很少有完整的负载记录，一旦发生计量故障，三相电能表可能只表现为圆盘转慢，而很难区别是负载变小了还是电能表接线有了故障。当采用三块单相电能表时，只要其中一块电能表圆盘转动异常，便可迅速准确地发现哪相有故障，而且抄表员还可根据以往正常情况下三块表示数的比例，估算故障发生后，故障相的用电量。

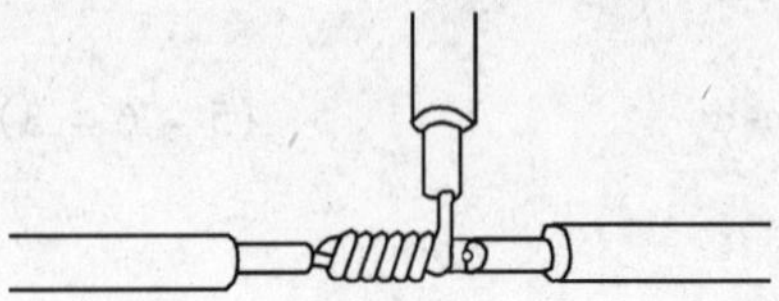
图 5-6-5 单芯铜导线分支连接

图 5-6-4 所示接线方式最适合于中性点直接接地的三相四线制系统，且不论三相电压、电流是否对称，它都能正确计量。

（3）三相四线有功表接线注意事项：

1）应按正相序接线。因为三相电能表都是按正相序校验的，若实际使用时接线相序与校验时的相序不一致，便会产生附加误差。

2）相线与中线不能对换，否则电压元件将承受比额定值大$\sqrt{3}$倍的线电压。

3）若三相四线电能表是总表，则进表的中线不能剪断接入表内，否则一旦发生接头松动，将会出现低压线路断中线的事实。我们知道，此时如果负载严重不对称，负载中性点会产生位移，使负载上承受的相电压不对称，与额定值相比或过压，或欠压。轻者影响设备正常使用，重者将造成大面积设备烧毁。为此，中线与三相四线电能表之间可采用单芯铜导线分支连接方式接线，如图 5-6-5 所示。接线一定要接牢，否则因接触不良或断线会产生较大的计量误差。

3. 三相三线电路中电能计量装置正确接线

（1）三相三线有功电能表的接线方式。三相三线电能表只有两个驱动元件，其接线原则是：1 $\dot{U}_{AB}$、$\dot{I}_A$；元件 2 $\dot{U}_{CB}$、$\dot{I}_B$。

两元件反映的功率为

$$P = P_1 + P_2 = U_{AB}I_A\cos(\dot{U}_{AB}\dot{I}_A) + U_{CB}I_C\cos(\dot{U}_{CB}\dot{I}_C) \qquad (5-6-4)$$

三相三线电路中，负载消耗的功率瞬时值为

$$p_{(t)} = p_A + p_B + p_C = u_Ai_A + u_Bi_B + u_Ci_C$$

在三相三线电路中，由于 $i_A + i_B + i_C = 0$，则 $i_B = -(i_A + i_C)$，所以

$$\begin{aligned} p_{(t)} &= u_Ai_A - u_B(i_A + i_B) + u_Ci_C \\ &= (u_A - u_B)i_A + (u_C - u_B)i_C \\ &= u_{AB}i_A + u_{CB}i_C \end{aligned}$$

当 u_{AB}, u_{CB}, i_A, i_C 均为正弦量时，则三相电路的平均功率，即有功功率为

$$\begin{aligned} P_S &= \frac{1}{T}\int_0^T p(t)\,dt = \frac{1}{T}\int_0^T (u_{AB}i_A + u_{CB}i_C)\,dt \\ &= U_{AB}I_A\cos(\dot{U}_{AB}\dot{I}_A) + U_{CB}I_C\cos(\dot{U}_{CB}\dot{I}_C) \end{aligned}$$

将上式与式（5-6-4）相比得表反映的功率：$P=P_S$，也就是说按图5-6-6（a）方式接入的三相三线电能表，计量的电能就是三相负载消耗的总有功电能。

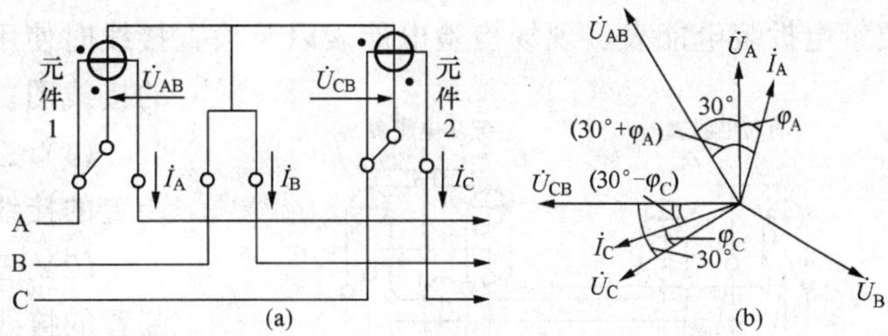

图5-6-6 三相三线电能表直接接入及相量图
（a）接线图；（b）相量图

从推导过程可以看出，三相三线电能表的使用条件是 $i_A+i_B+i_C=0$，由于三相四线电路在一般情况下 $i_A+i_B+i_C=i_N\neq0$，因此这块有功电能表只能用于三相三线电路，不能用于三相四线电路，否则会产生原理性附加误差。

（2）实用电路。三相三线电路一般为高电压、大电流电路，因此需要接入互感器。常见接线如图5-6-7所示。这种计量方式广泛用于计量发电厂的发电量、变电所的供电量和高供高量电力客户消耗的电能。它所计量的电能占整个电力系统的总电能的70%以上，因此它属于非常重要的电能计量装置。

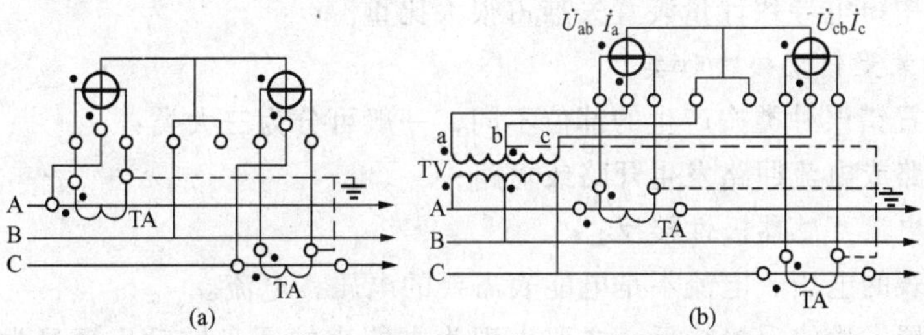

图5-6-7 三相三线有功电能表的正确接线图
（a）经电流互感器接入；（b）经电压、电流互感器接入

当三相电压对称时，$U_{AB}=U_{CB}=U_L$，则两元件反映的功率为

$$P=U_L\left[I_A\cos(30^\circ+\varphi_A)+I_C\cos(30^\circ+\varphi_C)\right]$$

因此元件1也叫 $30^\circ+\varphi$ 元件；元件2叫 $30^\circ-\varphi$ 元件。

当三相电路对称时，$U_{AB}=U_{CB}=U_L$，

$I_A=I_C=I_L,\varphi_A=\varphi_C=\varphi$，则

$$P=U_LI_L[\cos(30^\circ+\varphi_A)+\cos(30^\circ+\varphi_C)]$$

$$=\sqrt{3}U_LI_L\cos\varphi \tag{5-6-5}$$

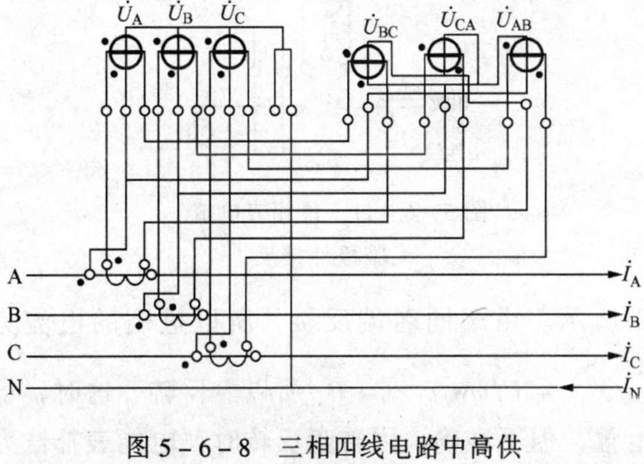

图5-6-8 三相四线电路中高供低量电能计量装置的接线

4. 电能计量装置的整体接线

所谓电能计量装置的整体接线是指将有功、无功电能表和互感器通过二次回路有机地连接起来，以达到一定的计量目的。三相电路中电能计量装置一般都装在专用的计量柜（盘）上。互感器与电能表

之间通过专用导线或二次电缆连接，并有专门标志的接线试验端子和相应的接线展开图，以便带电拆装电能表、现场检验电能表以及检查接线时使用。下面是两种常见的电能计量装置的接线图。

(1) 三相四线电路中，高供低量电能计量装置的接线，如图 5-6-8 所示。

(2) 三相三线电路中，高供高量电能计量装置的接线，如图 5-6-9 所示。

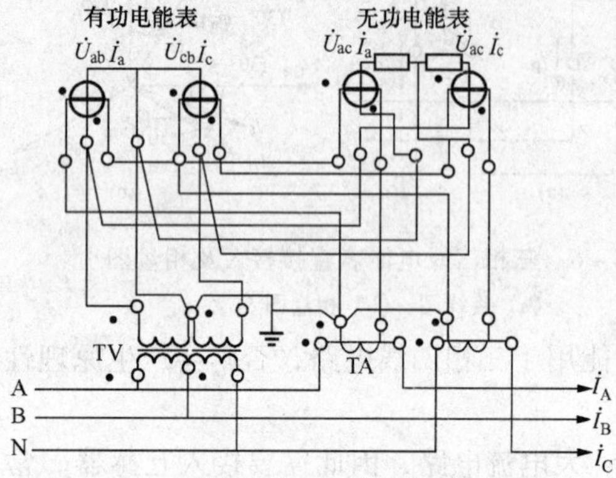

图 5-6-9 三相三线电路中高供高量电能计量装置的接线

二、电能计量装置的错误接线

校验合格的电能表互感器的正确接线是保证准确计量的必要条件，但是电能计量装置出现错误接线的情况时有发生。其客观原因有不当的机械外力、自然力使导线老化、工作人员的疏忽和技术不熟练等，还有回路端子混乱不清、图纸错误或没有图纸、互感器极性和组别不对以及运行方式的改变等；主观原因是不法客户的窃电，其中窃电导致计量装置失准占很大比重。

1. 电能计量装置错误接线种类

电能计量装置错误种类按产生的部位不同，一般可分为三大类：

(1) 电压回路或电流回路发生开路或短路；

(2) 电压或电流互感器极性接反；

(3) 进电能表的电压、电流不是电能表需要的电压、电流。

电能计量装置发生错误接线后，主要表现为电能表的圆盘转动出现异常，如正向慢转、反转、不转和转向不定四种情况。

2. 常见错误接线方式

(1) 失压。如单相表的电压线圈脱钩，如图 5-6-10 所示，即电压线圈断电，此时因 $u=0$，电能表反映的功率 $P' = UI\cos\varphi$ ，所以表不转。解决办法是把接线端子加封印或者电压线圈在表壳内部已接好，钩片虚设，使之打开无效。

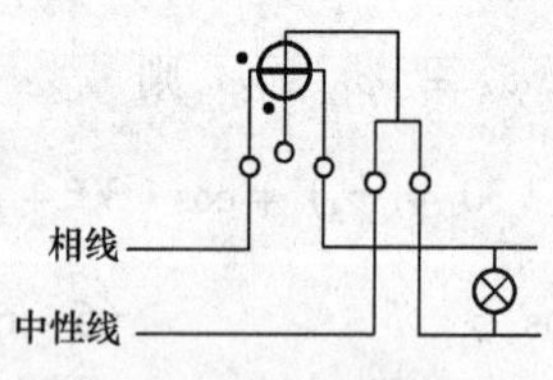

图 5-6-10 单相表失压

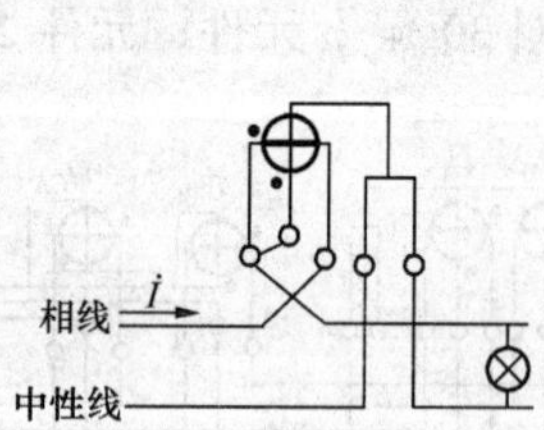

图 5-6-11 单相表电流线圈极性接反

(2) 电流线圈极性接反。如图 5-6-11 所示。由于同名端反接，所以进表的电流为 $-\dot{I}$，电能表反映的功率 $P' = UI\cos(180° + \varphi) = -UI\cos\varphi = -P$，所以表反转。这时，虽然可用首次抄表读数减去末次抄表读数计算电量，但不准确。因转盘反转时，电能表补偿力矩的方向仍为原来的方向，因此会产生很大的负误差，有时误差可达 -10% 或 -20%。

(3) 断中线。若三相四线有功电能表的电压线圈中性点与电路中性线断开，如图 5-6-12 所示，当三相负载不对称时，中线电流不等于零（$\dot{I}_N \neq 0$），中性线断开后将在电能表电压线圈中点与电源中线 N 之间产生电压差 $\dot{U}_0$，则电能表每个电压元件上加的不再是电源相电压。电能表反映的功率要比实际功率少 ΔP，即

$$\Delta P = U_0 I_N \cos\varphi_N, 其中\ \varphi_N = (\dot{U}_0 \dot{I}_N) \tag{5-6-6}$$

因此只有当中性线电流等于零时，发生中性线断线，计量才准确，而实际情况 $\dot{I}_N = 0$ 的情况极少。因此三相四线电能表的中性线一定要接牢，并尽量减小接头处的接触电阻，以保证计量的准确性。

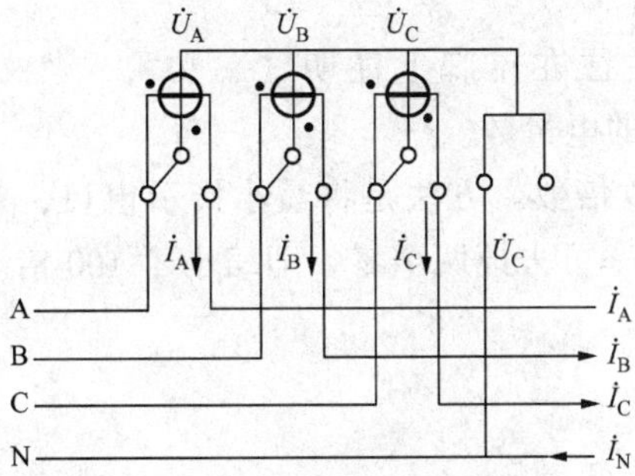

图 5-6-12 三相四线电能表电压线圈中性点与电路中性线断开

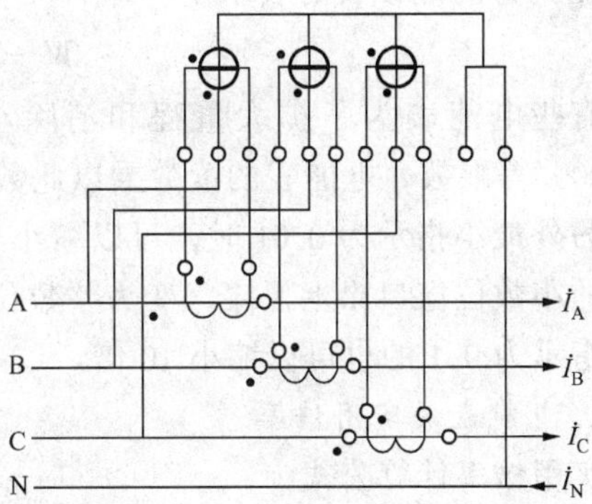

图 5-6-13 三相四线电能表相、中性线对换接线图

(4) 相线、中性线对换位置。如图 5-6-13 所示，相线 C 与中性线 N 发生了错位。三相四线电能表第一、第二电压线圈上承受的电压就由相电压 $\dot{U}_{AN}$、$\dot{U}_{BN}$ 变成了线电压 $\dot{U}_{AC}$、$\dot{U}_{BC}$，这会使电能表电压线圈烧毁。接在 A 相、B 相上的低压设备额定电压一般为 220V，因此当加在其上的电压变为 380V 时，同样会使客户的设备损坏。

三、电能计量装置倍率的计算

电能计量的倍率由两部分组成，一部分是表本身的倍率；另一部分是采用互感器后产生的倍率。电能表是电能计量装置的主体，电流互感器（通常称为 TA）和电压互感器（通常称为 TV）是电能计量装置的附件，主体与附件通过导线连接在一起进行电能计量。营业工作人员，尤其是抄表人员对电能表的倍率应该了解。由于各类用户的用电性质不同，使用容量不同，因而在计量方式上也不尽相同，有的用户可以用电能表直接计量，有的用户为了扩大量程，可采用电流互感器，或既采用电流互感器又兼用电压互感器。无倍率的电能表计量的电能就是该表每月读数与上月读数之差；采用电流互感器的电能表就要乘以电流互感器变比的比值数；既有电流互感器又有电压互感器的电能表就要乘以两互感器变比的连乘积；当电能表本身有乘率而又附有互感器时的实用乘率应该是电能表乘率和互感器乘率的连乘积。

负载消耗的电能就是实用电量数（后一次抄读数减前一次抄读数）乘以一个常数，这个常数称作电能表的倍率，此倍率可称作实用倍率，用公式表示为

$$W = (W_2 - W_1)K_j \tag{5-6-7}$$

式中 W——实用电量数；

W_1——前一次抄表读数；

W_2——后一次抄表读数；

K_j——实用倍率，一般取1。

1. 电能表本身的倍率

如电能表按照铭牌上注明的额定电压，标定电流，并按规定的接线方式接入相应的电路，则电能表的读数就是实用电量数，但应注意计度器示度小数点倍数的标示。

如某户电能表铭牌表示为220V，5A，将表直接接入220V电路时，其实用倍率等于电能表本身的倍率，当表铭牌上没有注明倍率时，表本身倍率与实用倍率1相等，其负载月消耗的电能就为两次抄表的表示差。即

$$W = (W_2 - W_1) \times 1$$

有些电能表为了扩大量程和消除小数位，往往在铭牌上注明"×10"，"×100"，"×1000"等乘数，电能表的读数乘以此数就是实用的电量数。

另外最小指示为0.01时，可以缩小倍率的整数倍数。方法是将最小指示窗口，整数位以下的小数位窗口涂上黑漆，变为整数位，此时倍率可去掉两个零，即缩小了100倍。同样最小指示为0.1的也可以缩小10倍。

2. 电能表的实用倍率

实用倍率计算公式为

$$K_j = \frac{K'_I K'_U}{K_I K_U} K_b \tag{5-6-8}$$

式中 K_j——实用倍率或计费倍率；

K'_I——与电能表联用的电流互感器额定变比；

K'_U——与电能表联用的电压互感器额定变比；

K_U、K_I——经互感器接入式的电能表铭牌上标注的电流、电压互感器的额定变比；

K_b——电能表本身的倍率。

在实际抄表过程中应注意各种倍率的使用，避免错乘倍率。

【例5-6-1】 5A，220V直接接入式单相电能表，本身无变比和倍率，经100/5A电流互感器计量单相二线有功电量，计算实用倍率。

解： 已知 $K_I = 100/5$，$K_U = 1$，$K'_I = 1$，$K'_U = 1$，$K_b = 1$，代入计算公式

$$K_j = \frac{K'_I K'_U}{K_I K_U} K_b = \frac{\frac{200}{5} \times 1}{\frac{600}{5} \times 1} = \frac{1}{3}$$

实用倍率为1/3。

由上例可见，如果采用的电流互感器和电压互感器的变比与电能表铭牌上所注明的变比相符，则 $K_j = K_b$，也就是电能表读数等于实用的电量数。

为了简化倍率的计算，当电能表符合计度器传动比数与试验常数之比等于1的情况下，可以互感器的变比作为倍率。

具体讲就是符合下列3个公式。

最小指示为 0.01 时：传动比数×10/试验常数 = 1

最小指示为 0.1 时：传动比数/试验常数 = 1

最小指示为 1.0 时：传动比数/（试验常数×10）= 1

最小指示为最末一位字轮转动 1/10 转时，记度器所走的电量数。

以上三式的比值等于 1 时，其倍率就等于电流互感器变比×电压互感器变比。

【例 5-6-2】 若电能表铭牌标示为 3×100V，5A 时，当将电能表接在电压互感器变比为 1000/100，电流互感器变比为 500/5 的电路时，求计费倍率。

解： $K_j = K_I K_b = (10000/100) \times (500/5) = 100 \times 100 = 10000$

计费倍率是 10000。

四、计量装置的误差及更正

计量装置在完成计量任务的过程中，由于某种原因，时常会出现一些不能正确计量系统或用户耗用电能的真实情况的现象，引起计量误差。为了杜绝和避免计量误差现象的出现和蔓延，要认真研究引起误差的原因，停止并更正误差所引起的错误计量。

计量装置在计量电量的过程中能引起计量误差的原因一般有电能表本身误差（超差、潜动），倍率错误，电能表、互感器错误接线，计量回路断线等。不同的误差采用不同的方法更正。

（一）电能表本身误差与更正

1. 电能表潜动

当负载电流为零时，电能表转盘仍然连续转动，这种现象称为潜动。潜动转速虽然很慢，但也是不允许的，除应及时消除潜动外，还应更正潜动电量。计算公式为

$$A = \frac{60T}{CV} \times \text{天数} \tag{5-6-9}$$

式中 A——电能表潜动的电量值，kW·h；

T——电能表每天停用时间，h；

C——电能表常数，r/（kW·h）；

V——潜动速度，r/min。

【例 5-6-3】 某用户电能表潜动，其电能表常数为 2000r/（kW·h），发现潜动 30 天，每天不用电时间为 15h，潜动速度为 0.5min/r，求潜动电量是多少？

解： 将已知数据代入式（5-6-9）得

$$A = \frac{60 \times 15}{2000 \times 0.5} \times 30 = \frac{900}{1000} \times 30 = 27(\text{kW} \cdot \text{h})$$

该表潜动电量为 27kW·h。

2. 电能表的误差

《供电营业规则》规定：计费电能计量装置超出允许范围或记录不准，供电局应按实际误差及起讫时间，退还或补收电费。

电能表的准确度表示测得值与实际值接近的程度，准确度越高误差越小。电能表超差就是指实际值超出电能表的准确度等级，所以超差表计测量出的数值应予以更正。计算公式为

$$W = \frac{W_1}{1+\gamma}\gamma \tag{5-6-10}$$

式中 W——电量修正值，kW·h；

W_1——抄见电量值，kW·h；

γ——电能表误差，%。

对于电能表来说修正值即为应追补的电量值，由实际误差的正负极性即快与慢来决定电量的退与补。当实际误差为正值时，表示电能表转得快，计算出的修正值为正值，需追电量；当实际误差为负值时，表示电能表转得慢，计算出的修正值为负值，需追补电量。电能表的允许误差一般规定为±2%，高于或低于±2%均属超差。

【例5-6-4】 某用户月用电量为95200kW·h，经校验该户电能表误差 $\gamma=-4.8\%$，求应退补的电量是多少？

解： 将已知数据 $W_1=95200$，$\gamma=-4.8\%$ 代入式（5-6-10）得

$$W=\frac{W_1}{1+\gamma}\gamma=\frac{95200}{1-4.8\%}\times(-4.8\%)$$

$$=-4800(\text{kW}\cdot\text{h})$$

该户需追补电量4800kW·h。

（二）误接线误差与更正

电能计量装置由于接线错误、熔断器熔断、断线、倍率不符等原因造成电能计量错误，引起误差，应及时更正。

1. 倍率不符

倍率不符是指现场实际运行中的互感器变比与登记在册、计算用的互感器变比不一致的情况。倍率不符将造成计量错误，应进行更正。计算公式为

$$W=\varepsilon W_1 \tag{5-6-11}$$

式中 W——电量修正值，kW·h；

W_1——抄见电量值，kW·h；

ε——错误接线更正率，%。

由于倍率不符，所以计量出的抄见电量为错误电量，而电量修正值为正确电量与错电量之差值，如果用 W_2 表示正确电量则误差计算公式为

$$\varepsilon=\frac{W_2-W_1}{W_1}\times100\%=\frac{W}{W_1}\times100\% \tag{5-6-12}$$

倍率不符时计算用的互感器变比 N_1，与实际运行中的互感器变比 N_2 是影响计量错误的主要因素，如果设正确电量为1，则错误电量：两元件时为 $\frac{1}{2}\frac{N_1}{N_2}$，三元件时为 $\frac{1}{3}\frac{N_1}{N_2}$。同时还要考虑互感器的极性，正确时为正值，极性反时为负值。所以对于三元件电能表（三只互感器）时正确电量 $W_2=\frac{1}{3}+\frac{1}{3}+\frac{1}{3}=1$。两元件时正确电量 $W_2=\frac{1}{2}+\frac{1}{2}=1$。三元件电能表的错误电量 $W_1=\frac{1}{3}+\frac{1}{3}\pm\frac{1}{3}\frac{N_1}{N_2}$。两元件电能表错误电量 $W_1=\frac{1}{2}\pm\frac{1}{2}\frac{N_1}{N_2}$。±号由极性确定，极性正确为正，极性反接为负。

【例5-6-5】 某低压用户使用一块三相四线有功电能表3×380/220V、5A，三台150/5A电流互感器，因用户过负荷其中A相电流互感器烧毁，用户私自更换一台220/5A电流互感器，而且极性反接，经供电局定期核验发现私自更换的电流互感器，共计用电量

80000kW·h，求更正率及应退补的电量？

解：根据已知条件可计算出

正确电量 $W_2 = \frac{1}{3} + \frac{1}{3} + \frac{1}{3} = 1$

错误电量 $W_1 = \frac{1}{3} + \frac{1}{3} - \frac{1}{3} \times \frac{\frac{150}{5}}{\frac{200}{5}} = \frac{5}{12}$

更正率 $\varepsilon = \frac{1 - \frac{5}{12}}{\frac{5}{12}} \times 100\% = 140\%$

追补电量 $W = 80000 \times 140\% = 112000$（kW·h）

应追补电量 112000kW·h。

2. 接线错误

错误接线是指计量装置的接线错误，在实际工作中习惯说电能表的错误接线，简称误接线。所谓误接线，包括互感器的误接线、断线、电能表的误接线或断线，无论错在哪里，最终都反映在电能表计量发生偏差，这个偏差往往远远大于超差引起的计量偏差。

误接线造成的计量偏差可由误接线的相量分析确定更正率来计算。误接线更正率为

$$\varepsilon = \frac{W_2 - W_1}{W_1} \times 100\%$$

式中的电能量可由正确接线和错误接线时的功率情况求出，即

$$\varepsilon = \frac{\text{正确功率} - \text{错误功率}}{\text{错误功率}} \times 100\%$$

功率的求得可根据接线图作出相量图进行分析。正确功率（理论值）三相有功功率 $P = \sqrt{3}UI\cos\varphi$，单相有功功率 $P = UI\cos\varphi$，三相无功功率 $Q = \sqrt{3}UI\sin\varphi$，单相无功功率为 $Q = UI\sin\varphi$。

在计算过程中，电压、电流在分子分母中同时出现，而且有效值是相同的，因此可以消掉，最终参加运算的就是三角函数。

误接线时错误功率及更正率的计算如下：

（1）三相对称电路 380/220V 计量，A 相电流互感器断线时计算更正率。接线见图5-6-14。

正确计量时，按相电压考虑其三相功率为

$$P = 3UI\cos\varphi$$

A 相断线时 $I_A = 0$，三相功率之和为 B、C 两相功率之和，A 相功率 $P_A = 0$。

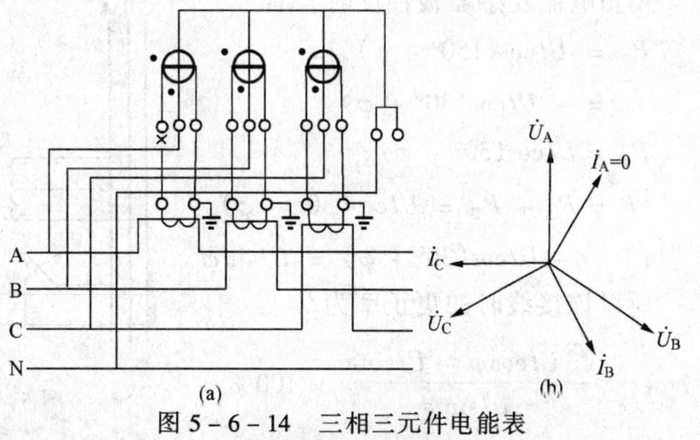

图 5-6-14 三相三元件电能表 A 相电流互感器断线
（a）接线图；（b）相量图

$$P = 2UI\cos\varphi\text{（错误功率）}$$

所以该种接线时的更正率为

$$\varepsilon = \frac{3UI\cos\varphi - 2UI\cos\varphi}{2UI\cos\varphi} \times 100\%$$

$$= \frac{UI\cos\varphi}{2UI\cos\varphi} \times 100\%$$

$$= \frac{1}{2} \times 100\% = 50\%$$

该接线时更正率为 50%。

如图 5－6－14 中 B 相或 C 相电流互感器断线，其更正率皆为 50%。

（2）三相对称电路 3×380/220V 有功计量，A 相电流互感器二次极性接反计算更正率。接线见图5－6－15。

正确计量时，按相电压考虑三相功率为

$$P = 3UI\cos\varphi$$

A 相电流互感器极性接反时，有

$$P_A = U(-I_A)\cos(180° + \varphi)$$

$$= -UI\cos\varphi$$

$$P_B = UI\cos\varphi, P_C = UI\cos\varphi$$

$$P = P_A + P_B + P_C = UI\cos\varphi\text{（错误功率）}$$

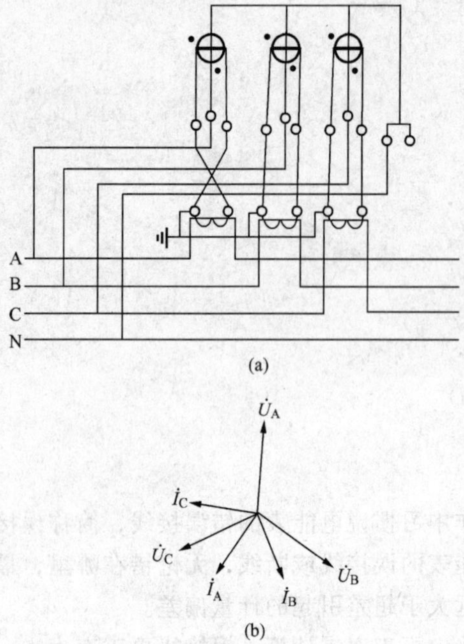

图 5－6－15 三相三元件电能表 A 相电流互感器极性反接
（a）接线图；（b）相量图

所以该种接线时的更正率为

$$\varepsilon = \frac{3UI\cos\varphi - UI\cos\varphi}{UI\cos\varphi} \times 100\%$$

$$= \frac{2UI\cos\varphi}{UI\cos\varphi} \times 100\%$$

$$= 200\%$$

同理，若 B 相或 C 相电流互感器二次极性接反其更正率均为 200%。

（3）三相三线有功电能表，A 相电流互感器极性反接时更正率。接线见图 5－6－16。

正确计量时功率 $P = \sqrt{3}UI\cos\varphi$

A 相电流互感器极性反时，有

$$P_A = UI\cos(150° - \varphi)$$

$$= -UI\cos(30° + \varphi)$$

$$P_B = UI\cos(30° - \varphi)$$

$$P = P_A + P_B = UI\cos(30° - \varphi) - UI\cos(30° + \varphi) = UI\sin\varphi$$

所以该接线时的更正率为

$$\varepsilon = \frac{\sqrt{3}UI\cos\varphi - UI\sin\varphi}{UI\sin\varphi} \times 100\%$$

$$= \left(\frac{\sqrt{3}}{\tan\varphi} - 1\right) \times 100\%$$

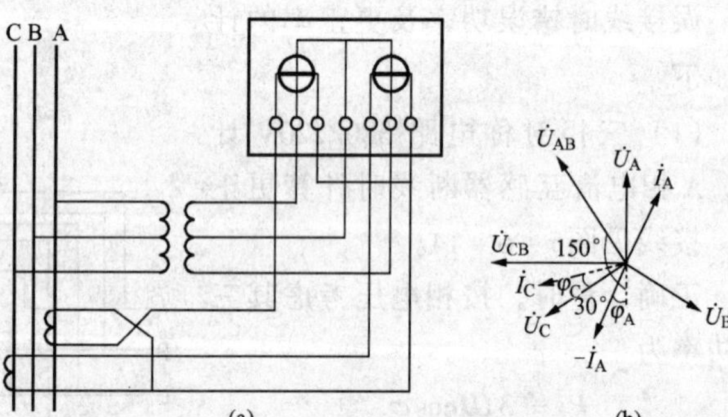

图 5－6－16 三相三线有功电能表 A 相电流互感器极性反接
（a）接线图；（b）相量图

三相三线有功电能的误接线有许多种，根据接线分析可以求出更正率进行电量更正。

根据实际中可能出现的误接线情况将三相三线有功电能表更正系数列于附录G中，供实际工作中误接线分析用。

无功电能表误接线的分析计算与有功表相同，即分析误接线与正确接线的相量关系、确定更正率，计算退补电量。

总之，误接线的种类繁多，但就更正率与功率因数的关系可以大体上归纳几种：

(1) 三相四线式供电低压计量时，如果一组元件断线、极性接反，更正率与功率因数无关。

(2) 三相三线电能表的B相（电流或电压）断线，此时更正率不论功率因数是多少皆是100%。

(3) 三相三线A相与C相互换接入，电能表不转。

(4) 其余的三相三线电能表的误接线，其更正率的大小与符号随功率因数的变化而变化。

五、电能计量装置的配置原则

(1) 贸易结算用的电能计量装置，原则上应设置在供电设施产权分界处。但对10kV及以下高压供电的客户，当变压器容量在500kVA及以下和35kV供电客户、变压器容量在315kVA及以下时，宜在低压侧计量。

(2) 在发电企业上网线路、电网经营企业间的联络线路和专线供电线路的另一端，应设置考核用电能计量装置。

(3) Ⅰ、Ⅱ类计费用电能计量装置，应按计量点配置计量专用电压、电流互感器，或者专用二次绕组，其二次回路不得接入与电能计量无关的设备。

(4) 用于计量单机容量在10万kW及以上的发电机的主变压器高压侧上网的电能计量装置和电网经营企业之间购销电量的计量装置，宜配置准确度等级相同的主副两套有功电能表。

(5) 35kV以上计费用电压互感器二次回路，不应装设隔离开关辅助触点和熔断器。

(6) 安装在35kV客户、10kV及以下客户处的计量装置，应配置全国统一标准的电能计量柜或电能计量箱。

(7) 高压计费应装设电压失压记录仪。未配置计量柜（箱）的，其互感器二次回路的所有接线端子、试验端子应能加封印。

(8) 互感器二次回路应采用铜质单芯绝缘线。电流互感器二次回路导线截面应按电流互感器额定二次负载确定，并且不应小于2.5mm^2或4mm^2。对电压互感器二次回路，导线截面应按允许压降确定，并不小于2.5mm^2。

(9) 为保证在较宽的负载范围内计量准确，电能表过载能力应达标定电流的4倍以上。直接接入式电能表的标定电流应按正常负载电流30%左右选择。经电流互感器接入的电能表，标定电流不宜超过电流互感器额定二次电流的30%，最大电流应为电流互感器额定二次电流的120%左右。

(10) 执行功率因数调整电费的客户，还应加装无功功率表；按需量计收基本电费的客户，应加装最大需量表。实行分时电价的客户，应安装多费率电能表。具有正向、反向送电的计量点，应装设正、反向有功、无功电能表或多功能电能表。

(11) 带有数据通信接口的电能表，通信规约应符合 DL/T 645—1997 的要求，或执行当地省级及以上电网管理部门的规定。

六、几种追补电量实用方法（选学）

由于电能计量装置故障一般不影响系统的安全运行，属于比较隐蔽型故障，即故障发生第一时间不易知晓，在计算电量出现不平衡时，才能反映故障的存在，再由计量人员现场处理后，故障计量装置实际已经运行一段时间，在这段时间中，必然涉及电量追补问题。传统的电量追补方法是更正系数法，即根据计量装置电能表的错误接线情况来计算出更正系数，再由更正系数计算应计电量，减去已经计量电量后为应追补电量。但在实践应用中，该方法有以下几点不足，第一，该方法只能对电能表接线错误造成的电量损失追补电量，无法应用于其他原因，如电压互感器二次失压、电流回路开路等造成电量丢失的情况；第二，应用该方法必须准确知道电能表发生故障的时间，否则，由于无法确认电能表故障运行时间，则无法计算应追补电量，而实际这一条件往往是不满足的。针对以上提出的电量追补的重要意义和经济价值，结合更正系数法的局限性和电能计量生产实际，现介绍以下几种电量追补实用方法，称为电量平衡法。

(1) 主变电量平衡法。主变电量平衡法是指变压器两侧或三侧主变电能计量装置中，其中任何一侧计量装置故障无法正确计量，根据其他一侧或两侧完好的电能计量装置电能表所计电量，对装置故障电能表应计电量进行计算和追补。

其中，双绕组变压器的电量计算和追补比较直观，即任何一侧计量装置故障，另一侧计量装置所计电量加上或减去该变压器变损即得到实际应计电量。将实际应计电量减去计量装置故障侧电能表已经计量电量即得到应追补电量。实际应用中，计量装置正常侧电能表所计电量应加上或减去变压器损耗电量，需根据变压器运行工况和故障侧计量装置的具体位置来决定。如果是降压变压器，低压侧计量装置故障，则低压侧电量等于高压侧电能表所计电量应减去变压器损耗电量，高压侧计量装置故障，则高压侧电量等于低压侧电能表所计电量应加上变压器损耗电量；如果是升压变压器，低压侧计量装置故障，则低压侧电量等于高压侧电能表所计电量加上变压器损耗电量，高压侧计量装置故障，则高压侧电量等于低压侧电能表所计电量减去变压器损耗电量。如图 5-6-17 所示，1 号主变压器为降压变压器，311 电能计量装置故障，则 311 电能表所计电量为 111 所计电量减去变压器损耗电量所得。此时变压器本身电量损耗（变损）如果通过《电力变压器和试验手册》（中国电力出版社出版）查找相关数据来计算，因为该运行工况比较复杂，尤其变压器的负荷特性和负荷水平直接影响到变压器的电量损耗，而《电力变压器与检修手册》中变压器损耗按照空载和额定负载计算所得数据在实际计算中往往相差很大，在生产实践中并不实用。以变电所值班员所记录的电能表日抄表记录为准，按照故障起前一个月该变压器两侧计量装置正常时所计电量计算得到该变压器平均损耗率，以该平均损耗率计算的电量简单明了，更能让客户接受和理解，同时，实际计算结果与其他方法计算结果互相吻合。

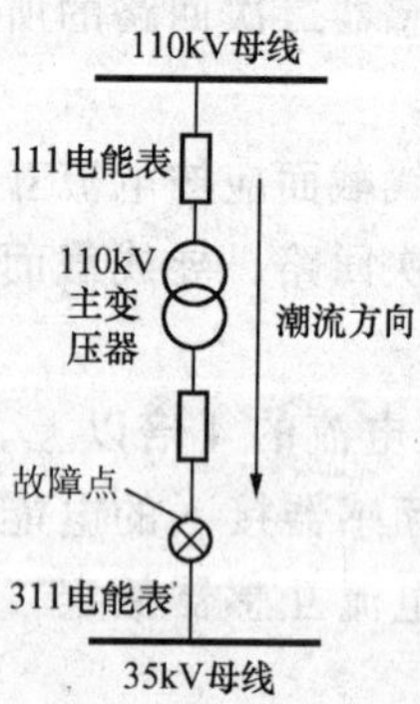

图 5-6-17 主变压器电量平衡法潮流示意图

如图 5-16-17 所示，以变电所前一个月电量计算得：

1 号主变压器平均变压器损耗率

$$\Delta = [(\text{上月 111 电量} - \text{上月 311 电量}) / \text{上月 111 电量}] \times 100\%$$

则　　　本月 311 应计电量 = 本月 111 电量 - 本月 111 电量 × Δ

三绕组变压器的计算和追补比较繁杂，尤其当三绕组变压器潮流方向为二供一时，其变压器损耗无论是从理论和实际中，均无法简便地得出计算结果，建议对其电量损耗计算，以下面的几种方法计算为妥。

(2) 线路电量平衡法（线损计算法）：线路电量平衡法是指任一输电线路两端电能计量装置中任何一端发生故障，无法准确进行电能计量，则该端电量由另一端电量加上或减去该条线路线损计算所得。该线路线损的计算由两端计量装置正常计量时所计电量进行计算。

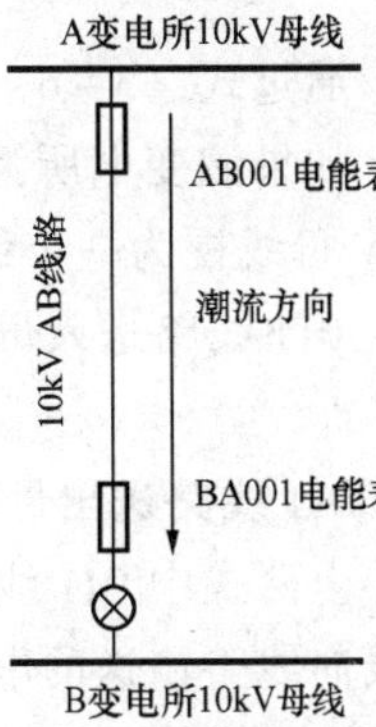

图 5-6-18　线路电量平衡法潮流示意图

在实际计算中，故障端应计电量等于正常端所计电量加上或减去线损电量，应根据该线路的运行工况和故障端的实际位置决定，如图 5-6-18 所示，潮流方向为 A 变电所到 B 变电所，故障端在 B 变电所处，则故障 BA001 电能表应计电量 = 正常 AB001 电能表电量 - 线损电量（Δ）　　(5-6-13)

如故障端在 A 变电所，则

故障 AB001 电能表应计电量 = 正常 BA001 电能表电量 + 线损电量（Δ）　　(5-6-14)

如潮流方向为 B 变电所到 A 变电所，则以上两种情况的等式右端加减号互换。其中，线损电量（Δ）的计算类似于变压器损耗计算，即线损电量（Δ）由两端计量装置正常时所计电量计算的线损率和当月正常一端电能表所计电量计算所得。如 5-6-18 所示。

潮流方向为 A 变电所到 B 变电所，故障端在 B 变电所处，则

线路线损率 =（上月 AB001 电能表电量 - 上月 BA001 电能表电量）× 100%

上月 AB001 电能表

本月线损电量 = 本月 AB001 电能表电量 × 线路线损率

本月故障 BA001 电能表应计电量 = 正常 AB001 电能表电量 - 本月线损电量

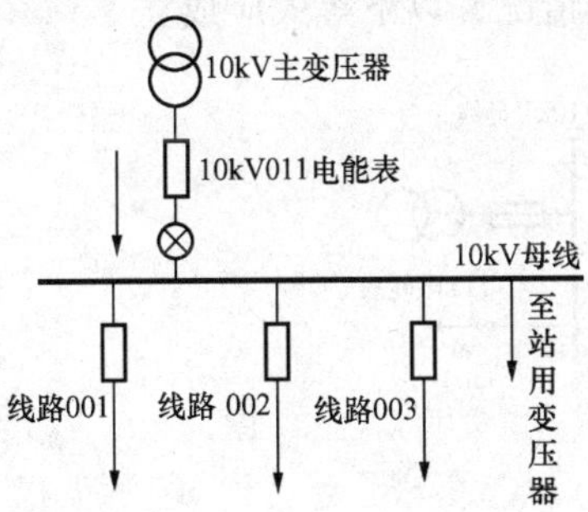

图 5-6-19　母线电量平衡法潮流示意图

以上计算中，A 变电所、B 变电所电量计算，均以值班员每天的电能表抄计数为准。在实际中，如果 A 变电所到 B 变电所的线路为联络线，即潮流方向可以从 A 到 B，也可以从 B 到 A，则应将 AB001 所计电量分出潮流从 A 到 B 所计电量和潮流从 B 到 A 所计电量，分别由式（5-6-13）和式（5-6-14）进行计算。

(3) 母线电量平衡法：母线平衡法是指任一变电所某一电压等级母线中所有出线中有一条出线电能计量装置发生故障，该故障电能表所计电量由其他电能表所计电量计算所得。在计算中，应以各变电所值班记录为准，以此记录所计电能表底数计算该故障母线一个月的母线电量平衡。如图 5-6-19 所示，如果该变电所为单一降压变电所，同时各条出线均无电量送入母线，假设 10kV 主变压器 011 电能计量装置故障，则将该 10kV 母线视为一个结点，显然下式应成立：

线路 011 电量 = 线路 001 电量 + 线路 002 电量 + 线路 003 电量 + 所用变电量　(5-6-15)

通过式（5-6-15）可以直接计算出线路 001 电量。

如果该变电所为一枢纽变电所，因为其潮流方向复杂，计算时应加倍细心，同样，以该 10kV 母线视为一个结点，显然下式应成立，则

011 线路送入母线电量 = 001 线路送出 + 002 线路送出 + 003 线路送出 + 所用变电量　(5-6-16)

011 线路送出母线电量 = 001 线路送入 + 002 线路送入 + 003 线路送入　(5-6-17)

上两式中 011 线路送出母线电量指母线向变压器输送的电量，001 线路送出母线电量指母线向线路输送的电量，011 线路送入母线电量指变压器向母线输送的电量，001 线路送入母线电量指线路向母线输送的电量。

由式（5-6-16）和式（5-6-17）同样可以通过等式解算计出任何一条线路电能计量装置故障时，该线路的送入和送出电量。

以上计算结果即为实际故障计量装置电能表应计的电量，将此电量减去故障计量装置电能表已经计量电量后即为应追补电量。在这种方法中，如果电压母线为单母或双母分段母线，则计算过程中应注意两段母线联络开关计量装置电能表所计电量，可将该母线联络开关电能表所计电量按负荷线路考虑。如果该母线联络开关未装设电能表，则必须将分段母线全部视为整条母线，将所有出线列出等式求解。如果该变电所是双母线带旁母情况，还应该考虑该旁母带线路运行时旁路计量装置电能表所计电量；当母线带有所用变压器时，应考虑所用变压器电能表所计电量。

(4) 网络电量平衡法：网络电量平衡法是当局部网络的任何一个计量装置发生故障，无法正常计量，通过对该局部网络的电量平衡、等式计算出故障电能计量装置应计电量的方法。

如图 5-6-20 所示，110kV 电压等级 A、B、C 变电所通过 110kV 构成一个局部网络，该局部网络中，B 所 102 计量装置故障，则根据图中所示潮流情况，以下等式应成立

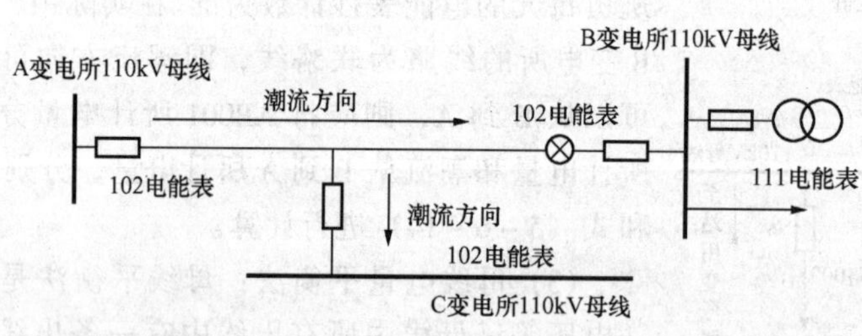

图 5-6-20　网络电量平衡法潮流示意图

A 变电所 102 电量 = B 变电所 102 电量 + C 变电所 102 电量

以各个变电所值班电能表抄表记录计算电量，由上式即可解算出计量装置故障点 B 变电所 102 应计电量，减去实际计量电量后，即为 B 变电所 102 应追补电量。

如果该局部网络潮流方向较为复杂，则应将构成局部网络的三条 110kV 线路视为一个结点，将 A、B、C 三个变电所 102 电能表所计电量分别列出输入网络电量等式和输出电量等式，从该两个等式中，分别计算出计量装置故障点 B 变电所 102 应计量的输入网络电量和输

出网电量。

以上是结合生产实际总结的四种电量追补实用方法，在生产实践中，以上四种方法不但可以单独使用，而且可以结合使用，通过两种或三种以上电量追补实用方法，处理一些较为复杂的电量追补工作。另外，还可以通过以上不同的电量追补方法，计算相同的计量装置故障情况引起的电量追补，以达到追补电量的相互印证，更能使计算结果具有说服力，如图5－6－21中的电量追补，既可以用以上介绍的网络电量平衡法进行计算，也可以通过母线电量平衡法，利用B变电所111电能表加上101电能表所计电量计算故障点B所102计量装置电能表应计电量。

另外，在实际工作中，由于电能计量装置故障的隐蔽性和该故障导致的后果只能从一些间接信息得到，例如某变电所母线电量不平衡、某一局部网络线损过大等缺陷通报，而使计量工作人员在现场处理时，往往要做很多的电量计算工作和推理工作，才能最后分析清楚故障发生的具体位置和原因，最后才能针对故障点进行电量追补和具体计算。在判断和推理故障点发生的具体位置时，以上介绍的几种电量追补实用方法同样可以方便、快捷地计算出电量丢失的具体线路，为判断故障原因和进行电量追补提供强有力的证据。

以下介绍某供电局对以上几种电量追补实用算法的实际应用，该实际应用是从接到故障通报到处理完电量追补的具体实例。

（5）应用示例：2000年5月接到通知，某供电局下辖织金县电力公司反映其管辖的110kV织金变电所和110kV洪家渡变电所近期电量均不正常，怀疑是电能计量装置故障，导致该公司连续几个月网络损耗连续上升，急需查找原因，恢复电网正常运行。因为该公司反映情况严重，并且110kV织金变电所和110kV洪家渡变电所涉及的均是织金县电力公司计费计量点，该网络接线如图5－6－21所示。

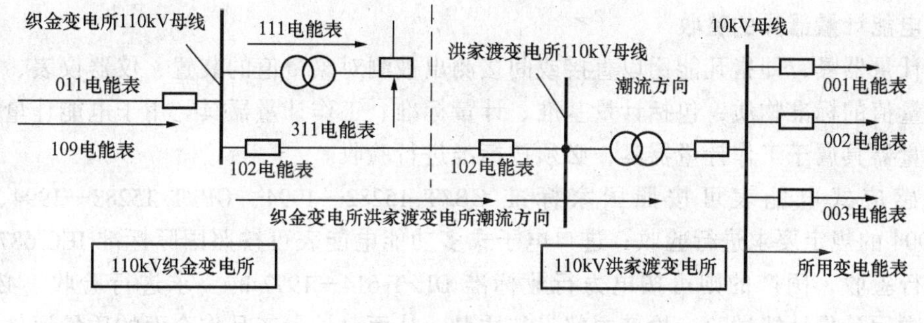

图5－6－21 应用示例网络接线示意图

工作人员到现场后，立即根据织金变电所值班人员电能表抄表记录，对织金变电所110kV母线电量平衡进行了计算，计算结果表明，该站110kV母线电量严重不平衡，不平衡率达到了23%，通过对该所109电能表所计电量与对侧109电能表所计电量所做的线路电量平衡，判断该所109计量准确，其线损在合理范围以内，排除了该所109计量装置故障的可能；通过该所111电能表所计电量和311所计电量进行计算，计算结果表明该变压器变损正常，将故障点初步认定在织金变电所送洪家渡变电所的102线路计量装置上。但在现场相量测试、电能表校验中，该计量点均无异常情况，运行正常，通过电话询问对侧洪家渡变电所102电能表底数，计算该条110kV织金变电所至洪家渡变电所102线路线损，发现其严重超标，线损率达到22.5%。通过了解110kV洪家渡变电所负荷特性后，工作人员赶赴洪家渡变电所，工作人员对该所10kV母线电量进行核查，发现其在合格范围以内，再对其110kV主变压器两侧102电量和011电量进行变损计算，计算结果该变损严重超标，达到45%。在这种情况下，工作人员对所有10kV电能表和102电能表进行了相量测试，均无异常情况，在核实各条线路电流互感器变比正确无误，计算结果正确后，对各条出线进行了二次回路检查，最后在10kV电压互感器开关小车内，发现该10kV电压互感器二次熔断器是刚换上的新熔断器，则立即将值班记录和设备缺陷记录进行核查，发现有两次更换10kV电压互感器二次熔断器记录，再对值班人员进行询问后得知该所10kV电压互感器二次熔断器经常人为更换，更换后一般不予记录，并且实际使10kV母线长期处于二次失压或二次电压缺相运行状况下。于是得出结论，该所10kV电压互感器二次熔断器经常人为长时间更换是造成该所110kV102电能表电量和011电量相差45%的根本原因。主要是将10kV电压互感器二次熔断器拔掉后造成所有10kV电能表均同时失压或缺相运行，则同时少计算电量，表现形式仍然是10kV母线电量平衡。但因为该所110kV102电能计量装置运行正常，必然导致该所102电量与011电量相差过大。在解决完洪家渡变电所追补电量问题后，工作人员回到织金变电所继续解决该所102线路计量不准确问题，通过对该电能表运行的观察和对洪家渡变电所具体负荷的了解，判断该电能计量装置计量失准是由于电流互感器配置过大所致，将该线路计量专用电流回路变比减小一半后，该装置恢复正常运行，恢复后其线损仅有1.8%，达到合格标准。再对该局部网络恢复正常后进行电量平衡，其不平衡率仅为1.9%，达到正常运行标准。本次电量追补，共为织金电力公司追补电量88.22万kW·h，折合人民币共计26.5万元。

第七节 电能计量装置的验收

一、电能计量器具的验收

所谓计量器具，即指凡能用以直接或间接测出被测对象量值的装置、仪器仪表、器具和用于统一量值的标准物质，包括计量基准、计量标准、工作计量器具。用于电能计量装置中的所有计量器具属于工作计量器具，必须按标准进行验收。

国产感应式电能表可按照国家标准GB/T 15282—1994、GB/T 15283—1994、GB/T 15284—1994的规定要求进行验收；进口电子式多功能电能表可按照国际标准IEC 687—1992的规定进行验收，国产的则可按电力行业标准DL/T 614—1997的要求进行验收。必要时，还可进行常用计量性能试验，检查内部工艺质量，从而对计量产品作全面的质量评价。

测量用互感器可按国家标准GB 1207—1997、GB 1208—1997的规定要求进行验收。

二、电能计量装置安装后的验收

通常电能计量装置在安装时遵循以下一些基本原则：

（1）在可能的情况下，电压互感器应尽量接在电流互感器的负荷侧。

（2）电压、电流互感器二次回路应可靠接地，且接地点只有一个。6～35kV电压互感器按Vv接线时，B相接地。

（3）6～35kV电压互感器一次侧装设熔断器，二次侧不装熔断器，二次回路中不得串接隔离开关辅助触点。分体式计量互感器柜（或互感器）二次电压回路可装快速熔断器（或自动开关），但不得串联隔离开关辅助触点。

(4) 互感器二次回路应采用专用接线盒，且先进接线盒，后接电能表。

(5) 电压互感器二次回路应装设失压记时器。

(6) 电压、电流二次回路导线 A、B、C 相颜色应分别采用黄、绿、红相色线，中性线应采用黑色线。电流回路接线端子相位排列顺序为自左至右或自上而下为 A、B、C、N 或 A、C、N；电压回路排列顺序为 A、B、C。

(7) 电压、电流互感器二次回路导线应采用单股或多股硬铜线，明线敷设，中间不得有接头。导线经转动部分处应留有足够的长度。

(8) 连接导线的端子处应有清晰的端子编号和符号。

(9) 二次回路电流线路的导线截面积最小值为 $4mm^2$；电压线路的导线截面积最小值为 $2.5mm^2$；辅助单元控制、信号等电路的导线截面积最小值为 $1.5mm^2$。

(10) 导线的敷设、捆扎应符合规定，便于维护、操作和试验，且整齐、清晰、美观。

电能计量装置应根据上述要求安装于现场后，必须进行以下项目的验收，才可投入运行。电能计量装置安装验收的基本内容包括：

(1) 核对客户的电能计量方式是否合理；

(2) 根据电能计量装置的接线图纸，核对装置的一次和二次回路接线是否正确；

(3) 核查电能计量装置中的各设备技术参数是否符合设计原则；

(4) 检查二次回路中间触点、熔断器、试验接线盒的接触情况；

(5) 检查电能计量装置的接地系统；

(6) 测量一次、二次回路的绝缘电阻，应不低于 10MΩ；

(7) 高压电气设备的绝缘试验报告应符合规定要求；

(8) 检查电能计量装置是否符合安装要求；

(9) 电能表、互感器应具有经法定计量检定机构检定，并在有效期内的检定证书。

三、电能计量方式的确定

客户的电能计量方式的确定与供电部门对其电费征收的方法密切相关，而电费的征收必须严格执行电价管理的规定，应符合《电力法》及其配套法规、《电热价格》、《功率因数调整电费办法》等有关规定。

根据客户负荷性质的不同，电价可分为以下几类：居民生活电价、非居民照明电价、非工业电价、普通工业电价、大工业电价、农业生产电价以及贫困县农业排灌电价等。除大工业电价外的各类负荷用电电价只按电度电价计收电费。所谓电度电价是指按客户用电度数计算的电价。大工业电价包括基本电价、电度电价和功率因数调整电费三部分。基本电价和电度电价合称为两部制电价，基本电价是按客户容量计算的电价，可按客户变压器容量来计收基本电费，也可按客户最大需量来计收基本电费；功率因数调整电费是根据客户负荷的高低减收或增收的电费。

因此，根据客户计收电费的方法可确定不同的计量方式：按两部制电价计收电费的客户，应安装最大需量或多功能电能表；实行分时电价的客户应安装复费率电能表或多功能电能表；实行功率调整电费的客户应安装有功电能表和双向无功电能表。

随着电能表行业的迅速发展，计量仪表的功能日趋繁多，通常可由多功能电能表同时来代替最大需量表、复费率电能表和有功、无功电能表等。使得电能计量装置安装的表计愈来愈少，接线也随之简单化了，采用的计量方式和计量仪表配置更为合理、先进。

四、电能计量装置的接线检查

电能计量装置经过安装验收投入运行，为了保证电能计量的准确性，对新装、改装、重接二次回路后的Ⅰ、Ⅱ、Ⅲ、Ⅳ类电能计量装置，应在投运后10个工作日内进行首次现场检验，并检查二次回路接线的正确性。如果存在倍率差错，或接线错误，或电压、电流回路存在短路和断路，就会使电能计量产生较大差错；此外，因运输、搬运等原因，也会使电能表的误差有所变化，因此，对运行中的电能计量装置进行现场检验是有必要的。再之，虽然电能表在安装前进行了检定调整，但是互感器存在比差与角差的合成误差，以及电压互感器二次导线存在压降引起的附加误差，所以现场检验时应考虑电能计量装置的综合误差，一般要求Ⅰ类电能计量装置的综合误差不超过±0.7%，Ⅱ、Ⅲ类不超过±1.2%。对于配置的1.0级有功电能表、0.5级互感器的Ⅰ类电能计量装置，可符合Ⅱ类的要求。因此，调整电能表误差，使电能计量装置的综合误差尽量小，才能保证电能计量的精度。

据DL 448—2000《电能计量装置管理规定》规定：

Ⅰ类电能计量装置中的电能表，每3个月至少现场检验一次；Ⅱ类电能计量装置中的电能表，每6个月至少现场检验一次；Ⅲ类电能计量装置中的电能表，至少每年现场检验一次；Ⅳ类电能计量装置中的电能表，至少每两年现场检验一次。

运行中的Ⅰ、Ⅱ、Ⅲ类电能计量装置中的电能表每3~4年轮换一次，Ⅳ类装置中的电能表每4~6年轮换一次，Ⅴ类装置中的电能表则通过抽检按修调前合格率来确定轮换周期。

运行中的电压互感器二次回路电压降应定期进行检验，对于35kV及以上电压互感器二次回路电压降，至少每两年现场检验一次；高压互感器误差每4年应现场检验一次。

现场检验不仅要检验电能表计量装置的综合误差，而且还需进行接线检查。电能计量装置的接线检查分停电检查和带电检查两种情况。

1. 停电检查

停电检查是一种可靠的接线检查方法，是保证计量装置接线正确的基础。对于运行中的电能计量装置，当带电检查无法判断接线的正确性时，或需进一步核查接线时，应停电检查；对于新装或改装、重接二次回路后的电能计量装置，都必须先进行停电接线检查，再进行带电核查。

停电检查主要检查以下一些项目。

(1) 互感器的极性检查。检查核对互感器的极性标志是否正确，在现场一般都采用直流法进行。

(2) 三相电压互感器的组别判断。对于三相电压互感器的接线组别，可采用直流法、交流法或相位法进行测定。

(3) 二次回路接线检查。检查二次回路，应根据电能计量装置的安装接线图用万用表电阻量程，将电流、电压二次接线逐根导通检查，并在二次线的两端核对记号或编号。根据电力系统中的一次设备的相色（一般是以黄、绿、红三种颜色来区别A、B、C三相的相别）来核对二次回路的相别。首先核对电压互感器、电流互感器一次绕组的相别与系统是否相符，然后再根据互感器一次侧的相别来确定二次回路的相别，同时还应逐段核对从电压、电流互感器的二次端子直到电能表端钮盒之间所有接线端子的记号或编号，做到正确无误。

2. 带电检查

带电检查是在互感器二次回路上工作，因此必须遵守安全规程。特别要注意电流互感器的二次回路不允许开路，对于具有多二次绕组抽头的电流互感器，不用的一次绕组抽头应短路；对于电压互感器的二次回路不允许短路。

(1) 用电压表测试接入电能表的电压是否齐全，电压互感器一、二次侧是否有断线或互感器极性反接现象。检查时一般是用电压表依次测量二次各相（或相间线）电压，然后根据测得的电压值、接线方式、二次负载情况判别接线是否正确。如果测得三相二次电压相等或相近，说明电压互感器没有断线或极性反接的情况，如果三相电压数值不相等，则说明电压回路接线有错误。

(2) 确定接地点。电力系统中电压互感器和电流互感器的二次侧都要求安全接地。确定是否有安全接地，可将电压表的一端接地，另一端分别接电能表上的三个电压接线端，如果三次测量的电压指示值都是零，说明电压互感器没有安全接地。如果三次测试中电压两次指示 100V，一次指示零，则说明指示零的这一相接地，接地相是 B 相（两台单相电压互感器是 Vv 连接，或是三台单相电压互感器是按 Yy 连接，B 相接地）。

如果各电压端钮对地电压相近，都指示 $100/\sqrt{3}$ V，则说三相电压互感器是按星形连接，二次侧是中心点接地。

用电压表的一端和电能表未接地的电压端钮连接，另一端依次触及电能表的各电流端子，如果电流回路没有断线和有安全接地，电压表应指示 100V 或 $100/\sqrt{3}$ V。

检查电流接地点可以用带夹子的一根短路导线来确定。将导线一端的夹子接地，另一端依次夹电能表的电流端钮，如果电能表转速没有变化，这个端钮连接的这一根线就是电流接地点；如果转速变慢，则该端钮没有接地。当电流互感器采用二相三线接线时，如果表速变快，则说明两台电流互感器的公用连接线断开了。必须注意，上述测量应在负载功率因数不小于 0.8 的情况下进行，否则不可按此判断。

(3) 测量二次回路。用钳形电流表依次测量各相二次电流，正常情况下，各相的电流值应接近相等（特殊负载情况例外）。如果各相电流相差太大或有的电流等于零，可能存在电流互感器的错误接线。

如果用钳形电流表测量电流互感器 Vv 接线时，如果 I_a 和 I_c 电流值相近，而 I_a 和 I_c 两相电流合并后测试值为单独测试时的电流的 $\sqrt{3}$ 倍，则说明其中有一相电流互感器的极性接反了。

如果用钳形电流表测量电流互感器 Yy 接线时，若各相电流值相近，而三相电流合并后测得值为单独测试时的电流的 2 倍，则说明其中有一相电流互感器的极性接反了。

如果用钳形电流表测量二次接线的每根导线时，若有电流值等于零，则说明电流回路有断路的情况。

(4) 电能表错接线判别。通常电能表要求必须是按正相序接入电压，电压正相序是有三种情况：A、B、C 或 B、C、A 或 C、A、B。根据前面已判明的 B 相电压线，用相序表测定接入电能表端钮盒的三相电压的相序应为正相序，如果三相电压为逆相序，应将接线更正。在排除电压、电流回路断线、短路的情况下，再进行电能表错接线的判别。判断电能表错误接线有多种多样，常用的有相量图法和力矩法。

1）相量图法。相量图法包括相位表法和六角相量图法。相位表法即用便携式伏安相位表测得相位，绘制相量图，进行接线分析。

六角相量图法即根据下述基本原理来绘制相量图，并进行分析接线的方法。绘制六角图的基本原理是：在三相电路中，用一只功率表保持通过其电流线圈的同一相电流，其电压线圈分别加以两个不同的线电压，功率表的指示值就分别为此电流相量在这两个线电压相量上的投影，两个投影的合成相量即是此相电流相量。

2）力矩法。在没有相位伏安表或无条件做相量分析的情况下，如果三相电路对称且负载平衡，而且已知电压相序及 B 相电压接线正确（即中性线电压与两相电流不同相）和负荷性质（感性和容性），也可以采用力矩法判断电能表的接线是否正确。

第六章

业务扩充

第一节 业务扩充的主要内容

业务扩充是电力企业进行电力供应和销售的受理环节，是电力的售前服务行为。业务扩充的工作任务包括对外和对内两部分。

其主要内容一般包括：客户用电业务受理，收集客户用电需求的有关信息资料，并深入客户用电现场了解客户现场情况、用电规模、用电性质以及该区域电网的结构，进行供电可能性和供电合理性调查，然后根据客户的用电要求和现场调查情况以及电网运行情况制定供电方案。根据确定的供电方案，一方面组织因业务扩充引起的供电设施新建、扩建工程的设计、施工、验收、启动；另一方面组织客户内部工程的设计、施工审查，以及针对隐蔽工程进行施工中间检查，最后组织客户内部工程的竣工验收。竣工验收后负责与客户签订供用电合同，组织装表接电。

装表接电后立即将客户有关资料传递相关部门建立抄表、核算等账卡。最后建立客户服务档案，进行日常营业管理。对业扩工程中客户工程的设计、施工，可与供电企业签定委托书，由供电企业负责实施；也可由客户自行设计、施工，但供电企业需要对设计、施工单位的资质进行审核。不论哪种方式，供电企业都要把住设计审查和施工验收两个关口。

(1) 客户新装、增容的用电业务受理。

(2) 根据客户和电网的情况，制定供电方案。

(3) 组织业扩工程的设计、施工和验收。

(4) 对客户内部受电工程进行设计审查、中间检查和竣工验收。

(5) 签定供用电合同。

(6) 装设电能计量装置、办理接电事宜。

(7) 资料存档。

由于过去缺电，电力部门作为电力资源的行政管理部门，要对十分紧缺的电力资源的使用进行监督，因此客户用电需要申请，电力部门视客户的重要程度和轻重缓急决定是否满足。

但随着电力供需矛盾的缓和，电力部门政企分开，客户用电与电力企业只是一个商品买卖的关系，“申请”只是手续的办理，没有“请求”的含义了。

随着我国市场经济的深化，全社会对电力企业供电服务质量的要求不断提高，业务扩充工作，无论从工作流程、工作内容、工作形式和工作方法上都面临着一系列的改革。

图 6-1-1 是某供电企业的一个简化了的业务扩充流程图，图中给出了对流程的各个环

节的时限限制。

如果还需要实施外部供电工程时，业务扩充人员要参与外部供电工程的设计审查和竣工验收。

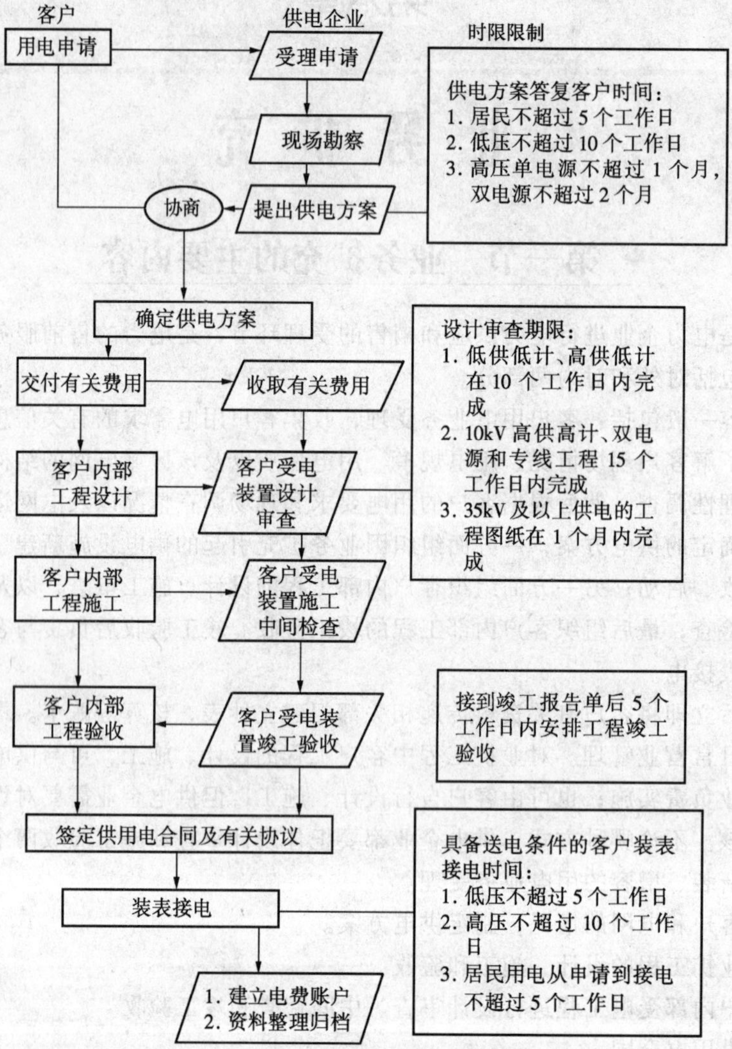

图6-1-1 某供电企业业务扩充流程图

第二节 受理用电申请

一、受理用电申请的方式

(1) 营业柜台；

(2) 电话；

(3) 网站。

根据1996年颁布的《供电营业规则》第十六条的规定，任何单位或个人需新装用电、增加用电容量等，都需要到供电企业办理用电手续。供电企业应在营业场所公告办理各项用电业务的程序、制度和有关的收费标准。

随着通信和信息技术的发展，供电企业除采用传统的、在营业网点的柜台办理用电手续外，还可用电话和网站来受理客户的用电申请。供电企业采用电话或网站办理用电业务时，同样应通过电话的语音服务和因特网站的公告牌公告办理包括业务扩充在内的各项用电业务的程序、制度和收费标准。

95598是全国统一使用的电力免费特服电话，95598的服务方式分人工和自动两种，不论是哪一种方式，都会得到快速的响应。

供电企业的用电营业机构统一归口办理客户的用电申请和业务扩充工作，包括用电申请表的发放及审核，供电条件勘察、供电方案确定，有关费用收取，受电工程的管理，供用电合同（协议）签定，装表接电等各项业务。

二、填写用电申请表

用电申请表一般分为居民用电申请表、低压用电申请表、高压用电申请表和双电源用电申请表。

办理用电申请时，客户应提供有效的身份证件，个体客户提供身份证、户口册等有效证件；企（含私营个体企业）、事业单位必须提供公函或加盖单位公章的用电申请等有效证明及经办人身份证复印件。

用电申请表是供电企业制订供电方案的重要依据，客户应如实填写，包括用电地点、用电性质、用电设备清单（负载容量、性质、额定参数）、用电负荷（负荷特性）、保安电源、用电规划、工艺流程、用电区域平面图以及对供电的特殊要求等，如是小区用电还需提交建筑设计资料、房屋建筑平面布置图、建筑面积等。

办理基建临时用电应按有关规定与客户签定协议，客户在竣工后应结清电费拆表销户，重新办理正式用电，禁止将基建用电电源迁移、转供或擅自改变用电性质用电。

表6-2-1是居民客户用电申请的一个例表。

表6-2-1　　居民客户用电申请表

注册申请号：　　　　　　年　月　日

<table>
<tr><td>用电户名</td><td colspan="2"></td><td>用电地址</td><td colspan="2"></td><td rowspan="2">客户签字
（盖章）</td></tr>
<tr><td>接洽人</td><td></td><td>接洽地址
（方式）</td><td></td><td>联系电话</td><td></td></tr>
<tr><td>用电类别</td><td></td><td>受理人</td><td></td><td>受理时间</td><td></td><td></td></tr>
<tr><td rowspan="4">用电设备</td><td>名　称</td><td></td><td></td><td></td><td></td><td></td></tr>
<tr><td>数　量</td><td></td><td></td><td></td><td></td><td></td></tr>
<tr><td>容　量</td><td></td><td></td><td></td><td></td><td></td></tr>
<tr><td colspan="6">合计容量</td></tr>
<tr><td colspan="3">供电变压器号</td><td></td><td colspan="2">接电杆号</td><td></td></tr>
<tr><td>备　注</td><td colspan="6">1. 按《供电营业规则》第十六条的规定，客户用电应填写申请表。
2. 客户可以到所辖电力营业站办理该手续，也可以通过服务电话、服务网站办理该手续。
3. 服务电话：95598。</td></tr>
</table>

三、填写用电申请表台账

负责受理用电申请的工作人员还应该根据客户填写的用电申请表，及时填写《用电申请表台账》，见表 6－2－2，即汇总申请表，并记录申请表的传递过程。

表 6－2－2 用电申请表台账

<table>
<tr><th colspan="2">接受申请日期</th><th rowspan="3">注册申请号</th><th rowspan="3">户名</th><th rowspan="3">地址</th><th rowspan="3">用电类别</th><th rowspan="3">供电电压</th><th rowspan="3">用电行业</th><th rowspan="3">申请容量</th><th colspan="10">注册表传递记录</th></tr>
<tr><th colspan="2"></th><th colspan="2">转调查</th><th colspan="2">答复客户</th><th colspan="2">报竣工</th><th colspan="2">转验收</th><th colspan="2">送 电</th></tr>
<tr><th>月</th><th>日</th><th>月</th><th>日</th><th>月</th><th>日</th><th>月</th><th>日</th><th>月</th><th>日</th><th>月</th><th>日</th></tr>
<tr><td></td><td></td><td></td><td></td><td></td><td></td><td></td><td></td><td></td><td></td><td></td><td></td><td></td><td></td><td></td><td></td><td></td><td></td><td></td></tr>
<tr><td></td><td></td><td></td><td></td><td></td><td></td><td></td><td></td><td></td><td></td><td></td><td></td><td></td><td></td><td></td><td></td><td></td><td></td><td></td></tr>
</table>

第三节 供电方案的确定

确定供电方案是业务扩充工作的一个重要环节，供电方案合理与否，将直接影响电网的结构与运行是否合理、灵活，客户的供电可靠性能否满足，电压质量能否保证，客户与供电企业的投资和运行费用是否经济合理等。

客户供电方案主要是依据客户的用电要求、用电性质、现场调查的信息以及电网的结构和运行情况来确定。确定供电方案的主要内容是：确定为客户供电的容量；确定为客户供电的电压等级；确定为客户供电的电源点；确定为客户供电的供电方式即单电源还是双电源，以及供电线路的导线选择和架设方式；确定为满足电网安全运行对客户一次接线和有关电气设备选型配置安装的要求；根据客户的用电容量、电压等级、用电性质、用电类别等明确客户执行的电价标准，从而确定计量方式、计量点设置、计量装置选型配置。

一、供电方案的审批权限、答复时间和有效期

供电企业应根据客户要求的用电容量、电压等制订合理的客户用电审批制度，在符合电网规划要求、满足电网安全条件的基础上，尽可能减少审批环节，将审批权限尽可能下放。

供电企业对已受理的用电申请，应尽快确定供电方案，在下列期限内正式书面通知客户：

(1) 居民客户最长不超过 5 天。

(2) 低压电力客户最长不超过 10 天。

(3) 高压单电源客户最长不超过 1 个月。

(4) 高压双电源客户最长不超过 2 个月。

在不能如期确定供电方案的情况下，供电企业应向客户说明原因。客户对供电企业答复的供电方案有不同意见时，应在 1 个月内提出意见，双方可再行协商确定。客户应根据确定的供电方案进行受电工程设计。

供电方案的有效期，是指从供电方案正式通知书发出之日起至受电工程开工日为止。

高压供电方案的有效期为 1 年，低压供电方案的有效期为 3 个月，逾期注销。

客户遇到有特殊情况需延长供电方案的有效期时，应在有效期到期前 10 天向供电企业提出，供电企业应视情况予以办理延长手续。

二、制订客户供电方案时需要掌握的信息

制订客户供电方案时，需要了解客户的以下信息：

（1）用电地点；

（2）电力用途；

（3）用电性质；

（4）用电设备清单；

（5）用电负荷（客户逐年最大用电负荷、设计规模最大负荷）；

（6）负荷性质，对供电可靠性的要求；

（7）保安电源（客户最低保安负荷）；

（8）用电规则。

业务扩充人员应该根据客户的用电申请，主动到客户处了解上述有关的信息。

新建大型用电项目在立项阶段，供电企业与客户之间应主动联系，就项目供电的可行性等达成意向性协议。

如因供电企业供电能力不足或政府规定限制的用电项目，供电企业可通知客户暂缓办理。

三、高压客户的供电方案

高压客户采用高压供电方式，即以 10kV 及以上电压实施的供电。

我国从 20 世纪 60 年代开始对电力系统进行改造，除发电厂仍保留 3.6kV 电压外，逐步淘汰了 3、6、15、22、44kV 供电电压，简化了电压等级，减少了输变电设备重复容量，减少了线路损耗，提高了供电能力。电力网形成 0.22、0.4、10、35、(66)、110、220、330、500kV 系列电压等级。当用电客户需求的电压不在上述范围时，应自行采取措施解决。

1. 高压客户的供电方案的内容

（1）允许客户用电的容量。

（2）为客户供电的供电电源点、供电电压等级及每个电源的供电容量。

（3）对客户供电线路、一次接线和有关电气设备选型配置安装的要求。

（4）客户计费计量点的设置，计量的方式，计量装置的选择配置。

（5）供电方案的有效期。

（6）其他需说明的事宜。

2. 制订供电方案应遵循的原则

（1）在满足客户供电质量的前提下，方案要经济合理。

（2）考虑施工建设和将来运行、维护的可能和方便。

（3）符合电网发展的规划，避免重复建设。

（4）应注意与改善电网运行的可靠性和灵活性结合起来。

（5）考虑客户的发展前景。

（6）特殊客户，要考虑用电后对电网和其他客户的影响。

如对冲击性、不对称性的用电负荷，应考虑：

（1）注入电网的谐波电流，不得超过国家标准 GB/T 14549—1993《电能质量、公用电网谐波》的规定。

（2）对冲击负荷、波动负荷、非对称负荷，应采取措施，达到国家标准 GB 12326—1990

《电能质量、电压允许波动和闪变》或 GB/T 15543—1995《电能质量、三相电压允许不平衡度》的规定。

3. 双（多）电源客户供电

(1) 凡中断供电后，有下列后果之一的重要客户，可向供电部门申请双路电源：

1）中断供电将造成人身伤亡的；

2）中断供电将造成环境严重污染者；

3）中断供电将造成重要设备损坏，连续生产过程长期不能恢复者；

4）中断供电在政治上造成重大影响者。

(2) 符合下列情况之一者，可申请装设自备电源：

1）凡重要客户，因配电网发生特殊情况而中止供电时，仍需用电者；

2）供电线路检修或限电确需维持生产或用电者。

(3) 备用电源与主电源之间关系：

1）备用电源的容量应等于或小于主电源的容量；

2）主、备用电源的供电电压原则上应为同一电压等级。

四、低压客户的供电方案

低压客户采用低压供电方式，即以 0.4kV 及以下电压实施的供电。

低压供电方式分为单相和三相两类。

单相低压供电方式主要适用于照明和单相小动力，单相低压供电方式的最大容量应以不引起供电质量变劣为准则。当造成的影响超过标准时，需改用三相低压供电方式。

三相低压供电方式主要适用于三相小容量客户。

《供电营业规则》规定，客户用电设备容量在 100kW 及以下或需用变压器容量在 50kVA 以下的，可采用三相低压供电。

确定低压客户供电方案时，应考虑本身线路的负荷、本站变压器的负荷、负荷自然增长因素，以及冲击负荷、谐波负荷、不对称负荷的影响。

确定供电电源和进户线时应注意：

(1) 进户点应尽可能接近供电电源线路处。

(2) 容量较大的客户应尽量接近负荷中心处。

(3) 进户点应错开泄雨水的水沟、墙内烟道，并应与煤气管道、暖气管道保持一定的距离。

(4) 一般应在墙外地面上看到进户点，便于检查、维修。

(5) 进户点的墙面应坚固，能牢固安装进户线支持物。

对于居民客户的供电，国家电力公司发布的《城镇一户一表改造的若干规定》（以下简称《规定》）已有明确说明，其中：

工程改造的原则：要有利于适应住宅用电的增长，有利于居民方便用电和安全用电，有利于今后用电营业的改革；统一标准，合理规划，规范施工，分步实施，逐步推进；一户一表的改造应与城市配电网的改造相结合，进户线的改造应与户内配线的改造相结合。

工程改造的范围：公用配电变压器供电的合表用电的居民住宅；物业管理的居民住宅小区；企事业单位自己供电的职工住宅及转供电的居民住宅。

工程改造的目标与标准：工程改造应以满足居民用电在 30～50 年内增长达到中等电气

化水平的目标。

住宅用电中等电气化水平是在普及电视机、洗衣机、电冰箱、电饭煲等家用电器的基础上，考虑冷暖空调和蓄热式电热器进入居民家庭，炊事用能初步电气化，每户住宅日均用电水平达到 7~20kW·h。

对于居民住宅用电，1999 年 6 月 1 日实施的 GB 50096—1999《住宅设计规范》中有明确规定，制订供电方案时可参考。

五、其他供电方案

1. 趸售供电

向趸购转售电能的供电企业实施的供电称为趸售供电。

从大电网趸购电能，再向其营业区内客户售电的经营方式称为趸购转售。趸售供电是一种管理关系特殊的供电方式。我国 1963 年颁发的《全国供用电规则》中对此作过规定，1996 年颁发的新的《供电营业规则》专门规定“供电企业一般不采用趸售方式供电，以减少中间环节。”

2. 委托供电

公用供电设施能力不足或公用配电网未到达的地区，为解决该地区一些客户的用电，供电企业委托该地区有供电能力的直供高压客户，代理向其他客户实施的供电。

未经供电企业委托，客户不得自行转供电。

当需要委托转供时，供电企业与委托转供户（以下简称转供户）应就转供范围、转供容量、转供期限、转供费用、计量方式、电费计算、转供电设施建设、产权划分、运行维护、调度通信、违约责任等事项签订协议。

委托代理转供电可发挥现有供电设备的闲置能力，缓解投资紧缺，及时解决客户的用电急需，但不利于客户的安全、经济、合理用电，用电关系也不顺。随着电网的改造和发展，供电企业应逐步将委托供电改为直接供电。

3. 临时供电

向用电期限短暂或非永久用电，如基建施工、市政建设、抗旱打井、防汛排涝、集会演出等实施的供电。

临时供电期限一般不得超过 6 个月，逾期不办理延期或永久性正式用电手续，供电企业应终止供电；使用临时电源的客户不得向外转供电，也不得转让给其他客户，供电企业也不受理其变更用电事宜。如需改为正式用电，应按新装用电办理；因抢险救灾需要紧急供电时，供电企业应迅速组织力量，架设临时电源供电。架设临时电源所需的工程费用和应付的电费，由地方人民政府有关部门负责从救灾经费中拨付。

六、确定供电方案需要注意的问题

（一）变压器容量的确定

（1）采用用电负荷密度的方法，确定变压器容量。供电企业应根据当地的用电水平，经过调查分析，确定当地的负荷密度指标。

下面是某城市不同客户负荷密度指标：

1）繁华地区商贸用电为 80~100W/m^2；

2）商贸、写字楼、金融、高级公寓混合用电为 60~80W/m^2；

3）高层住宅为 50W/m^2；

4）一般住宅为 $50W/m^2$。

（2）采用需用系数来确定变压器容量。根据客户用电设备的额定容量和行业特点在实际负荷下的需用系数所求出的计算负荷，并考虑用电设备使用时的各种损耗等因素，以及国家规定客户应达到的功率因数和客户实际能够达到的功率因数，来确定变压器的容量。即

$$S = P_c/\cos\varphi = K_d P_N/\cos\varphi$$

式中 P_c——计算负荷；

K_d——需用系数；

P_N——用电设备的额定容量；

$\cos\varphi$——客户的功率因数；

S——客户负荷的视在功率。

表 6－3－1 是常见的几种工业用电设备的需用系数。

表 6－3－1 常见用电设备的需用系数

用电设备名称	电炉炼钢	机械制造	纺织机械	面粉加工
需用系数	1.0	0.2～0.5	0.55～0.75	0.7～1.0

另外，选择变压器时还应考虑选择节能型变压器。目前节能型变压器的主要型号有 S7、S9、S11 系列，其 10kV 电压等级的容量等级为 100，125，160，200，250，315，400，500，630，800，1000，1250，1600kVA。已经淘汰的型号有 SZ 型、SJ 型、SLJ 型等。

（二）供电电压的确定

客户的供电电压应从供电的安全、经济角度出发，根据电网的规划，以及客户的用电性质、用电容量、供电方式、供电距离以及当地的供电条件等因素，经过经济技术比较后，选择合适的供电电压。

表 6－3－2 是各级供电电压与输送容量和输送距离之间的关系。

表 6－3－2 各级供电电压与输送容量、输送距离的关系

额定电压（kV）	0.38	10	35	110	220
输送容量（MW）	0.1	0.2～2.0	2.0～10	10～50	100～300
输送距离（km）	0.6	6～20	20～50	50～150	100～200

1．低压供电

（1）市区内客户的用电容量在 100kW 及以下，或变压器容量在 50kVA 以下时，采用低压三相四线制供电，特殊情况也可以采用高压供电。

（2）客户用电容量在 100、250kW，供电部门有能力时，可采用低压供电。

（3）用电负荷密度较高地区，经经济技术比较认为低压供电明显优于高压供电时，低压供电的容量界限可适当提高。

2．10kV 供电

（1）客户用电容量在 100kW 及以上的，可采用 10kV 供电。

（2）下列情况下，用电容量不足 100kW，也可采用 10kV 供电：

1）客户提出对供电可靠性有特殊要求，如通信、医疗、广播、计算机中心、机要部门等用电。

2）对供电质量产生不良影响的负荷，如整流器、电焊机等。

3）边远地区的客户，为了利于变压器的运行维护和故障的及时处理，经供用双方协商同意的。

3. 35kV及以上供电

（1）客户变压器总容量在3000kVA及以上时，一般采用35kV及以上电压等级供电。

（2）对用电容量虽不足3000kVA，但经技术经济比较，用35kV及以上电压更合理时，可采用35kV或更高级电压供电。

（3）对用电容量较大的冲击负荷、不对称负荷和非线性负荷的客户，可视其情况采用高一等级电压供电。

（三）电能计量方式的确定

计量点就是用电计量装置的安装位置，应在供电方案中予以明确，以便在供电工程设计时预留位置。所谓用电计量装置，包括计费电能表和电压、电流互感器及二次连接线。计量点原则上设置在客户与供电企业供电设施的产权分界处。如产权分界处不具备计量装置安装条件的，计量点一般设置在客户的受电点处，并在《供用电合同》中明确规定线路和变压器损耗的有功和无功电量由产权所有者负担。

（1）对于高压供电的客户原则上电能计量装置应安装在变压器的高压侧，在高压侧计量；对于用电容量较小的客户，也可在变压器的低压侧装表计量，计费时负担变压器本身的有功、无功损耗。

（2）对于专用线路供电的高压客户应以产权分界点作为计量点。如果供电线路属于客户，则应在供电企业变电所出线处安装电能计量装置。

（3）对于有冲击负荷、不对称负荷、谐波负荷等非线性负荷的客户，计量装置应装设在客户受电变压器的一次侧。

（4）对于双电源供电的客户，每路电源进线均应装设与容量相对应的电能计量装置。

（5）对于非普工业客户的生活照明和生产照明以及大工业客户的生活照明用电都应分表计量，并按各自的电价分别交、收电费。因此，在客户报装时，必须考虑分线分表或装设套表。

电能计量装置的选择的基本原则是准确计量电能和合理计算电费，并在使用中定期校验、轮换。

第四节 业务扩充工程

业务扩充工程包括工程设计、设计审查、设备购置、工程施工、中间检查、工程验收等几个阶段。

外部工程的设计、施工，一般由供电企业承担；客户内部工程的设计、施工，可以委托供电企业承担，也可以委托具备相应的资质专业部门进行设计、施工。

在2002年以前，供电企业在确定了客户的供电方案后，客户需在缴纳一定的供电工程贴费后，才可进行供电工程的设计、施工。

供电工程贴费是用电客户申请用电或增加用电容量时，需分担的客户厂（场）外供电工程的建设费用。应向供电部门交纳，由供电部门统一规划并负责建设的110kV及以下电压外部供电工程建设和改造等费用的总称，供电贴费是解决城市和乡村电网建设资金的渠道之一。

贴费政策的执行，曾一度促进了我国电力工业的发展和有限电能资源的合理使用。

新中国成立后，根据当时在计划经济体制下一般城市电网配电电压等级和国民经济各部门合理划分投资责任的原则，曾规定按电网电压等级区分投资责任，其中电压为10kV及以下的供电工程，均由申请用电的客户投资建设。在实际执行中，由于10kV及以下电压供电的客户大部分是从公用配电网引入电源的，先申请的客户承担了本级公用电网的建设资金，而当公用电网建成后，本供电设施内再申请用电的客户很少负担建设资金，显然不够公平合理。为此，从1963年起对10kV及以下公用和专用配电网的建设，采用由电力部门向客户按照申请用电容量和统一的贴费标准收取供电贴费并负责供电。随着国民经济的发展，新的大电力客户用电容量增加，必须接入更高一级电压电网供电，因此，随着35~110kV用电客户的增多，也出现过去10kV及以下电压客户同样的问题。为解决电网建设资金不足的问题，经政府有关部门批准，从1982年起，把供电贴费扩大到110kV以下的客户，1993年又扩大到110kV供电的客户。

1993年经国务院批准，国家计划委员会颁布了新的供电贴费的收取标准和管理办法。其主要内容是：在380/220V、10、35、63、110kV五种电压受电的客户申请用电时，每千伏安（千瓦）应交贴费的标准额；客户自建本级电压供电工程时应交付贴费的标准额；临时用电客户要预付贴费，待用电终了后视用电时间长短退还全部或部分贴费的比例；部分非盈利的公用福利型客户减少贴费的办法；申请多路电源供电的客户，每路电源分别交付贴费的标准；经济特区以及电缆线路供电需要提高贴费标准的审批办法等。

2000年6月10日，国家针对当时的城乡电网改造工程的进展，以及我国市场经济的发展需要，为开拓电力市场，促进电力消费，经国务院批准，国家发展计划委员会、国家经济贸易委员会联合发文，将贴费收取标准降低一半。从2002年1月1日起，停止收取贴费。

一、工程设计审查

客户受电工程必须根据用电情况按照确定的供电方案进行设计，如果确实需要修改供电方案的，必须经过供电方案批复部门同意。同时设计单位必须具备相应的设计资质。

为了电网的安全经济运行，客户受电工程的设计须由供电企业依照批复的供电方案和有关的设计规程进行审查，供电企业对客户受电供电工程进行设计审查时，高压客户应提供以下资料：

（1）受电工程设计及说明书。

（2）用电负荷分布图。

（3）负荷组成、性质及保安负荷。

（4）影响电能质量的用电设备清单。

（5）主要电气设备一览表。

（6）主要生产设备、生产工艺耗电以及允许中断供电时间。

（7）高压受电装置一、二次接线图与平面布置图。

（8）用电功率因数计算及无功补偿方式。

（9）继电保护、过电压保护及电能计量装置的方式。

（10）隐蔽工程设计资料。

(11) 配电网络布置图。

(12) 自备电源及接线方式。

(13) 逐年和终期发展情况。

(14) 其他资料。

低压供电的客户应提供负荷组成和用电设备清单。

供电企业对客户送审的受电工程设计文件和有关资料，应根据国家和行业的有关标准进行审核。

审核的时间，对高压供电的客户最长不超过1个月，对低压供电的客户最长不超过10天。

供电企业对客户的受电工程设计文件和有关资料的审核意见应以书面形式连同审核过的一份受电工程设计文件和有关资料一并退还客户，以便客户据以施工。客户若更改审核后的设计文件时，应将变更后的设计再送供电企业复核。

客户受电工程的设计文件，未经供电企业审核同意，客户不得据以施工，否则，供电企业可不予验收和接电。

设计审查时应注意无功电力的平衡。无功电力应就地平衡，客户应在提高用电自然功率因数的基础上，按有关标准设计和安装无功补偿设备，并做到随其负荷和电压变动及时投入或切除，防止无功电力倒送。除电网有特殊要求的客户外，客户在电网高峰负荷时的功率因数，应达到下列规定：

(1) 100kVA及以上高压供电的客户功率因数为0.90以上。

(2) 其他电力客户和大、中型电力排灌站、趸购转售电企业，功率因数为0.85以上。

凡功率因数不能达到上述规定的新客户，供电企业可拒绝接电。对已送电的客户，供电企业应督促和帮助客户采取措施，提高功率因数。对在规定期限内仍未采取措施达到上述要求的客户，供电企业可中止或限制供电。

对客户的受电工程设计审查应依据国家和电力行业的有关标准、规程进行，主要包括：

(1) GB 50050—1992《35~110kV变电所设计规范》；

(2) GB 50053—1994《10kV及以下变电所设计规范》；

(3) SDJ 3—1979《架空送电线路设计技术规程》；

(4) SDJ 206—1987《架空配电线路设计技术规程》；

(5) DL/T 601—1996《架空绝缘线路设计技术规程》；

(6) SDJ 5—1985《高压配电装置设计技术规程》；

(7) GB 14285—1993《继电保护和安全自动装置技术规程》；

(8) GB 14549—1993《电能质量、公用电网谐波》；

(9) SDJ 7—1979《电力设备过电压保护设计技术规程》；

(10) SDJ 8—1979《电力设备接地设计技术规程》；

(11) SD 9—1987《电测量仪表装置设计技术规程》；

(12) DL/T 596—1996《电气设备预防性试验规程》；

(13) GBJ 232—1982《电力安装工程建设施工及验收技术规范》；

(14) (80) 电技字第26号《电力工业管理技术法规》(试行)；

(15) DL/T 448—2000《电能计量装置技术管理规程》；

(16) 能源电［1988］18号《电力系统电压和无功电力管理条例》;

(17)《城市电力网规划设计导则》(试行)(1985年);

(18) GB 50150—1991《电气装置安装工程　电气设备交接试验标准》;

(19) GB 50173—1992《电气装置安装工程35kV及以下架空电力线路施工及验收规范》;

(20) DL/T 602—1996《架空绝缘配电线路施工及验收规范》;

(21) GB 50171—1992《电气装置安装工程盘、柜及二次回路接线施工及验收规范》;

(22) GB 50168—1992《电气装置安装工程　电缆线路施工及验收规范》;

(23) GB 50169—1992《电气装置安装工程　接地装置施工及验收规范》;

(24) DL/T 599—2005《城市中低压配电网改造技术导则》。

二、工程施工及验收

1. 工程施工

业扩报装负责对客户受电工程实施监督管理工作。在受电工程施工期间，应根据审核同意的设计和有关施工标准实施监督。

负责审核设计、施工单位编制的概预算，对不符合标准的收费项目通知其进行调整；负责审查施工单位是否具备相应的施工资质，安全防范措施是否符合标准要求，对施工设备、施工工具、试验仪器等要随时进行抽查，发现违反安全规定的责令其更换；负责检查施工单位所用的材料、设备是否符合规定标准，有无偷工减料、以次充好的现象，制止使用国家明令淘汰的输变电设备、材料。

在工程施工监督中，严格执行GB 50168—1992《电气装置安装工程　电缆线路施工及验收规范》；GB 50169—1992《电气装置安装工程　接地装置施工及验收规范》；DL/T 599—2005《城市中低压配电网改造技术导则》等有关规程规定，保证客户业扩工程安全优质。若是供电企业的施工队伍还必须要求施工单位与客户签订优质服务协议，并负责监督落实。

2. 工程验收

客户依据设计方案安排施工，工程验收分为土建施工验收、中间检查、竣工送电前检查三个阶段。

(1) 土建验收。在土建施工完毕后进行，对电缆接地装置预埋件、暗敷管线等隐蔽工程应配合土建事先检查验收。

(2) 中间检查。在电气设备安装约2/3时开始，对变电工程进行检查，一般为1～4次，直至验收合格。对于低压供电的客户不进行中间检查，所谓中间检查就是按照原批准的设计文件，对客户变电所的电气设备、变压器容量、继电保护、防雷设施、接地装置等方面进行全面的检查。这也是对整个变电所工程的施工质量进行的一次初步而又全面的检查，以确保各种电气的安装工艺符合《电气装置安装工程施工及验收规范》(以下简称《规范》)以及其他有关规程的各项规定。

中间检查时应进行以下几项工作：

(1) 检查工程是否符合设计要求。

(2) 检查有关的技术文件是否齐全，如设备的规格及其说明书、产品出厂合格证件等。

(3) 检查所有的安全措施是否符合《规范》及现行的安全技术规程的规定。对于电气距离小于规定的安全净距的设备，应在其周围采取相应的安全措施，如加强绝缘、加装遮栏等，从而为变电所的运行、检修人员创造安全的工作条件。

(4) 对于全部电气装置进行外观检查，确定工程质量是否符合规定。

(5) 检查隐蔽工程，如电缆沟的施工、电缆头的制作、接地装置的埋设等。

(6) 检查所有高压开关的连锁装置，双电源的客户还必须加装防串电的连锁装置。

(7) 检查通信联络装置是否安装完毕。对于35kV及以上的变电所，要求安装专用电话；10kV及以下供电的小电力客户，应明确联络电话及负责人。

在中间检查期间应通知装表，负荷监测、试验、继电保护等进行相应的准确度调试，并通知进网电工培训，检查客户安全工具、消防器材、必要的规程、管理制度的建立情况，以及各种必要的记录表格的配备情况。

中间检查的主要内容和竣工验收的内容大致基本相同，请见竣工验收的主要内容。

(3) 竣工送电前检查。客户依据供电部门中间检查后的改进意见，逐项改正。工程竣工后，根据施工单位提供的竣工报告和资料，组织运行、设计、施工等单位按设计图、设计规程、运行规程、验收规范和各种防范措施等要求，对供电工程的工程质量进行全面检查、验收。

竣工验收（中间检查）的主要内容：

(1) 输、变电工程建设是否符合原审定的设计要求，是否符合国家有关规程规定。

(2) 隐蔽工程施工情况，包括电缆沟工程、电缆头制作、接地装置的埋设等。

(3) 各种电气设备试验是否合格、齐全。

(4) 变电所（室）土建是否符合规定标准。

(5) 全部工程是否符合安全运行规程以及防火规范等。

(6) 安全工器具是否配备齐全，是否经过试验。

(7) 操作规程、运行值班制度等规章制度的审查。

(8) 作业电工、运行值班人员的资格审查。

工程施工及验收应符合国家和电力行业颁发的技术规范、规程和标准。对验收合格的客户，应在规定的期限内组织装表、接电。

三、供用电合同

供用电合同是供电企业与客户就供用电双方的权利和义务签订的法律文书，是双方共同遵守的法律依据。

合同管理是为保证依法进行供用电合同的订立和履行为目的的活动。世界各国电力公司都特别重视供用电合同的订立、履行和管理，在供用电规则中，对供用电合同的订立、变更、解除、终止、违约责任、合同期限等都有明确的规定，并将合同的管理作为电力销售的最基本工作内容，按不同的电力用途对合同实行分类管理。在我国，根据供电方式、用电需求等因素，分为高压供用电合同、低压供用电合同、临时供用电合同、趸购电合同、特殊供用电合同和居民供用电合同，并设专人进行管理。合同管理从客户办理用电申请开始，到合同订立并对客户正式供电，或发生合同变更或解除，一般需要进行以下工作：根据客户需要和供电企业的可供能力，双方确定合同内容和各项条款；建立供用电合同的文本及相应的合同编号、签约人、签约时间档案；检查跟踪合同的履行情况；到期合同续签；合同变更或解除处理等。

供用电合同应当具备以下条款：

(1) 供电方式、供电质量和供电时间；

(2) 用电容量和用电地址、用电性质；
(3) 计量方式和电价、电费结算方式；
(4) 供用电设施维护责任的划分；
(5) 合同有效期限；
(6) 违约责任；
(7) 双方共同认为应当约定的其他条款。

四、装表接电

接电是供电企业将申请用电者的受电装置接入供电网的行为。接电后，客户合上自己的开关，即可开始用电，这是业务扩充工作中最后的一个环节。一般安装电能计量装置与接电同时进行，故又称装表接电。

实施接电前，一般应具备以下条件：
(1) 新建的外部供电工程已验收合格；
(2) 客户受（送）电装置已竣工检验合格；
(3) 工程款及其他费用结清；
(4) 供用电合同及有关协议都已签订；
(5) 电能计量装置已检验安装合格；
(6) 客户电气工作人员考试合格并取得证件；
(7) 客户安全运行规章制度已经建立。

上述条件均已具备，供电企业内部已会签同意后，客户变电所方可投入运行。接电前，电能计量运行部门应再次根据变压器容量核对表用互感器的变比和极性是否正确，以免发生计量差错；检查员应对客户变电所内全部电气设备再作一次外观检查，通知客户拆除一切临时电源，对二次回路进行联动试验。当计量用表计安装完毕后，即可与调度部门取得联系(低压客户应与配电工区或城网班联系)，将客户变电所投入运行。对允许并解列操作的双电源客户还应定相。在客户变电所投入运行后，应检查电能表运转情况是否正常，相序是否正确，抄录电能表指示数作为计费起端的依据，用电工作票请客户签章后接电任务完成。接电后，报装工作结束，供用电关系确立。

五、用电资料档案

业扩报装资料和客户户务档案的内容应包括：
(1) 客户新装、增容用电或变更用电申请书；
(2) 客户用电设备登记表；
(3) 供电方案通知书及相关的答复客户通知单等资料；
(4) 业扩工程设计资料审查意见书；
(5) 客户外（内）部工程设计、施工委托单；
(6) 电气设备安装工程竣工报告单；
(7) 客户电气设施检查缺陷通知单；
(8) 供用电合同；
(9) 用电工作票；
(10) 客户户务档案的目录；
(11) 客户用电申请、工作票及业扩、报装接电的台账报表等资料。

各种报装资料均要建立和装入客户户务档案袋，资料名称要记录在档案袋内的客户档案目录上。凡装入档案内的资料，要在该档案的用电资料记录栏中按顺序逐项填写清楚。客户户务档案的资料内容，要与该户的电费账卡、计量室账卡、客户用电的现场实际情况相符。因工作需要借用档案中的资料时，应建立借阅手续，并当面核对资料内容及份数，防止丢失。凡在供电企业已办理撤表销户的客户户务档案，可合并在一起另行保管，不得销毁，并在档案目录上注明“已销户”字样。

业扩报装资料和客户户务档案是保证客户安全合理用电，准确及时回收电费的重要基础资料，必须保证手工传票的规范性、完整性、真实性，各类证件的完整性，尽量杜绝出现传票填写错误、不完整、弄虚作假等问题，保证业扩报装资料和客户户务档案的真实、完整。业扩报装部门在接电后必须妥善保管，长期保存，设专人负责，避免丢失。

业扩报装资料和客户户务档案在因工作需要确需借阅时，必须办理查阅审批手续，填写查阅登记簿，方可查阅，不准擅自到档案室内查找、翻阅档案。

随着用电信息管理系统的建立，各供电企业应用计算机存储和打印取代手工填写，并且随着用电管理 MIS 系统功能的逐步完善和现代化，各种繁琐的资料袋、账卡簿等将会被逐步取消。

第七章

变更用电业务

第一节 概 述

任何单位或个人要使用电能，事前要向供电企业提出申请，经依法办理规定的手续，并签订《供用电合同》后，即成为电力客户，又称电力客户。

定义为：电力客户指的是依法与供电企业建立供用电关系的电能消费者。

电力客户在正常使用电力的过程中，还会经常遇到一系列的变更用电事宜，以适应生产和生活变化的需要。供电企业的营销部门负责办理电力客户在用电过程中变更业务事项的服务和管理工作。变更用电业务是供电企业营销活动的重要工作，是日常营业服务工作的重要内容之一。这项工作范围大、项目多、内容广，政策性、社会性和服务性很强，不但是接触千家万户的工作，其工作质量的好坏，也直接体现客户对电力企业工作及形象的满意度。关系着企业的效益和形象，广大电力职工要规范、真诚地为客户服务，使客户感到电力服务的优质和方便。

随着电力改革的深入，市场经济下的电力企业已转向“经营型、服务型”的运作模式。要顺应时代发展的趋势，首先，营业人员的服务意识要强，业务素质要高。其次，电力企业为客户服务的技术支持及便民服务措施也必须紧跟时代的步伐。内强素质，掌握过硬的为客户服务的本领；外树形象，营造为客户优质服务的良好氛围显得尤为重要。

电力营销活动是供电企业的重要环节，是供电企业经营成果的综合体现。主要内容有：业务扩充（也称业扩报装），电费抄、核、收管理和日常营业。按其性质可分为管理和服务两大类。

（1）属于管理性质的工作：客户的业务扩充，如新装、增容；客户改变名称，如更名、过户；客户容量变动，如减容量、暂停用电、暂换变压器等；客户用电性质、行业或用途变化，如工业改非工业、动力改照明等；装表接电方面，如移表、故障换表、拆表复装、进户线移（改）动、变（配）电室迁移改建等；稽查工作，如查处违约用电、窃电等以及电费抄、核、收管理。

（2）属于服务性质的工作：解答客户询问、化解用电纠纷、接受投诉举报及宣传供用电的法律法规、电价政策、安全用电常识等。

本章主要讲述新装后日常营业中的用电业务变更部分。

第二节 变更用电业务的定义与流程

变更用电指申请改变供用电双方的协定或《供用电合同》中约定的有关用电事宜的行

为，属于电力营销活动工作中的“日常营业”的范畴。所谓“日常营业”是供电企业日常受理运行中电力客户各种用电业务工作的统称。它与“业务扩充，电费抄、核、收管理”三位一体，构成了整个电力营销管理工作的全过程。“日常营业”工作在电力营销活动工作中，是一个承前启后的环节，是沟通电力供需渠道的桥梁，不仅对电力企业内部工作起到协调作用，而且成为各道工序之间联系的纽带，其中变更用电业务最为重要。

变更用电业务是指客户在不增加用电容量和供电回路的情况下，由于自身经营、生产、建设、生活等变化而向供电企业申请，要求改变原《供用电合同》中约定的用电事宜的业务。

一、减容（暂停、暂换）流程（见图 7－1－1）

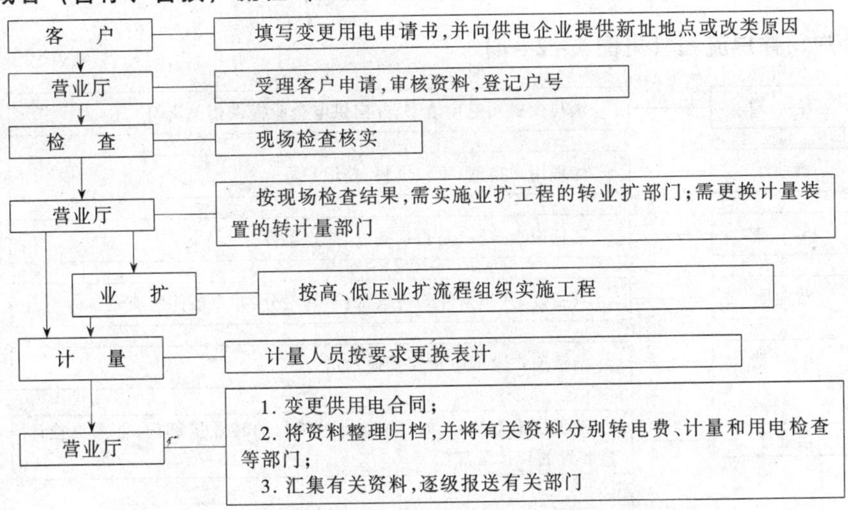

图 7－2－1 减容流程

二、移表、改类流程（见图 7－2－2）

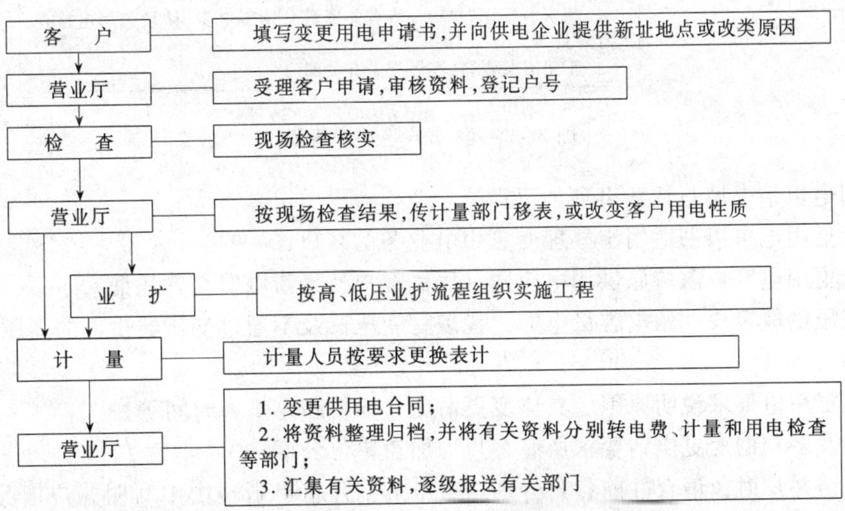

图 7－2－2 移表、改类流程

三、更名（过户）流程（见图7-2-3）

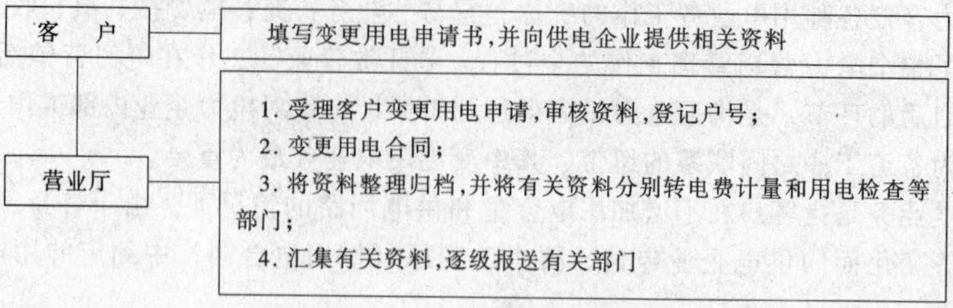

图7-2-3 更名（过户）流程

四、分户、并户流程（见图7-2-4）

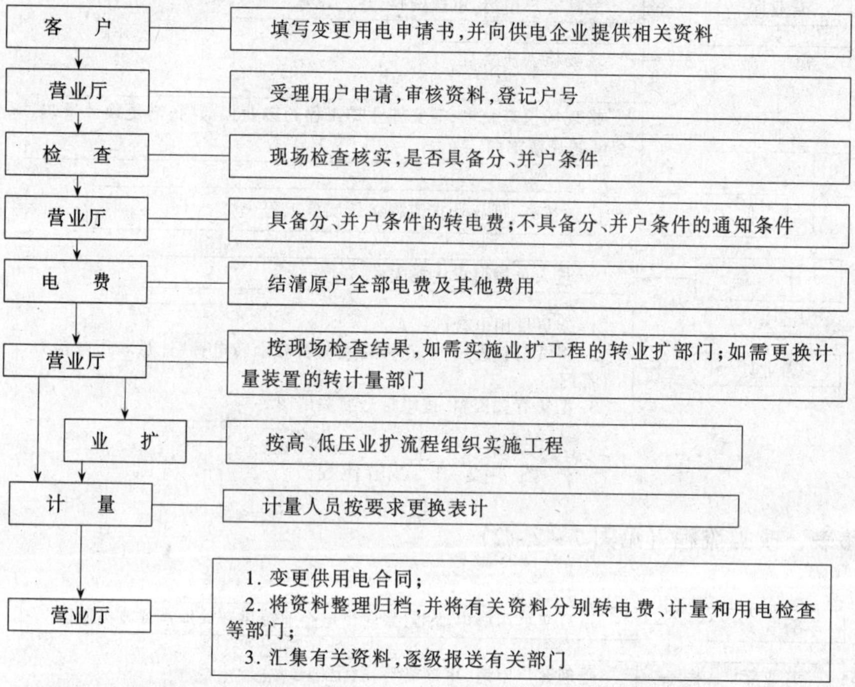

图7-2-4 分户、并户流程

变更用电申请书填写注意事项如下：

（1）变更用电申请书适用于办理变更用电业务的客户；

（2）变更用电客户需持原供用电合同（居民客户持最新电费交款凭证）；

（3）高压供电客户“用电容量电力”栏填写变压器及不通过变压器供电的高压电动机的容量；

（4）变更用电要求说明原因、具体变更情况（如暂停容量、时间等）；

（5）涉及多户的变更申请要求所有客户均加盖单位公章；

（6）申请并户时，请合并前各户分别填写申请，并在申请理由中写明并户情况，“变更后用电情况”填合并后新户的情况；

（7）申请分户时，请欲分客户分别填写申请，“变更后情况”填分户后各分户情况。

五、销户（暂拆）流程（见图7－2－5）

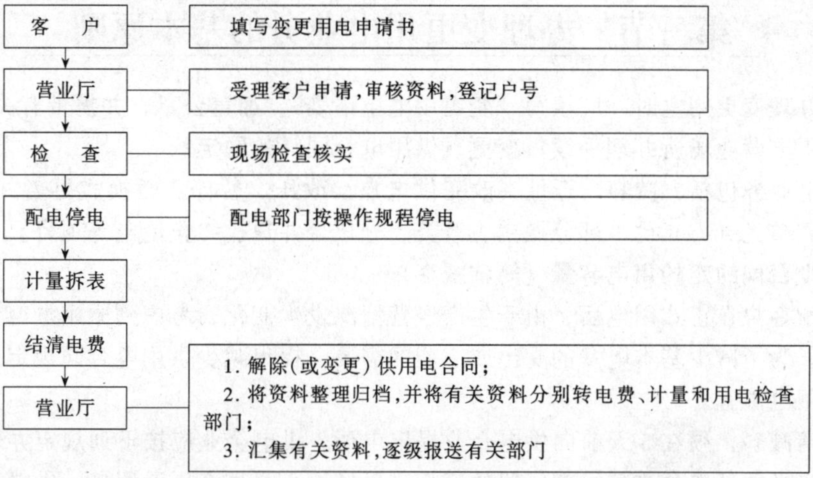

图7－2－5　销户（暂拆）流程

六、变更用电申请书的填写（见表7－1－1）

表7－1－1　　　　________供电公司变更用电申请书

年　　月　日　　　　　　　　　　　　　　　　　　字第　　号

变更用电内容：减容（　）暂停（　）暂换（　）暂拆（　） 过户（　）分户（　）并户（　）销户（　） 迁址（　）移表（　）改压（　）改类（　） 其他（　）			
目前用电情况	户名：		用电地址：
	联系人：	电话：	银行账号：
	用电类别：		用电容量：电（动）力（kW，kVA） 电光（照明）（kW）合计（kW，kVA）
	供电方式：　相　　kV		
变更用电原因	其他：		
变更后用电情况	户名：		用电地址：
	联系人：	电话：	银行账号：
	用电类别：		用电容量：动力（kW，kVA） 照明（kW） 合计（kW，kVA）
	供电方式：　　相　　kV		
	其他： 客户签章		

第三节 办理变更用电业务的基本原则

客户在办理变更用电时，应填写“变更用电申请表”，加盖公章，并携带有关证明文件，到供电企业用电营业场所办理手续，变更《供用电合同》的约定。

变更用电业务包括：减容、迁址、改变供电点、改压、暂停、暂换、更名（过户）、移表、暂拆、调整光（力）比、部分撤销、改类、分户、并户、终止用电等项目。

一、减少合同约定的用电容量（简称减容）

减容是指客户在正式用电后，由于生产经营情况发生变化，考虑到原用电容量过大，不能全部利用。为了减少基本电费的支出或节能的需要，提出减少供用电合同规定的用电容量的一种变更用电事宜。

客户申请减容，须在5天前向供电企业提出申请。供电企业应按下列规定办理：

(1) 减容必须是整台或整组变压器的停止或更换为小容量变压器用电。供电企业在受理之后，根据客户申请减容的日期对设备进行加封。从加封之日起，按原计费方式减收其相应容量的基本电费。但客户声明为永久性减容的或从加封之日起期满2年又不办理恢复用电手续的，或其减容后的容量已达不到实施两部制电价规定容量标准时，应改为单一制电价计费。

(2) 减少用电容量的期限，应根据客户所提出的申请确定，但最短期限不得少于6个月，最长期限不得超过2年。

(3) 在减容期限内，供电企业保留客户减少容量的使用权，超过减容期限要求恢复用电时，应按新装或增容手续办理。

(4) 减容期限内要求恢复用电时，应在5天前向供电企业申请办理恢复用电手续，基本电费从启封之日起计收。

(5) 减容期满后的客户以及新装、增容的客户，2年内不得申办减容或暂停。如确需继续办理减容或暂停的，减少或暂停部分容量的基本电费应按50%计算收取。

(6) 减容前执行两部制电价的客户，减容期间仍执行两部制电价。

二、迁移受电装置用电地址（简称迁址）

客户正式用电后，由于生产、经营原因或市政规划，需将原用电的受电装置迁移他处的一种变更用电业务。

客户申请迁移用电地址，须在5天前向供电企业提出申请。供电企业应按下列规定办理：

(1) 原址按终止用电办理，供电企业予以销户，新址用电优先受理；

(2) 迁址后的新址不在原供电点的，新址用电按新装用电办理；

(3) 迁移后的新址在原供电点供电的，且新址用电容量不超过原址容量的，新址用电无需按新装办理，但新址用电引起的工程费用由客户承担；

(4) 迁移后的新址仍在原供电点，但新址用电容量超过原用电容量的，超过部分按增容办理；

(5) 私自迁移用电地址用电，除按《供电营业规则》第一百条第5项的规定处理外，私自迁新址用电不论是否引起供电点的变动，一律按新装用电办理。

(5) 条的具体内容为“私自迁移、更动和擅自操作供电企业的用电计量装置、电力负荷管理装置、供电设施以及由供电企业调度的客户受电设备者，属于居民客户的，应承担每次500元的违约使用电费；属于其他客户的，应承担每次5000元的违约使用电费。”

三、改变供电点

供电点是指客户受电装置接入供电网的位置，即受电电压同级的供电线路或该线路供电的变（配）电站和直供的发电厂。对于公用线路供电的高压客户，受电电压同级的供电线路就是该客户的供电点；对于专线供电的客户，专用线供电的变电所就是该专线客户的供电点；对于低压供电的客户，低压供电的配电变压器就是该客户的供电点。

客户申请改变供电点或迁移用电地址时引起供电点的改变，供电企业依据《供电营业规则》的规定及业扩报装工作有关程序办理，按新装客户对待。

四、改变供电电压等级（简称改压）

客户正式用电后，由于客户原因需要在原址改变供电电压等级的一种变更用电事宜。

客户申请改压，应向供电企业提出申请。供电企业按下列规定办理：

(1) 改高等级电压供电且容量不变者，由客户提供改造费用，供电企业予以办理；超过原容量者，按增容办理。

(2) 改低等级电压供电时，改压后的容量不大于原容量者，由客户提供改造费用，供电企业按相关规定办理；超过原容量者，按增容办理。

由于供电企业原因引起的客户供电电压等级变化的，改压引起的客户外部供电工程费用由供电企业负担。

五、暂时停止全部或部分受电设备的用电（简称暂停）

指客户在正式用电以后，由于生产、经营情况发生变化，需要临时变更或设备检修或季节性用电等原因，为了节省和减少电费支出，需要短时间内停止使用一部分或全部用电设备容量的一种变更用电业务。

客户申请暂停用电，须在5天前向供电企业提出申请。供电企业按下列规定办理：

(1) 客户在每一日历年内，可申请全部（含不通过受电变压器的高压电动机）或部分用电容量的暂时停止用电两次，每次不得少于15天，一年累计暂停时间不得超过6个月。季节性用电或国家另有规定的客户，累计暂停时间可以另议。

(2) 按变压器容量计收基本电费的客户。暂停用电必须是整台整组变压器停止运行。供电企业在受理暂停申请后，根据客户申请暂停的日期对暂停设备加封。从加封之日起，按原计费方式减收其相应容量的基本电费。

(3) 暂停期满或每一日历年内累计暂停用电时间超过6个月者，不论客户是否申请恢复用电，供电企业须从期满之日起，按合同约定的容量计收其基本电费。

(4) 在暂停恢复期限内，客户申请恢复暂停用电容量时，须在预定恢复日前5天向供电企业提出申请。暂停时间少于15天者，暂停期间基本电费照收。

(5) 按最大需量计收基本电费的客户，申请暂停用电必须是全部容量（含不通过受电变压器的高压电动机）的暂停，遵守上述 (1) ~ (4) 项的有关规定。

六、临时更换大容量变压器（简称暂换）

指客户运行中的受电变压器发生故障或计划检修，无相同容量变压器可以替代，需要临时更换大容量变压器代替运行的业务。

客户申请暂换，供电企业按下列规定办理：

(1) 必须在原受电地点内整台的暂换受电变压器。

(2) 暂换变压器的使用时间，10kV及以下的不得超过2个月，35kV及以上的不得超过3个月。逾期不办理手续的，供电企业可终止供电。

(3) 暂换的变压器经检验合格后才能投入运行。

(4) 对执行两部制电价的客户需在暂换之日起，按替换后的变压器容量计收基本电费。

七、改变客户名称（简称更名或过户）

客户依法变更名称或居民客户房屋变更户主名称的业务。分以下两种情况：一是原户不变而是依法变更企业、单位名称的，称更名；二是原户迁出，新户迁入，改变了用电单位或用电代表的，叫过户。

客户应持有关证明向供电企业提出申请，供电企业按下列规定办理：

(1) 在用电地址、用电容量、用电类别不变的条件下，允许办理更名或过户。

(2) 原客户应与供电企业结清债务，才能解除原供用电关系。

(3) 不申请办理过户手续而私自过户者，新客户应承担原客户所负债务。经供电企业检查发现客户私自过户时，供电企业应通知该户及时补办手续，必要时可中止供电。

八、移动用电计量装置安装位置（简称移表）

客户在原用电地址内，因修缮房屋、变（配）电室改造或其他原因，需要移动用电计量装置安装位置的业务。

客户移表须向供电企业提出申请，供电企业按下列规定办理：

(1) 在用电地址、用电容量、用电类别、供电点等不变的情况下，可办理移表手续。

(2) 移表所需的费用由客户负担。

(3) 客户不论何种原因，均不得自行移动用电计量装置。否则，属违约用电行为。将依照《供电营业规则》第一百条第5项的规定处理。即“私自迁移供电企业的用电计量装置者，属于居民客户的，应承担每次500元的违约使用电费；属于其他客户的，应承担每次5000元的违约使用电费”。

九、暂时停止用电并拆表（简称暂拆）

客户因修缮房屋或其他原因需要暂时停止用电并拆表的业务。

客户申请暂拆，须持有关证明向供电企业提出申请，供电企业按下列规定办理：

(1) 客户办理暂拆手续后，供电企业应在5天内执行暂拆。

(2) 暂拆时间最长不得超过6个月。暂拆期间，供电企业保留该客户原容量的使用权。

(3) 暂拆原因消除，客户要求复装接电时，须向供电企业办理复装接电手续并按规定交付费用。上述手续完成后，供电企业应在5天内为该客户复装接电。

(4) 超过暂拆规定时间要求复装接电者，按新装手续办理。

十、调整用电类别比例或不同用电类别改表计费（简称调整光力比）

客户在总的用电计量装置内，按其不同电价类别的用电设备容量的比例或定量进行分算，分别计价，称为客户的用电类别比例。调整光力比系指供电企业根据客户原不同用电类别的受电设备容量，或客户在原报装容量内新增用电类别的受电设备容量，对原用电类别比例或定量作相应的调整或改用装表形式计费的业务。

供电企业每年至少对上述比例或定量核定一次，客户不得拒绝。

十一、部分撤销用电容量（简称部分撤销）

指客户因某种原因在原用电地址停止部分用电设备的报装容量。

客户申请部分撤销，须持有关证明向供电企业提出申请，供电企业按下列规定办理：

（1）客户办理部分撤销的报装容量不再予以保留；

（2）撤销的这部分容量如符合迁移用电地址的规定，可迁移到新的用电地址。

十二、改变用电类别（简称改类）

指客户在正式用电后，由于生产、经营情况及电力用途发生变化而引起用电电价类别的改变，称为改类。

客户申请改类，须持有关证明向供电企业提出申请，供电企业按下列规定办理：

（1）客户改变用电类别，须向供电企业提出申请。

（2）擅自改变用电类别，属违约用电行为。将依照《供电营业规则》第一百条第1项的规定处理。即"按实际使用日期补交其差额电费，并承担2倍差额电费的违约使用电费。"

十三、分户

原客户由于生产、经营或改制方面的原因，由一个电力计费客户分列为两个及以上的电力计费客户，简称分户。

客户申请分户，应持有关证明资料向供电企业提出申请，供电企业按以下规定办理：

（1）在用电地址、供电点。用电容量不变，且其受电装置具备分装的条件时，允许办理分户。

（2）在原客户与供电企业结清债务的情况下，方可办理分户手续。

（3）分立户的新客户应与供电企业重新建立供用电关系。

（4）原客户的用电容量由分户者自行协商分割。需要增容者，分户后另行向供电企业办理增容手续。

（5）分户引起的工程费用由分户者承担。

（6）分户后受电装置应经供电企业检验合格，由供电企业分别装表计费。

十四、并户

客户在用电过程中，由于生产、经营或改制方面的原因，由两个及以上电力计费客户合并为一个电力计费客户，简称并户。

客户申请并户，应持有关证明资料向供电企业提出申请。供电企业按以下规定办理：

（1）同一供电点、同一用电地址的相邻两个及以上客户允许办理并户；

（2）原客户应在并户前向供电企业结清债务；

（3）新客户用电容量不得超过并户前各户容量之和；

（4）并户引起的工程费用由并户者负担；

（5）并户的受电装置应经检验合格，由供电企业重新装表计费。

十五、终止用电（简称销户）

系指客户由于合同到期终止供电、企业破产终止供电、供电企业强制终止客户用电的业务，即供用电双方解除供用电关系。

客户合同到期终止供电：

（1）客户必须停止全部用电容量的使用；

（2）客户与供电企业结清电费和所有账务；

（3）查验用电计量装置完好性后，拆除接户线和用电计量装置。

企业依法破产终止供电：

（1）供电企业予以销户，终止供电；

（2）在破产客户原址上用电的，按新装用电办理；

（3）从破产客户分离出去的新客户，必须在偿清原破产客户电费和其他债务后，方可办理变更用电手续，否则，供电企业可按违约用电处理。

供电企业强制终止客户用电：

客户连续6个月不用电，也不申请办理暂停用电手续者，供电企业须以销户终止其用电。客户需再用电时，按新装用电办理。

变更用电业务种类很多，政策性、业务性、连贯性都很强，营业工作人员一要认真学习有关政策、业务知识，努力提高自身素质；二要耐心细致给客户解释有关规定、政策；三要及时修改有关户务资料及《供用电合同》，从而保证供用电双方的利益不受侵害。

第四节 用电业务费用的收取

供电企业在核准的供电营业区内享有电力经销专营权，有依法按国家规定的电价以及电力相关费用标准，向客户收取相应电费和相关费用的权利。在供电企业的经济核算中，为了补偿电能生产过程中生产资料耗费等开支而收取电费；为了补偿办理客户用电业务的开支而收取必要的业务费；为了维护供用电秩序对违约用电和窃电收取必要的违约使用电费，是符合企业经营管理要求的。

收费项目大致可分为四大类：

（1）国家规定的收费项目。电费及随电费收取的费用；电费违约金；违约使用电费；进网作业电工培训考核和复审费。承装电气施工安装单位资质审查费及中央或省级政府规定的其他收费。

（2）劳务性收费项目。对资产属客户所有的供用电设备的预防性试验费；客户内部继电保护整定值的计算和调试费；客户要求对电能计量装置进行校验预收的校验费（校验不合格的校验费全部退还客户）；35kV及以上电压受电客户的内部受电及配电方案咨询费。

（3）经营性收费项目。以承揽方式代客户进行供（受）电、配电工程的设计、施工费；非供电企业计费的电能计量装置的修理和试验费；客户受电装置初次检验不合格后的复验费；变更用电业务中的更名过户费、移表费、违约用电或窃电停电后的复电费；供电设备、器材的租赁与销售等。

（4）理赔性收费项目。电能计量计费装置损坏的赔偿费，供电设施遭受损坏而向侵害人提起的索赔，以及他人造成供电设施迁移、重建的补偿性收费等。

本节主要讲的是属于国家规定的收费项目。

一、电费违约金

电费违约金是客户在未能履行供用电双方签订的《供用电合同》，未在供电企业规定的电费缴纳期限内交清电费时，应承担电费滞纳的违约责任，向供电企业交付延期付费的经济补偿费用，又称电费滞纳金。电费违约金是法定违约金，是维护供用电双方合法权益的措施之一。

《中华人民共和国电力法》和《电力供应与使用条例》中，对电价、电费和电费的回收都作出了明确的规定。《电力供应与使用条例》第三十九条规定：逾期未交清电费的，供电企业可以从逾期之日起每日按照电费总额的1‰～3‰加收违约金，自逾期之日起计算，超过30日经催交仍未交付电费的，供电企业可以按照国家规定的程序停止供电。

这一规定明确了供电企业对那些不按期交付电费者，可以从逾期之日起，加收电费滞纳责任的违约金。在《供电营业规则》第九十八条中规定了电费违约金的具体计算方法：

(1) 居民客户每日按欠费总额的1‰计算。

(2) 其他客户：

1) 当年欠费部分，每日按欠费总额的2‰计算；

2) 跨年度欠费部分，每日按欠费总额的3‰计算。

电费违约金收取总额按日累加计收，总额不足1元者按1元收取。

电费违约金只能计算一次，不得将已计算的违约金数额纳入欠费基数再次计算违约金。经催交仍未交付电费者，供电企业可依照规定程序停止供电，但电费违约金应继续按规定计收。

二、违约使用电费

违约使用电费是指因客户有违约用电或窃电行为承担相应违约责任，向供电企业补交的违约费用。违约使用电费不同于以往我们常提到的罚款。违约使用电费，是指供电企业对用电方违反《中华人民共和国电力法》、《电力供应与使用条例》等法律、法规的规定，根据违约或窃电的事实和造成的损失追补的违约费用；罚款：是电力管理部门对供用电双方，因违反《中华人民共和国电力法》和《电力供应与使用条例》等法律、法规的规定，而给予的行政处罚。违约使用电费不是电费，应单独列账。

（一）违约用电

违约用电是指危害供电、用电安全，扰乱正常供电、用电秩序的行为。《电力供应与使用条例》第三十条对违约用电行为作了明确规定。

（二）窃电

窃电是一种以非法侵占使用电能的形式，实质是以盗窃供电企业电费为目的，是一种严重的违法犯罪行为。窃电不仅破坏了正常的供用电贸易结算秩序，使供电企业蒙受了经济损失，而且还危及供用电双方的安全及电能的经济、合理使用。我国新颁布的《电力法》对窃电作出严厉的规定，《电力法》第四条、第七十一条以及《电力供应与使用条例》第七条、第三十一条、第四十一条，对窃电的性质、窃电的行为、窃电的处罚等都作出明确而具体的规定。那么哪些行为属于窃电行为呢？《电力供应与使用条例》中明确规定窃电行为包括：

(1) 在供电企业的供电设施上，擅自接线用电；

(2) 绕越供电企业的用电计量装置用电；

(3) 伪造或者开启法定的或者授权的计量检定机构加封的用电计量装置封印用电；

(4) 故意损坏供电企业的用电计量装置；

(5) 故意使供电企业的用电计量装置计量不准或者失效，

(6) 采用其他方式窃电。

对盗窃电能者的处罚，《电力法》与《电力供应与使用条例》赋予电力管理部门责令其停止违法行为，追缴电费并处以应补交电费5倍以下罚款权力；《供电营业规则》赋予供电企业处以窃电者补交电费3倍的违约使用电费的权力。《供电营业规则》第一百零二条规定：供电企业对查获的窃电者，应予以制止并当场中止供电。窃电者应按所窃电量补交电费，并承担补交电费3倍的违约使用电费。拒绝承担窃电责任的，供电企业应报请电力管理部门依法处理。窃电数额较大或情节严重的，供电企业应提请司法机关依法追究其刑事责任。

《供电营业规则》第一百零三条对窃电量的计算也作了明确规定。根据《供电营业规则》，窃电量的计算按下列方法确定：

(1) 在供电企业的供电设施上，擅自接线用电的，所窃电量按私接设备额定容量（千伏安，视同千瓦）乘以实际使用时间计算确定；

(2) 以其他行为窃电的，所窃电量按计费电能表标定电流值（对装有限流器的，按限流器整定电流值）所指的容量（千伏安，视同千瓦）乘以实际窃电用的时间计算确定。

窃电时间无法查明时，窃电日数至少以180天计算，每日窃电时间：电力客户按12h计算；照明客户按6h计算。

盗窃电能价格在1000元以上者，即构成犯罪，依照《中华人民共和国刑法》第二百六十四条的规定追究其刑事责任。对窃电者的处理除按上述规定严格执行外，供电企业内部也要严格执行各岗位制约原则，即“三不”方法：检查的不计算、计算的不确定、确定的不处理的原则。为保护国家电能不受侵占，维护电力供应与使用秩序，这些规定将是我们严厉打击盗窃电能和扰乱供电用电秩序的违法犯罪活动、保护国家财物以及供电企业经济不受损失的有力的法律武器。

第五节 窗口管理及咨询查询业务

“优质、方便、规范、真诚”是供电企业为客户服务的方针。供电企业要理顺内部关系，一个“窗口”对外。对供电企业内部而言，随着网络技术和电子商务的飞速发展，企业信息系统逐步转向网络化，实现客户服务的机制创新、方式创新、技术创新和形象创新。改革现有的服务方式、服务流程、服务标准，将电话呼入、营业受理、故障报修、配网调度、装表接电、咨询查询、投诉举报等各个服务环节统一纳入流程管理，形成一个有机的服务整体。对内建立客户服务、业务受理、监督控制、管理决策等支持系统，对外提供高效、通畅、快速的服务。

一、窗口管理

要严格按照南方电网公司颁发的“供电营业职工文明服务行为规范”的标准。要求服务“窗口”工作人员要做到：客户的来意要弄清；客户反映的要求要听清；要按电业规章及有关规定给客户解答清；对人诚实、态度和蔼、百问不烦、百做不厌、办事公道、执行政策、不询私情；提高窗口处理申请的能力。缩短客户等待时间。营业人员着装整齐，挂牌上岗，使用文明语言，礼貌待客，热情服务。营业场所整洁美观，各种标志齐全，县级以上营业场所无周休日。营业场所内张贴供电服务有关规章制度，业扩报装流程图和客户办理用电程序，设立咨询服务台，热情接待客户查询，耐心解答客户提出的问题，并为客户提供服务指南宣传资料及休息座席和饮用水。运用微机管理，提高管理水平，开展便民服务，主动为客户排忧解难，让客户高兴而来、满意而去。

二、查询

随着改革的不断深入，经济发展水平的不断提高，以及法制化建设的推进，人们对电力服务质量和服务水平的要求更为严格。严格认真执行《电力法》和《电力供应和使用条例》，维护电力经营者和使用者的合法权益。供电企业开通 95598“特服电话”语音服务系统和相关网站，以及所有营业场所均应具备浏览和查阅所有电力法律、法规、政策的功能。

电量、电费是客户最关心的问题之一，由于种种原因，经常造成客户关于电量电费的各种疑问，通过面对面的解答，供电企业不仅增加了大量的工作，同时还给客户增添了许多麻烦。另外，电费查询的服务手段也要逐步创新，目标要以方便客户为出发点，开通多种收费及查询方式，实现在任一供电营业网点或任一银行储蓄所都可缴纳电费，并具有全方位的电话、触摸屏或 Intenet 供电服务网站查询服务功能。

随着供电企业开通 95598“特服电话”和 Intenet 供电服务网站，逐步完善各种应用软件的开发，根据客户需求不同，通过人工座席、电话自动语音、传真、录音、因特网的服务手段，即可轻松实现客户足不出户全天 24h 随时了解电费电价、停电通知、用电业务流程、有关电力法律、法规、政策、日常安全用电常识及供电企业便民服务、优惠政策等电力信息，提供查询、咨询、故障报修、业务受理、投诉举报等服务。

三、咨询

窗口服务人员接待客户热情周到，提高回复客户咨询的速度。来有迎声、去有送声、有问必答、百问不厌，给客户提供全方位的供用电业务及技术咨询。与客户交谈时，要专心致志，面带微笑，注意谈话艺术，不随便打断客人的话语，应尽量少用生僻的电力术语，以免影响与客户的交流效果。客户服务语音信息系统是电力客户服务体系的重要组成部分，供电企业内部各层次间通过电力信息进行数据传输和信息共享。人工座席服务应提供登录、注销等操作，具备基本的座席呼叫控制操作。并具有话务管理、状态管理、在线监控等管理功能，可对录音文件进行维护、检索、回放。客户服务中心要时刻保持电话畅通，铃响 3 声内必须接听，应答时要首先问候，然后报出单位名称。受理客户咨询业务时，应耐心、细致答复，不能当即解答的问题，应向客户致歉，并留下联系电话，研究或请示领导后尽快答复。接待客户语音要清晰，语气要诚恳，语速要适中，语调要平和，语意要明确，语言要简练，要讲普通话。窗口工作人员要不断学习各种业务知识，提高业务素质，练就为客户服务的过硬的本领。

随着网络技术应用的不断发展，实现电力营销的电子商务化，是网络经济时代对电力营销与服务提出的新要求。采用现代化技术手段，建立覆盖整个国电公司系统的客户服务网络、通过供电特服电话和 Intenet 供电服务网络资源，实现公司系统服务交换界面统一，服务功能统一，处理流程规范化、标准化。实现全方位、多层次的电力优质服务。按照客户层、业务层、管理层，建设层次分明、职能清晰、管理高效的服务模式和客户服务支持系统。通过各客户服务支持系统，提供多种服务方式。包括营业厅服务、现场服务、电话呼叫服务、网上服务、传真服务等。各营业网点实现计算机联网运行，实现同城异地受理客户用电业务。

第八章

电 价

电能是商品，电价是电能价值的货币表现。正确制定和执行电价，不仅能保证电力企业的合理收入，而且能在经济上促使客户合理用电，使其感到功在国家，利在自己，切实提高电能的使用效益。

第一节 电价的作用

由于电能具有生产、供应、销售在同一时刻完成的特点，使电能没有产品存储，生产是随客户的需要而定，生产与消费之间有着特别密切的关系。因此，电力的使用情况，对电力企业的建设规模、投资大小、成本高低有着直接的影响。电价水平如何统筹平衡，不仅关系到能源利用，也关系到电力事业的发展。

制定电价不但要以成本为基础，还要充分利用价格的杠杆作用，即根据不同类型的客户分别制定不同的电价，以便促使客户改善用电条件，提高其设备利用率和负荷率，使电网尽可能地提高供电能力。当前普遍采用的两部制电价办法，通过经济手段，改善供电条件；为了改善电力系统负荷的峰谷差，实行峰谷电价即将每天24h分成高峰用电时间和低谷用电时间，客户在不同时间用电，电价也不同，高峰时间内用电的电价高，低谷时间内用电的电价低，有利于提高电力系统的经济效益。

国家为了扶持某种急需产品的生产，以支援某个用电行业，在一定时间内可以利用价格与价值背离的原则，降低电价水平，促进其生产的发展。从整个国民经济的发展来看是有利的，但这种优待只能在一定时间内，一定范围内适用，同时，优待幅度也应适当。

电价水平与企业采用节约用电技术措施的积极性也有很大的关系。目前我国的电价水平较低，很多行之有效的节电技术措施需要一定的资金，但由于一次投资回收年限过长，妨碍了企业节约用电的积极性。

综上所述，电价在国民经济领域里的作用是多方面的，电价水平不仅影响到能源的开发利用，国家的财政收入和电力工业的发展速度，而且还影响到其他工业的发展水平、劳动生产效率和职工的生活习惯。如实行峰谷电价，定时工业电力电价，必然促使一些职工只能或大部分在后夜生产，这对劳动效率、产品质量及职工生活会带来一定的影响。对某些产品的电价水平过低，会使某些客户发生错觉，而不适当地使用能源，以至造成浪费。随着国民经济的发展和人民生活水平的提高，家用电器越来越多，耗电量日益增加，若生活用电电价水平不当，将使人民正常的收入与电费支出不能保持一定比例，也会影响人民的生活水平。这一切都应当给予足够的重视，以使电价能够真正、自觉地发挥其调节作用。因此，制定电价的目的：

1. 为国家积累资金

电力工业生产建设周期长、投资大。电力工业企业的收入，除热电厂有供热收入和制造厂的一些产品有销售收入外，其余的95%以上都是电费收入，其售电单价水平的高低直接影响电力工业企业的建设步伐。电力工业企业收入不仅要确保简单再生产的需要，还要考虑扩大再生产所需的庞大资金。

2. 节约能源

随着国民经济的发展和人民生活水平的提高，能源需求量大幅度增长，合理使用能源将影响整个经济建设，节约能源应放在优先地位。为此，在拟订电价时，一定要考虑合理使用和节约电能的重要因素。

3. 适应国家在不同时期的方针政策

在拟订电价水平或调整电价时，应在国家计划的统一安排下，充分考虑国家不同时期的方针政策，使电价对各行各业的用电能够起到促进和制约的作用。

4. 公平合理

在制定电价时，即要考虑为国家积累资金，满足财政需要，又要实事求是、讲究公平合理。不得随意提高电价。

5. 便于计量和抄表收费

电价随着客户用电性质的不同而有差异，有的差异还很悬殊。为了精确地计算电费，电能计量装置也相应增多。所以，在制订电价分类或拟定电价政策时，既要考虑电力工业产品的特点，又要适当注意实际需要，尽可能的简单易行。

第二节 制定电价基本原则及程序

一、基本原则

确定电价，需要有符合我国国情的电价管理原则和制定电价的原则。根据《电力法》的规定，我国电价管理的原则是：实行统一政策，统一定价、分级管理。制定电价的一般原则是：合理补偿成本、合理确定收益，依法计入税金，坚持公平负担、促进电力建设。制定电价的原则如下。

1. 合理补偿成本

合理补偿成本，是针对我国电力工业普遍存在电力成本补偿不完全的现状确定的原则，它包含下列含义：

（1）电力成本是依据发、供电成本核算出来的客观数值，它从货币量上反映了电力生产经营的必要耗费。因此，合理补偿成本制定电价，一方面要保证电力企业维持简单再生产，另一方面要排除电力企业非正常费用计入定价成本。

（2）电力成本应当是电力生产经营过程的成本费用，因此，包括财物费用，汇总损益等间接费用。

（3）使电力生产经营过程中一部分固定资产的损耗能够得到补偿，俗称资产折旧费，应当能够补偿实际损耗。

综上所述，所谓合理补偿成本，是指电价必须能够补偿电力生产全过程和流通全过程的成本费用支出。

2. 合理确定收益

从现代企业制度动角度看，电价中确定一定的利润率是合理确定收益的重要组成部分。现代企业制度突出的特点是所有权与经营权分离，电力公司法人并不是电力设施财产的所有者，不拥有所有权，但拥有经营权。尤其是电力企业的财产的绝大多数的所有权归国家，也有一部分是其他股东或债权人的。电力企业要正常运营，就必须对企业财产的所有者支付相应的股息或利息，必须向国家交付税金，使国家有所收益。同时，电力企业应当有自我发展的能力，我国的电力企业属社会主义性质，不应在电价中含有超额利润。但是，应当含有自我发展的收益。电力企业的收益：一是使用资本的费用；二是具有筹资属性的费用，用于电力继续发展。

《电力法》关于电价原则规定“合理确定收益”的实质，包含了三个含义：第一，电价受国家管制，利润水平严格受国家控制，不得由电力企业获得超额利润；第二，电价应有使用资本的偿还能力，即通常所讲的“还本付息”能力和支付股息的能力；第三，允许电力企业自我发展，国家通过电价确定合理收益水平和标准，作为电力企业筹资的重要渠道，以利于电力企业能够继续扩大再生产。

电力企业又具有公益事业性质，一方面，社会对电力的需求日益增长，电力资源不断发展才能满足日益增长的电力需求，加上电力工业的特点之一是资金密集型的产业，需要有大量资金投入，而资金必须通过电费收入以及吸引社会资金或国外资金。因此，电价应当保证电力企业及投资者的合理收益直到一定的盈利水平。如果谁投资谁亏本，就会无人愿意投资电力工业。为此，《电力法》把“合理确定收益”作为制定电价的原则，是非常正确的，也符合国际惯例。

另一方面，垄断性是电力供应企业经营的一个重要特点，如果不加以控制，靠垄断地位获得高额利润，使电价中利润超出合理标准。电价中利润水平过高。就必然会损害客户的利益，电价中利润水平过低，就会使电力企业失去发展的能力。因此，对电价总水平一定要控制。确保电价能够补偿成本，能够有一定的收益，使其在合理的标准之内。防止通过垄断获得更高利润。其中所谓“合理”，就是包括兼顾“发展电力”与“保护客户利益”两个方面的要求。

3. 依法计入税金

所谓依法计入税金，是指依据我国法律允许纳入电价的税种、税款。

《电力法》把补偿成本、合理收益、法定税金综合考虑，作为制定电价的原则，是符合客观实际的。凡是国家税法规定可以纳入价格的税种，在制定、调整电价时都应当计入。

4. 公平负担

所谓公平负担，就是制定电价时，要从电力公用性和发供用的特殊性出发，向客户收取电费时必须公平合理。所谓公平，是从成本负担角度讲的公平，政府价格政策和电力企业的营业政策都不得实行价格歧视，电价结构的安排要根据电力生产和商品的特点，区别客户的用电特性，实行消费者对电费的负担与其用电的特性相适应。《电力法》第四十一条关于实行分类电价的规定，正是公平合理的原则确定的一种电价制度的具体体现。

5. 特殊电价的制定

上网电价实行同网同价的原则，是对上述原则的例外规定。

《电力法》第三十七条规定："上网电价实行同网同质同价"。是把普遍适用的商品比质比价定价办法引入电价机制的一种重要规定，有利于降低工程造价和发电成本，有利于平等竞争。许多专家主张，电价确定的办法采用成本导向定价办法，即以成本为基础加一定盈利来确定电价，这种制定电价的办法，在许多国家的电力法中也是肯定的。我国的《电力法》第三十六条的规定，如果这种"成本加"的一般定价原则结合中国实际确定的一种制定电价的原则。但是，仅仅采用"成本加"的办法，在某种情况下不利于竞争，不利于降低成本，甚至在某种程度上使个别电力成本上升。所以，把相同商品质量为基础，进行价格比较后确定价格的比质比价办法引入电价机制是解决上述问题的一项很好方法，也是电价改革的一项重要内容。

二、电价的制定程序

根据电能生产的财务成本制定电价，一般有三个阶段，即准备、试算、调整阶段。

1. 准备阶段

在制定电价方案时，应做好电力工业历年的财务成本分析（包括发电成本、主网成本、供电成本、售电成本）、技术经济指标（厂用电率、线损率）及其变化因素分析外，还应对历年的售电量、电费收入，负荷的统计进行收集和分析研究。

(1) 售电量统计分析。现行电价是按照用电性质的不同而有所不同的。客户用电结构的变化直接影响着电价水平。为了保证电力工业企业简单再生产和扩大再生产的需要，并保持资金利润率水平稳定，应当对不同类别客户的历年用电情况作具体分析和比较，得出基本概念和认识，以便为考虑今后合理的电价水平提供依据。

(2) 电费统计分析。掌握了不同行业、不同历史时期的用电量统计数字和分析固然重要，但对于测定电价水平还远远不够，因此还要从电费收入的组成进行分析。首先，应掌握70%左右的大工业客户的电费组成；其次，再掌握非工业、普通工业的电力电费，直供照明电费，农业生产用电电费及趸售电费的组成。

(3) 负荷分析。预测负荷的准确程度关系到电力系统发展规划是否符合实际，也关系到未来的电力成本和电价水平。电力系统的负荷随时都在变化，不仅受到各行各业用电及季节变化的影响，而且有时还会受到某个时期中心活动的影响。因此，必须在这千变万化中摸索出基本规律，以指导工作。

(4) 其他资料分析。整理并掌握主要行业的单位产品耗电量，每万元产值的耗电量以及负荷密度等有关资料。另外，对历年业务扩充的新装或增添的用电容量，也应按不同行业分别统计和分析，求出历年新装或增容用电的增长率与地区售电量和负荷的关系。

以上各项准备工作，是在制订新电价或制定调整电价方案前准备工作的主要内容。

2. 试算阶段

试算阶段的主要任务是决定电价水平、单一电价中容量成本的分摊、分时电价中峰谷电价的差额等问题。

除了对过去的统计资料应做好分析工作外，还应着眼于未来，通过国家计划部门及各专业单位，了解国民经济发展方针、政策，各个行业生产发展规划以及市政、科学技术、教育等事业的发展规划。根据它们历年的发展情况及用电特点，并结合掌握的国民经济发展规划和自然增长趋势，即可制定出电力工业企业的发展规划、负荷预测及售电量计划，这是拟订新的电价或制定调整电价方案的基础。有了这些资料，即可着手进行试算工作，其主要步骤为：

(1) 拟订售电计划总成本。

(2) 根据已确定的电价分类，对各种类别的客户进行固定费用分配。

(3) 确定哪些类别的客户实行两部制电价，哪些客户实行单一制电价。

(4) 对实行两部制电价和单一制电价的客户分别计算容量成本及电能成本。

3. 调整阶段

经过准备阶段和试算阶段，基本上可以提出了新的电价水平，但这只是从各种成本角度考虑的。在此基础上还应当按照国家方针政策所规定的资金积累和利润水平，制定不同类别用电的电价。待各类电价拟订出来后，还应进行综合平衡和调整。既能保证电力工业能够维持简单再生产和扩大再生产，满足财政需要，拨款能结算，贷款能偿还；又要保证最有效地利用全社会的资源来促进全社会的发展。例如，两部制电价中的基本电价和电度电价的比例是否适当；大工业电力电价和一般工业、非工业电价之间是否合适；特别是电力电价与照明电价之间的差距是否过大，都应认真考虑，加以调整。在调整过程中，应本着节省能源、公平合理的原则，在总成本不变和保持一定资金利润水平的前提下，在各种类别用电之间作调整。经过反复测算后就可以提出新的电价水平和调整电价方案。

第三节 电价制度和电价分类

一、电价制度

多年来我国所采用的电价制度大致有以下几种。

1. 定额制电价

这种制度所订出的电价，与客户实际耗用电量无关，而是以某种电气设备为一单位，根据容量的大小计价收费。这种电价制度不需任何计量表计，核算简便。但是，浪费电能现象严重，无法计算线损，容易造成违章用电，在我国正在逐渐取消。

2. 单一制电价

这种电价是以在客户安装的电能表计每月表示出实际用电量多少为计费依据。其特点是不问用电设备的容量和用电时间，只计算实际耗用电量。因为它与客户实用电量联系在一起，可促使客户节约用电，并且抄表、计费简单。其缺点是不能促使客户避峰用电，提高负荷率。

3. 加固定电费的单一电价

加固定电费的单一电价又叫加底费的单一电价。这种电价的特点是虽不问用电设备的容量和用电时间，但不论客户用电不用电或用电多少，都要收取固定电费，主要用来保证公平合理地负担客户成本。

4. 分级制电价

这种电价是把客户每月耗用电量划分为两个或更多的级别，各级之间电价不同。分级电价又有两种，一种是第一级电价最高，以后逐级降低，鼓励客户多用电；另一种是第一级电价最低，以后逐级提高，鼓励客户节约用电。这种电价制度较单一制电价优越，使电价初步起到了经济杠杆的作用，但它的缺点在于没有考虑客户用电时间，没有考虑在电力系统高峰时间以外用电的差别待遇，同时对于电力工业企业的容量成本没有能够合理分担。

5. 两部制电价

两部制电价就是将电价分为两个组成部分一部分叫做基本电价，代表电力工业企业成本中的容量成本，即固定费用部分。在计算基本电费时，以客户设备容量（千伏安）或客户最大需量（千瓦）为单位。为计算基本电价，一般需要安装有功功率最大需量表，当实际最大需量超过合同规定最大需量时，超过部分要加倍计收，低于合同规定最大需量时，可按照实际最大需量或合同最大需量计收。合同最大需量一般每年修订一次。对于小容量客户可不装最大需量表而按现装设备容量或受端变压器容量计收。客户每月所付的基本电费，仅与其容量或需量有关，而与其实际使用的电量无关。另一部分叫做电度电价，代表电力工业企业成本中的电能成本，即变动费用部分。在计算电量电费时，以客户实际使用的电量来计算，单位为 kW·h。为了计算电度电价，需要安装有功电能表，计收电量。两种电费分别计算后的电费总和即为客户应付的全部电费。这种以合理分担容量成本和电能成本为主要依据，并分别以基本电价和电量电价计算客户电费的办法就是两部制电价。实行两部制电价计费的客户还应实行功率因数调整电费办法。

6. 功率因数调整电费

功率因数调整电费根据客户类别和其功率因数高低而执行电费的增收和减收。

(1) 功率因数标准 0.90，适用于 160kVA 以上的（不含 160kVA 变压器）高压供电工业客户（包括乡镇工业客户）、装有带负荷调整电压装置的高压供电电力客户和 3200kVA 及以上的高压供电电力排灌站；

(2) 功率因数标准 0.85，适用于 100kVA（或 kW）及以上的其他工业客户（包括乡镇工业客户）、100kVA（或 kW）及以上的非工业客户和 100kVA（或 kW）及以上的和电力排灌站；

(3) 功率因数标准 0.80，适用于 100kVA（或 kW）及以上的农业客户和趸售客户，但大工业客户未划由供电局直接管理的趸售客户，功率因数标准应为 0.85。

功率因数是执行功率因数调整电费的依据，其计算按客户每月发生的有功电量和无功电量进行（具体方法另作介绍），有功电量为有功电能表抄见电量；由于无功负荷的特点，无功计量表计应装设双向计度器装置的无功电能表，按倒送的无功电量与实用无功电量两者的绝对值之和，计算月平均功率因数。

7. 分时电价

分时电价又称高峰、低谷电价。它是根据电力系统负荷变化情况把全日 24h 分成三段，即高峰、平段、低谷时段。一般每日 19:00～23:00 为高峰时段；23:00～7:00 为低谷时段；其余时段为平时段。根据时段来制定高峰、低谷电价。目的是为了提高电力系统负荷率，尽量削减电力系统高峰，适当填补电力系统的低谷。实行峰、谷分时电价的客户必须装设分时计量装置，分别计量高峰、低谷和平时段的用电量。

峰、谷电价体现了价格的杠杆作用，对于调整负荷、提高设备利用小时数、缓和电力紧张情况均能起到积极作用。对于不注意经济核算、不过多考虑生产成本以及电费支出占其成本比重不大的一些工矿企业，在推行峰谷电价的同时还应伴之以必要的行政手段，否则会出现不惜成本，宁可用高价格购买高峰电力的情况，这样会加重电力系统在高峰负荷时间内的负担，使峰谷差距更大。

8. 季节性电价（丰枯电价）

为了充分利用丰水期间的水利资源，避免弃水造成浪费，鼓励大电力客户特别是耗电量大的客户，在丰水期间多用电和尽量在电网高峰季节以外时间用电，在丰水期和高峰季节以外期间用电，实行优惠电价。这种电价的优越性不但可以节省能源，增加发电机利用小时数还可缓和电源紧张的状况，如运用得当还可推迟电力工业的基本建设时间，并且可适当减少电力工业企业的年运行费用。

二、电价分类

现行电价按生产流通环节分类：

1. 上网电价

上网电价是指独立核算的发电企业向电网经营企业提供上网电量时与电网经营企业之间的结算价格。

《电力法》规定：上网电价是实行同网同质电价，即要按照电能质量分等定价，优质优价，次质次价，同质同价。根据电压等级、频率稳定、出力稳定情况、调峰能力、供电可靠性等重要因素综合评价。

2. 网间互供电价

电网间互供电价是指电网与电网间通过联络线相互提供电力、电量的结算价格，售电方和购电方为两个不同核算单位的电网，包括跨省、自治区、直辖市电网和独立电网之间，省级电网和独立电网之间的互供电价，独立电网与独立电网之间相互交换电力电量的结算价格。

3. 销售电价

现行的销售电价是根据电力综合成本，按照不同用电性质进行个别成本分摊形成的。

目前我国实行的销售电价分类大体有以下几类。

(1) 照明电价。它包括居民生活用电和非居民照明、商业照明电价。居民生活用电为生活照明、家用电器等用电设备用电；非居民照明用电包括办公、路灯、霓虹广告灯、水银灯、铁路航运信号灯、医疗用 X 光机、无影灯、容量不大的非工业电力、电热用电和小容量的工业单相电动机、单相电热等用电。商业照明包括商店、舞厅、宾馆、照相、烹任、烘焙等以经营为目的用电。

(2) 非工业电价。凡用于试验和非工业生产用电的总容量超过一定限额者均属于非工业电价的应用范围。如机关、部队、学校、医院及科学试验研究用的电动机用电，电解、电热、电化、冷藏等用电；铁道、地下铁道（包括照明）、输油管道航运、电车、电信、广播仓库、码头、机场、下水道等动力用电；基建工地施工用电；地下防空设施通风、照明、抽水等用电。

(3) 普通工业电价。小型工矿企业生产所需用的电力以及电冶炼、烘焙、熔焊、电解、电化等用电均属普通工业电价应用范围。

非工业电价和普通工业电价相同，称为非工业、普通工业电价。

(4) 大工业电价。大型工矿企业生产所需用的电力以及电冶炼、烘焙、熔焊、电解、电化等用电均为大工业电价应用范围。它与普通工业电价的应用范围，是以受电变压器的容量大小来划分的。这种电价均实行两部制电价，峰、谷分时电价，并对其功率因数进行考核，每月应付的电费随其功率因数高低而调整。

普通工业电价及大工业电价的实施范围还包括学校，科学研究单位以及部队、机关所附属的工厂或修配厂用电。

(5) 农业用电电价。国营农场、牧场、电力排灌站、垦殖场、学校、部队以及其他单位举办的农场、农业基地和农村社队用于农业生产的用电，均实行农业生产用电电价。

(6) 趸售电价。电力工业企业为了便于管理，对一些地区以县级为对象实行趸售电价，享受一定优待。趸售单位应设置独立核算供用电管理机构，对其经营供电区的供电设施负责维护、运行和抄表、收费等业务。电力工业企业对县售单位只安装总表，并以总表每月所抄录的电能表计算电费。对县售供电区内的大型工矿企业用电，电力工业企业则视具体情况或直接经管或委托表售单位管理。

(7) 省、市、自治区电网间互供电价。省、市、自治区之间的电力网络已联网运行时，彼此间就有互供关系，但由于隶属关系不同，不能统一核算。因此，为了便于核算电费，特制订电网间互供电价。这种电价一般按照供、受电单位财政收入各半的原则，由双方协商确定。

第四节 现行电价的执行

一、居民生活电价

原《电、热价格》说明电价分类中的照明电价，在1993年《电、热价格》说明中被分为居民生活电价和非居民照明电价。其居民生活电价（含电热电价）应用范围为：

(1) 生活照明用电。

(2) 家用电器等用电设备用电。包括非营业性质的电扇、电熨斗、电钟、电铃、收音机、电视机、电动留声机、电冰箱等电器用电。

二、商业照明电价

(1) 各种商店、舞厅、卡拉OK厅、夜总会、宾馆、旅店、饭店、理发、浴室、美发、健身、照相等用电。

(2) 其他以经营为目的动力用电，如洗烫、个体诊所、烹饪、烘焙等门市部用电。

三、非居民照明电价

非居民照明电价的应用范围为原《电、热价格》中照明电价除居民生活用电以外部分。其中：

(1) 铁道、航运等信号灯用电。

(2) 霓虹灯、荧光灯、弧光灯、水银灯（电影厂摄影棚水银灯除外）、非对外营业的放映机用电。

(3) 总容量不足3kW的晒图机、医疗用X光机、无影灯、消毒等用电。

(4) 以电动机带动发电机或整流器整流供给照明之用电。

(5) 市政部门管理的公共道路、桥梁、码头、公共厕所、公共水井用灯、标准钟、报时电笛及公安部门交通指挥灯、公安指示灯、警亭用电。不收门票的公园内路灯等用电。

(6) 除大工业客户以外的其他客户，凡使用空调设备（包括窗式、柜式空调机、冷气机组及其配套附属设备），不论相数和容量，不论装在任何场所，不论调冷和调热的用电。

(7) 以蒸汽、煤气、油等为能源的吸收式、直燃式的空调设备，其本身的设备用电。

(8) 属于单位生活福利性质的烘焙设备（包括单位食堂的烘烤食品、油炸食品、肉食加工制品及类似以上用电设备）用电。

(9) 农业育苗、育秧和提高地温等电热用电。

(10) 除上列各项用电的其他非工业用的电力、电热，其用电设备总容量不足 2kW，而又无其他工业用电者。

(11) 工业用单相电动机，其总容量不足 1kW，或工业用单相电热，其总容量不足 2kW，而又无其他工业用电者。

四、非工业电价

凡以电为原动力，或以电冶炼、烘焙、熔焊、电解、电化的试验和非工业生产，其总容量在 3kW 及以上者。

(1) 机关、部队、商店、学校、医院及学术研究、试验等单位的电动机、电热、电解、电化、冷藏等用电。

(2) 铁道、地下铁道（包括照明）、管道输油、航运、电车、电信、广播、仓库、码头、飞机场及其他所处的加油站、打气站、充电站、下水道等电力用电。

(3) 电影制片厂摄影棚水银灯用电、影剧场照明、通风、放映机、幻灯机等用电。

(4) 基建工地施工用电。

(5) 地下防空设施的通风、照明、抽水用电。

(6) 有线广播站电力用电（不分设备容量大小）。

(7) 制蒸汽、煤气和输油的动力设备，如造气锅炉使用的鼓风机、上煤机、油泵、水泵等设备用电。

(8) 从地下室、防空洞和室外抽用冷风的风机和从蓄水池、深水井抽水，用于空调目的风机水泵等设备用电（不分设备容量大小）。

(9) 农业温室大棚为提高室温、以煤、油为原动力，通过锅炉转化为热源者，其锅炉房内所使用的鼓风机、水泵等设备用电（不分设备容量大小）。

(10) 锅炉房及煤气热力公司热力点使用的电气设备用电（不分设备容量大小）。

(11) 冷藏仓库及商业使用的活动冷库、冰棍机等设备用电。

五、普通工业电价

凡以电为原动力，或以冶炼、烘焙、熔焊、电解、电化的一切工业生产，其受电变压器容量不足 315kVA，或低压受电，以及在上述容量、受电电压以内的下列各项用电。属普通工业电价应用范围。

(1) 机关、部队、学校及学术研究、试验等单位的附属工厂，有产品生产并纳入国家计划，或对外承受生产、修理业务的生产用电。

(2) 铁道、地下铁道、航运、电车、电信、下水道、建筑部门及部队等单位所属的修理工厂生产用电。

(3) 自来水厂、工厂试验、照相制版工业水银灯用电。

(4) 食品加工部门（包括商业部门前店后厂）用于食品加工或小烘焙电热用电，其设备总容量在 3kW 及以上者。

六、大工业电价

大工业电价按国家电网电价规定是指工业生产客户，设备容量在 315kVA 及以上的客户，均实行大工业电价。

大工业电价通俗又叫两部制电价，是当今世界各国普遍采用的一种先进的电价制度，国外不但在工业生产，而且也在非工业、普通工业用电和居民生活用电推行两部制电价，这种电价结构完全符合电力企业的生产特点。

所谓两部制电价就是将电价分成两个部分：一个部分称之为基本电价，它代表电力工业企业中的容量成本，即固定费用部分。在计算基本电费时，根据客户设备容量或客户最大需量来计算，故客户每月所付的基本电费又与其容量或需量相关，而与实际使用的电量无关。另一部分称之为电度电费，它代表电力工业企业成本中的电能成本，亦即变动费用部分。在计算电度电费时，以客户实际使用的电量数来计算。两种电费分别计算后的电费总和即为客户应付的全部电费，这种以合理分担容量成本和电能成本为主要依据的，用基本电价和电度电价合起来计算客户电费的办法就叫两部制电价。

但现行电网电价制度中还规定。实行两部制电价计算的客户还应同时实行功率因数调整电费，对客户的无功负荷从经济上进行考核，这对促进大客户装设无功补偿设备、节约能源，起到一定的作用。因此，两部制电价的电费构成应由三部分组成：即基本电费、电度电费、功率因数调整电费。

凡以电为原动力，或以电冶炼、烘焙、熔焊、电解、电化的一切工业生产，受电变压器总容量在315kVA及以上者，以及符合上述容量规定的下列用电，执行大工业电价。

（1）机关、部队、学校及学术研究、试验等单位的附属工厂（凡以学生参加劳动实习为主的校办工厂除外），有产品生产，或对外承受生产及修理业务的用电。

（2）铁道、航运、电车、电信、下水道、建筑部门及部队等单位所属修理工厂的用电。

（3）自来水厂用电。

（4）工业试验用电。

（5）照相制版工业水银灯用电。

（6）对变电变压器容量在100kVA及以上至320kVA以下的电解铝、电石、电炉铁合金、电能烧碱、电炉钙镁磷肥、电炉黄磷、合成氨的用电，可执行大工业电价或比照同类大工业电价水平核定单一电价。

大工业电价即两部制电价的优越性主要是：

（1）发挥了价格杠杆作用。可促进客户合理使用用电设备，同时改善用电功率因数，提高设备利用率，调整生产班次和主要设备的用电时间，压低最大负荷。客户亦可减少电费开支，从降低成本中获得一定的经济效益。

从电力企业方面来看，随着客户设备利用率和负荷率的提高，以及功率因数的改善，电网负荷率也相应提高，减少无功负荷，提高电力系统的供电能力。同时，可降低电力生产成本，发挥电力企业的发、供电设备潜力，使国家的电力资源能较好地得到利用。

（2）使客户合理负担电力生产成本费用，由于电力企业必须经常为客户准备着一定的发、供电设备，且不论客户用电量多少或用电与否，都必须时刻为满足客户的用电需要而支付一定的容量成本。因此这笔固定费用理应由客户负担，才能保证电力企业成本收入。两部制电价中的基本电价是与客户的用电设备容量或最大需量用量有着直接关系。他们的设备利用率或负荷率越高，应付的电费就越少，其平均电价就越低。相反，设备利用率或负荷率越低，应付电费就越多，其平均电价就越高。

七、农电生产电价（含农业排灌）

农村乡镇、国营农场、牧场、电力排灌站和垦殖场、学校、机关、部队以及其他单位举办的农场或农业基地的农田排涝、灌溉、电犁、打井、打场、脱粒、积肥、育秧、农民口粮加工（指非商品性的），牲畜饲料加工、防汛临时照明和黑光灯捕虫用电，执行农业生产电价。

农副产品加工、农机具修理、炒茶和鱼塘的抽水、灌水等用电，均按非工业、普通工业电价计收电费。

八、趸售电价

独立核算的供电管理机构，有一定的供电区域和供电线路设备，供电设备容量在300kVA（或kW）以上，并自行负责本供电区域内运行、维修、抄表、收费和用电管理工作的单位，由电业部门安装总表供电，实行趸售电价。

第九章
抄、核、收基础工作

第一节 抄 表 工 作

抄表工作是营业工作中抄表、核算、收费三道工序的头道基础工序，是电费收缴工作的第一步骤，直接关系到后两道工序的进度和电费的正常及时回收。准确抄录各类客户的用电量，使工矿企业能够正确地核算企业成本中的电费额。一般客户能够有计划地安排生活，也使电力企业本身能够准确地反映每个时期供电量与售电量之间的损失率，提高经济效益。所以抄表工作必须按规定的抄表例日进行，对内对外都是十分重要的。

反之，抄表工作如不认真负责，或不按例日抄表，不仅影响客户的收支计划，还会造成企业的成本不实，更重要的是出现损失率虚增或虚降的不真实现象，影响当月电量数据的准确性，同时也使核算工作不能按例日进行，收费工作不能按计划顺利进行。抄表工作中如不认真核实客户的用电设备、用电类别、业种别、所执行的电价制度，既影响供电企业的经济效益，又影响营业统计对国民经济执行情况反映的真实性。可见抄表工作极为重要，每个抄表工作者都要认识自己岗位的重要，热爱本职工作，加强责任心，努力提高实抄率，全心全意为客户服务，把工作做得更好。

一、主要工作项目

(1) 抄表卡片的制成（更换）、保管、发放、回收与审核，抄表卡片变动领发明细表的填记与整理。

(2) 对各类客户按例日抄表，通知客户收费日期，同时有计划地核对客户用电设备装接容量。

(3) 抄表卡片的复核、电量汇总、填写抄表日志与总抄表日志。

(4) 抄表差错、事故的处理，有关抄表业务询问的解答。经常向客户宣传计划、安全、节约用电知识。

用电营销系统运行后抄表的主要工作项目：

(1) 按抄表例日抄表，将抄表发现的客户用电异常情况及表计异常情况提交用电稽查部门处理。

(2) 对抄表数据进行复核。

(3) 进行抄表差错处理，负责解答有关抄表业务的咨询，向客户宣传用电常识。

二、抄表工作流程

抄表工作流程为：抄表准备→抄表工查抄→抄表整理→抄表数据上装→电量复核→漏抄补抄工作。

（1）抄表准备。按事先排好的抄表例日，对抄表卡片保管，按例日做好发放的准备。

用电营销系统运行后的抄表准备，是指按抄表例日将抄表数据下装至抄表器中，做好发放抄表器的准备工作。

（2）抄表工查抄。按例日领取抄表卡片（或抄表器），复核户数查对增加与减少的卡片。按例日去客户处抄表同时做好下列工作：

1）对现场收费的客户填写收费或送费通知单（写明电表读数、使用电量收费或送费日期）。

2）对托收客户核对有（无）功电能表及使用电量。

3）对故障表按规定处理。

4）注意检查电能表及附属设备的接线及运行情况。

5）发现违章或窃电户填写调查报告书。

回局后复核抄表卡片，检查各项内容有无漏抄误算等现象。汇总户数、电量，按用电类别分别填写个人抄表日志，连同抄表卡片交抄表整理审核。

（3）抄表整理。逐户检查抄表卡片内容，加盖发行月份即审核户数，按用电类别各项电量，填写总抄表日志。

用电营销系统运行后抄表工按例日进行抄表时要做好以下工作：

1）在现场将电表上的客户号、表计资产号等与抄表器中数据核对无误后，将表计指示数录入抄表器。

2）核对客户用电情况，发现违章用电、窃电情况后如实录入异常情况记录中。

3）将故障表计的状态记录至异常情况中。

4）对新装表客户第一次抄表时，抄表器会提示抄表工。抄表时对客户号、客户名称、表计型号、资产号应认真核对。

（4）抄表数据上装：抄表结束后将抄表数据上装至用电营销管理系统中。如果发现电表抄错或数据录入错，在数据未上装时，可在抄表器中进行修改。

（5）电量复核：抄表数据上装后，进行电量复核，对错误的数据可进行修改，系统会自动记录每一次修改情况。完成电量复核后，提交到电费审核部门。

（6）漏抄补抄工作：电费发布后，对漏抄的客户进行补抄，并提交审核。

三、抄表工作的内容与要求

（1）按规定日期抄表到位，不得估抄。规定日期一般为照明、非工业、普通工业、商业、农业等小电力客户，于每月25日前抄表；大宗工业客户及用电量较多的其他客户，于月末前3日抄表；特大电力客户，于月末24时抄表，由于客户原因未能如期抄表时，可通知客户待期补抄或暂按前次用电量计收电费，待下次抄表时一并结清。

（2）第一次抄表的新户，应仔细核对户名、电能表的厂名、表号、安培数、指示数、倍率等，经核对相符后，方可抄表。

（3）抄表时发现表计故障，计量不准时，除应了解表计运转及用电情况外，对当月电量可暂按上月电量计算，并填写“用电异常报告单”，并办理多退少补手续。

（4）发现客户有违章窃电行为，填写“用电异常报告单”，见表9-1-1。

（5）发现客户用电量有较大幅度的变化，一般增减幅度在±30%及以上的，应及时向客户了解原因，了解客户用电性质有无变化，用电类别有无改变，并在抄表卡上注明原因。

表 9－1－1 用电异常报告单

年 月 日 编号：

<table>
<tr><td>户 号</td><td></td><td>户名</td><td></td><td>用电地址</td><td></td></tr>
<tr><td rowspan="2">电能表铭牌</td><td>相线（安）</td><td></td><td>编 号</td><td colspan="2"></td></tr>
<tr><td>指示数</td><td colspan="4">高峰： 低谷： 平段： 总：</td></tr>
<tr><td>电流互感器</td><td>型号</td><td></td><td>编号</td><td>实用变比</td><td></td></tr>
<tr><td>电压互感器</td><td>型号</td><td></td><td>编号</td><td>实用变比</td><td></td></tr>
<tr><td rowspan="2">异常情况</td><td rowspan="2" colspan="2"></td><td>报告人</td><td></td><td>年 月 日</td></tr>
<tr><td>主 管</td><td></td><td></td></tr>
<tr><td rowspan="2">鉴定意见</td><td rowspan="2" colspan="2"></td><td>鉴定人</td><td></td><td></td></tr>
<tr><td>主 管</td><td></td><td></td></tr>
<tr><td rowspan="2">处理结果</td><td rowspan="2" colspan="2"></td><td>处理人</td><td></td><td></td></tr>
<tr><td>主 管</td><td></td><td></td></tr>
</table>

注 此报告单一式两联，一联流转处理，一联留存。

用电性质是指电力客户用电所具有的属性的统称。如用电设备具有的电特性（即阻抗的性质、阻抗的线性度、变化率和对称性）、用电的时间、使用的场合与目的和允许停电的时间等。客户用电性质的不同，对供电质量的要求和对供电质量的影响也是不同的。

用电类别是指按电价执行标准进行的分类。

（6）填写“交费通知单”，通知客户到指定地点交费，对银行代收电费的客户，送达“电费交费通知单”。

（7）居民客户实抄率达 98%以上，其他客户实抄率达 100%。

（8）抄表结束后，填写抄表总卡，见表 9－1－2，建立实抄率台账，见表 9－1－3，注明未抄原因。

表 9－1－2 抄 表 总 卡

<table>
<tr><td colspan="2">翻卡</td><td></td><td colspan="2">地址</td><td colspan="4"></td><td colspan="5">供电线路及区号</td></tr>
<tr><td colspan="2">校对</td><td></td><td colspan="3">应抄张数</td><td colspan="4">已抄张数</td><td colspan="2">未抄数</td><td>抄表员</td><td>审核员</td></tr>
<tr><td>月</td><td>日</td><td>摘要</td><td>光</td><td>力</td><td>合计</td><td>光</td><td>力</td><td>合计</td><td>总电量</td><td>光</td><td>力</td><td></td><td></td></tr>
<tr><td>1</td><td></td><td></td><td></td><td></td><td></td><td></td><td></td><td></td><td></td><td></td><td></td><td></td><td></td></tr>
<tr><td>2</td><td></td><td></td><td></td><td></td><td></td><td></td><td></td><td></td><td></td><td></td><td></td><td></td><td></td></tr>
<tr><td>3</td><td></td><td></td><td></td><td></td><td></td><td></td><td></td><td></td><td></td><td></td><td></td><td></td><td></td></tr>
<tr><td>4</td><td></td><td></td><td></td><td></td><td></td><td></td><td></td><td></td><td></td><td></td><td></td><td></td><td></td></tr>
<tr><td>5</td><td></td><td></td><td></td><td></td><td></td><td></td><td></td><td></td><td></td><td></td><td></td><td></td><td></td></tr>
<tr><td>6</td><td></td><td></td><td></td><td></td><td></td><td></td><td></td><td></td><td></td><td></td><td></td><td></td><td></td></tr>
<tr><td>7</td><td></td><td></td><td></td><td></td><td></td><td></td><td></td><td></td><td></td><td></td><td></td><td></td><td></td></tr>
<tr><td>8</td><td></td><td></td><td></td><td></td><td></td><td></td><td></td><td></td><td></td><td></td><td></td><td></td><td></td></tr>
<tr><td>9</td><td></td><td></td><td></td><td></td><td></td><td></td><td></td><td></td><td></td><td></td><td></td><td></td><td></td></tr>
<tr><td>10</td><td></td><td></td><td></td><td></td><td></td><td></td><td></td><td></td><td></td><td></td><td></td><td></td><td></td></tr>
<tr><td>11</td><td></td><td></td><td></td><td></td><td></td><td></td><td></td><td></td><td></td><td></td><td></td><td></td><td></td></tr>
<tr><td>12</td><td></td><td></td><td></td><td></td><td></td><td></td><td></td><td></td><td></td><td></td><td></td><td></td><td></td></tr>
</table>

表 9-1-3　　实抄率台账

抄表员：　　年　月

供电线路区号	应抄			实抄			实抄率			未抄原因
	光	力	合计	光	力	合计	光	力	合计	
合　计										

用电营销系统运行后，抄表时发现的表计故障、窃电、违章用电均直接在抄表器中记录，抄表数据上装时，异常情况将直接被提交到用电稽查部门处理。

抄表日志、实抄台账等统计汇总报表均由系统自己生成。

四、抄表时应了解和检查的事项

(1) 了解客户生产经营状况、产品销路以及近期或远期的发展趋势。为电费回收和市场的开发工作提供可靠信息。

(2) 了解客户对电能商品的理解程度及其对供电企业的要求。

(3) 检查客户是否具有违章、窃电行为，一经发现，填写“用电异常报告单”，报用电管理部门。

(4) 检查客户电能表及互感器情况，发现异常、电能表停走，时走时停，表内发黄或烧坏，互感器二次开路等，应填写“用电异常报告单”。

五、抄表方式

抄表是对用于客户电量统计的电能表信息的采集，下面主要介绍三种方式：

(1) 传统人工手抄表方式：是抄表人员上门挨家挨户到各客户装表处，抄写记录电能表显示的数据。

(2) 半自动化抄表方式：是抄表人员手持便携式抄表器上门挨家挨户到各客户装表处，人工键入或经连接至电能表的光耦合器来收集电能表数据。抄表器分红外线抄表器、按键式抄表器和掌上电脑抄表器等几种类型。抄表器为抄表提供了一个可靠的软、硬件环境，具有强大的通信功能，能完成与各种网络系统进行信息交流，其中掌上电脑抄表器提供的是一个32位、多任务、多线程的嵌入式操作系统，在功能上、应用拓展上有很大的可靠性、稳定性和灵活性。每一类型操作步骤为：

1) 按键式抄表器抄表步骤：第一步：启动抄表程序；第二步：抄表，输入客户户号或选择客户户名，直接键入客户电能表显示的指示数；第三步：检查指示数的输入正确无误，按“确定”按扭保存数据。

2) 红外线抄表器的操作：抄表人员在距离电能表5m以内，输入客户户号或选择客户户名，将抄表器红外线端口对准电能表的红外线输出端口，单击“抄表”按扭抄入本月指示数，单击“确定”按扭保存数据。

3) 掌上电脑抄表器是利用掌上电脑，研制开发基于掌上电脑嵌入式操作系统的抄表器程序，完成抄表人员现场抄表功能。掌上电脑抄表器的操作步骤类同于按键式抄表器，也可配条码扫描仪，若电能表实行条码管理，抄表前先用抄表器上条码扫描仪扫描电能表上的条码。

(3) 全自动化抄表方式：是抄表人员在远离客户表计的办公地点处采集电能表数据，电能表与远处抄表人员办公地点之间的通信，可以采用电缆、光纤、电话、无线电、手机或电力线路载波等手段实现。

除此以外，为解决收费难的问题，人们设计开发了预付费电能表，体现着“先购电、后用电”的管理模式。预付费电能表有投币式、磁卡式、电钥匙式和IC卡式几种，目前预付费电能表的开发大多转向IC卡式。使用预付费电能表是不需要抄表的，但影响对客户电量和线损指标的统计分析。为保证统计分析的准确性，还应定期去抄表，核对指示数。

六、抄表工作中应注意的其他问题

1）工作中应注意客户的风俗习惯，以及客户（机关、厂矿）的出入门制度，并随时做好安全用电、节约用电的宣传工作。

2）对客户的询问，要按规定解释，做到实事求是，不懂的不要装懂，向客户说明原因待回单位查清楚后，下次抄表再向客户做详尽的解释。

3）抄表工作是与千家万户经常接触的，要有群众观点，工作中任劳任怨，不怕脏、不怕累，全心全意为客户服务，为下道工序创造好条件，给核算人员方便，为收费人员打好基础，使客户、核算、收费人员都满意。

4）工作中可以做一些力所能及的为客户服务工作，与客户搞好关系，取得客户的支持。

5）对零点抄表客户采用电话抄表办法的，必须及时去现场核对，最晚要在三日内完成。对此类大客户不准推算电量，遇有客户休息无人时也必须设法抄到，要掌握大客户的休息日，抄表前一天应约定抄表时间。

6）注意保管好抄表卡片，成本装订，对掉页的应及时装订，抄表时要看全部表示数，不许只看个位与十位，忽略百位与千位，应注意倍率不要误乘或漏乘。

7）对一个屋有多块电表的客户，不要抄错表和交错电量电费通知单；如抄表卡片数字写错，需要改写时，应划两道红线，加盖经手人章，然后写上正确数字。

8）事故电能表的推算电量方法，每个单位应有一个标准，大家共同遵照执行，遇有客户提问应同一标准解释这是十分必要的。

低压客户可用下述方法推算：

1）按该户前3个月平均估算，但应考虑季节变化，同时也应参考该户前后客户增减情况向客户说明。

2）当用电无明显变化，但用电量却有明显减少时，可按上月水平估算。

3）抄表时电能表不转，当月电量为零，经了解客户用电情况正常，可能是上月抄表前该表已不转没有被发现，可参照季节变化，按上月以前三个月电量的平均值考虑，同时应将上月少收的电量补收。如卡片已使用一年以上，还可比照上年同期考虑增减幅度。

4）事故表更换完毕，可利用新表电量，推算换表前原表电量。即

电量表故障大数 × 新表电量/新表天数 + 新表电量 − 本月应收电量

5）以上月电量推算本月电量时，要考虑两次抄表间隔天数，若上月间隔为28天，本月为31天时，则本月份应为

$$上月用电量 \times 31/28 = 本月电量$$

反之，上月抄表间隔 31 天，本月为 28 天，则本月份应为

$$上月用电量 \times 28/31 = 本月电量$$

6）对非工业（农业）客户中分盘无计量电能表的，可按低压客户办法办理。

高压客户可用下述方法推算：

1）当无功表正常只有有功表故障时，补偿设备无变化时，可按正常情况前三个月，无功表与有功表之比，反求有功电量。

2）客户受电盘计量表有故障时，但配电盘表正常时，可按故障前分盘电量占受盘的百分比来反求受盘电量。

3）对有固定产品且有产品耗电定额的，可按产品产量乘以定额，得出该户的耗电量。

总之，抄表员在工作对各种情况应逐一做到心中有数，除应掌握营业工作外，还应具有用电监察人员所具备的工作能力，所以抄表人员必须努力学习，提高自己的业务能力和工作水平，做好抄表工作。

第二节 核 算 工 作

核算工作是营业工作中抄表与收费工序之间的中间环节。核算工作在抄表之后按期发行电费收据，供给收费员按期回收电费。核算工作更重要的一点是正确掌握与执行电价政策，准确核算客户各种情况下用电的电费，为提高企业经济效益服务。

一、主要工作项目

(1) 电费账的制成（包括使用期满而更换的）与保管，以及对转来的登记书进行登账处理，审核与传递。

(2) 掌握各类电价的有关规定并正确执行。

(3) 按事先排定的核算例日顺序，结合已收到的抄表卡片，进行电费核算与电费收据的发行，做好电费汇总与统计。

(4) 处理有关核算工作的日常业务，对有关电费问题询问的答复。

用电营销系统运行后电费核算的主要工作项目：

1）掌握各类电价文件的有关规定并正确执行。

2）及时办理营销系统中的待办工作，保证各类业务正常流转。

3）按事先排定的核算例日顺序进行电费核算与电费发行。

4）在规定时间内做好各类电费统计报表。

5）处理与核算有关的日常业务，负责答复有关电费的咨询。

二、电费核算的内容

(1) 根据抄表员交回的抄表簿，首先核对抄表户数，清点卡片，抄表户数必须与抄表簿封面综合记录户数相一致，防止遗失抄表卡片造成漏户。

(2) 按抄表卡片和电费收据逐户对抄见电量和电费金额等进行审核计算，主要项目有：

1）电能表的起止表码及抄见电量、倍率、单价、变压器铜铁损、加减电量、合计计费电量、电度电费、基本电费等；

2）计算实际功率因数、调整电费增减百分数，合计应收电费总额；

3）对按灯、力比例分算客户的电量、电费，转供电量、电费和电能表计发生异常退、补电费的处理等计算是否正确、有无遗漏进行复核，防止差错；

4）对抄表日报各栏分项数据填写是否齐全、正确，并对当天未抄户进行登记，零电量客户进行统计做好记录，检查实抄率完成情况；

5）认真检查抄表员抄表差错率，发现差错要弄清情况做好书面记录，并及时通知抄表员重新更改按正确发行，避免差错出门造成损失。

(3) 认真把好电费票据的发行。任何电费票据必须经过复核才能发行。电费收据的发行工作是核算工作的最后工序，电费票的书写以一式二联或三联复写为原则，要确保收据与存根完全一致，防止上下联不符造成差误或更严重的后果。当日抄表员零电量或写错废票要整理并在未用票据上加盖作废印章，做好记录，妥善保管，不得丢失。

(4) 做好电费汇总与统计。复核人员在对抄表卡片、电费收据、抄表日报审核无误后还要定期做好应收电力销售收入汇总与统计工作。主要内容有售电分类、售电单价、售电量、售电收入。售电收入又包括电度电费（含峰、谷、平段电费）、基本电费、功率因数调整电费以及随电费代收各项集资、加价和地方附加费等分类金额。上述汇总可按日、按旬分别统计，月末汇总无误后上报主管营业、财务归口处理。

用电营销系统运行后电费核算的内容：

1）电费计算。可按本号进行计算或按单个客户进行计算。计算过程中，系统会对新装、变更的档案中发生字段错、漏或逻辑关系不正确的情况进行提示，电费核算人员对这些错误进行异常提交，由用电稽查部门查明情况后提起调查订正将错误改过来。计算中，还会对本月示数小于上月示数的抄表数据进行提示，系统自动按过周处理，在计算完后，核算人员对是否过周进行判断。

2）电费复核。核算人员一般采用以下几种审核办法进行电费复核。

a. 全部审核：这种审核方式可以立即发现电量是负数的记录，核算人员通过查看客户的变更记录、抄表记录来判断是正常的减电量、是抄表员在抄表时将状态选择错还是表计发生故障，然后提交到相应部门进行处理。

b. 部分审核：核算人员设定条件，将电量增减幅度较大的客户查询出来进行分析。

c. 自定义审核：核算人员通过自定义查询字段，对新装、变更的大中客户的线损、变损、转供套扣电量进行审核，以核对客户档案与合同是否一致。

d. 重点分析：核算人员对变更客户进行重点复核，确保变更正确。

在复核中发现的异常情况，可以选择异常状态，进行描述后提交到稽查部门处理。

3）应收整理（电费发布）。应收整理在复核完成后进行。应收整理同时应进行以下几项工作：

a. 用预付电费冲抵电费，形成应收。

b. 启动漏抄补抄流程，让抄表员将漏抄记录补抄后核算电费并整理发布。

4）差错处理。对错误的电费数据进行处理，有以下几种方式：

a. 全减另发：将错误电费全部删除，另按正确电量核算电费，另发的数据是正确电费。

b. 全减：将错误电费全部删除，本月不算费。

c. 另发：另发一条记录，正确的电费应按原记录与另发记录相加减后得知。

三、电费核算的要求

(1) 具有高度的工作责任心，充分认识电费核算工作的重要性，坚持原则，严肃认真，一丝不苟，逐项做好电费各项内容的审核。

(2) 为切实做好电费复核工作，复核人员应认真学习国家《电力法》、《电力供应与使用条例》和《供电营业规则》等法律法规有关章节，依法办电；其次要熟悉营业电费管理制度、国家电价政策、抄核收岗位职责，以及对电费各项计算方法等，才能胜任核算工作，发现问题，解决问题。

(3) 凡经复核的抄表卡片、电费票据、统计报表等均需加盖复核人员印章，以示负责，未经复核，未加盖印章均不得正式发行，以防差错。

(4) 电费收据的发行与抄表卡、台账、登录数字应完全一致，防止错发、漏发，对不同性质的居民、单位和收费方式，注意票据要分别加盖收费或托管（委托代收）专用章，以确保正常收费。

四、电费账务处理与应收电费发行表

1. 电费账务分类

由于全国各电网体制、机构设置的差异，电费账务管理不完全一样，但电费账务都应建总账和明细分类账，大体有以下几个方面。

(1) 应收电费账。由复核人员根据抄表员每天结算抄计日报，经复核后，按客户用电性质、电压等级定期编制电力销售收入阶段统计报表，为月度应收汇总做好基础工作。应收电费账含销售电量、销售收入、售电单价、电度电费、基本电费、功率因数调整电费以及随国家电费代收各项基金、附加费等。应收电费账每月汇总上报一次，做到数字准确，来源有依据，认真做好各项原始记录。

应收电费要求及时清理核对，主要对门锁未抄户的补抄，电能表销户拆表余度、临时用电、违章与窃电电费的补收与追收。另外对故障表的处理后电费的补、退以及其他涉及增、减电费等项目中其电量与电费是否有漏列的应收账，应减而未减重列应收账的事项。核对所有注销、减退电量与电费的审批手续是否完备等。

(2) 实收电费账。根据应收电费账转向客户收取电费后建立的实收电费账，复核员按内外勤收费员的收费日报当天回收现金，转账支票和银行委托、托收等凭证连同电费存根进行核查，是否相符、有否欠费等均应做好记录。同时对客户预收电费和实收电费是否有串户，预收电费冲实收电费是否有误，预收电费及大工业客户有计划分次划拨电费的结算与汇总日报是否相符，退出已收费账务处理是否正确等事项进行清理和核对。

(3) 电费收入明细账。主要是详细地归类登记账目，要求电费收入明细账做到应收电费减注销电费与统计表中应收电费数相符；实收电费与统计报表中的实收电费数相一致，实收电费数加未收电费数应与应收电费数相等；未收电费数应与欠费清单及结存的未收电费收据数相同；实收电费数及各项业务费收入之和，应与银行账单（除上期结转余额外）及库存现金（除备用金外）的相加数相吻合。

(4) 银行存款明细账。一般放在财务部门或专职电费会计处。要求银行存款明细账与银行对账单各项数一致。银行存款除按照规定应经常留有一定余额外，其余金额应分别归类按要求及时上交省、市财务部门专户存储。

(5) 其他账务。大工业客户计划分次结算台账、客户暂存电费账、代收地方附加费往来账、随电费代收各项集资、加价款明细账等，由于各电网、各部门管理征收情况不尽统一，这里就不详细介绍，仍沿用单位现行管理办法执行。

2. 电费账务管理的基本环节

(1) 按规定认真审核业务转来新装、接电工作传票及有关凭证，审核无误后，新建客户抄表卡片，分别按居民生活、非普工业（农业）、非居民照明和大工业等建卡，便于管理和计算，作为电费首项基础资料，并要求对新建客户逐户进行登记，交抄表组签收后转正常抄表。工作传票使用完毕后加盖个人私章，退还业务经办部门。

(2) 根据新建抄表卡片和相关工作传票新建电费台账。电费台账是客户的分户账，全面反映各客户的用电资料、用电性质、用电量及电费结算等情况。电费台账分居民生活、非普工业和大工业客户等三种，日常是根据每户抄表卡片资料登录，一户一账。

电费台账应由专人负责登录，思想集中，严格把关，登录台账时要核对是否有误，字迹要清晰、整齐，不得随意涂改，不错登，也不漏登。

(3) 认真填列大工业客户电费结算清单。电费结算清单是对大工业客户结算电费的明细账单，包含每月分旬计划（预收）结算。按抄表后，根据抄表卡各项数字记录，填写当月实用电量、电费金额等一式两联，一份交客户作为正式票据后的附件，另一份作为票据存根联附件，清单与正式票据后的合计金额应完全一致。大工业客户若上计算机计算和打印亦可按上述管理办法处理，但格式可按各省统一规定执行。

(4) 凡客户发生增减容、电能表更换、校验、拆表、过户、暂停和变更用电性质等，除直接经办人员及时更改抄表卡片处理外，并应同时更改台账相关变动记录，使抄表卡表电费台账完全一致，减少人为差错。

(5) 凡因电能计量表发生错误超出允许范围、记录不准、接线错误、熔断器熔断和倍率不符等造成电费计算错误，需向客户补收或退还电费时，经业务和用监稽查核实，报各级分管领导审批后再进行账务补、退手续。退还客户电费应开发红字电费发票，一般将存根联交客户，客户开收款收据连同电费收据联（红字）归档存查，退客户电费由财务开转账支票交客户，尽量避免现金往来。

(6) 电费呆账的处理，个别单位因经营不善等多种原因造成企业破产，电费确实无法收回的账款，可列作电费呆账处理。但电费呆账不论金额大小都不能自行核销，必须查清原因，提供相关证明，以书面报告形式上报省电网公司审批后方可执行。

(7) 欠费管理。欠费管理一般放在抄、核、收环节的收费内勤上，主要任务是催收和管理客户应交而未交的销售电能的收入款。客户欠交电费不仅是拖欠问题，重要的是占用了电力部门资金和国家财政收入，因此各级用电营业部门对客户拖欠电费要依法抓紧催收，加强内部环节管理，以利工作的开展。

3. 应收电费发行表

应收电费发行表是营业工作的“三大表”之一，除作个人发行与汇总表外，还可以作月报使用，反映一个单位每个月里每个核算人员完成工作的总情况，既有数量，也有质量内容，可以看出个人任务的完成情况，为考核提供依据。

应收电费发行表，与抄表日志相似。它是核算员每日工作的记录，可总结每人每月工作的总户数和发行的电费总额。对发行的电费收据经审核无误时，在抄表卡片和应收电费发行表上盖章，并填记总应收电费发行表，记录每天核算员发行电费收据的总和，考核每日的工作进度，按发行的数量与同期完成工作任务对比，并以此表作为电费收据传递的根据。由此可见，应收电费发行汇总表，既可与抄表日志核对电量，又可以与收费工作核对应收电费总额，这一点是比抄表日志更重要的，它存在于抄表与收费之间，也是营业工作的“三大表”之一。汇总的应收电费发行表应逐日与抄表整理核对电量，如逐日核对有困难时，可分时段进行核对，它可以比较核算发行的进度，电量是否相符，可以防止漏发和错发，如有错误时可以及时查找。进行这样的核对，还可以控制核算人员按抄表卡片的先后，逐日发行，可以避免积压，分段核对（或分页核对）可每5天（或一周）核对一次，或划分居民客户、低压机关客户、郊区客户和高压客户进行核对，如此工作可避免月末发现差错，核对不方便。

应收电费发行表，每月末汇总，还可以起月报的作用，检查个人的工作情况及完成的数量与质量，要做到“三大表”相符，必须每月定期组织三大表的核对。一段时间之后，由于自然发展，每人担当的工作区域会有增有减，因此还可以根据汇总表调整抄表、核算和收费工作量，借以调整平衡，使营业工作进一步协调。

五、电费核算与发行

电费核算是电费管理工作的中枢。核算工作是否符合规定的标准，能否及时、合理地回收电费，营业统计资料是否正确，关键在于核算工作质量。电费核算工作一般分两种形式，一种是居民客户，户数占多数，但电费款额却占少数，采取“以卡代账”，在抄表卡片上直接核算电费。以抄表卡片上的抄见电量为依据进行电费核算，在抄表卡片上填写电度电费和附加费，最后填写应收电费。另一种是占户数比重少，但电量和电费却占绝对多数的其他客户，一般包括机关、工厂、矿山和农村用电等，采用通过抄表卡片上的各种电量转记到电费账上再按电费账所标记的受电电压、行业类别进行电费核算。它们包括工业、地质普查和勘探业、建筑业、交通运输和邮电通信业、商业、其他事业、城乡居民、农业（含林业、牧业、水利业、渔业）等八大类。根据受电电压和用电性质核算种类较多，电价标准各有不同，电费核算也比较复杂，建立电费账可以列较多的项目，按电价种类进行核算，既或是单一电价也便于日后查询或供客户查找使用，因而有它的必要性。对于尚有少数包灯客户的单位，包灯电费都是直接依据电费账进行核算。包灯不同于表灯与电力客户，需要抄表后才能做电费核算，所以包灯客户的电费核算一般可在月初或前月末以前进行。

近几年来，用电营业信息管理系统已在各供电企业得到广泛运用，许多单位已将计算机应用在电费核算工作上。应用用电营业信息管理系统的单位改变了原工作流程，电费核算工作不是根据抄表卡片的电量进行，而是简化为通过抄表员抄回电能表的示数进行电费核算。即在编制程序时将每户的代号和各户装表的顺序、每组计量电能表的实用乘率，对二次计量客户的变压器、线路损失的计算、直到功率因数的计算分别不同标准，最终计算出应收电费。也就是事先按每户的现状编好程序，在抄表之后，按程序要求将有关数据输入计算机，只要输入的数据是正确的，计算、打印出的电费收据就是百分之百的正确。所以计算机的使用范围应不断扩大，营业人员也应掌握有关计算机方面的知识，正确开发、使用计算机。计算机既可加速电费的核算时间提高工作效率，还可以杜绝核算工作的差错，提高工作质量。

1. 电费收据的审核

电费收据审核时，核算员应熟知核算工作过程和电价的有关规定，审核的目的就是达到发行电费收据所记载的电量与抄表卡片上所记载的电量完全一致，确保不漏发、不错发，保证电费收据的正确性。审核工作应随时注意收费例日的执行和电费收据的及时传递，以确保收费工作按期进行。

电费收据的审核，要按收费方式的不同，分别加盖收费章和托收章。同时注意：按时发行属于全撤或暂停等原因的需退回多收电费时，应仔细核对其申请种别，登记号和电费截止日期，检查审批手续是否齐全。

2. 电费收据的发行

电费收据发行工作是核算工作的最后工序。电费收据的发行分两种形式，一种是以卡代账的居民客户，根据抄表卡片直接发行，发行只能以抄表卡片为依据，将用电地址与户名逐户填入电费收据上，同时标明年度月份，用电期间即可。另一种是按抄表卡片的应收电量，转记入电费账，进行电费核算后，再发行电费收据。它的程序是按电费账的全部内容逐项填入电费收据的相应栏内。一般是年度月份、用电地址、客户名称、用电期间、使用电量、电度电费、附加费和应收电费。对于大工业客户和实行功率因数调整电费的客户应分别填记基本电费、电度电费和功率因数调整电费。对于实行峰谷电价的客户应分别填记峰段、谷段和平段的电费。全部电费收据填写完毕，应逐户与抄表卡片或电费账核对应收电费款额，加盖发行月份印。

电费收据的发行一般为每月为一个周期，发行一次，这属于定时发行。必要时也可做临时发行，对临时发行的电费不论追加还是返还的，都应记入营业统计之内。

登记处收取的临时用电电费、违章用电和窃电的补交电费，不论是电度电费还是基本电费，都应每月做一次发行。

3. 大电力客户的电费核算

大电力客户系指用电量较多的客户，这部分客户的电价种类较多，计算方法也较复杂。有些大客户的电费可占一个供电局电费收入的绝大多数，一般这些客户都是月末抄表，发行电量应达到70%以上，因此各供电单位对这类客户的电费核算应予以重视。

大电力客户的界限，各供电局可按具体情况自行规定。例如有的规定月用电量30万kW·h以上，有的规定40万kW·h以上，实行月末零点抄表，视为大电力客户。有些局大户或较大客户不多，也可将月用电量20万kW·h以上客户视为大电力客户放在月末零点抄表，力争月末发行的电量达60%以上。这要根据客户和人员配备情况来决定，否则只顾月末发行电量占比重多，但人员不足，月初不能及时地提供各种数据，也是不妥当的。

大电力客户的电费核算工作，是以抄表卡片为基础，通过电费账进行的。对单一电价制的客户，在电费收据上应填入电费账的用电地址、户名、使用期间、电量、电费和应收电费。对单一电价执行功率因数调整电费的客户，应加记因功率因数高于规定标准应减收的电费，或低于规定标准应增收的电费。对两部制电价的大工业客户，要按电费账的格式从抄表卡片里转记的电量、功率因数值、最大需量值等有关数据，并按受电电压、用电类别所核算的电费逐项填记在电费收据中。在开据时要把托收代号填记清楚，以免张冠李戴；使用期间要填写上次抄表的次日开始至本月份抄表之日止；受端变压器容量要标“千伏安”，电动机和最大需量应注“千瓦”，切不可混同起来。

4. 大工业客户电费核算

对于大工业电费核算工作应仔细认真，严格执行有关方针政策，防止差错、事故的发生。大工业电费构成有电度电费，基本电费和力率调整电费及附加费。对于执行峰谷电价的客户其电度电费可分为峰段、谷段、平段电费，三段电费之和为电度电费。

峰段电费 = 高峰时段用电量 × 峰电价

谷段电费 = 低谷时段用电量 × 谷电价

平段电费 = 平时段用电量 × 基础电价

总电费 = (峰段电费 + 谷段电费 + 平段电费 + 平段电费 + 基本电费)
± 功率因数调整电费

对此只要认真掌握电价标准和用电量就能准确核算出电费。而基本电费的计算和管理则是需要掌握有关规定，分别各种情况认真对待，既不能任意多收，也不能随便少收，而是要合理收取，保证供电企业的合法收入。因此正确核算大工业电费首先应解决的是正确核算基本电费，基本电费的核算主要有以下几种情况应区别对待。

(1) 正常月份基本电费收取方法。按设备容量收取的，装接变压器容量与不通过变压器的高压电动机（kW 视同 kVA）容量之和，按千伏安数量收取。

按最大需量收取基本电费的应注意以下几点：

1）以客户申请，电业部门核准，对超过核准值的部分加倍收费。

2）按小时记录换算最大需量的，要乘以 1.06 ~ 1.15，即应加 6% ~ 15%。

3）实际负荷低于设备容量的 40%的按 40%计收。

4）客户实际负荷已达设备容量 70% ~ 80%的，要安装最大需量表，按最大需量计收基本电费；一般说客户最大负荷超过 500kW 或月用电量在 20 万 kW·h 以上的以装最大需量表为宜。

5）一个客户有两个以上电源的，应分别计算最大需量。

6）最大需量不在灯负荷时间的，不减照明容量。

7）原执行最大需量客户无核准值的可利用签订供用电协议的方法，协商确定核准值。

(2) 客户办理暂停用电时基本电费收取方法。客户办理暂停用电每年内不得超过两次，每次不少于 15 天，累计不超过 6 个月，其基本电费收取有如下规定：

1）办理暂停不足 15 天恢复用电的，其暂停天数照收基本电费。

2）暂停期满后，不论客户申请恢复用电与否，一律照收基本电费。

3）暂停后不足两部制电价标准的，仍按两部制电价执行，收取基本电费。

4）新老电价混合客户暂停的，只能减少老电价，同时调整新老电价的百分比。

(3) 新客户启用、原客户停用月份基本电费。新客户启用、原客户停用即设备容量增加或减少的月份基本电费收取的原则为：

1）按实用日数，每日按全月基本电费的 1/30。

2）实用日数确定是起算止不算，以收定减。即在确定实用日数时开始使用的日期计算在实用日数之内，停止使用的日期不计算在实用日数之内。对于减少设备的客户，以不减少设备时应收的电费确定减少设备时应减收的电费。

3）正常月份不论大月与小月都按 1 个月计算收取基本电费，对于 31 天的大月，2 日新装的也按 1 个月收基本电费，但对 30 天的月或 2 月则应计算从新装之日起到月末的实际日数。如闰年的 2 月 2 日新装，只能收 27 天的基本电费。对于减少设备容量或停止用电，若在大月的 31 日，则不予退回基本电费，若是 30 天的月或 2 月的任何一天都需要算出应收数，再确定返回的基本电费额。

(4) 新建工矿企业的基建施工客户。对于新建工矿企业的基建施工客户，其受电设备容量达到两部制电价规定容量，部分车间开始投产时，从试生产之日起其全部用电按两部制电价计收电费。

(5) 转供容量的基本电费。

1) 对于有转供容量的客户，计算基本电费时的容量应扣除被转供户的实际容量，包括实际的最大负荷千瓦数和变压器的千伏安数。

2) 扣除转供容量后其剩余容量不足两部制电价标准的，仍按两部制电价计收电费。

3) 被转供客户的容量，达到两部制电价时，实行两部制电价。

(6) 备用容量的基本电费。对于备用设备容量可参照下列原则与客户协议方式规定：

1) 对备用设备（变压器或高压电机）必须装有自动闭锁切换装置，否则按运行设备计算。

2) 互为备用的变压器或高压电动机容量，按其中最大的容量收取。

3) 多台变压器或高压电动机互为备用的，按客户可能使用的最大容量计收基本电费。

(7) 其他有关基本电费的收取。

1) 对试验（工业产品）用电应收取的基本电费，可根据实际协商确定。

2) 对农村客户纯属工业品生产的用电，应按规定两部制电价收取基本电费。

六、电度电费的计算

电度电费的计算是以电能表记录的用电千瓦时数为依据计算的。但由于客户安装的计量用电能表的位置不同，计算方式也不同。

(1) 高供高计客户。客户计量用电能表安装在受电变压器的高压侧，俗称高供高计客户。高供高计客户的电度电费计算较简单，按以下公式计算：

高供高计电度电费 = 电度电价 ×（有功电能表计量千瓦时数 + 线损电量）

(2) 高供低计客户。客户计量用电能表安装在受电变压器的低压侧，俗称高供低计户。这样，电能表未计量受电变压器在运行中所损耗的电量（包括有功电量和无功电量）。因此，高供低计客户的用电量应为电能表记录的有功电量与受电变压器损耗的有功电量（包括铁损电量和铜损电量）之和。其电度电费为

高供低计电度电费 =（电能表计量的有功电量 + 受电变压器损耗的有功电量 + 线损电量）× 电度电价

而电能表记录的无功电量和受电变压器损耗的无功电量（包括磁滞损耗电量和漏磁损耗电量）之和可用以考核客户的功率因数。

大工业电价的电费计算：

大工业电价的电费计算公式

电费金额 = 基本电费 + 电度电费 + 功率因数调整电费 + 代征地方附加 + 其他加价

式中：

基本电费 = 计费容量 × 基本电价（可按容量或需量）

电度电费 = 抄见电量 × 电度电价

功率因数调整电费 =（基本电费 + 电度电费）×（±）功率因数调整电费月增减率百分比

代征地方附加 =（基本电费 + 电度电费 + 功率因数调整电费）× 代征地方附加费

另尚需其他加价。

1. 一般大工业电费计算

【例 9-2-1】 某厂供电电压为 10kV，设备容量为 1000kVA，采用高供高计计量方式，本月有功电量为 390000kW·h，无功电量 310000kvar·h，基本电价为 10 元/kVA，电度电价为 0.246 元/kW·h，问该厂本月应付电费多少（根据功率因数调整电费有关计算可知本月电费应增收 6%）?

解： 基本电费 1000×10+电度电费 390000×0.246=105940（元）

月加权平均功率因数为

$$\cos\varphi=\frac{有功电量}{\sqrt{有功电量^2+无功电量^2}}=\frac{390000}{\sqrt{390000^2+310000^2}}=0.78$$

或

$$\tan\varphi=\frac{无功电量}{有功电量}=\frac{310000}{390000}=0.7949$$

该户本月电费应增收 6%，故本月应付电费合计为

$$105940\times(1+0.06)=112296.40(元)$$

2. 用电变更后的计算

对用电变更的电费处理，主要是因增加或减少用电设备容量、暂停用电或拆表销户、过户等，其电费的计算一般以分日（或分段）计算的办法处理，即全月按 30 天计算，每天按 1/30 计算。对新装、暂停或拆表销户的客户，可采用从接用次日算起，拆表日止的办法。或者采用算头不算尾的办法（即装表日起算，拆表日不算）。对过户的新、老客户的电费，采用分段结算。

对增加、减少容量客户的基本电费，可按下列公式计算：

（1）增加用电设备（或变压器）容量时，对基本电费的计算公式为

$$基本电费=原有容量全月基本电费+\frac{新增设备容量\times基本电价}{30}\times\begin{matrix}新增设备容\\量实用天数\end{matrix}$$

（2）减少用电设备（或变压器）容量，对基本电费的计算公式为

$$基本电费=原有容量全月基本电费+\frac{(原有容量-减后容量)\times基本电价}{30}\times减少容量后实用天数$$

(3)对高压供电在低压侧计量的高供低计客户,变压器损耗电费的计算公式为

$$电度电费=原有用电全月电度电费\times\frac{变压器损失电量\times电度电价}{30}\times\begin{matrix}变压器实际\\运行天数\end{matrix}$$

【例 9-2-2】 某客户为 10kV 电压供电，新装接了容量为 315kVA 的变压器，于 1996 年 3 月 2 日投入运行后，又于本年 6 月 9 日增装一台 720kVA 变压器。问 3 月及 6 月对此客户各应收取的基本电费是多少（基本电价 10 元/kW·h）?

解： 实用天数 = 31 − (2 − 1) = 30(天)

$$3月应收基本电费=315\times10\times\frac{30}{30}=3150(元)$$

增装容量实用天数 = 30 − (9 − 1) = 22(天)

$$6月应收基本电费=315\times10+20\times10\times\frac{22}{30}=3150+5280=8430(元)$$

第三节 电 费 回 收

电力企业从销售电能到收回电费的全过程，表现在资金流动上，就是流动资金周转到最后阶段收回货币资金的过程。回收的电费既反映电力企业所生产的电力商品的价值及电力企业经营成果的货币表现，也是电力企业的一项重要经济指标。

按期回收电费可为完成电力企业的重要经济指标做好基础工作，也为电力企业上缴税金和利润提供资金，从而保证国家的财政收入，还可为维持电力企业再生产过程中补偿生产资料耗费等开支所需的资金。同时，电力企业在按照规定获得利润的情况下，可为扩大再生产提供建设资金。

电力企业如不能及时、足额地回收电费，将导致电力企业流动资金周转缓慢或停滞，使电力企业生产受阻而影响安全发、供电的正常进行。不仅如此，电力企业还要为客户垫付一大笔流动资金的贷款利息，最终使电力企业的生产经营成果受到很大损失。因此，及时足额回收电费，加速资金周转，是营业电费管理部门的重要考核指标。其计算公式为

$$电费回收率 = [实收电费(元)/应收电费(元)] \times 100\%$$

收费工作是营业工作中抄表、核算和收费三个工种中的最后一个环节，营业工作完成的效果如何，除抄表的实抄率、核算的准确率外，再有就是收费的完成率。因此，收费人员应搞好与客户之间的关系，争取客户的支持，及时全部地收回应收的电费，否则收费的时间拖长占用了供电部门的资金，影响电力企业的资金周转和经济效益。

一、收费工作的基本要求

(1) 熟悉客户交费方式与交费期限，对逾期交纳电费的客户严格执行电费违约金制度。

(2) 熟悉财经制度和有关会计知识，遵章守纪，秉公执法。

(3) 随时了解客户生产经营状况，掌握资金信息，适时向有关领导汇报电费回收进展情况，提出具体实施办法。

二、主要工作内容

收费工作是由收费员、实收员、电费会计等几个岗位互相配合共同完成的，其主要工作内容有：

(1) 各种电费收据的保管、填写、领发单据，按例日发放与领取，向客户收取电费，并办理托收结算。

(2) 电费收据存根的汇总，收入现金的整理，填记款项交接单和收费日志。

(3) 按银行的收账通知，及时消账或提取托收凭证的存根，填记款项交接单。

(4) 复核电费收据存根（收费员复核现金）对照款项交接单与收费日志，填记总收费日志，银行存款。

(5) 处理有关收费工作的日常业务。

三、收费工作流程

电费审核人员审核合格的电费收据、总应收电费发行后，收费工作便开始进行。

收费人员接到核算整理传来的电费数据后按不同的收费方式收取电费，每日收费结束后，收费员要认真复核户数、款额及现金，填写日收费清单、款项交接单和收费日志，并且要核对三表相平，交实收人员。实收人员要复核收费员交来的相关日报表并汇总收费日志，

与收费员核对无误后，交银行存款。

按收费方式的不同，收费人员领取电费收据、托收的电费收据和电费传递单后，开始收费。由收费员直接收费的：收费员对领取的电费收据要认真复核户数、款额，然后对电费收据盖收费员章，再按例日去客户处收费。每日收费结束后要认真复核户数、款额、核对现金，填写收入报告整理票、现金整理票和收费日志，并分别进行收费整理和现金整理。收费整理要复校收费员交来的收入报告整理票和收费日志并填汇总收费日志。现金整理应核对应收数、复核现金，填写银行存款单，送银行存款。由银行托收电费的：电费托收人员领取的托收电费收据复核后按银行、代号排列，填写托收凭证，送收费整理复核。收费整理复核无误后盖托收章送银行，银行托收后电费托收人员要按收账通知单及时消账或提托收存根复核填记收费日志，并将交收费整理。收费整理要复核收账通知对照收费日志，并填总收费日志。

收费人员完成收费工作后，编制客户欠费清单，并根据欠费清单计算客户电费违约金。按照《电力法》、《电力供应与使用条例》规定的程序，及时编制欠费停电通知单交有关领导审批。

对于实行购电制和电费储蓄的收费管理上也应履行相应的手续，保证制约关系，防止错收、漏收。

随着计算机应用的推广和网络技术的日趋成熟，电费收费工作越来越多的采用计算机网络技术来传递数据，微机收费、微机自动生成相关的实收报表，逐步实现自动化的收费工作。通过网络技术可同时与多家银行时时联网收费，客户只需持“交费卡”即可在银行交纳电费，从而方便了客户能快捷交纳电费，减少了手工传递数据的繁琐过程，避免了数据在传递过程中出现差错的现象；减少了大量的数据单据，节约企业成本，能保证电力企业的电费回收及时足额的到位，提高回收率。

四、电费收取

1. 收费用表格名称与用途

(1) 领用据单。领发据单是实收人员向收费员发出电费收据时使用的单据。单据内记载街名、户数、电费额和领发据日期，使用时一式两份。

(2) 款项交接单。款项交接单是收费员每日收来的现金汇总的票据，整理的现金按票面种别逐项填入。有票种、张数、每种金额的合计数，要标明交款日期，交款的收费员要盖章。

(3) 日实收清单。电费收入报告整理票与现金整理票同时填写，收费员每日收费后填记收入户数和收入的电费额，电费额应与现金整理票的数据一致。实收人员复核后，在整理员栏内盖章。

(4) 收费日志。收费日志为收费人员每日工作的记录用，收费日志与抄表日志和应收电费发行表相比，稍有些复杂，是一种日记账的形式，每月按工作日期逐日填记。填记项目有：

1) 收费人员的姓名、年度与月份。

2) 收费日期填记实际收费的月、日。

3) 本日（月）应收栏内分：前日（月）结存填入前月剩余的张数与电费额；本日新领额填入按领据单上所新领的街名、张数和电费额；转入额记入转入票所转入的张数和电费额，此栏应分清所（或局）内外转入，要区别记入。

4）本日（月）实收栏内分：以前各月指将前月剩余数收入时填记此栏内；本月实收指本月新领电费收入的张数与款额；转出栏与转入栏相似，转给局（所）内外的要分别填记。

5）本日（月）结存：此栏内填记本日（月）应收的和减去本日（月）实收的和，即应收减收入得结存。

6）实收员是指收费整理复核无误时加盖名章的地方；有的为了标记现款已交，在交款时，由收费员在收费整理栏外边加盖名章。

2. 电费收据的传递

电费收据的传递应从核算整理审核并盖完收费章与托收章之后开始，即电费审核人员完成总应收电费发行表之后，连同电费收据一并交给实收人员，实收人员收到电费收据后，应复核户数、电费款额无误时在总应收电费发行表上盖章，将总应收电费发行表返回审核人员。复核正确的按每本分别填写一式两份的领发据单，按收费例日进行保管，待按例日发给收费员。收费员按例日领取电费收据，复核户数与电费款额，检查有无漏盖收费章和托收章的，无误时在领发据单上盖章，一份退回收费整理，另一份留做收费日志。收费员按事先排列的收费例日去现场收费，收据给客户，收据存根整理后返回实收员处；对托收的客户的电费收据经实收员发到托收人员处，同样要复核与检查，再按银行类别分开，按各行的托收代号排列并统计款额，填写托收凭证送银行转账。对于实行购电制和电费储蓄的客户，通过电费传递单反映客户用电情况，而客户可以通过购电证或电费储蓄结算清单了解用电情况和作为向供电局缴电费的凭证。

3. 收费方式

目前，电力销售部门收取电费的方式主要有委托银行代收、走收、坐收、银行托收、储蓄付费、分次交纳电费、自助交费等方式。

(1) 委托银行代收电费。电力企业与银行（或信用社）签订委托代收电费协议（电力企业按月应付给银行代收电费手续费）。电力企业依据协议规定，由抄表人员对所有以现金或支票交付电费的客户送交“电费交费通知单”，以便客户持通知单到银行交付电费，或由客户持供电企业所发的“交费卡”到银行交付电费。

电费交费通知单有两种形式。一种是到指定代收银行交纳电费的通知单。每天电费收据由营业部门审核无误后，交给银行，由银行代收电费。银行每天所收的电费，直接进入电力企业电费存款账户。在每个区段交纳电费的限期到期后，银行应将已收电费收据的存根及银行存款进账单，连同未收的电费收据一并交给营业部门。营业部门对银行代收电费审核无误后，应分类编制实收电费表，把银行未收的电费收据交给坐收人员代收，并派人向客户催交电费。另一种电费交费通知单是抄表员将填写好的“电费收据”三联单交给客户，要求客户在规定期限内执三联单到银行交款，过期银行拒收，请客户到电力企业营业部门办理迟交电费手续并交纳电费违约金。银行凭三联单所列金额收款，三联单的第一联加盖收讫图章后即为收据，交与客户留存，第二联银行留存，第三联汇总后，填写代收电费送款薄送交供电营业部门，所收到的全部电费存入供电部门账户内。电费管理人员根据银行转来的电费付款单办理收账手续，次日立即开出付款委托书将银行辅助账户的电费存款全部上缴入库。这种方法是供电企业与银行（或信用社）签订委托代收电费协议后即可采用，它的优点是资金周转快，减少了流通环节。

（2）走收电费。由收费员上门收取。收费人员每日从坐收员处领取电费收据，在收费时把收据直接给客户。如当时不能收到电费时，应留交通知单，通知客户到指定地点交费。

收费员妥善保管电费收据，每日将收到的电费交坐收员，对未收到的电费单据交给坐收员，并互相核对签字，如有不符立即查找，直至查清为止。

（3）坐收电费。营业部门设立的营业站或收费站（点）固定值班收费，称坐收或台收，即坐在柜台里收费。坐收人员每天工作终了，除了清点全部收入现金和支票外，还应将当日所收的全部电费收据存根联分类统计，编制已收电费日报表。所收各项业务费分别编制相应的收入日报表。

（4）银行托收电费。托收电费也称结算、划拨电费，是电力企业营业部门与客户经协商一致共同签订电费结算合同，通过银行拨付电费的方法。在抄表后通过银行托收电费，或按计划通过银行分次划拨预收电费，它适用于月末抄表结算的电力客户。这种收费方法具有手续简便，资金周转快，便利客户，账务清楚等优点。银行托收电费账是采用“托收承付”的方式。

“托收承付”是由收款单位将托收承付结算凭证送交银行，由银行通知付款单位，经付款单位同意，再由银行拨入收款单位的账户。采用托收办法收取电费涉及到收款单位（供电部门）、付款单位（客户）和银行三个部门，并涉及到财经制度，因此，必须建立相应的管理办法以及必要的联系制度。

（5）储蓄付费。为了方便客户交纳电费，保证收费的安全，提高现代化管理水平，开展通存通兑储蓄方式，方便客户就近储蓄，电脑划拨电费。储蓄付费由客户自愿参加，当地银行根据电费管理部门所提供的客户电费结算软盘，从客户账户中扣减电费划到电费管理部门的账户内。若客户不愿参加电费储蓄，则采取委托银行代收电费方式，可到指定的储蓄所交费后，取回电费收据，客户不需到营业所交费。

（6）分次交纳电费。分次交纳电费是指电力客户对当月电费按照协议在结算前分多次（最少三次）向供电营业部门交纳电费，并在月末抄表结清当月电费的一种方法。本办法适用于月电量在10万kW·h以上的电力客户。

（7）客户自助交费。自助交纳电费是客户通过电话、计算机等网络通信终端设备按语音提示完成的交费。此种交费不受时间、地点的限制，方便了客户的交费，有效解决了电力客户交费难的问题。

4．电费的财务管理

电费财务管理的工作要求是：

（1）根据核算员、统计员提供的报表、票据，制作转账凭证，建立相应的会计账户，包括总账分类、明细分类账、日记账等。分别对总账、二级明细账及客户明细账进行有关账务的经济业务处理。

（2）根据用电大户、收费员交费凭证，制作收款凭证，对银行存款及有关账户进行经济业务处理。

（3）根据银行存款情况，制作对付款凭证进行电费、代征费用、税金等项目的上缴。

（4）月末按时结账，并与银行对账，编制银行存款余额调节表。

电费的财务管理的内容如下：

（1）保证应收电费总账准确，如数并及时上缴电费；印刷和发放各类收费票据并予以登记。

(2) 保证与银行往来账目准确无误，往来单据及时。

(3) 负责中转各个电费管理单位及银行的有关单据。

(4) 汇编、填报各种统计报表。

(5) 负责提取为地方政府代收的附加费，并及时拨付入库。

(6) 对各项费用转入及时划拨。

(7) 对电价、电费的数据进行统计、分析，对比其变化提出分析意见，特别是与预测的当月、季或年电价、电费目标计划相差较大时，要及时报告领导。

(8) 抄收结合的应两人进行，严禁一个人又抄又收，严禁白条子收费，严禁假公济私，严禁现款留个人手中不上交。

(9) 监督检查并考核营业工作中各个电费管理环节的工作质量问题及有关指标，并切实注意以下几个问题：

1) 抄表工作是否做到“三定”，即定抄表人员，定抄表时间（例日)、定抄表区段。

2) 电费抄收中是否做到“六及时”，即及时抄表，及时算出电费，及时制出电费收据或进行计划划拨与托收，及时审核，及时结算电费，及时回收电费。

3) 沟通用电监察、校表、装表、业务人员与抄、核、收人员的联系渠道，环环紧扣；加强对计费计量装置的运行、倍率、表计位数及客户装接容量、线损变损应加电量、电价等的核对。

为完成上述工作内容、要求，在财务管理上必须做到：

(1) 一切业务、营业收入的收据应统一管理发放，审核人员总领取并分发抄、收业务人员使用，收费凭证和托收结算凭证必须经过审核并盖上公章，审核人员和收费人员盖章齐全后方准对外发行。

(2) 电费综合管理人员必须切实做好电费的综合核算，做到账账相符，账据及账实相符，帮助电费计收及业务人员正确执行电价等制度和正确核算电费。

(3) 账、卡、票、据、凭证必须字迹正确、清晰、整齐，不得涂改。账卡记载错误必须修改时，须将错误部分划红色二横道并加盖经办人章；收费凭证必须编号，电费金额必须大写并不得涂改、挖补，发生笔误后应另开据，原票据作废缴销，不得撕毁；数码的书写必须按标准阿拉伯数字字体，并注意容易错乱的数字。

(4) 电费管理使用凭证包括：应收电费通知单、营业记账单、应收电费票据发出凭证、实收电费缴款单、银行送款单、未收电费退库凭证、实收电费日（月）报表、电费凭单、托收无承付及托收承付结算凭证等。

抄表卡片、电费台账、单据存根、结算凭证等，应指定专人妥善保管，超过保管期的资料若销毁时，要经领导批准后方可进行。

(5) 客户缴纳的电费，必须全数进入当地银行开立的电费专户。

5. 收费中应注意的问题

收费工作主要是依靠收费员来完成，所以只有收费人员认真做好本职工作才能保证收费工作的顺利完成。

(1) 收费员的职责范围。

1) 领取电费收据，按例日向客户收取电费和办理托收电费的结算。

2）转出转入电费的处理。

3）电费收入存根，收账通知及现金核算，填记电费收报告整理票、现金整理票及收费日志。

4）经常向客户宣传安全，节约用电按期交纳电费和按章用电工作，检查违章用电、窃电，完成收费任务。

(2) 收费中应注意的问题。

1）收费要注意电费款额，先收钱后给票据，收钱和找零钱都要复诵1遍。

2）收支票时，要注意支票的填写是否符合银行的规定，大、小写金额是否相符，字迹是否清楚。

3）注意收据收检，不得丢失。

4）应经常清点手中的电费收据，如发现与收费日志不符时，应立即查找原因，必要时请有关人员协助查明。

5）严禁不按正式收据收款，严禁白条子暂收电费；不准私自委托他人收费，如收费人员途中有急事耽搁时，应告知缴费客户"请稍等"并收拣收据，锁好抽屉方可离开。

6）所收货币应按软硬、票面金额分别存放，防止混杂，零票及硬币应在收费包内分别存放，纸币和支票应略分票面值并用票夹夹放，不能与电费收据混杂。

7）收回的电费必须于当日及时送入银行，或回本单位上缴，遇有小额尾款可以暂存在本单位保险柜内，于第二天一并整理上缴，绝对禁止将电费尾款带回家中或放在抽屉内过夜。

8）对托收欠费客户应及时处理。

五、电费管理

在电费的收取过程中要进行严格的管理，健全手续制度，才能保证电费及时、准确的收取和上交。

1. 实收工作

(1) 实收员的职责范围。各种电费收据、明细表的复核，填写领发单据并按例日发放；转出转入电费收据的处理；审核电费收据存根，核对收费日志，填写总收费日志，月末装订保管并与核算整理员核对电费总发行额，填写欠费情况表。每月至少核对一次收费员结余单据与收费日志是否相符；处理有关收费业务上的疑难问题。

(2) 实收工作。实收人员要按规定的收费例日发放电费收据给收费人员，掌握每个收费员的收费工作进度，及时了解收费工作中存在的问题。

实收人员应经常向收费人员进行财经纪律教育，对收费人员在工作期间作有计划的抽查，或定期与不定期的检查，以督促收费人员做到当日事当日毕，收费人员应公私分开，公款绝不可挪作他用。

对减额电费收据要严格检查收款人的名章，对向单位退回电费的除盖公章之外还应具有财务部门的收据。

每日在复核电费收据存根时，应与个人收费日志核对，对现金收费部分应与现金整理核对现金存款单，对托收收入数应与收账通知核对，以确保各项数字一致。每个月内应定时与电费审核人员核对电费收据的发行总户数、电费总应收额与收费的总发行额是否一致，如发现不符时应及早核查。对工作中发现结余数与实际收据不符亦应及时查找，避免月末结账时出现查找困难的局面。

对大工业欠费客户应在月末前了解情况，组织催收，保证电费回收任务的完成，对收费员发生差账时，要了解情况并协助查明原因及时处理。

实收人员与收费人员应密切配合，掌握收费工作进度和收入电费的上缴情况，以保证电费收入按时或提前完成任务。

2. 收费工作

收费人员是和实收员密切相关联的重要岗位之一，收费员每天收入的现金和交来的款项交接票据，应逐人逐项复核，并应有交款记录；在逐人复核之后，还要进行汇总并与实收人员核对，所有现金是否与所交存根汇总数相符，如无误则填写现金存款单。若发现不符应与实收人员核实，是哪位收费员多交还是少交。对各人所交现款与款项交接票据如不一致应记入交款记录簿中，必须在次日交款时进行多退少补，并同时核销记录。

对个人所交现金复核时，原则上应当面点清，工作量大的单位当面点清可能有困难，可重点复核，或对票面额大的票种当面进行复核，票面额小的票种后点，或者对经常发生错误的人当面点清。银行送款时，必须二人同行，路途远的应以汽车送款，收费员所收的杂项费用，所交款项应分别记载，以资区别。对每个人交来的现金款项票种必须逐项填写，以便汇总。

3. 收费日志

收费日志与抄表日志和应收电费发行表构成营业工作中的“三大表”，三者作为营业工作上互相制约的基础资料。

收费日志是收费员个人每天工作的记录，一般从收费整理处新领的电费收据，按日期计入应收电费的“本日新领额”栏，按例日收入电费时，按收费月、日记入“本日实收”栏的“实收本月”栏内，每次将张数、款额分别填记，两者相减就是“本日结存”的张数与款额。如此循环每日将前日剩余加上新领减去实收，又得结余，如有转入加进应收，有转出加入实收，如应收减去实收成零时，即全月电费完成百分之百。个人收费日志经整理员复核后应填记总收费日志，总收费日志是每个单位每天的工作记录，凭累计新领额与收入累计数可以考核工作进度或同期对比。每月汇总的收费月报，可以反映每名收费员一个月的工作数量，完成了多少户，共收入多少电费。

三大表必须每天填记，每月及时汇总，定期进行核对。三大表应该做到两两相符，即抄表日志月报中的抄表户数、全部发行电量与应收电量发行表中的户数、电量必须相符，应收电费发行表中的应收电费总额，必须与收费日志中新领的张数与应收电费总额相符。各单位应指定负责抄表、核算和收费的整理员互相核对有关数字，核对后加盖名章互相承认，即抄表日志的总户数和总电量应由核算整理盖章；而核算汇总的应收电费发行表的总户数和总应收电费额，应由收费整理盖章；而收费日志汇总的户数和应收电费额和实收电费额，应由现金整理盖章，单位负责人应同时在三表上盖章。如此每月核实，就避免了平时无人管，用时数不符的错误现象。

三大表还是营业统计资料的基础，因此各单位必须建立健全，逐月核实，并保证各项数据的准确。

4. 电费会计

实收人员在每个月里复核电费收据与收费员交来的收据存根，同时复核个人的收费日志，填写总收费日志，每月一个周期。收费员与实收员配合，复核每日收费员交来的现金，并汇总存入银行，每月内随时将现金存款单与实收员核对交电费会计。电费会计是在收费员和实收员工作的基础上，进一步对各项电费应收与实收及转出转入的管理，杂项收入的核实及上缴。

(1) 主要工作项目：

1) 应收电费账、杂项费明细账、银行存款账的记载与保管。

2) 空白电费收据的保管、杂项费收据的编号、发放及其存根的收回、审核与保管。

3) 局内外应收款项的转入整理，办理局电费账、各项收入的上缴。

4) 整理各项收入款项，并及时存入银行。

5) 月末与实收员、电费审核人员、银行、财务核对账目。

(2) 电费会计的工作：

1) 电费部分以审核发行电费的总合计数（包括应收电费与附加费），与实收员每月的应收与实收对照，并与收费员存入银行的现金和托收收入对照。电费收入中还包括违章与窃电客户所补缴电费中应转入电费收入的部分。

应收电费账的填记，从年初开始如上年有应收而未收的电费余额时，记入上年结余栏内，每月将应收电费（包括补缴电费）和附加费，分期或一次记入。实收部分应分别托收收入、现金收入、代收与转账收入。每月有月实收，逐月有收入累计，月应收减月实收得当月余额，累计应收与累计实收比较仍为结余。对所有内部转账的款额必须清楚，以便于核对银行存款账时分清。

2) 杂项收入整理，应以收费人员填写的缴款总清单为准，与附带的收入报告核对，再与收费员的存款单核实银行存款数。

在填记杂项费明细账时，应按杂项费收入的项目，如罚款、赔表费、校表费等内容分别建账，逐月记入实收数和上缴数，也填记每月收入与累计收入。

3) 银行存款账的记载，应按银行存款单和托收电费收账通知记载。各局应按财务部门的要求，及时或定期地上缴，每月末以银行存款账与银行对账单核对。

4) 空白电费发票的管理，应建立空白或定额电费发票管理账，若为定额收据的应按定额票种划分建账。建账后应要求各单位每年提出需要收据的计划，每次领用者亦应登账，要根据各单位领用情况及库存数量编制补印各种电费收据的数量。

5) 杂项费收据的管理。对杂项费收据应按年编号，妥善保管，发放时以旧换新，当时记账，由领用人盖章。对收回的杂项费存根应与收入报告对照，如集中对照有困难时，可在交款时核对，核对无误时及时盖章，以示核对完毕。在回收存根时应核对是否有漏核对页数，对回收代收电费与分割收据的杂项费存根时，应核对所贴电费收据与存根是否一致，逐页核对无误时签封保存。

6) 电费会计人员不论是专职或兼职，都应在每月末会同营业负责人，组织抄表人员、电费审核人员、实收人员和收费员进行一次发行电量、应收电费、实收电费和银行存款等数字的核实，如发现不符时应及时查找，不核对清楚不能结账。

(3) 电费会计的注意事项：

1) 每月接到银行转来的存款对照单应及时与银行存款额核对。每月末结账前，银行存款金额必须与银行进行一次核对，如发现不符时必须及时查明原因进行处理，每月月末必须编制银行存款余额调节表。

2）当日应收的电费，必须当日收齐上缴，不许跨月存款。

3）加强空白单据和杂项费收据的管理工作，要分类建账，严格领用手续。每月要清理核对一次使用情况。杂项费收据当年没有用完的盖“作废”章并全部收回，下一年要使用新本。

第三篇 电力营销管理

全国统一供电服务热线

95598

第十章 电力市场营销

第一节 电力市场营销概念

电力企业包括发电企业、电网管理企业以及供电企业。其中，电网管理企业和供电企业是电能的销售企业。过去电力企业偏重于安全生产管理与技术管理，很多人还认为电力企业是垄断行业，电能是“皇帝女儿不愁嫁”，不会遇到市场问题。然而，20世纪90年代以来，我国电力企业面临电能销售量负增长和增长缓慢的问题，以及与其他能源进行竞争的局面。实践证明，电能销售同样也需受到市场的检验，从影响电力市场的因素来看，市场营销对于供电企业是一项很重要的工作之一。因而，即便在21世纪初期出现短暂的供小于求的市场形势，有眼光的供电企业管理者仍然不放松市场营销。拓展电力市场首先要研究电力市场的特性、规律，客户对电力产品的需求，以及如何满足客户的需求、赢得客户、拓展市场。

一、电力市场营销定义

电力市场营销就是电力企业在变化的市场环境中，以满足人们的电力消费需求为目的，通过电力企业一系列与市场有关的经营活动，提供满足消费需要的电力产品和相应的服务，从而实现电力企业开拓市场、占领市场的目标。

电力企业市场营销的中心是实现电能的交换，最终完成电能使用价值，并获得利润。电力企业的经营目标及利润目标等能否实现，电力企业能否在竞争的市场上求得生存和发展，最终都要取决于电力消费者是否购买电能和增大电能的使用量。

因此，电力企业的市场营销是以扩大市场销售量和增加市场客户为中心而展开的。它的核心是：电力企业必须面向市场、面向消费者，适应不断变化的市场并及时对营销策略做出正确的调整；电力企业要为消费者提供合格的电能和满意的服务；电力企业应该而且只能在消费者的满足之中实现自己的各项目标。

二、电力市场营销策略

市场营销策略是电力企业实现营销目标的一整套营销手段。它包括以下几个方面：

(1) 形象营销策略。加强电力企业形象建设，宣传优质服务宗旨，在全社会和消费者心目中确立电力产品优质、可靠、价格合理的形象，使消费者提高对电力企业的信任感并增强对电力的需求。例如，通过各种媒体进行宣传、参与社会公益活动、开展社会调查、建立窗口服务及产品展示等方式。

(2) 优质服务策略。在营销活动中做到保证连续供电，电能质量好，价格合理，购买手续简单、结算方便，为客户提供优质、规范、方便、快捷的服务，以提高电力企业信誉，增强竞争力，进而扩大电力消费市场，是电力企业追求的目标。

（3）引导需求策略。利用国家法律法规和有关政策，制订相应措施，引导消费者改善用电结构，合理使用电能，扩大低谷和季节性用电市场，增强电能在终端能源消费中的比例，挖掘潜在的电力消费需求。

（4）市场开拓策略。电力企业应努力营造一种环境，不断创造新的电力需求，让不同消费者自发地、主动地扩大用电需求。电力企业可利用价格杠杆刺激电力消费并培育潜在的用电市场。如制定可供消费者选择的不同的低谷电价、节假日电价、季节性电价、可停电电价等；鼓励使用可提高电网负荷率的新技术、新产品，如蓄热式电锅炉、蓄冷空调技术、电热膜、电动汽车、家庭供热中心等。

（5）推进需求侧管理策略。需求侧管理是当今国际上流行的一种先进的能源管理技术。它是采用有效的激励措施，引导消费者改变用电的方式和时间，使电力资源得到优化配置。这项活动的结果使电力公司、客户和政府都得到好处，并带来社会效益。目前在我国，推进需求侧管理的重点是加大削峰填谷和移峰填谷的措施，推广新技术、新工艺、新产品，提高电网负荷率。

（6）管理创新策略。通过制度创新和现代新技术的应用降低成本、提高效率。电力企业可制定供不同消费者自由选择的电价；改革营销业务的服务方式，建立为市场营销服务的商务信息技术支持系统，实施对电力营销与服务全过程的计算机网络化控制与管理；应用电子商务技术，实现营销流程方便、快捷、优质、满意的服务目标，都将会增加电力客户对电力商品的信任度、依赖性，使电能成为能源消费者的首选。

三、制订电力市场营销战略的四个步骤

任何企业都是在一个动态的环境中生存和发展的。在市场营销过程中，企业不但要善于创造顾客并满足他们的需求，还必须善于适应不断变化的市场，制订战略计划，实施战略管理。通过规划总体战略，明确企业使命，分析投资组合，决定新增业务；通过市场营销管理过程，研究市场机会，制订市场营销计划。

（1）确定长远目标。电力企业应考虑以下几点：企业是想谋求发展，还是想维持现状；企业是想集中精力从事一种或有限几种经营活动，还是力求经营活动多元化；企业想发展成什么样；想让它给企业带来什么。

（2）做公司的弱点分析。做电力企业的弱点分析，即以批判的眼光审视电力企业的经营活动。电力企业似乎并不愿意对自己的弱点多加分析，也不愿寻找能有助于电力企业做出合理决定的其他信息。找出企业自己的弱点有时是很难，但是对电力企业开展市场营销活动、开拓新市场来说是必须的。如果电力企业能从分析本企业的弱点中吸取有益的教训，那么，一份全面的企业的弱点分析报告能帮助企业找到机遇，能使企业尽快适应市场，提高企业的经营管理水平。

（3）确立目标市场。当企业进入市场之后，企业就要寻找客户。对电力企业来说，有许多目标市场（如大工业企业、交通运输业、商业、生活照明等）。在做目标市场分析时，一定要做投入、产出分析，做利润分析等来确定本企业的目标市场。要记住，企业只有确立了目标市场，才能调整经营活动的运转程序。

（4）市场营销组合。传统电力市场营销是供电公司在自己的公司里等客户来购买电力产品，现在电力市场营销要求重新调整处理业务程序和思维方式来适应新情况。供电公司一旦了解客户有用电需求，就应该主动上门为客户服务。供电公司要对每一个细分市场进行市场

营销组合，即综合运用产品市场定位、价格手段、促销手段等适应各个细分市场的需要。

供电公司需要仔细研究在每个目标市场盈利的可能性，在一些新目标市场的市场营销组合，供电公司需要做小范围试点，得出结论后，再向更大的目标市场推进。同时，需要供电公司不断努力，用不同的市场营销组合方式继续推动市场，拓展销路。最终，供电公司会赢得更多的客户，获得更多的利润。

四、电力市场营销组合手段

电力市场营销组合手段归纳为四个因素，即产品、价格、地点和促销。

最基本的营销组合手段是产品；营销组合手段的关键是价格；分销是营销组合手段中的另一个关键要素，代表了为使企业产品能接近和适应顾客而采取的各种活动；促销是第四个营销组合手段，代表公司所进行的沟通和促使其产品到目标市场的各种活动。

(1) 电力产品。产品是指以满足消费者某种欲望和需要而提供给市场的一切东西。电力产品是电能，通过用电设备把电能转化为光能、热能、机械能、化学能等，满足电力客户的不同需要。

电力产品包括有形的产品和无形的产品。有形的产品是指地点（营业大厅）、人员（营业厅等各类服务窗口的服务人员、可能与客户发生联系的部门的工作人员）、组织（销售管理部门）和销售电能有关的物品（电能计量设备、负控设备、用电设备等），无形的物品是指电能、服务（客户用电咨询服务、电费查询）、供电设备维修和抢修等。

(2) 电力产品的四个层次。

1) 电力产品最基本的层次是核心利益。也就是电力客户需要购买的是“电能”以及配套的服务。

2) 电力产品的第二个层次是核心利益的获得。市场营销人员要把客户需要的核心利益——“电能”，输送到电力客户所在地完成产品的交换。

3) 电力产品的第三个层次是期望产品。就是客户在购买“电能”的同时，期望得到的一整套附属特性和条件。例如对于客户而言，期望的是较高水平的用电咨询及在电力使用过程中得到安全、连续、合格、可靠的电能。

4) 电力产品的第四个层次是附加产品。也就是产品包含的附加服务和利益。供电企业通过不断建立、完善服务机构、监督机制等措施向顾客提供更良好的售前及售后服务来增加电能产品的内涵。例如：供电企业不仅仅是“卖电”，客户已不在乎各供电公司供给多少电能，而重视产品的附加价值。诸如供电企业提高电能质量，加强电气设备维护，提供用电咨询，做好电能安全输送及售后服务，利用广告宣传引导客户安全、合理用电，以及客户重视的其他价值，向客户推介一种全新的、高质量的、环保的生活方式。

五、制定市场营销策略时还应考虑的问题

(1) 产品成本增加。每增加一个附加产品都会增加产品成本，市场营销人员需要知道顾客是否愿意支付增加附加产品的费用以补偿企业产品成本。

(2) 客户期望的利益。是指附加的利益是否能很快就变成客户期望的利益。例如电力客户的用电量得到随时的满足后，就开始转而追求更低的电价水平以及其他更好的服务。

(3)“同类产品”的竞争。当公司提高附加产品的价格时，同行业竞争者，如一些地方小火电机组和柴油机组，是否会以更低价格提供“同类产品”的竞争。

(4) 潜在替代产品。电力公司应努力提供满足顾客需要的电力产品，以防备潜在的电力替代产品如油、汽、光等能源侵占市场，使自己与竞争者的产品区别开来。

六、产品差别化方法

不同的行业具有不同的产品差别化机会。电力行业属于专业化行业，在专业化行业中，并不是每个公司都有机会降低成本或提供一定的特殊利益来取得竞争优势的。有些电力公司会发现市场中的许多微小优势，他们的对策是不断发现新的潜在微小优势，并逐个加以运用。电力公司要突出自己产品和竞争对手之间的差异性，主要有四种基本的途径，即产品特征、服务、优秀员工及品牌形象。

(1) 产品特征。产品特征是指对产品基本功能给予补充的特征。产品特征是公司实现产品差别化的极具竞争力的工具，其出发点是公司通过增加产品的基本功能的新特征，推出新的产品。例如，电力公司可以提供多种可供选择的产品。如固定时段可中断的电力、随时可中断的电力、持续供电的电力、分时段的电力等。电力公司要能确定哪些是标准化的特征，哪些是供选择的特征。每一种特征都会有机会吸引一部分客户的兴趣。

电力公司应如何选择合适的产品新特征呢：一种有效方法是电力公司与电力客户相联系，询问他们对电能使用的感觉如何；电能在使用中有哪些不足之处；有哪些好的特征；是否可以增加一些特征使您更满意；这些特征是什么；您愿为每一种新特征支付多少价钱；对于其他顾客提到的特征，您如何看待等。

产品质量是指产品的设计特征和工作性能与预期标准的符合程度。可靠性是衡量产品在一定时期内不会发生故障或无法工作的指标。电力产品同样存在这个问题。电力产品质量低是指电能质量不合格、供电经常中断、维修服务不及时、产品许诺的功能无法实现。客户希望避免因为发生故障为修理付出维修成本，这样一来客户就会感到失望。总之，卓越的产品能吸引顾客的注意力，提高产品的质量和工作性能，降低生产成本，能更好地将产品的价值信息传递给目标市场。

(2) 服务。在难以突出产品的差别时，竞争成功的关键常取决于服务的数量和质量。区分服务水平的主要因素有送电、安装、顾客培训、咨询服务等。

送电服务是指供电公司如何将电能送到客户家中，客户的选择常取决于他们对供电公司送电速度和可靠性、安全性的预期。供电公司的送电服务包括客户供电方案的制定、用电工程检查验收、表计安装运行状况等工作。供电公司应将重点应用于以下环节：把更快的送电服务、更完善的用电售后服务和在供电中断后快速反应作为竞争手段。

安装是指供电工程施工快慢和施工质量、电能表安装和正常运转。当客户要求供电公司进行变动用电容量、移动表计等供电业务时，供电公司应在简化手续的前提下，尽快满足客户的要求。

顾客培训是指对客户进行安全用电、节约用电等知识宣传、培训，让他们能正确、安全、有效地使用电能。

咨询服务是指供电公司向用电客户免费提供有关用电业务资料、建立信息查询系统、给予用电客户用电指导等。

(3) 优质员工。电力企业是一个资金密集、技术密集的产业，它需要一批优秀的员工来完成发、供电业务。供电公司可以通过招聘、培训比竞争对手更优秀的员工，来赢得市场的竞争优势。如果供电公司拥有一支高素质的员工队伍、非常整洁的工作环境、非常严谨的管理，那么这些都可以提升企业的经营、管理水平。

(4) 品牌形象。即使其他竞争因素都相同，但由于公司或品牌的形象不同，客户也会做出不同的反应。品牌可以形成不同的“个性”，供客户识别。电力公司可通过它所赞助的活动来塑造“个性”。可考虑赞助或发起有关保护自然的活动，将自己和环境保护联系起来，以突出企业及品牌形象。每种差别都有可能增加电力公司的成本和客户的利益，所以电力公司要精心选择每种区分自己和竞争对手的途径。电力公司通过寻找产品的特定位置，制定策略，最终让消费者用得放心、用得满意，并能接受电力产品的价格及优质服务。

第二节 电力市场调研

一、电力市场调研

1. 电力市场调研的定义

电力市场调研是指供电企业为了实现经营目标，进行电力市场经营、规划、生产和销售决策，运用先进的技术手段和方法，采用一定的程序，有系统、有目的、有组织、有计划地收集、加工、处理电力市场信息，并得出结论的一系列调研活动。

电力市场调研实质上包含两层意义，即电力市场调查和市场研究。

2. 电力市场调研的作用

(1) 通过加强电力市场调研工作，使供电企业主动适应市场需求变化，及时合理投产新设备，有效安排和使用人力、财力和物力，有利于供电企业改善经营管理，提高公司经济效益。

(2) 通过电力市场调研，收集了解电力市场信息，做出比较符合市场的科学分析，向供电企业决策层提供全面、准确、适用的信息，使供电企业能够准确地把握市场，进行正确的市场定位，选择正确的销售渠道和促销策略。

(3) 通过电力市场调研，了解电力客户的需求和供需平衡的动态信息，从而制定出有计划、有针对性的政策。

(4) 预测电力市场的发展趋势，开拓消费者的潜在需求，促进电力生产的正常发展，满足人民生活水平不断提高的需要。

(5) 把电力客户的产品作为电力载体，深入了解其产品销售情况，通过其对国内外市场的占领，实现电力产品增供扩销。

(6) 通过市场调研，了解电力客户负荷特性、生产工艺流程及要求，以便科学、合理、经济地进行电力调度，搞好电力需求侧管理。

3. 市场调研的特点

(1) 调研范围广泛，调研对象众多。由于电力在现代社会中的重要性，从生产到生活，从城镇到农村，范围十分广泛，并且由于电能的不可替代性，关系到各行各业的发展，也是提高人民生活水平的基本条件，所以需要掌握的对象众多。

(2) 调研内容复杂，专业性较强，要求调研者具有一定的专业知识。电力产品是一种特殊的产品，不同行业、不同设备用电特性、消费方式各不相同。尤其是在工业领域，电力的使用具有很强的专业性。因为调研内容常涉及一些专业知识，因此要求调研人员具有较高的专业知识。

(3) 调研以掌握负荷发展情况、预测未来电力电量为目的。作为一种企业行为，市场调研的首要目标就是深入调查用电客户的发展情况，了解其所需的电力电量增长或减少的可能，从而为下一步的市场预测打下良好的基础。

（4）调研以电力供需平衡为目标，准确反映真实市场情况。由于电力属于发、供、用同时完成的不可储存的产品，因此电力市场具有同时性，必须随时做到供需平衡，所以市场调研结果必须为制定合理的电力规划服务。

4. 市场调研过程

市场调研的过程如图 10－2－1 所示。

（1）预研。预研阶段的主要工作是确定调研问题、调研目标，对调研背景、存在问题、资料来源作初步分析，通过咨询有关专家等方式，决定市场调研的可行性以及调研内容。通过预研，合理地确定调研的范围和深度，为下一步调研工作打下良好基础。

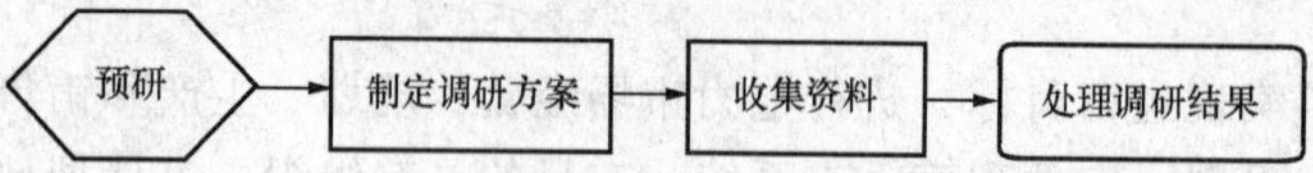

图 10－2－1 市场调研的过程

（2）制定调研方案。在预研基础上，制定好调研方案是市场调研成功的基础。调研方案制定好以后，应该根据专家、客户代表的意见进行修改和完善，使调研方案尽可能科学、合理、方便、全面。

（3）市场调研及资料收集。根据调研方案进行市场调研，是整个市场调研过程中的主体部分。市场调研及资料收集直接关系到市场调研的质量，涉及的内容很多，必须组织好的调研人员，进行确实有效的工作，尽可能地对调研对象按调研方案进行详细全面的调研，以保证收集到足够的第一手资料，为下一步工作打好基础。

（4）处理调研结果。应用科学的分析方法和模型，借助先进的分析工具，对市场调研过程中收集到的资料进行整理分析。如果发现所调研到的资料不够全面，应着手进行补充；如果资料完备，则利用调研工具分析数据，得出调研结果，编写调研报告。

5. 电力市场调研的范围

电力市场调研的范围如图 10－2－2 所示。

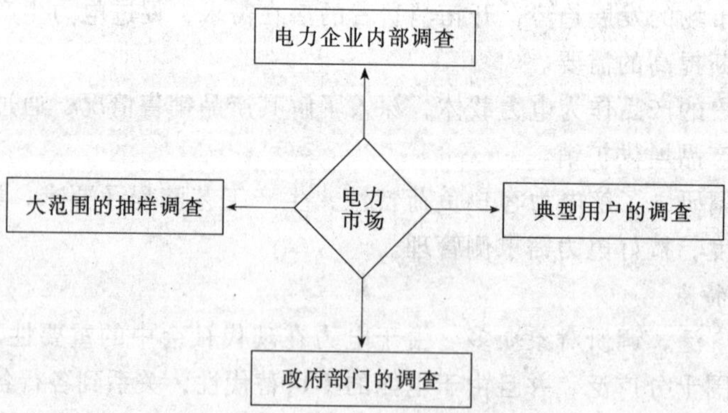

图 10－2－2 电力市场调研的范围

（1）电力企业内部调查。经过多年来的经验积累，电力行业已经建立健全了一整套客户档案管理资料和客户发展历史资料。由于收集途径多、耗时短、真实可靠，故电力市场调研首先应从电力企业内部开始。

（2）较大范围的抽样调查。从调研对象样本空间中抽选出有代表性的调查对象作为样本，对样本进行调查，并根据抽样所得到的结果推断出结论。通过抽样调查技术，克服了普查的组织困难和费用高、时间长的缺点，也克服了传统调查方法的主观随意性和样本代表性不强的弱点，具有较强的代表性和科学性。

由于抽样总体和目的总体不可能完全一致，为了保证样本的代表性，抽样调查的样本必须在较大样本空间范围内选择。

(3) 典型客户调查。典型客户调查经常采用典型调查和重点调查，而且可以与抽样调查结合进行，作为抽样调查的补充调查，也可以结合具体需要研究的问题进行。典型调查可与用电客户直接接触以掌握第一手资料，通过直接回答方式了解客户的看法和意见，简单方便，灵活自由，有利于获取较深入的、有用的信息。

当调查范围内具有特征突出的地区时，可采用典型地区调查方法。严格讲典型地区调查是上述走访客户典型调查方法的一个特例，具体方法也与走访客户典型调查相似。

典型客户调查的关键是如何选取典型客户和典型地区，通常有以下两种方式：①选取带有共同特征的客户或地区，研究带有普遍性的问题；②选取与众不同的客户或地区，目的是研究特殊性问题。

(4) 政府管理部门调查。政府管理部门掌握着大量的信息和政策。通过对政府及公共事业管理部门的调查，可以从整体掌握该地区的经济发展现状、能源消耗情况及规划情况，便于从宏观领域分析电力公司所处的环境、未来发展趋势以及竞争对象的发展趋势。

6. 电力市场调研对象的细分

按照电价结构细分，如图 10-2-3 所示。

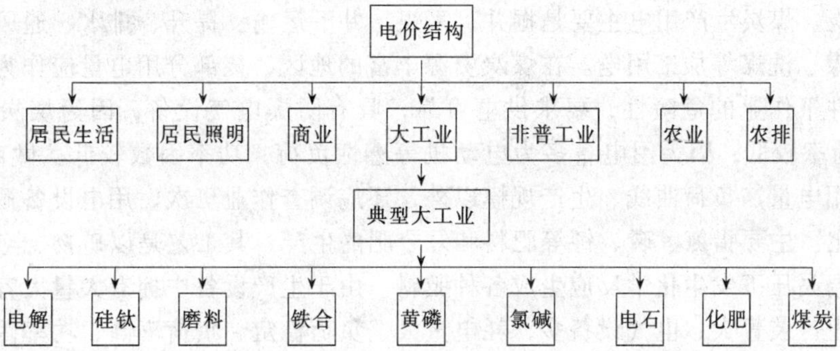

图 10-2-3 电力市场调研对象的细分

(1) 居民生活客户：主要是指仅有家庭生活照明和家用电器用电的城乡居民客户。对于经济发达地区，该部分用电量占总用电量的比例较大。

(2) 非居民照明客户：主要是指一些非生产场所的照明和空调用电，信号、装饰和广告用电，道路照明用电，以及用电容量不足 3kW 的医疗器具用电等客户。

(3) 商业客户：主要是指从事商品交换或提供商业性、金融性等有偿服务的照明用电客户，包括销售业、物资供销、仓储业、文化娱乐场所以及宾馆、饮食服务业等。

(4) 非普工业客户：主要是指用电容量在 3kW 以上，属于科研实验性或非工业性用电的客户，包括非工业性电力拖动、电加热、电解和电化学等动力用电，交通运输、通信广播、基建施工以及营业性文化设施用电等。或低压受电的工业性生产用电，包括工业生产用电、事业性单位附属工厂生产用电、交通通信等修配厂用电、城镇自来水厂用电等。

(5) 大工业客户：主要指受电变压器容量在315kVA及以上的工业生产用电，包括工业生产用电、事业单位附属工厂生产用电、交通通信等修配厂用电、自来水厂用电等。大工业客户执行两部制电价。对于冶炼、重工业等高能耗行业用电量占总用电量的比例较大的地区，应对各重点行业进一步细分，根据不同行业的特点做市场调研。

(6) 农业生产客户：主要是指农村养殖业和种植业用电，包括农田排涝和排灌用电，田间作业、打井、脱粒、育苗用电，非营业性农民口粮加工和饲料加工用电，渔业、畜牧业用电等。

(7) 贫困县农业排灌客户：指享受国家对贫困县的农田排涝和排灌用电给予优惠政策的客户。

7. 市场调研的重点——大工业行业用电

(1) 电解铝。通过电弧对以氧化铝为原料的混合物进行加热熔化，在熔盐状态下电解、提取金属铝。由于整个生产工艺完全依赖电力熔化和电解，所以耗电量大。该行业属于连续生产的行业，生产稳定、负荷率很高。做市场调研时，重点调查用电量、负荷曲线、生产规模、电解槽数量、整流变压器容量、产品单耗等。

(2) 铁合金。一般指电炉铁合金。将铁矿石、还原物、熔剂等混合物加入电炉内，利用电弧或电阻对原料加热至熔化状态，然后电解生成铁合金溶液。该行业同样属于连续生产的行业，做市场调研时可参照电解铝。但由于现有的小规模铁合金厂很多，为了规避市场风险，除了调查用电量、负荷曲线、生产规模、产品单耗等以外，还应进一步调查产品销路、销售价格、货款回笼情况等。

(3) 煤炭。煤炭生产用电主要是掘井、采煤、井下运输、提升、排水、通风、照明等井下用电和选煤、洗煤等加工用电。在煤炭资源丰富的地区，该部分用电量应作为调研的重点之一。由于井下作业的危险性，要求供电可靠，具有防爆电气设备；因为煤炭生产的特殊性，导致负荷率较低；因为用电备多为电动机等感性负荷，功率因数较低。做市场调研时，除重点调查用电量、负荷曲线、生产规模以外，还应调查作业班次、用电设备概况等内容。

(4) 化肥。主要指氮、磷、钾等肥料和复合肥的生产，其工艺是以矿物、空气和水等为原料，在高温高压下发生化学反应生成各种肥料。由于生产设备中拥有大量大容量的同步电动机，所以生产装置大、电气设备多，耗电量大、负荷稳定、负荷率高、功率因数高。由于化肥产品种类很多，各种产品的生产工艺不同，做市场调研时要分类进行。可以对不同化肥厂的同类产品做横向比较，以校核调研数据的真实性。

(5) 氯碱。利用电能对NaCl水溶液进行电解，从而制取烧碱（NaOH）、氯气（Cl_2）、氢气（H_2），并进一步制取氯系列和碱系列产品。由于生产工艺要求用大的直流电流进行电解，所以能耗高。生产特点是负荷稳定、负荷率高，但功率因数小于0.9，生产过程中要产生谐波。做市场调研时，重点调查用电量、负荷曲线、生产规模和产品单耗等。

(6) 电石。将生石灰（CaO）和碳（C）的混合物加入电石炉内，在炉内的电极上通交流电，发生还原反应生成熔融电石（CaC_2）。与上述几种电炉产品显著不同的是电石生产使用大电流的交流电源；负荷稳定、负荷率高、能耗高、功率因数较低，一般都要进行无功补偿。做市场调研时，重点调查用电量、生产规模、产品单耗和电容器组补偿情况等。

二、营销市场环境分析

营销市场环境是指市场中的营销主体所处的各种环境因素，这些因素除了包括营销的主客体、营销活动必需的主观因素外，还包括客观上营销主体不能改变但又必须适应的因素。

电力市场营销环境分析要求供电企业建立分析系统，配备专业人员，监视和预测电力市场营销环境（包括微观电力市场营销环境和宏观电力市场营销环境）的发展变化，并善于分析和鉴别由于环境变化而造成的主要机会和威胁，及时采取适当的对策，使其经营管理与其电力市场营销环境的发展变化相适应。

1. 微观电力市场营销环境

微观电力市场营销环境是指供电企业、电力市场营销中介机构、电力市场、能源竞争者和社会公众，这些都会影响供电企业为其目标电力市场服务的能力。

(1) 供电企业。包括市场营销部、用电管理所、营业配电所、呼叫中心、抢修中心、抄表中心等车间或职能部门，最高管理层根据供电企业的工作需要组建不同管理部门和业务工作部门。

(2) 电力市场营销中介机构。包括：①电力供应商：火电厂、水电站、核电站、燃油或燃气电厂等各电源供应商；②辅助供应商：向供电企业供应设备、劳动力和资金等资源的企业和组织；③趸售商：从事电力购销活动，并对所经营的商品拥有所有权的各级趸售供电企业等。

(3) 电力市场。按照电力客户特点和不同的购买目的，将电力市场分为消费者电力市场、生产者电力市场和趸售商电力市场。消费者电力市场是指所有为了个人消费而购买电力的个人和家庭所构成的电力市场，主要由居民、非居民等组成；生产者电力市场是指所有购买电力并用于生产其他产品的产业所构成的电力市场，通常由以下产业所组成：工业、农业、林业、水产业、制造业、建筑业、交通运输业、通信业、公用事业、金融业和服务业等；生产者电力市场是电力市场营销理论研究的主要对象；趸售商电力市场是指那些通过购买电力再转售给其他客户，以获取差价利润为目的的趸售供电企业。

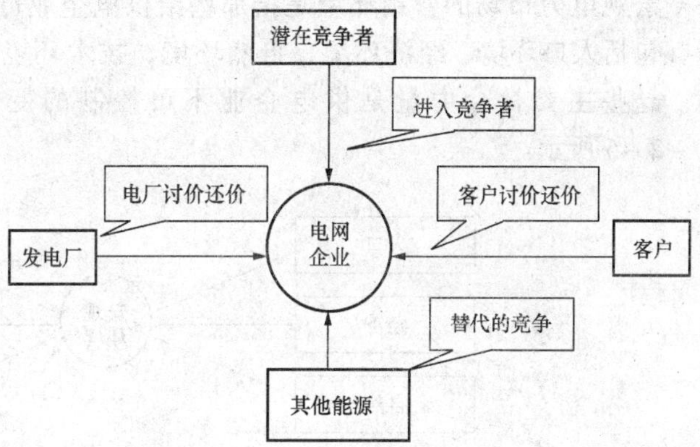

图 10-2-4　电力市场的竞争者

(4) 竞争者分析。在电力市场经济条件下，存在着四个方面的竞争者。如图 10-2-4 所示。

1) 其他能源企业的威胁。替代产品往往在性能、质量、价格等有关方面上具有明显的优势，可能使现有产品毁于一旦，丧失其竞争力。分析替代产品的威胁大小，不能仅从产品的表面上来看，要从产品的功能来看。从某种意义上讲，只要功能相同或近似的两种产品，它们就是替代产品。例如，水电与火电、煤与油、煤气与电能等是替代产品。

2) 潜在竞争者进入本行业产生的威胁。新的进入者（如，建一个发电厂、供电公司）进入本行业，意味着不仅带来了资源和生产能力的增加，而且带来了市场占有率的争夺，带来了对现有厂家的直接威胁。潜在的进入者进入某行业产生的威胁大小取决于进入与退出本行业障碍的高低。当某一行业进入障碍低，退出障碍也低时，那么本行业的收入水平（利润水平）不可能高，但风险也低；当进入障碍高，而退出障碍低时，意味着进入这个行业很难，能进入的企业就是有实力的。如果退出本行业容易，那么不行的企业容易退出，而留在行业内的企业将是利润水平较高，竞争不太激烈的企业。一个潜在的发电企业、供电企业进入电力行业，需要巨大的投资和雄厚的实力，所以进入电力行业的障碍是比较大的。

3）供应商讨价还价的能力。供应商往往通过质量和价格两个方面来挤压企业的利润。如果供应商供应的商品是专业化的（即其他供应商不能提供）；或者占供应商所供应的商品很少的比重；或者供应商实力雄厚，且仅有一家或几家垄断等。在上述情况下，供应商就有较大的讨价还价能力。

4）客户讨价还价的能力。客户讨价还价能力的大小直接影响着企业的利润，如果购买的商品，在其成本中占较大的比重；或客户购买的商品是其重要的原料；或客户购买的商品数量较多；或客户购买的商品是标准化的商品（在此处可以买到，在其他地方也可以买到，有足够的选择余地）等。在上述情况下，客户就有强大的讨价还价能力。

5）现有供电企业竞争激烈的程度。当一个供电区域内有两个及以上供电企业时，就可能构成竞争。一定程度上的竞争是好事，可以促进电力行业的发展。

（5）社会公众。政府公众，即负责管理供电企业业务经营活动的有关政府机构（例如经济贸易委员会等）；媒介公众，即报纸、杂志、广播、电视等具有广泛影响的大众媒介；金融公众，即影响供电企业取得资金能力的任何集团，如银行、投资公司等；市民公众，即各种保护消费者权益组织、环境保护组织、少数民族组织等；地方公众，即供电区域内的居民群众、地方官员等；一般居民客户；供电企业内部公众，如董事会、经理、企业职工等。

2. 宏观电力市场的营销环境

宏观电力市场的营销环境是指那些给供电企业造成市场机会和环境威胁的主要社会力量，包括人口环境、经济环境、自然环境、技术环境、政治和法律环境以及社会和文化环境。这些主要社会力量是供电企业不可控制的变量。宏观电力市场的营销环境如图10-2-5所示。

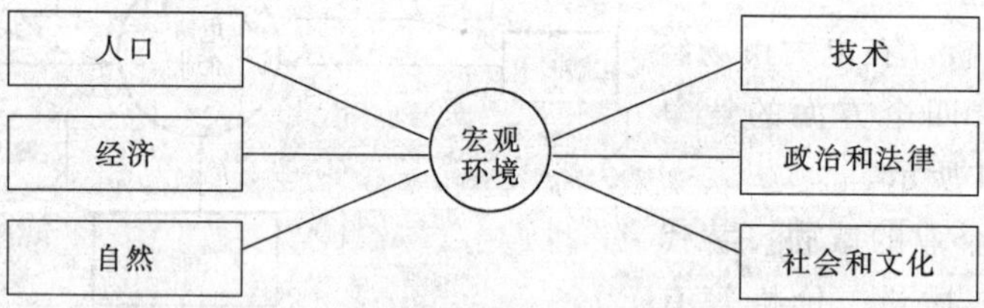

图 10-2-5 宏观电力市场的营销环境

（1）人口环境。供电企业应该密切注意企业的人口环境方面的动向，因为电力市场是由那些想买电力并且有购买力的人（即潜在购买者）构成的。人口越多，消费电力的规模越大，电力市场的规模就越大。

（2）经济环境。电力商品的社会购买力直接或间接受消费者收入、价格水平、储蓄、信贷等经济因素的影响。社会购买力是一些经济因素的函数，所以，供电企业的市场营销不仅受其人口环境的影响，而且受其经济环境的影响。因此，供电企业还应该密切注意其经济环境方面的动向。进行经济环境分析时，要着重分析以下主要经济因素：①客户收入的变化；

②客户支出模式的变化；③客户储蓄和信贷的变化。

(3) 自然环境。供电企业的自然环境（或物质环境）的发展变化也会给企业造成一些环境威胁和市场机会，所以，供电企业还应分析研究其自然环境方面的动向。

(4) 技术环境。供电企业还要密切注意技术环境的发展变化，了解技术环境的发展变化对供电企业市场营销的影响，以便及时采取适当的对策。

每一种新技术都会给某些企业造成新的市场机会，因而会产生新的行业。同时，还会给某个行业的企业造成威胁，使一些旧行业受到冲击，甚至被淘汰。新技术革命有利于企业改善经营管理。目前，发达国家许多企业在经营管理中都使用微机、传真机、网络技术等设备，这对于改善企业经营管理，提高经营效益起了很大的作用。新技术革命会影响用电结构和客户用电习惯。

(5) 政治和法律环境。供电企业的市场营销决策要受政治和法律环境的强制和影响。政治和法律环境是那些强制和影响社会上各种组织的法律、政府机构的压力集团。

(6) 社会和文化环境。人类在某种社会生活中，久而久之必然会形成某种特定的文化，包括一定的态度和看法、价值观念、道德规范以及世代相传的风俗习惯等。

三、电力客户行为分析

电力客户购买行为分析是研究影响电力客户购买行为的主要因素及其购买决策过程，这对于开展有效的市场营销活动至关重要。电力客户做出购买决策时，在很大程度上受到文化、社会、个人和心理等因素的影响。

1. 文化因素

文化是人类欲望和行为最基本的决定因素。动物的行为主要受其本能的控制，而人类行为大部分是学习而来的，在社会中成长的儿童通过其家庭和其他机构的社会化过程学到了一系列基本的价值、知觉、偏好和行为的整体观念。每一文化都包含着能为其成员提供更为具体的认同感，如民族群体、宗教群体、种族群体、地理区域群体等。在一切人类社会中，还都存在着社会层次。层次是以社会阶层形式出现。所谓社会阶层是指一个社会中具有相对的同质性和持久性的群体，每一阶层的成员具有类似的价值观、兴趣爱好和行为方式。文化、亚文化和社会阶层等文化因素，对电力客户的行为具有最广泛和最深远的影响。

2. 社会因素

电力客户购买行为也受到诸如参照群体、家庭、社会角色与地位等一系列社会因素的影响。参照群体是指那些直接或间接影响人的看法和行为的群体。家庭是社会组织的一个基本单位，也是电力客户的首要参照群体之一，对电力客户购买行为有着重要影响。一个人在其一生中一般要经历两个家庭。第一个是父母的家庭，在父母的养育下逐渐长大成人，然后又组成了自己的家庭，即第二个家庭。当电力客户做出购买决策时，必然要受到这两个家庭的影响。其中，受原有家庭的影响比较间接，受现有家庭的影响比较直接。一个人在其一生中会参加许多群体，如家庭、俱乐部及其他各种组织。每个人在各个群体中的位置可用角色和地位来确定。每一个角色都将在某种程度上影响其购买行为。每一角色都伴随着一种地位，这一地位反映了社会对他或她的总评价。而地位标志又随着不同阶层和地理区域而有所变化。

3. 个人因素

电力客户购买决策也受其个人特性的影响，特别是受其所处年龄阶段、职业、经济状况、生活方式、个性以及自我观念的影响。生活方式是一个人所表现的有关其活动、兴趣和看法的生活模式。

第三节 电力需求侧管理

一、电力需求侧管理的概念及作用

需求侧管理又称需求方管理，由于它是在合理有效用电的基础上减少电量消耗和电力需求，也称为负荷管理。

需求侧管理（DSM）是综合资源规划（IRP）的主要组成部分，是当前国际上推行的一种先进的资源管理方法和管理技术，反映了20世纪90年代以来负荷管理的新思维。它适合市场经济运行机制，遵守法制原则，鼓励资源竞争，讲求成本效益，提倡经济、优质、高效的能源服务，在电力部门中的应用已比较成熟。

综合资源规划（IRP）方法和需求侧管理（DSM）技术经过约20年的探索和实践积累了丰富的经验，在节省能源资源、改善生态环境、增强电力资源竞争能力、拓展电力营销渠道、实现最低成本能源服务等方面取得了显著的社会效益和群体效益，有力地促进了经济、能源、环境的协调发展，已成为可持续发展的能源及电力发展战略的重要支持手段。

1. 基本概念

(1) 综合资源规划（IRP）。综合资源规划（IRP）的基本思路是：除供应方资源外，还把需求方提高用电效率减少的电量消耗和改变用电方式降低的电力需求视为一种资源同时参与电力规划，对供电方案和节电方案进行技术筛选和成本效益分析，经过优选组合，形成社会、电力公司、能源服务公司、电力客户等各方受益，又能满足同样能源服务的综合规划方案，旨在通过DSM更合理、更有效地利用能源资源，控制环境质量，减少电力建设投资，降低电网运营支出，稳定电网供电电价，激励终端节能节电，为客户提供最低成本的能源服务。

综合资源规划（IRP）的主要特点是：更新了单纯注重以增加资源供应来满足需求增长的传统思维模式，建立了以提高需求方终端用电效率所节约的资源同样可以作为供应方替代资源的新概念，使可供利用的资源显著增加，为人类提供了新的资源和财富，也为供需双方提供了更多的择优机会，能够以最低的社会成本和最好的群体效益达到经济、高效配置资源的目的。

不难看出，综合资源规划（IRP）方法从根本上改变了电力工业一直把客户的用电需求作为规划外在因素的做法，使电力部门的职能拓宽到终端用电的活动领域，强化了资源节约的实施能力，提高了电力资源的竞争能力，对资源配置及其管理方式产生了变革性的影响，使现行的电力管理体制更符合不断发展着的市场经济运营机制的要求，引导电力工业走上可持续发展的轨道。因此，IRP是一个开发、节能、效益、运营一体化的资源规划。

(2) 电力需求侧管理（DSM）。电力需求侧管理（DSM）是指电力公司采取有效的激励和诱导措施以及适宜的运作方式，与客户共同协力提高终端用电效率和改变用电方式，在满足同样用电功能的同时减少电量消耗和电力需求，达到节约资源和保护环境的目的，实现最低成本能源服务所进行的运营管理活动。因此，DSM不是以降低能源服务水平去抑制电力消费需求，而是着重在减少终端用电的浪费，从而提供节电资源。其目的不仅仅是为弥补电力供应缺口，更主要的是最经济和最有效地利用能源资源，充分发挥电力在能源市场上的作用。

(3) 推行需求侧管理的目的。

1) 减少不合理的电力消耗，提高客户终端用电效率，节约能源。

2) 减少客户在电网高峰时段对电力的需求，以提高电网的负荷率及其运行的经济性，并减少或延缓新增的发电装机容量。

3) 在减少电能消费的同时，减少发电废物的排放量，改善和保护环境。因此，需求侧管理是当前国际上推行的一种先进的能源管理技术。

(4) 电力需求侧管理与传统的用电负荷管理的差异。首先，它不是供方单方面管理用电负荷，而是电力公司调动客户的积极性，与客户共同组成能源管理系统，将电力需求侧管理节约的效果看作是可替代供电资源的一种资源，使节约与开发有机地融为一体；其次，电力需求侧管理是市场经济条件下的一种商业性的优质能源服务行为，参与者都可从中受益；第三，政府的参与及政策的支持与引导，是不可缺少的条件；第四，环境保护作为开展需求侧管理的重要目标，使资源节约与环境保护有机地联系起来，使需求侧管理成为人类社会可持续发展的重要手段之一。

2. 电力需求侧管理的作用

开展需求侧管理工作，就是要使需求侧的各种资源得到最充分、最有效的利用，促进经济、能源、环境的协调发展。具体作用如下：

(1) 改善电网的负荷特性。通过需求侧管理活动，引导电力客户采用蓄冷、蓄热、蓄电等蓄能方式或选择合理的用电时间，达到移峰填谷，减少用电峰谷差，降低电力最大需求，提高用电负荷率的目的。既有利于电网的安全、经济、优质运行，又有利于能源的优化利用，特别对水电比重大的电网还可以提高水能资源的利用率。

(2) 节约用电，减少能源需求和污染排放。能源的供应是有限的，能源资源的稀缺将在一定程度上制约社会经济的发展，同时能源环境问题已引起国际社会的普遍关注，能源引起的环境污染也将制约社会经济的发展。因此，必须通过需求侧管理活动，引导电力客户采用高效用电设备，改进电力消费行为，改善用电条件和用电环境，回收利用余能，选择合理的能源消费方式，使电力和能源需求的绝对水平相对下降。同时也减少污染排放，保护环境。

(3) 减少电源建设和电网建设的投入。开展需求侧管理活动，可以使电力最大需求相对降低，因而为满足电力最大需求而投入的电源和电网建设费用可以相对减少。对电力供不应求的电网，此项工作更具有重要的现实意义。开展需求侧管理活动虽然也需要一定的资金投入，但相对电源和电网建设的资金投入来说要少得多。需求侧管理有投资少、见效快、投资回收期短的突出优点。

(4) 降低电力客户的用电成本。对于直接参加电力需求侧管理活动的电力客户，通过采用先进的技术和设备可减少电能消费，通过选择合理的用电方式可使电能消费更为经济，他们可以直接从需求侧管理活动获得效益。没有直接参加电力需求侧管理的电力客户，则通过电力需求侧活动的整体效益及相对较低的电价间接获得需求侧管理的效益。

(5) 提高电能在终端能源消费中的比重。当电能在终端能源消费中的比重较低时，一般地区都以分散、小型的直接燃煤方式为主要的能源消费方式。直接燃煤效率低、污染大，严重影响环境。而火力发电厂采用的集中燃煤方式相对于分散的直接燃煤方式效率高，污染排放相对减少。随着高效洁净煤发电技术的开发和利用，火力发电厂的污染排放将进一步减少。因此，为提高能源利用的效率，减少污染排放，改善环境，提高生活质量，应通过需求侧管理活动提高电能在终端能源消费中的比重。

二、电力需求侧管理的内容

电力需求侧管理是一项系统工程，涉及面较广，其基本内容包括：资源调查，管理对象选择，管理目标设置，政策、法规、标准制定，管理手段选择，需求侧管理计划制定，项目实施和项目实施效果评估等。

(1) 资源调查，又称潜力分析。这是开展需求侧管理的一项基础性工作。这项工作做得越深入仔细，获得的数据越准确可靠，需求侧管理规划实现的可能性越大。调查工作一般采用统计与典型调查相结合，对比分析与典型测试相结合的方法进行。

(2) 管理对象选择。需求侧管理的对象必须具体明确，以便于采取有针对性的措施。在具体选择上，一般以高耗电、低效率、使用量大面广的设备为重点来进行。

(3) 管理目标设置。在降低消耗、节约能源、优化资源配置的总目标下，根据实际情况，分阶段分年度设置管理目标，是推进和搞好需求侧管理工作所必须的。管理目标的设置一般以电力企业预期要达到的目标为准，在电力供应不足时，一般以节约电量为目的；在电力供需平衡时，以提高负荷率为目标。

(4) 政策、法规、标准制定。为了规范和推动需求侧管理，政府的支持是不可缺少的。政府应利用政策激励电力企业电气产品制造商和客户积极参与需求侧管理。

(5) 管理手段选择。推动需求侧管理的激励手段是多种多样的，概括起来主要有技术手段、财政手段、价格手段、诱导手段、行政手段等。

(6) 需求侧管理计划制定。根据资源调查的结果、选择的对象、设置的目标，结合政府的政策和可供选择的手段，制定年度中、长期需求侧管理计划。

(7) 项目实施。根据计划提出的项目方案，经过评估与选择，确定可实施的项目方案。对新的项目应经过试点阶段，试点取得成功后，即可进入推广应用阶段。

(8) 项目实施效果评估。对实施项目的效益进行科学的评估，主要是激发参与该项目的电力企业、电力客户和社会的积极性。其主要方法就是成本效益分析，即对实施项目的投入与项目实施后获得的收益进行分析比较。通常通过年纯收益和投资回收期的长短来评价项目实施效果。

三、电力需求侧管理手段

电力需求侧管理的激励手段有技术手段、财政手段、价格手段、诱导手段和行政手段等。

(1) 技术手段。技术手段是指有益于节能的调整负荷和环境保护的生产工艺、材料及设备，以及保障经济、行政手段有效实施的管理性技术，如高效节能灯具、高效电机、节能变压器、蓄热式电锅炉、电动汽车、电动自行车、节能环保型家用电器、蓄冷蓄热技术、节能调速技术、高效绝热保温技术、远红外加热技术、余热余压发电技术、电热冷联产技术、电力负荷控制技术、装设无功补偿装置等。利用这些技术，可以明显提高客户的终端用电效率，可以实现负荷削峰填谷和转移高峰负荷，控制高峰电力需求，平抑负荷，提高电网的负荷率。技术手段是价格手段、财政等激励手段的辅助支持手段。

(2) 财政手段。财政手段是指设备采购的贴息低息贷款、折价销售、免费安装以及节电效益返还、节电特别奖励、节电招标竞争等。它是开拓节能市场、增强节能活力的最主要的手段。

(3) 价格手段。价格手段是指利用电价机制，直接激励客户主动参与需求侧管理。它是需求侧管理中最先采用的一项激励措施。根据削峰填谷提高负荷率的需要，世界上已形成了各种各样的电价，有分时峰谷电价、季节性电价、节假日电价、功率因数调整电价、用电负荷率电价、蓄冷（热）电价、可停电电价、实时电价等。

(4) 引导手段。引导手段是指对客户消费的行为进行合理的引导，使其有助于节能和合理消费。它是市场经济不可缺少的激励措施，目的是帮助客户克服购物时不注意节能、不讲求效率的心理。主要引导手段有普及节能知识、传播节能信息、开展节能咨询服务、开办节能技术讲座、举办节能产品展示、宣传节能政策等。

(5) 行政手段。行政手段是指政府和有关部门，通过法规、标准、政策来规范电力消费和市场行为，以政府的行政力量来推动节能，约束浪费，保护资源和环境，确保节能市场的健康发展。

第十一章

电力客户服务

第一节 电力客户服务体系及管理

一、电力客户服务的沿革

自新中国成立以来，我国电力工业一直把“人民电业为人民”作为服务宗旨，在由计划经济向市场经济的发展进程中，电力客户服务与时俱进，不断自我调整、自我完善，逐步完成了从表（服务态度）及里（服务效率），由低到高的改变，初步建立了比较成熟的电力客户服务体系。

电力客户服务工作从时间上可划分为三个阶段，在不同阶段具有不同的服务内涵，体现了鲜明的时代特色，为社会主义经济建设和精神文明建设做出了积极的贡献。

1. 第一阶段：从20世纪80年代初期开始至90年代中期

在此阶段，电力企业以“纠建并举，以纠为主”为方针，坚决落实计划用电，满足国民经济的发展和人民生活的需要；重点加强员工的职业道德教育，打击以电谋私行为。

(1) 统筹兼顾，计划用电，满足社会用电需求。由于国家当时处于计划经济时期，发电能力不足，电网结构不合理，调峰调荷手段匮乏，导致了全社会用电紧张，尤其是自改革开放以来，用电需求大幅增长，供用电矛盾进一步加剧。这个时期电力企业对电力客户服务工作就是坚持“统筹兼顾，保证重点”、“计划用电、节约用电、安全用电”的原则和规定。即：从全局出发，保证重点，兼顾一般，严格实行计划用电和供用电合同制度，核定包干电量，实行分级考核管理，加强计划用电监督检查，从而基本满足了国民经济的发展和人民生活的需要。

(2) 辅之以技术限电和节约用电，合理配置电力资源。电力企业在加大负荷控制力度的同时，积极做好削峰填谷工作，加强技术管理，广泛开展增产节约活动，大力推广节电新技术，提高电能效率，保证了正常的社会用电秩序。

(3) 加强职业道德教育，严厉打击以电谋私行为。为严肃打击各种以电谋私行为，原电力部1982年提出了大力提倡优质服务，改善服务态度，开展“双文明达标活动”的号召。各级电力企业积极响应，从全面提高员工队伍素质入手，制订了有关服务岗位的《员工文明礼仪守则》；部分企业与员工签订《精神文明责任状》，实行“精神文明目标奖”和“目标责任抵押金”制度等等，通过有效的激励约束机制，初步建立了电力客户服务工作的框架雏形。

2. 第二阶段：从20世纪90年代中期开始至20世纪末

在此阶段，电力企业以“纠建并举、以建为主”为方针，实行“承诺服务”，开展“三为”服务。

(1) 加强优质服务，树立社会形象。进入90年代以来，国家经济体制改革和集资办电、多渠道筹资办电的快速崛起促进了电力工业的发展，电力供应紧张的局面总体上得到改变，电力供需基本达到了平衡。这时，加强优质服务的重要现实意义日益显现，逐渐成为电力企业的工作重点。1995年原电力部进一步开展了规范服务用语、提高服务质量活动，推出了40条供电企业文明服务用语和供电服务指标，要求各级窗口单位做到语言美、仪表美和行为美，使电力系统的优质服务水平得到了进一步提高。

(2) 推出服务承诺，加强行风建设。1996年，原电力部逐步推行了社会承诺制，北京、上海、济南、烟台等35个城市的供电局，在对市区居民生活用电保证程度和计划停电提前通知方式及时限，在客户办理用电申请手续和工程竣工验收合格后的送电时限，在维修人员接到客户报告后赶到停电现场的时限及客户在营业柜台办理业务、查询等候的时限等方面向社会做出公开承诺。同时，还有部分省、市供电企业开展了挂牌服务制度、局长接待日制度、走访客户制度和“四公开、四监督”制度等，使电力系统的行风建设逐步走向制度化、规范化。

(3) 开展“三为服务”，解决农村用电难问题。“八五”期间，各级电力企业积极响应原电力部提出的电力“三为”服务方针，通过电力扶贫共富工程和农村电气化县建设等工作，支持乡镇企业建设，促进了农电管理的改革和发展。

3. 第三阶段：20世纪末

在此阶段，以“优质、方便、规范、真诚”为标准，实行规范服务，提高整体供电服务品质。

(1) 受亚洲金融危机和宏观经济形势的影响，自20世纪90年代中期开始我国用电结构发生了很大变化，电力买方市场的宏观环境已经形成。以服务作为提高市场核心竞争力的法宝则显得越来越重要。自1998年起，电力系统积极响应国家号召，加大基础建设投资，启动了城乡电网建设改造工程的重大决策，共投资2000亿元，完善服务硬件环境；同时，全面推进让百姓受益的“一户一表”工程，使更多的客户直接享受到由电力部门实行的供电、抄表、收费、服务“四到户”管理，推动了城乡电网一体化管理，促进了经济建设的快速发展。

(2) 开展“电力市场整顿和优质服务年”活动，实行规范化服务。2001年1月17日，原国家电力公司召开开展“电力市场整顿和优质服务年”活动电视电话动员会，提出了“优质、方便、规范、真诚”八字服务方针。同日，又召开新闻发布会，向社会郑重推出八项服务承诺，公布了供电服务投诉举报电话，并于2月24日在全国统一开展了宣传日活动。

围绕八字服务方针和八项服务承诺，全国各地也都推出了特色服务措施，例如山东电力的“彩虹工程”、福建电力的“双满意”工程、黑龙江电力的“心连心工程”、陕西电力的“德政工程”、四川电力的“光明工程”等等。北京供电局实行“三制”，解决了“三难”：“30天接电制”、”首问负责制”、“收费审批制”，解决了“一户一表接电难”、“一户一表报修难”和“收费标准、项目规范难”。山东电力集团公司推出了客户代表制、业务主办制，配置了快速流动服务车（站）。福建省电力公司启动电力市场客户经理制，首批聘任的34名客户经理走上工作岗位。

自开展“电力市场整顿和优质服务年”活动以来，电力企业初步建立了科学有效的服务机制，即：坚持内举外查、外奖内罚、以外促内，花钱买批评；以客户服务中心为代表的高科技服务手段广泛应用，用电问题“一站式”解决；“只要您一个电话，其余的事由我们来做”，首问负责制全程为客户服务直至客户需求得到满足；形成了广泛深入的社会监督机制，把企业内部管理活动和服务流程置于全社会监督之下，实行透明服务、开放服务，拉近了与客户之间的距离，拓宽和畅通了社会投诉举报渠道，打响了电力优质服务的品牌，顺应了当今服务创新的主流方向。可以说，这次活动继续坚持了“人民电业为人民”的宗旨，并在实践这一宗旨的过程中赋予了新的、更加丰富、深刻的内涵，它是前面几个阶段的延续，但层次更高、力度更大，对提升电力服务内涵发挥了巨大的作用，使电力系统整体供电服务品质上了一个新台阶。

4. 第四阶段（开始于21世纪初）

这一阶段，随着电力体制改革的深化，逐步实现“厂网分离，竞价上网”，促使两大电网公司的客户服务理念进一步提高。

（1）电力体制改革简介。改革开放以来，我国电力工业发展迅速，有力支持了国民经济的快速发展。但是在发电、输电、配电各环节实行一体化垄断经营的旧的电力体制越来越不适应建立社会主义市场经济体制的要求。根据党中央、国务院对垄断行业进行改革的总体部署，国务院于2002年3月份正式批准了《电力体制改革方案》，标志着我国全面启动了电力市场化改革。

电力体制改革的总体目标是：打破垄断，引入竞争，提高效率，降低成本，健全电价机制，优化资源配置，促进电力发展，推进全国联网，构建政府监管下的政企分开、公平竞争、开放有序、健康发展的电力市场体系。

电力体制改革的核心内容是：理顺电价机制。新的电价体系将划分为上网电价，输、配电价和终端销售电价。首先在发电环节引入竞争机制。对于仍处于垄断经营地位的电网公司的输、配电价，要在严格的效率原则、成本约束和激励机制的条件下，由政府确定定价原则，最终形成比较科学、合理的销售电价。

电力体制改革的主要内容是：为在发电环节引入竞争机制，首先要实现“厂网分开”，将国家电力公司管理的电力资产按照发电和电网两类业务进行划分。发电环节按照现代企业制度要求，将国家电力公司管理的发电资产直接改组或重组为规模大致相当的5个全国性的独立发电公司，逐步实行“竞价上网”，开展公平竞争。

在电网环节，成立国家电网公司和南方电网公司。国家电网公司作为原国家电力公司管理的电网资产出资人代表，按国有独资形式设置，在国家计划中实行单列。由国家电网公司负责组建华北（含山东）、东北（含内蒙古东部）、西北、华东（含福建）和华中（含重庆、四川）五个区域电网有限责任公司或股份有限公司。西藏电力企业由国家电网公司代管。

南方电网公司由广东、海南和原国家电力公司在云南、贵州、广西的电网资产组成，按各方面拥有的电网净资产比例，由控股方负责组建南方电网公司。

另外，成立四大辅业集团，即水电规划设计院、电力规划设计院两个设计单位，以及葛洲坝集团和水利水电建设总公司两个施工单位。

为了对电力企业进行有效的监管，国务院决定成立国家电力监管委员会，按照垂直管理体系，向区域电网公司电力交易调度中心派驻代表机构。监管委员会的主要职责是制订市场运营规则，监管市场运行，维护公平竞争；向政府价格主管部门提出调整电价建议；监督电力企业生产标准，颁发和管理电力业务许可证；处理电力纠纷；负责监督社会普遍服务政策的实施。

2005 年 2 月 15 日，国务院第 432 号令正式颁布了《电力监管条例》，自 2005 年 5 月 1 日起施行，使电力监管工作有了基本的法律依据，是我国电力市场化改革不断深化的又一项成果。

2005 年 6 月 3 日，国家电力监管委员会第四次主席办公会议通过《供电服务监管办法(试行)》，自 2005 年 8 月 1 日起施行。该办法是为了加强供电服务监管，规范供电服务行为，维护电力使用者的合法权益和社会公共利益，根据《电力监管条例》和有关法律、行政法规的规定而制定的。它的实施，是着眼于改革与发展，把切实解决供电服务中的突出问题、努力增加电力供应，确保电力安全运行，把提高供电服务质量放在重要位置，让广大电力客户用得上电，用得起电，用得好电。通过该办法的实施，将对供电企业起到以下几点重要作用：

1）加强供电企业职工队伍建设；

2）加强电网建设，切实提高供电能力；

3）正确处理企业效益与社会效益、企业功能与社会责任之间的关系；

4）规范服务流程；

5）加强供电企业内部服务监督。

（2）两大电网公司进一步加强优质服务管理。根据电力改革和发展面临的新形势、新任务，两大电网公司结合实际，明确了各自建设的目标，其中，都把优质服务提到了一个新的高度。如南方电网公司明确了大政方针，“对中央负责，为五省（区）服务”的宗旨，“打造‘经营型、服务型、一体化、现代化’的国内领先、国际著名企业”的战略目标，以及“更加注重依靠科技进步，更加注重树立科学发展观，更加注重社会效益，更加注重管理出实力，更加注重深化改革，更加注重人的发展”的工作方针，并将原国家电力公司的八字方针修改为“优质、方便、规范、快捷”。国家电网公司则提出了“建设电网坚强、资产优良、服务优质、业绩优秀”（简称“一强三优”）现代公司的目标。

二、电力客户服务的定义、要点和特性

1. 电力客户服务的定义

就最广泛的含义来讲，任何能够提高客户满意程度的内容，均属于客户服务的范畴。满意程度是指客户“期望”的待遇与“觉察”的待遇之间的差异。影响“期望”与“觉察”的各种因素有很多方面——从广告宣传到产品自身的设计，员工的行为，客户本身的地位、素质，乃至接受服务时的心情等等。因此，满意的来源，即构成客户服务的要素，可以讲是多种多样、不一而同的，甚至是很难捉摸。

美国著名营销专家菲力普·科特勒认为，“服务是一方能够向另一方提供的基本上是无形的任何功能和利益，并且不导致任何所有权的产生。它的生产可能与某种有形产品联系在一起，也可能毫无联系”。

芬兰服务营销专家格鲁诺斯对服务的定义为，“服务一般是以无形的方式，在客户与职员、有形资源商品或服务系统之间发生的，可以解决客户问题的一种或一系列行为”。

美国市场营销学会的定义要点是，“服务是本质上不可感知和不涉及实物所有权转移但可区分、界定和满足欲望的活动”。

通过以上对服务的定义的表述，我们认为对电力客户服务的定义应是：电力经营企业以电能商品为载体，以促进电能交易为目的，向电力客户提供的无形的、不发生实物所有权转移的、可以解决客户问题、满足客户需要的一系列活动。

2. 电力客户服务的要点

从电力市场营销的角度来看，电力客户服务的定义有两个要点：

(1) 电力客户服务的目的是促进电能交易，目标是满足电力客户的需要，即：①电力客户服务的目的是为了促进电能的交易；②电力客户服务交易的目标是为满足电力客户的需要。

(2) 电力客户服务是无形的和不发生实物所有权的转移，即：①电力客户服务本身是无形的，例如，电力客户服务中心的营业厅和营业人员是有形的，但服务人员对客户提供的咨询、缴费、报装接电等服务是无形的；②电力客户服务的内容是向客户提供有价值的活动，并非转移某种产品的所有权，实质上并不发生服务者本身实物所有权的转移。

3. 电力客户服务的特性

从电力客户服务的本质上讲，它有如下五项基本特性：

(1) 服务的无形性。服务既非完全虚无缥缈或不可感知，也非仅是无关紧要的修饰品，而是实实在在存在的产品，只不过其存在的形态是无形的，客户在接受服务前，对服务看不见、摸不着、听不见。如电力客户到营业厅申请用电、办理业务时，在购买电能商品的同时，感受到的是供电营销人员提供的各项服务。即电力客户服务的本质是抽象的、无形的。

(2) 服务的不可分离性，即服务的生产和消费是同时进行的，服务人员为客户提供服务的时间也正是客户消费服务的时间，二者在时间上不可分离。如客户打电话到电力95598客户服务中心咨询用电业务，服务人员在回答客户问题的时候，也就是客户消费服务的时候，咨询结束，消费同时结束。

由于服务本身不是一个具体的物品，而是一系列活动，在服务的过程中，消费者（客户）与服务者必须直接发生联系，服务的过程也就是消费服务的过程。客户只有而且必须加入到服务的过程中，才能最终消费到服务。

(3) 服务的易变性。电力服务是一种行为，电力企业服务提供者是营销、服务人员，享有者是各类客户。不同营销、服务人员的行为表现会因人、因时而异，甚至是同一人不同时间所提供的服务也会不尽相同。另外，由于服务质量在很大程度上取决于客户的感觉，同样的服务，不同的人的感觉可能大不一样，正如著名学者福克斯所说的："消费者的知识、经验、诚实和动机，影响着服务业的生产力。"因而，很难采用统一的标准对服务质量进行检验。另外，由于电力客户服务的生产与消费同时进行，使得电力企业无法在其产品到达客户之前对其不足与缺陷予以补救。因此，电力客户服务，必须充分认识到妥善处理与客户关系的重要性，一旦服务过程中出现了问题，必须进行妥善的补救。

(4) 服务的易逝性。服务是一种在特定时间内的需要，不可能贮存起来等待消费。因为服务的生产与消费同时进行，当没有客户或客户没有要求服务时，服务的提供者只有等待客户。服务的不可贮存性并不表示不产生贮存成本，只是服务的贮存成本与有形产品不同而已。后者的贮存成本表现为贮存产品的花费，而前者的贮存成本则主要表现为没有客户时在服务人员、设备方面依然需要花费的代价，即闲置生产力成本。

服务不可以贮存，也容易消失。服务在可以利用时如果不被购买和利用，就会消失。当需求稳定时，服务的易消失性不成问题，企业可以对自己的服务能力做出合理调整，但当需求上下波动时，就会对服务企业产生较大影响，为需求高峰时刻准备的服务能力，在需求低谷时，就不得不闲置；为平时准备的服务能力，在需求高峰时，就会远远不能满足需求。例如电力 95598 客户服务中心客户代表和电力抢修人员的设置，一般是根据城市规模和客户数量来设定的，在满足平时业务量的基础上略有盈余，但当天气原因或不可预知的原因发生城区配网故障导致大范围停电时，电话量会成几十倍、上百倍的增长，这时，客户代表和抢修组的数量就远远满足不了客户的需要。因此，必须做好异常应急方案，尽量化解异常情况下服务力和需求不匹配的矛盾。

(5) 服务的广泛性。所有的服务都不同程度地具备这个基本特点。电力是特殊的商品，我国目前电力市场的基本状况是发电领域部分开放，输配电完全垄断的专营市场，电力销售具有自然的行业垄断性，电力企业对需求服务的客户没有可选择性；几乎面向全社会所有自然人和各行各业。因此，电力客户服务具有广泛性。

三、传统用电营业管理体制简介

1. 传统用电营业管理体制的特点

世界电力工业垄断经营的范围、管理的模式，普遍随着社会经济的发展、市场机制的完善和科学技术的进步而不断调整变化。在世界范围内，电力工业发展之初，都是一些民营的小公司，各公司具有广泛的发展空间，垄断不可能被作为一个重大的社会经济问题提出来。二次世界大战后，许多国家在恢复经济的过程中，采取了重要产业国有化的重大措施，使电力工业变为国家经营。国家赋予电力工业以垄断的地位，原因在于经济发展到了相应的阶段，电力已经成为关系国家经济命脉的重要能源，电力工业需要得到大规模高速发展。

在这种情况下，分散的民营电力公司已不能满足这种发展的需要，而电力工业的大规模经营，则更有利于资源的优化配置、有利于电力工业的快速发展，同时垄断经营有利于防止对能源资源的破坏性开发。

新中国成立 50 年来，特别是改革开放 20 年以来，中国经济的发展历程对电力工业的快速发展提出了客观要求，电力行业的国家垄断经营管理在这一特定历史时期发挥了重要作用，搞好用电管理工作，调控客户安全、经济、合理用电成为供电企业的首要任务。

这一时期的用电营业管理机制实质是一种传统的生产经营理念，其基本出发点是以卖方（电力企业）的要求为中心，将电能销售出去而获得利润，强调的是企业自身的内部管理和生产效能。主要有如下特点：

(1) 垂直管理，垄断经营；

(2) 用电审批，计划用电。

2. 市场经济环境下传统用电营业管理体制的弊端

经过半个世纪的努力，我国已初步建立起大机组、大电网、超高压、自动化比较完备的电力工业体系，成为仅次于美国的电力生产大国，基本解决了长期困扰国民经济发展和社会进步的缺电问题。与此同时，供电服务工作也暴露出了许多深层次的矛盾和问题，长期缺电形势下垄断经营所形成的服务观念、服务意识、服务作风等方面的问题根深蒂固，继续影响着电力客户服务。高度集中的计划经济体制和政企合一的管理模式，使电力部门习惯于用行政手段来管理电力的生产与销售，而无法适应社会主义市场经济深化发展的要求。

市场经济环境下，传统用电营业管理体制的不适应主要表现在以下几个方面：

(1) 市场竞争意识淡漠；

(2) 服务意识落后；

(3) 法制观念淡薄；

(4) 营销队伍素质需进一步提高。

四、现代电力营销服务体系的建立

(一) 转变营销观念，适应形势变化

观念决定行为，什么层次的观念就有什么层次的决策和行动。我国企业从原来计划经济体制运作模式向市场经济体制的运作模式过渡，所要克服的诸多难点之一是观念的转变。

这里所说的转变观念主要指由传统经营观念向现代经营观念的转变。这两个概念源于美国企业经营观念的演变过程。美国企业经营观念的演变大致经历了生产观念、产品观念、推销观念、市场营销观念和20世纪60年代后提出的社会市场营销观念、生态观念、大市场营销观念等几个阶段。前三种观念主要以企业产品为出发点，以生产为中心。企业不重视市场调研，不关心顾客需求，称之为传统经营观念。市场营销观念及其他新观念则以顾客需求为出发点，以消费者为中心。企业经营的出发点、目标及实现目标的手段随之发生了根本的变化，称之为现代经营观念。由传统观念转变为现代观念，是企业经营思想史上的一次“革命”。

1. 现有经营环境的转变

电力企业之所以要转变经营观念，主要是由于企业经营环境发生了前所未有的变化。除了电力需求由卖方向买方转变这一市场趋势方面的变化外，还包括以下几个方面的转变：

(1) 随着电力体制改革的逐步深入，电力企业“政府管电”的职能被逐步剥离。电力企业在获得较大自主权的同时，也失去了可依赖的计划经济体制这座“靠山”。

(2) 市场竞争日趋激烈。一方面，天然气、煤气、液化气、燃油等可替代能源对电力市场的竞争越来越激烈，电力工业不进则退。另一方面，小火电与大电网之间的无序竞争加剧，使部分地区大电网的优势不能充分发挥，地方电厂和企业自备电厂迅猛增加，自备电厂供电范围的扩大，也挤占了大电网的市场空间。

(3) 从消费者方面来说，我国居民在过去相当长时期内收入水平、文化素质较低，对产品要求不高，选择意识与能力较弱，需求呈趋同化；而随着社会和经济的快速发展，居民收入、文化素质有了很大提高，因此对产品的要求也相应提高，选择意识与能力增强，需求差异化日益明显。同时，人们的价值观念也发生了变化，出现了以传统东方文化为基础的观念与受到西方文化冲击而形成的观念并存的局面。价值观念的差异在需求中表现为对产品要求的差异，从而进一步增强了需求的差异化。

2. 新的经营环境需要新的经营观念

企业经营观念是其经营环境的反映，并且只有与环境相适应，才能引导企业不断发展。电力企业经营环境正在发生重大变化，如果企业仍然抱着传统观念不放，孤芳自赏，或者“新瓶装旧酒”、“换汤不换药”，其结果可想而知。新形势下，电力的发展必须靠服务求市场，靠质量求效益；电力发展模式必须从数量速度型转向质量效益型；实现电力发展从过去以供给导向为主，被动填补供电缺口，转向以需求导向为主，主动开拓市场，促进电力资源的优化配置。

(1) 树立改革创新观念。新时期电力企业的发展同样离不开改革创新。必须改革过去那种不适应新形式的用电管理体制，按市场经济规则和要求，调整我们的思维方式、工作方法和经营方针，逐步建立具有开拓、竞争、创新能力和现代化水平的电力营销服务体系，以优质的电能和高质量的服务满足全社会对电力日益增长的需要，促进社会和国民经济的健康发展。

(2) 树立市场竞争和效益观念。电是一种特殊的商品，电网为实现电力交换提供了市场。实行电网商业化运营，是发展电力市场的必由之路随着社会主义市场经济体制的建立和完善，电力企业原来依靠国家计划平衡的许多重要生产要素已经或正在转向市场，电力企业原本依赖于在国民经济中占有特殊地位而获得的许多优惠政策也已迅速消失，同时在某些发展潜力较大的用电市场也出现了越来越多的替代品，使电力企业开始感受到了销售市场的竞争压力。这就决定了电力企业必须以市场需求为导向、以优质服务为手段、以最大限度满足客户需求为中心，树立效益观念。

电力企业要想更好地满足客户的需求，并从中最大限度地获得利润，必须准确地选择电力企业意欲满足的用电群体（即市场细分和市场定位），用市场经济的观点做好供电与服务。充分利用国家现行政策，努力开拓电力消费市场，逐步建立在市场竞争中的优势，最大可能地实现经济效益和社会效益的统一。

(3) 树立优质服务观念。美国著名营销学家维特在论述市场竞争和产品内在因素关键时认为：未来市场竞争的关键不在于企业能提供什么产品，而是能提供附加值的多少。服务就是提高产品附加值的一种有效途径。美国石油工业的后起之秀阿莫克石油公司公开推行超值服务，使其由默默无闻一跃成为美国石油业的霸主。美国著名公司 IBM 虽然在产品设计方面并无多少优势，但是其市场领先地位一直未受到撼动，主要原因在于其一直秉承“IBM 就意味着服务”的理念，为客户提供周到细致的服务。

在社会主义市场经济环境下的电力企业要生存、发展，实现资产的保值增值，必须运用企业已经拥有的资源为社会提供优质的服务，进而获得合法利润。能否树立将客户奉为上帝的服务观念和全员服务意识，将直接影响企业的长远发展。

(4) 树立科技创新和人才开发观念。知识经济的到来，使处于工业经济与知识经济交汇点的中国，面临着既要完成工业化又要完成信息化和知识化的双重挑战。知识经济的繁荣不是直接取决于资源、资本、硬件技术的数量、规模和增量，而是直接依赖于知识或有效信息的积累和利用。

江泽民同志指出：“当今世界各国综合国力竞争的核心，是知识创新、技术创新和高新技术产业化”。而掌握科技、掌握知识、敢于创新的是人，日本丰田汽车公司经理石田退三有这样一句名言：“事业在于人，任何工作、任何事业，要想大力发展，最要紧的一条就是造就人才。”美国著名经济学家布兰查德主张每个经理牢记这样一句话：“最有价值的一分钟是投资于人的一分钟。”

这些观点均充分反映了企业人才资源开发的重要性。电力企业在市场经济条件下遇到的种种竞争，最终都归结为技术和人才的竞争。“现代化”和“国际一流”战略构想的实现，要求电力企业具备一流的人才、一流的技术和一流的科技创新体系。不仅要重视对各级领导人才的培养、选拔和使用，还要重视对各类科学技术人才、业务人才的培养、选拔和使用，大力加强营销队伍建设，努力提高营销人员素质，使之适应日新月异的科技发展变化，学会运用高新技术来丰富、完善企业营销服务手段，以一流的人才、一流的技术，创出一流的服务。

(5) 树立依法经营观念。市场经济是法制经济，依法经营是企业健康发展的基础。《电力法》和《电力供应与使用条例》的颁布实施，使电力生产经营者、投资者和客户都将以平等主体身份进入市场，行使权利，履行义务。而国家《价格法》、《合同法》等经济法规的颁布实施，更要求电力企业的营销工作一方面要严格遵照执行法律规定，另一方面也要善于运用法律手段来维护电力企业的合法权益。

（二）建立适应市场经济要求的营销服务体系

1. 基本目标

适应社会主义市场经济的深化改革与发展需要，逐步建立以市场需求为导向，以满足客户需求为中心，以引导客户消费并取得经济和社会效益相统一的新型营销服务体系，实现在客户得到满足并能感到愉悦中获得企业利润的目的。

以市场需求为导向，就是要加强对市场需求预测的研究，做好市场变化的跟踪分析，提高市场预测的及时性和准确性。电力生产项目的规划实施，电力生产运行计划的编制，用电政策、电价政策的调整，用电计划的安排及日常营销管理工作均需以市场需求为依据。

以满足客户需求为中心，就是不仅要根据客户的要求，提供优质、可靠、价格合理的电力电量，而且要做好全方位的优质服务，给客户带来安全、舒适、方便和满足感。

以引导客户消费并取得经济和社会效益最大化为目标，就是根据国家对宏观经济发展调控、产业结构调整、优化资源配置等政策，利用经济、媒体宣传等手段，引导客户合理用电，从而实现资源的综合利用和优化配置，取得经济效益和社会效益双丰收，并促进客户生产方式改进和生活水平的提高。

2. 基本原则

(1) 以满足客户需求为中心的全方位服务原则。

1) 使客户先从感性上认识企业的服务体系，即使客户明白电力企业能向他们提供什么服务，如何提供，提供的原则精神是什么。因此，企业要首先确立好服务理念、服务承诺、制度，把服务规则浓缩成简明易懂的表达形式。

2) 要在企业每一位员工的心目中树立起优质服务是企业宗旨，是整个企业形象支撑点的理念。优质服务目标是要靠电力企业全体员工的共同努力和各部门的协调支撑才能实现的，供电服务承诺也是整个电力企业对客户的承诺，决不仅限于直接与客户发生接触的窗口等部门，而是需要全员、全过程、全方位的投入，需要营销、计划、生产、调度、检修、配电、思想政治工作等各部门都树立起以客户满意为出发点和落脚点的服务理念，并将这个理念落实到具体行为中去，体现在整个生产经营的全过程和各个环节之中。

3) 拓宽服务渠道，将服务网络延伸到供电营业区域内的千家万户。逐步取消供电中间环节，规范居民小区转供电的用电管理，加快实施城区“一户一表”工程。农村用电逐步实现电力企业销售到户、抄表到户、收费到户、服务到户的“四到户”管理。健全服务网络，增设营业服务网点和快速流动服务车（站），使服务进入社区和村庄、进入广大城乡居民家中。

4) 结合实际，因地制宜，依靠体制、机制创新和技术进步，给广大客户提供“零时间、零距离”，“足不出户，方便快捷”的全新服务方式和服务内容。例如，可以考虑在市、县公司成立客户服务中心。以先进的通信技术、计算机网络为手段，通过高素质的客户代表和科学的管理机制，全天24h为客户提供迅速、便捷的远程电话或因特网受理用电业务服务。通过银电联网实时收费系统建设，方便客户同城异地办理用电手续，逐步做到让客户在任一银行储蓄所都可就近交纳电费。通过电力流动服务快速反应系统建设，加快客户业扩报装和故障报修进程。

(2) 集约化和扁平化管理相结合的原则。

1) 受长期计划经济体制和垄断经营环境的影响，传统的用电营业管理较为粗放，组织结构上多为纵高型，主要表现为：管理层次过多造成机构臃肿、人员膨胀。

2) 管理成本上升。

3) 人浮于事，管理效率低下。

4) 业务流程复杂，环节多，信息传递不畅。

5) 缺乏有效的激励机制，基层自主性小，参与决策程度低，创造潜能难以释放。

为解决上述问题，新时期电力营销服务体系的建设必须坚持集约化和扁平化管理相结合的原则：

1) 集合企业人力、物力、财力、管理等生产要素，围绕营销环节进行统一配置；配置过程中，以节俭、约束、高效为价值取向，从而达到降低成本、高效管理。

2) 减少中间管理层次及管理人员，降低费用，实现工作内容丰富化。

3) 领导层适度授权，建立有效的营销服务激励机制，加强员工工作责任感，迫使员工自我加压，激发员工潜能和发挥员工的创造性、积极性，促进营销人才快速成长。

4) 削减中间层次，缩短上下层距离，提高信息传递速度和领导决策效率，促进上下级之间的沟通。

(3) 以市场为核心，开拓市场、提高效益的原则。市场经济条件下的企业管理一般包括营销管理、生产管理、人事管理和财务管理共四大管理功能，我国企业目前正经历从以生产管理为核心逐步向生产管理与营销管理并重，进而向以营销管理为核心过渡。营销为核心，实质上是以市场为核心，企业的其他功能管理应支持营销管理服务于市场，企业的一切经营战略、活动应围绕市场展开。

协调经营对电力企业来说，就是根据企业确定的目标市场，对不同种类的电能消费客户，通过服务、宣传等促销手段和电价杠杆等因素的灵活组合，制定营销战略。如果说加快城乡电网改造，提高供电服务质量主要是解决产品因素的问题，而通过对电能安全、洁净、高效特点的宣传，大力推进以电代煤、以电代油、以电代气（天然气、煤气、液化气）、以电代柴工程的实施。积极推广蓄热电锅炉、冰（水）蓄冷空调、节能型电炊具以及其他有利于环保及节能技术和产品的应用；转移高峰电力，引导低谷需求，充分利用季节性电能，提高电网经济运转和电力资源综合利用等电力促销措施，则是这一理论的典型应用。

(4) 网络化、信息化管理，提高效率的原则。21世纪是信息的社会，其最大特征就是网络化和信息化。由互联网产生而带来的速度、效率和不确定性，使得工业社会建立的营销组织必须变革才能适应新的市场营销环境。对于电力企业来说，网络化自动化管理主要体现在两个方面：

1) 企业内部组织网状化。过去纵高型的组织结构特点是直线构架、垂直领导、单线联系，用电管理部门与生产、调度等其他部门之间的协调配合工作少，联系不够紧密。随着企业组织构架日趋扁平，中间管理层次的减少，执行层机构的增多，每个执行层机构都与决策层建立了直接联系的关系，各个业务部门之间围绕客户的横向联络也在不断增多，企业内部组织机构网络化正在形成。

2）信息传递自动化。随着网络技术的蓬勃发展和计算机的广泛应用，电力客户用电请求从受理到办理各环节之间的信息传递，以及企业不同层次之间的信息交流应逐步实现数字化、网络化。

信息化社会的市场竞争强调的就是速度，客户行为变化快、竞争对手反应敏捷、信息技术日新月异等因素，都深刻影响着市场营销组织建立的模式。因此，精简、富有弹性和互动，极具效率并且高度自动化、网络化，将是营销组织适应信息化社会特点设置的基本原则。

3. 主要职能

现代电力营销服务体系的基本职能可概括为如图 11－1－1 所示的四个层次。

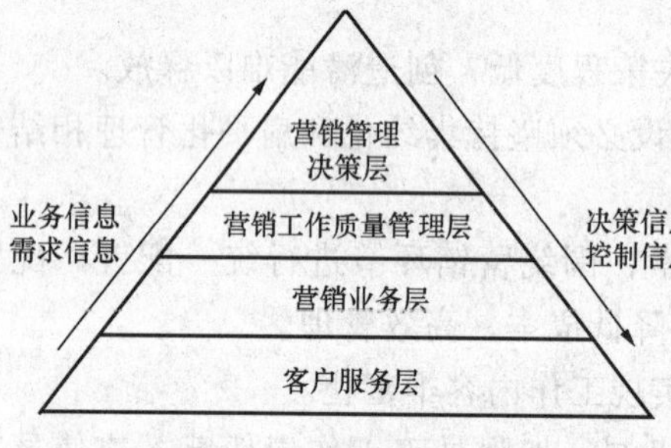

图 11－1－1 现代电力营销服务体系的基本职能

（1）客户服务层。

1）工作目标：为客户提供高效、便捷和优质的服务，树立电力企业的良好服务形象，为电力企业赢得市场竞争优势。

2）工作内容：通过营业窗口、呼叫中心、因特网（Internet）和客户现场等多种服务手段，为客户提供用电信息、电力法规、用电政策、用电常识以及用电技术等信息查询和咨询，实时受理客户通过各种方式提交的新装、增容与用电变更、日常营业、投诉举报等业务，并直接为客户提供服务。

（2）营销业务层。

1）工作目标：将营销业务信息流按照标准化、科学化的管理原则和电力营销专业规范进行迅速、准确的处理。

2）工作内容：新装、增容与用电变更，合同管理，电量电价电费计算，收费与账务管理，电能计量，负荷管理等。

（3）营销工作质量管理层。

1）工作目标：通过对营销业务、客户服务的监控以及对特定指标的考核进行职能管理，及时发现问题和不足，迅速予以反映，督促有关部门加以纠正。

2）工作内容：主要包括工作流程控制、营销业务稽查、合同执行情况管理以及投诉举报查处等。

（4）营销管理决策层。

1）工作目标：制定营销策略、市场策划和开发、客户分析、政策趋势、效益评估、公共关系以及企业形象设计管理。

2）工作内容：通过对营销业务层、客户服务层、营销工作质量管理层等多方面的信息流，如市场销售、客户信息、市场动向等指标的综合分析，形成管理决策。

五、客户服务运营管理要素

在客户服务运营管理过程中，电力企业只有了解不同服务主体的需求，不断创新服务技术手段，规范服务客体服务行为，才能为客户提供“优质、方便、规范、快捷”的电力服务。客户服务运营管理要素系指具有不同的服务功能，用以实现“以客户为中心”的服务目标的各种服务载体，它以服务主体（客户）为核心要素，包括了服务主体、服务客体、服务内容和服务技术手段等要素。

（一）服务主体

服务主体是指依法与电力企业建立供用电关系的电能消费者，我国一般统称为电力客户。

1. 服务主体分类

根据用电管理的需要，世界各国都是按照客户不同的电压等级、用电性质及在国民经济中的部门进行用电分类。法国、日本等国家将客户分为电灯客户和电力客户两大类。我国对客户的分类比较复杂，主要是按以下原则分类：

（1）按供用电关系分类。

1）直供客户：由供电企业直接供电直接抄表收费并与供电企业直接发生供用电关系的客户。

2）趸售客户：从供电企业趸购电能，再将电能转售给消费者，以此谋取利益的客户。趸售客户一般以县为单位，对趸出电能的供电企业来讲它是直供客户。

3）转供电客户：在公用供电设施尚未到达的地区，电力企业征得该地区有供电能力的直供客户同意后，以合同形式委托向其附近的客户转供电力。这类客户称转供电客户。

（2）按电价类别分类。

1）照明客户。按照明电价结算电费的客户，包括居民生活照明客户。居民生活照明是指家庭生活用电的城乡居民客户。非居民照明客户是指工矿企业、农村、商店、机关、学校、部队等非生产场所的照明和空调用电，信号、装饰和广告用电，道路照明用电，美容美发用电。以及用电总容量不足3kW的医疗器具用电等的客户。

2）非工业客户。按非工业电价结算电费的客户，主要是指用电容量在3kW及以上，属于科研试验性或非工业性质用电的客户。例如：机关、部队、医院及科学试验用的电动机、电解、电热和电化学等动力用电，交通运输、通信广播、输油管道、基建施工、仓库、地下防空设施等用电。

3）普通工业客户。按普通工业电价结算电费的客户，指工业生产用电性质的企业所需用的动力以及冶炼、烘焙、电解、电化等生产用电，和事业性单位附属工厂生产用电，交通通信等修配厂用电，城镇自来水厂用电等。

4）大工业客户。按两部制电价结算电费的客户，指受电变压器容量在315kVA及以上的工业生产用电，包括冶炼、熔焊、电解、电化等用电，事业单位附属工厂生产用电，交通通信等修理厂用电，自来水厂用电等。

5）农业生产客户。国家为扶持农业生产，在电价中给予优惠，主要是指农业养殖业和种植业用电，包括农田排涝和灌溉用电，田间作业、打井、脱粒、积肥、育苗、黑光灯捕虫和防汛临时照明用电，非营业性农民口粮加工和饲料加工用电，渔业、畜牧业用电等。

（3）按供电电压等级分类。

1）高压客户。以10kV及以上电压供电的客户。高压客户自备一台或数台受电变压器。

2）低压客户。以0.4kV及以下电压供电的客户。低压客户均由公用配电变压器供电。

(4) 按用电时间分类。

1) 正式用电户。向供电企业提出永久性用电申请，经办理注册登记手续，并签订供用电合同的客户。

2) 临时用电户。用电时间短暂，用于基建工地、农田水利、市政建设等，用电期限一般不超过6个月的客户。

2. 服务主体的用电负荷分类

用电负荷是指客户的用电设备在某一时刻从电网中实际取用的功率总和，也就是客户在某一时刻对电力系统所要求的电力。从电力系统来讲，则是指该时刻为了满足客户用电所需要的相应的发供电能力。

(1) 按负荷对电网运行和供电质量影响的分类。按对电网运行和供电质量的影响，可分为：

1) 冲击负荷。负荷量快速变化，能造成电压波动和照明闪变影响的负荷。如电弧炉、轧钢机等。

2) 不平衡负荷。三相负荷不对称或不平衡，如单相、二相负荷等，会使电流、电压产生负序分量，影响旋转电机振动和发热、继电保护误动等。

3) 非线性负荷。负荷阻抗非线性变化，会向电网注入谐波电流，使电压、电流波形畸变。谐波的危害：电气设备损耗增加、发热；电容器过负荷；对自动装置产生干扰等。

非线性负荷如整流器、变频器、电机车等。

(2) 按中断供电造成的影响分类。为了保证供电的可靠性，根据用电负荷重要程度及突然中断供电造成的损失影响程度划分用电负荷等级。用电负荷级别是供电和客户受电工程建设中采取相应保障供电技术措施的依据。一般将用电负荷分为三类（级），具体分类在本书第一篇已有说明。

（二）服务客体

服务客体是指为客户提供电力服务的电力企业员工，亦称为客户服务人员。对于客户服务人员的分类，各网省公司都是按服务功能来划分的，基本可分为以下九种岗位：大客户代表、业扩报装、抄核收、电能计量、用电检查、需求侧管理、服务调度、电力紧急服务等岗位工作人员。

(1) 大客户代表：主动了解大客户情况，站在客户立场，代表客户利益，积极主动地收集和反馈电力市场信息，分析、预测电力市场，对电力企业提出服务的项目、要求，以及开拓电力市场的建议或措施，并对电力服务进行评价的人员统称。

(2) 业扩报装人员：负责进行从受理客户的用电申请，直至接电为止各项供电业务的人员统称。用电申请包括新装、增容和变更用电等内容；业扩报装包括申请受理、勘查、确定供电方案、营业收费、业扩设计施工、中间检查、竣工验收、签定供用电合同和装表接电。

(3) 抄核收人员：负责对每个电力客户，按照固定的周期，进行抄录电量、核算电费、开出票据、收缴电费、统计分析等各项供电业务的人员统称。抄核收人员一般分为抄表、稽核和收费业务人员。

(4) 电能计量人员：负责接受国家量值标准的传递，依法对电能计量装置进行检定和管理人员的统称。电能计量人员包括量值传递管理及电能计量装置的购置、安装、移动、更换、校验、拆除、缺陷处理等业务人员。

(5) 用电检查人员：负责对客户用电情况和用电行为进行检查，以保证供用电安全和正常供用电秩序的供电业务人员。

(6) 需求侧管理人员：负责采取有效的激励措施，引导消费者改变用电方式和时间，使电力资源得到优化配置的供电业务人员。需求侧管理人员包括管理对象选择、用电情况调查、用电情况分析、激励措施制定、政策实施管理和政策实施评估等供电业务人员。

(7) 服务调度人员：负责通过电话、传真、网络、柜台、书面、现场等方式为客户提供电力服务，并根据客户的不同需求调度企业内部相关资源，帮助解决客户的问题，使客户满意的供电业务人员。

(8) 电力紧急服务人员：当客户发生电力故障或停电时，提供紧急抢修服务的供电业务人员。

贵州电网公司设置的电力95598客户服务中心的客户代表的职责不同于上述的客户代表和咨询服务人员，客户代表履行了客户服务调度的职责，对外，实现对客户服务需求的及时响应、受理、提交；对内，协调相关服务部门、班组和个人对客户要求进行服务与回复，建立企业服务与客户需求之间的有效沟通。

(三) 服务内容及分类

1. 服务的主要内容

根据供电企业为客户提供服务的界面不同，供电服务内容可划分为：柜台服务、现场服务、咨询服务、特别服务和电力急修服务。

(1) 柜台服务：指供电服务人员在营业窗口柜台为客户提供办理用电手续或咨询服务。

(2) 现场服务：指供电服务人员在客户用电现场为客户提供用电申请、勘查、电力工程施工、接电、抄表、收费、咨询、处理设备缺陷、抢修或宣传服务。

(3) 咨询服务：通过公告、电话、传真、网络、柜台、书面、现场等方式为客户提供电力业务和法规的查询服务。

(4) 特别服务：主要指实行电话预约服务、无周休日服务、对确有需要的伤残孤寡老人提供上门服务等。

(5) 电力急修服务：主要指发生电力故障或紧急情况时为客户提供的服务。

2. 无偿服务和有偿服务及划分原则

(1) 无偿服务：供电设施产权属电力企业，由电力企业承担维护管理，电力企业所提供的各项服务属无偿服务。

(2) 有偿服务：供电设施产权属客户，电力企业所提供的代维护服务或延伸服务属有偿服务。

(3) 无偿服务和有偿服务的划分原则：一般以供电设施产权分界点进行划分，产权属客户的，电力企业所提供的服务是有偿的，否则就是无偿服务。但考虑到电力企业是具有一定社会公益性质的企业，因此应对社会部分弱势群体（伤残人、孤寡老人等）提供全面的无偿服务。

六、客户服务人员文明服务行为规范

客户服务人员直接面对广大电力客户，他们的日常工作行为、态度和服务水准会对客户的电能消费满意度起到决定性的作用。因此，必须对客户服务人员，包括客户代表、装表接电、用电检查、营业抄表、营业收费、用电业扩、咨询服务、电力紧急服务、负荷管理等岗位工作人员的道德、仪容举止、接待会话、文明用语、忌语等方面做出明确、具体的要求，规范服务人员行为，养成文明服务习惯，提高供电优质服务水平，以塑造电力企业良好的公众形象，增强市场竞争力。

以下从基础行为规范、形象行为规范和一般行为规范三个方面对客户服务人员文明服务行为规范进行阐述。

1. 基础行为规范

品质、技能和纪律是文明服务行为规范的基础规范，是对客户服务人员在职业道德方面提出的总体要求，也是落实文明服务行为规范必须具备的综合素质。客户服务人员必须养成良好的职业道德，牢固树立“敬业爱岗、诚实守信、办事公道、服务人民、奉献社会”的良好风尚。

(1) 品质。品质的基本要求是热爱电业、忠于职守。客户服务人员首先应具备的基本品质是“热爱电业、忠于职守”。即具有强烈的责任心和事业心，坚持“人民电业为人民”的服务宗旨，对工作兢兢业业，具有市场竞争意识，善于发扬团队精神，部门之间、上下工序之间、员工之间密切配合，团结协作；具有诚信观念，尊重客户，讲求优质服务和经济效益，有力地维护客户与电力企业的共同利益。

(2) 技能。技能的基本要求是勤奋学习、精通业务。客户服务人员应积极参加各类文化、技术培训，勤奋学习科学文化知识，达到中等以上文化专业水平。刻苦钻研业务，苦练基本功和操作技能，精通业务规程、岗位操作规范和服务礼仪；不断更新、学习和运用先进科学技术，熟练掌握相关业务知识。同时，不断加强思想业务修养，增强综合业务能力，努力提高分析、认识、解决问题的能力，增强交往、协调和应变等方面的能力。

(3) 纪律。纪律的基本要求是遵章守纪、廉洁自律。客户服务人员要自觉掌握与本职业务相关的法律知识，模范执行国家的各项法律、法规。严格遵守企业的各项规章制度，自觉执行劳动纪律、工作标准、作业规程和岗位规范。严格遵守作息时间，不迟到、不早退，工作时间不打私人电话，不擅自离岗、串岗，不聊天，不做与工作无关的事情，廉洁自律，秉公办事，不以电谋私，不吃拿卡要，不损害客户利益。

2. 形象行为规范

着装、仪容和举止是客户服务人员的外在表现，它既反映了员工个人修养，又代表着企业的公众形象。只有规范的仪表举止，才能赢得客户的好感和信任，增强企业的市场竞争力。

(1) 着装。着装的总体要求是统一、整洁、得体。客户服务人员工作中应穿统一、正规、整洁、协调的服装，在左胸前佩戴统一编号的服务证（牌），将衬衣的下摆束入裤腰和裙腰内，扣好袖口，做到内衣不外露；着西装时，应打好领带，扣好领扣，上衣袋少装、裤袋不装东西，不挽袖口和裤脚。鞋、袜保持干净、卫生，不打赤脚，不穿拖鞋。

(2) 仪容。仪容的总体要求是自然、大方、端庄。客户服务人员工作中头发梳理应整齐，不染彩色头发，不戴夸张的饰物。男员工头发不能长到覆盖住额头或遮掩住耳朵、后面的头发不能长到与衣领接触，不留胡须；女员工淡妆上岗，修饰文雅、与年龄、身份相符，工作时间不当众化妆，颜面和手臂保持清洁，不留长指甲，不染彩色指甲。保持口腔清洁，工作前忌食葱、蒜等具有刺激性气味的食品。

(3) 举止。举止的总体要求是文雅、礼貌、精神。客户服务人员工作时应始终保持精神饱满，注意力集中，不能表现出疲劳状、忧郁状和不满状。接待顾客应保持微笑，目光平视，不左顾右盼、心不在焉。坐姿自然、良好，约坐椅座的三分之二为宜，上身挺直，两肩平衡放松，后背与椅背保持一定间隙，不用手托腮、翘二郎腿或抖动腿；椅子过低时，女员工应双膝并拢侧向一边。站姿端正，抬头、挺胸、收腹、双手下垂置于大腿外侧或双手交叠自然下垂，双脚并拢，脚跟相靠，脚尖微开。与客户站立会谈时，保持两人相距80cm左右为宜。在客户面前要避免打哈欠、伸懒腰、打喷嚏、挖耳朵、双手抱胸等不文明行为，尽量减少不必要的手势动作。

3．一般行为规范

接待、会话、服务、沟通属于文明服务的一般行为。客户服务人员应以满足客户的需求为出发点，科学规范地做好接待和服务工作，赢得客户的满意和信赖。

（1）接待。接待客户时应微笑、热情和真诚。客户服务人员接待客户时应面带微笑、热情礼貌，做到来有迎声、去有送声、有问必答、百问不厌。如果客户要求办理的业务不属于本职范围，客户服务人员也应认真倾听、热心引导、快速衔接，为客户提供办理该业务的部门地址和联系电话。

（2）会话。与客户会话应亲切、诚恳、谦虚。客户服务人员与客户会话时提倡讲普通话，使用文明礼貌用语，严禁说脏话、忌语。交谈时，应面带微笑，语气诚恳，语调平和，认真倾听，不随意打断客人的话语。讲话用语通俗，尽量少用生僻的电力专业术语，以免影响与客户的交流效果。

（3）服务。为客户提供服务应快捷、周到、满意。客户服务人员在接待客户业务时应仔细询问客户的办事意图，并快速办理相关业务。当遇到两位以上客户办理业务时，既要认真办理前面客户的业务，又要礼貌地与后面的客户打招呼，请其稍候。接到同一客户较多业务时，应帮助客户分清轻重缓急，合理安排好前后顺序，缩短客户办事时间。遇到不能办理的业务时，应向客户说明情况，争取客户的理解和谅解。

（4）沟通。与客户沟通要冷静、理智、策略。客户服务人员工作中应耐心听取客户的意见，虚心接受批评，诚恳感谢客户提出的建议，做到有则改之，无则加勉。如果属于自身工作失误，应立即向客户赔礼道歉。如果受了委屈，应冷静处理，不感情用事，不顶撞和训斥客户，更不能与客户发生争执。拿不准的问题，不回避、不否定、不急于下结论，应及时向领导汇报后再答复客户。

七、客户服务质量要求和标准

制定客户服务的质量要求和标准可以有效地规范供电企业经营行为，维护电力客户合法权益，使供电服务和监督实现系统化和规范化。

1．营业环境

供电营业场所应位于交通便利、方便客户前往的地点，门前有统一、规范、醒目的标示、名称牌，告示服务时间。营业厅内美观大方、布局合理、舒适安全、整洁卫生，设有客户等候休息处，置备客户书写台、纸、笔等；厅内具有受理业务范围、办事程序、收费项目、收费标准、收费依据和服务守则的流程图和免费赠送客户的宣传资料，包括：电力法规制度、办理用电业务须知、电价与电费规定、用电常识等。营业柜台上定制摆放标示办理各类业务的标牌，并在显著位置标有工作人员的姓名、照片、岗位和工号。营业厅实行无周休日营业制度。

营业厅应设有专门的业务咨询服务台或查询窗口、业务洽谈室，为客户提供电力法律法规、用电报装、电费等查询和咨询服务，帮助客户办理用电业务。

2. 柜台服务

营业场所提倡使用开放式营业柜台。客户服务人员应至少提前5min上岗，检查计算机、打印机和触摸服务器等，做好营业前的各项准备。工作期间统一着装，佩带统一编号的服务证（章），办理客户业务实行首问负责制，采用计算机处理用电业务。需要客户填写业务登记表时，客户服务人员应将表格双手递给客户，提示客户参照书写示范样本填写，并对填好的登记表认真审核。办理每件居民客户收费业务的时间不超过5min。客户办理用电业务的时间每件不超过20min。客户办完业务离开时，应微笑与客户告别。

工作中，若因系统出现故障而影响业务办理时，如短时间内可以恢复的，应请客户稍候并致歉；需较长时间才能恢复工作的，除向客户道歉外，应留下客户的联系电话，再另行预约。

当残疾人及行动不便的客户来办理业务时，应上前搀扶，代办填表等事宜，并请客户留下联系地址和电话，以便上门服务。对听力不好的老年人，声音应适当提高，语速放慢。

临下班时，对正在处理中的业务应照常办理完毕后方可下班。下班时如仍有等候办理业务的客户，不可生硬拒绝，应迅速请示领导，视具体情况加班办理。

3. 现场服务

客户服务人员在去现场服务前，首先与客户预约时间，讲明工作内容和工作地点，请客户予以配合；到现场后一律穿着工装，主动出示工作证件并说明来意；需进入客户室内时，应先按门铃或轻轻敲门，征得同意后，戴上鞋套方可入内。如施工会给交通安全等带来不便，应严格执行电业安全工作规程，悬挂施工单位标志、安全标志和礼貌标志。工作时应遵守客户内部有关规章制度，尊重客户的风俗习惯。需借用客户物品，应征得客户同意，用完后先清洁再放回原处，并向客户致谢。现场服务中客户服务人员应尽量满足客户的合理要求，遇有客户提出非正当要求或要求无法达到时，应向客户委婉说明。如损坏了客户原有设施，必须遵循客户意愿恢复原貌或等价处理，达到客户完全满意。施工结束后，应清理现场。同时主动征求客户意见，并将本部门联系电话留给客户。

工作中，发现客户有违约或窃电行为时，用电检查等人员应依据有关法规礼貌地向客户指出。遇到态度蛮横、拒不讲理的客户，要及时报告有关部门，不要与其吵闹，防止出现过激行为。发现因客户责任引起的电能计量装置损坏，应礼貌地与客户分析损坏原因，由客户确认，并在工作单上签字。用电工验收中，发现有不符合规程要求的问题时，应向客户耐心说明并留下书面整改意见。

4. 报装服务

客户服务人员应采用多种方式受理客户各类用电业务，实行"首问负责制"和"业务主办制"，一口对外。受理居民客户用电申请后，在5个工作日内送电，其他客户在受电装置验收合格后5个工作日内送电。有条件的地方，应逐步实行网络化服务，通过网络提供查询、咨询、报装接电等各项用电服务，使客户足不出户就能满足用电需求。

5. 查询服务

电力企业应配置有关业务自动查询系统，开设并公布用电业务查询电话，提供查询服务，回答客户的电费账务查询、用电申请办理情况查询、电力法规查询等。对外公布的各种电话，应在铃响5声内摘机通话。接到客户书面查询电费账目后，应在7个工作日内书面回复客户。开通网上业务咨询服务的，网页要制作得直观、色彩明快，并设有导航服务系统和“请点击”的字样，方便客户使用；客户服务人员要按时打开网络服务器，及时回复各类问题。

6. 特别服务

电力企业作为公益性行业，应定期组织便民服务活动和安全用电宣传活动。对具备条件的居民客户，实行电话预约装表接电。开办节假日、公休日居民用电电话预约服务。对确有需要的伤残孤寡老人提供上门服务。

7. 电力抢修

电力企业应设立报修电话，并向社会公布电话号码。供电设施计划检修需停电时，应提前7日向社会公告停电线路、区域、停电的起止时间，特殊重要客户应特别通知。临时处理供电设施故障需停电时，应及时通知客户。突发故障而停电，客户查询时，应做好解释工作。要严格执行值班制度，提供24h电力故障报修服务，紧急服务维修人员应在45min内到达城区事故停电现场，无特殊原因5h内恢复电力供应。

8. 电能质量

电力企业应加强电网建设，满足全社会用电需求，按国家规定的电能质量标准向客户提供优质的电能。

八、客户服务监督管理

建立有效的客户服务监督体系，对供电服务进行监督管理，是确保客户服务行为符合规范，供电服务质量符合标准的有效措施。客户服务监督体系包括如下几方面内容：

(1) 设立服务质量投诉举报电话，向社会公布电话号码；在营业区内适当位置设置若干意见簿或意见箱，及时征集客户意见。对客户的意见要认真检查、核实和处理，并迅速回复客户。

(2) 在客户中聘请社会监督员，定期召开客户座谈会，定期走访客户，认真听取供电营业服务方面的意见，通过双方的交流和沟通，达到相互理解和支持。

(3) 开展客户满意率调查，参与社会评议行风活动，广泛征求社会各界和客户的意见，有针对性地了解和解决供电服务的热点和难点问题，不断提高客户满意率。

(4) 开展明查暗访，通过公开报道的形式，树立典型，暴露问题；对供电服务的违纪、违规行为进行严肃查处，杜绝严重影响企业声誉和形象的行业不正之风事件。

(5) 对客户投诉的热点、难点问题和重复的投诉举报，责任部门应加强分析、研究，及时制定整改措施，并妥善处理和解决。对客户提出的合理化建议和意见，经认定后要立即制定措施，有效付诸实施。

(6) 对客户投诉的服务质量问题，应在3个工作日内通报处理情况，除特殊情况外，15个工作日内答复处理结果。

九、客户服务需求及满意度调查与分析

在日益激烈的市场竞争中，企业要么苦于没有市场数据，要么面对庞杂无序的市场信息而失去判断。客户服务需求及满意度调查与分析的目的是，围绕“优质、方便、规范、快捷”的电力服务方针，通过市场调研手段，在充分了解客户电力需求和对电能产品或电力服务的满意程度的前提下，利用科学实效的分析方法，进行营销方案策划，为电力企业提供市

场营销整体解决方案，并建立客户满意度评价分析体系。

1. 调查体系分类

由于电力客户点多面广，消费群体复杂，因此，客户服务需求及满意度调查与分析一般采用定性和定量研究调查分析的方法，调查体系可分为以下三种方式：

(1) 焦点团体座谈会：建立庞大的被访者资料库系统，随时召开专题或焦点团体座谈会，由受过专业训练的主持人，对关心的问题展开调查。

(2) 深度访问：由专业访问员就关心的问题，对被访问者展开深入调查，然后与专业研究人员深访结果进行分析。

(3) 定量访问：供电企业就关心的问题，在限量的客户范围内展开调查。根据反映的问题所占的比率进行分析。一般方式有入户访问、街头拦访、电话调查、问卷调查、工作现场调查等。

2. 调查核心内容

客户满意度评价体系核心内容包括如下5个方面：

(1) 对客户需求和期望的认知。评价目标是了解客户真正的需求和期望，评价内容包括市场调查、细分市场的程度、识别潜在客户、识别电能产品和电力服务的质量特征、重点工程跟踪等。

(2) 供电质量。评价目标是提高电力企业供电水平，评价内容包括供电可靠性、电压合格率等。

(3) 电力客户服务。评价目标是了解客户是否感受到方便、快捷、满意的服务，以提高电力服务质量。评价内容包括：营业收费、报装接电、咨询、电费电价、故障抢修、电网改造等方面的服务质量。

(4) 规范与标准。评价的目的是了解规范与标准是否符合客户的需求，评价内容包括电能产品与电力服务各类标准。

(5) 客户关系管理。评价目标是掌握与客户良好关系的程度，评价内容包括客户对电力企业开展有关活动的接受程度、客户寻求帮助和抱怨的途径等。

3. 调查组织

调查组织可由电力企业领导和有关部室负责人组成客户满意度评价工作领导小组，负责指导客户满意度评价与考核工作的开展；领导小组下设办公室，负责客户满意度评价与考核工作的协调与监督。客户满意度评价与考核工作每年开展一次，一般安排在第三季度进行，第四季度进行汇总评比。

具体调查工作，也可委托社会中介机构或专业调查队伍进行，以便获得更具客观、真实的客户评价等信息。

4. 调查实施

调查实施遵循以下几个原则和步骤进行：

(1) 设定客户满意度评价标准，采取社会问卷调查、大客户评价、现场抢修评价相结合的办法，并确定其权重。

(2) 社会问卷调查满意度评价采取抽样调查的方式，分为城市居民、农村居民、商业客户、中小工业客户四类，根据统计学科学抽样调查原理选择具有代表性的样本，具体实施委托社会中介机构进行。

(3) 大客户满意度评价采取由客户代表具体实施，样本选自客户代表所服务的所有大客户。

(4) 现场抢修评价采取由抢修人员在每次抢修完毕之后，由客户填写抢修服务满意卡进行评价的方法。现场抢修服务满意卡由抢修人员带回。

(5) 问卷内容围绕客户满意度评价体系五个方面的内容进行设计。每年度可根据实际情况进行修改。

5. 研究分析

根据客户服务需求及满意度调查结果，采取业务和专业人员协作，利用科学实效的分析方法，在分析市场潜力、市场容量和消费习惯、行为的基础上，进行营销策划，制定市场营销总体战略和具体策略。具体包括内容如下：

(1) 占有率、购买意向与市场需求、潜在消费者群体规模与群体特征、新电价品种市场潜量研究等。

(2) 消费习惯与行为研究：主要研究分析消费者使用及态度、生活方式、购买行为特点及决策过程、消费趋势、消费心理等。

第二节 CRM 的概念及原理

一、CRM 的定义和管理思想

工业经济时代生产力的不断发展，逐步改变了全社会生产能力不足和商品短缺的状况，并导致了全社会生产能力的过剩、商品极大地丰富并出现过剩。在这种情况下，客户选择空间及选择余地显著增大，客户需求开始呈现出个性化特征。只有最先满足客户需求的产品才能实现市场销售，市场竞争变得异常残酷。因此，企业管理不得不从过去的“产品”导向转变为“客户”导向，只有快速响应并满足客户个性化与瞬息万变的需求，企业才能在激烈的市场竞争中得以生存和发展。标准化和规模化生产方式不得不让位于多品种小批量的生产方式，企业取得市场竞争优势最重要的手段不再是成本而是技术的持续创新，企业管理最重要的指标也从“成本”和“利润”转变为“客户满意度”。

1. CRM 的定义

CRM 是一门科学，也是一种理念，也是软件和技术，也是应用系统，它侧重于对销售、营销、客户服务和支持相关的业务流程的自动化和优化。目前国内外也没有一个统一的 CRM 定义，一般来说，CRM 有以下几个方面的含义：

CRM 是企业为提高核心竞争力，达到竞争致胜、快速成长的目的，树立以客户为中心的发展战略，并在此基础上开展的包括判断、选择、争取、发展和保持客户所需要实施的全部商业过程；

CRM 是企业以客户关系为重点，通过开展系统化的客户研究，通过优化企业组织体系和业务流程，提高客户满意度和忠诚度，提高企业效率利润水平的工作实践；

CRM 也是企业在不断改进客户关系相关的全部业务流程，最终实现电子化、自动化运营目标的过程中，所创造并实施的先进信息技术、软硬件和优化的管理方法、解决方案的总和。

总体来说，AMT 给出的 CRM 概念还是比较全面概括了 CRM 的含义：

客户关系管理（CRM）是一种以客户为中心的经营策略，它以信息技术为手段，对相关业务功能进行重新设计，并对相关工作流程进行重组，以达到留住老客户、吸引新客户、提高客户利润率贡献度的目的。

2. CRM 的核心管理思想

CRM 的核心管理思想主要包括以下几个方面：

（1）客户是企业发展最重要的资源之一。企业发展需要对自己的资源进行有效地组织与计划。随着人类社会的发展，企业资源的内涵也在不断扩展，早期的企业资源主要是指有形的资产，包括土地、设备、厂房、原材料、资金等。随后企业资源概念扩展到无形资产，包括品牌、商标、专利、知识产权等。再后来，人们认识到人力资源成为企业发展最重要的资源。时至工业经济时代后期，信息又成为企业发展的一项重要资源，乃至人们将工业经济时代后期称之为“信息时代”。由于信息存在一个有效性问题，只有经过加工处理变为“知识”才能促进企业发展，为此，“知识”成为当前企业发展的一项重要资源，信息总监（CIO）让位于知识总监（CKO），这在知识型企业中尤显重要。

在人类社会从“产品”导向时代转变为“客户”导向时代的今天，客户的选择决定着一个企业的命运，因此，客户已成为当今企业最重要的资源之一。CRM 系统中对客户信息的整合集中管理体现出将客户作为企业资源之一的管理思想。在很多行业中，完整的客户档案或数据库就是一个企业颇具价值的资产。通过对客户资料的深入分析将会显著改善企业营销业绩。

（2）对企业与客户发生的各种关系进行全面管理。企业与客户之间发生的关系，不仅包括单纯的销售过程所发生的业务关系，如合同签订、定单处理、发货、收款等，而且要包括在企业营销及售后服务过程中发生的各种关系。如在企业市场活动、市场推广过程中与潜在客户发生的关系。在与目标客户接触过程中，内部销售人员的行为、各项活动及其与客户接触全过程所发生的多对多的关系。还包括售后服务过程中，企业服务人员对客户提供关怀活动、各种服务活动、服务内容、服务效果的记录等，这也是企业与客户的售后服务关系。

对企业与客户间可能发生的各种关系进行全面管理，将会显著提升企业营销能力、降低营销成本、控制营销过程中可能导致客户抱怨的各种行为，这是 CRM 系统的另一个重要的管理思想。

（3）CRM 进一步延伸企业供应链的管理。20 世纪 90 年代提出的 ERP 系统，原本是为了满足企业的供应链管理需求，但 ERP 系统的实际应用并没有达到企业供应链管理的目标，这既有 ERP 系统本身功能方面的局限性，也有信息技术发展阶段的局限性，最终 ERP 系统又退回帮助企业实现内部资金流、物流与信息流一体化管理的系统。

CRM 系统作为 ERP 系统中销售管理的延伸，借助 Internet Web 技术，突破了供应链上企业间的地域边界和不同企业之间信息交流的组织边界，建立起企业自己的 B2B 网络营销模式。CRM 与 ERP 系统的集成运行才真正解决了企业供应链中的下游链管理，将客户、经销商、企业销售部全部整合到一起，实现企业对客户个性化需求的快速响应。同时也帮助企业清除了营销体系中的中间环节，通过新的扁平化营销体系，缩短响应时间，降低销售成本。

3. 实施 CRM 的利益

CRM 直接影响着一个企业的最终利益。CRM 相关软件的采用，极大地提高了工作效率，CRM 最大的收益来自于业务的扩展，把事情做得更多、更准确。

CRM 扩展了业务，因为对客户的全面理解，是对企业的保障：

(1) 根据客户的需求开发相应的产品和服务；

(2) 销售产品和服务的目标群更集中也更高质量；

(3) 维系有实力的客户。CRM 着眼于客户的价值而不是单项交易的眼前利益，因此保证了所必需的客户整体观念。其原因在于，首先，它保证了可以进行效益分析，其次，客户只有对合作者的方方面面都满意才有继续交易的可能。

客户的满意度对客户自己而言非常关键，同时它也对 CRM 相当重要，因为它是维系客户的关键所在，甚至是细微的改善也能引起效益上的急剧增长。

4. CRM 的主要功能

客户关系管理就是要通过对企业与客户间发生的各种关系进行全面管理，以赢得新客户，巩固保留既有客户，并增进客户利润贡献度。客户关系管理的功能主要分为四大部分，概述如下：

(1) 客户信息管理。整合记录企业各部门、每个人所接触的客户资料进行统一管理，这包括对客户类型的划分、客户基本信息、客户联系人信息、企业销售人员的跟踪记录、客户状态、合同信息等。

(2) 市场营销管理。制定市场推广计划，并对各种渠道（包括传统营销、电话营销、网上营销）接触的客户进行记录、分类和辨识，提供对潜在客户的管理，并对各种市场活动的成效进行评价。CRM 营销管理最重要的是实现一对一营销，从“宏营销”到“微营销”的转变。

(3) 销售管理。包括对销售人员电话销售、现场销售、销售佣金等管理，支持现场销售人员的移动通信设备或掌上电脑设备接入。进一步扩展的功能还包括帮助企业建立网上商店、支持网上结算管理及与物流软件系统的接口。

(4) 服务管理。包括产品安装档案、服务请求、服务内容、服务网点、服务收费等管理，详细记录服务全程进行情况，支持现场服务与自助服务，辅助支持实现客户关怀。

5. CRM 应用的要点

随着时代的转变，企业应用 CRM 系统势在必然。但 CRM 系统的应用必须要注意以下四个方面：

(1) 转变管理思想，建立新的管理理念。CRM 系统的应用不仅仅是一项技术工程，而是要在系统应用之前，接受 CRM 系统中的管理思想，建立以“客户”为导向的管理理念，不断提升企业的客户满意度。

(2) CRM 应用成功的关键在于营销体系重组。众所周知，业务流程重组（BPR）是 ERP 应用成功的前提，而 BPR 又可以有两种方式：一是渐进改良，二是彻底重新设计。同样 CRM 应用成功的前提也取决于 BPR 过程，不同的是，在应用 CRM 过程中的 BPR 必须要对企业原有的营销体系进行一次彻底的重新设计，因为 CRM 应用将要帮助企业建立一套崭新的 B2B 扁平化营销体系，这将会涉及到企业原有分公司/办事处岗位、职能的重新定位，销售体系与物流体系的分离，第三方物流的引入与银行结算体系设计、供应链上分布库存控制策略调整以及企业营销组织架构的重新设计等。CRM 应用能否取得成效在很大程度上取决于 BPR 工作，这是 CRM 应用成功难点之所在。

CRM 应用成功意味着企业成功实现营销电子化，并为企业未来进入网上电子市场

(eMarketplace)，迎接电子商务时代的到来作好了充分准备。

(3) CRM 应用的基础是企业内部 ERP 系统。CRM 系统的应用主要是提升企业营销能力，改善销售绩效，因此 CRM 应用会给企业带来直接经济效益，这一点不同于关注内部成本控制与工作效率的 ERP 系统应用。CRM 系统作为 ERP 系统销售管理功能的延伸，一般要求企业应在 ERP 实施成功之后再应用 CRM 系统。但由于 ERP 在中国企业的应用普及率尚不到 1%，这会导致很多企业会先上 CRM 再考虑 ERP，可能的风险将是企业从网上接收众多订单而难以靠手工方式进行高效处理，甚至会造成业务的混乱。当然，仅仅实现销售自动化而不建立网上商店的 CRM 是可以独立运行的，否则应在 ERP 系统的基础上扩展应用 CRM 系统。

二、CRM 与市场营销

CRM 的出发点是客户关系管理，但它的终点却不止于此。CRM 通过对客户的管理为企业的市场、销售和服务带来了一系列的变化，因此，可以说 CRM 是一个撬起企业全面营销的支点。

1. CRM 对企业的影响

在各种不确定性和经营风险面前，企业必须对市场环境和自身市场活动有清晰的了解和明确的认知。首先要求企业能够找到为自己带来最大利益的产品，并充分了解竞争对手的动向，同时还要制定合理的定价策略。其次，在销售环节中，透彻地了解客户购买偏好和真正的需求。第三，在服务环节，服务与销售部门之间缺乏协调配合和充分的沟通，造成服务部门与销售部门之间的业务产生脱节。

正因如此，企业在处理与外部客户的关系时，越来越感觉没有信息技术支持的客户关系管理力不从心，这让企业有一种“找不到支点”的感觉。而客户关系管理系统就是要解决这些问题。这一系统采用个性化设计，通过市场管理、销售管理、客户服务以及分析决策等，为企业提供业务进程管理、销售机会挖掘、决策支持等全面的管理功能，从而协助企业建立一个适应业务发展的全新模式。

2. CRM 对市场的影响

孙子兵法中的“知己知彼，百战不殆”是商界备受推崇的核心原则之一，而往往成为企业的致命弱点之一。事实上这是由竞争状况的日益复杂化和企业所采用的分析手段决定的。CRM 可以对从各种渠道获得的竞争对手信息进行系统的分析和整理，使企业的市场、销售和服务人员能够全面了解与竞争对手的优劣对比状况，进而在此基础上采取相应的措施，保证企业的竞争优势。这些是传统的客户管理模式所做不到的。

同时，产品价格目前仍然是影响企业市场运作状况最为敏感的要素，对于中国市场尤为如此。于是，价格策略也就成为企业市场战略最为重要的内容之一。CRM 系统通过市场管理功能，可为企业提供客户定价、销量定价、回款周期定价和季节性促销定价，协助企业制定合理的价格策略。

3. CRM 有助于掌握客户信息

对于一个企业来说，明确地了解客户的消费偏好非常重要。但在很多情况下，企业往往难以对客户的基本信息进行高层次的提炼和整理，现有客户信息也无法发挥最大的价值。为此，CRM 提供了对客户信息进行动态获取和分析的功能，使企业能够多角度地全面了解客户状况。

事实上，对客户信息充分和系统的掌握往往会为企业带来更大的竞争优势。众所周知，开发一个新客户需要投入相当大的成本，而企业80%的利润来自20%的老客户。

正因如此，CRM引导企业重视对老客户的维护和管理。该系统可根据交易历史分析明确老客户的购买偏好，帮助企业在老客户中挖掘新的销售机会，从而提高客户资源的整体价值。从某种意义上讲，客户挖掘是CRM系统一项最有价值的功能之一。

4. CRM挖掘商机

企业内部服务责任划分不明确和服务人员相互推诿常常导致客户抱怨的增多。这种现象会给客户这样一种感觉：我被你推来推去，我在你心目中是什么地位？但事实上这并非企业的初衷，而从根本上应归咎于缺少一种有效的客户服务管理手段。在这种情况下，企业可通过CRM系统，为客户指定专门的服务代表，做到责任明确、服务到位，真正实现“一对一的关系型客户服务”。

提供高质量客户服务的意义不仅在于提升客户满意度，更为重要的是，企业可以在提供客户服务的过程中更为直接地了解客户需求，从而将客户意见迅速反馈给企业，为客户提供能够更好地满足其需求的产品。在传统管理模式下，由于沟通渠道不畅，这种互动式的沟通难以实现。通过CRM可彻底改变这一局面，客户服务人员可将客户反馈实时提交给销售部门，由销售主管进行跟踪管理，从而抓住每一个销售机会。

如美国西南航空公司的成功就是细分市场后，找准市场定位，重组流程以提高客户满意度和忠诚度的典型例子。

美国西南航空公司被称为“低成本的经营者”，它主要表现在以下几大方面：

(1) 成功的标志：几乎用任何标准来衡量，西南航空公司都是一家非常有效和非常成功的公司。成立于1971年的西南航空公司是由4家航空公司合并而成的，它已经成为美国排名第7位的航空公司。拥有141架飞机、年营业额达到12亿美元，净利润接近7500万美元。1993年度的统计数字尤其给人留下深刻印象，这是因为像德尔塔航空公司（Delta）、美国航空公司（American）和联合航空公司（United）在此期间都出现大量亏损。而在西南航空公司22年的经营中，除最初两年外，年年盈利。当其他航空公司挣扎在破产线上，解雇司乘人员和机械师，关闭某些航线时，西南航空公司却在大张旗鼓地推进它的增长计划，购买更多的飞机，开辟新航线，招聘新人员。

西南航空公司的与众不同之处是，西南航空公司的宗旨很直接了当：向顾客提供低廉的、俭朴的和专一化的航空运输服务。公司决心成为航空运输产业中成本最低的经营者。为了实现这一宗旨，公司向顾客提供不加虚饰的服务。西南航空公司低廉的票价带来了飞机的满员和顾客的忠诚，并且使竞争者纷纷退出市场，不再与西南航空公司便宜透顶的票价竞争。

(2) 朴实无华：虽然其他主要航空公司都装备了昂贵的计算机化的机票预定系统，西南航空公司却并不盲目仿效。在西南航空公司的飞机上，不设头等舱座位，就像在公共汽车上一样；检票员按先来先登机原则发放可重复使用的编了号的塑料登机卡；在飞机上不供应餐点。这种“不加装饰”的方法，使旅客上下飞机所用的时间很短——大约15min左右，每天每架飞机平均飞11个班次。当你看到西南航空公司的检票员、机械师和地勤人员在飞机转港的短暂间隙中的工作情景时，你会联想起赛车中途的修理站上动作精确的作业小组，其结果是公司的效率水平和经营成本绝对领先于竞争对手。

(3) 飞机的标准化：西南航空公司只有一种型号的飞机，即省油的波音737飞机。设备的标准化降低了零件库存成本，并使维修人员和飞行训练减至最少。

(4) 市场选择：西南航空公司基本上没有枢纽站，都是短程的、点对点的航班，平均飞行时间为55min。正因为如此，它不与其他的航班联运，也不需要转运行李。

西南航空公司的市场有34个城市，分布在美国15个州里，它集中服务于阳光地带和中西部地区，向东最远到克利夫兰市。但是，虽然西南航空公司服务的城市数量是有限的，但它在这些城市中间提供大量的航班。

(5) 低票价：当西南航空公司宣称它将提供最低的票价时，它决不是在说大话，它的平均票价只有58美元。在1991年，西南航空公司新辟了圣路易斯—堪萨斯城航线，以及1992年新辟了克利夫兰—芝加哥的航线后，这两条航班的票价从300美元下降到59美元。在西南航空公司的大多数市场上，它的票价甚至比城市之间的长途汽车票价还便宜。正如公司首席执行官凯莱赫所说的，“我们建立了一个巩固的细分市场——我们的主要竞争者是汽车，我们正在从丰田汽车公司和福特汽车公司手中争夺顾客。”

(6) 低经营成本和低债务：西南航空公司每年花在每个工会工人身上的工资和福利费，平均为43707美元，相比之下，德尔塔航空公司为58816美元，而产业的平均水平为45692美元。此外，今天的大多数航空公司都背负着沉重的债务，而西南航空公司的资产负债比仅为49%，是美国的航空公司中最低的。

(7) 雇员忠诚：从公司成立那天起，作为创始人和首席执行官的赫布·凯莱赫，就试图使西南航空公司成为一个愉快的工作场所。他常和雇员们无拘无束地闲谈，他们称呼他“赫布大叔”，他常参加设在达拉斯的公司总部的周末晚会，鼓励像乘务人员扮演的滑稽小丑这样的小闹剧，像击鼓传令这样的小游戏，他给袜子上有最大窟窿的乘客发奖品。飞机乘务员在复活节的晚会上穿着小兔服装，在感恩节穿着火鸡服装，在圣诞节戴着驯鹿角，凯莱赫自己还经常穿着小丑套装或小精灵戏装扮演各种角色。他这样做的目的是培育同心协力的精神，这有助于提高生产率。

(8) 使顾客满意：西南航空公司的过去和未来，都取决于能否满足顾客的需要。低成本加上大量的航班和可靠的服务，换来的是日益增多的高度忠诚的顾客。在加利福尼亚州，西南航空公司在那里逐渐占据了统治地位。

➡ 第三节 电力改革环境下电力客户服务理念

一、电力改革环境下的“服务链”

电力改革要求企业采取更合理的运营模式，制订新的发展战略，改革后的电力企业必须通过内部的科学管理和业务流程重组，实现市场占有份额的最大化，达到以最小的成本获取最大利润的目标。业务流程重组关注的要点是企业的业务处理流程，“业务流程”是指一组共同为客户创造价值而又相互关联的活动。哈佛商学院的Michael Porter教授将企业的业务流程描绘为一个价值链（Value Chain）。

供电企业作为电力能源消费过程中的中间环节，最重要的是为广大用电客户服好务，以优质的服务占有市场、开拓市场。原国家电网公司也明确提出了电力服务是电网企业的生命线的理念，将电力服务提高到了一个新的高度。电能这种商品的特殊性，决定了电力优质服务的复杂性和系统性，它需要生产、经营、检修等不同部门从业人员的密切配合，需要一个连续的"服务链"，最终形成大服务格局。

所谓"服务链"，就是整个服务系统中从事不同工作的服务群体组合而形成的整个链条。电力企业开拓电力市场，必须争求更多的电力客户，占领客户的心，增强对客户的感情。因为电力企业的利润来自于客户，没有千百万的客户，电力企业就无法生存。电力企业的服务过程就是追求利润的过程，服务是客户消费的一部分，是电能商品使用价值的具体体现。长期的优质服务带来的是长期的信任、长期的购买、长期的利润回报，这是电力企业服务理念的核心。企业经营的最终目的是追求利润，电力企业的员工理应变被动服务为主动服务，以求实现更理想的社会效益和经济效益。

电力企业"服务链"（Service Chain）为每个价值链环节注入了新的内涵，它是企业价值链的外延，不仅关注企业内部流程，而且在电子商务环境下，更加着重客户服务。企业价值链注重企业内部流程的再造，而服务链联接了企业、客户、供应商若干环节，注重的是企业内部与外部的融合，涉及企业内外部资源的统一整合，只有完备的企业内外部资源的统一整合，才能构成完备的服务链。客户服务中心是连接企业内部与外部的节点，是整个服务链的枢纽，同时在企业资源整合过程中，必须将客户至上的服务观念融合在企业价值链的各个环节。

电力企业改革环境下，企业服务链必须与企业的价值链有机结合，而做到这种有机结合就必须做到：以业务流程为改造对象和中心、以关心客户的需求和满意度为目标、对现有的业务流程进行再思考和设计，利用先进的电网技术、信息技术以及现代化的管理手段、最大限度地实现技术上的功能集成和管理上的职能集成，以打破传统的职能型组织结构，建立全新的过程型组织结构，从而实现企业经营在成本、质量、服务和速度等方面的改善。它的重组模式是：以作业流程为中心、打破金字塔状的组织结构、使企业能适应信息社会的高效率和快节奏、适合企业员工参与企业管理、实现企业最大经济效益。

过去，企业以获取利润最大化为企业行为标准，而在知识经济时代，企业经营最灵活的触角是市场的变化和客户的要求，最关注的是企业内部和外部的知识和信息的高度的综合，着眼点是以市场为导向，客户为上帝。在企业内部，它需要客户服务中心、生产、经营和检修等部门的密切配合，在企业外部，通过客户服务代表将客户、供应商与电力服务集成在一起，服务链通过价值链而起作用，只有优质的服务链才能变为企业增值链。

客户服务是一个系统工程，知识经济时代，要打造一个优质的服务链，跻身于国际领先电力企业，必须通过强大的电网支持、信息和网络技术、企业业务流程重组以及企业管理和服务真诚的企业理念来实现企业这一目标，四者缺一不可。

第一，强大的电网是电力企业进行优质服务的基础，只有电网的安全稳定，才能解决一切供电瓶颈。我国从1998年开始投入巨资实施城农网改造，使电网规模、装备水平、供电管理、服务能力都上了一个新的台阶。国家电网公司最近也提出要积极加快全国联网和输配电网建设，适度超前建设电网，实现更大范围的资源优化配置，增强公司持续发展能力。严格"三公"调度，规范企业行为，加快电力市场建设，自觉维护电力市场秩序，为电力优质服务提供了坚实的物质基础。

第二，信息和网络技术是对客户服务需求进行快速反应的手段，以信息技术为核心的电力客户服务中心，是电力企业联系客户的枢纽和核心；是持续发展、方便客户、服务社会的基础；是改变传统营销思维模式的服务创新。随着中国加入WTO，中国的市场将向世界开放，国内企业将融入全球经济一体化进程中，如何面向市场，面向客户，全方位提高企业竞争力，是任何一个企业必须面临的问题，以创新为导向的、以客户服务为导向的企业，必将是信息经济的获胜者，因此，客户服务中心作为一种新型的服务方式越来越引起企业的关注，在新一轮的客户服务中心建设浪潮中，其核心就是信息化，其依托是电力大型客户服务网络，如山东电力的客户服务中心以集团公司为核心将17个地市连接成为一个有机整体，覆盖整个供电营业区，面向所有客户，达到数据高度共享，快速处理各种业务。以信息技术和网络技术为基础的电子商务将改变我们的生产方式，它不仅是企业外部的革命，而且导致企业内部的革命。这种革命将集中在两个主要方向上：低成本扩张和客户关系服务，以此网络为基础，可以方便地进行电费、电价、网上结算等各方面的工作。

第三，业务流程重组，最佳业务实践的引入，是指各业务流程的简化，减少冗余环节。过去，在企业内部，对客户的服务有明确的业务划分，偏重单一的业务活动，而信息时代的经营观念为综合服务，通过整个企业的共同努力和协作，为客户全面解决问题。企业必须从整体出发完成企业改造，每一个部门必须层层紧扣，以服务客户为主导，建立高效的信息流，减少中间环节，彻底改变计划经济时代不相适应的工作方式；客户服务与企业资源管理系统紧密结合，过去对客户的管理是不规范的，缺乏对客户数据库的有效管理。现代企业管理需要规范各项管理，根据客户需求的变化，对企业的各种数据资源和整个生产、经营过程，实行有效组织、协调和控制，在确保企业正常进行生产的基础上，最大限度地降低库存量，缩短生产周期，减少资金占用，降低生产成本，提高企业的投入产出率等，从而从企业的整体设计上都是以客户的需求为核心。因此，客户关系管理的年代，企业必然牵涉到大量的变革与变革管理，涉及到各种各样的战略性转型：从产品为中心到以客户为中心的企业理念的转型；从直线化、多层次化内外沟通到扁平化、网络化沟通体系的转型；从以交易为基础的销售向以关系为基础的销售转型；从大众化营销到精准化营销的转型；从标准化服务到差异化、个性化服务的转型；从平行市场通路到整合市场通路的转型等一系列的管理与业务转型。每一种变革都牵涉到变革管理，变革管理首先需要制定一个完整的变革管理计划，勾画出企业如何从面前状况转变到计划中的理想状态。这个计划应当包括如何帮助企业每个人从自己目前的位置走向目标点的机制。这种帮助应当涵盖情感、认知及行为等多个维度。计划也必须包括时间表、责任人、预算、资源、进度报告、沟通流程等内容。更由于CRM的转型大都是跨部门的，这个计划应该成为多部门整合的总体框架，将各个分散环节连接在一起，同时给出兼顾轻重缓急的安排。

第四，管理链条之间贯穿了服务真诚的理念，员工则是客户的直接接触者，是向客户传递价值的关键。而企业的员工首先传递的就是企业的人文环境。因此，要想让客户得到真诚的服务，必须首先对自己的员工提供真诚的服务；要想让客户感到满意、得到尊重，必须首先让自己的员工感到满意、得到尊重；要想培养客户对企业的忠诚度，必须首先要对自己的员工忠诚。更何况，即使是在企业环境中，员工的角色也是多重的，对客户而言，相对于上道工序又成了消费者，对下道工序则是服务者，企业本身就是一张由“客户——服务者”结成的紧密链条，是一个人人为我、我为人人的服务链。从这个角度看，员工也是客户，是企业的“内部”客户。

“服务链”是一种更深层次的理解，它准确地丰富和发展了“客户”的内涵，使之更具有现代意味。作为一种思维方式，业务流程重组（BPR）力求打破组织边界，将多层次的纵向传递模式转化成一种少层次的扁平组织结构。现代信息技术则促进了 BPR“平面流程式”模式的形成。BPR 的实践发展到今天，信息技术已经是 BPR 不可分割的组成部分，合理运用信息技术成为 BPR 的难点和要点所在。

二、电力客户服务理念

1. 电力客户服务理念的形成

当前，随着社会进步和经济不断发展，电力市场已经由过去的“以产定销”过渡到“以销定产”。在这种客观形势下，市场要求我们必须转变服务理念，从以生产为导向转变到以市场营销为导向的服务理念上来，而电力客户服务是电力市场营销学中一个非常重要的内容。所谓电力客户服务理念是指以顾客需要和欲望为导向，通过售前、售中和售后服务将电能销售出去，使企业获利并满足客户需要的经营思想。简言之，电力客户服务理念是“发现需要并设法满足它们”；是“制造能够销售出去的产品”。因此，“以客户为中心，提供优质、方便、规范、快捷的服务”成为电力企业的服务理念。

电力客户服务理念的产生是电力企业经营思想上的一次深刻变革，它与传统理念的根本区别归纳为以下几点：

(1) 起点不同。传统理念认为，市场处于生产过程的终点，即产品生产出来以后才开始经营活动。电力客户服务理念则认为，市场处于生产过程的起点，应以市场为出发点来组织生产经营活动。

(2) 中心不同。传统理念以电力企业需要为中心，着眼于卖出现有产品，“以产定销”。电力客户服务理念则强调以顾客需求为中心，按需求组织生产，即“以销定产”。

(3) 手段不同。传统理念主要以广告等手段千方百计地推销已经生产出来的产品。电力客户服务理念则主张通过整体营销充分满足客户物质和精神的需求，即不仅是推销产品，而且要综合运用产品设计、定价、分销和促销等营销手段，发挥整体优势，使企业的营销、生产、财务、人事等各部门协调一致，共同满足客户需要，全面树立和强化企业形象。

(4) 终点不同。传统理念以售出产品取得利润为终点。电力客户服务理念则重视通过客户的满足来获得利润。因而不仅关心产品销售，而且重视售后服务和顾客意见的反馈，既取得效益，又使得客户高兴、满意，进一步促进企业的发展。

2. 如何树立电力客户服务理念

电力客户服务理念的树立、实施和贯彻，需要付出艰辛的努力，做大量的工作。具体地说，主要包括以下几个方面：

(1) 全面理解电力客户服务是满足客户的需求。电力客户服务的核心是满足客户的需求，始终坚持客户第一的原则，这是它与传统观念的根本区别所在。满足需求包含着丰富的内容，只有全面理解才能较好地落实在实际行动之中。满足客户的需求主要包括：①要满足客户对电力产品的全部需求；②要满足客户不断变化的需求；③要满足不同客户的需求。

(2) 树立全员参与的电力客户服务理念。电力企业要树立、贯彻和实施新的电力客户服务理念，必须以各种方式向企业员工灌输以客户为中心的经营指导思想，既考虑客户目前需求，又考虑客户长远利益和社会整体利益，这是企业建立一个有竞争力的机制的关键性工作之一。

首先，电力企业的决策者必须牢固树立正确的经营指导思想。决策者在企业中担负着重要的职责，其指导思想正确与否将直接影响到企业的战略战术和决策，关系到企业的生存与发展。为此，可通过各种形式的局长、经理培训班对企业领导进行培训。其次，由于具体贯彻执行一个企业营销目标的任务，总是落在处于基层员工肩上，这些一线员工在实现企业的目标中，发挥着实质性的作用，他们的经营指导思想的正确与否也直接关系到电力客户服务理念在企业中的贯彻和实施。因此，需要对企业员工开展全员培训，使企业每一个成员都树立正确的客户服务理念，并将这个理念落实到具体行为中去，体现在整个生产经营的全过程和各个环节之中。

(3) 树立长期利润观点。实施电力客户服务理念最终目的还体现在电力企业利润的获取与评价方面。在电力供小于求的情况下，电力企业无需服务即可实现企业利润，企业活动的中心是在保证安全的前提下大量生产电力产品，以获得尽可能多的利润。在电力供大于求的情况下，电力企业的情况则发生了较大的变化。电力企业只能在满足客户的需要之中获取预计的利润，因此不能只有短期目标、急功近利，而要从长计议，把整个企业营销活动看成一个系统的整体过程。要满足客户的需求并达到长期利润最大化的目标，企业必须既要考察短期利润目标，又要考察产品的市场占有率、投资收益率等指标；不仅要看到市场上存在的现实的消费者的需求，还要分析潜在的需求。为了提高市场占有率，取得较大的市场份额，对于某些有购买潜力但短期内使企业获利甚微或可能亏损的客户，也要经营并提供电力服务，以求得长期利润最大化。

(4) 根据客户服务的要求重组企业内部流程。企业内部工作流程是由一定的经营思想决定的。不同的市场营销观念在企业内部工作流程上体现出明显的不同。

在旧的经营思想指导下，企业内部工作流程带有浓厚的计划经济色彩，电力客户的用电需求由电力企业说了算，且电力企业对客户业务实行层层审批制度，环节运行慢，信息传递不畅。此外，用电部门与生产、财务等部门缺乏紧密协作配合，没有形成全员营销思想，经常出现互相掣肘、扯皮的现象，抵消了客户服务的效率。

在以市场为导向的客户服务理念下，电力企业应建立一个以满足客户需求为核心的整体工作流程，实施整体营销服务。在企业中，客户服务部门担负着电力客户和企业之间的桥梁作用，接受客户电力需求信息，负责监督协调有关部门进行办理，并将处理结果反馈给客户，内外部信息传递快，审批层次少，工作流程简洁、效率高。同时，整个企业所有机构最终要对客户负责，形成各部门协同配合的大服务格局。

(5) 建立科学的服务管理体系。随着新的以客户需求为中心的经营服务思想的确立，企业的经营管理体系也要相应变化，要从满足客户需求这个目标出发，把对客户的服务贯穿于企业市场营销活动的始终，在此基础上，建立一套系统的服务管理体系。

三、电力改革环境下电力企业客户服务理念沿革

1. 从供电管理到电力营销服务

市场机制、竞争机制的引进是世界电力改革的趋势和潮流。当前我国正在积极推进电力第二步改革，电力市场化进程不断加快，长期计划经济下形成的传统管理体制与市场垄断将被打破，电力企业原有的营销机制必将发生深刻的变革，供电管理将转变成电力营销服务。在新形势下，电力企业与客户的关系必须从管理和被管理提升为服务和被服务的关系，这是电力企业与客户唯一正确的关系，也是电力市场化赋予的新的内涵。

进入20世纪90年代，随着政企分开和电力市场化程度的不断提高，特别是持续的买方

市场的出现，一些长期积累的深层次的矛盾被激化了，电力公司的生存和发展已越来越受制于市场、服务和员工素质。电网安全、市场营销和电价机制已成为决定电力公司前途命运的三条生命线。另一方面，受长期封闭的计划经济思维的惯性影响，部分员工思想观念严重滞后，在他们看来，卖电靠自然增长，催费靠拉闸限电，习惯违章成自然，企业应该也能够对员工承担无限责任，优越感强，基本无忧无虑，员工与企业同呼吸共命运的机制尚未真正建立起来。

面对此种状况，如果不从根本上解决员工思想问题，“人民电业为人民”的服务宗旨就不可能真正落到实处，服务体系就很难真正建立起来，企业的竞争性生存和可持续发展只能是一句空话。为此，首先要大力弘扬解放思想、实事求是的核心精神，尽快建立上岗靠竞争、收入凭贡献的核心机制，迅速提高电力营销和电力调度的核心竞争力。

在电力市场化的推进过程中，电力企业正逐步成为市场竞争的主体，在企业的生存和发展的压力下，电力企业开展行风整顿，提高优质服务不仅仅是塑造企业形象的政治任务，也是开拓电力市场，提高企业效益的一项重要经济工作。开拓电力市场已经成为当前电力企业的一项迫切的工作。虽然国家及电力企业内部出台了一系列的促销、优惠、扶持工作，但从开拓电力市场力度和效果来看，不是长远之计，最根本的还是要靠高素质的员工队伍，靠高质量的服务来赢得客户，赢得市场。提升优质服务在开拓电力市场中将发挥关键作用，这对于企业的持续快速健康发展意义重大。

2．“客户经理制”和“首问负责制”

在计划经济时代，由于电力供应紧张，电力垄断严重，我们部分电力企业在队伍建设和工作作风上，长期忽视营销队伍建设，个别员工素质低下。有的窗口服务人员服务意识差，长期缺电形势下形成的特权思想严重，把工作当权力，“吃、拿、卡、要”客户，以至于老百姓一提起电力行业，人们总要发上一通牢骚：停电多、交费难、价格高、服务差，形成一个比较恶劣的“电老虎”的形象。“电老虎”的现象归根结底是服务意识落后和管理素质的落后。

电力市场化之后，电力企业必须改变企业形象，建设一支业务素质强的营销队伍。同时结合行业作风整顿，尽快建立健全一整套适应客户服务中心机制的组织体系和工作程序，建立“客户经理制”和“首问负责制”。实践证明，实行“客户经理制”和“首问负责制”，大大开阔了企业的视野，受到了广大客户的欢迎，对企业营销理念和营销战略的创新，产生了重要和深远的影响，标志着电力企业从终极目标出发，变被动服务为主动服务，迈出了决定性的一步，这将有利于电力企业从封闭、半封闭的以我为中心的状态，转变为以市场为导向、以客户为中心的崭新管理制度和经营机制，实现整个企业流程重组，是营销服务体系的一个创新。

3．“只需您一个电话，其余的事由我们来做”

与“客户经理制”和“首问负责制”相配套，许多电力企业内部还同步推行了项目经理制，项目经理以客户经理为中心，负责对客户经理交办的服务项目组织实施和管理，将客户经理的后续工作全部列入项目经理的职责范围，实现客户经理和项目经理的工作联动，真正实现“只需您一个电话，其余的事由我们来做”的工作目标。对外：客户经理是形象大使，直接融入市场，主动了解客户情况，站在客户立场，代表客户利益，积极主动地收集和反馈电力市场信息，分析、预测电力市场；对内，客户经理可对供电企业提出服务项目和要求，提出开拓电力市场的建议或措施，并对电力服务进行评价。

通过服务理念的转变，电力企业逐步建立起一个面向市场、面向客户，贴近市场、贴近客户的通畅、高效、快速反应并被广大客户接受和欢迎的服务体系，最终促使潜在需求转变为现实需求，满足客户的要求，使电力企业在客户满意的基础上获得最大经济效益。与此同时，员工的忧患意识、服务意识得到增强，真正树立起“以客为尊，客户至上”的理念，实现了“以我为中心”到“以客户为中心”的转变，做到了“三个转”和“三个一”，即客户经理围绕客户转，项目经理围绕客户经理转，内转外不转和一口对外（客户只需面对客户经理）、一站服务（对同一个终端客户提供集成服务）、一次做好（为客户提供最快的优质服务）。

四、电力改革环境下客户服务新观念

1. 做好普遍服务，强调重点服务

社会普遍服务最早是由美国于20世纪初在电信领域提出的，当时其内涵主要是指实现电话网之间的互联互通。之后，普遍服务的概念逐渐演变为电话公司应承担为广大消费者提供广泛的基础电信服务的义务和责任。普遍服务政策在美国的实施，促进了电话普及率的提高和服务质量的改善。

当今社会，社会普遍服务在不同国家、不同行业有着不同的内容。在我国电力行业，有关单位开展的“彩虹工程”、“电力扶贫项目”，普遍开通的“95598热线服务”等，几年前国家为实现同网同价对电力行业大规模的投资，开展农网、城网改造等，都是政府和电力行业履行电力社会普遍服务的具体体现。

电监会有关部门负责人指出，电力社会普遍服务是电力体制改革过程中引入的全新理念，它不同于通常理解的供电优质服务。这位负责人同时指出，虽然电网企业是开展这项工作的实施主体，但发、输、配、供的所有电力经营企业都应承担这项工作的责任和义务。

由于电力是一种特殊的商品，电力行业作为基础产业又具有较强的垄断性，即便在厂网分开的形势下，电力销售在短时期内仍将保持垄断地位，电力服务在目前的大环境下必然是普遍服务。普遍服务是由于电力商品属于公共服务商品，涉及各行各业的生产与生活的保证问题，因此，必须充分做好服务工作。

随着电力走向市场，我国的供电企业也在逐步改变过去的经营作风，一切以客户为中心、努力提供高效优质令人满意的服务的观念也逐渐深入人心。各地供电企业投入大量资金改进营业设施，现代化的营业厅、电力客户服务中心纷纷建成使用，在信息技术和计算机技术高度发达的今天，电力客户获得服务的方式已不仅仅局限于窗口式面对面服务这种传统的方式，许多供电企业都建立了现代电力客户服务中心，汇集了计算机技术网络技术和通信技术，通过电话、传真、电子邮件及互联网等媒介为电力客户提供了包括用电业务咨询查询、受理客户报装接电申请、紧急服务报警、客户投诉举报等业务的全方位的普遍服务。

但是随着电力体制改革进程的加快，以追求利润最大化的各电网公司、发电公司对履行电力社会普遍服务的积极性将会受到影响，国家有关部门将制定有关政策，明确电力行业履行普遍服务的责任，并将其纳入规范化和法制化的轨道。

普遍服务并不等于重点服务。近几年来，我们在目前电力服务理念方面改进不少，引进了更加具体的内容和更加严格的标准，来保证客户服务理念的贯彻落实。很多电力企业向员

工灌输了“客户永远是对的，为客户服务无条件”的服务理念，这对于电力企业转变观念，树立企业形象是非常重要的。电力企业必须树立使价值客户满意的企业文化，尽到电力行业履行普遍服务的责任，对于价值客户重点服务，选择有效的营销策略服务非价值客户。在普遍服务的基础上做到重点服务，才能保证企业处于一个良性的运作状态。

2. 以客户细分为基础，制订客户服务战略

电力企业拥有最广泛的客户群，企业下发的电费单上、数据库里都保存了客户的名字和资料，但是绝大多数电力企业并没有认真考虑自己的客户是谁、客户如何分布、客户利润率如何，也没有考虑如何使客户的不同需求和企业的供电能力相匹配。要解决以上的问题，必须推行客户细分。

客户细分是电力企业客户服务战略活动中一个最重要的环节，客户细分的基础是对户价值的评估和客户对公司的财务贡献。按照20/80的原则，通常情况下，只有少部分高价值的客户能够为公司带来大部分利润。相反，少部分低价值的客户有时候甚至会给公司带来负利润。而多数客户则处于高价值与低价值中间，他们带动公司的成长，是公司重要的客户群。

对客户进行有效细分的基础是通过公司所掌握的客户数据全面地了解客户。这种通过数据推动客户细分的方法，涉及到数据库技术以及可以有效访问、分析客户信息的营销自动化应用。目前，许多公司都采用了复杂的数据挖掘工具，以便非技术型的客户也能利用大量的事务处理级数据来进行有效的客户细分。

客户细分步骤包括：

(1) 确定应该收集的数据，以及收集这些数据的方法；

(2) 将通常保存在分立信息系统中的数据整合在一起；

(3) 开发统计算法或模型，分析数据，将分析结果作为对客户细分的基础；

(4) 建立协作关系，使营销和客户服务部门能够与信息技术部门合作，保证所有人都能明确细分的目的，以及完成细分的技术要求和限制；

(5) 实施强有力的网络基础设施，以汇聚、保存、处理和分发数据分析结果。

电力客户细分后，可以在电力客户服务中选择差别化客户服务。对电力公司来讲，为高价值客户提供高级优质的服务很重要，而为不同层面的客户提供相应的有针对性的服务也同样重要，要根据客户的不同特点，选择不同的服务。

以客户细分为基础，制订客户服务战略，对高价值的客户，电力公司需要提供足够的技术和人力资源的支持，以满足这些高价值客户对公司客户服务的期望，提高这些对给企业带来更多利润的大客户的待遇。我们可以为这些客户提供优先接入、客户多现场解决权限、更快服务响应时间等优先高质的服务。这样，客户的满意度得以提升，电力企业希望因此增强这些客户的忠诚度。

对于占大多数的中间客户群通常也会对电力公司的财务业绩产生很大的影响。一方面，他们会带来更多的市场发展机会；另一方面，他们也会同时带来很高的运营风险，在客户服务方面主要应该以客户自助服务为主。

小部分低价值的客户，由于拖欠电费、违章用电等行为，有时候他们可能会给公司带来负利润。对于这部分客户应该选择一定的客户服务战略，有些是具有潜在价值的客户，逐渐培养他们成为中间客户群，减少利润的消耗率。

客户细分和差别化服务，意味着公司必须尽可能地了解每个客户，并且要比现在知道的

多得多。这才是电力客户服务实施所要达到的目的——应用高科技手段对客户信息资源进行全面和有效的整合。

3. 提供增值电力服务和有偿电力服务

电力体制改革后期将实现输电网和配电网分离，开放发电市场和客户市场，实现供、求的双向选择，特别是扩大了大客户的选择权，即大客户可以直接与电厂或外地电力市场签订购电合同。在客户市场之后，在一个地区将有多家配电公司或电力零售商进行竞争，客户可以像购买电话卡一样从不同的电力零售商购买电卡，各大电力公司或电力零售商将千方百计服务客户、推出各种促销活动和特别服务以保留客户。

真正实现电力市场后，电力服务观念也要发生变化，服务也要求回报，企业不能损失自己的利益做奉献，为价值客户提供专业性增值服务和有偿服务的观点将被接受，电力服务也将成为电力企业利润来源。

按照我国电力市场建设的规划，电力市场交易方式以长期合同交易为主，现货交易为辅，逐步建立电力期货、期权等电力金融市场，实现所有市场主体参与的全面竞争。在这种形势下，各大客户急需专业的电力市场交易方面的支持和咨询，准确电力负荷预测，合理避峰就谷，降低整体用电成本。

电力客户服务的大客户经理是最适合提供这样服务的角色。电力客户服务的大客户经理熟悉电力系统的知识，掌握更全面的电力交易信息，加上长期一对一的对大客户服务，熟悉大客户的用电特点和规律，这种知识的优越性和信息的不平衡性可以加以利用，为大客户提供咨询服务，帮助大客户进行电力理财，这种服务是普通电力客户服务的增值，应该可以采取收费的模式。

有偿服务是为了更好的服务，客户可以像选择其他产品一样选择增值服务，客户可以根据自身的实际情况来确定是否哪些额外的服务和需要多少服务，从而使开支更加合理和经济。电力企业应该建立一支电力市场的研究队伍，完善以 CRM 为核心的技术支持平台，充分利用电力企业公司的资源为客户提供个性化的服务，以团队的方式向电力客户提供多种多样的增值服务，供客户进行选择。

有偿服务的另一方面是电力公司对资产属于客户的供配电设施进行的有偿服务。电力企业开展优质服务不等于无偿服务，在市场环境下，客户服务必须也坚持社会效益和经济效益相统一的原则，按照产权的归属划分服务范围。按照法律法规的有关规定和供电合同的约定，明确无偿服务和有偿服务的范围，在合理合法的前提下，提供有偿服务，理顺供用电双方的关系，规范供电服务市场秩序，不断提升优质服务水平，实现企业和客户的双赢。

实行有偿服务是市场经济的客观规律，是电力企业的必然选择，在实行的过程中需要三方面的条件作为保障。一方面是要有政策可支撑和遵循一定的法则，在政策允许的情况下可针对人员不足而服务需求渐多的实际，成立一个专业电力维修公司，专门负责非电力资产客户的服务；第二方面是要有收费标准可依，其收费标准既要与上级政策接轨，又要与中国民情相吻合，要经过当地物价部门的审核，使客户在享受有偿服务明明白白，电力企业实施有偿服务理直气壮；第三方面是服务要有标准可遵循，使有偿服务质量可控、在控，避免引起纠纷。

4. 知识服务与知识营销

随着生活水平的提高，电力消费不仅仅是用上电，而且要用好电，特别是随着电力垄断形势的打破和电力需求形势的缓和，供电市场逐步从卖方市场过渡到买方市场，电力客户对服务满意的要求也发生了变化，客户已经不满足于微笑服务、主动服务、百问不厌这个层次上了，知识服务已经逐渐成为服务中的主流，与此同时，在知识经济时代企业营销方式也必然会转向更高层次，即知识营销将成为电力企业获得市场和开拓市场的一种重要的营销方式。

在电力客户服务的时候，客户需要知道更详细、更专业的沟通，而不是温柔地告诉他，你需要等待一天才能恢复送电，这种专业的沟通本身就是伴随着知识的传递过程，使客户在服务的过程同时是一个增加知识的过程。对于大客户的电力营销，电力企业的大客户经理需要充分利用信息技术进行知识挖掘，及时掌握电网的运行状况和企业用电特点，站在客户的立场上，给出客户用电的指导，这种知识营销的方式，必然会拉近与客户的距离，真正提高客户的满意度，提升电力企业的核心竞争力。

知识服务和知识营销背后需要一个知识管理系统作为后盾，知识管理系统最重要的是知识库，将用电服务相关的各类文档、服务标准、服务经验、用电知识、客户资料、负荷预测等进行结构化处理后存入知识库，使之易于提取。尤其是，这些资料是经过部门从业人员或专家的筛选后才放进知识库内，随手可及的内容不但专业，而且品质和价值也一定更高，使经过稍微训练的客户经理在知识管理系统帮助下，可以为客户提供高标准的专家式服务。这部分内容将在后面的章节中做详细描述。

5. 标准化服务和个性化服务

创新服务，是电力体制改革后电力企业的一项基本战略，电力企业以品牌方式对广大的客户群作出承诺，强调主动式“关怀”服务的标准化、个性化，是对市场期待的积极回应，也是不断拓展服务领域、完善优质服务常态机制的表现。

标准化服务是进一步提高电力优质服务的保证，只有建立了明确的制度、标准和规范，使客户服务工作不依靠行政命令，不依靠个人素质、情绪、经验的差异而千差万别，优质服务才能从根本上得到落实。总结国内电力企业进行标准化服务的经验，一般可以把标准化服务的内容总结为四个方面：服务过程的程序化、服务行为的规范化、服务管理的制度化、服务结果的标准化。

服务过程的程序化就是对电力服务过程的流程进行分析，站在为客户利益之上的立场上进行全面优化，改善内部组织结构和营业流程，建立和完善供电服务体系；服务行为的规范化是对电力服务过程中所有与客户接触点的工作人员的行为进行规范，包括语言、礼仪、工作态度、劳动纪律等，形成行为准则；服务管理的制度化是各级供电企业要将电力客户服务中纳入企业的常态运行，把电力优质服务管理中行之有效的做法制度化，更好地接受全社会的监督，持之以恒地坚持下去；服务结果的标准化是要有一套科学合理的标准，对电力服务的结果进行衡量，使服务结果始终符合标准规范，达到服务质量的可控、在控。

在目前强调个性化的时代，个性化客户服务被广泛推崇，电力服务要再上一个台阶，必须也要强调客户服务的个性化，不断翻新电力服务内容和形式。目前已经有许多供电企业利用目前已经建立的详尽的客户档案，依靠科技进步，不断提升“个性化”服务的层次和水平，他们成立了 VIP（贵宾——Very Important Person）中心，在营业厅设立了贵宾室，通过网上客户营业厅等不同的方式，根据客户不同的用电需求和用电性质，分别提供不同的服务。

五、电力客户服务是企业的生命线

因特网正在迫使每个人改变行为方式。在因特网时代，主动权转移到客户手中，“你的顾客距离你的竞争对手仅点击一下鼠标之遥”。客户不愿意被锁住，他们需要优质的服务，公道的价格，富有创新的产品。他们如果得不到这些，就会另寻出路，并告诉全世界。

当前的电力改革环境下，客户暂时还没有选择供电企业的机会，但是客户已经成为电力企业的生存的最关键因素，客户革命的巨大冲击正在世界范围内得到验证，大多数领先的电力公司正在以客户价值为经营核心，为客户价值服务。在客户经济中，那些传统衡量公司价值的方法已经过时了，今天经济领域中的领袖是以客户保持率、客户满意度、客户增长数量、客户消费的增长、客户流失的预测为基础进行经营的。

在客户经济中，有三大原则支持着客户经济的转型：

(1) 客户占主导地位，客户正在重塑商业模式，并改变我们的产业结构；

(2) 客户关系非常重要，你的现在或潜在的客户支持率将决定你公司的价值；

(3) 客户体验很重要，客户对你品牌的感觉将决定他们的忠诚程度。

电力企业应当借鉴客户经济中衡量公司价值的方法。

1. 客户正在重塑商业模式，并改变企业的产业结构

客户占主导地位，客户正在重塑商业模式，并改变我们的产业结构，越来越多的企业认识到，为了自身的生存和健康发展，要根据客户的需求来进行自身的经营。在今天客户经济的时代，最终客户和商业客户已经主宰了一切，他们用忠诚来表决。他们开始知道现在自己的影响力有多大，他们将不再容忍别人对自己的忽视，他们拒绝与那些不尊重他们的公司合作。客户需要我们利用信息技术使生活变得更方便，一旦我们通过电子通信将客户变为我们的商业核心，具有深远意义的事情发生了：客户开始改变我们的生意，定价方法变了，发展核心变了，分销模式变了，商业战略变了。一旦一个公司开始向“客户型”转变，同行业的其他公司只能加入，别无选择，结果是现在每个行业都处在向客户型转变中。

2. 客户支持率将决定公司的价值

客户关系非常重要，现在或潜在的客户支持率将决定公司的价值，企业未来的收益可以用“客户资本”来衡量。所谓客户资本就是所有客户关系的总和，即企业所拥有的客户关系网的数量、深度和质量。其中客户关系网的深度和质量以创造利润的能力、客户保持率和关系网的盈利能力来衡量。每位客户的平均利润、有效客户的数量增长、现有客户的保持率、每位客户的年累计利润等指标集中在一起构成了企业的“客户价值指数”，这个指标体现了企业运营的状态。既然客户现在拥有更多的选择机会和决定权，建立牢固的客户关系，保持客户的信任和继续输送不断革新的有价值产品就成为未来受益的唯一保证。

3. 知名品牌将增加客户的忠诚度

客户对公司品牌的感觉将决定他们的忠诚程度，建立和保持良好的客户体验质量是确保公司确保客户忠实的最好途径，客户的忠实源于消费体验。每一个客户在了解、获得、使用与他人分享的产品和服务的时候都积累了经验。消费体验是任何一种品牌的精髓所在。然而客户的需求越来越多，他们需要高质量的、可预见的体验并接触高品质的产品和服务。不同的客户群对客户体验都有不同的满意标准，对公司而言，测算客户价值，监控对客户有影响力的事务，提供一套完美的客户体验是非常重要的，公司需要通过各种渠道，各种接触网点观察客户的体验，以提高客户的忠诚度。

六、电力客户关系管理（CRM）系统的兴起

通过服务理念的转变，电力企业逐步建立起一个面向市场、面向客户的服务体系，使电力企业在客户满意的基础上获得最大经济效益。要提高客户满意度，实现标准化、个性化服务，最终实现知识化服务，必须以信息技术为支撑，以电力 CRM 为保障，电力改革环境下，电力 CRM 系统的建设模式将体现在以下两个方面：第一，它把客户需求和电力企业内部的生产活动以及供应商的资源整合在一起，体现了完全按客户需求生产的思想，这使得企业适应市场与客户需求快速变化的能力增强；第二，电力 CRM 系统将电力企业生产流程集合成一个在全社会范围内紧密连接的服务链，其中包括供应商、营销网络和客户等，它将分布在各地所属企业的内部划分成几个相互协同作业的支持子系统，如财务、市场营销、生产、质量控制、服务维护、工程技术等。电力客户服务关系管理（CRM）来自于信息技术、管理理念的更新、企业关注重点的转移等驱动因素。

1. 信息技术的驱动

进入新世纪以来，纵观全球网络和信息技术的发展，已经对企业发展战略产生极大的影响和驱动作用。在信息时代，充分利用信息高速公路和微电子技术的企业与传统的企业是根本不同的。信息技术将会改变企业世界。

一般说来，技术进步会从以下几个方面对企业产生直接的影响：

(1) 信息技术的进步有助于产品和服务质量的提高；

(2) 信息技术的进步使产品的生命周期普遍缩短，由于更新换代的加快，企业也不得不重视产品的再开发；

(3) 信息技术的进步可以改进生产工艺和生产流程，促进管理流程再造，可以研制出更有效的生产工具应用于生产，从而可以大大提高生产效率。信息技术发展的迅猛速度，已经给企业的生产技术和企业发展战略带来了巨大的影响。现代企业的竞争实质上是科技水平的竞争，现代企业的竞争也越来越体现出竞争的科技性。

电子商务是建立在网络和信息化基础上的企业管理和运行模式，给企业管理和经营带来了革命性变革。它在企业降低运营成本和减少中间环节，直接面对企业的客户等方面都将发挥作用。它使企业便于进行市场的开拓和与客户或商业对手直接沟通，减低采购成本，信息完备与快捷收集与分析，简化操作程序。网络和信息技术是企业向现代企业方向发展的不可取代的必备的组成部分，也是电力企业实现产业升级的捷径。信息技术的发展使电力控制系统更为迅捷。电子商务影响电力客户和电力企业的联系的紧密度，例如，用于提高效率和实现多元化公共事业客户服务的 ERP 和 CRM 软件，为企业的兼并、重组提供了强有力的保障，网络技术、无线技术、通信技术和先进的计量技术等信息技术的发展，必将带来机构重组。这是因为信息技术改变了信息获取、处理的形式，管理和决策技术环境由此发生了变革，管理的形式必然随之改变。传统需要几个部门完成的工作，在 ERP 中一次就可以完成，信息技术和现代化管理更加密切。这样，企业就有可能在业务流程和组织机构方面加以调整和变革，实行机构重组。很多国际知名大公司发展的动力之一是不断重组业务，不断调整组织结构。组织结构变了，业务流程必然随之变革。电子商务是目前最明显的变革之一。网上购物使传统的批发、零售业受到强大的冲击，商业结构将发生根本性变革。

办公自动化程度、员工计算机应用能力、企业信息化水平、企业管理水平的提高都有利于客户关系管理的实现。我们很难想象，在一个管理水平低下、员工意识落后、信息化水平

很低的企业从技术上实现客户关系管理。有一种说法很有道理：客户关系管理的作用是锦上添花。现在，信息化、网络化的理念在我国很多企业已经深入人心，很多企业有了相当的信息化基础。通过 Internet，可开展营销活动，向客户销售产品，提供售后服务，收集客户信息。重要的是，这一切的成本非常低。客户信息是客户关系管理的基础，数据库、商业智能、知识发现等技术的发展，使得收集、整理、加工和利用客户信息的质量大大提高。在这方面，我们可看两个经典的案例：一个大型的仓储式超市对顾客的购买清单信息的分析表明，刮胡刀和尿布经常同时出现在顾客的购买清单上。原来，很多男士在为自己购买刮胡刀的时候，还要为自己的孩子购买尿布。而在这个超市的货架上，这两种商品离得很远，因此，这个超市重新分布货架，使得购买刮胡刀的男人很容易地看到尿布。

韩国一家大集团副总裁到澳大利亚出差。当他住进丽滋·卡尔登饭店（Ritz Carlton Hotel，1992 年美国国家品质奖服务类奖得主）后，他打电话给该饭店客房服务部门，要求将浴室内原放置的润肤乳液换成另一种婴儿牌的产品。服务人员很快满足了他的要求。事情并没有结束。三周后，当这位副总裁住进美国新墨西哥州的丽滋·卡尔登饭店，他发现浴室的架子上已摆着他熟悉的浴液，一种回家的感觉在他心中油然而生……“凭借信息技术和多一点点的用心，丽滋·卡尔登饭店使宾至如归不再是口号。”丽滋·卡尔登饭店澳大利亚地区品质训练负责人琴·道顿女士道出了卡尔登饭店成功的秘密。

在丽滋·卡尔登全球联网的电脑档案中，详细记载了超过 24 万个客户的个人资料。这是每一个顾客和卡尔登员工共同拥有的小秘密，使顾客满意在他乡。没有信息技术要完成这种服务是根本不可能的。

信息技术对电力客户服务的促进是显而易见的。有人可能认为，没有信息技术的运用，也可以实现客户关系管理。从理论上是可以实现的，但是由于电力客户的信息的数量远远超出了员工收集、加工和处理的范围。所以，如果没有信息技术的运用电力客户服务就不可能落到实处，而只能是一种良好的愿望罢了。

在可以预期的将来，我国企业的通信成本将会降低。这将推动互联网、电话的发展，进而推动客户服务中心的发展。网络和电话的结合，使得电力企业可以用统一的平台面对客户。

2. 管理理念的更新

经过二十多年的发展，市场经济的观念已经深入人心。当前，一些先进企业的重点正在经历着从以产品为中心向以客户为中心的转移。有人提出了客户联盟的概念，也就是与客户建立共同获胜的关系，达到双赢的结果，而不是千方百计地从客户身上谋取自身的利益。

根据服务链的概念，电力企业必须树立新的价值观念，把最大限度满足客户的需求同提高企业的经营效益统一起来；发觉潜在客户，不断开拓市场，扩大市场份额；提高客户满意度是现代企业追求的重要目标之一，要提高客户满意度，必须依靠技术，客户服务中心的建设就成了企业必须关注的重点之一。现在是一个变革的时代、创新的时代。比竞争对手领先一步，而且仅仅一步，就可能意味着成功。业务流程的重新设计为企业的管理创新提供了一个工具。在引入客户关系管理的理念和技术时，不可避免地要对企业原来的管理方式进行改变，变革、创新的思想将有利于企业员工接受变革，而业务流程重组则提供了具体的思路和方法。

在互联网时，仅凭传统的管理思想已经不够了。互联网带来的不仅是一种手段，它触发了企业组织架构、工作流程的重组以及整个社会管理思想的变革。

3. 企业关注重点的转移

在新形势下，企业关注的重点由提高内部效率向尊重外部客户转移，CRM概念就是由此而提出的。在不同场合下，CRM可能是一个管理学术语，可能是一个软件系统，更是一个重复的过程。

从20世纪80年代中期开始，为了降低成本，提高效率增强企业竞争力，许多公司进行了业务流程的重新设计。为了向业务流程的重组提供技术特别是信息技术的支持，很多企业采用了企业资源管理系统（Enterprise Resource Planning，ERP）或与之名称不同但实质类似的信息系统，一方面提高了内部业务流程（如财务、制造、库存、人力资源等诸多环节）的自动化程度，使员工从日常事务中得到了解放，另一方面也对原有的流程进行了优化。由此，企业完成了提高内部运作效率和质量的任务，可以有更多的精力关注企业与外部相关利益者的互动，抓住商业机会。在企业的诸多相关利益者中，作为上帝的顾客的重要性日益突显。企业的客户包括个人和团体也要求企业更多地尊重他们，在服务的及时性、质量等方面都提出了高要求。企业在处理与外部客户的关系时，越来越感觉没有信息技术支持的客户关系管理力不从心，CRM系统因此应运而生。

我们知道，在大多的ERP产品中，都包括了销售、营销等方面的管理。CRM产品则是专注于销售、营销、客户服务和支持等方面，在这些方面比ERP更进一步。ERP的运用可带来企业运作效率的提高，CRM通过管理与客户间的互动，努力减少销售环节，降低销售成本，发现新市场和渠道，提高客户价值、客户满意度、客户利润贡献度（prorit—ability）、客户忠诚度，实现最终效果的提高。实际上，CRM的价值在于突出了销售管理、营销管理、客户服务与支持等方面的重要性，可以看成广义的ERP的一部分，二者应该能够形成无缝的闭环系统。

在大多企业，销售、营销、客户服务和支持之间等业务是分开进行的，这些前台的业务领域与后台部门也是分开进行的。这使得企业各环节间很难以合作的姿态对待客户。CRM的理念要求企业完整地认识整个客户生命周期，提供与客户沟通的统一平台，提高员工与客户接触的效率和客户反馈率。

第四节 客户服务战略

一、以客户为中心的服务战略

1. 电力行业的特点

供电行业与其他产业有着显著不同的特点（电能供应以外的辅助性产业不在讨论范围）。在新技术革命和信息革命面前，不同企业间生产的产品质量差异已经很小。特别是在电力工业这样一个公用事业行业里，产品本来就是无形的，且具有“超稳定”结构，是一种终极产品。随着科技的进步，电能质量变得更容易控制，服务就成为营销决胜的关键因素。相对于供电行业产品的特殊性、单一性来讲，供电服务的方式却是具有多样性的。如果说电能是电力工业的核心产品，服务就是它最大的附加值，影响客户购买的决定性因素还是附加值。优质服务必然要成为电力企业整个发展战略构想中的重要组成部分。从服务入手，确立以客户服务为中心的营销战略也与现代促销规律不谋而合。我国电力市场在相当长的历史时期内，仍处于产品的成长期。1997年以来，我国总体电力平衡有余。但这种平衡是低水平的、暂时的和脆弱的。电力消费在一次能源消费中的比例只有34.8%，人均用电水平仅为世界平均水平的40%。按照现代促销规律，在这一时期应以宣传质量和服务为主，以期改变客户使用产品的习惯，逐渐形成对电能产品的偏爱，以增加消费量。因此，供电企业必须坚持以服务为中心或以客户为中心的长期发展战略；供电企业的立业之本应当、也必须是以客户为中心的服务战略。世界已经进入了“服务经济时代”。发展服务产业，队伍的素质和管理水平是决定性因素。通过优质服务，让客户满意，以至于客户愉悦，是企业战胜竞争对手的最好手段，更是企业取得长期成功的必要条件。没有什么其他更好的方法能像让客户满意、愉悦一样，在激烈的竞争中提供长期的、起决定作用的优势。

如果说以客户为中心的服务战略适用于许多行业，那么，实施这一战略在电力企业则尤为重要和迫切。

2. 以客户为中心的服务战略的涵义

以客户为中心的服务战略是以市场为导向，以满足客户需求为中心，以经济和社会效益最大化为目标，通过提供客户价值使客户满意和愉悦，从而求得企业可持续发展的总体性谋划。

进入20世纪80年代以后，新的管理思想催生了一种全新的营销观，要求企业在满足消费者和社会利益的同时，实现企业利益的最大化，即社会营销。以客户需求为中心组织生产经营、实现客户满意乃至愉悦，成为企业的主题。只有真正让客户高度地满意乃至愉悦，才能建立起客户对公司的高度忠诚。服务产生附加值，服务创造满意的客户。目前，在西方世界里，靠很大的质量差别才能区分与顾客有关的产品已经很少了，各公司能够区别的地方就在于他们所提供的服务。埃德加·K·格弗罗伊指出：“未来不属于‘拥有生产设备者’而是属于‘拥有附加价值者’。换句话说，除了产品本身以外，能提供更多服务的公司将有最好的机会。额外的服务、24小时不停止营业以及完整的解决方案等，是具有决定性的竞争武器。”——这也将是我国的市场趋势。真正的竞争始于售后服务。根据最新的理论研究：愉悦，而不是满意，才能确保顾客们长期的忠诚。只有真正把顾客放在经营活动的中心，才能使顾客们真正感到愉悦。为此，旨在改进传统电力服务的新探索方兴未艾。自从1990年全国电力系统开展第一次“优质服务月”活动开始，到1996年开展供电服务社会承诺服务，再到2001年发起“电力市场整顿和优质服务年”活动，电力服务已经发生了质的变化，服务的目标正锁定于创造“满意的客户”和“愉悦的客户”。

可以从以下几方面来理解它：

(1) 它区别于以往以产品为导向的营销观念，强调的是不断满足客户的需求。

(2) 它在完善有形产品的同时，更注重无形产品，即服务的质量。

(3) 企业的核心业务流程在于服务环节，企业的获利能力主要来自于高品质的服务所带来的附加值。

(4) 追求服务方式的差异化和个性化。既考虑到客户需求的相同性，更考虑到客户需求的差异性乃至个性。

有关专家对以内部利益为中心的公司和以服务为中心的公司文化进行了比较：

以内部利益为中心的公司：

(1) 忽视员工为客户提供优质服务，而经常表扬出色完成内部指标的员工；

(2) 员工必须花费精力去取悦经理而不是客户；

(3) 升迁的根据是资历和常识而非才能；

(4) 如果对员工进行培训，培训内容是工作职责而非工作本质；

(5) 非外联部门没有认识到他们对客户是否满意也要负责；

(6) 影响客户的决定是由高层人士做出的，不征询一线员工的意见就推行下去；

(7) 对短期的基本利益的考虑大大超出对长期利益的考虑。

以客户利益为中心的公司：

(1) 赞扬工作效率高又让客户满意的员工；

(2) 经理们集中精力支持员工干好工作，这样员工就能全心全意地照顾客户的需求；

(3) 提升不仅仅是靠资历，还要看优质服务的技术；

(4) 培训员工是首要问题，培训内容不仅仅是技术还有相互合作的精神；

(5) 所有员工都了解他们的客户——内部的或外部的，并把自己看作是客户链上的一部分；

(6) 公司上下普遍存在一种参与管理的工作作风，决定做出之前，先征询员工和客户的反馈意见；

(7) 长远的考虑是规定而非例外。

3. 以客户为中心的服务战略

21世纪服务竞争的主旋律是：企业从价格竞争、质量竞争转变为服务竞争；从单纯的售后服务竞争转变为整体服务流程的竞争，这也是新世纪市场营销变革出现的新概念。这就要求企业所有的工作都必须以客户需要为中心。一个企业仅具有现代市场营销部门，还不等于现代市场营销公司。只有当所有管理人员均认识到企业一切部门的工作都是“为顾客服务”，市场营销是一个企业的经营哲学时，这个企业才算是一个“以客户为中心”的现代企业。也正是在这种背景下，提出了“以客户为中心的服务战略”这一概念。

二、承诺服务

1. 承诺服务的概念

承诺服务与服务承诺是两个不同的概念。服务承诺是承诺服务的第一个环节，也就是对服务行为的一种承诺，见诸于书面语言或声像资料，它是一种静态的语音表述；承诺服务是兑现承诺的过程和具体的行为，是承诺人为了兑现承诺条款所进行的一系列实践活动，是一种动态的服务过程。公开承诺，是指承诺人以公开方式对于其在要约（契约的主要条款及其他条款）明确的有效期内和一定范围内自身行为标准的界定，并明确表示受标准约束。

2. 承诺服务的特点

(1) 承诺条款是企业产品和服务的高度概括。承诺服务虽然不可能穷尽企业对客户和社会的全部义务和责任，但对企业各方面的工作却是牵一发而动全身的。企业的性质、任务、目标均可见诸于承诺条款。同时，条款必须具有明确的指向性和可操作性。德鲁克认为，企业和一切社会机构都是社会的器官，它们的存在完全是由于能满足社会的某种需要。一个机构是为了某种特殊目的和使命、某种特殊的社会职能而存在的。社会和客户急切需要解决的问题，也是企业所要承诺的。

(2) 服务承诺是一种契约。公开承诺，既是一种内部的自我约束，又是建立在客户严格监督的基础之上。承诺无疑是企业对客户在产品与服务方面的主要环节所做出的自我规范。

诚信，是市场经济的基石。首先，承诺是对诚信的道德承诺；其次，承诺在法律上是具有约束力的，可以被执行。关于公开承诺的法律性质，是将“公开承诺”的法律地位界定为合同行为。只要承诺相对人完成了基于信任承诺所做的行为，就为有效的履约，承诺人就必须实现其“要约”所确定的行为标准。公开承诺的法律效力在于，承诺一经发布，就对承诺人产生一定的约束力，承诺人就应当遵守自己的行为标准，按照公开承诺的内容履行条款。

（3）承诺服务是一种营销语言。承诺服务是对外服务的一种方式，是一种公开承诺，具有一定的广告性和宣传性，往往是营销活动的先声。我国早期的承诺表现形式是流行一时的“三包”，后来的表现形式则是内容更加丰富的条款式承诺，成为营销工作的有机组成部分。

（4）承诺服务是一种公关语言。如今的社会营销日益表明：一个企业成功的真正关键因素不是盈余和销售量，而是形象、好感、可靠与信任等软性因素。其中的公关因素不可忽视。承诺无疑把一个企业的优势转化成了企业的进取形象。承诺把企业的使命以高度概括的语言公之于众，是引起公众注意力，维系客户的重要手段。承诺集中体现了电力客户对供电企业的信誉要求。通过动员社会各界的力量参与对企业行为的监督，树立良好的企业形象，从而为企业经营和发展创造良好的外部环境。

3. 承诺的依据

承诺必须满足3个基本条件：即满足客户需要；企业能力具备；兼顾社会利益。3个基本条件分别以3个圆来表示，3个圆交叉而形成的阴影部分，即为企业承诺的合理范围。

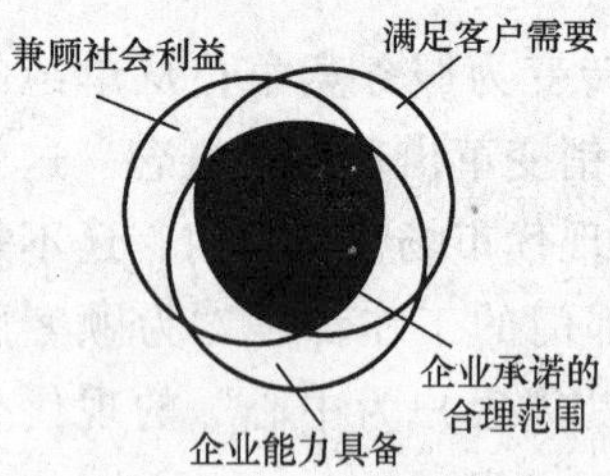

图 11－4－1　承诺服务的基本条件

承诺服务的基本条件如图11－4－1所示。

其含义是：

（1）承诺要建立在严谨的市场调查分析的基础上。明确了客户的需要和期望有多高，然后才能确定企业的承诺内容。提供给客户的承诺必须满足或超出他们的期望，这种承诺才是积极而有意义的。

（2）承诺要适度。企业必须根据自身能力做出承诺，如果承诺条件过高，超出了企业的兑现能力，这样承诺越高，企业所能达到的目标与客户期望的背离度就越大。其结果是企业食言，产生客户信任危机。更严重的后果是，企业极有可能产生违约后果。只要公开承诺的行为没有达到其公布的行为标准，承诺人就必须承担违约责任。从另一方面讲，如果承诺条款定得过低，泛泛承诺，将社会通行的、企业轻而易举的一些做法搬出来承诺，显然这种承诺不是客户所需要的，实质上什么也没有承诺。

（3）企业承诺必须顾及社会利益，即企业承诺及兑现不能以牺牲社会利益作代价。承诺及兑现不能简单地看作企业与客户供求两者之间的事情，而应该置于整个社会的大背景下来看待。如，全新的质量观念要求电力产品的质量指标不仅有电压和频率的合格率，还有供电可靠率和需求侧管理水平，以及优化能源结构和环境保护等问题。

4. 客户的心理预期

了解客户对服务的心理预期是至关重要的，为此，需要引入一个顾客满意的概念。承诺与客户满意的概念是紧密关联的。专家指出：满意是一种人的感觉状态的水平，它来源于对一件产品所设想的绩效或产出与人们的期望所进行的比较。客户期望的形成，基于买方以往的购买经验，朋友和同事的影响，以及营销者和竞争者的信息与承诺。顾客满意水平是预期绩效与期望差异的函数。一个顾客会经历 3 种主要的满意水平之一：

（1）如果绩效不及期望，顾客会不满意；

（2）如果绩效与期望相称，顾客会满意；

（3）如果绩效超过了期望，即顾客得到了他意想不到的东西，顾客会十分满意或愉悦。

如果达到第三种状态，将培养起客户对企业或某品牌的情感上的吸引力，建立起高度的顾客忠诚。

5. 承诺的标准和内容

任何一种产品或服务的提供者，其最低的任务就是满足相应的需要。购物对于一个社会的人来说是一种激励。基于这一认识，英国市场营销大师罗杰·卡特怀特对“客户”下了两个定义。第一个客户定义：一个您满足了其某种需要的人。在满足了客户的比较低级的需要之后，要继续留住他们，应该让他们感到愉悦。基于此，他又为客户下了第二个定义：一个你满足了其某一需要而且在其需求方面能使其感到愉悦的人。我们可以把第一种客户称为满足了某种需要的客户，第二种客户自然就是满意、愉悦的客户了。基于上述前提，承诺的标准有高低之分。

（1）初级承诺：也就是承认了自己工作中有不到位的地方，等于给别人一个保证，在执行中是被动的，说到底是企业的一种自救行为。即从解决客户最关心、反映最强烈的问题入手，探索最有效的解决问题的途径，搞好便民措施，规范服务行为。当前，在我国经济生活中还存在着大量的不讲游戏规则甚至是欺诈的经济行为，严重地影响了我国的经济运行质量，更腐蚀着整个社会的信誉。承诺服务的提出，本身就有着深刻的社会背景。如，某市食品总公司开展让全市人民吃上“放心肉”的活动，可见，能吃上“放心肉”已经可以满足客户的需求了，但这种需求只是浅层次的。客户之所以能满足，是因为他们有吃不上“放心肉”的危险。这说明我们的流通领域在某些方面的确不令人放心。供电企业做出的不“吃拿卡要”客户，不以电谋私的承诺，也可以视作初级的承诺。

（2）高级承诺：即承诺向客户提供超值服务。这种承诺无疑是令人产生愉悦的。同时，这也是维系客户忠诚的唯一出路。当企业实际工作水平足以满足客户的期望，进一步超出了客户的期望，即向客户提供了超值服务。麦克唐纳和皮格特的观点正好可以说明这种认识：“质量只有不断达到并且在普遍接受的标准的基础上有所改进才能使顾客感到愉悦”。需要指出的是，随着产品和服务质量的不断改善，“满意”，实际上这已经成为一个可接受的、最低的标准。

从 20 世纪 90 年代中期开始，电力系统以“纠建并举、以建为主”为方针，推行“承诺服务”，强调贯彻用电法规、加强供电企业员工的职业道德教育，改善服务态度。近年来，以“为人民服务、树行业新风”为主题，强调实行规范服务，开展了“供电营业规范化服务”、“优质服务月”等一系列活动。从 2001 年年初开展的优质服务活动，是前面几个阶段的延续，国电公司对客户进行全方位的承诺，这是整个电力公司全面的、全方位的对客户的承诺，即合理的价格、高质量的可靠性供电以及优质的服务。

6. 承诺的误区

与正确、合理的承诺形成鲜明对照的是，当前的某些服务承诺存在着一些误区，严重背离了承诺服务的初衷。主要表现有：

（1）过度承诺。有的商家和企业承诺决心大，行动快，但因自身实力有限，持久性差，造成承诺“一阵风”，损害了消费者的信任。

(2) 欺诈性承诺。即以承诺作“陷阱”诱使客户上当，进行敲诈。

(3) 空头承诺。承诺的项目、内容、标准都没有细化、量化，违约责任和奖惩规定不明确，使群众无法监督和检查，即使违约也承担不了责任和接受处罚。

(4) 模糊承诺。一些厂商为促销，故意混淆“保修”、“包修”承诺含义。

(5) 错乱承诺。一些企业和商家没有弄清承诺的含义，错将员工守则和职责内容当作对外的承诺，造成承诺服务对象错位，结果是适得其反。

7. 承诺的履行兑现

承诺服务与服务承诺构成了一种承接过程，提出了服务承诺就必须开展承诺服务，承诺最终要落实在服务上。

三、客户服务与公共关系

1. 客户服务与公共关系的关系

公共关系活动方式是多种多样的，按照接触公众的工作方式进行分类，可以分为宣传性公关、交际性公关、服务性公关、社会性公关和征询性公关。其中，服务性公关是通过提供各种优惠服务来树立良好的企业形象，如售前咨询服务、售中代理服务、售后“三包”服务等。这种类型的公关活动使公关工作由抽象变为具体、有形的行动，作用于直接公众，有利于密切企业与公众的关系。

从广义上分析，客户服务是处理公共关系的基础，与公共关系形成各自独立的两个方面。要把客户服务作为一种品牌来经营。品牌是客户对一项产品或服务的认知和体验，是一种消费信用，是市场的版图；品牌体现着企业文化，体现着企业的整体实力，体现着其产品或服务的技术含量、质量、性能、信誉和资信水平等。一些著名的品牌，不断地重复了“其兴也勃，其亡也忽”的兴亡逻辑。这些显赫一时的企业不是不注重公关，而是其公关失去了客户服务和质量的依托。

从狭义上讲，客户服务是公共关系中的一个方面，可称之为客户服务公关。服务公关和形象公关之间是有差别的。前者通常包括就商业机构自身及其产品和服务进行更大范围的宣传和推广。因此，这种公关形式可以看成是正面积极的公关，因为它是向内、向外进行的。形象公关与商业机构的总体形象有关，可以看作是对外来事件的防卫性反应行为。客户服务之于公共关系，其意义在于：客户服务不只是为客户提供了什么具体的服务，而是通过服务传达了一种信息和理念，这种客户服务已经上升到了公共关系的层面。与其说是通过向客户提供了某种有形的服务，还不如说是向客户传输了一种价值观。有了客户服务作基础，公共关系将变得更加牢固。从这个意义上讲，客户服务就成了公共关系的一项重要内容。

2. 公共关系中的客户服务

(1) 服务性公关的特点。服务性公共关系以提供各种实惠服务为主，融公共关系于服务之中。目的是依靠实际行动来获取社会公众的了解和美誉度，从而建立自己的良好形象。它是以优质的客户服务行动来证实诚意，是看得见摸得着的。所谓“公共关系就是90%要靠自己做得好”，其含义就在于此。客户服务的全过程也就是处理公共关系的全过程。这种客户服务型的公共关系最显著的特点就在于付诸于实在的行动。因此，它就不可能仅仅依靠专业的公共关系部门单独来完成，而要求各有关业务部门去共同实施。区别于传统的专业化的公共关系，顾客服务作为公共关系的主要工作，更多地表现为一种全员参与的特征。客户服务型公共关系活动方式能有效地使人际间的沟通达到“行为”的层次。

服务性公共关系的活动要点有：

1）灌输和培养全员公关意识，而不是仅仅培训专业公关部门；

2）融服务工作于公关之中，服务开始的地方即是公关开始的地方；

3）服务型公共关系的建立关键在于行动，而不是广告宣传。

(2) 技能和意识的培养。从严格意义来讲，公共关系人才有通才式的和专才式的两种，而这里所说的服务型的公共关系人员则更接近于通才式的。这就对人员培训提出了很高的要求。要求直接从事客户服务的人员具备以下基本素质：性格、品德、智慧、兴趣、知识和经验。并具备以下基本能力：组织能力、表达能力、社交能力和创造能力。这种公共关系要求培养企业所有部门和人员的公关服务意识，而不是仅靠部分领导和公关人员的努力。以企业为“本位”，而不是以客户为中心，这正是发展与客户公共关系的大忌。每一个服务人员都应该这样考虑：“我的服务为企业创造了效益，更与客户建立了友好关系”，从而自觉地把服务当作公共关系来看待。

(3) 提供信息服务。通过信息服务，及时提供电力消费教育、消费指导。主要手段有：口头交流、印刷品交流、举办新闻发布会和电能产品展示会等。主动引导客户使其自觉地把电能作为首选能源。例如，通过新闻媒体对电力优质服务和增供扩销的措施进行专题报道；利用报纸、电台、电视台等广告形式，宣传电能安全、洁净、方便、高效的优点及鼓励用电的政策等；印制用电宣传手册，将用电知识宣传到户，常年不间断地介绍用电政策、用电常识，在城市主要街道进行广告宣传；在客户服务中导入企业形象识别系统，配备具有鲜明标志的电力维修服务专用车辆等。

(4) 建立交流平台。在客户为本的时代，客户通道的建设，首先要考虑的是客户的成本与便利。1981年，美国通用电器公司做了一件很不寻常的事：设立了800数字电话应答中心，把电话号码散发给了客户。客户长期被压抑的需求得到了释放，成千上万的客户利用这种免费的电话来诉说不满、提出问题、获得资讯、寻求专家意见等。当前，供电系统开通800服务热线的企业也已不在少数，保持信息反馈系统的畅通——其中包括咨询、投诉举报中心、满意率调查等。要抛弃单纯销售的方式，改为采用与顾客互动，并使销售前线的员工获得回馈的措施。目前，已有些供电局建立了“客户参与企业闭环管理”系统，即让客户通过“企业窗口”提出有助于企业发展经营的意见和建议，经过“协调中心”分解，传达到“管理层”，“管理层”提出解决方案后，落实到“执行层”解决，将处理结果反馈到客户，直到他们满意。同时，在全国电力系统的许多地方已经较为普遍地建立起了客户联络员制度，随时掌握大客户的用电情况和市场变化趋势。较为通行的做法还有：聘请新闻单位、大型企业、居民代表及政府有关部门成立客户关系委员会，通报电力服务的重大事项，广泛听取广大客户的意见和建议；在营业场所设立咨询台、所长接待日等，解答客户用电报装、电价电费等问题。如某市供电企业与当地广播电台联办了常年开通的“电力行风热线”节目，专门听取客户对电力企业的各类批评意见和建议，成立了专门机构处理负面问题，从而及时消化了供电服务过程中发生的问题。

(5) 个性化服务。当前的主要表现形式有：通过开展城市安全文明供电小区建设，改善居民用电环境；利用假日、节日集中宣传安全用电、依法用电等常识；对经营困难的企业给予帮扶；有意识地选择产品有销路、但电费占用其成本比重大、用电量较大的停产或开工不足的困难企业，在不欠费的前提下，协商执行合同电价（一厂一价）；主动上门为烈军属、残疾人和孤寡老人提供用电服务，为其排忧解难。

(6) 在服务中补救“关系”。公共关系活动并不总是主动性的，有时还要对一些突发事件作出反应。当出现问题时，例如产品或服务出现了问题，企业要采取两项行动：

1）要与各个客户单独联系，分别解决问题；

2）要进行公关活动，不仅要使当前客户，而且要使潜在客户相信公司能够解决这些问题。

此时，受到投诉也可能是件好事，可以通过出色的公关活动将负面影响悄然转化成正面的效果。对于最初作出这些反应的是本公司还是媒体等公司外部机构，是非常重要的。在很多例子中，产品的缺陷是通过消费者组织或电视台公布的，供应商迫于压力不得不将产品召回。这时的供应商被逼入“两难选择”的困境，承认问题的存在就影响了本公司形象，不承认问题则会进一步激化矛盾。问题发生了，通常企业依赖的是专业的补救系统，如设专人负责处理客户投诉，使用专门的接待室，在处理时限内处理完毕后，向当事人反馈。不仅程序繁琐，而且又浪费了时间。而服务型的公共关系则可以更及时地发现问题，并解决问题。20世纪90年代，英国航空公司开展了“赢得顾客”计划。该计划推广到了它的全球员工中，该计划的主要信息便是客户服务是每一个人的权力。员工应当被赋予解决客户问题的决定权。通过给予员工在接触客户时处理问题的权力和责任，企业能够防止一些小的投诉升级。实际上，员工能够接受客户的问题，同他们一同工作找出解决方案或者弥补损失，而不需要求助于冗长的机构程序。

四、客户服务与企业形象

1. 客户服务与企业形象的关系

广义的企业产品应该包括有形的产品和无形的产品，供电企业的有形产品有电能（为了区别于电力服务活动这种无形的产品，在此，暂把电能作为有形产品来看待）、电力工程等，无形产品包括各种服务活动。几乎所有有形的产品都必须通过服务来落实。客户对产品的要求越来越高，在关心有形产品——核心产品的同时，对产品运输以及后续服务——外延产品，更是倍加关注。

良好的产品和服务形象是塑造企业良好形象的关键。产品和服务的形象一般表现为价格、质量、装帧和款式。由于电力行业的特殊性，产品的形象更多地表现为电压合格率、频率、供电可靠率和客户业扩报装工程质量等，而服务形象则是围绕着客户而展开的一系列服务活动。如果说供电企业有形产品的形态相对稳定，那么，电力服务的方式则是多种多样的，必须在服务方式和服务手段上不断适时地更新完善。要做到人无我有，人有我优，人优我奇，通过树立产品和服务形象，提高企业形象。企业的产品和服务形象一旦树立起来，就形成了巨大的潜在资产，它的作用有时远远超过了有形的固定资产和流动资金，成为企业效益的源泉。这种无形的力量叫做形象价值，一个名牌的形象价值有时是令人难以置信的。形象塑造不是一朝一夕的事情，它渗透于企业的各种活动之中，渗透于政治、经济、文化等各个方面，需要在原有基础上不断地完善、更新。

(1) 服务形象是企业形象的基础。良好的企业形象离不开良好的服务形象。有什么样的客户服务就会产生什么样的企业形象。客户服务的基本任务，就是要千方百计研究满足市场的需要和期望。服务的形象，不仅会影响本企业的形象，而且会影响其他企业的形象乃至一个国家、民族的形象。当今世界，发达国家的形象是与许多知名的大企业及其名牌产品和服务联系在一起的。如说起美国，我们马上会联想起“可口可乐”、“麦当劳”、“微软”。再如，提起“鲁能”，马上可以想到山东电力。

(2) 服务形象与企业形象的互动性。现代客户购买心理指向，已从“追名牌”潜移默化为“认企业形象”。独树一帜的企业形象，可以收到令消费者爱屋及乌的“企业形象—服务质量”效应。企业形象有助于服务形象的改善，从而扩大产品的销售。良好的企业形象会吸引广大的客户，无疑是为其产品锦上添花，打开畅销之门，大大增加企业竞争能力。反之，落后的企业形象或者企业形象模糊难辨，则会极大地阻碍市场的开拓。多年来，“雀巢”咖啡、奶粉在中国十分畅销，天真的人们以为自己日常喝的“雀巢”都是进口洋货，殊不知，它的产地恰恰就在我国。耐人寻味的是，我国生产的毫不逊色的咖啡、奶粉却要借助外国商标，才能在国内销售。致命的症结就是，我国同类企业的企业形象不仅是模糊的，甚至是虚无的。近年来，山东电力集团通过开展“彩虹工程”，不断打造服务品牌，“彩虹工程”已经成为山东电力优质服务的代名词，对企业形象的塑造起到了不可低估的作用。提起“彩虹工程”，人们想起的是山东电力真诚、廉洁的工作作风，高效、便捷的服务效率，优质、可靠的电能产品。

总之，产品与服务形象具有相互依存，相互促进的关系，两者无论谁失去谁，企业都难以在市场上站稳脚跟。

2. 塑造企业形象的相关因素

(1) 广告与企业形象。现代企业越来越多地意识到商标、品牌是消费者选择购买商品的依据，商标、品牌是商品的一部分，是商家的无形资产。随着产品无差别化社会的到来，社会逐步进入了“印象购买”时代。现代企业家认识到消费者购买的虽然是商品，但选择的是形象，消费者并不只是购买商品，而是同时在购买商品带来的物质利益与心理享受。因此，推销产品的关键在于建立商品商标、品牌的声望，为它们建立独一无二的形象。商标、品牌形象带给消费者的是梦幻，是想象，是成为消费者购买商品的有力支点。

树立企业的商标、品牌形象，不可否认广告是一种迅速而有效的手段和途径，树立商品的商标、品牌形象已经成为现代广告的核心。它追求的是使企业商标具有与众不同的特点，使企业的产品商标形象成为企业独特的、著名的、永久不变的无价之宝。企业通过系统的、有组合的广告，迅速树立消费者对商品商标品牌的良好印象，从而使消费者对产品产生信任感并进行购买。

与此同时，企业也在通过现代广告向社会公众灌输企业的价值观，宣传企业的服务质量、技术水平，从而提高企业的知名度，增进企业的地位和影响力。可以说，现代社会的每一次广告活动，都是对商品印象和企业形象的长期投资。长期以来企业单纯依靠产品质量占领市场的局面正在消失。现代企业都把以树立企业产品信誉和形象的企业广告作为一项长远的战略。在品牌消费时代，品牌形象的塑造至关重要。

“独特的销售主张”即所谓的USP广告创意策略，要求广告创意必须具备3种特质：

1）必须包含特定的商品利益；

2）必须是独特的、唯一的；

3）必须与销售有关。

独特的商品利益，强调以消费者的需求为出发点，而不是以产品为出发点；USP不断积累的过程就是品牌形象积累的过程；USP的统一风格是品牌形象塑造的现代要求。如力士香皂的广告经常与浪漫明星形象相伴，借以塑造了一个英雄（美人）品牌。近年，该产品在中央电视台播放的洗发水广告则是：模特走过T型台，台下所有的观众和摄像机对准的是模特乌黑飘扬的亮发，模特的秀发中出现了一个亮点——映出摄像记者正在摄像的景象。力士广告中的这一变化表明：力士正试图树立一个亮发专家的形象。从塑造品牌形象到雕琢品牌个性，独特的承诺起了关键的作用。

供电企业同样可以借助广告塑造自己的品牌个性。相对于其他能源形式，电能品牌的个性化就在于电能的安全、洁净、使用方便等，应向广大客户宣传新的生活理念：选择电能就是选择文明的生活方式，选择电能就是选择幸福。

(2) 公共关系与企业形象。随着生产观念向产品观念、市场营销观念的转变，市场营销逐渐发展为企业的一个重要职能部门，其中作为市场营销关键的公共关系在企业中发挥着越来越重要的作用，尤其是在塑造企业形象方面作用日益彰显，受到了现代企业的高度重视。

它通过挖掘公众利益，找到社会公众与企业利益的最佳结合点，担负起企业能够承担的社会责任，并把企业为社会公众所做的一切，在适当的时间通过新闻、公益广告、赞助文体活动等方式传播给社会公众，唤起他们对企业的理解、关心、认同和支持，从而塑造企业良好的形象。

(3) 企业文化与企业形象。企业文化指的是一个公司或一个行业在长期的生产、建设、经营和管理实践中，逐步培育形成的、占据主导地位的，并为全体员工所认同和恪守的共同的价值观念、信念和假设。

国家经贸委在《"九五"企业管理纲要》中指出："企业文化是以企业整体价值观为核心的行为规范的总和。"它反映着一个企业特有的、为社会所公认的品格、素质、精神、作风以及公众形象等文化积淀。企业文化的基本内涵之一，就是塑造企业形象。良好的企业形象不仅能够对企业员工产生全面、深刻的影响，使员工对企业的归属感、自豪感、责任感和自信心得到加强，对员工产生积极的心理暗示和激励，而且能够对外强化企业的影响力。

(4) 企业家与企业形象塑造。企业家不仅是一种经济现象，而且是一种精神现象。作为一种经济现象，企业家是工业社会的重要产物；作为一种精神现象，企业家属于现代社会群体中的一个特殊阶层，拥有一整套独特的心态、价值观和思维态势。也就是这种"超经济"的东西对经济活动产生深刻的影响。

具体而言：

1) 在企业新产品、新技术、新服务项目正式推出前，要让公众有足够的了解（或制造悬念）；

2) 宣传和普及公司新的消费理念和观念；

3) 提高新产品、新技术、新服务项目的知名度；

4) 通过参加和赞助社会公益活动，增进公众对企业的好感和信任；

5) 积极与公众沟通，实现企业与社会的有效融合；

6) 让公众更多地了解企业内部信息和高层社交活动，扩大企业在行业、社会上的声誉和影响力；

7) 让公众了解企业业务体系及运作流程，更好地为消费者服务；

8) 及时消除或缩小企业事故、危机事件在社会上的不良影响；

9）塑造良好的公众形象，并协调好涉及产品、服务、广告、战略、财务、研发、环保和人才诸要素的整体形象；

10）在企业转型时，做好相应的企业形象的平稳转换工作；

11）在企业处于困境时，使各界能够主动、热情、愉快地支持与关心企业；

12）在企业有重大举措时，做好相关各方的说服、宣传工作取得谅解与协助。

五、国家电网公司及部分省网公司供电服务承诺

（1）国家电网公司2005年4月8日发布《国家电网公司供电服务“十项承诺”》。

1）城市地区：供电可靠率不低于99.9%，居民客户端电压合格率不低于98%；农村地区：供电可靠率和居民客户端电压合格率，经国家电网公司核定后，由各省（自治区、直辖市）电力公司公布承诺指标。

2）供电营业场所公开电价、收费标准和服务程序。

3）供电方案答复期限：居民客户不超过3个工作日，低压电力客户不超过7个工作日，高压单电源客户不超过15个工作日，高压双电源客户不超过30个工作日。

4）城乡居民客户向供电企业申请用电，受电装置检验合格并办理相关手续后，3个工作日内送电。

5）非居民客户向供电企业申请用电，受电工程验收合格并办理相关手续后，5个工作日内送电。

6）当电力供应不足，不能保证连续供电时，严格执行政府批准的限电序位。

7）供电设施计划检修停电，提前7天向社会公告。

8）提供24h电力故障报修服务，供电抢修人员到达现场的时间一般不超过：城区范围45min；农村地区90min；特殊边远地区2h。

9）客户欠电费需依法采取停电措施的，提前7天送达停电通知书。

10）电力服务热线“95598”24h受理业务咨询、信息查询、服务投诉和电力故障报修。

（2）南方电网公司2005年7月提出要进一步规范服务行为，要求各子公司重新修订完善发布“供电服务承诺”，加快“95598”客户服务呼叫中心建设，严格履行停电通知和公告义务，确保客户满意率达到95%以上。

（3）广东电网公司供电服务承诺。

1）所有供电营业场所公开电价标准和供电业务办理程序。

2）县城（区）以上供电营业场所实行无周休日工作制度。

3）改善电网结构，不断提高电网安全可靠优质供电水平。

4）电网年供电可靠率不低于99%。

5）居民客户端电压合格率不低于95%。

6）提供24h电力故障报修服务。在正常情况下到达故障现场抢修的时限：城市45min；非特殊边远山区农村90min。

7）供电设施计划检修停电，提前7天通知客户或向社会公告。供电设施临时停电除重大缺陷紧急消缺检修外，提前24h通知重要客户。

8）供电方案答复期限：自受理客户用电申请之日起，单相零散居民客户不超过5个工作日答复供电方案，其他低压电力客户不超过10个工作日，高压10kV电压等级单电源客户不超过30个工作日。

9）装表接电时限：具备送电条件的客户自办结用电手续之日起，单相零散居民客户3个工作日内装表接电；其他低压电力客户在5个工作日内装表接电；高压电力客户7个工作日内装表接电。

10）“95598”供电服务电话24h受理用电业务咨询、信息查询、投诉举报和电力故障报修。

第五节 客户服务技巧

一、理解沟通

1．沟通的概念

（1）沟通。如果信息或想法没有被传送到，则意味着沟通没有发生。也就是说，说话者没有听众或写作者没有读者都不能构成沟通。要使沟通成功，意义不仅需要被传递，还需要被理解。沟通是意义的传递与理解。完美的沟通，如果其存在的话，应是经过传递之后被接受者感知到的信息与发送者发出的信息完全一致。

另外需要注意的是，良好的沟通常常被错误地解释为沟通双方达成协议，而不是准确理解信息的意义。如果有人与我们意见不同，不少人认为此人未能完全领会我们的看法，换句话说，很多人认为良好的沟通是使别人接受我们的观点。但是，我可以非常明白你的意思却不同意你的看法。当一场争论持续了相当长的时间，旁观者往往断言这是由于缺乏沟通导致的，然而详尽的调查常常表明，此时正进行着大量的有效沟通。每个人都充分理解了对方的观点和见解。问题是人们把有效的沟通与意见一致混为一谈了。

（2）沟通过程。如图11－5－1所示，沟通过程包括7个部分：①信息源；②信息，连接各个部分；③编码；④通道；⑤解码；⑥接受者；⑦反馈。此外，整个过程易受到噪声(Noise)的影响。

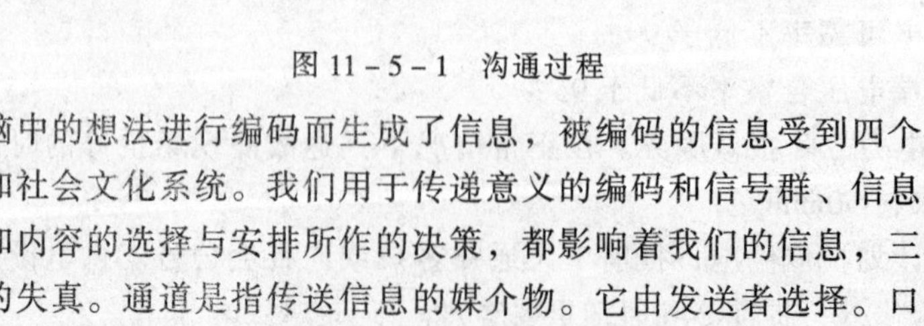

图11－5－1 沟通过程

信息源把头脑中的想法进行编码而生成了信息，被编码的信息受到四个条件的影响：技能、态度、知识和社会文化系统。我们用于传递意义的编码和信号群、信息本身的内容，以及信息源对编码和内容的选择与安排所作的决策，都影响着我们的信息，三者之中的任一方面都会造成信息的失真。通道是指传送信息的媒介物。它由发送者选择。口头交流的通道是空气；书面交流的通道是纸张。接受者是信息指向的个体。但在信息被接收之前，必须先将其中包含的符号翻译成接受者可以理解的形式，这就是对信息的解码。与编码者相同，接受者同样受到自身的技能、态度、知识和社会文化系统的限制。沟通过程的最后一环是反馈回路。“如果沟通信息源对他所编码的信息进行解码，如果信息最后又返回到系统当中，这就是反馈。”也就是说，反馈把信息返回给发送者，并对信息是否被理解进行核实。

(3) 沟通方法。组织中最普遍使用的沟通方式有口头沟通，书面沟通，非言语沟通及电子媒介。这里我们对每一种方式进行简要介绍。

1) 口头方式：人们之间最常见的交流方式是交谈，也就是口头沟通。常见的口头沟通包括演说，正式的一对一讨论或小组讨论，非正式的讨论以及传闻或小道消息的传播。

2) 书面方式：书面沟通包括备忘录、信件、组织内发行的期刊、布告栏及其他任何传递书面文字或符号的手段。

3) 非言语方式：一些极有意义的沟通既非口头形式也非书面形式，体态语言包括手势、面部表情和其他身体动作，而是非言语沟通。刺耳的警笛和十字路口的红灯都不是通过文字而告诉我们信息的。教师上课时，当看到学生们的眼神无精打采或者有人开始翻阅校报时，无需言语说明，学生们已经告诉她（他），他们厌倦了。

任何口头沟通都包含有非言语信息，这一事实应引起极大的重视。

4) 电子媒介：当今时代我们依赖于各种各样复杂的电子媒介传递信息。除了极为常见的媒介（电话及公共邮寄系统）之外，我们还拥有闭路电视、计算机、静电复印机、传真机等一系列电子设备。将这些设备与言语和纸张结合起来就产生了更有效的沟通方式。其中发展最快的应该算是电子邮件。只要计算机之间以适当的软件相连接，个体便可通过计算机迅速传递书面信息。存贮在接受者终端的信息可供接受者随时阅读。电子邮件迅速而廉价，并可同时将一份信息传递给多人。它的其他优缺点与书面沟通相同。

(4) 有效沟通的障碍。除了沟通过程中所指出的一般类型的失真之外，还有一些其他障碍也干扰了有效的沟通，有以下几点值得注意：

1) 过滤：过滤指故意操纵信息，使信息显得对接受者更为有利。

2) 选择性知觉：在沟通过程中，接受者会根据自己的需要、动机、经验、背景及其他个人特点有选择地去看或去听信息。解码的时候，接受者还会把自己的兴趣和期望带进信息之中。

3) 情绪：在接收信息时，接受者的感觉也会影响到他对信息的解释。不同的情绪感受会使个体对同一信息的解释截然不同。因此最好避免在很沮丧的时候作决策，此时我们无法清楚地思考问题。

4) 语言：同样的词汇对不同的人来说含义是不一样的。年龄、教育和文化背景是三个最明显的因素，它们影响着一个人的语言风格以及他对词汇的界定。你我可能同说一种语言，但我们在语言的使用上却并不一致。了解每个人，如何修饰语言将会极大地减少沟通障碍。

5) 非言语提示：言语沟通是信息传递的一种重要方法。非言语沟通几乎总是与口头沟通相伴，如果二者协调一致，则会彼此强化。

(5) 克服沟通障碍。

1) 运用反馈：很多沟通问题是直接由于误解或不准确造成的。如果管理者在沟通过程中使用反馈回路，则会减少这些问题的发生。这里的反馈可以是言语的，也可以是非言语的。

2) 简化语言：由于语言可能成为沟通障碍，因此应该选择措辞并组织信息，以使信息清楚明确，易于接受者理解。管理者不仅需要简化语言，还要考虑到信息所指向的听众，以使所用的语言适合于接受者。记住，有效的沟通不仅需要信息被接收，而且需要信息被理解。通过简化语言并注意使用与听众一致的言语方式可以提高理解效果。

3）积极倾听：当别人说话时，我们在听，但很多情况下我们并不是在倾听。倾听是对信息进行积极主动的搜寻，而单纯的听则是被动的。在倾听时，接受者和发送者双方都在思考。

4）抑制情绪：情绪能使信息的传递严重受阻或失真。当管理者对某件事十分失望时，很可能会对所接受的信息发生误解，并在表述自己信息时不够清晰和准确，最简单的办法是暂停进一步的沟通直至恢复平静。

5）注意非言语提示：我们说行动比言语更明确，因此很重要的一点是注意你的行动，确保它们和语言相匹配并起到强化语言的作用。

2. 有效的沟通

对管理者来说，有效沟通不容忽视，这是因为：管理者所做的每件事中都包含着沟通。注意，不是一些事情，而是每一件事！管理者没有信息就不可能作出决策，而信息只能通过沟通得到。一旦作出决策，又要进行沟通。否则，将没有人知道决策已经作出。最好的想法，最有创见的建议，最优秀的计划，不通过沟通都无法实施。因此，管理者需要掌握有效的沟通技巧。当然，这并不是说仅拥有好的沟通技巧就能成为成功的管理者，但是我们可以说，低效的沟通技巧会使管理者陷入无穷的问题与困境之中，甚至付出生命的代价。

如阿维安卡 52 航班因沟通不够，导致空难，就是一个典型例子。

1990 年 1 月 25 日晚 7:40，阿维安卡（Avianca）52 航班飞行在南新泽西海岸上空 37000 英尺的高空。机上的油量可以维持近两个小时的航程，在正常情况下飞机降落至纽约肯尼迪机场仅需不到半小时的时间，这一缓冲保护措施可以说十分安全。然而，此后发生了一系列耽搁。首先，晚上 8:00 整，肯尼迪机场航空交通管理员通知 52 航班的飞行员由于严重的交通问题他们必须在机场上空盘旋待命。8:45，52 航班的副驾驶员向肯尼迪机场报告他们的“燃料快用完了”。管理员收到了这一信息，但在 9:24 之前，飞机没有被批准降落。在此之前，阿维安卡机组成员再没有向肯尼迪机场传递任何情况十分危急的信息，但飞机座舱中的机组成员却相互紧张地通知他们的燃料供给出现了危机。

9:24，52 航班第一次试降失败。由于飞行高度太低及能见度太差，因而无法保证安全着陆。当肯尼迪机场指示 52 航班进行第二次试降时，机组乘员再次提到他们的燃料将要用尽，但飞行员却告诉管理员新分配的飞行跑道“可行”。9:32，飞机的两个引擎失灵，1 分钟后，另外两个也停止了工作，耗尽燃料的飞机于 9:34 坠毁于长岛，机上 73 名人员全部遇难。

当调查人员考察了飞机座舱中的磁带并与当事的管理员讨论之后，他们发现导致这场悲剧的原因是沟通的障碍。为什么一个简单的信息既未被清楚地传递又未被充分地接受呢？下面我们对这一事件进行进一步的分析。

首先，飞行员一直说他们“油量不足”，交通管理员告诉调查者这是飞行员们经常使用的一句话。当被延误时，管理员认为每架飞机都存在燃料问题。但是，如果飞行员发出“燃料危急”的呼声，管理员有义务优先为其导航，并尽可能迅速地允许其着陆。一位管理员指出，“如果飞行员表明情况十分危急，那么所有的规则程序都可以不顾，我们会尽可能以最快的速度引导其降落的。”遗憾的是，52航班的飞行员从未说过“情况紧急”，所以肯尼迪机场的管理员一直未能理解到飞行员所面对的真正困难。

其次，52航班飞行员的语调也并未向管理员传递有关燃料紧急的严重信息。许多管理员接受过专门训练，可以在这种情境下捕捉到飞行员声音中极细微的语调变化。尽管52航班的机组成员之间表现出对燃料问题的极大忧虑，但他们向肯尼迪机场传达信息的语调却是冷静而职业化的。

最后，飞行员的文化和传统以及机场的职权也使得52航班的飞行员不愿意声明情况紧急。当对紧急情况的正式报告之后，飞行员需要写出大量的书面汇报。另外，如果发现飞行员在计算飞行中需要多少油量方面疏忽大意，联邦飞行管理局就会吊销其驾驶执照。这些消极的强化因素极大阻碍了飞行员发出紧急呼救。在这种情况下，飞行员的专业技能和荣誉感可变成赌注。

二、服务技巧的分类

所有的服务活动都要通过一定的手段表现出来。不讲技巧的服务活动，其工作效果也将大打折扣。甚至可以断言：所有成功的商务活动无不体现出高超的技巧；而许多失败的案例极有可能缘于一次技巧的运用不当或者无技巧。看似不可能的事情，出人意料地取得成功；表面上水到渠成的事情，则可能陷入绝境，已经相当程度地起到了催化剂的作用。技巧是一种服务的艺术，而不是一种管理的方法。技巧也不是一成不变的。与其说技巧属于管理范畴，不如说它是一门创造的艺术。

电力企业拥有广大的客户群，服务技巧直接影响着客户服务的效果。电力服务花瓣图如图11－5－2所示，围绕着核心产品电能这个“花芯”，展开电力客户服务的8个“花瓣”，即8个流程的服务。如果客户服务各环节的技巧运用得当，服务流程就顺畅，“花瓣”与“花芯”关系也就融洽，客户服务就能促进核心产品的交换。

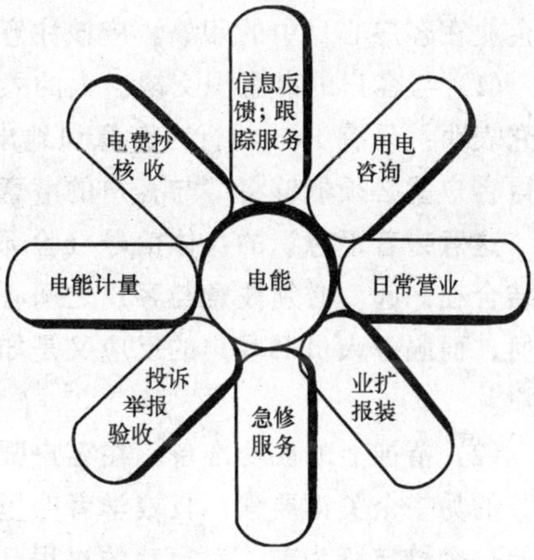

图11－5－2 电力服务花瓣图

服务技巧，可以分为以下几类：

第一类：一般服务技巧和个别服务技巧。从服务技巧的层次上来看，电力服务技巧可分为一般服务技巧和个别服务技巧。

第二类：售前服务技巧、售中服务技巧和售后服务技巧按服务过程划分，即以发生电能交易为分界点，分为售前服务技巧、售中服务技巧和售后服务技巧。

售前服务，指电力客户自具有用电意向到装表接电过程中，电力企业所提供的服务。主要包括：向客户提供用电业务咨询服务、申请登记、现场勘察、确定供电方案、营业收费、业扩工程设计施工、中间检查、装设计量装置、竣工验收、签订供用电合同、接火送电、建档立卡及业务变更等工作。

售中服务，指企业在客户用电过程中所提供的服务。主要包括各类定期服务。如日常营业、电费抄核收、电能表轮换校验等。

售后服务，指企业在客户用电后，通过开展各种跟踪服务改进客户用电质量的活动。主要包括：受理客户投诉、征求客户意见、提供紧急用电服务、质量保证、操作培训等。

第三类：集团消费和个人消费服务技巧。按用电对象，分为集团消费服务技巧和个人消费服务技巧。集团消费泛指企事业单位、私营业主和个体用电，一般单位用电量较大。个人消费是指居民家庭生活用电，一般其单位用电量较小，但是客户群较大。

第四类：提高型和补救型服务技巧。按服务功效，分为提高型服务技巧和补救型服务技巧。提高型服务技巧以向客户提供超值服务为手段，以让客户满意乃至愉悦、提高忠诚度为目的，应用范围十分广泛。补救型服务技巧；则是在非正常情况下，采取应急措施消解客户负面情绪、挽留客户的服务技巧。在客户服务工作的关键环节，起到出奇制胜的作用。

上面，对服务技巧进行了简要的分类，接下来，将讨论各种技巧的综合运用。这些技巧并不局限在某一服务流程中使用，通常情况下，它们在各个阶段是可以交叉使用的。

三、一般服务技巧与个别服务技巧

（一）一般服务技巧

一般服务技巧包括心理语言交流技巧、口头语言交流技巧和形体语言交流技巧。这里的“语言”，除了口语之外，还指通过某种行为或外在的形象，使客户接收到的一种特殊的、广义的语言信息。

1. 心理语言

与客户沟通是一种高超的服务技巧。受客户信赖的工作人员与客户相处时，具备设身处地体会他人心境的能力。一项服务活动的成败，往往取决于服务人员是否将其成功的意愿与客户的愿望及问题相协调。要使客户有一种被尊重的感觉，从而刺激客户的消费心理，加深本企业在客户心目中的印象。应该注意以下几点：

（1）与客户的潜意识交谈。人的大脑是一个可做非常复杂及交错思考处理事情的机器。研究表明：只有10%的行为有意识地出自人的大脑，其他90%的行为都是出于潜意识。要赢得客户就必须能够将“与客户的潜意识交谈”这个方式，运用在游说艺术上。

这意味着下意识的身体信号（脸部表情，手势动作）必须在心理上技巧地与客户的潜意识结合在一起。必须注意与客户之间心理上的相互回应。服务人员如何影响客户，客户反应如何，而服务人员对客户的反应又是如何回应？依据这些心理上的基本原则行事，就将赢得客户。

（2）精神上的成功准备。在客户服务前做好精神上的准备，已经愈来愈明显地成为销售服务的另一个关键要素。权威学者弗里茨·斯泰姆（Fritz Stemme）教授证实，大脑和身体在开始一个特定行为前，对行动的过程已经做好了准备。人们可以将整个状况在脑海里像部电影一样，先体验和演练，并就自己想要的成果预先做好准备。如何在精神上做好成功的准备？有以下建议：

1）定期训练自己，想象服务过程中的每一个细节，如做头脑体操一样。这一想象力必须让你体验到紧急的情况。

2）在面对客户之前，先测试自己的观感。自我感觉这种观感是比较正面还是比较负面？探讨何以如此，并找出正确的步骤。凡是往正面思考的人，获得的结果也是正面的。

3）使自己进入一个正面的情绪中去。如一位有名的销售专家在前往拜访难缠的客户的路上，总是听自己喜欢的录音带，通过简单的方法进入正面的情绪中。另一方面应避免一些令人生气的事，因为这对即将进行的销售谈话只有不良的影响。

2. 口头语言

(1) 面对面交流。要使用规范的文明用语。国家电网公司、南方电网公司都明确规定了《文明用语、忌语》。有的电力公司还实行了"客户服务首问责任制"，即任何岗位的供电员工，在接到客户的任何电话时，都不能说诸如："我不知道"、"这不是我的事"之类的用语。

各种随机性语言的使用，更易表现出机智和技巧。在解释客户的问题时，应避免使用本行业内部的专业术语——不要苛求客户精通服务人员的专业知识。

(2) 非面对面交流。对话语调要含有特别的技巧。这在电话交流中尤其重要——同样的话语，产生截然不同的效果，关键就在于您怎么说。在电话里所有的信息都是通过语调来完成的。客户在片刻之间就能判断出您的态度如何。您的客户在10s之内就能知道他是在与友善或者不友善的人交谈！不管使用什么词汇，服务人员的语调总要透露出自己的思想与感情。您是否有这样的体验：尽管对方用词很讲究，但您依然觉得被拒于千里之外。培养自己的语调是获得最有价值的商业技巧之一。语调的变化是您声音的上下波动。如果没有这种变化，声音听起来就像是自言自语。比如，客户中心信息部门的客户代表每天要说许多次："您好，这是……"即使服务人员已经说过100次了，可对客户来说仍然是第一次。因此，接第一次电话的语调和接最后一个电话的语调同等重要。试着打电话时微笑，微笑有助于使声音听起来友好、热情和令人接受。同一句话您可以说出不同的效果。例如："您希望我们怎么做?"，重读"您希望"带有警惕的意味；重读"我们"，带有礼貌的意味；不重读任何单词，则带有同情的意味。其他需要注意的还有音量、语速等问题。

如何在电话里有礼貌地、有效地与他人打交道，可以简单地归结为电话礼节。其基本原则如下：

1) 铃响3声之内摘机：无人应答是所有令人不愉快的开始；

2) 问候打电话的人：立即表现出您对对方的友好和坦诚；

3) 介绍您自己（或公司名称）：让对方知道他找对了人或部门；

4) 问客户是否需要帮助：显示出随时准备并且能够帮客户。

3. 形体语言

形体语言是一种持久的、非言语的思想交流。国外一所大学对如何从他人那里获取信息的问题进行了专项调查研究。这项研究表明，当和顾客面对面时：

1) 绝大多数信息来自形体语言：没有只言片语甚至您还未意识到时，形体语言就已经泄露了您的感情和思想。

2) 较多的信息来自语调：公主游轮公司在其服务标准中宣称：拿起话筒，您就能从我们的声音中看到我们的笑容。这种"能看到的笑容"，主要来自于和蔼可亲的"语调"。

3) 极少的信息来自话语——有时候，说什么并不是最重要的，重要的是您怎么说。

形体语言占获取信息来源的比例如图11－5－3所示。

形体语言，还包括个人形体语言和企业形体语言：

(1) 个人形体语言。罗杰·卡特怀特指出："在面对面交谈的情况下，无论人们说什么或写什么，我们都有一套非常简单的办法查明他现在的心情，这个办法就是观察他们的身体语言。员工可以通过身体语言发现客户的情况，客户也可以用此办法查出员工对谈话是有兴趣还是厌烦的。"当然，须注意的是：由于各国的文化习俗不同，身体语言所含的信息也不尽相同。工作人员要讲究仪表，统一着装，体现出良好的精神面貌，给客户以朴素自然、健康

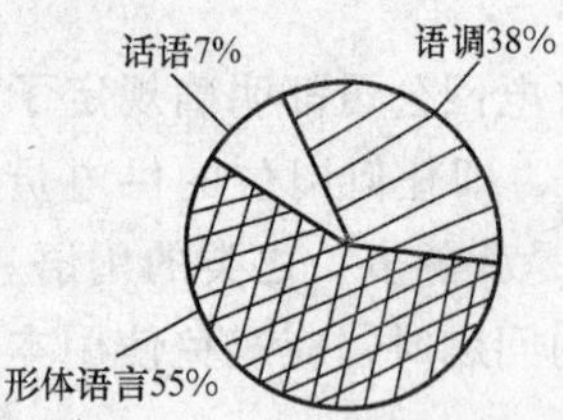

图 11-5-3 信息量分布

向上的美感和心理上的一种安全感、舒适感。客户消费心理的养成与经营特色有关，更重要的是与服务人员的服务质量有关。要始终以真挚的感情去接待客户。具体做到：笑脸相迎，主动配合，耐心服务，热情相送。

为训练形体语言（包括外在的形体语言），有以下建议：

1）选择适当的衣着。个人的修饰对客户有很大的影响。污黑的手指、蓬乱的头发都是些微妙的被注意事项。同样，衣冠不整也给人负面印象。通常要求电力客户服务人员统一着装，由此给人以整齐、正规、有秩序的感觉。

2）训练自己多微笑。每一个专业的摄影师都可以证明，为任何一个人拍摄两张不同的照片就足以使之判若两人。

3）表现出亲和力。以真诚的赞美开启您与客户的沟通之门。

4）保持目光接触。目光的交流是所有形体语言中最强有力的技巧之一，也被称为“关注技术”。当客户向您走来，不论您有多忙，应立即抬起头来看着客户的整个脸，进行目光接触；当谈话时，偶尔把目光移开，以免给人盯视的印象。反之则可解释为您没有兴趣帮助客户。

要特别注意身体姿势。上身的移动显示出一个人的精力水平，以及您对客户的谈话是否感兴趣。一些简单的形体语言，辨别出人们听得不耐烦而想结束交谈——向后仰或后退；把身体移开；双手扶桌，身体后移；整理文件；客户仍在谈话，您却合上文件夹；不断地看表。要表示您在聚精会神地听并对与客户的谈话感兴趣，请这样做：点头；面对客户；身体前倾。

（2）企业形体语言。在注意个人形体语言的同时，还要注意企业本身的形体语言。这种独特的语言与整个企业营造的气氛密切相关。企业形体语言主要因素如图 11-5-4 所示。

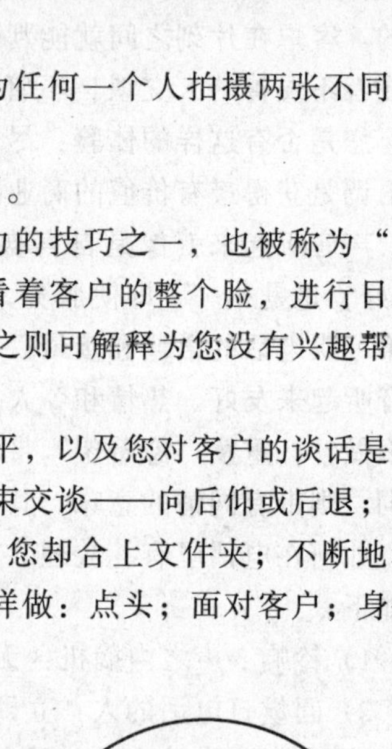

图 11-5-4 企业形体语言

工作环境的整洁、舒适是非常重要的：既能保证营业员工作时有充沛的精力，又能创造良好的业务办理环境，也能留给客户良好的第一印象。同时，客户通过办公桌或工作现场，就能判断出服务工作的条理性及工作能力。

企业形体语言的另一个非常重要的方面是十分消极的语言交流。这在一些极端负面化的警告标识中体现得最明显，例如：

1）禁止倚靠柜台；

2）不收信用卡，不收支票，概不退款；

3）损坏商品者按价赔偿；

4）不准携带包裹入内；

5）禁止触摸；

6）禁止移动椅子；

7）营业场所不准吃零食；

8）禁止拍照；

9）售出商品概不退换；

10）不得携带小孩入内。

以上严厉警告可能都事出有因，但表达方式却不是对客户应该使用的口吻。如果上面的每一条都加上一个“请”字，效果可能会更积极一些。如果加上解释就会更好了。例如：

1）为了安全起见，请寄存您的皮包；

2）此地危险，不宜儿童进入。

客户们遇到许多禁止的告示时就会把他们看作“走开，你太烦人了”，公益性场所把这些信息传递给客户或滞在的客户是十分愚蠢的。企业的形体语言体现了一个企业到底是怎样看待他的客户的，而不是只看它宣传的宗旨如何如何。一些非常细小的事情，都能从一个侧面反映出它对客户的态度。

企业形体语言的另一个方面是企业进行语言和书面的非面对面交流的方式：电话铃响几声必须摘机？如果使用录音回复电话或语音信箱，供电企业答复的时间能有多快？在营业时间之外的电话该如何处理和答复？现代通信技术能极大地增强供电公司与客户之间的联系，但前提是必须灵巧地使用。信件的回复该多快？统一回复是否会令客户觉得丧失了自我？——这些都是不可忽视的。

（二）个别服务技巧

个别服务技巧包括：了解客户的技巧、了解员工的技巧、员工的激励培训和信息传递的技巧。

1. 了解客户的技巧

了解客户的技巧主要有以下 4 个基本步骤。

第一步：了解客户。

在改进客户服务之前，首先要了解客户需要什么：

(1) 客户为什么要和电力公司发生业务？

(2) 供电公司能给客户什么好处？

(3) 公司如何改进服务才能使客户得到更多的好处？

了解客户的详细资料，特别是负责电力市场拓展业务的员工手边要具备有关信息，如：

(1) 客户的姓名和地址；

(2) 客户产品的详细信息；

(3) 客户首次使用电能产品的时间；

(4) 服务记录，包括全部历史资料和近期细节；

(5) 关于预约服务要求的信息；

(6) 客户遭遇的任何服务问题和失误的记录。

掌握了这些信息，就可以避免询问客户不愿每次都重复一遍的细节信息。不仅节省了您的电话时间，而且更具专业性，并向客户表明您很重视对他的服务。

第二步：了解客户的市场。

通过分析客户的市场表现，您可以看出他们的优势和弱点，并决定利用您的客户服务措施如何帮助他们进行改进。同时，还可以建立起电费回收的“预警系统”，如：

(1) 客户的主要市场是什么？

(2) 客户的市场是在收缩还是在扩大？

(3) 客户在市场上的地位是什么？

(4) 客户的主要竞争对手是谁？

通过阐述对这些问题的理解，并向客户表明如何能够帮助他达到目标，就可以同客户建立起牢固的关系。

第三步：了解客户的企业。

营销人员的作用在不断地变化。他们必须以管理客户关系为重点，而不再寻求短期利润；他们必须了解客户的所有业务。

以客户为中心的服务模式要求更广泛地理解客户业务：公司的业务是什么，其业务需求是什么，该公司运行状况如何，公司成功的因素是什么，怎样帮助该公司增加生意，除去现在的产品销售外还存在哪些业务机会，要实现这些业务机会必须对什么人施加影响等等。对业务的理解，要求营销人员除掌握基本的销售技巧外，还要学会鉴别客户的业务。为客户提供业务支持，重点是为客户提供的所有服务，确保取得最高的客户满意度。电力营销人员的任务是：

(1) 确保客户的需求能被充分理解和实现；

(2) 确保公司有足够的方案满足客户的需求；

(3) 确保将足够的资源用于这些方案的实现上；

(4) 根据计划监督方案的实施进程；

(5) 在所有与客户的接触中，为公司、为电能产品和服务树立积极的形象；

(6) 确保客户能够知道您的公司正在不断满足客户的要求。

客户档案可以帮助服务人员了解客户，以提高服务水平。获取、建立客户档案主要的方式有：

(1) 以客户的行业出版物为主要消息来源建立客户的新闻剪报档案；

(2) 建立关于客户的竞争对手的企业和产品文献的档案，并寻找关于其市场的信息；

(3) 打电话询问您的客户对最近一个月份电能使用情况是否满意；

(4) 通过电话调查客户未来用电的要求——他们还想得到什么服务；

(5) 分析近期服务竞争情况——客户在选择什么样的支持服务，这使您对客户的要求又产生了什么样的了解。

第四步：帮助客户改进业务。

了解客户的业务目标也同样重要——客户公司发展的方向和目标是什么？他们准备如何取得成功？通过向客户展示您的服务如何帮助其实现目标，可以证明您能够对他们的生意做出重要贡献。主动安排客户探访，或邀请客户来电力公司访问——为供需双方提供了沟通了解的机会，既有利于改善合作关系，也直接体现了对客户的重视。之后，还必须制定出具体的行动计划，对客户认为重要的领域提高服务标准。

2. 了解员工的技巧

以客户为中心，为客户提供高质量的服务，重要的一点是把您自己放在客户的位置上看自己；同时，让客户坐到您的位置上来体验您——可以称之为“角色反串技巧”。主要有以下几个步骤：

第一步：体验客户的感受。

许多电力企业都开展过类似于“假如我是一个客户”的活动，这就是一种角色客串。

——考虑假如您是一个客户，您对所在的电力公司服务是否满意？试着给自己公司的客户咨询部门或任意部门打电话，考察一下电话接听情况或首问责任制落实情况，看看您会遇到什么。

——如果是用电咨询服务人员，不妨对着镜子中的自己问一问：我愿意让有着这样一副表情的人为我服务吗？

——回忆一下您作为一个普通客户时的不愉快的消费经历。想一想这些不愉快的经历，曾经发生在您公司的客户身上吗？

第二步：了解员工的工作状态。

电力公司领导和有关人员可以扮演一个普通客户角色，从客户的角度来检查自己公司的服务质量。主要有以下内容：

(1) 检查工作程序是否得以遵守；

(2) 检查必要的设施是否齐备并得到适当的管理使用；

(3) 从顾客的角度体会一下电力公司提供的服务程序是否科学合理；

(4) 检查服务员工是否具备必要的服务技能；

(5) 评估电力公司的服务竞争力。

必须注意以下问题：员工是否友善地和您打招呼？他们接电话用了多长时间？其他服务是否快速？您能否与相关负责人联络上？是否排了长队？您得到了什么服务建议，建议是否正确？服务人员是否友好？营业场所或工作场所是否整洁？

必须选择服务环境：

(1) 某一特定的办公室或服务网点；

(2) 某一程序，如咨询电话服务；

(3) 一个特定的部门。

所选择的环境必须直接与客户发生接触。如果暗访营业服务网点，一定要熟悉他们与客户的接触方式，否则所评价的服务过程并非他们真正的服务过程。还要选择在指定环境下为客户提供满意服务的关键因素。如果客户认为排队交纳电费等候时间是个大问题，就应该将重点放在解决这一问题上，而不要将时间浪费在评估电话服务上。参加这一计划的人应该有：

(1) 对此项研究感兴趣的人；

(2) 受该行为影响的人；

(3) 实施结果可能影响到的人。

还要确定变量。模拟客户经历时需要考虑的变量，包括两个因素。

(1) 时间因素：在一天、一周或一个月内的不同时间是否客户会遇到不同的对待？是否有高峰期或非高峰期？是否有时会出现员工过多或人手不够的情况？

(2) 交费服务网点的规模和地点因素：客户会因为所到的地方网点类型不同而产生不同的期望值。如在较小的网点中，他们可能认识员工，并希望得到友好的个人服务。在忙碌时，他们希望在服务时限内完成业务，不愿排队。

与员工核对、整改，即与直接提供服务的员工核对是否有什么遗漏，共同探讨他们会从这一过程中获得什么收益。要求员工决定采取补救措施，使服务更加符合标准。同时，通报有关管理部门，提出建议，管理部门将决定应对哪些现存的标准和程序加以修改，并监督改进效果。

第三步：给客户安排一个“角色”。

制定并实施“客户体验计划”。将那些不直接与客户发生接触的员工，如检修人员、机关后勤人员等——推到前台与客户交谈，或为客户开辟一个可以参观企业人员作业的特别观察区，让客户亲眼看到他们闻所未闻的事情，对双方都是一种全新的体验。对公司客户，还可以安排他们反串一下客户咨询接待人员的角色，通过“对号入座”式的切身体验，使之了解服务工作的甘苦，增进对电力一线人员的了解和沟通。

3. 服务员工的激励和培训

提高服务员工的责任感，这是提高服务水平的关键因素。电力企业的每一位员工都会对客户服务质量发生影响。检修人员、机关后勤人员等一般不直接与客户发生接触的员工，他们往往在服务培训中被忽视。或者作为一种体验手段，服务人员可以与公司内部的后勤人员等交换角色，以体验不同岗位的工作感觉，强化团队意识。

对表现优异的员工给予奖励，对失误或质量水平低的服务员工给予处罚。公布评比结果，对表现最佳的员工给予定期月奖励和最佳总体表现的季度奖励。不同部门可以互相竞争，以表明自己部门达到了最高的服务标准。激励项目不仅以现有水平为基础，而且应该以改进现有服务为基础。确立服务标准，包括以下要素：

(1) 营业地点的方便程度；

(2) 营业时间；

(3) 方便的交通路线和停车场；

(4) 服务或接待的速度；

(5) 电能使用常识和服务方式。

为确保落实以客户为中心的要求，应该明确：

(1) 确定哪些部门和个人对客户满意度有直接影响；

(2) 从客户的角度分析影响客户满意度的主要因素；

(3) 调查目前客户的满意度水平，或要客户对关键领域的服务质量做出评价；

(4) 确保公司上上下下都了解客户的期望和对当前服务的看法；

(5) 在可能出现问题的领域引入改进方案。

服务质量在全公司保持一致是很重要的，否则一处营业网点的不良表现，可能会影响客户对整个公司的印象。规范化建设至关重要。服务标准的作用有：

(1) 能够被界定的客户需求；

(2) 要在整个组织内贯彻统一的标准；

(3) 客户需求能够被转化为客户标准；

(4) 公司希望表明对实现客户关注的决心；

(5) 从客户的角度分析影响客户满意度的主要因素。

确定服务标准的方法：

客户关注的内容包括两个方面：一是提供客户服务的物质途径；二是员工的态度。将员工注意力放在客户身上，通过以下途径实现：

(1) 召开客户讨论会，确定客户的需求，并探讨客户对服务质量的看法；

(2) 颁布客户服务标准，确保标准的统一；

(3) 引入客户服务计划;

(4) 实施客户服务计划，确保所有员工理解客户服务的重要性;

(5) 引进客户满意评估法，衡量各网点的表现;

(6) 实施客户满意激励方案，奖励取得最高客户满意度的网点。

设定客户关注的服务标准。制定这些标准的指导原则是:

(1) 标准应该体现在客户认为重要的业务方面;

(2) 标准包括日常行为，如接听电话或回信等，同时还包括各行业特有的客户的要求;

(3) 标准是可以衡量的;

(4) 让每一个员工了解标准;

(5) 鼓励员工超越标准而不只是勉强达到标准。

当前多数电力企业已经建立健全了一整套营销服务的管理标准、工作标准和规章制度，通过理顺内部关系，简化内部环节，逐步实现营销服务工作的标准化、规范化、制度化。通过制定和实施以上细则、标准和制度，将极大地规范供电服务工作。如，

(1) 客户报装接电全过程管理实施细则;

(2) 客户代表岗位管理标准和工作标准;

(3) 客户代表和值班长岗位规范;

(4) 客户代表交接班管理制度;

(5) 服务中心系统维护岗位管理标准和工作标准。

4. 信息传递的技巧

将信息传递到客户手中是提供高水平服务的重要步骤。一个客户获取咨询资料时，肯定期望公司为他度身定制，而并非一定是印制精美、价值不菲的全套资料。如何确保这种资料信息的有效传递？以下就是具体的服务技巧:

(1) 向潜在的客户提供简单的答复机制，如免费邮寄或免费电话;

(2) 随邮件附上获取重要数据的机制;

(3) 在接到邮件要求后，打电话询问更具体的客户需求信息;

(4) 只向客户寄送适用的资料;

(5) 为客户提供进一步联络和索取信息的方式;

(6) 为潜在客户安排一次约见，以推进他的决策进程。

加快文字资料发送的三个步骤:

(1) 将产品信息设计成易于传真的单页格式，介绍简短，利用足够多的小标题引导读者，在传真后仍然清晰易读的打印版面;

(2) 用您自己的传真向客户发送信息或是由专门的传真部门负责大规模发送;

(3) 考虑建立“按要求传真”计划。客户回答电脑发出的一系列的电话信息，并使用电话号码盘输入适当文献资料的代码和自己的传真号码，信息就会自动发送给打电话的传真机。

目前，越来越多的公司对在交流会上现场免费发放资料产生疑问，转而选择通过远程营销来筛选出真正有价值的信息。运作过程如下:

(1) 来访者填写一份文字索取单，写明公司、个人或教育的背景资料和担负的主要责任;

(2) 会议结束后，远程营销人员与来访者单独联络，确认其兴趣和征询更多的信息；

(3) 此后营销人员会继续联络，跟踪未来的销售机会，对照未来的销售情况监控结果。

这样做可以大量地减少浪费，并确保潜在客户得到专业的接待。同时，还展现了企业的客户服务水平。

如何让客户轻松地得到有关用电信息？可以采取如下几种方法：

(1) 指定更多的人员接听电话，但是这样花费太多，而且效果未必好。

(2) 建立一个信息中心（或设立企业网站、网页）——正如当前许多电力公司已经做到的那样。

(3) 设立语音信箱。这是个人信箱的替代物。语音信箱也可以作为高级客户应答系统的基础。打电话的人可以获取信息服务，索取信息资料，留下私人口信，接通接线员或从事其他活动。可以开发出以客户为中心的应答机制来体现对客户的高度关注。选择的办法有：

1) 无须人员操作的24h咨询、接待系统；

2) 资料索取服务；

3) 电费查询或其他信息服务。

(三) 积极倾听技巧

作为一名有效的听众应具备的能力常常被认为是理所当然的。我们常常把听到和倾听混为一谈。听主要是对声波振动的获得；倾听则是弄懂所听到的内容的意义，它要求对声音刺激给予注意、解释和记忆。

1. 主动倾听与被动倾听

有效的倾听是积极主动的而非被动的。在被动倾听时，你如同一台录音机一样接收传给你的信息。只有当说话者提供的信息清楚明了，生动有趣从而吸引你的注意力时，你才可能会接受说话者传递的绝大部分信息。而积极的倾听则要求你的投入，使你能够站在说话者的角度上理解信息。因此，积极的倾听是一项辛苦的劳动，你需要精力集中，需要彻底理解说话者所说的内容。运用积极倾听技术听课的学生，一堂50min的课下来，会和教师一样疲惫，因为他们在倾听时所投入的精力与教师讲课时投入的精力一样多。

积极的倾听有四项基本要求：

(1) 专注：人的大脑容量能接受的说话速度，是一般人说话速度的6倍，这使得倾听时大脑有相当多的时间闲置未用。积极的倾听者精力非常集中地听说话人所说的内容，并关闭了其他成百上千混杂在一起、容易分散注意力的念头（如金钱、性别、职业、聚会、朋友、待修的轿车等）。

(2) 移情：要求你把自己置身于说话者的位置上。你应努力去理解说话者想表达的含义而不是你想理解的意思。注意，移情要求说话者的知识水平和你的灵活性两项因素。你需要暂停自己的想法与感觉，而从说话者的角度调整自己的所观所感，这样可以进一步保证你对所听到的信息的解释符合说话者的本意。

(3) 接受：积极的倾听表现为接受，即客观地倾听内容而不作判断。这不是件容易的事。说话者所说的话常常导致了我们的分心，尤其当我们对其内容存有不同看法时，这是很自然的。当我们听到自己不同意的观点时，会在心里阐述自己的看法并反驳他人所言。显然，这样做时我们会漏掉余下的信息。积极倾听者的挑战就是接受他人所言，而把自己的判断推迟到说话的人说完之后。

(4) 对完整性负责的意愿：听者要千方百计地从沟通中获得说话者所要表达的信息。达到这一目标最常用的两种技术是，在倾听内容的同时倾听情感以及通过提问来确保理解的正确性。

2. 开发有效的积极倾听技巧

(1) 使用目光接触：当你在说话时对方却不看你，你的感觉如何？大多数人将其解释为冷漠和不感兴趣。“你用耳朵倾听，他人却通过观察你的眼睛判断你是否在倾听。”与说话的人进行目光接触可以使你集中精力，减少分心的可能性，并能鼓励说话的人。

(2) 展现赞许性的点头和恰当的面部表情：有效的倾听者会对所听到的信息表现出兴趣。通过非言语信号。赞许性的点头、恰当的面部表情与积极的目光接触相配合，向说话人表明你在认真聆听。

(3) 避免分心的举动或手势：表现出感兴趣的另一做法是避免那些表明思想走神的举动。在倾听时，注意不要进行下面这类活动：看表、心不在焉地翻阅文件、拿着笔乱写乱划等等。这会使说话者感觉到你很厌烦或不感兴趣。另外，这也表明你并未集中精力，因而很可能会遗漏一些说话者想传递的信息。

(4) 提问：批判性的倾听者会分析自己所听到的内容，并提出问题。这一行为提供了清晰度，保证了理解，并使说话者知道你在倾听。

(5) 复述：指用自己的话重述说话者所说的内容。有效的倾听者常常使用这样的语句：“我听你说的是……”或“你是否是这个意思?”重述有两个原因：一是核查你是否认真倾听的最佳监控手段。如果你的思想在走神或在思考你接下来要说的内容，你肯定不能精确复述出完整的内容。二是精确性的控制机制。用自己的语言复述说话者所说的内容并将其反馈给说话的人，可以检验自己理解的准确性。

(6) 避免中间打断说话者：在你作出反应之前先让说话者讲完自己的想法。

(7) 不要多说：大多数人乐于畅谈自己的想法而不是聆听他人所说。很多人之所以倾听仅仅因为这是能让别人听自己说话的必要付出。尽管说可能更有乐趣而沉默使人不舒服，但我们不可能同时做到听和说。一个好听众知道这个道理并且不会多说。

(8) 使听者与说者的角色顺利转换：对于在报告厅里听讲的学生，可能比较容易在头脑中形成一个有效的倾听结构，此时的沟通完全是单向的，教师在说而学生在听。大多数工作情境中，听者与说者的角色在不断转换。有效的倾听者能够使说者到听者，以及听者再回到说者的角色转换十分流畅。从倾听的角度而言，这意味着全神贯注于说者所表达的内容，即使有机会也不去想自己接下来要说的话。

(四) 开发有效的谈判技巧

有效谈判的实质可以总结为以下六个方面。

(1) 研究你的对手：尽可能多地获得有关对手的兴趣和目标方面的信息。比如，他必须满足什么样的客户？他采取什么样的战略？这些信息会帮助你更好地理解对手的行为，预测他对你的报价的反应，并按照他的兴趣构建解决方式。

(2) 以积极主动的表示开始谈判：研究表明，让步可能得到回报并最终达成协议。因此，以积极主动的表示开始谈判——也许只是一个小小的让步，但它会得到对方同样让步的酬答。

(3) 针对问题，不针对个人：着眼于谈判问题本身，而不针对对手的个人特点。当谈判进行得十分棘手时，应避免攻击对手的倾向。你不同意的是对手的看法或观点，而不是他个人。应把事与人区分开来，不要使差异人格化。

(4) 不要太在意最初的报价：仅仅把最初的报价作为谈判的出发点。每个人都有自己最初的看法，它们是很极端、很理想化的，仅仅如此。

(5) 重视赢—赢解决方式：如果条件许可，最好寻求综合的解决办法。按照对手的兴趣构建选择，并寻求能够使你和对手均成功的解决办法。

(6) 以开放的态度接纳第三方的帮助：当谈判陷入对峙的僵局时，应考虑求助于中立的第三方的帮助。调停人能帮助各方取得和解，但其不强求达成协议；仲裁人则听取各方的争论，最后强加一种解决方法；和解人则更为不正式，其扮演着沟通管道的作用，在各方之间传递信息、解释信息并澄清误解。

四、售前服务、售中服务和售后服务

从最初的问讯到销售前建议再到售后服务的每一个阶段中，高质量的接触都很重要。具体的服务技巧见表11－5－1所示。

表11－5－1 客户服务技巧

序号	内容	技巧	效果
1	让客户易于与您联系	提供基于邮寄的答复机制；电话答复机制；传真答复机制；网络邮件答复机制	客户在交易或咨询时可以节省时间，达到满意
2	帮助客户做出正确选择	提供适当的信息、建议和指导	客户会更加坚信自己作出了正确的选择，有助于建立长期的忠诚
3	方便客户交易	营业场所地点便利，很容易找到，营业时间方便	为客户提供便利，就是为您的生意提供便利
4	改进客户接待	使员工了解客户的用电史或服务史，以及客户的信息细节。不放弃工作时间以外的客户接待，如电力系统已经实行的24h电话服务	客户将感到满意和愉悦
5	及时答复客户的问讯	服务时限的合理掌握，切忌超时服务	遵守时限，赢得诚信
6	随时通知客户具体业务进程	如果客户在等待紧急服务，他们希望随时被告知进展情况	通知客户工作进度可以使客户放心，并表明电力公司对客户的高度关注
7	快速的售后服务	给刚刚在您公司办理了一宗用电业务的客户打个礼貌的电话或寄一封信，是积极的客户服务形式。标准信件和问卷适用于这一过程	表明在发生交易后，您对客户的服务才刚刚开始，当前的客户将成为您的义务宣传员
8	积极利用投诉	客户投诉可以用来衡量电力公司是否健康，并指明需要改进的领域	表明公司已经认识到问题，并非常尊重客户的问题。变被动为主动
9	制定解决问题的程序	赋予一线员工解决大部分问题的权力	有效地缩短问题发生的时间，提高服务效率
10	提供客户帮助热线	通过提供操作建议或适时的意见改进客户服务	增加客户对电力公司的依赖感，增强客户的忠诚度
11	降低差错率	避免电费结算时服务差、开错发票、错误计算电量或其他形式的问题，管理效率低下会严重影响其他客户服务带来的好处	提高管理效率

续表

序号	内容	技巧	效果
12	重视最重要的过程	检查本公司对待客户的方式，发现需要重视的关键程序，并提高对客户而言非常重要的领域中的服务	解决症结问题，提升服务水平

1. 售前服务：使客户感到信任

售前服务是供电企业客户服务的第一个环节。在此阶段，虽然电能交易还没有发生，但是事实上各项前期费用的交易已经发生了。在这里，不仅要服务当前客户，还要影响潜在客户的选择。当今的市场趋势是，很难有一种商品长久地、大量地占有固定的客户群。客户的选择性越来越强，讨价还价能力与日俱增。有种极其错误、十分有害的观点是：以为电力客户群是恒定不变的，不存在电力客户流失的问题。事实上一个大客户是选择建自备电厂，还是直接从电厂购电；居民生活是采用燃气方式，还是使用电能；是以电能为主，还是以其他的能源为主—客户服务技巧都将极大地影响客户的选择。退一步讲，由于某种原因客户用电量下降，无疑也是一种变相的客户流失。

2. 售中服务：使客户感到满意

售中服务是指客户在使用电能过程中，供电公司为其提供的服务。主要是提供灵活的服务方式、良好的服务态度和必要的服务设施。灵活的服务方式能为客户提供尽可能多的方便条件，良好的服务态度是指在服务过程中说话和气，认真解答客户提出的各种问题，向客户讲明注意事项，指导客户用电。

在这一过程中，要避免发生任何对客户不负责任的言行。不能以为已经争取到的客户就不必用心呵护了。应明确一个观点：获得一个新客户的成本比保留一个老客户的成本要大得多。

3. 售后服务：使客户感到愉悦

在公用性服务行业，特别是在供电行业，真正的服务始于售后。

随着客户满意观念逐步成为电力员工的自觉意识，为客户提供售后服务的工作范围，已经从原来的维修及处理投诉延伸和扩展至免费热线（如800服务电话）、信息与决策的服务、回访、维修零件供应、广泛的质量保证、操作培训等方面。这些售后服务工作可以归纳为两大方面：支持服务和反馈、赔偿。售后服务不仅可以直接影响到客户满意度，还可以对产品、销售中出现的失误给予补救以达到客户满意。在电能售后消费阶段，现场管理的有序性、服务流程的高效率、沟通的有效性是影响客户满意的主要因素。

(1) 现场管理的有序性。包括服务人员对营业厅的布置，对客户参与服务的管理、对客户相互影响的管理。有序的经营现场给客户留下的印象，是客户判断服务质量的重要依据。

(2) 服务流程的高效率。这是指服务人员及时向客户提供所需服务的反应性及服务效率。高效率的服务流程可以缩短客户的等候服务时间，可以精简各服务步骤，能够尽快给客户以决策答复，在服务的标准化、熟练度等方面给客户留下正面的印象，最终影响客户满意度。

(3) 沟通的有效性。服务中的沟通是双向的，既包括服务人员主动向客户介绍参与服务的方法和传播服务的可信任特征，也包括客户向服务人员清晰表达自己的要求。因此，要取得有效的沟通，企业不仅要通过服务人员的工作帮助客户积累有关知识，取得客户的配合，合理提高客户对服务过程的控制力，从而提高客户满意度，而且还要帮助客户能够明确提出自身的服务要求，避免客户对消费结果产生不满。

五、集团消费与个人消费服务技巧

1. 寻找目标客户

不同的电力客户有着不同的电力需求规律，电能购买动机的不同，导致了购买行为模式的差异。对顾客分别接待是搞好服务的一项重要原则。分别接待就是有针对性地提供服务，尽可能地满足不同层次顾客的实际需要和心理需要，就是把每一个顾客都当作“个人”来接待。

柏拉图成功法则表明：以80%的投入，只能获得20%的成果。进行市场细分，确定目标客户，将时间投入在正确的客户身上，以“20%的投入”，可获得“80%的成果”。问题是，哪些人才是为电力公司带来80%的成果的客户呢？

下面提供的是某电力公司2001年用电量情况统计，由此可见，用电大客户就产生在传统的制造业里。见表11－5－2用电量统计表所示。

表11－5－2　用电量统计表

序号	用电类别	比重%	序号	用电类别	比重%
1	重工业（工业）	57.10	7	排灌（农林牧渔水利业）	1.80
2	轻工业（工业）	17.58	8	交通运输邮电通讯业	1.16
3	乡村用电（居民生活）	6.09	9	建筑业	0.72
4	城市用电（居民生活）	5.71	10	地质普查勘探业	0.02
5	农副业（农林牧渔水利业）	2.30	11	其他	5.40
6	商业饮食物资供销仓储业	2.12			

2. 大客户服务技巧

目前，对于大客户的界定方法不一，有的是按变压器容量来计算的，有的是按月度用电量来计算的。此处的大客户主要指对电力依赖性大的制造业客户。这类客户对稳定用电量起着主导和支配的地位。其特点是，单位数量少，但其用电量占电力企业售电量的比重大，他们维持着电力市场的稳定。这一部分客户，是电力企业赖以生存和发展的主要支柱。采取的基本策略是重点支持、鼓励他们进行电力消费。

建立和这些大客户的联系是首要的任务。可供选择的方式有：

（1）将客户公司里重要的活动或纪念日建档，并亲自或以书面方式予以祝贺；

（2）定期拜访并特别地去维系与他们的关系；

（3）看看是否成立一个客户咨询委员会，让符合特定条件的客户参加；

（4）成立客户俱乐部，发给客户会员卡，让持卡人享受优待或地位证明；

（5）为达到特定用电量的客户举办诱因之旅，好处是：在举办之前即可先算清楚，多少销售成果可以赚取足够利润，以吸收这一笔诱因之旅的费用；

（6）试着每个月为特别的客户提供一个特别的优惠服务。

许多地区成立了电力客户关系委员会，一些大的客户被聘为委员，通过召开一些发布会、座谈会等活动加强与他们的沟通与交流。

对大客户工作，企业主管人员要亲自抓，例如有的企业就建立大客户管理部。要充分关注大客户的一切公关及促销活动、商业动态，并及时给予支援或协助。大客户的一举一动都应该给予密切关注，利用一切机会加强与大客户之间的感情交流，譬如客户的开业周年庆典，客户获得特别荣誉，客户的重大商业举措等，大客户管理部或相应的职能部门都应该随时掌握信息并报请上级主管，及时给予支援或协助。

(1) 安排企业高层主管对大客户的拜访工作。一个有着良好业绩的公司的营销主管每年大约要有1/3的时间是在拜访客户中度过的，而大客户正是他们拜访的主要对象。

(2) 经常性地征求大客户对服务人员的意见，及时调整服务人员。保证渠道畅通。

(3) 对大客户制定适当的奖励政策。组织每年一度的大客户与企业之间的座谈会，听取客户对供电企业电能质量和服务等方面的意见和建议，对未来市场的预测，对企业下一步的发展计划进行研讨等等。这样的座谈会不但对企业的有关决策非常有利，而且可以加深与客户之间的感情，增强客户对供电企业的忠诚度。

(4) 抓住特殊的客户事件作宣传，对正面事件积极报道，对负面事件深入反省，变坏事为好事。

3. 中客户服务技巧

中客户，指用电量适中、需求稳定的那部分客户，其单位用电量小于大客户，但数量超过大客户。作为开拓电力市场的重点目标，他们是电力市场的主要增长点，对实现售电量目标至关重要。这一群体包括中小企业、私营业主、个体经营者等。仔细观察这些客户是值得的。采取的策略是积极扶持用电，培植电力市场新的增长点。纵观目前国内消费市场不难发现，绝大多数厂家和商家在启动服务时都存在滞后的现象，即采用“补救性”服务明显多于采用“前瞻性”服务。简言之，企业似乎更愿意在商品售出后对客户进行跟踪服务，而不习惯在消费者选购阶段就及早介入、提前引导。这不仅遏制了企业在引领消费方面的主观能动性，而且也使得消费者因缺乏有针对性的指导而不能随心所欲。针对这一客户群，电力部门应该在其流露出用电意向前即先期介入，真诚地为他们设计出科学合理的用电方案，根据需求进行“度身订做”。

4. 居民客户服务技巧

居民客户的特点是，较之大客户和中客户，他们用电量小，但数量庞大，服务环节复杂，一般以家庭为用电单元。这一群体一般不具备电力专业知识，缺乏基本的用电常识，管理难度比较大。容易发生用电损耗，也是投诉的高发群体。发达国家的用电市场表明，这一群体的用电量所占比重远远超过其他各类用电。但在我国的现阶段，这一群体一直处于低水平用电状态，从长远看增长潜力很大。对待这一群体，要采取引导和刺激消费的方式，调动他们的用电热情，挖掘他们的用电潜力。主要途径有：

(1)“一对一”的服务。随着居民生活用电占社会用电量比重的不断提高，开拓居民生活用电市场，已成为挖掘用电潜力的重要措施之一。为鼓励居民多用电，市场细分到户，服务到家，已经成为通行的做法。如近年来实施居民用电“一户一表”工程、电气化居民小区、电气化村（镇）等，与营销服务相结合，开发了重要的电力增长点。某电力公司确定了对居民客户月用电量实行梯度电价优惠的政策，取得了良好的效果。

(2)“顾问式”的信息咨询。及时地传递有关核心产品的信息，可以缩短客户寻找信息的时间，促进产品的销售速度。除通过广告提供一部分信息之外，企业还可以通过服务人员、小册子及公告提供一些信息。近几年又出现了更先进的方式：如使用录相机、触摸屏和计算机网络，这些方法都可以满足客户的信息咨询要求。在信息咨询方面，特别要强调服务人员与客户之间的直接交流。这种对话的方式不但有效而且富于人情味，可以促进企业与客户之间的关系。在这个过程中，服务人员应对客户所处的形势有一个清晰的了解，引导客户说出他们自己的困难，并引导他们解决问题。如，为了检验承诺服务的客户满意度，香港中华电力公司设计了4种客户意见卡，包括紧急服务、客户服务中心、客户装置检验和客户电话服务意见卡。同时，还聘请顾问公司进行客户意见调查，对服务意见调查进行统计分析。

(3)“实物化”的演示。用电操作与使用都要符合一定的程序，违反技术操作有时会危及人们的人身安全，因而客户在新上电后非常希望了解如何操作使用以及有哪些注意事项。特别是居民客户在正确使用电器方面存在较大的局限，充分利用宣传册、演示传授操作技术是十分必要的。当前，许多电力公司的客户服务中心里都设置了电器演示室，并配备了专门的人员。演示操作与解说作为客户服务活动中的一个重要组成方面，应该让客户花费最小的气力来学会如何操作和使用，特别是技术复杂的设备，服务人员更应该讲究这方面的技巧。

(4)“社交化”的联系。社交联系即企业主动与客户保持联系，不断研究和了解客户的需要和愿望，向客户赠送礼品和贺卡或者建立用电联谊会等，表示友谊和感谢。美国技术协助研究机构调查，只有1/3的客户是因为产品和服务有毛病而不满，其余2/3的问题均是因沟通不良而发生。建立“社交”联系能够“不间断”地了解客户的需求和意见，以便向客户提供更满意的产品和服务。窗口单位服务人员要做客户“可亲、可爱、可信、可交”的朋友，做超出业务之外的朋友。

六、提高型服务技巧和补救型服务技巧

企业与顾客之间的一切往来都是为客户服务。这些服务一般体现为两种形态：

(1) 通过服务让客户由衷地感到满意，甚至愉悦。这种“锦上添花”式的服务技巧，可以概括为提高型服务技巧。

(2) 通过服务活动，纠正工作失误，消除负面影响。这种“雪中送炭”式的服务技巧，可以称之为补救型服务技巧。

(一) 提高型服务技巧

优质服务表现在以下几个方面：

(1) 对客户的问询以及客户碰到的难题迅速做出反应；

(2) 昼夜服务，及时回访客户，采取一切措施简化业务往来；

(3) 公司上下各部门员工，都同客户友好相处；

(4) 尽量为每个客户提供有针对性的个别服务；

(5) 对产品质量做出可靠承诺；

(6) 在所有交往中表现出礼貌、体贴和关心；

(7) 永远做到诚实、尽责、可靠地对待客户；

(8) 让客户的钱始终能发挥出最大的效用。

1. 变客户为朋友的技巧

销售专家最佳新方案称为人际关系管理。这背后隐含的是一个由乐趣、服务、体验及吸引人的产品所构成的巧妙的组合，就连老到的消费者也无法抗拒。因为这种新的服务方式是

以人情的附加值来建立与客户之间的联系的。

(1) 为客户举办活动。这类活动可组成与客户的直接接触，显示企业在提供产品之外还有提供附加服务的意愿。如：

1) 传授免费的相关信息课程，或以特惠价格优待客户参加某一方面最新发展的研讨会；

2) 开放一个参观企业窗口部门或客户感兴趣的部门的日子，不但能让员工有机会介绍自己的企业，而且也加强了与客户的联系；

3) 从一个合乎潮流的动机出发，在自己的公司举办展览，可以介绍推销电能和服务方式或优惠政策，这同时也是赢得客户的极佳机会；

4) 定期召开新闻发布会或客户关系会议，并邀请专家演讲，介绍电力工业最新的发展趋势，并且让参加者有机会交流经验。

(2) 多做一些贴心的事。为系统化的客户服务投入更多的时间及创意。做这类体贴客户的事比用传统赢得客户的方法来得更划算。

(3) 增加人情味。这里的人情味主要指企业对客户的好客感及关心的行为。一个管理良好的企业，应该尽量在细微之处让客户感到企业的确把他们当作一位宾客，尤其是客户需要不止一次到企业来时。好客感能够增加人情味，使客户感到快乐。礼貌与体贴不仅体现在电话中的交谈，特别是当客户来到企业时更应该表现出对他们的真切关怀。当客户需要等候时，企业应提供下列服务：

1) 客户在户外时，使客户及其车辆等不要受恶劣天气的侵袭；

2) 客户在户内时，提供一些供客户消遣时间的设施，如沙发、电视、报纸等；

3) 一些饮料食品和方便的洗手间；

4) 对客户的车辆、衣物、小孩等给予托管或保护。

2. 变交易为交往的技巧

传统的商品交易是以“一手交钱、一手交货”的方式完成的，之后供需双方的关系就结束了——这只是交易，而非我们所说的交往。无疑，交往比交易增加了人际关系的因素。因为交易只是一种经济现象，交往则是人际关系。而没有交往的交易往往只是一次性的。

有关专家总结出了9条相关的金科玉律：

规则一：持续地赢得客户。过度的信息负荷使业者与客户之间有一层几乎密闭的过滤网，只有借助于人际关系管理才能打得开，因此必须持续不断地赢得客户。但是必须专注于一个目标群。如此业者与客户方能融为一体。

规则二：联系的线不可中断。许多联系因为维系得不够努力而丧失。在销售后送一颗糖：如此可加深客户的印象，并且在交易完成后仍保持联系。

规则三：计划共同的体验。提供旅游机会给客户不是新的创意，但仍受欢迎而且费用容易收取。因为只有特定的客户才受到特别及冒险的旅行的邀请，而且是在达成对他们销售的目标后可赚回旅行费用的情况下。一起参加网球或其他形式的体育活动，是一个很有效用的接触机会。

规则四：举办活动。在非交易场合接触，可以让我们的目标客户放松他们的矜持。一个可携配偶出席的晚会将促成买卖双方的私人情谊。一个自办展览可将自己的产品特色在不受竞争的干扰下做出最佳的展现。一个受欢迎的专家所主持的研讨会也可创造经验交换的机会及新的接触。

规则五：美国心理学家夏迪尼发现，人们在获得好处后亟思有所回报，同时这回赠的多寡并无关紧要。因此带来的持续购买的不是价格的吸引力，而是给予附加好处的艺术。

规则六：以信息吸引。公司期刊报道有关市场趋势并详细介绍信息新产品。在发给客户的快报上以两到四页的篇幅将一些提示、趋势和机会作一个简介。用录音带以声音和影像介绍新知识。一封负责人的信将使以上各项更为完美。

规则七：学习互补的销售方式。在互补的销售时，销售商赢得为他介绍生意的事业伙伴。例如汽车买主向销售商打听划算的保险，而电脑买主找寻特别的零件销售商的地址。

规则八：积极保持。在客户决定购买前，未达七次的接触仍是白费工夫。在不了解前述的七次接触系统，销售的努力可能在到达目标 5min 前功败垂成。

规则九：遵循明确的路线。看和听是两条接近人们的捷径。不过，这些渠道已经相对地过度饱和。客户能触摸到的所有东西，都能触动情绪知觉。因此最佳的销售方式是经过一个网络系统赢得客户。能触摸及感觉得到的最能刺激潜在客户。

3. 化敌为友的艺术

服务工作是在人与人之间进行的。提高服务人员素质，发挥他们的聪明才智和主动精神对搞好整个服务工作具有决定性的意义。美国学者调查表明：

产品与服务很难分离，你中有我，我中有你。

企业的服务质量提高 1%，销售额可增加 10%。

服务在当代社会不可须臾离开，它深入每个角落，联系每个消费者。

服务员工怠慢一名客户，会影响 40 名潜在客户。

如何变逆意公众为顺意公众，达到化敌为友的效果——对此问题的深入探讨，将留在接下来的“补救型服务技巧”一节中继续详细阐述。

（二）补救型服务技巧

在通常情况下，投诉是难以避免的。在公用性行业中，顾客投诉更是屡见不鲜的。并且这种投诉常常被认为是带有明显敌意的行为。投诉必定发生，但如果处理得当，弥补损失使客户感到愉悦，坏事又何尝不能变成好事？妥善处理客户投诉——补救错误的技巧，是格外值得注意并研究的。

1. 客户为什么抱怨

客户为什么要抱怨呢？经验表明，企业必须力求在 5 个层次的服务水准方面紧密配合。它们是：①企业希望提供的服务水准；②企业能够提供的服务水准；③企业实际提供的服务水准；④客户感觉到的服务水准；⑤客户期望得到的服务水准。五者之间只要有一部分未能配合，客户的抱怨就会产生。就供电企业来说，一般说导致客户抱怨的因素不外乎以下几种类型：

(1) 提供的电能品质不良。如端电压合格率偏低、供电可靠性差等。

(2) 提供的服务欠佳。如服务人员言行不符合礼仪规范；或者同事之间聊天，冷落客户；甚至发生以电谋私问题。

(3) 服务效率低。如急修服务到位不及时，恢复供电过程过长。

(4) 工作质量差。给客户造成停电或带来其他不应发生的麻烦。

(5) 缺乏语言技巧。如不打招呼，口气生硬；业务知识不足，无法满足客户询问。

2. 善待抱怨

较之正常业务咨询，投诉无疑是反馈系统中服务人员们最不愿意接收的一种信息，它的强度很容易超出心理警戒线。但是必须纠正这样一种认识：接受投诉是自讨苦吃。

埃德加·K·格弗罗伊和他的研究伙伴乔治·格林在研究顾客服务时，总结出了顾客关注的黄金法则：

(1) 除非能很快弥补损失，否则失去的顾客将永远失去；

(2) 不满的顾客比满意的顾客拥有更多的朋友；

(3) 顾客并不总是对的，但怎样告诉他们错了会产生不同的结果，毕竟顾客支付了所有的报酬；

(4) 欢迎投诉——投诉使企业有机会进行挽救；

(5) 必须倾听顾客的意见以了解他们的需求；如果您不去照顾您的顾客，那么别的人就会去照顾。

当一位愤怒的客户回心转意的时候，您是否意识到已经赢得了一位客户？每留住一位客户，也就等于免去了为赢得一位客户所花费的精力和其他的投入——牢记这句话，您将有勇气面对来自客户的愤怒，并且迈出了平息客户愤怒的第一步。只要客户投诉，就不必指望这种负面能量以很温和的方式发泄出来。有时客户投诉是为了解决用电中的某个具体问题，有时则纯属想发泄被压抑的情绪。有效解决愤怒反应需要相当的人际关系技巧。忽视客户投诉所带来的危机是致命的。95%以上的客户在强烈感受到不满后会一走了之。

而另据有关的统计：如果客户的投诉得到妥善处理的话，有54%～70%的顾客会继续购买公司的产品。如果处理投诉十分迅速的话，这一数字则可攀升到95%。顾客的忠诚即使是在发生一次错误后也还能保持，前提是企业能迅速改正或道歉。

一个抱怨的客户会成为最好的客户吗？如果客户投诉的理由成立，则这个抱怨的客户很可能就是企业最有价值的资产。而客户投诉正是帮助企业发现种种不安全的因素，客户投诉等于是给企业一个改正的机会。他们还愿意表达他们的不满，对企业来说就是一种机会。如果投诉的客户满意而归，企业将受益无穷。因为投诉者中一般会有人为企业做义务广告，他们会向5个以上的人宣传自己得到的待遇。

另一类的典型是，顾客的意见成为企业日常管理工作的一部分。客户访问、促销活动、便民服务等等，都是收集有效信息、建立联络通道的良机。这样的机会每天都在流失，而管理人员并不知道流失掉的是利润和品牌！

3. 摆脱困境

当一切正常时，给客户以良好的服务是容易做到的，而真正检验服务水平的是当事情变得棘手时如何处理。这决定着客户是否愿意再与企业发生业务往来。当企业对客户犯了错误时，补救的主动性可以帮助客户恢复他们失去的尊严、信心或信任。想象一下：今天是星期一，一位客户本该在星期五得到送电或登门服务却没有按期兑现。这一问题并不难解决，星期二的早上可能就实现他的愿望。可届时他的愿望远不止这些了，他头脑中可能就此对企业的服务承诺保持警惕。仅仅采取补救行动还是不够的，因为这一行动的本身未显示出主动性。要想挽回影响，还需要做3件事：

(1) 真诚地道歉是一种让客户知道企业关心并想纠正错误的方法，那种不想因为承认错误而使企业形象有所损害的想法，是更大的错误，因为客户已经坚信错误在企业了；

(2) 认真听取客户对问题的评价，而不要本末倒置；

(3) 让客户知道企业关心他们的事情，并且错误不会再次发生。

供电企业经常接触到的投诉，除了书信投诉外，主要是客户通过电话或找上门来的直接对话。要乐于倾听，如果要作解释或辩解，一定要留出倾诉他们不满的时间。最好是设专人负责处理客户投诉，并布置一个专门的接待室，在环境安排上要给投诉者以亲切感。倾听完投诉，负责接待的人员必须立即表态，第一个姿态是真心实意地感谢，把投诉看作对企业或部门的爱护。如客户投诉合理，应立即表明态度，或退或赔；如果是服务态度问题，应马上赔礼道歉，最好让肇事者自己来表示歉意；倘若有些问题不能马上处理，也不能踢皮球，应向客户保证负责日后的转告及联系，但不要轻易许诺。如接到信函投诉，应记下对方的通讯地址，在处理时限内处理完毕后，立即向当事人反馈。客户希望自己的投诉能够得到迅速积极的答复。是打电话还是写信，取决于问题的性质和时间，但是不仅应解决问题，还应该利用时机让客户确信企业将致力于提供最高标准的服务。

基本做法是：

(1) 鼓励客户投诉，贴出标语，在与客户联络方式中提供地址和电话；

(2) 设立一部免费拨打的电话号码或免费邮寄的地址，为客户提供指定的负责人，使客户易于投诉；

(3) 确保指定的电话由经验丰富的客户接待专家负责；

(4) 授予该负责人解决投诉的权力，必要时提供适当的奖励；

(5) 保证不能立刻处理的投诉会顺利汇报上一级负责人，并得到合理解决；

(6) 感谢客户指出的问题并使公司能够解决；

(7) 使客户相信公司会采取补救措施；

(8) 设立记录和分析投诉程序。

接受投诉后，回信是一种好方法。以下是某公司复信式样：

感谢您告知敝公司您对我们的……不满意。虽然我们旨在从一开始就提供最高标准的服务，但是我们知道还是会出现问题，我们很高兴您能为我们指出问题。

我们会对客户的忧虑积极做出答复，并且非常重视使用的特殊……程序。我们真诚希望能继续为您服务，期待着能再次接待您。

再次感谢您与我们联系。

发现客户的投诉有普遍的意义，如果还有更多的客户不明真相的话，应该马上登发广告，同时召开全体员工会议立即予以纠正。如果这是一个面对面的投诉，找一个安静的地方坐下来是很有用的。当前，多数供电企业都设有两套投诉应对系统，一是比较普遍的电话投诉系统，二是专门的客户投诉接待室。对客户的心理研究表明：如果是在某一场所，人们在站着时更有可能侵犯到别人的空间，因而显得有威胁性。即使客户提高了自己的音量，但以同样的方式回答只能让事情变得更加糟糕。如果冲着一位客户大吵大叫，那么，他们的肾上腺素水平就会进一步增高，恢复到正常水平的时间就更长。唯一的办法是让客户平静下来，达到这一点的最佳途径就是让他们发表意见。处理投诉人员应该表现出同他们一样关心此事。切记，一开始就解释原因是没有用的，因为愤怒的人只能听到他们所希望听到的东西。除了应该对客户讲的话做书面记录外，还要在必要的地方做些总结和解释。必须记住，一位愤怒的客户消火是需要时间的。有很多这样的例子：客户接受了解决的办法，但还是带着怒气离开，事后这位客户又打电话表示感谢。

在对客户提供服务的过程中，有一些有助于弥补损失但又事半功倍的方法，如：

(1) 一句简单的“对不起”以及提供一杯茶可能在某些情况下就能化解困境。如果员工被看作把自己放到客户的利益那一方时，这一做法往往会有意想不到的结局，大多数客户非常珍视这种额外付出的努力。

(2) 可以从批发商那里低价批量购买一些礼物，专门用来弥补客户损失时作为赠送的礼品。一瓶香水或一块巧克力就是很好的例子。

(3) 也可以把弥补客户损失当作一次推销活动。例如，可以赠送免费礼券，希望客户在购买更多的电能时少支付一部分价格。

4. 面对挑剔的客户

不可否认，客户并不总是通情达理的。但是，在任何时候也不要轻言放弃，因为留住了客户，就是留住了市场。如果遇到爱挑剔的客户，也要婉转忍让，至少要在心理上给这样的客户一种如愿以偿的感觉。当遇到难缠挑剔的客户时，要学会用“我”表意，而非用“你”推挡。第一人称“我”是站在自己的角度上表达感情。因此它经常包括“认为”、“觉得”。如：

(1) 我觉得我不能认同您的说法；

(2) 我认为你这种要求不妥当。

换第二人称来表达一次，局面很可能将无法挽回，如：

(1) 你的说法是错误的；

(2) 你这是无理要求。

如何争取挑剔的客户？专家提出了6个步骤：

第一步：让客户发泄。当客户烦恼时，他们想要做两件事：首先，他们想表达自己的感情；然后他们想解决问题。如果试图阻止他们发泄，将使客户的烦恼升级为愤怒。服务人员确实需要让客户知道服务人员是在用心去听他们的烦恼。切忌把它看作是针对自己的，服务人员仅仅是他们要发泄的对象。

第二步：避免陷入负面过滤之中。与挑剔的客户之间的摩擦经常会因服务人员如何理解他的行为而使事情变得更糟。面对一个挑剔的客户时，当一个服务人员想：“怎么遇上了这么不讲理的人!”这时，一种看不见的负面过滤就来到了服务人员和客户中间。从此，对待客户的方式就会因负面过滤而被扭曲。走出负面过滤的方法就是转入服务过滤。服务人员可以通过问自己这样的问题来达到这一目的：“这位客户需要什么，我如何才能满足他的需求?”通过改变所注意的目标，就会找到需要解决的问题。

第三步：表达对客户的理解。简要而真诚地对客户表示理解，会产生奇迹，使客户平静下来。虽然服务人员并不一定同意他们烦恼的原因，但已经架起了与客户之间的桥梁。

第四步：积极解决问题。帮助客户澄清问题的症结所在，不要犯经验主义的错误，而错过了特殊的细节。要收集所需要的任何附加信息，重复检查所有的事实。

第五步：找到双方一致同意的解决方法。不要许诺做不到的事情。当告诉客户您要做什么时，一定要诚实、实际。

第六步：跟踪服务。通过对客户的跟踪服务——打电话、发邮件或写信——检查解决方法是否有效。并继续寻找更合适的解决方法。

第六节 电力客户服务中心

随着电力改革的深入，市场经济下的电力企业将转变经营观念，重视营销工作，逐步由“以我为中心”的运作模式向“以客户为中心”的运作模式转变，电能销售工作强调电力营销和客户服务两者的紧密结合。客户服务中心既是一种先进的技术，又是一种先进的企业经营理念，它倡导以“客户为中心”的服务思想。通过建立客户服务中心，改善客户服务、扩大业务范围、扩大售电量，可提高企业的经济效益。因此客户服务中心不再是企业传统的服务部门，而是企业的业务中心和利润中心。以客户服务为枢纽和核心，借助先进技术、管理等手段，实现电力企业的“一口对外”，符合市场经济的要求。建设电力客户服务中心是电力企业适应电力市场化趋势的需要。本节所探讨的电力客户服务中心，是狭义的电力客户服务中心，即95598客户服务系统。

一、95598电力客户服务中心

在21世纪之初，电力行业正经历着空前的竞争和巨大变革，打破垄断，引入竞争，真诚服务已经成为电力行业改革的基本取向。国际上，欧美等发达国家为适应信息时代的要求，改变传统的营销服务做法，通过建立客户服务中心等方式降低成本，提高效率，开拓电力市场，提升客户满意度，积累了很多很好的经验。国内电力企业也顺应历史潮流，纷纷建设了的客户服务中心。在介绍电力客户中心和电力CRM之前，我们先对一般性的客户服务中心和由此发展出来的呼叫中心做一介绍。

1. 客户服务中心

客户服务中心是借助信息技术和呼叫中心（Call Center）技术，为客户提供全方位服务，提高客户满意度，旨在促进企业营销和保持客户忠诚度的组织机构。它源于最初为客户提供简单的电话应答服务。世界上第一个具有一定规模的、可提供24h不间断服务的呼叫中心，由泛美航空公司于1956年建成并投入使用。其主要功能是可以让客户通过呼叫中心进行机票预订。随后美国电话电报公司推出了第一个用于电话营销的呼出型呼叫中心，并于1967年正式开始运营。从此以后，利用电话进行客户服务、市场营销、技术支持和其他特定商业活动的概念逐渐在全球范围内被接受和采用，直至形成今天的规模庞大的呼叫中心产业。我国电信最早期的114、公安的110、消防的119，都应属于呼叫中心，但其功能较为单一，自动化程度低，几乎没有与其他系统集成。

2. 呼叫中心

呼叫中心是一种现代客户服务中心，是集计算机网络技术、ACD（自动呼叫分配系统）技术、CTI（计算机语音集成服务器）技术、IVR（交互式语言应答系统）技术、数据库技术等于一体的综合业务服务平台，已集成了人工座席、自动语音、传真、互联网络、多媒体查询、网络电话等多种服务形式。涉及企业售前、售中、售后服务的各个环节，可以完成产品营销、客户服务、市场调查、销售统计、预测、生产指导等多项工作，并正在改变着企业的经营管理模式。

(1) 呼叫中心的定义。呼叫中心（Call Center）是一种基于CTI技术（计算机网与通信网集成）、充分利用通信网和计算机网的多项功能集成与企业连为一体的完整的综合信息服务系统，能有效、高速地为客户提供多种服务。而呼叫中心又包括了呼入、呼出两种方式，其中，呼入方式主要用来供客户反映问题、获取问题解决方案，或提出意见和建议等；呼出方式则是企业主动用来对市场做调查、分销部分特定的商品等。一个单性的呼叫中心系统一般由若干话务员座席、号码识别系统、自动呼叫分配系统、服务器、数据库、IVR和通信线路共同组成。当客户（主叫）拨打商家的800免费服务电话时，首先听到由IVR系统依据设定程序播送的问候，同时进行号码识别与自动分配。服务器根据识别出的号码调出数据库中有关该客户的信息，自动送到值班话务员的终端屏幕上，同时呼叫被转到该话务员。如果数据库中没有该客户的资料，就自动记录当前可以获得的资料。没有空闲话务员则把呼叫送去排队，或者请客户暂时挂断回叫该客户。对于重要客户，可以优先处理。

由于800号业务在国外应用广泛，也应运而生了一种新的服务行业——电话营销(Telemarketing)。这是一些专门利用呼叫中心提供电话营销服务的企业。他们拥有专职话务员，帮助商家完成对某种商品的电话营销和售后服务工作，解答消费者的各种问题。因此对他们来说在保证服务质量的前提下，提高每个话务员的工作效率、降低通信费用很重要。呼叫中心可以解决这一难题。它可以充分利用数据库中的商品信息和促销活动计划，帮话务员完成工作任务，并记录每次呼叫的各种信息。如布鲁塞尔的一家电话营销公司，共有220个工作席，平均每天要处理6000到8000个电话呼叫，为微软、Compaq和比利时的市话运营公司提供服务，使工作效率提高了18%。

金融机构也利用呼叫中心完成信息查询，如电话银行的事务处理。例如信用卡客户查询账户平衡、电话转账等。而匈牙利国家银行把呼叫中心应用在保安系统中，可24小时查询保安人员是否在岗。

很多大型电话运营公司专门向商业客户提供跨国的呼叫中心服务。例如由美国AT&T、日本KDD、新加坡电信和澳大利亚的电信公司组成的World Partner联盟就是针对跨国公司提供呼叫中心的服务，覆盖100多个国家。英国电信的呼叫中心业务部也提供全欧洲范围的服务。

(2) 呼叫中心的基本组成。

1) 具有自动呼叫分配（ACD）能力的客户接入系统。ACD自动将来话分配给业务组内的空闲业务代表。ACD处理呼叫时，不需话务员介入。

2) 收集呼叫中心数据并生成有关呼叫中心状况和活动报表的呼叫管理系统（CMS）管理人员通过这些数据和报表，可以有效地进行管理。

3) 呼叫中心业务代表（座席）和管理人员。

除以上三个基本组成部分外，还可以有以下相关的系统和设备：

1) 交互式语音应答系统（IVR）；

2) 计算机电话集成（CTI）。

许多公司所做的研究表明，如果企业同客户的关系越好（或者越亲密），这些客户将越有可能忠于该企业，并且将从那个企业购买更多货物，即使价格差异并不让人满意也如此。另外这些研究者还发现利润随着忠诚度的提高而增长。一般来说，呼叫中心的应用越复杂，呼叫中心同客户之间的关系或亲密程度就应该越高，并且其技术也必须更先进、更复杂。

3.95598 电力客户服务中心的基本结构

根据电力公司业务处理要求，客户服务中心的数据处理过程的具体模式如图11-6-1所示。当客户拨打电力公司客户服务中心电话，该电话经过公用电话网络系统进入电脑电话

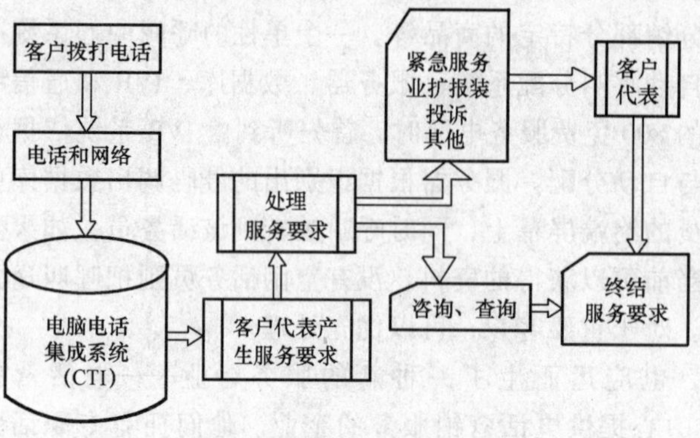

图 11－6－1 电力客户服务中心的数据处理模式

集成系统（CTI）。经过 CTI 处理并进入客户服务代表的工作台。客户代表产生服务要求，然后进入服务要求处理过程。若客户的服务要求只是一般信息咨询、查询，则进入问答过程，而后，结束此服务要求。若客户来话要求其他的服务项目，如紧急服务(断电/抢修)、业扩报装、投诉和统计等，则需分派任务单到各个部门进行处理。处理完毕后，再回到客户代表处，由客户代表终结此服务要求。

二、电力客户服务中心和 CRM 系统

1.CRM 与呼叫中心的关系

CRM 可以集成呼叫中心（Call Center）技术，以快速响应客户需求。呼叫中心是企业 CRM 的一个重要组成部分，但呼叫中心并不是 CRM 的全部，CRM 系统中还要应用数据仓库和数据挖掘技术进行数据收集、分类和数据分析，以实现营销职能。

呼叫中心成功的关键决定于以下几点：完整设计出客户联系流程的能力；保证所有员工理解业务流程；与企业内部其他系统的集成能力；持续改进能力（通过基准测试）。其中的关键是综合，这意味着明确责任和权利，并根据客户的需要和实际经验赋予相应的权利。

(1) 呼叫中心应该与 CRM 系统配合。实际应用中，客户联系过程往往不能明确定义，权利也很少与责任相配。我们通常看到的呼叫中心都是不完整的，并没有与销售、市场结合在一起，可能仅仅应用于服务部门。采用 CRM，IT 部门忽然发现自动化客户联系过程是可行的，而因特网增加了其必要性。呼叫中心成为一个理想的为电子商务提供附加服务的场所，因此出现了因特网呼叫中心（Call Center）。

大多数公司和组织建立在模拟商业模型上。决策过程和权利是金字塔结构，由于决策步骤的原因，增加了决策时间要素。电子商业模型基于数字网络，这意味着立即响应，因此可省掉决策过程中的时间。

当你将数字决策过程应用于“老式”的模拟企业时，就会出现问题。每天，呼叫中心经常处在这些问题之中，客户因而承受其结果。例如呼叫中心采用数字服务器和模拟交换机，为了使两者协同工作——在适当的时间，将适当的呼叫送到适当的地方所带来的问题。

当 CRM 引入整个组织时，呼叫中心面对的每一个挑战将会增强。CRM 不只是一个软件策略，它是混合模拟企业与数字网络过程的挑战，是改变决策过程的挑战，也是为客户节省时间的挑战。这是一种思想的转变，只有主要管理者重视并负责实施所需的改变，这项计划才会成功。

指望 CRM 做一切事情是不可能的，CRM 需要呼叫中心专业化的服务。CRM 和呼叫中心将共同面对企业的外部客户和内部客户。

(2) 呼叫中心为 CRM 提供信息交换的窗口。呼叫中心为企业提供与外界沟通的多种渠道，包括电话、传真、电子邮件、网页互动、文字交互、Internet 语音访问等。呼叫中心提供自动语音应答（IVR)、自动传真回复功能、自动邮件回复、网页浏览跟踪等功能，自动

接待大量的客户访问，在进行自动答复的同时，应 CRM 的要求，自动记录客户信息及访问特点，CRM 软件进行分析，搜索出潜在客户线索并进行登记、追踪、管理；CRM 记录客户最关心的企业产品，具体辅助企业进行决策，如销售重点或新产品方向等工作。

当客户进行通过呼叫中心访问时，呼叫中心的 CTI 技术可以识别客户的电话按键信息和主叫号码，确认客户的身份，然后由 CRM 软件调用相关的客户资料，这样在接通客户电话之前，可以完成对客户认识，实现针对性的个性化服务。同时配合 CRM 软件对客户的销售、服务策略，在接听客户电话的同时，实时实现 CRM 的具体策略，而不是在客户挂断电话后亡羊补牢。

呼叫中心通过 CTI 技术可以对重点客户、重点业务的进行识别，通过 CRM 软件查询客户访问、接待记录，自动将曾经接待过他（她）合适的工作人员分配给指定重要客户，实现一对一客户服务，将重要业务分配给相应的负责部门（人员）处理，或者按具体要求（如业务按地域分块负责），将外部的访问自动分发给对应小组，这样不但提高了工作效率，同时节约了客户的时间，提高了服务的水准。

呼叫中心的统一消息使 CRM 软件以相同的方式处理不同形式的客户访问，外部访问的电话留言、传真、电子邮件、语音邮件可以经过呼叫中心的统一消息服务转换为统一的电子邮件格式，由 CRM 软件自动进行统一管理、分析、分发、跟踪，由专门人员阅读、处理，大大简化了 CRM 软件的信息收集流程。

（3）CRM 需要呼叫中心专业化服务。从呼叫中心运营实践来看，专业化服务主要表现为：

首先，座席代表能及时察觉和把握客户的情绪状况，受过专业化的沟通训练，能使他们准确地理解客户表述的主题，有能力引导客户进行一次有意义的沟通，客户所感受到的是一种人性化的服务，让客户感受到温暖。

其次，座席代表经过专业知识培训，不但能够解决客户的一般问题，必要的时候可以用其他内部资源为客户服务，让客户感受到方便。

再次，呼叫中心作为企业的门户，是一个信息的汇聚、发送、转换、存储的中心，它以最快的速度响应客户的需求，以最有效的方式协同 CRM 工作，这些工作都由受过专业训练的座席代表和专门的机器自动化系统来完成的，让客户感受到快捷。

最后，专业化的座席代表，素养较高，知识面广，加之呼叫中心有完备的流程管理系统和绩效监控体系，服务有章法，质量有保障，办事件件有着落，让客户感受到可信。

事实上，呼叫中心的专业化服务已经成为 CRM 运营中不可缺少的部分，座席代表当然是 CRM 忠实的执行者、实践者。

（4）CRM 提高客户数据的信息含量。客户数据的收集以及客户数据库的建立，是 CRM 运营的基础。客户数据可分为静态数据、动态数据，也可分为基本数据、特性数据。例如，性别既是静态数据，也是基本数据；联系电话既是动态数据，也是基本数据；购物偏好是特性数据等。再譬如，某客户购买汽车，购买日期、发动机号、车架号等是静态数据，而事故记录、维修记录等则是动态数据。

一般地说，建立客户的基本数据、静态数据相对容易些，通常的办法是采用一次性地购买、与数据所有人合作共享、数据资源整合、市场活动中的客户登记等方式。但是，对客户的动态数据、特性数据的掌握就有一定的难度。动态数据是随时变化的、随机的，需要 Call

Center 座席代表不懈地对客户跟踪，不断地在与客户沟通中刷新。这种动态数据的刷新是需要合适的时机，需要座席代表必要的技巧，或许要付出一定的费用，如呼出就是这样。当然，Call Center 座席代表应尽可能地利用呼入机会刷新数据。

在这里，我们最关心的是客户数据中是否含有足够的、有用的信息。也就是说，有用信息含量是客户数据的核心。提高客户数据中有效信息含量，是 CRM 日常的基础工作，也是 Call Center 座席代表一项长期的任务。设想一下，一个拥有 200 万客户的数据库，其中可联络的客户数还不到 5%，且这 5%的客户中，其动态数据部分已有 10 个多月未作刷新，这些客户数据对 CRM 的运营又有什么用呢？

(5) CRM 为呼叫中心把握沟通时机。与客户沟通是十分重要的，但是合适的沟通时机，是保证沟通成功的必要条件。沟通的时机是指与客户沟通的时间、地点、环境状况、情绪状态等。

沟通是呼叫中心座席代表的基本工作技能；善于利用时机、抓住时机，是座席代表的职业特点。在呼叫中心各种呼入服务中，客户主动地要求座席提供服务，这是沟通的最佳时机，座席代表应能因势利导，在与客户沟通中解决问题，例如接受客户的投诉、咨询等，同时记录客户的有关更新数据及其需求。对于呼叫中心各种呼出服务，座席代表处于主动的地位，但这时可能会遭受客户的拒绝，也可能使座席代表的呼出不达目的。如何避免这种现象出现呢？CRM 对客户的分析支持是保证提高呼出成功率的关键，CRM 能保证在客户方便时，或在客户有某种需求时，或在客户认为有必要时，以客户能够接受的沟通方式，为客户提供最合适的信息，确保客户乐于接受这种沟通。呼叫中心与客户之间强大的沟通能力，为 CRM 的持续运营提供了最前沿的门户支持。

(6) CRM 解决呼叫中心的信息瓶颈。随着企业 CRM 应用的深入，CRM 的功能将得到淋漓尽致的发挥，信息交流量和信息处理量也将极大地增加。首先，客户与企业之间的沟通更加频繁、及时，甚至于依赖，在很大程度上，这反映了客户对企业的满意度和忠诚度的提高。这种沟通的增加，表现为客户数据的不断增加和数据信息含量的不断增加，最终导致信息交流量的剧增。其次，企业与客户之间的沟通也将更加频繁，质量更高。在 CRM 运营中，深入全面的客户分析结果，最终会在客户关怀、主动客户服务、市场活动、营销活动、电子商务等方面，以 CRM 应用项目的形式表现出来，企业规模越大，客户数量越多，这种企业与客户的信息交流机会也就越多，信息量也越大。在 CRM 运营处于良性发展的时期，如果呼叫中心的企业门户特性不作相应改善的话，那么，这时信息瓶颈的问题就会出现，它将阻碍 CRM 的进一步应用。瓶颈主要表现为：客户打进电话大部分时间是占线，或者打进电话排队时间太长；发出 E - mail 不能及时响应，或者有了机器自动的第一次回复，客户将会等待很长时间才能得到结果；客户下的订单，将不能及时确认；信息交流形式将受种种限制，客户觉得十分不便等。

出现这种瓶颈现象的主要原因是什么呢？从技术上来讲，表现为，接入的电话中继线容量在客户数量发展后已显得严重不够，或是接入带宽不够，或者系统平台技术急需升级等；从运营角度来看，座席数量不足是主要的，或者座席的服务质量达不到要求，或者业务处理流程未作优化，等等。要解决这些问题，有赖于呼叫中心的规范管理和运营，有赖于对其进行有效的绩效监控，以保证呼叫中心处于良好的运营状态，与 CRM 的应用发展同步，克服信息交流的瓶颈现象，使企业与客户之间的信息沟通渠道畅通。

(7) CRM全面提升呼叫中心的客户管理水平。CRM提供完整的客户生命周期管理，通过呼叫中心的电话/互联网等多个入口的信息采集、共享、管理，方便地实现对客户全程的服务、销售、市场推广。有了完整的客户生命周期管理，使呼叫中心能及时发现客户信息中的潜在的客户。当前所有的销售机会往往分布在不同的阶段，CRM结合当前的销售机会生成线索列表，并把它们与客户、联系人和业务建立关联；把客户线索分配到销售人员；当时机成熟时，潜在的客户变成了真正的客户，对应的线索直接转化为客户信息和联系信息。对于具体的一个机会，其当前的阶段、成功的可能性、阶段变动历史、跟踪历史等等一目了然，可以很方便地制定行动计划。

CRM记录着企业客户关系的全面记录，包括客户的静态档案和动态记录（如接触记录、购买记录、服务记录等）均能得到准确及时的反映，这些信息通过CRM对应的唯一客户ID，可以实现跨部门、跨业务、多人口的信息同步与共享，不同部门的人以客户信息为纽带，进行协同工作，提高了工作效率和服务水平，进而提高了客户满意度。

CRM可以根据客户的累计购买金额、购买潜力、信用等级等进行客户价值分析，使呼叫中心有针对性地对为不同的客户提供最恰当的高品质的服务，从而使呼叫中心变成关怀中心。将CRM的销售规范与呼叫中心的工作流程有机地结合，呼叫中心的座席人员在完成日常工作的同时，可以根据客户的具体情况，开展客户关怀、市场营销，并且记录在案，由市场人员继续选择跟踪，不但提高了呼叫中心的客户满意度，同时扩大了企业的销售机会。

总之，CRM软件的目的并不是推动企业转变为以客户为中心的“过程驱动型”企业。转变的目的是：提高成本收益比，增加市场份额和覆盖面，最终增加净利润。CRM必须和呼叫中心整合运营，做到理念统一、管理统一、资源统一、流程统一、监控统一、功能匹配、人员匹配、职责匹配。

2.95598电力客户服务中心和电力CRM系统

电力客户服务中心是覆盖整个供电营业区、面向所有客户、具有全方位信息处理功能和迅速便捷的服务手段的用电服务和营销的组织机构。支持电力客户服务中心运作的综合信息处理系统，包括客户接触点管理系统、中间业务系统、后台分析系统和支持系统，以及相关的通信网络平台、计算机硬件平台共同构成了电力CRM系统。电力客户服务中心和电力CRM在内容上基本是一致的，但前者主要侧重于组织机构方面的内涵，而电力CRM则主要侧重于一套信息系统和管理理念。

95598电力客户服务中心通过电力呼叫中心、Internet以及面对面的客户接触方式，借助先进的通信技术和信息网络技术等手段，依靠强大的电网支持，进行业务流程重组（BPR），减少中间环节和运行成本，全面提高服务质量。

2000年8月原国家电力公司《电力营销管理信息系统设计规范》对电力客户服务中心有以下定义：①24h电话热线服务，应实现对客户申请的各类用电业务的受理并提供咨询，自动形成工作单，通过网络传递给相关业务部门；②自动语音服务应实现客户通过电话自助获得有关法律法规，供用电政策和技术，各类收费标准以及电费、电量，业务流程等信息的语音播放服务；③信息发布应实现发布停电通知、自动催缴电费等功能；④实现自动录音，记录客户对呼叫中心的每一次通话。

随着知识经济和信息时代的到来，电力客户服务中心的概念也发生了深刻变化。新一代的电力客户服务中心充分利用网络媒体，使客户服务中心的功能更加丰富。其功能可分为四个层次，第一层次为客户服务层；第二层次是电力营销商务信息网络系统，实现供用电技术及业务的全方位咨询，报装、付费、报修、投诉及查询的电子商务处理，并逐步扩大电子商务在售电市场上的应用；第三层次为质量监督层，聘请客户监督员等措施，形成社会约束监督机制；第四层次是电力营销管理、市场分析的预测决策层。健全的各级“电力客户服务中心”组织，将面向市场构筑售前、售中、售后服务体系，向所有客户提供便捷、紧急、信息和社会等内容的服务。

客户咨询、客户信息查询、用电报装、投诉处理、电费催缴、故障抢修、通知发布、市场调研、电话交费、网上服务等是电力客户服务中心的主要功能：

(1) 客户投诉。客户投诉处理主要受理客户的各类投诉，及时将投诉情况转送相关部门处理，职能部门处理后，将处理结果反馈给客户代表，客户代表再根据具体情况反馈给客户。

(2) 信息查询。客户可通过电话或网上浏览两种方式得到所需信息；客户拨入后由系统进行自动语音提示，通过按键与系统交互，客户自助查询所需资料；也可选择座席代表进行人工服务，客户可通过语音、传真、短信息、电子邮件、网上下载等工具获取所需资料。

(3) 故障报修。将地理信息系统（GIS）与配电管理系统（DMS）应用到客户服务系统中，当客户打入电话时，系统可根据客户的电话或客户号自动定位在 GIS 上，以利于客户代表更及时、准确地进行故障性质判断与故障点定位；如果将 GPS 与车辆调度系统应用与呼叫中心，则客服中心还可起到事故抢修指挥调度作用。

(4) 用电报装。呼叫中心的用电报装功能可实现电话报装和网上报装，呼叫中心接受客户用电申请的基本信息后，形成工作流，发送到相关部门进行处理。

(5) 电话交费和网上交费。客户可通过电话交费或通过 Internet 网交费。通过身份认证和支付网关实现客户电费的银行自动划账。

(6) 费用催缴。根据各类业务要求，设置催缴的时间、频度。定期向欠费客户发送催缴通知，能对欠费客户进行有选择地自动拨叫并播放催缴语音。

(7) 公共消息发布。利用客户服务网络，将停电通知、增供促销用电优惠政策，有选择地通过电话、传真、短信息等方式发送到重要客户手中，并在电力服务网络上，实时发布停电检修信息。

(8) 业务监督。可查询所有受理业务的录音、业务办理等资料；监督座席可监听其他座席的话务受理过程；能对正在办理的业务起督促作用；对完成办理的业务数据可进行考核、汇总、分析。

(9) 市场信息调研。通过系统自动播放问答式语音，客户利用按键与系统交互，完成各类信息采集。客户可向客户代表交谈，提出客户要求或建议，根据客户信息定期对市场需求进行综合分析。

(10) 统计报表。主要对所辖呼叫中心的业务数据及本地呼叫中心的业务数据进行统计分析，该部分主要包括日常报表和统计分析 2 个模块。

三、呼叫中心在企业经营中的定位

在一个已经建立起来的企业中，“呼叫中心在企业中如何定位”是每个呼叫中心管理者经常必须面对的。除了“呼叫中心需要建立赢利模式”这个思想外，我们面临的另外两个不幸的问题是：一方面很多企业苦于呼叫中心也在不断烧钱，另一方面很多人、专家或厂商在宣称“呼叫中心必须是利润中心”、“××产品/公司能帮助呼叫中心从成本中心转成呼叫中心”，更有人写道“客户是最大的利润中心”。

1. 呼叫中心在企业中定位依赖于整体战略要求

对于呼叫中心，因为其功能与结构相差可以很大。但是不能认为一个呼叫中心在企业中被作为成本中心核算就不正常。利润中心也不等同于赢利，也可以有巨大负效益的利润中心。一个企业将其呼叫中心定义为成本中心或者利润中心应取决于其整体战略要求与定位。硬将一个成本中心转化成利润中心来管理将给管理者和座席代表带来困扰。管理者应该对呼叫中心的正确定位有清醒的认识，不要跟风唯上，做不能兑现的“蓝图”。对更多人来说，也可能要学一些基本的财务概念。

呼叫中心定位的分类有许多种，以下的分类有助于我们更清楚地说明问题：

(1) 前端营销型呼叫中心，包括：电话销售（Telesales）、电话覆盖（Telecoverage）、电话机会管理（Teleprospecting）等；

(2) 后端服务支持型呼叫中心，包括客户服务、技术支持等。

对于后端支持型呼叫中心，经理人的主要任务就是在最低成本内最大限度地提高客户满意度。呼叫中心的主要衡量指标为话务相关的衡量，也可将成本/话务量列入衡量指标，但不应衡量单位获利。

一般说来，在实施客户关系管理战略中，不少企业将不同功能的呼叫中心整合在一起，让客户面对一个电话号码、一种服务标准（所谓 contact center 概念）。一个整体呼叫中心之所以能这样做是由于技术的发展使得这种整合成为可能。但服务与销售需要完全不同的技能群组，让同一组人掌握全部是不符合企业经济效益与个人潜能发展的。所以即使是服务的销售也应由专门的电话销售团队去完成。

对于前端的营销型呼叫中心，往往容易将其视为单独的利润中心。一个至关紧要的事应该是如何将呼叫中心作为整个企业“Go－To－Market”（走向市场）模式中的一个渠道。除了电话销售有时可设计成利润中心外，一般都不应强求。

整个模式的最佳设计是应当根据产品、客户、地域等各方面因素制定出综合方案。让呼叫中心“单兵作战”在目前的中国应该是不很适宜的。如何设计包括呼叫中心/电话营销渠道在内的 Go－To－Market 模式是很多企业决策者与经理人必须掌握的一门基本功。很多大型企业的呼叫中心还仅仅停留在后端服务型呼叫中心层次，少数有着营销型呼叫中心的企业也往往只会用作销售线索的记录转发。特别是一些依靠分销渠道的企业更会担心呼叫中心的营销一定会与分销渠道相冲突。事实上，中国的很多经销商非常欢迎企业的呼叫中心恰到好处地帮助他们做一些他们在自身范围内很难或不划算去做的事。特别是当潜在客户刚开始在几家竞争厂商之间了解比价时就用呼叫中心帮助经销渠道迅速“抓住”而不是简单的“线索派发”。此外，呼叫中心的座席代表与实地销售代表也不应该是独立的团队而应是互相支持帮助，是同一个衡量指标而责任有所侧重的团队。

正确地认识呼叫中心在整个企业中的定位十分重要，绝对不要不切实际地去追求“利润中心”的定位，而应着眼于“Go－To－Market”模式的设计及呼叫中心在其中的潜在巨大作用。

2. CRM 帮助呼叫中心成为企业的利润中心

企业建设呼叫中心的目的，不仅仅在于提高客户服务水平，更重要的是，要深入挖掘呼叫中心应用的种种潜力，将其从“服务中心”转变为真正的“赢利中心”。电子商务的发展，为企业提供了一个很好的背景和机遇。

呼叫中心的建设投入是必须的，运营成本和管理成本是可控的。而要想将呼叫中心由成本中心转化为利润中心，就必须从改变呼叫中心的业务模式入手。进一步地说，要改变呼叫中心的业务模式，就必须导入 CRM（客户关系管理）的理念，由被动提供服务到充分发掘客户价值，主动出击为企业创造利润。

CRM 的核心在于分析客户信息、发掘客户需求、把握营销机会、实现客户价值。而呼叫中心作为企业的统一对外窗口，担负着客户信息采集、客户需求分析、客户价值分级、客户需求满足，以及企业的客户服务、信息发布、市场调研、直接营销和形象展示的重要责任。因此可以说，呼叫中心是 CRM 的统一对外信息平台。

企业只有依据 CRM 理念，将呼叫中心采集到的客户信息进行分析和发掘，并将客户信息与企业的内部/外部资源进行有效整合，再通过呼叫中心等通道满足客户的需求，实现客户价值，才能将呼叫中心由成本中心转化为利润中心。这里需要注意的是：

（1）在利用 CRM 思想改造呼叫中心的过程中，一定要注意应用 20/80 法则，对客户实行分级化服务。在保证为所有客户提供基本优质服务的同时，为 VIP 客户提供高附加值的个性化服务，使企业的资源实现有效投入。

（2）在呼叫中心现有的呼入/呼出的混合作业环境中，管理者要继续完善呼入服务的质量，以提高客户满意度，采集更多有价值的客户信息。同时，在业务模式上还要增加呼出服务的比例。利用呼入服务所采集的客户信息并进行充分分析和发掘，由被动的提供服务转变为主动的进行营销，使呼出服务成为呼叫中心利润的主要源泉。

（3）实现双 C 技术结合。目前呼叫中心在技术上，已经由单一信息交互通道（电话）转变为多种形式的多媒体信息通道（电话、传真、Email、Web、VoIP），由单点、集中的作业模式转变为多址、分散、虚拟的作业模式。这就是现在的多媒体呼叫中心和多址虚拟呼叫中心。

所谓多媒体呼叫中心，是指呼叫中心不再简单地用电话与客户实现互动，而是要将电话、传真、Email、Web、VoIP、短信等多媒体通道与客户实现互动；而多址虚拟呼叫中心，则是呼叫中心分布在不同地点，通过 IP 网关互相连接，从而实现资源共享、成本节约。

在多媒体呼叫中心和多址虚拟呼叫中心的基础上，呼叫中心要想获取利润，必须将呼叫中心的核心技术——CTI 技术与 CRM 技术相结合。企业通过呼叫中心的相关技术进行客户服务、信息采集和信息发布，同时通过 CRM 的数据仓库、数据挖掘、数据分析等技术，实现对客户信息的发掘、利用及有效管理，从而使客户价值实现最大化。

由“为客户服务”转变为“为客户创造价值”，呼叫中心由成本中心转化为利润中心的时间已经为时不远。

第七节 95598 电力客户服务中心的服务质量

95598 电力客户服务中心作为电力企业的一种新的管理模式和管理方法，涉及了有关 CRM 各方面的内容，如何高效、稳定地运营和管理电力客户服务中心，已成为电力企业管理者越来越关心的问题。对电力客户服务中心的管理，包括对系统的管理，也包括对员工的管理，还包括对许多不定因素的管理。对电力客户服务中心的管理方法，有一些是靠管理艺术来实现的，有一些则是靠数字量化指标来衡量。数字量化的指标容易获取，也容易把握，但电力客户服务中心管理的外部指标却比较困难，比如说客户满意度，这是一种软性标准，很难测量、掌握和统计。

客户满意度越来越多地成为电力企业和企业内部考核部门的绩效指标。大多数情况下，通过提高电力客户服务中心的服务质量，可以大幅度提高电力客户的满意度。

一、衡量先进电力 CRM 系统的原则

为赢得客户、占领市场，国外先进的客户服务中心运用一系列先进的技术手段为客户提供多样化的服务，以满足客户的各种需要，并从以下几方面衡量其运行状况：

(1) 给予客户更多的选择和控制。现今的电力市场，客户要求选择和控制何时并以何种方式与供电者联系。联系方式已不只局限于电话联系，客户希望在自己方便的时间内利用互联网处理个人资料，或通过电子邮件、文本交谈等方式提出服务需求并能及时得到回答。如果通过电话联系，客户希望能在最短的时间内接通客户代表。

(2) 个性化服务。客户希望从供电者定期收到感兴趣的服务信息，如不同交费方式的选择、节能产品、节能计划等。根据不同客户的需要提供特殊的服务。

(3) 客户分类与打入电话类型分类。客户存在差别。商业客户与住宅客户的需求是不同的，他们对电力公司的价值也不同。大商业客户与小商业客户以及有特殊需求的商业客户对服务的要求有很大差别。通过评价客户的类型和价值，电力公司可以提出不同的计划，以满足客户的各种特殊需求。打入电话类型也应分类。要求新建账户与请求服务不同，紧急事件的电话对客户服务具有特殊要求。

(4) 预测联系。预测联系是预测客户需求并在客户提出需求之前联系客户。如：在新客户建立账户后的一到二月内与客户联系，询问是否有新需求或问题；检查线路接通状况并感谢客户的耐心等待；基于客户类别提供特殊计划和服务；与能源大户联系，解释你认为有利于客户的新节能措施等。

(5) 了解客户。通过对客户历史资料的分析研究，了解客户特性，并以此制定不同的适应客户需要的服务项目。

(6) 为客户代表提供优质服务的装备。必须用先进的技术装备客户代表，使其能高效地为客户提供优质服务。

(7) 用标准衡量运营状况。制定运营标准，定期以此标准衡量客户服务中心的运营状况，找出差距及原因，不断改善运营状况。

(8) 认真对待每一位客户。认真对待每一个客户的服务需求，将每个服务都作为使企业壮大的机会，因为这直接影响到企业在客户心目中的形象。

二、制定衡量电力 CRM 系统标准的步骤

国际一流的电力 CRM 系统按照下列步骤制定标准：

(1) 确定制定标准的流程范围。确定什么流程需建标准，如故障处理业务程序、设备运行状况等，以及什么流程需进行测评。

(2) 确定需考察的客户服务中心。与其他企业获得客户好评的客户服务中心比较，确定考察对象。这一点非常重要。

(3) 收集并储存被考察的电力 GRM 系统数据。通过与被考察对象的员工交谈、互联网查询等手段收集数据资料。

(4) 数据分析。将收集的数据与本企业电力 CRM 系统的数据进行比较，找出差距。

(5) 规划未来的工作方向。根据所得的分析结论为本企业客户服务中心设定运营状况的年考核目标。

(6) 交流所得结论。将分析结论与管理部门和客户代表交流，确定运营状况的差距。

(7) 确定目标。确定薄弱环节，设定改进目标，如客户满意率等。

(8) 开发实施计划。制定改进的具体实施计划，包括实施目的、采用技术、实施时间、经费等。

(9) 执行和监管结论。实施计划，并用预定目标进行测评。

(10) 重复上述程序。重复上述过程，不断找差距，使企业客户服务中心始终位于国际一流的先进水平。

三、95598 电力客户服务中心的服务质量管理

电力客户服务中心作为电力企业客户服务的重要载体，开通应用后关键的一个问题就是如何保障服务指标达到设定的要求，也就是服务质量管理问题。

1. 电话监听

电话监听是实现监控和督导的主要手段，一般在呼叫中心内部进行。监听途径通常可采用随机监听、电话录音监听、现场工作指导等方式。这些方式可以增加服务透明度，为督导客户代表的服务、分析服务中的问题提供基础。同时，通过管理者亲身参与，充分了解客户代表服务的难度以及为保证服务品质所做出的努力等。

随机监听即监听者远程或是在呼叫中心内部监听客户代表与客户的通话。如可以实时监控座席的登录时间、当前状态、与谁连接等。

电话录音监听即通过电话录音系统对客户代表和客户的通话进行全程录音，并对录音数据进行存储管理，监听者随机选取部分录音并以此来分析客户代表的服务质量。

现场工作指导即监督者就坐在客户代表的旁边，用同一电话机的监听插口对客户代表与客户的通话进行监听，并给以现场指导。如果客户代表服务出现问题，现场工作指导应接替客户代表，继续为客户服务。在客户失去耐心而变得脾气暴躁或者出现激烈争论的情况下，管理人员应该快速分析企业在哪些方面以及为什么没能满足该客户的需求。

2. 电话监听者的管理

在电话监听被作为提高呼叫中心服务质量的一种手段时，我们也应看到客户代表对任何一种电话监听方式，都可能存在着误解、反感甚至是恐惧。一旦出现这种情况，电话监听就会增加客户代表的心理压力，对客户代表积极性和工作表现产生消极影响。反之，被客户代表认可的电话监听可以提高客户代表对工作的满意度、积极性和工作效率。因此，关注客户代表的感受，采取适当的措施对电话监听者提出管理要求是非常必要的。

管理者、监督者要表现出人情味。应直截了当地向客户代表介绍电话监听的方式、途径，并向客户代表说明，其目的是为客户代表创造一个更加公平、有效的工作环境，从而减少客户代表对此的恐惧与排斥心理。

要尊重员工的隐私。例如，只监听客户代表与客户、业务部门的通话，对私人电话不应进行监听。要明确告知聘用的客户代表，企业使用电话监听系统。

另外，监督人员应当在评估完成之后尽快开始反馈工作。例如，如果监督人员监听了电话并对客户代表表现做出总结，就应该在接听电话后的几个小时之内提出总结意见，这样才能保证最佳的促进效果。

3. 与客户交互管理

掌握与客户交互的技巧，是客户代表的基本素质，对重要的交互内容要有规范的管理要求，主要有以下几点。

(1) 报台号/招呼语。好的报台号/招呼语是一个良好呼叫的开端。

(2) 结束语。好的结束语是下一次成功呼叫的开始，对于客户加深美好印象及下一次接受电话访问卓有效用。

(3) 客户称谓。使用对方合适的称谓进行电话沟通，可以弥补不能见面进行交流造成的“距离感”。

(4) 礼貌。态度是合格客户代表的基本素质，也是职业训练的永久主题之一。

(5) 重复“重要信息”。一方面是为了向客户求证，另一方面也为客户代表正确向系统输入信息提供条件。

(6) 提供正确信息。信息的正确传递是合格客户代表的基本要求。这也关系到对用电政策的正确理解和表达，不能造成歧义或模棱两可。

(7) 客户需求的认定。明确客户的需求点，是正确解决客户需求的前提，也是服务质量是否达到客户满意的基础，是合格客户代表的重要素质。

(8) 呼叫效率。呼叫效率的高低反映了客户代表对系统资源的占用，在满足“传递信息及透过信息传递服务品质”的基础之上，尽可能节省系统资源是判定客户代表工作效率的主要指标之一。

4. 呼叫统计分析

统计分析是服务质量管理的重要手段，是提高服务质量和开展营销分析的基础。在呼叫中心，每一时刻的运作情况都是可以用数字来体现的，透过对这些数字的实时监视和分析，可以发现问题并及时调度资源，让呼叫中心与客户的互动尽可能完美。

呼叫统计分析可以根据话务记录和业务工作单为基础进行。话务记录反映了呼叫中心的工作量和运营质量，业务工作单反映了客户的需求和用电问题。除了这些常规的统计分析外，应对以下两点信息进行统计分析。

“习惯性”错误。每一位客户代表因为个性和习惯的原因都会犯一些“习惯性”的错误，这就需要根据实际情况选择安排培训课程或是进行面谈指导解决。

客户调查。客户调查是衡量呼叫中心水平的重要手段。客户调查可包括服务的速度与准确性、处理紧急问题的能力、员工素质、沟通能力、客户对供电企业的认识程度及客户满意度等。通过收集、分析、对比调查结果，然后制定改进措施，并将调查的结果与改进措施再与被访客户进行沟通，可以为双方长期的合作建立充分信任和谅解的机制。

四、电力客户满意度管理

客户满意度和公司成功之间存在关联，这一信念由来已久。现在也有越来越多的证据来支持这一观点。因为，许多公司的收益都可以追溯到客户满意度，而客户满意度又和雇员满意度有关。

客户满意就是客户对电力企业所提供的商品（电力供应）和服务的感受和评价，客户满意度可以简单定义为："客户接受产品和服务的实际感受与其期望值之间比较的实际程度"。这里既体现了客户满意的程度，也反映出企业提供的产品和服务满足客户需求的成效。

电力消费是比较特殊的消费行为，电力销售只能由电力企业与消费者之间通过一个庞大的电力网络，形成销售商品和购买商品的流通渠道，电力这种商品的质量衡量标准比较专业化，如电压质量、供电可靠性等指标对一般的客户来说很难有明确的测定，但客户对这些指标可以有大体的感受，如经常无缘无故停电、电压不正常等，对电力企业的服务更会有比较深刻的感受。客户的这些感受可分为很满意、满意、基本满意、不满意、很不满意五档，并分别给定分值，比如可定为100、80、60、40、0分。在目前市场经济的条件下，以客户满意度来衡量电力产品质量和电力服务质量的好坏是最客观、最权威的。

1. 客户满意度的组成要素

在了解如何测试客户满意度测试之前，必须要了解我们面对的客户，他们眼中的优质服务是什么样；他们通过电话、邮件、传真联系电力客户服务中心，或者直接与客户代表进行面对面的接触的时候，对电力客户服务系统怎样的期待；面对不同的服务水平，他们的容忍程度如何。

（1）优质服务。根据对国内外电力客户服务中心以及国内其他行业呼叫中心的调查，以下几个要素组成了一个完美电话服务，这样的服务往往可能使客户（呼叫者）满意。

1）客户打电话来没有遇到忙音；

2）打入的电话没有让客户久等、转接或答应过后再打回来；

3）所有的回答都很准确；

4）客户代表（或座席人员）能够快速准确地把握客户问题的关键；

5）客户没有被客户代表（或座席人员）匆匆忙忙地挂断电话；

6）客户对客户代表（或座席人员）产生信任感；

7）市场反馈很快被注意到，并及时得到处理，客户得到最新的信息；

8）客户从客户代表（或座席人员）那里得到一个意外的建议。

（2）客户的期望。通过研究，我们大致可以概括一些典型的客户（呼叫者）对呼叫中心的期望，并发现电力呼叫中心的客户有着与所有其他行业客户普遍相似的要求，它们大致是：

1）服务方便、及时；

2）客户代表（或座席人员）对客户需要反应热情、行动迅速；

3）没有让操作不精、业务不熟的客户代表（或座席人员）敷衍人；

4）第一次就把事情办妥；

5）言而有信、告之所需。

（3）客户的忍耐程度。客户的忍耐程度是客户面对不同服务水准的呼叫中心，其忍耐度如何。根据调查，以下五个因素决定了客户对不同呼叫中心服务的容忍能力：

1）动机的强烈程度。譬如一个等着与自己的医生谈话的病人与一个订购机票的人的耐性肯定是不同的。

2）替代品是否易得，即从别的地方得到同样服务和产品的可能性。

3）客户期望值的高低和地区的生活节奏。经过统计，在不同地区、不同地位、不同职业的客户拨入呼叫中心其等待服务的耐性明显不同。

4）是否有时间等候，一个有急事的客户肯定没有时间耐心等待。

5）电话费用由谁支付，呼叫中心提供的是不是800免费电话。

2．对客户满意度的测试

电力客户服务中心的首要任务是争取每一个电话都能让客户感到满意。满意产生的结果是客户保持率的上升，企业的社会效益和企业的经济效益随之上升。

客户满意程度的测试，是不断提高服务水平计划中的一个不可缺少的组成部分，其所产生的外部指标与内部标准是不同的。内部标准是从呼叫中心内部的计算机归纳统计出来的标准，它们来自中心的PBX、ACD或IVR等计算机系统内部，或者由中心的人力资源部和财会部提供。它们是硬数据，表示的是需要精确地加以衡量的客观事实。

外部标准规范就没有这样的精确性，它们不可能由计算机和核算部门进行统计和计算。它们是一种“软”数据，是用于测算呼叫者的感觉的——其情绪与意见的表达将表明服务质量的优劣。客观的平均排队时长也许只有6min，但顾客的感觉可能是15min或者更长。这也是一种客观事实，但它决定的是顾客会不会继续购买企业的产品或服务，会不会向他人推荐你，会不会继续保持对企业的忠诚。

一个用心规划的客户满意程度调查方法，可以确定相当数量人群的思想倾向，其准确率可达95%——这将足以使得管理层把它们用作参考，去作出合理的、具有连续性的决定。

无论何种服务，都有四个因素决定着顾客的满意感觉，进而全面地影响到客户总的满意程度、向他人推荐的意向、再度购买企业产品的意向。这四个因素是：服务质量、顾客期望、品质重要性和以往经验。还有其他一些人口统计意义上的可变因素，如客户的类型、与你们产品关系的时间长短、性别、收入和年龄等等也在其中起到一定的作用。

在进行客户满意测试时，请注意以下几个问题：

(1) 服务期望受到客户所在层次这一可变因素的影响，诸如企业对企业与企业对客户的生意关系就不同，也受到以前的满意体验的影响，比如月收入高的客户期待的服务水平不同于月收入低的。服务期望一般由过去与呼叫中心打交道的经历形成，可能包括但不限于某一个中心。

(2) 服务品质对顾客的期望值没有显著影响，但顾客对此一因素的评价可以综合成为对客户代表业务水平的评价。业务水平的高低自然影响到整个满意程度的高低。

(3) 那些人口统计意义上的可变因素并不总是直接影响客户对服务品质的满意感觉，而是间接地通过客户的期望值和客户对质量是否看重（品质重要性）来起作用。而且，使用相对大的、复杂的产品与服务的客户，或者说支付了更多的钱的客户会比别的客户更加关心是否有客户服务中心这一设施，这样反过来又会影响到他们的总的满意心态。所以，等将来客户满意程度测试扩大以后，同样形式的客户满意分析还会在不同层次的客户群身上反复进行，以此来分别客户与客户之间的差别。

(4) 客户满意程度测试的一个明确目的就是最终为客户提供优质的电话服务，但这并不必然地意味着向所有的客户都提供同样水平的服务。电力企业不会无偿地为那些普通用电户提供与大客户一样的服务，就像我们前面提到的要根据客户不同提供各具品质的服务。

对电力客户服务中心来说，标志客户电话服务的满意度的指标可从以下三个方面来考查：进入服务中心是否便利、与客户代表（或座席人员）的交谈是否愉快、客户代表（或座席人员）对客户所问问题的解答或解决是否有效。影响中心服务水平的具体因素可以归纳如下。

(1) 影响呼叫者对进入中心感到便利与否的因素：

1) 铃响的次数；

2) 排队的时长；

3) 客户持线等待时长；

4) 转接次数。

(2) 影响呼叫者对与业务员交谈是否感到愉快的因素：

1) 回答电话的快慢；

2) 对客户处境的关心程度；

3) 对客户问题的理解；

4) 口齿是否清晰。

(3) 影响呼叫者对业务员回答的感觉的因素：

1) 全面；

2) 准确；

3) 恰当。

3. 客户满意度的好处

一个受到热情款待的顾客更愿意通过以下方式为你带来更多的商业机会，比如重复购买、推荐给别人、其花销在你这所占比重更大等。另外，忠诚的顾客不倾向于去寻求更低价格，向他们销售的成本也比从向你的竞争者那里获取新顾客的成本要低很多。愉快的顾客是你能得到的最便宜且最有效形式的广告。相反，失望的顾客不仅不会和你继续交易而且也可能向其他人讲述在你这里的经历。要么不断为你带来积极的机遇去建立起顾客忠诚，要么产生上述两个消极影响而为你带来敌人。

我们知道，顾客忠诚比市场份额更能带来收益，把顾客保留更长会挣更多的钱。研究表明，在很多行业顾客忠诚方面有5%的增长将带来25%～85%的收益增长。把现有顾客保留更长的相应成本将比赢得一个新顾客低廉很多，所以大部分附加利润就会有一个基本的保证。短期市场行为（降价、促销等等）会把满意的顾客吸引过去一段时间，但很少是所有满意的顾客。而且也不断有证据显示，什么事情都是平等的，顾客满意度越高，供应商就越容易把他们留下来。

4. 顾客需求，提高客户满意度

为了使客户满意，企业必须满足他们的需求。你必须“在客户最关心的方面竭尽全力”。这一点听起来如此明显以至于不需要再说什么，但是很多电力企业并不是这样做的。

由于多年计划经济和长期缺电的惯性，他们思想观念严重滞后，认为卖电靠自然增长，催费靠拉闸限电，违章习惯成自然，存在宰客户、吃客户的现象，这些事情仍然在发生，违背了人民电业为人民的宗旨，更谈不上客户的满意和忠诚。

客户价值包是企业为客户提供的各种利益的组合，也称之为总产品。如果你的客户价值包能够满足客户的需求，他们就会很满足并有可能给你许诺。当你没有满足客户需求就会存在“满意缺口”，如果这样的缺口很多，客户就不可能满意并且许诺程度也会降低。

因此，客户价值包必须是客户满意度调查的基础，在客户的眼中，改进客户价值包常常是通过在少数因素方面做较大的改进就可以达到。这些就是改善措施的先后顺序，它是目前客户需求没有被满足的地方。你应该按改善措施的先后顺序对客户满意度做适当的改进，以获得全体范围内的客户满意度和忠诚。

客户代表（或电力呼叫中心的座席员）是接触客户的最前沿，他们表现得如何将直接关系到客户满意度。客户对于和那些熟悉的、信任的、知识丰富以及乐于助人的客户代表会评价很高，客户通常愿意为他们信任的服务多支付一些，而不愿意冒服务不好的风险去节约一点钱。因此客户代表对企业的满意度通常会直接影响到企业对客户的满意度，必须建立一套完整的机制，使他们感到，公司的战略、程序符合他们的理想或期望，使他们干劲十足，并把自己的对企业的满意传递到企业与客户的关系链中，进一步提高客户的满意度。

服务无止境，由于客户的需求随着社会和技术的发展不断提高，电力客户服务中心的优质运行作为电力优质服务的主要内容，必将发挥出其在电力优质服务中的重要保障作用。

5. 先进电力 CRM 系统采用的技术

没有先进的技术，企业就不能为客户提供高效低耗的优质服务。为方便客户、最大程度地满足客户需求，客户服务中心必须具备先进的技术。这些技术使国际一流电力公司在为客户提供全方位一流服务、帮助公司赢得市场的同时降低运营成本。

目前最先进的技术包括：

(1) 自助服务的客户管理系统。为客户提供最方便的服务是客户服务中心的宗旨。建立在线自助的客户管理系统，客户可通过互联网在自己方便的时间内利用网上自助服务功能查找所需信息、处理个人资料而不需要客户代表的协助。这样，既方便了客户又节省了运营费用。

(2) ACD（智能路由）。运行良好的客户服务中心依靠先进的 ACD 能力，如：有条件路由、基于技能路由和复杂的报表工具以监视运行状况和资源利用。

(3) 集成的多媒介排队。用集成的排队集成语音和电子处理于同一工作流，使工作可混合并平衡来自多媒介的请求。

(4) 互联网技术。建立客户服务的互联网站，提供综合信息并使客户在网上处理个人信息。将联系信息、处理进程通过互联网与客户服务中心的管理系统和数据库紧密连接在一起，保证快速同步地存取数据。今天越来越多的客户希望在互联网上处理和管理个人资料，这意味着需要提供互联网服务并对互联网客户的请求及时作出响应。由此需要集成互联网与其他各种联系方式为一体的先进技术。

(5) 电子邮件和文本交谈。开发电子邮件和文本交谈作为语音系统之外处理客户需求的通道。使客户了解如何有效地运用这些工具，并及时答复客户的电子邮件。

(6) 语音自动查询（IVR）。IVR 在确认客户及他们的需求时扮演重要角色。如：处理日常事务、利用自助服务减轻客户代表接听电话的负担、提供给客户选项与更改个人资料的权限。使账户有效或无效、付款通知、查询账户状态、查询断电状况等，这些只是几种电力行业所用到的自动的自助服务系统功能。

(7) 客户联系工具。它包括利用数据库跟踪客户或产品；工作流程工具保证及时处理需求并跟踪处理进程；当客户需要时，系统通过客户选择的媒介送出信息。

(8) 集成报表。能够通过多媒介提供报表。

(9) 质量监督。质量监督工具将保证客户服务中心的服务质量不断得到改善。

第十二章

电力营销技术支持系统

第一节 电力营销技术支持系统概述

电力营销技术支持系统是以计算机、自动控制和现代通信技术为基础的，能够为电力营销作业、管理、决策提供高效准确的数据采集、传输、加工处理和决策支持的计算机网络和自动化系统。电力营销技术支持系统的核心是电力营销管理信息系统和客户服务支持系统。与电力营销技术支持系统相关的系统有配网自动化、GIS、SCADA、电能量采集系统等，这些系统与电力营销技术支持系统进行数据交换和共享，共同协作完成业务处理。

一、建立电力营销技术支持系统的必要性

1．传统的营销手段不能适应新形势

传统的用电营业业务主要包括计划用电、节约用电、安全用电、营业（报装接电、抄表、核算、收费）和电能计量管理等内容，是电能的销售与使用的管理环节。长期的计划经济和电力供不应求，造成了电力企业内部市场观念淡漠，服务意识和竞争意识不强。近几年来电力企业都开始重视和加强市场营销工作。但是由于长期缺乏投入而造成的营销装备和手段落后的问题开始严重影响营销工作的正常开展，限制管理水平和服务水平的提高。主要表现在如下几个方面：

（1）数据采集手段落后。电能表作为营销数据采集的主要手段，以前使用的都是传统的机械式电能表，不但功能单一、准确度低，而且由于大多超期运行，致使每年损失电量巨大。而抄表工作全都由人工来完成，这样不仅需要大量的人力和物力，抄表的及时性和准确性也无法满足要求。由于没有有效的管理和监督手段，抄表不到位和估抄的问题十分突出，这种情况不但造成电量的丢失，而且还严重影响线损等重要指标的统计和分析，影响整个电力企业的经营管理。

（2）数据加工和处理手段落后。供电公司每天都要对抄回的大量电能表记录数字和由这些数字派生出来的管理方面的数据进行加工和处理，在传统的工作方式下，不但要耗费大量的人力，而且速度慢，容易出差错。另外，由于信息通信和传输手段落后，造成各个部门之间缺乏有效协调，重复劳动，资源浪费的情况也非常严重。至于对信息进行深加工，能为管理和决策提供依据等高一点的要求就更无法实现了。

（3）服务手段还需提高。电力企业是客户最为广泛的公益性行业，客户办电、交费、报修、咨询等许多业务都需要到电力企业的营业窗口去办理。由于长期缺乏投入，营业窗口和网点不但数量少，分布不合理，而且工作环境差，服务设施和手段落后。客户办电、购电、交费都非常不方便，有时甚至还需要排队，对此客户一直非常有意见。这种情况近些年来虽

然有较大改进，但是与银行、电信等其他公用行业比还有一定的差距。

2. 建立电力营销技术支持系统势在必行

(1) 电力企业市场化改革的要求。随着市场经济体制的逐步建立和完善，从“厂网分开”到最终配电、用电市场的逐步放开已成为大势所趋。电力营销工作必须迅速调整工作思想和工作方式，把研究市场、开拓市场、最大限度增供扩销作为工作的一个中心。但是电力市场的调查分析与预测需要有先进的技术手段支持，否则就无法对大量的调查数据进行加工处理，无法对电力市场进行科学的分析和准确的预测，更无法为制定市场营销战略和促销措施提供科学的依据。

(2) 客户的要求。当前，各行各业都把做好客户服务工作作为市场营销和竞争的主要手段，客户的中心地位越来越突出，对服务质量和服务水平的要求越来越高。以电力营销技术支持系统为依托的电力客户服务中心在国内迅速兴起，而且已见到了非常明显的成效，客户办电、交费、报修、咨询等几乎所有的业务，都是以通过电话、互联网等办理，客户足不出户就可以办理各种想办的事情，这是原来人工情况下无法想象和做到的。

(3) 电力企业自身发展的要求。电力企业是技术密集型的企业，在安全生产和调度等方面的自动化和信息化程度都很高，而营销方面由于投入不足，导致了自动化和信息化的滞后。由于电力企业信息系统加工处理的原始信息约有60%～70%来源于营销方面，所以营销方面信息化和自动化程度不高，会制约整个电力企业的信息化和自动化进程。

3. 科技的发展为建立营销技术支持系统提供了可能

(1) 计算机、硬件技术发展迅速。近些年来，计算机硬件技术发展迅速，无论是计算速度还是存储能力都有了超出人们预期的提高。计算机软件技术的发展也十分迅速，面向对象技术、数据库技术、中间件技术、工作流技术等先进技术的出现大大丰富了应用软件的功能，提高了开发效率。这些计算机软、硬件技术的发展为建立营销技术支持系统提供了良好的条件。

(2) 网络通信技术发展迅速。网络通信技术尤其是光纤技术的飞速发展与计算机软、硬件技术的发展互相促进，极大地拓宽了各自的应用领域。网络技术与各电力公司现有的通道基础结合起来，为电力营销技术支持系统的建立，提供了强有力的支持。

(3) 数据采集及通信技术丰富多样。以多功能、智能化电子式电能表和自动抄表技术为重要组成部分的计量新技术进一步成熟。作为自动抄表技术难点的通信问题，现在已基本得到解决，有电缆、电话线、电力线载波、闭路电视通道等多种手段可供选择。

(4) 电子商务发展迅速。电子商务的迅速发展为电力营销技术支持系统功能的拓展开辟了广阔的前景，网上办电、网上购电交费等电力方面电子商务的应用将会越来越普及。

二、电力营销技术支持系统的构成

电力营销技术支持系统是电力营销现代化建设中一个非常重要的组成部分。电力营销工作涉及面广，涵盖了数据采集、营业业务、管理决策等方方面面的工作。因此，必须针对各部分工作的实际需要设计相应的支持系统，以实现对电力营销工作全过程的支持，同时将各子系统优化整合为一体，实现系统资源的效益最大化。电力营销技术支持系统的总体框架如图12-1-1所示。

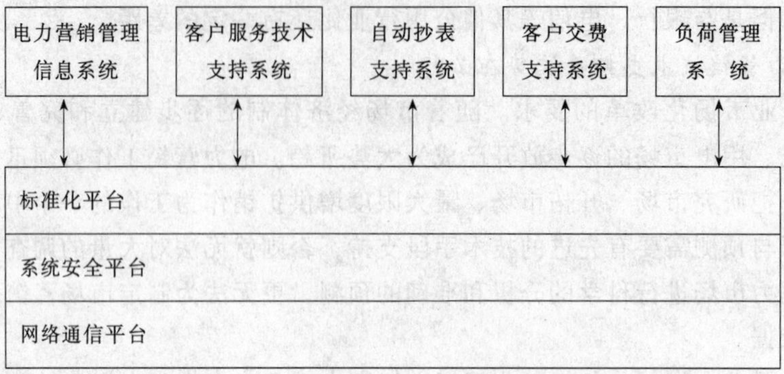

图 12－1－1 电力营销技术支持系统总体框架

电力营销技术支持系统是个复杂、庞大的系统，其各部分相互关联、相互制约，又相对独立。下面分别对各部分的情况进行简要介绍。

1．电力营销管理信息系统

电力营销管理信息系统是建立在计算机网络基础上覆盖营销业务全过程的计算机信息处理系统，是电力营销技术支持系统的核心部分。一般分四个层次，即：客户服务层、营销业务层、营销工作质量管理层和营销管理决策支持层。主要实现 9 种功能，即：业扩报装管理、电量电费计算发行、电费账务管理、客户交费管理、线损管理、用电检查管理、电能计量管理、工作质量管理、电力营销辅助决策。

2．客户服务技术支持系统

客户服务技术支持系统，是基于电话、传真机、Internet 网络等通信和办公自动化设备的交互式综合信息服务系统。客户可以通过电话接入、传真接入、访问 Internet 网站等多种方式进入系统，在系统自动语音导航或人工座席帮助下访问系统的数据库，获取各种咨询服务信息或完成事务处理。客户服务技术支持系统的基本业务功能有：办电业务受理、电力业务查询和咨询、电力故障报修、客户投诉、停电预告以及客户欠费提示等。

3．自动抄表支持系统

电能表计量数据是营销管理最基础、最核心的数据，是进行电费结算的依据。建立一套快捷、准确的自动抄表系统，能够及时、准确地将电能表计量数据抄回，是整个电力营销现代化建设的基础。近年来，自动抄表系统已开始在国内普及应用，建立电能表自动抄表系统，实现电能表数据的自动采集和传输，已经成为一种趋势。

4．客户交费支持系统

电力客户传统的交费方式主要有如下几种：大客户一般都采用银行划拨，中客户采用 IC 卡购电或到户收费，居民客户采用购电储蓄（购电制）或坐收等方式。大客户和中客户的收费目前尚无大的问题，但是居民客户的收费方式则问题较多，客户要求改革的呼声也比较强烈。目前，在成熟的计算机和网络技术基础上开发的与银行联网的客户自助交费系统，是解决客户交费难的一种有效手段。自助交费系统的建设可以使得电力企业的收费窗口延伸到各专业银行、商业银行、邮政储蓄等机构遍布市区、城乡的营业网点。一些地区的电力企业和银行联合已开办了电话委托交费、网上交费、柜员机（ATM 机）和自动售电机（POS 机）等“一卡通”自助交费业务，运行效果非常好，深受客户的欢迎。可以预见，采用银行信用卡自助交费将是未来客户交费采用的最主要方式。

5．电力负荷管理系统

电力负荷管理系统（以前称负荷控制系统）是20世纪70年代末期针对我国当时大部分地区严重缺电的情况提出的。当时使用负荷控制装置的最主要目的是控制电力和电量，以解决限电不拉闸的问题。随着电力供需矛盾的缓解，电力负荷管理系统的作用逐步转向了建立正常的供电秩序、保障电网的安全以及供用电管理等方面。近些年来，电力负荷管理系统已经发展成为运用通信技术、计算机技术、自动控制技术，对电力负荷进行监控、管理的综合性管理系统。当今的电力负荷管理系统除具有原有的监控功能外，还增加了用电信息管理、远方抄表、窃电监测、预购电、用电信息服务、电压合格率监测等功能。这些功能的扩展为电力企业带来了巨大的经济效益，也提高了电力负荷管理系统的经济价值和广阔的发展前景。

三、国外电力营销概况

目前，美国、欧洲、日本等发达国家的电力营销已进入智能化和网络化的时代，营销工作内容已由传统的抄表、核算、收费、计量业务，转变为以客户为中心、以促销为目的、以服务为主要业务的新的工作体系。针对这些先进国家电力营销的共同特点，下面主要从组织体系、技术手段、客户服务等几个方面对其基本情况进行简要介绍。

1．组织体系

电力营销的组织管理、服务体系及采用的技术装备与电力体制密切相关。目前，世界上许多国家都在进行电力体制改革，某些国家依据市场改革需要，把电力企业划分为发电公司、输电公司、供电公司等处于电力生产不同阶段的几个部分。供电公司的主要经营活动是在电力网络中配电，并向最终客户售电。以下介绍的情况只涉及供电公司。从组织体系而言，供电公司中与营销相关的部门包括：市场部、服务中心、计费中心和表计公司等部门，其中表计公司可以是独立的专业公司。

（1）市场部。负责市场调查、分析、预测和市场开拓工作，同时也负责客户合同管理，以及与相关部门协调等工作。

（2）服务中心。为供电公司市场部的下属部门，规模大小视需要而定，设置地点应主要考虑客户的方便，宜遍布供电区域。其功能：一是正常业务受理，客户可以通过电话、互联网等手段进行用电申请等手续的办理。二是帮助客户解决困难、提供服务。对大客户和重要客户，服务中心在合同中明确上门服务期限、项目。另外还负责推荐家电节能产品，引导客户使用节能产品，执行峰谷电价。服务中心与供电公司各部门计算机联网，形成高效、通畅的工作流系统。客户提出的各种要求，能立即通过网络通知有关部门处理。受理业务对已有线路的客户应在24h内供电；对无大工程的客户2～3天内供电；对有工程的客户2～3周内供电。三是为客户提供各种查询和咨询服务。

（3）计费中心。一般设在市场部内，个别也有单独设一个部门的。主要负责电费的计算、发行和回收管理。在收费方式上，居民以外的客户全部采用银行联网结算，居民客户的交费方式比较灵活，有多种方式，但一般也都采用银行划拨结算的方式。

（4）表计公司。计量由表计公司统一进行管理。对于不同类型的客户采用现场、有线、载波等多种抄表方式。对居民可提供多种电价。对远程抄表户安装多功能高精度表，可以测量有功和无功电量、电力需量、分时电量、功率因数、电压、电流、断电记录，并可在较长的时间内保存数据。表计公司的服务除设计、安装电表外，还包括表计咨询服务，帮助客户合理用电，应客户要求作表计现场试验等。

2. 技术手段

(1) 自动抄表。在中、低压配电网中，大量采用电力线载波方式的自动抄表系统，有些采用 GSM 传输电能计量和负荷管理数据。

(2) 计算机网络化程度很高，各部门之间联系通道畅通，工作高效，客户的请求能快速得到响应。

(3) 在营销后台管理系统中，大量采用 GIS、GPS 等技术手段，能快速定位客户呼叫位置，找出故障点，提出解决方案，保存故障信息记录，确定改进目标。使得电力公司对外部请求反应迅速，提供给客户的信息质量高。

(4) 建立客户服务中心。采用全国统一的电话号码，用多种语言提供服务。可查询专家系统提供的解决方案。对有些复杂的专业技术问题，则由技术人员直接回答。对涉及电网故障的信息，则在记录后由中心通过 Email 方式转至故障处理中心。中心的服务质量如应答方式、应答速度、服务水平等可以实时掌握，具有良好的管理监督功能。

(5) 客户的交款方式灵活多样。客户可按周、半个月、月、季直接用现金或支票支付，也可采取直接划账、长期订单、付款卡等方式。

3. 客户服务

重视标准化客户服务。这些标准分为确保标准和综合标准。确保标准设立了每项业务必须达到的服务水准。如供电公司未能达到这些水准，应向受到影响的客户做出赔偿。确保标准包括以下方面：用电标准问题、收费和支付查询、预约、断电通知、估计收费、提供供电和电表、停电后恢复供电、电压投诉调查以及根据标准应付的款项等。综合标准包括不适宜做出单独保证、但一般客户有权期待的预先确定的最低服务水准。包括：供电恢复、电压故障、供电连接、再连接、重新整定电表、更换电表、电表数据采集以及与客户通信。

从总体上来看，先进的国外电力企业在电力市场放松管制后，更加注重智能技术和设备的采用，提高供电可靠性和质量，更加注重为客户服务的能力，充分利用自动抄表、智能电表、网络技术、呼叫中心技术、Web 技术，使得响应更快，服务更好。

四、国内电力营销概况

1. 现状

(1) 改革和调整营销机构体制。传统的电力营销业务是管理型的，不是服务型的，无论是机构设置还是工作内容都体现政府的管电职能，与客户的关系是管理与被管理的关系。随着电力买方市场的形成和电力部门政企分开等改革的深化，各地电力企业都在及时调整自己的营销体系，以提高竞争能力，适应新的形势。

90 年代中后期开始，各地电力企业陆续将原来的用电营业部门重组为现在的营销部门，削弱了“三电办”等政府管电职能，强化了市场开发和为客户服务的职能。近两年客户服务中心建设发展很快，使营销工作的运作机制发生了质的改变，岗位设置充分考虑减少内部流转环节，简化办事手续，使每个员工独立的负责更多的工作。加强了报装接电、电力安装、电力抢修、用电咨询等有关服务环节的工作，使优质服务与增供扩销有机地结合。在强调企业各部门间的协调与合作时，充分利用先进的技术和手段，建立营业计费、工程管理、合同管理、工程设计与预决.算、基于 Intemet 的客户服务系统等。目前，电力营销机构体制的改革和调整正在朝着适应市场经济和电力买方市场新形势的方向发展。

(2) 纷纷采用新的技术手段。随着计算机和网络通信技术的迅速发展，应用于电力营销方面的新技术不断增多，在数据采集和传输方面许多电力企业采用了多功能分时电能表和自动抄表技术。大多数电力企业在营销的作业和管理上都建成了初步的计算机管理信息系统，在数据的加工处理方面大都在计算机网络上进行。在数据综合分析和辅助决策方面，少数单位也已采用了先进的智能化系统。另外，负荷控制系统的应用领域迅速扩大，实用化程度得到了极大的提高。现在的负荷控制系统不但能进行电力、电量的等参数的监测和控制，而且还能进行远方自动抄表、预购电、窃电监测及电力的分析和预测等功能。

(3) 电力客户服务中心大量涌现。客户服务中心的建立，使电力企业为客户服务工作更加规范化和现代化，无论是服务质量还是服务效率都有了质的飞跃，服务水平有了明显的提高。一是24小时电话服务，改变了原来营业厅一天8小时坐等客户上门的传统服务方式。客户报装接电申请、日常营业申请、紧急服务报警、投诉举报、咨询查询等，都可以通过拨打电话随时办理。二是理顺了内部关系，提高了办事效率。客户代表受理电话业务，形成任务单发送至有关部门，到归口部门处理完毕后反馈到客户代表处归档，实行全过程跟踪，并按量、质、期的要求对各个环节进行催办考核，简化了内部办事程序，缩短了各环节办理时间。三是通过与配网自动化系统、配电地理信息系统等程序接口的建设，实现客户服务系统与配网运行、管理等配套生产信息支持系统的无缝连接，客户综合信息采集自动进行，闭环管理。四是加大与银行实时联网等收费系统的开发和应用力度，通过客服务系统的联网运行，电力客户可以到任意一家银行的储蓄所就近交费。

2. 存在的问题

虽然国内电力营销方面无论装备、手段，还是管理机构和体制都有了较大的改进和变化，但是与国外发达国家相比仍有较大差距，还不能适应电力营销工作面临的新形势。

(1) 手段落后。由于长期投入不足，缺乏固定的资金渠道，造成营销方面的装备和手段总的来看还比较落后，仍然满足不了当前的需要。例如，以计算机和通信技术为基础的集中抄表系统和远方自动抄表系统没有普遍使用，只是在少数单位试点，尤其是居民客户抄表仍主要以手工方式进行。另外在计算机等新技术应用方面，各地发展也不平衡，少数单位比较先进，大多数单位还较落后。

(2) 营销组织体系不完善。近些年来虽然大多数单位都对营销组织体系进行了调整和改革，但是还没有彻底摆脱过去的方式，整个电力企业还没有真正实现以市场为导向，以经济效益为中心。营销部门未能介入电力资源平衡和电价测算制定过程，同时缺乏对用电市场进行细致深入的调查研究和预测分析，导致缺少开拓用电市场的有效措施，对在市场经济条件下的营销战略和策略缺乏研究，未能充分利用企业的资源和优势开拓市场。

计算机是提高工作效率的手段，管理体制则是提高工作效率的决定因素。现有营销管理体系与实际工作要求相比还有较大的差距，内部管理流程不够简洁高效，一些单位还存在多口对外、职责不清以及责权分离的问题。现有的营销管理信息系统的开发和应用只能建筑在目前的管理模式上，体现不出高效能、高质量的管理水平。如果现有传统体制不改革，营销管理现代化的建设仅仅是手段更新和工具的变更，也不能够达到使企业的工作质量、工作效率、管理水平都大幅度提高的目的。

营销管理的特点之一是政策性强，管理工作面广、量大，变动因素多，管理需求不断更新，要求应用软件必须能适应和满足营销管理工作的这一特点。由于没有根据计算机等新技术手段的应用情况及时调整营销人员岗位，目前许多可以用计算机去做以及用计算机可以做得更好的工作，因无人开发应用软件或开发跟不上，导致营销管理现代化进程缓慢。

(3) 信息化应用水平相对较低。信息编码标准化工作进展缓慢，实际运用效果不理想。各级营销系统的建设和应用“各自为政”，不能适应企业整体经营的策略，重复开发，浪费严重。设备种类繁杂，网络结构、软硬件平台、选用数据库不尽相同，功能的设置和划分不统一，业务处理和工作流程不规范，应用水平参差不齐。大部分系统中没有管理决策功能。各级营销信息系统不能实现联网运行，信息不能共享，无法实现对营销管理全过程进行监控、管理，无法进行电力营销数据的定量定性分析。

3. 发展方向

根据发达国家电力营销现代化的现状和发展趋势，结合我国电力企业的实际，今后我国的供电营销工作应朝如下几个方面发展。

(1) 深化营销机构体制的改革和调整，构筑新的电力营销体系。一是电力企业从上到下要近一步转变思想观念，真正树立“以市场为导向，以效益为中心，以满足客户需求为各项工作出发点”的现代企业经营理念。二是根据新的形势需要彻底改革和调整现有营销机构体制，真正建立起“有利于市场开发，有利于优质服务”的新的电力营销体系。三是重组业务流程，完善管理制度，、推行标准化管理，为推广应用电力营销技术支持系统创造条件。

(2) 突出市场开发工作的地位和作用，把增供扩销作为营销工作的中心任务。一是要做好电力市场的调查、分析和预测工作，因为这项工作是市场开发工作的前提和基础。二是要搞好市场营销策略的研究，细分市场，针对不同客户制定灵活多样的促销政策和措施。三是树立“大营销”观念，开拓市场。增供扩销不应是营销一个部门的事，而应成为电力企业影响全局的中心工作，企业内部各部门要协调配合，都应把增供扩销作为工作的出发点。

(3) 注重对客户的优质服务，拓宽服务的广度和深度，把服务融于营销工作的全过程。以组建客户服务中心来统一和规范电力企业的对外服务工作，实现真正的一口对外。依托客户服务技术支持系统为客户提供快捷、方便的服务。

(4) 大力采纳新技术、新手段。积极推行一户一表改造，推广自动抄表、GIS、呼叫中心等新技术。增加收费手段，引入电子商务，推广银行联网、“一卡通”自助交费等灵活多样的交费方式。建立新型营销技术支持系统，全面应用用工作流、数据仓库、中间件、Web、工作质量管理等先进技术和先进观念。使营销系统的自动化水平与新形势下营销工作的需要相适应。

第二节 电力营销管理信息系统概述

一、系统层次结构

依据电力营销管理特点，电力营销管理信息系统从功能上可划分为四个层次：客户服务层、营销业务层、营销工作质量管理层和营销管理决策支持层。四个层次的各种数据处理信息，在安全权限控制下，通过数据处理中心进行加工处理，在各个层次之间进行上传、下达。数据处理中心存储统一的企业标准和业务规范，保证分布的应用系统使用统一的业务规范和标准编码，并且业务操作数据之间不冲突。其层次关系如图 12-2-1 所示。

1．客户服务层

客户服务层是电力营销管理信息系统中与客户进行交互，为客户提供直接服务的软硬件系统的总称，是整个电力营销管理信息系统对外的“窗口”，它负责收集客户的需求信息，并与客户进行沟通。在该层面，系统通过营业厅、呼叫中心、因特网（Internet）和客户现场等多种服务手段，为客户提供电力法规、用电政策、用电信息、用电常识以及用电技术等信息查询和咨询，实时受理客户通过各种方式提交的新装、增容与用电变更等日常营业业务以及投诉举报等服务。

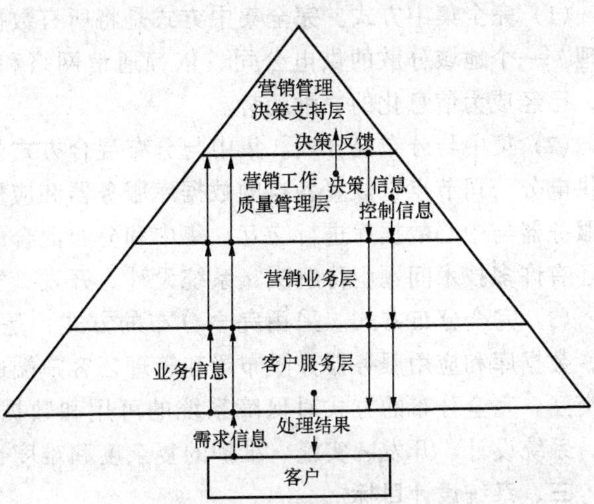

图 12－2－1 系统的层次关系图

2．营销业务层

营销业务层是电力营销管理信息系统的基础信息加工和处理中心。它建立在客户服务层之上，负责对客户服务层传来的业务需求信息以及所采集的大量客户信息进行业务处理，并将处理结果反馈给客户服务层，是客户服务层的支持层。系统实现新装、增容与用电变更，合同管理，电量电费，收费与账务管理，电能计量管理，负荷管理等功能，并将营销业务信息流按照标准化、科学化的管理原则和电力营销专业规范进行迅速、准确的处理。

3．营销工作质量管理层

营销工作质量管理层是对客户服务层、营销业务层的工作流程及工作质量实行监督管理的控制中心。它通过对营销业务、客户服务的监控以及对特定指标的考核进行职能管理，及时发现问题和不足，迅速予以反映，督促有关部门加以纠正。主要功能是营销工作流程控制、营销业务稽查、合同执行情况管理以及投诉举报管理等。

4．营销管理决策支持层

营销管理决策支持层是系统的最高层，负责对营销业务层的业务处理信息及客户服务层收集的客户资讯进行总体综合分析，提供管理依据和决策支持，并将决策信息下达给营销工作质量管理层、营销业务层和客户服务层。系统通过对营销业务层、客户服务层、营销工作质量管理层等多方面的数据信息分析，如对市场销售、客户信息、市场动向等指标的综合分析，按照不同的要求组成各种信息资源包供管理决策层使用。实现为制定营销策略、市场策划和开发、客户分析、政策趋势、效益评估、公共关系及企业形象设计等管理行为与营销决策提供科学的依据。

二、系统技术构架

1．应用架构体系

典型的应用架构体系是客户端/服务器（C/S）架构体系和“客户端/应用服务器/数据库服务器”（C/S/S）三层架构体系。

2．数据和应用分布方式

数据和应用分布方式主要有：完全集中方式、集中与分布混合式、完全分布式三种。

（1）完全集中方式。完全集中方式是将所有数据和应用集中到一个物理位置进行布置和管理。一个地域分散的供电公司，依赖通信网络和主机系统，将数据和应用完全集中在一起，已经成为信息化的一种趋势。

（2）集中与分布混合式。集中与分布混合方式是在供电公司中心放置数据库服务器，各个供电分公司节点也放置各自的数据库服务器和应用服务器。分公司节点终端通过各自的应用服务器与中心数据库进行交互。集中和分布混合的方式对保障系统的可用和数据完备，现在还有许多技术问题亟待解决，系统设计、开发、实施、维护的复杂度和难度是相当大的。

（3）完全分布方式。采用完全分布的方式，是将数据库服务器、应用服务器分布在多点，数据库和应用服务器分散布置和管理，客户端通过局域网直接与数据库和应用服务器进行交互。完全分布的方式对保障系统的可用和数据完备，也同样存在许多技术问题亟待解决，系统设计、开发、实施、维护的复杂度和难度也是巨大的。

三、系统设计目标

1．建立以客户为中心的客户服务体系

以客户为中心，就是要一切为客户着想，从方便客户、使客户满意的角度来考虑问题，整个电力营销体系的运作以客户需求来驱动，所有的营销业务都围绕客户需求来开展。通过先进的信息技术手段，建立起电力企业和客户之间能够进行优质、高效、方便的个性化服务和信息交流的窗口，并且获取来自于客户的有用信息，为企业管理决策提供依据。

建立电力营销客户服务中心，集成营业厅服务、电话语音服务、网上服务等多种服务手段，为客户提供全媒体的服务。客户无论以何种方式访问客户服务中心，得到的应是一致的、及时的、优质的服务，这需要整个电力公司的前台服务系统和后台办公系统都围绕客户需求来运作。

2．建立积极的市场营销体系

积极的市场开拓是指在常规电力营销管理系统的基础上，积极扩展其市场功能，利用电话报装、电话交费、银行联网、网上报装与收费等新技术，吸引更多的客户。同时，通过建立营销分析与辅助决策系统，对市场需求、市场状况进行分析和预测，制定相关的政策，进一步促进电量销售和电费回收。

3．建立高效的营销业务处理体系

以客户为中心，为客户提供优质的服务，必须有一套高效的营销业务运作机制与之相适应，否则，优质服务只能是一句空话。要通过完善规章制度，建立一套高效率运作的内部管理机制，杜绝一切管理漏洞，降低企业的运营成本，保证企业正常、高效地运作。

4．建立以质量为中心的营销管理体系

将营销事务处理的职能和营销管理的职能分开，保证管理层的管理者不必将时间和精力放在处理繁琐的、重复的事务上，而是将大部分时间和精力放在综合、分析、解决生产经营活动中出现的重大问题或预测、分析、解决可能出现的问题上。只有使管理者的工作由事务型向思维型转变，才能真正提高其管理质量与水平。

5．建立集中透明的上下级管理模式

“集中管理”是指下级供电分公司的业务数据全部集中在供电公司中心数据库中，业务规范、规则、政策的制定等操作由供电公司统一处理，各个供电分公司进行针对自己范围内的业务处理。“透明”是指上级供电企业可以方便地查看下级企业的相关信息。集中透明的

管理，可以使企业管理人员及时、真实地了解公司的运营情况，为公司的整体运作作出正确的决策。

四、系统职能体系

1．以客户为中心的客户服务体系

把所有直接与客户接触的服务职能全部纳入客户服务中心的管理范畴，统一调度和管理企业的服务资源，为客户提供方便、高效、优质的服务。

客户服务中心的职能应该包括：

（1）受理客户的报装需求。对客户的新装、用电变更等要求，不同级别的单位，受理的业务内容可能有不同，如供电营业站可以受理简单的居民用电申请，而高压、大客户的受理可能需要由供电分公司或供电公司来完成。

（2）客户交费。建立多种收费方式，如坐收、储蓄、托收、银行代收代扣等，既可方便客户交费，同时也能完善各种欠费催缴手段，如催款通知单、电话催缴、传真催缴等。

（3）受理客户咨询。建立柜台服务、电话语音服务、互联网服务等多种服务方式来满足客户的咨询。

（4）受理客户投诉。可以设置接待投诉的部门、投诉电话、投诉信箱、投诉Email地址等，对于投诉处理，必须设立专责岗位，以保证客户投诉能够及时、正确地得到处理，使客户满意。

（5）故障抢修服务。当客服中心接到故障信息后，应能立即组织、调动人员和车辆进行故障抢修。

客户服务中心是客户和电力公司进行交互的平台，应该满足客户全媒体访问的要求（电话/传真，信函/电子邮件，互联网）。对于客户来说，无论客户以何种方式访问客户服务中心，得到的应是一致的、优质的服务；对电力公司来说，无论客户以何种方式访问，都能得到及时、迅速的响应。由于服务手段的增多和服务水平与质量的提高，可以吸引更多的客户，促进电力销售工作。

2．以效益为中心的营销业务处理体系

对现有的营销业务处理体系进行优化，突出与电力企业效益相关环节，建立业务工作流程，方便信息交流与共享，并有利于管理者对营销工作进行监控。以这个思想为指导建立营销业务处理体系，其具体职能有：

（1）办理各类用电业务。根据客户服务中心提交的各项业务请求，协调各部门办理各类用电业务（新装与变更等）。

（2）管理电力客户的基础信息（客户基本信息、客户用电信息、各类用电合同协议、客户用电设备）。

（3）采取各种数据采集方式（负荷控制系统、SCADA系统、集中抄表系统、远程抄表系统），利用各类收费方式（坐收、联合收费、托收、银行储蓄划拨、银行联网代收等），提高电费回收率，满足电力MIS系统中对营销信息流动的要求。

（4）制定各类工作计划，通过对各类工作指标完成情况的监督（工作指标如：用电申请时限办理合格率、电费回收率、计量装置轮换率及合格率等），考核各级单位的营销工作质量，对营销工作效率作出评估并制定管理措施。

（5）为保障用电可靠性和安全性，跟踪电能计量装置运营情况，与配网自动化系统共享

数据资源，实时掌握配电网络运行状况。

3．以质量为中心的营销管理体系

为了保证电力企业的营销服务工作和营销业务处理工作能够优质、高效地完成，需要建立完善的营销质量管理制度，对营销工作的各个环节进行监督管理，其职能主要表现在以下几个方面：

（1）营销业务稽查。对各岗位工作人员的工作情况进行考察和监督，主要包括工作质量稽查、工作完成情况稽查、客户服务质量稽查、客户投诉处理、责任事故认定等管理职能。

（2）工作过程管理。对营销业务工作过程进行监督管理，包括营销计划制定、工作过程监督、工作质量检查等管理职能。

（3）工作业绩考核。依据工作质量、工作完成情况以及责任事故进行汇总统计和分析。

（4）营销统计分析。对营销工作的各种数据进行统计与分析，使业务人员和管理人员能够及时、准确地掌握企业经营状况和营销业务开展情况。

4．以科学决策为导向的辅助决策体系

电力企业的领导和决策人员，必须及时了解企业的经营状况，并针对该状况能够进行正确的分析和判断，在此基础上才能科学的、正确的进行决策。其职能可以描述如下：

（1）及时了解企业在经营和管理方面发生了什么情况。

（2）分析该情况产生的原因。

（3）作出正确的决策，以促进该情况进一步发展或阻止该情况的再次发生。

5．相关支持体系

以客户为中心的电力营销管理体系，涉及客户报装、投诉、故障抢修等业务，需要配电、调度、工程、抢修等其他部门的通力协作。因此，需要将相关部门也纳入电力营销的管理范畴，或者建立一个电力营销部门和其他部门之间的协调通道，以利于客户的需求能够得到快速、有效地解决。在技术层面上，需要实现电力营销信息系统同配电地理信息系统（GIS）、生产调度、财务管理信息系统等其他系统的数据接口。

第三节 业扩报装子系统

业扩报装子系统的主要功能是完成受理用电客户的各种用电申请，确定客户的各种计费、统计参数同时完成客户用电工程的审批验收、电能计量装置的安装及客户供用电合同的签订，为客户进行正常的用电及供电企业的电费收缴形成正确的客户档案。

一、业扩报装信息化管理的关键问题分析

1．建立和维护客户的最新档案信息

业扩报装信息化管理的核心是通过多部门、多角色的协同工作，建立一套与电力营销业务关联的能够反映客户最新信息的客户档案，包括客户的一些基本属性、用电设备及计量装置信息、客户的电费结算及费用收取规则信息等，并及时根据客户的变更申请更改客户档案信息，准确反映客户的用电情况。

2．标准登记术语（用电报装类别）与用电需求之间的矛盾

传统的业扩报装管理模式中，按照一定的规则和约束条件，面向不同的用电业务，提供诸多的营业标准登记术语（即用电报装类别，如高压新装、增容）。但随着用电业务的不断

深化和营销业务的市场化，为了更加及时和准确地响应客户的用电要求，传统的单个术语越来越不能满足客户的用电要求。而这种用电需求，本身具有不规则性，如何寻求一种能够构造和定义报装类别的应用工具，成为解决这种问题的关键。

3．岗位重组提出业务定义要求

随着电力营销业务的不断适应市场机制，供电企业在强调自身的服务质量同时，不断地调整、优化内部的管理机制，以保证实现对客户的服务承诺，同时提高供电企业的工作效率，在最大的空间内，创造最大的经济效益和社会效益。但从电力营销管理系统来看，岗位的重组改变了单个应用角色的业务处理的基本信息单元，这就要求应用系统对单个岗位提供业务定义的可能，包括工作环节定位和信息处理范围两个方面，提供单个应用系统适应业务长远变化的基础。

4．协同工作的能力成为影响服务质量的主要因素

每一个具体的业务处理过程跨越供电企业的诸多部门和岗位，采用什么样的管理规范与辅助工具，指导、协调和监督每个工作人员的工作情况，及时了解和发现业务处理过程中出现的问题，掌握工作现场的第一手材料，成为直接影响供电企业的服务质量的主要因素。

协同工作的能力另一方面体现在单个工作人员或工作组获取工作任务的能力和手段，如何保证工作人员在最短时间内及时、准确地获取工作任务，是电力营销信息系统中提出的新要求。

二、功能要求

业扩报装子系统应具有如下功能：

(1) 适应政策调整、管理模式变化，提供角色级业务定义平台。将各种业务数据进行分类，粒化营销业务基本处理单元，通过对系统中的业务处理类、报装业务的重新定义和设置，构造系统业务的最基本的处理环节——角色级业务；通过岗位与角色的的映射关系支持同一岗位在不同业务处理过程中的任务分配和业务数据处理范围的调整；支持岗位的新增、重组而不影响业务处理环节和业务数据的完整性。

(2) 通过设置报装类别，配置和修改新的业务模型，以满足电力客户不断发展的需要。报装类别不再是针对具体的应用实现，而是被抽象为客户定义业务处理类的集合，由客户根据自身供电企业的具体业务运行模式，配置工作任务序列。从而支持报装类别的分类、命名，以及更改报装类别的业务处理范围。通过设置报装类别，并结合强大的工作流程管理平台，真正实现系统的开放性、可扩性、可维护性、以满足电力客户不断发展的需要。

(3) 网上报装、电话报装、移动现场服务，提供丰富的服务手段。整合企业现有“95598”客户服务系统资源，实现系统自动收集网上报装资料，提交给业务核实人员进行核实，核实无误，自动转交受理平台进行正式受理。电话报装采用转人工座席和语音留言两种方式。人工座席使用受理平台，迅速记录客户用电申请要求，经核实，转入正式受理；对语音留言方式，业务人员核实客户申请要求，补充申请资料，转入正式受理。通过移动公司提供的 GPRS 功能（或其他协议），实现客户现场的实时业务处理包括：信息查询、报装受理、方案制定等功能。

(4) 基于工作流进行用电业务的规范化、简化优化报装处理过程，提高工作效率。在工作流平台中，有：组织机构定义；工作流引擎；流程模板定义；客户端流程监控；业务工作时限定义等功能，可以灵活地进行流程的组织和重构，达到流程的可配置性，支持流程的推

进、回退、并发、注销、启动与中止，自动按照流程的定义，分发工作；流程办理过程中，能提前警示客户将超过办理的时限，督促流程按时完成。

在业扩报装功能中，通过配置业务处理类和报装阶段，并设置分支流程的关键业务的相关数据，流程自动识别营业活动中产生的营业数据，并启动流程的自动分配和传递。

(5) 主动通知工作任务，完成从被动应用到主动服务的转变，为每一个工作人员提供最合理的工作平台。应用系统自动分发每个人的工作任务，为每一个工作者提供直接的每日工作清单（TO DO LIST），客户从工作列表中直接启动业务处理。并配合系统提示报警功能，确保客户能够及时获取工作任务，在短时间内作出响应，提高整个工作环节中协同工作能力。

可以利用系统直接进行信息交流。如，当某个工作人员发现有一个数据录入错误而他又无权修改时，可以以消息的方式通知有权限的工作人员进行修改。消息通讯实际上是电话、电子邮件等方式的一个替代。

(6) 业扩办理流程的监督管理和控制功能。标准流程模板为日常的报装处理工作带来很大的方便，但并不是所有的报装业务都完全按照标准流程来进行，因此，授权的业务人员可以随时根据不同客户的需要和市场的发展对标准流程模板进行调整，增加、删除或根据特定条件的设置跳过某些办理步骤。另外，每一步流程的处理都有时间限制，因此，可根据需要及时了解办理进度，对工作效率进行考核。

(7) 图形方式描述客户电气设备的接线关系，直观表达客户的供电方案。通过专用图形绘制工具系统将供电方案中的线路、变台、变压器、用电设备、计费点、计量设备抽象为供电方案中的构成元素，采用图形方式描述他们之间的连接关系，使得方案的表达更加清晰。

(8) 遵循所见即所得的原则，分离数据层和表达层，为供电合同管理提供崭新的思路。客户可根据实际需求设置合同模板，包括合同文本格式，固定文本内容。客户可以设置多种类型的合同模板类型，如高压合同、低压合同等，以满足不同业务的需要。

提供直观、快捷、简便的配置工具，设置实时数据在对应的合同模板中的显示位置，真正做到所见即所得。

在生成客户供电合同的流程处理过程中，系统自动将客户预先定义的原数据项中的实时数据自动填充到合同模板的相应位置，极大地丰富了供电合同的表现形式，减少录入合同的工作量和工作失误。

三、业务实现思路

基于平台化设计的原则，通过对业扩报装业务详尽分析，采用面向数据的设计方法，建立流程管理、用电业务定义、合同管理、杂项费等业务数据模型，结合面向对象的实现方法，提供业扩报装业务处理工具化应用系统工作平台。

(1) 采用面向数据的设计方法，粒化报装业务处理单元，通过面向对象的实现方法，提供基础数据处理类，构造业扩报装业务。

在业务的分析过程中，提出了业务数据类、业务处理类、报装分类、报装类别、报装阶段、报装业务六个概念，客户通过对这六种概念的使用定义各种具体的处理业务和报装类别。六个概念的含义与关系说明如下：

1) 业务数据类：业务数据的最基本单元，如客户行政信息、客户设备铭牌信息、客户设备容量信息等。业务数据类的抽取是对现实世界和电力营销业务的理解和规划，是灵活定义业务规则的基础。

2）业务处理类：对业务数据类的集合定义，表达具体业务规则。由客户进行定义。

3）报装分类：业扩报装类别的分类方法。客户通过报装分类定义，合理划分报装类别，便于类似业务的集中管理和理解。

4）报装类别：具体报装业务的逻辑定义。报装类别在此只是一个概念，对应报装类别的业务序列由流程管理结合报装业务、业务处理类进行定义，从而完全将传统的登记术语进行数据化表达，为动态业务处理和工具化的实现提供可能。

5）报装阶段：业扩报装过程中阶段的划分。提供客户定义机制，由客户定义业务处理过程中的逻辑层次。报装阶段是报装业务的集合描述。

6）报装业务：描述不同报装类别、不同报装阶段的操作业务。报装业务对应业务处理过程中的工作项，即某一工作环节中某一具体的工作任务内容。

(2) 采用符合国际工作流标准（WFMC）的工作流技术。全面支持用电营业管理中的流程处理。

工作流的主要任务是根据业务需求定制流程模板、流程节点平滑挂接业务功能、流程节点人员分配、流程实例的监控四个方面。当前业务办理流程的关键问题是：流程的设定不能满足实际业务需求、流程结构难以随业务需求变化进行调整、流程的信息通知不及时、流程的任务分配不明确、流程没有监控机制、流程的容错机制不够完善等几个要素。

在工作流平台中，将组织机构定义、工作流引擎、流程模板定义、客户端流程监控等按照面向对象的设计方法分别建立各自的数据模型，以保证灵活地进行流程的组织和重构，支持流程的推进、回退、并发、注销、启动与中止，自动按照流程的定义，分发工作以及提前警示客户将超过办理的时限，督促流程按时完成。

业务流转支持多种告知服务（包括“95598”系统、“95598”网站、异地营业所转来、短信息、Email、电子信件等）。

在业务的分析过程中，抽象诸如模板、节点、流程实例、工作项等概念，各概念及其之间的关系分别说明如下：

1）节点：在用电营业规则上，任何一项报装业务，都由工作节点序列组成。节点本身可划分为开始节点、结束节点、分支节点、任务节点，对应业扩报装业务中申请受理、业扩建档或中止、根据不同的计算条件决定不同的流程序列以及具体业务处理。

2）分支节点：分支节点可以划分为分支节点表达式节点和后续节点。分支表达式节点根据客户用电数据按照预先设定的规则进行规则计算和判断，动态产生子流程、并行流程或后续流程。后续节点描述流程环节中简单的线性关系。通过分支节点和后续节点的结合描述，完成复杂流程的实现。

3）任务节点要素：任务节点是具体业务的操作项，包含业务的描述、人员分配、监督机制、通知方法等因素。

4）同类并发：将并发节点划分为抢占类型、主辅类型、等同类型。

5）模板与实例：模板是流程业务的逻辑规则，是供电企业在营业活动的业务集合。区分具体客户用电申请的某一具体业务过程，称之为流程实例。独立出流程实例，更好地解决报装处理过程的突发事件，而不影响整个营业活动的规则。

6）节点与工作项：在标准流程模板中，工作任务称为节点；业务办理时，由标准流程模板为每个申请产生一个流程实例，模板中的节点此时称作工作项。

(3) 遵循即配即用的原则，采用面向数据的设计方法，建立业扩杂项费处理的数据模型，建立费用类型对象、影响计算因素对象、费用计算规则对象、结算结果表达对象和费用收取对象，通过数据表达各对象及对象属性之间的逻辑关系，以适应杂项费计算与收取规则的变化。

业扩收费处理工程费用、计量装置购置费用、违约窃电的追补电费和违约使用电费、临时电费等费用的自动计算和费用收取。由于业扩杂项费的计算和收取规则变化频率较大，应该将诸多因素分别抽象，独立出费用的配置集合、计算规则集合和数据表达集合，为客户提供更好的应用工具。几个数据类的含义及其之间的关系分别描述如下：

1）费用类型：描述收取费用项的实际含义。费用类型在此仅仅是一个收费项的友好名称，如工程费、购表费等。费用的来源和影响计算的因素由定义在费用类型上的费用计算因素和费用计算规则进行表达。

2）费用分类：费用分类是费用类型集合名称，以便对费用进行分门别类管理以及进行报表统计（费用分类有时可以直接采用费用类型），从而将电力营销数据与数据表达直接隔离。为数据的提取和归纳提供统一的解决方案。

3）费用计算因素：抽取影响费用计算的各种因素，统一进行数据方式的表达和说明。例如影响无表临时电费的因素有：受电设备容量、电压等级、生产班次等。费用计算因素是营销活动中产生的数据的一个子集，任意一个或一组客户原簿属性项数据都能够成为费用计算因素。

4）费用计算规则：遵循即配即用的原则，建立费用计算的数学模型，通过数据说明计算规则中复杂的计算关系，获取关联的费用类别和费用计算因素，分别计算出客户所有杂项费用。

四、主要功能列表

业扩报装子系统主要功能如表 12－3－1 所示。

表 12－3－1　　业扩报装子系统主要功能列表

分类	功能名称	功能说明
业务属性	属性设置	如电压等级、用电类别、行业类别、银行信息、经济性质等
配电信息	变台管理	直接维护或引用变台信息
	线路管理	直接维护或引用线路信息
业务定义	报装类别定义	配置登记术语，描述报装业务
	报装类别分类管理	分类管理登记术语
	报装阶段定义	划分业务处理阶段，描述岗位层次
	报装阶段分类管理	按照业务阶段模式，划分岗位，描述实际管理模式
费用管理	费用项定义	定义收取费用项，如购表费、临时电费等，对应账务处理科目设置
	费用计算	按照定义规则自动计算客户杂项费用
	费用确认	审核费用明细
	费用收取	收取客户费用
	费用缓收	补收、缓收、减收杂项费用
	票据管理	票据生成、作废处理
	账务处理	生成费用明细、自动进行账务处理

续表

分类	功能名称	功能说明
报装流程处理业务	申请受理	提供申请受理工作平台，受理供电营业规则所规定的用电申请和根据实际情况新增定制的客户用电申请
	网上报装	系统自动收集网上报装资料，提交给业务核实人员进行核实，核实无误，自动转交受理平台进行正式受理
	“95598”电话报装	受理客户通过客服“95598”系统受理的报装请求
	用电勘查	记录现场勘查情况，反映勘查意见
	方案设计	根据查勘资料，设计供电方案
	方案审批	对供电方案进行审批和会签
	工程委托	根据工程管理确定的信息进行工程的指派
	中间检查	在工程进度期间进行工程检查，记录检查结果、工程质量数据
	竣工验收	记录竣工验收资料，确定客户的现场电费参数信息
	装表接电	生成装表接电工单，按照方案提供配表要求
	合同生成	根据客户类型，引用合同模板，自动生成合同草本
	签订合同	与客户正式签订合同，确定合同有效期，并形成供电合同正本
工单管理	工单生成	根据供电方案，自动生成装换表工单
	工单发送	对工单进行工作分配
	工单确认	对执行完成的工单进行校验，确认装表接电时间
	汇总统计	分析统计工单的生成情况、完成情况
档案管理	客户档案维护	系统提供方便、快捷的应用功能，维护客户原簿基本信息
工作质量考核	申请受理考核	对申请受理数、正式受理数、正在办理情况、已完成情况进行考核
	营业差错统计	统计分析营业差错情况
	工单工作情况	分析统计已工单的生成情况、完成情况、执行周期等
	工作任务延期情况	统计分析超期工作岗位、频率
	业务质量分析	分析各种业务处理质量
查询统计	业务查询	系统提供针对客户档案、受理处理、费用收取、工单执行、合同签订等各种报装业务及流程数据的全面查询
	统计、报表	系统提供报装业务的全面统计功能，提供完整的报表解决方案

五、主要功能介绍

一个业扩办理流程，是由许多处理组成的，下面介绍业扩报装过程中，每一步处理的功能。

1. 业务属性设置

系统将报装过程使用的业务数据，如电压等级、用电类别、行业类别、银行信息、经济性质、工单类别等进行统一管理，另外还撂供对工程施工设计单位资质、信用等级的管理考评统计功能。

2. 业务定义

报装类别定义：配置登记术语，描述报装业务。

报装类别分类管理：分类管理登记术语。

报装阶段定义：划分业务处理阶段，描述岗位层次。

报装阶段分类管理：按照业务阶段模式，划分岗位，描述实际管理模式。

报装业务定义：设置报装类别、报装阶段与业务处理类的对应关系，设计业务具体操作内容。

3．流程管理

流程模板定义：定义流程模板，设置工作节点，配置业务操作人、办理时限、管理人，设置分支节点计算公式，定义后续工作节点。

通知：将流程分配的任务及时通知到相应的工作人员。

催办：对过期任务进行催办。

业务流程查询：查询报装业务受理情况。

流程进度查询：查询流程的办理进度。

超时流程查询：检查超时流程，超时工作岗位。

4．费用管理

对报装申请中各项费用，包括装/拆表费用、违约金、工程费用等，进行收取与管理，包括计费方案的确定、计费方案的核定、费用的收取、费用的结清，同时也可通过档案管理功能查询收费档案，通过报表管理功能制作收费统计报表并能够对收费情况进行分析。

在收费管理中系统可自动按标准计算应收金额（系统提供收费标准的维护功能），并可进行分次收费（缓交）、减免费用等处理。

业扩费用欠费情况、收/退费情况统计。

根据具体费用打印相应的联络票，联络票上打印的是实收金额。

具体功能如下：

费用项定义：定义收取费用项，如临时电费等，对应账务处理科目设置。

费用计算：按照定义规则自动计算客户杂项费用。

费用确认：审核费用明细。

费用收取：系统提供多种收费方式（营业厅现金支票、银行&ATM、网上转账等，其中除营业厅外需要其他外部系统支持并提供功能），可以根据客户的实际情况方便的收取客户费用。

费用缓收：补收、缓收、减收杂项费用。

票据管理：票据生成、作废处理。

账务处理：生成费用明细、自动进行账务处理。

5．申请受理

提供申请受理工作平台，受理各种用电申请，录入申请信息，记录客户的设备情况，登记客户报装资料，建立客户申请工作传票，按照标准生成内部业务办理流程。

对于新装客户，记录各类客户基本信息、用电要求和用电情况。

对于变更客户，自动调出历史档案，确认客户是否符合用电变更条件，记录用电变更情况。

对于网上报装，系统自动收集网上报装资料，提交给业务核实人员进行核实，核实无误，自动转交受理平台进行正式受理。

对于客服“95598”电话报装通过集成方式由“95598”系统将信息传递到营销系统，经核实后，转入正式受理。

6．用电勘察管理

记录客户用电现场的勘察结果，根据现场实际情况，制订供电方案，方案中记录各类资料（文字、图形）。

根据用电要求和现场用电条件，确定计量装置配备方案。

根据不同的申请类别，自动流转到主管部门审批，根据审批结果（同意否），确定如何进行后续流程处理（重新查勘或进行后续业务处理）。

7．方案设计

根据查勘资料，设计供电方案，提供方案审批，对供电方案进行审批和会签。

根据电能计量装置的配置原则和供电方案确定的容量和电压等级等参数，给出需配置的电能计量装置（包括有功、无功电能表，TA、TV 等）规格，通过调用计量资产库信息实现自动配（选）表。

8．报装工程管理

业扩系统的工程监控管理提供的是管理和监督客户工程的实施过程、进度，当供电方案制定后，将客户的申请报装转工程部门，当客户的工程完成后，客户的申请由工程部门转回业扩部门继续进行处理。

办理过程中，记录客户工程委托设计单位、设计内容以及设计审查的结果；记录客户工程委托施工单位、施工内容、施工合同；审查工程设计单位与工程施工单位的技术资格；工程的验收检查情况；记录工程的预决算数据。

自动将工作传票送工程验收部门，对客户工程进行“中间检查”和“竣工验收”。包括以下几个方面：

工程委托：维护工程委托数据。

中间检查：对工程进度进行检查，记录检查结果、工程质量数据。

竣工验收：记录竣工验收资料。

9．装表送电

装表送电功能模块包括签发装表工作票、装表送电两个步骤。

由业扩部门给计量管理部门签发装换表工作票，签发的每一张工作票都是对应于计量的一个计量点以及电费的一张表卡，即一张工作票对应于计量客户的一个用电性质（用电类别）的一组表（一套表）。如果客户在同一个用电地点（计量地点）有不同性质的用电要计量，则业扩针对不同的用电类别的计量配置签发不同的工作票。

业扩部门给计量部门签发的装换表工作票由计算机自动传递、不需进行人工传递（系统支持人工传递）。

工作票的内容及格式根据实际情况制定，包含以下的内容：户名，用电地址，计量点名称，计量点地址，计量点类别（计费点、考核点），计量点用电类别，计量点安装的每一个计量装置的型号、电压、安培，相线数，以及所附的 TA、TV 的数量及型号等。

计量部门按照业扩部门的要求给客户配置计量器具后，给客户装表，并返回业扩部门，业扩部门记录送电人及送电时间。

主要功能说明如下：

工单生成：根据供电方案，自动生成装换表工单。

工单发送：对工单进行工作分配。

工单确认：对执行完成的工单进行校验，确认装表接电时间。

汇总统计：分析统计工单的生成情况、完成情况。

10．报装资料归档

归档功能模块提供对客户的申请信息进行整理归档，自动建立客户报装资料电子档案的功能，表明客户的申请报装已经完成。归档完后即生成客户的正式用电档案，电费、用检、计量等部门即可按专业业务方向对此客户进行正常的用电管理及计费周期管理等日常工作。

11．档案管理

客户档案维护，系统提供方便、快捷的应用功能，维护客户原簿基本信息。

客户档案的查询和修改：提供灵活的查询手段查询客户当前实际情况，历次申请报装、变更情况及办理过程中的相关档案资料的明细情况。

12．工作质量考核

申请受理考核：申请受理数、正式受理数、正在办理情况、已完成情况。

营业差错统计：统计分析营业差错情况。

工单工作情况：统计分析工单的生成情况、完成情况、执行周期等。

工作任务延期情况：统计分析超期工作岗位、频率。

业务质量分析：分析各种业务处理质量。

13．报表统计

根据办理的业务情况，进行统计。客户可指定不同的时间区域，并可根据需要组合多种目录口径。

例如：

供电所统计：一定时期内供电所申报审批情况汇总、统计。

变压器统计：一定时期内客户申请使用变压器情况汇总、统计。

收费统计：一定时期内营业收、退费用情况汇总、统计。

客户费用查询：一定时期某一客户在营业交费情况汇总、统计。

线路负荷统计：各线路负荷情况汇总、统计。

第四节 电费管理子系统

电费核算是整个营销业务活动中最重要的环节，是业扩报装、电能计量、用电检查综合服务的集中体现，直接反映了供电企业的经营业绩与管理水平。电费管理业务主要完成电费的抄、核、收工作。其基本业务处理过程是抄表员提供表计抄码，经历示数复核、计算电费，电费审核，通过坐收、托收、储蓄划拨、网上电子结算等形式收费，财务部根据已收及欠收情况进行账务处理以及账务汇总。

一、电费管理信息化关键问题分析

通过对供电行业业务的全面研究和分析，并考虑市场化经营模式对供电企业的影响，新的信息化技术在供电企业经营活动中不断引入，归纳出电费结算中的几个关键问题。

1. 营业规则的变化，提出电费计算灵活性要求

随着政策的不断调整，电力企业深入市场化经营模式，诸如目录电价、价外加收电价及收取的项目等电费结算参数，不断进行调整和变动，有时为了鼓励客户用电行为，出台了一系列的优惠政策，而且这一系列因素在同一供电企业不同供电区域都可能执行不同的管理模式或方法。

业务灵活性还体现在电费计算的规则上，包括线损、变损的计算方法和分摊规则，子母表电量的核减方法，参与力率计算的电量范围，转供客户有功电量、无功电量、需量对力率、基本电费的影响方式等。

灵活性的另一个表现是费用的收取上，比如是否收取客户滞纳金、滞纳金的计算规则、是否计算客户的费用余额利息以及利息计算规则等。

2. 市场机制的引入，带来电费结算、费用收取手段的多样性

传统的电费结算，基本分散在各供电企业电费计算部门，按照固定的周期（目前以月为计算单位），进行抄表结算。新的趋势走向一级供电企业集中计费方式，统一管理行业经营行为。而且在管理模式的过渡范围内，多种模式并行运行。并随着抄表技术的不断提升，要求能够达到根据客户的需要即时抄表即时计算，比如客户通过电话、Internet 查询电费，就需要进行临时获取电表数据，计算客户电费，为客户提供个性化服务。

IT 技术的发展，为费用收取手段的多样性提供可能。既有传统的坐收、门收、储蓄、联合收费、分次收费，又新增了电子汇兑、托收、银行划拨、银行代收、支票等多种新的支付形式。

3. 以客户为中心，提出更高的性能要求

电量电费的计算速度，直接影响供电企业的服务质量。尤其在集中计算模式，多种电费支付模式下，系统处理性能，直接影响了对客户需求的响应能力，对获取营业数据为营业管理、决策分析服务能力。采取什么样的存储方式、什么样的体系结构、什么样的优化策略，是影响系统性能的关键因素。

4. 数据安全与准确性问题

数据安全包括操作权限安全和营业数据完整性两个方面。

在电费结算业务中，由于人为因素，任何一个计算参数的变动都将影响电费计算结果，直接影响了供电企业与用电客户的经济利益，应该通过合理的权限管理制度，解决营业人员在工作中的失误。

数据的完整性检查，是制度化管理的有效途径，在电费结算业务中，包括抄表示数异常检查、电量突增突减检查，客户是否处于变更用电申请检查等多个方面。

不同用电性质、不同电压等级的用电客户，可能使用不同计费倍率，如何精确地计算客户的实际电量以及应付电费、滞纳金、利息等，在电费结算业务中，愈发显得格外重要。

5. 账务与经济业务同步问题

电费计算所作为供电企业的重要职能部门，其职责之一是登记电费往来账，以及对不及时交纳电费的客户核算其电费违约金。电费账务的计算机处理对于提高用电营业效率、提高管理水平、更好的为客户服务有很大的促进作用。

供电企业所有的经济业务，包括内部往来、转入电费、计提违约金、客户缴纳电费、银行储蓄、电费上缴等。

用电营业中必须及时反映客户余额，再加之违约金的计算时效性很强，如何处理违约金，是账务处理的一项重要内容。

制作记账凭证是一件非常繁重的工作，如何根据业务内容自动生成记账凭证，从而达到减轻了营业工作者的劳动强度，加快核算速度，同时杜绝人为的计算错误，提高电费收入，为客户提供更好的服务，提高用电营业的办公水平，是账务处理的主要问题。

6. 报表处理的复杂度，提出自定义报表要求

营业报表的基本特点是数据来源复杂，输出格式变化频繁。不同时机、不同管理层面、不同分析角度如何处理营业报表，如何提供工具化的报表处理平台，如何屏蔽物理数据存储，是报表处理的瓶颈。

二、功能要求

电费管理子系统应具有如下功能：

(1) 适应市场化经营策略，提供开关参数设置，动态定义电费计算环境。

1) 支持选择是否执行优惠政策；

2) 支持选择是否执行滞纳金计算；

3) 支持选择是否执行指标电政策；

4) 支持选择是否执行储蓄、利息计算；

5) 支持选择是否执行多次抄表、多次结算。

(2) 基于平台化设计原则，灵活配置电费计算规则。可设置变损、线损的计算方法及分摊方法，子母表的核减方法，减度标志处理规则，电价制及基本费的计算方法，定比定扣计算的优先原则等多种电费计算关键因素，适应各种营销业务的具体规则和变化。

(3) 提供多户合算力率，自定义参与计算用电分类的电量组合，支持不同用电分类执行不同的力率标准和考核标准。

提供协议力率定义，保持传统的业务处理方法。

核减被转供户的有功、无功电量，使得转供客户的力率计算更加科学。

提供多户按总有功、总无功计算客户执行力率调整电费，按照一定规则分别分摊给相应客户。

(4) 通过使用代码体系规则，全面提供目录电价管理功能。包括目录电价的增加、修改、删除、重组、合并、拆分、恢复等全套功能，极大地方便客户。

(5) 采用数据表达方式，支持价外加收项的增减，适应地方政策的变化。客户可根据实际政策执行情况，添加、删除价外加收项，直接填写对应不同用电性质客户执行的电价，系统自动获取新的电价政策进行电费发行。

(6) 支持多次抄表、多次发行，适应今后电力行业的发展。多次抄表、多次发行首先体现在对变更客户的电费计算，其次有效地解决了临时用电的电费发行。多次抄表、多次发行更是对营销业务远瞻性的设计，随着抄表技术的飞速发展，电费结算形式的不断更新，要求在用电业务系统中实现随抄随算，多次抄表、多次发行的实现，有效地扩展了系统的适应能力。

(7) 冲账与违约金计算满足财务实时记账的要求。

(8) 强调数据的合法性，提供全方位的数据核查功能。

1) 提供示数复核功能；

2）提供电量、电费复核功能；

3）提供相关表计漏抄、多次连续估抄预警功能；

4）提供当前客户正在办理变更申请预警功能。

（9）通过对抄表册的规则定义，支持台区经营管理模式。

（10）提供丰富的抄表册管理功能，严格控制抄表册的上装、下装过程。

（11）使用完整的安全管理策略，实现严密、灵活的安全管理。

三、业务实现思路

（1）采用面向对象的分析方法，建立电费计算数据模型。线路、变压器台以及表计之间的连接必须遵循一定的规范，通过分析他们内在的规律，建立一个完整的电费计算模型，将电费计算简单的描述为连接关系和关系属性集合。通过对计算模型的准确描述，使得电费计算非常灵活。

在模型中，将线路、变压器、具体表计、定比定扣、临时用电计量点都进行等同对待，首先表达各组成元素之间的层次关系。各自表达参与客户电量计算的线损、变损、实际抄见电量、协议电量等逻辑概念。然后引用数据表达方式，说明各种关系实体之间的约束关系、核减关系、分摊关系及幅度，通过计算规则，计算客户的实际费用。

（2）将各种电费政策进行量化处理，用参数表的方式来描述以适应政策的变化。通过各类参数的设置，可以定义客户是否每月进行多次抄表，是否执行优惠电价，是否与其他表计有总分关系，转供关系等一系列的电费计算策略。

满足政策调整的基础条件是参与计算过程的逻辑单位描述的完整性以及可扩充性，但是，客户可能更加强调在此基础上的整体可操作性，如优惠政策的有无、针对某一用电性质客户类型的电价调整，某种规则下的客户收取基本费及其基本费的收取标准，某种规则下的客户采用何种力率标准等。

通过提供一系列的开关数据进行定义，为电费计算提供环境变量，并通过使用编码体系，解决整体政策调整的需求。

（3）通过数据描述取代物理实现，适应计算规则的灵活调整。采用面向数据的设计方法，参照电费计算数据模型，系统将目录电价、价外加收项及电价、变损、线损的计算方法、分摊方法，子母表的核减方法、减度标志、电价制等系列因素采用数据进行表达，从而彻底避免物理实现的局限性。

（4）采用三层体系结构，分离数据处理层、数据表现层，有效提高系统的运行性能。

（5）采用面向对象的实现方法，将费用收取严格划分为费用来源、销账、账务处理三个层次，针对不同的收费方式，采用一致的销账过程、账务处理过程，实现系统的可扩展性。

综合分析电费坐收、储蓄收费、托收、分次收费、银行代收、联合收费、电子结算、信誉卡结算、网上结算、支票结算的各种收取方式，各种收费方式的具有一个共同的特性——缴纳金额。

结合具体的收费方式的个性化服务，以用电客户缴纳金额为基础，通过管理人员定义的销账处理与账务处理规则，统一客户收费处理过程。控制好数据的流向，正确处理每笔业务发送和返回的数据。能够逐笔记载客户的缴费情况，并能根据欠费明细逐项销账。保证电费的应收、实收、欠费的处理及数据清晰、明了，实现电费的顺利回收。

(6) 系统安全管理策略。系统安全不应是简单的物理代码实现，其主体内容包含操作权限的分配及操作过程的记录两个方面，从形式上分，又可以划分为界面级和数据级权限。系统采用NT操作系统的安全管理策略，提供系统安全管理保证。安全管理的具体实现思路请参考安全管理子系统的详细说明。

(7) 营业报表处理策略。采用数据仓库的设计原理，将业务报表划分为原始数据层、加工数据层、数据表示层、数据表示与数据元素对应关系层等多个层面，提供报表处理的综合解决方案。关于报表处理的具体实现方法与思路，可参阅报表处理子系统的详细说明。

四、主要功能列表

电费管理子系统的主要功能如表12-4-1所示。

表12-4-1　电费管理子系统主要功能列表

分类	功能名称	功能说明
业务属性	常用属性配置	如银行信息、电价制类型、基本电费标准、基本电价类型等业务常用数据
	价外加收项	配置价外加收项目，定义项目的编码体系、实际含义
环境参数	优惠政策	设置是否执行优惠政策
	优惠方式	设置优惠方式，如整体优惠、区段优惠
	指标电	设置是否执行指标电
	销账方式	设置销账规则，如按比例、按比重等
	利息计算	设置是否计算客户存款利息
	减度标志	配置减度方法，如按子表、按母表等
	核减权值	配置分时表核减方法，如按平、峰、谷依次减，按电量比例分摊等
	滞纳金	设置是否收取滞纳金
	力调表管理	维护力调标准
	分次收费方式管理	维护分次收费的类型、收费次数、时间及每次收费项等信息
	变损表管理	维护变损表基本信息
电价管理	目录电价生成	按照电压等级、用电性质生成各种电价类型
	电价版本管理	每次执行新的电价，增加新的版本
	电价生效处理	将任意版本电价投入使用
	价外加收电价管理	维护价外加收项及其对应电价
	优惠电价管理	设置优惠电价幅度
	优待选择	在整体执行优惠政策的情况下，设置某种电价类型是否执行优惠政策
电费结算协议管理	电费结算协议管理	电费结算协议作为供用电合同的一部分采用统一的处理模式，系统能将报装、业务变更、到期续签等形成的电费结算协议录入数据库，形成电子版的电费结算协议并及时归档（记录电费结算协议实物存放地点）；提供灵活的电费结算协议查询、统计和打印功能；电费结算协议模板可自定义

续表

分 类	功能名称	功 能 说 明
抄表管理	抄表器管理	对抄表器购入、领用、返回、返修、报废整个生命周期的资产管理
	抄表册管理	增设或删除抄表册、分配抄表册
	抄表册整理	提供本内调整抄表顺序和表间调整
	抄表例日管理	配置抄表例日范围和每个抄表册的抄表例日
	抄表器抄表	提供下装、上装管理
	负控抄表管理	与负控系统提供接口，获取指定时间点对应表计的抄表示数
	手工抄表管理	提供快速、简捷的手工抄表、表计示数维护功能
	远方抄表管理	与远方抄表系统提供接口，获取电表对应的表计示数
	抄表日志管理	记录各种抄表方式的抄表情况（实抄、未抄、估抄），抄表完成情况、超期情况等
	抄表示数复核	检查平均抄见电量，提供示数异常检查
	抄表异常管理	对示数异常和现场异常情况，提交检查部门核查处理
电费计算	电费计算	执行电费计算，计算客户电量电费
	电费加锁	锁定电费结果，可以进行电费发行
	电费解锁	解锁计划，可以进行示数、档案修正后重新计算电量电费
	电费复核	按区间、同期对比检查客户电量、电费波动值
	电费发行	经电费复核无误后，发行电费形成应收
收费	计算违约金	在费用缴纳时，及时计算欠费违约金
	利息结算	根据政策进行利息期结
	坐收	根据实际缴费情况，打印电费实收票据
	走收	可打印待收费客户的欠费清单、发票进行现场收费
	联合收费	通过接口与不联网代收单位交换应收、实收数据
	托收	打印托收单、银行退票处理功能；银行返回数据后销账
	银行代收	与银行的数据进行交换处理交换
	储蓄划拨	通过接口与银行交换数据
	分次收费	分次收费处理，系统提供分次收费标准
	支票收费	支票收费退费处理
	销账处理	提供按比例、按比重、客户指定方式进行销欠处理
	票据打印	打印票据
	欠费恢复	包括恢复欠费、冲抵收费账务等处理
	收费日志	统计电费的本日（月）应收、本日（月）实收和结存情况
综合管理	退补电费	进行差错退补处理
	减额发行	提供减额发行条件，计算减额发付费用
	退票处理	退票录入、确认与查询
	差错处理	根据收据等相关信息，进行差错处理

续表

分类	功能名称	功能说明
票据管理	领发统计	包括日领发单统计和月领发单统计
	票据维护	票据的生成、打印
	明细打印	打印电费结算明细
	凭证打印	托收凭证的生成和打印
查询统计	欠费	提供全面的客户欠费查询功能
	交费明细	提供交费明细的详细记录
	各种营业报表	按照报表处理的整体解决方案，客户自定义各种营业报表

五、主要功能介绍

电费管理子系统主要包括电费档案管理、抄表管理、电费核算、收费管理、电费账务处理等功能，所以在下面的介绍中，认为大客户和普通客户的抄表、计费、催缴、收费等功能是完全一样的，并没有对其进行区分。

1. 电费档案管理

系统中对于客户档案的维护主要通过业扩流程进行档案的维护，对档案的直接修改仅对授权人员开放。仅对由供电企业造成的档案变动，才由电费部门进行操作，如台区编号、线路编号的批量修改。

2. 电费处理

(1) 计算电费。按照计费表卡的计费参数，自动构造不同性质客户的电费计算方法。以多抄表册、单抄表册、多个客户、单个客户等多种方式计算电量电费。

计算过程中，根据表卡关系，自动判断表卡关系的合法性。计算过程主要包括：计算抄见电量、计算虚拟表的电量（定比定量）、计算纯电量、计算电费结果。

(2) 电量电费复核。计算后的电费，根据客户自定义电费波动范围，与上月、去年同期或连续多个月平均电费进行比较。选出所有超出范围的客户，可打印提供核对依据。

(3) 形成应收。计算结果经复核确定无误以后，传送到电费账务形成应收，可以进行收费，形成应收的同时，自动使用预收电费进行电费核销。

3. 收费管理

电费收费有坐收、走收、托收、居民储蓄等多种收费方式，每一种收费方式都可以整笔收费，也可以部分收费或预收费。根据对收费环境变量的设置，在收费时，实现是否计算并收取违约金、部分交费时收费顺序和销账顺序的调整。收费后，可以有选择地打印电费发票。

(1) 坐收：能根据客户号或客户名、地址、表号、旧客户号等快速找到要缴费的客户，并列出该客户每月的欠费情况；根据客户实际缴费情况，打印电费实收票据。

(2) 走收：可打印待收费客户的欠费清单。

(3) 托收（银行划账）：打印发票、托收单，如果退票原发票作废，如果托收成功，客户到银行取发票即可。

(4) 预收：包括负控预购电、分次收费和交费预收处理。

(5) 居民储蓄代扣：可通过软盘与银行交换数据（提供通过公共电话线与银行交换数据

的功能)。储蓄代扣和托收可进行多次，直到收清客户所有电费。

(6) 银行代收。计算违约金，可设违约金收取方式（开始的时间点、收取的顺序等)。按客户号或客户名、地址、表号、旧客户号等查询客户缴费情况。按客户号或客户名、地址、表号、旧客户号等查询客户欠费情况。

(7) 按时段统计欠费数，提供收费信息给财务处理系统。

4. 欠费管理

欠费查询统计：可以按照欠费数额、行业类别、所属地域、所属抄表员、欠费时间、欠费客户、抄表本号等条件进行组合查询和统计。

催费管理：在欠费查询中，查到欠费客户后，可直接给欠费的客户发催费通知，同时可以打印出停电通知书送交客户，以停电来治电。

5. 电费基本参数管理

对各类电费参数进行维护（电价参数、变损表、力率调整表等)，其中电价参数作为重要收费参数以版本的形式作保存，使得历史客户抄表数据与所收取电费数据不会因电价参数的调整而产生差错，保证了数据的一致性。同时也解决了在一个抄表周期中因调价带来的不同客户执行不同版本电价带来的算费和电费统计分析的难题。

6. 基本报表管理

根据各类基础数据，形成各类分析、统计报表。基本报表有：电力销售明细表（本月、累计)、电力销售明细表优惠统计、峰谷电价执行情况统计表、营业户数及设备容量统计表、电费收入完成情况表、补收退还电量电费及各种费用收取情况表、贴费收入月报表、行业用电分类表、电建基金收取情况表、查处违章窃电情况表、用电检查月统计表。

基于业务的有抄表日志、领发据单、应收电费发行表、收费日志、欠费统计表。

第五节 其他相关系统简介

一、配电地理信息系统

1. 概述

电力系统的管理经历了几个阶段。传统的人工管理方式是将配电电馈线和设备标注在地形图（如街道图）上，其相关属性（如台账数据）记录在手簿中并将其存于档案以备查询。随着计算机技术的发展，出现了 AM/FM（自动制图/设备管理）技术，而这种技术却是在 CAD 技术上实现的，其不足之处是 AM 和 FM 的一体化实现上的困难。近十几年来，随着 GIS 技术的发展，AM/FM 则建立在 GIS 之上，从而成为 AM/FM/GIS 技术。

2. 配电地理信息（GIS）系统主要功能

(1) 地理图形处理。系统具有鲜明的空间地理特征。为此该系统将提供强大和灵活的地图数据处理能力，它主要包括：

1）图形数据录入与编辑。系统提供多种图形获取的能力：可将地形图、电力相关专题图采集并转化为系统可接收的数字化地图数据；可与其他格式地图数据进行交换；可接收来自 GPS 的数据。其编辑修改功能可使客户对线路数据、设备数据、地形数据等进行增、删、更改等操作。特别需要指出的是，系统具有拓扑编辑功能，因此为地图的编辑修改提供了极大的方便。

2）地图分层处理。地图要素在分层的基础上可进行层隐含、显示、排序、迭加等多种处理。在合理组织层与比例尺的关系条件下做到随着地图缩放而改变显示内容的功效。

3）图形显示操作。可灵活做到地图形放大、缩小、平滑漫游，可做到多窗口显示和属性窗口并列显示等功能。

4）符号、线型和注记。系统可通过设置，修改用于点状要素的专题符号、线状要素的线型和面状要素颜色晕眩的功能对点，对线以及面状要素进行不同的描述。

5）排版与输出。系统可灵活地进行排版设计，可将地图、数据库文件、图片、图例等任意排放。既可手工排版也可做到左对齐右对齐等自动排版。当输出时，可做到所见即所得的效果。

（2）统计属性数据处理。相对图形操作，系统提供了丰富的属性数据或台账数据处理功能。

1）数据库操作。提供数据的多种排序方式：数据列的隐含与显示；数据列、记录的移动，列的锁定与解锁等。此外，数据库的编辑也简单易行，诸如列的增加与删除、记录的增加与删除等。

2）统计与计算。可按照区域、线路、站所等不同条件进行统计分析，其中包括饼状图、直方图、曲线图等多种直观的统计分析。也可提供丰富的数据计算能力，从而可对电流、电压、功率、负载等多项指标进行求和、均值等多种计算。

（3）双向检索与显示。客户可用鼠标点击地图要素而显示出相应的属性数据。例如，单击变电站即刻弹出该站电压、电流等相关指标。反之，根据内嵌属性库的数据，设置逻辑条件则满足该条件的地理要素即刻加亮显示。例如，给出线电压值即可显示满足该条件的线路。系统尚提供根据矩形、圆、多边形等查询的功能。

（4）设备管理功能。系统可对变电所、开闭站、配电室等的设备进行数据录入和数据维护，可任意查询变电所、配电室、开闭站等的供电设备并可任意修改和删除，根据设备情况可绘制一次接线图和设备平面布置图。

（5）线路管理功能。系统使生产人员可很方便地利用简单的菜单操作实现杆塔、导线、地线、绝缘子等线路数据的录入，查阅线路概况及线路初始图，调出具体线路的线路图，利用数据库查询功能查询线路的信息及其相应的位置，查询电网图的信息及其线杆间的规律档距。

（6）配电线路维护及巡视超期预警。操作人员可根据线路的地理走向、分布及其周围地理情况，为业务人员确定最合理的线路巡检路线，制定巡视计划及提供超期预警的信号，使巡检人员更方便地巡视和维修配线、简化检修准备工作等。

3．电力营销管理信息系统对GIS的信息需求

（1）GIS管理范围的需求。GIS需对10、66kV配电网进行全面系统的管理。GIS需对380V及220V低压及居民低压配电网进行全面的管理。提供GIS中的高、低压及居民客户配电网络图，地理信息图，街区图，电缆分布图，变电所及变电亭、箱式变分布图，台区分布图，并进行分层及叠加显示。能在GIS系统中进行各种电压等级的计算及统计。

（2）业扩子系统对GIS的需求。在受理客户申请确定供用电方案时能在GIS中按照客户提供的用电信息，在系统中查询出客户所在的户号、街道名称及高、低压线路、变台负荷情况。根据客户所在位置在系统中提供供电线路及变台供电情况，辅助窗口人员确定供电方

案。根据所确定的供电方案，进行工程设计作出客户工程的预算。

(3) 客户服务中心对 GIS 的需求。受理客户报修时，可在 GIS 中按照客户提供的地址，进行故障定位、判断故障性质。受理客户投诉时，可在 GIS 中按照客户提供地址，进行查询及定位，并据此工作安排。受理客户查询时，可在 GIS 中按照客户提供地址，进行客户信息的综合定位查询。

(4) 营销管理对 GIS 的需求。营销模拟市场可借助 GIS 进行按线、按台区分卡承包，并能进行承包范围内客户基本信息的查询、统计、考核等。

台区承包可根据 GIS 的配电停电记录，定量确定各条线路或台区的供电量，以进行线路及台区供电量的统计，再根据营业售电量的统计，进行线损考核。

在进行营销管理综合分析时，可利用 GIS 进行变电所、线变台的综合查询、统计和分析预测等。

在进行用电负荷分析预测时，可利用 GIS 进行对变电所、线路、变台综合查询、统计和分析预测。

在进行电能表定检、事故更换计划时，可利用 GIS 进行综合查询、统计和分析预测。

在进行营业定检、检查窃电工作时，可利用 GIS 进行综合查询、统计并做出有针对性的反窃电计划。

在进行线损分析中，可利用 GIS 对变电所、线路、变台进行综合查询、统计、分析，以找出损失原因。

在窗口触摸屏系统中，为客户提供 GIS 查询功能，可为客户提供更加快捷直观地查询服务。

二、配电自动化系统

1. 配电网及其特点

通常把电力系统中二次降压变电所低压侧直接或降压后向客户供电的网络，称为配电网 (Distribution Network)。它由架空线或电缆配电线路、配电所或柱上降压变压器直接接入客户所构成。习惯上将配电电压 1kV 以上的部分称为高压配电网，其额定电压一般为 35kV、6～10kV 和 3kV 等；将配电电压不足 1kV 的部分称为低压配电网，其额定电压一般为单相 220V 和三相 380V。

从体系结构上，配电网可分作辐射状网、树状网和环状网，如图 12－5－1 所示。

配电网的特点一般有：深入城市中心和居民密集点；传输功率和距离一般不大；供电容量、客户性质、供电质量和可靠性要求千差万别，各不相同。

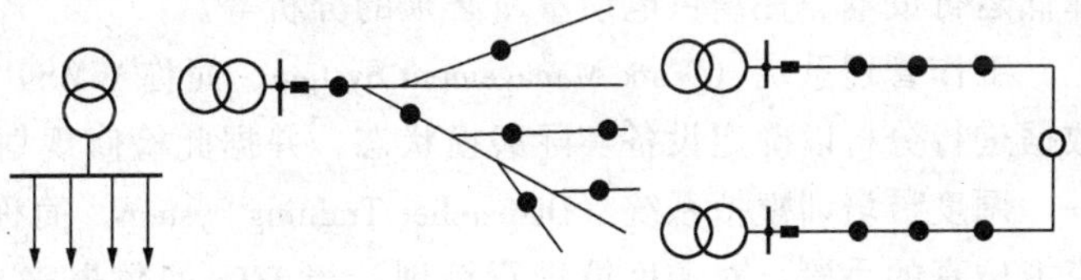

图 12－5－1 配电网的体系结构
(a) 辐射状网；(b) 树状网；(c) 环状网

我国配电网还有一个显著特征，就是中性点不接地，在发生单相接地时，仍允许供电一段时间。这一特点使得我国的配电自动化系统不能直接引进国外设备，而必须结合我国配电网的实际情况，逐步加以改进。

2. 配电自动化的概念

通常把从变电、配电到用电过程的监视、控制和管理的综合自动化系统，称为配电管理系统（Distribution Management System，简称 DMS）。其内容包括配电网数据采集和监控（SCADA，包括配网进线监视、配电变电所自动化、馈线自动化和配变巡检及低压无功补偿）、地理信息系统、网络分析和优化、工作管理系统、需方管理包括负荷监控及管理和远方抄表及计费自动化和调度员培训模拟系统几个部分。一般认为，DMS 是和输电网自动化的能量管理系统（EMS）处于同一层次的。二者不同之处是 EMS 管理发电，而 DMS 管理负荷。目前两者之间的分界尚没有公认的标准。图 12－5－2 示出 EMS 和 DMS 在电力系统中的关系。

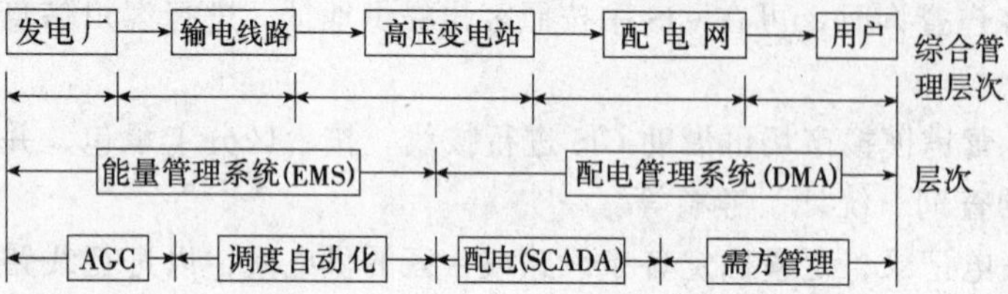

图 12－5－2　EMS 和 DMS 在电力系统中的关系

配电自动化系统（Distribution Automation System，简称 DAS）是一种可以使配电企业在远方以实时方式监视、协调和操作配电设备的自动化系统。其内容包括配电网数据采集和监控（SCADA）、配电地理信息系统（GIS）和需方管理（DSM）几个部分。DAS 是和输电网自动化的调度自动化系统（SCADA）处于同一层次的。配电自动化系统和配电管理系统的涵盖关系如图 12－5－3 所示。

配电自动化系统是配电管理系统最主要的内容。除此之外，配电管理系统还具有网络分析和优化、工作管理系统和调度员培训模拟系统几个部分。

网络分析和优化（Network Analyse，简称 NA）包括潮流分析和网络拓扑优化，目的在于通过以上手段达到减少线损，改善电压质量等目的。此外，还包括降低运行成本、提高供电质量所必须的分析等。

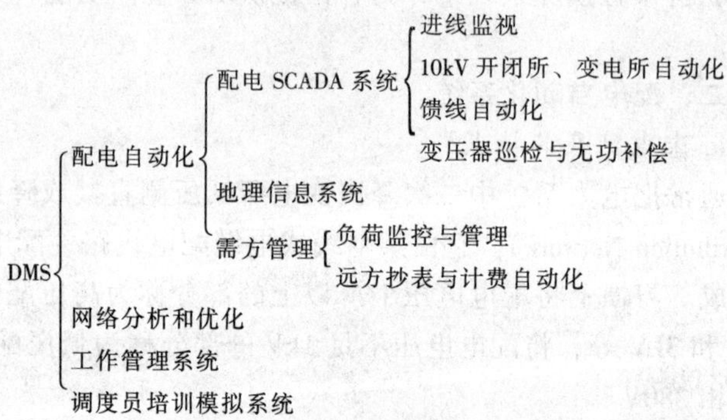

图 12－5－3　配电自动化系统和配电管理系统的涵盖关系

工作管理系统（Work Management System，简称 WMS）是指对设备进行监测，并对采集的数据进行分析以确定设备实际磨损状态，并据此检修规划的顺序进行计划检修。

调度员培训模拟系统（Dispatcher Training System，简称 DTS）是指通过用软件对配电网的模拟仿真的手段，对调度员进行培训。当 DTS 的数据来自实时采集时，也可帮助调度员在操作前了解操作的结果，从而提高调度的安全性。

从输电网自动化的发展来看，我国目前已普及了以 SCADA 为主的地调自动化系统，同样层次的县调自动化系统和变电站综合自动化系统正在迅速推广，但是作为更高层次的能量管理系统（EMS）却尚未达到。尽管如此，输电网 SCADA 系统已经发挥了巨大的作用。由于配电网较输电网更复杂、更分散，实现能量管理系统水平的配电管理系统（DMS）的难度也更大。因此，在目前提高我国配电自动化水平成为当务之急的情况下，不能一味地追求全面实现 DMS，而是应当在学好输电网自动化发展经验的同时，首先实现一些切实可行的配电自动化功能，并在使用中不断提高系统自动化水平，丰富系统功能，逐步达到配电管理系统的完善和优化。

我们把配电自动化系统中，从为配电网供电的 110kV 主变电所的 10kV 部分监视，到 10kV 馈线自动化以及 10kV 开闭所、配电变电所和配变的自动化，称为配电 SCADA 系统。

进线监视一般完成对配电网进线变电所的开关位置、母线电压、线路电流、有功和无功功率以及电度量的监视。

馈线自动化（Feeder Automation，简称 FA）是指在正常情况下，远方实时监视馈线分段开关与联络开关的状态和馈线电流、电压情况，并实现线路开关的远方合闸和分闸操作；在故障时获取故障记录，并自动判别和隔离馈线故障区段以及恢复对非故障区域供电。

开闭所和配电变电站自动化（Substation Automation，简称 SA）完成对配网中 10kV 开闭所、小区变电所的开关位置、保护动作信号、小电流接地选线情况、母线电压、线路电流、有功和无功功率以及电度量的远方监视、开关远方控制、变压器远方有载调压等。

变压器巡检系指对配电网中箱式变压器、变台的参数远方监视和补偿电容器的自动投切和远方投切等。

配电自动化系统的另一组成部分，即是需方管理（Demond Side Management，简称 DSM）。DSM 实际上是电力的供需双方共同对用电市场进行管理，以达到提高供电可靠性，减少能源消耗及供需双方的费用支出的目的。其内容包括负荷监控、管理和远方抄表、计费自动化两方面。

负荷监控和管理（Load Control&Management，简称 LCM），是根据客户的用电量、分时电价、天气预报以及建筑物内的供暖特性等进行综合分析，确定最优运行和负荷控制计划，对集中负荷及部分工厂用电负荷进行监视、管理和控制，并通过合理的电价结构引导客户转移负荷，平坦负荷曲线。

远方抄表与计费自动化（Automatic Meter Reading，简称 AMR）是指通过各种通信手段读取远方客户电表数据，并将其传至控制中心，自动生成电费报表和曲线等。

地理信息系统（Geographic Information System，简称 GIS）的引入是配电自动化的主要特点之一，因为配电网节点多、设备分散，其运行管理工作常与地理位置有关，将 GIS 与一些属性数据库结合，可以更加直观地进行运行管理。

配电自动化中的 GIS 的内容主要包括：

设备管理（Facilities Management，简称 FM）是指将变电所、馈线、变压器、开关、电杆等设备的技术数据反映在地理背景图上。

客户信息系统（Customer Information System，简称 CIS）是指借助 GIS，对大量客户信息，如客户名称、地址、账号、电话、用电量和负荷、供电优先级、停电记录等进行处理，便于迅速判断故障的影响范围，而用电量和负荷的统计信息还可作为网络潮流分析的依据。

SCADA 功能是指将 SCADA 和 DSM 上报的实时数据信息与 GIS 相结合，以便于操作和管理人员更方便地动态分析配电网的运行情况。

停电管理系统（Outage Management System，简称 OMS）是指接到停电投诉后，GIS 通过调用 CIS 和 SCADA 功能，迅速查明故障地点和影响范围，选择合理的操作顺序和路径，显示处理过程中的进展，并自动将有关信息转给客户投诉电话应答系统。

此外，配电自动化中的GIS还可具有辅助配电网发展规划设计功能等。

3. 配电自动化的意义

配电自动化是电力系统现代化的必然趋势，其主要意义在于：在正常运行情况下，通过监视配网运行工况，优化配网运行方式；当配网发生故障或异常运行时，迅速查出故障区段及异常情况，快速隔离故障区段，及时恢复非故障区域客户的供电，缩短对客户的停电时间，减少停电面积；根据配网电压合理控制无功负荷和电压水平，改善供电质量，达到经济运行目的；合理控制用电负荷，从而提高设备利用率；自动抄表计费，保证抄表计费的及时和准确，提高了企业的经济效益和工作效率，并可为客户提供自动化的用电信息服务等。

人们已经注意到了配电自动化对于提高供电可靠性的作用，实际上随着配电网的网架结构的合理化改造，形成多个供电途径的环状网或网格状网开环运行并恰当分段，以及通过馈电线路改造成为电缆或绝缘导线或通过增加架空线的架设高度，线路上发生故障的概率已经很小，在此基础上配电自动化虽然可以进一步提高供电可靠性，但是如果一套配电自动化系统仅仅具有故障时的处理功能，其经济效益是很难表现出来的。因此一套好的配电自动化系统应该在配电网正常运行期间也能发挥出作用，这些作用通常表现为：在正常运行情况下，通过监视配网运行工况、优化配网运行方式，使配电网的潜力得以最大限度地利用；根据配网电压合理控制无功负荷和电压水平，改善供电质量，降低线路损耗，达到经济运行目的；合理控制用电负荷，从而提高设备利用率；自动抄表计费，保证了抄表计费的及时和准确，提高企业的经济效益和工作效率，降低劳动强度，达到减人增效的目的；提高管理现代化水平和服务质量，并可为客户提供用电信息服务等。

配电自动化的各个组成部分的主要作用如表12-5-1所示。

表12-5-1 配电自动化的各个组成部分的主要作用

	故障情况	正常运行情况		
	提高供电可靠性、减小停电面积和缩短停电时间	提高供电质量、降低线路损耗	充分发挥现有设备容量、优化运行方式	降低劳动强度、减人增效，提高管理现代化水平和服务质量
进线监控	√		√	
配电自动化	√	√		
馈线自动化	√		√	√
变台巡检与无功电压综合控制		√	√	
配电地理信息系统				√
负荷控制和管理系统			√	√
远方抄表和电能计费系统				√

配电自动化在人力尽量少介入的情况下完成大量的重复性的工作。这些重复性的手工操作通常有查抄客户电能表、监视和记录变压器油温、检查核对配电变电所的负荷、沿配电线路合或分开关、投入或撤除补偿电容器、升或降有载调压装置分接头以调节电压等。

配电自动化系统的主要目的之一在于尽量减少停电面积和缩短停电时间，为此必须能够采集配电网上的实时数据（即遥测和遥信），并对其进行分析，从而使调度员能够随时监视网上运行情况和作出明智的决策。此外，还要求能够通过遥控和遥调在控制中心就能对配电网进行必要的操作，从而缩短故障处理时间和降低劳动强度。

配电自动化系统有助于使配电网的潜力得以最大限度地利用，并且确保提供给客户的电能质量满足要求。因此，电力公司和客户都能从配电自动化中得到收益。

配电自动化系统通常都设计成开放的积木块式结构，因此可以采用分期实施的策略。在建设初期可以先控制在适当的规模和实现基本的功能，然后根据需要逐步扩容和全面实现期望的功能，这样既能够获得看得见的和看不见的收益，又便于实施。比如，电力公司可以先实现对于进线变电所和开闭所的数据采集与监控（即 SCADA），然后再扩展到对馈线上分段开关的远方测控，逐步实现远方抄表和负荷控制等功能，最终全面实现配电自动化。但在工程实施的各个阶段，应注意满足以后扩展的需要。

使配电自动化系统发挥出其潜在效益的关键，在于从整体的角度对电力公司的日常操作和需求进行分析。尽管难以定量估计配电自动化的一些功能所带来的效益，但是它们如同那些可以定量反映的效益一样是实实在在地存在的。例如馈线开关的远方控制，在断电并且故障检修之后，遥控开关合闸而不需要爬杆手工操作，显然会带来效益。在紧急情况下（比如带电线路经导电物体与地接触时），迅速断开开关当然也会带来效益。

目前实现配电自动化所需要的技术已经成熟，电力公司所要做的工作是分析本公司配网所需要的潜在功能，以确定合适的实现方案。值得注意的是，每个电力公司的配网都有其特殊性，比如地理环境、范围和规模、管理模式、客户性质等，这往往决定了该公司的配电自动化最佳模式。

4.配电自动化的作用

(1) 减少停电时间，提高供电可靠性。据统计，故障和计划检修是造成客户停电的两个主要原因。传统结构一般采用辐射状配电方式，线路中间没有分段断路器，在线路上某一处故障或进行线路检修时，会造成全线停电。现在城市供电网的发展方向是采用环网“手拉手”供电方式，并用负荷开关将线路分段。这样首先可以做到分段检修，避免因线路检修造成全线停电，而利用馈线自动化系统，实现线路故障区段的自动定位、隔离及健康线路的自动恢复供电，可缩小故障停电范围，减少对客户的停电时间，提高供电可靠性。

(2) 提高供电质量。馈线自动化系统可以夹时监视线路电压的变化，自动调节变压器输出电压或投切无功补偿电容器组，保证客户电压质量。

(3) 改善客户服务质量。改善故障时对客户的应答能力，迅速处理客户申诉，为客户查询及电费计量提供方便。

(4) 降低电能损耗。优化网络结构及无功配置，减少线损。

(5) 提高设备利用率，推迟基本建设投资。减少了备用容量，有效地调整负荷，削峰填谷，提高了设备利用率。

(6) 节省总体投资。实施馈线自动化，单纯从一条线路的角度看，投资是比较大的，但总体上可节省投资。以前为保证重要客户的供电可靠性，一般采用由变电所直接向客户双路或多路供电，互为备用的做法，这种方式设备利用率低，需要的线路较多，儿其是电力电缆投资很高。而实施馈线自动化后，合理地安排网络结构，客户供电线路故障或检修退出运行后，通过操作联络开关，由其他的健康线路供电。因此在保证同样可靠性的前提下，与传统的做法相比，馈线自动化可充分地发挥设备的潜力，显著地节省线路投资。

(7) 减少配电检修维护费用。馈线自动化系统对电力系统及设备运行状态进行实时监视，为实施状态检修创造了条件，这样不但可以减少不必要的停电时间，减少检修费用，更好地管理配电设备，还可以利用馈线自动化提供的数据与资料，迅速确定线路故障点及原因，缩短故障修复时间，节省修复费用。

5. 配电自动化的发展和现状

一般认为配电自动化的发展大致分为三个阶段，如表 12－5－2 所示。

表 12－5－2　配电网自动化的三个发展阶段

	第一阶段	第二阶段	第三阶段
主要特征	基于自动化开关设备相互配合	基于 FTU 和通信网络	高级应用
主要功能	故障隔离和健全区域恢复供电	远方监控	配电管理系统和人工智能
主要设备	重合器、分段器	FTU、通信网络、配电自动化计算机系统	FTU、通信网络、配电自动化计算机系统、高级应用软件

第一阶段是基于自动化开关设备相互配合的配电自动化阶段，其主要设备为重合器和分段器，不需要建设通信网络和计算机系统，其主要功能是在故障时通过自动化开关设备相互配合实现故障隔离和健全区域恢复供电。这一阶段的配电自动化系统，以日本东芝公司的重合器与电压时间型分段器配合模式和美国 Cooper 公司的重合器与重合器配合模式为代表。这类系统的自动化程度较低，具体表现在：仅在故障时起作用，正常运行时不能起监控作用，因而不能优化运行方式；调整运行方式后，需要到现场修改定值；恢复健全区域供电时，无法采取安全和最佳措施；隔离故障时需要经过多次重合。对设备的冲击大等。

第二阶段的配电自动化系统是基于通信网络、馈线终端单元（FTU）和后台计算机网络的配电自动化系统，它在配电网正常运行时，也能起到监视配电网运行状况和遥控改变运行方式的作用，故障时能够及时察觉，并由调度员通过遥控隔离故障区域和恢复健全区域供电。

随着计算机技术的发展，产生了第三阶段的配电自动化系统，它是在第二阶段的配电自动化系统的基础上，增加了闭环自动控制功能，由计算机自动完成故障处理等功能。第三阶段的配电自动化系统的另一个特征是形成了集配电网 SCADA 系统、配电地理信息系统、需方管理（DSM）、调度员仿真调度、故障呼叫服务系统和工作票管理等一体化的综合自动化系统。

国外的配电自动化的发展经历了从各种单项自动化林立，号称为“多岛自动化”的配电系统，向开放式、一体化和集成化的综合自动化方向发展的过程。目前已经具有相当的规模，并且从提高配电网运行的可靠性和效率，提高供电质量，降低劳动强度，充分利用现有设备的能力，缩短停电时间和减少停电面积等方面，均带来了可观的经济效益和社会效益。

目前智能配电专家系统和配电网仿真培训系统等的研究成为比较活跃的领域，研究者和制造企业热衷于研究通过负荷分配的优化减少网损，对变压器负荷进行管理以最大限度地利用变压器容量并降低系统有功损耗，以及按即时电价对客户负荷进行管理等。

从设备制造水平的角度看，国内不少企业已成功地研制出能够满足配电自动化要求的产品，比如可靠的柱上真空断路器、重合器、馈线开关远程式终端（FTU）、变压器测控单元（TTU）、开闭所、小区变远程终端（RTU）、配电网地理信息系统（GIS）、负荷监控系统、配网管理信息计算机网络、智能式电能表及远方抄表计算机系统，以及各种数据传输设备（DCE）等。因此，从技术上讲实现配电自动化已没有任何困难，但仍面临两个问题：其一是供电企业应根据自己实际情况，恰当地选用各种的功能，寻求一种“性能价格比”较好，符合当代技术发展方向，能够“统一规划、分步实施”，不致因系统发展或技术进步而“推倒重来”的系统；其二是输电网自动化的许多成熟技术虽然可以借鉴，但配电自动化存在本身的特点，如容量大、故障记录信息、定值远传、远方抄表等，传统的通信规约不能够很好地满足使用要求，因此要尽早提出满足配电网要求的标准化的通信规约，以免造成各制造厂家自行设置的混乱局面。

三、调度管理信息系统（SCADA）简介

1.SCADA 系统概述

SCADA（Supervisory Control And Data Acquisition）即数据采集与监视控制系统。在电力系统又称调度管理信息系统或远动系统。SCADA 系统是以计算机为基础的生产过程控制与调度自动化系统。它可以对现场的运行设备进行监视和控制，以实现数据采集、设备控制、测量、参数调节以及各类信号报警等各项功能。在电力系统中，SCADA 系统应用最为广泛，技术发展也最为成熟。它作为能量管理系统（EMS 系统）的一个最主要的子系统，有着信息完整、提高效率、正确掌握系统运行状态、加快决策、能帮助快速诊断出系统故障状态等优势，现已经成为电力调度不可缺少的工具。它对提高电网运行的可靠性、安全性与经济效益，减轻调度员的负担，实现电力调度自动化与现代化，提高调度的效率和水平中方面有着不可替代的作用。

2.SCADA 系统发展历程

SCADA 系统发展到今天已经经历了三代。

第一代是基于专用计算机和专用操作系统的 SCADA 系统，如电力自动化研究院为华北电网开发的 SD176 系统以及在日本日立公司为我国铁道电气化远动系统所设计的 H－80M 系统。这一阶段是从计算机运用到 SCADA 系统时开始到 20 世纪 70 年代。

第二代是 20 世纪 80 年代基于通用计算机的 SCADA 系统，在第二代中，广泛采用 VAX 等其他计算机以及其他通用工作站，操作系统一般是通用的 UNIX 操作系统。在这一阶段，SCADA 系统在电网调度自动化中与经济运行分析，自动发电控制（AGC）以及网络分析结合到一起构成了 EMS 系统（能量管理系统）。第一代与第二代 SCADA 系统的共同特点是基于集中式计算机系统，并且系统不具有开放性，因而系统维护，升级以及与其他联网构成很大困难。

20 世纪 90 年代按照开放的原则，基于分布式计算机网络以及关系数据库技术的能够实现大范围联网的 EMS/SCADA 系统称为第三代。这一阶段是我国 SCADA/EMS 系统发展最快的阶段，各种最新的计算机技术都汇集进 SCADA/EMS 系统中。这一阶段也是我国对电力系统自动化以及电网建设投资最大的时期，国家计划未来三年内投资 2700 亿元改造城乡电网，可见国家对电力系统自动化以及电网建设的重视程度。

第四代 SCADA/EMS 系统的基础条件已经或即将具备，预计将与 21 世纪初诞生。该系统

的主要特征是采用Internet技术、面向对象技术、神经网络技术以及JAVA技术等技术，继续扩大SCADA/EMS系统与其他系统的集成，综合安全经济运行以及商业化运营的需要。

SCADA系统在电气化铁道远动系统的应用技术上已经取得突破性进展，应用上也有迅猛的发展。由于电气化铁道与电力系统有着不同的特点，在SCADA系统的发展上与电力系统的道路并不完全一样。在电气化铁道远动系统上已经成熟的产品有由我国自行研制开发的HY200微机远动系统以及DWY微机远动系统等。这些系统性能可靠、功能强大，在保证电气化铁道供电安全、提高供电质量上起到了重要的作用，对SCADA系统在铁道电气化上的应用功不可没。

四、全球定位系统

GPS是全球定位系统（Global Positioning System-GPS）。美国从20世纪70年代开始研制，历时20年，耗资200亿美元，于1994年全面建成。是具有在海、陆、空进行全方位实时三维导航与定位能力的新一代卫星导航与定位系统。随着全球定位系统的不断改进，硬、软件的不断完善，应用领域正在不断地开拓，目前已遍及国民经济各个部门，并开始逐步深入人们的日常生活。近年电力部门普遍的使用GPS，主要应用它精确的时钟功能。

1. GPS系统的特点

(1) 全球覆盖、全天候、昼夜连续地工作；

(2) 单向广播体制，GPS接收机不发射信号，电磁兼容性能好，可有无限多的客户，但无通信功能；

(3) 可实时地为地面、海上和高空的各种动态和静态客户提供高精度的七维信息（三维位置、三维速度、精密时间）。

2. GPS信息的应用领域

(1) 动态的导航定位，包括陆上各类车辆、水上各种舰船以及空中各类飞机和飞行器的导航定位；

(2) 静态的测绘定位，广泛用于地图的测绘、矿藏的勘探、铁路、公路、隧道的建设等；

(3) 精密的定时和时间同步，在国际时间协调、时频计量传递、数字通信、网络技术等领域十分有用（时间同步是指母钟与子钟之间时间一致的过程，又称时间统一或简称时统）。

第六节 案例－贵州省电力营销信息系统

一、贵州省电力营销信息系统的建设目标

根据贵州电网公司的电力信息化建设规划及实现以客户为核心、业务为主线、流程扁平闭环化、面向管理决策的系统建设要求，在贵州电网公司统一规划下，在业务流程统一、业务规范统一、管理模式统一、编码规则统一、单据报表统一的营销系统建设原则下，建立一个全新的能全面解决客户服务、营销业务、营销绩效分析、营销能力分析、市场情况客户需求分析、工作质量分析，并与MIS系统、SCADA系统和财务系统等相关系统信息实现高度共享的电力营销管理信息系统。

该系统对内通过计算机技术，建立实现客户服务、业务处理、工作质量评估、监督控制、营销管理辅助决策的系统。通过引入业务工作流的理念，使用灵活的工作流配置，有效的保证“通畅、高效、快速响应”承诺服务的实施。通过工作质量评估，有效的挖掘电力企业内部的潜力，降低企业运营成本，提高企业的市场竞争力。通过监督控制，有效的保证对用电客户优质服务水平。通过电力营销辅助决策系统，有效的辅助管理人员对电力企业内部进行管理及对外部市场进行预测和分析。对外通过电力营销系统与其他系统的数据交换和数据共享，建立“通畅、高效、快速响应”的电力客户服务支持体系，实现供电企业与客户之间的多服务渠道，完成具有引导性的、简捷的客户应用环境的创建。

1. 系统建设服务目标

以客户服务为中心，以市场为导向，以方便客户为宗旨，建立全新的市场营销管理体系。面向用电客户，提供“以客户为中心”的电力综合服务平台；面向基层营销工作者，提供“以效益为中心”的电力营销业务处理平台；面向营销管理者，提供“以质量为中心”的电力营销管理平台；面向营销决策者，提供“以决策为导向”的营销决策支持平台；面向各协作部门，提供“安全、开放”的电力营销应用集成平台。

（1）按照客户服务层、营销业务层、营销工作质量管理层和营销管理决策支持层，建立层次分明、职能清晰、管理高效的的服务模式和客户服务支持系统，实现电力市场服务的全面性、规范性和导向性。

（2）利用客户服务支持系统，实现“一口对外”，业务流程内转外不转。用规范、标准的用电服务平台，提供多种服务方式包括营业厅服务、现场服务（将服务平台延伸到客户现场）、电话呼叫服务、网上服务、传真服务等，提供多种数据采集手段包括抄表器、集中抄表、远程抄表、负控、校验台、手持检定设备等，提供多种收费方式包括营业柜台、银行实时联网、流动营业厅等服务，最大限度的满足客户服务需求。

（3）客户服务支持系统基于组件化的多层技术框架，提供易用可定制的管理界面，良好的业务模型，从深度上实现及时响应，服务准确，自动检测、自动纠错、自动预警，满足个性化服务要求。在广度上能使整个流程沟通顺畅，信息传递及时。通过系统的深度和广度实现服务的综合性、服务的时效性和服务的准确性，以实现“以效益为中心”的营销目的。

（4）时效管理贯穿于各个业务处理环节，自动按岗位、处理人、业务类型进行工作量、完成率、及时率、延期率的统计，计算出单位时间工作量和业务平均处理时间，实现服务质量全过程在线监控。

（5）系统建立灵活的报表体系，支持多维分析；支持市场细分，对目标市场的需求和特性展开分析；系统具有强大的查询功能和分析功能，数据信息展现灵活，充分利用企业现有资源（管理资源、数据资源），发现有价信息，为企业营销决策提供可靠支持。

（6）统一标识，信息共享。以统一的标识符号贯穿整个用电营销管理信息系统，满足信息量大、传递快捷、反应迅速等特点，能提供强大的系统查询功能、统计分析数据。系统与95598系统、MIS系统、GIS系统、SCADA系统、OA系统、配网自动化系统以及抄表系统实现信息高度共享并与财务系统实现无缝接轨。

（7）采用工作流技术，组件开发技术，支持业务模块的重组，业务流程的重组；支持供电企业组织结构和人员的重组。

2. 系统建设管理目标

通过系统工作流、业务流的应用引导，以统一、标准、规范的工作标准、服务标准为管理主线，用全新的闭环工作流程取代常规的开放式工作流程，在系统业务流程的引导下，以带有约束、过程跟踪、监督机制的全闭环流程管理手段，有效实现企业服务质量的在线管理，企业目标的集中管理，全面提升供电企业优质服务水平和决策管理水平，从根本上解决市场需求和企业服务管理之间的差距，提高工作效率。

通过营销管理决策支持层对客户服务层、营销业务层、营销工作质量管理层的信息流进行准确分类并分析，为决策者制定营销管理目标和营销决策提供科学依据。

3. 系统业务处理技术目标

系统设计扩展性好，可维护性好，安全性好，系统作为用电营销服务平台，可以通过二次维护手段，最佳地实现企业服务资源配置，服务功能模块随机重构，业务流程随机重组。保障电力营销系统自身业务逻辑完整性的同时，向其他系统提供友好的接口方案，并提供多种接口方式，连接已有的业务系统，支持未来建设的业务系统。

4. 系统的建设原则

(1) 利用现在业界领先的J2EE规范采用全三层的架构体系进行系统的建设。

(2) 采用模块化的设计思路，要求系统可自适应将来的电力市场的需要。

(3) 采用可靠的安全管理机制和算法，保证系统在数据级和应用级的安全。

(4) 采用灵活的岗位权限设置，以业务为主线，可以灵活进行业务重组以满足将来企业岗位机构的调整。

(5) 对流程业务采用符合WFMC（Work Flow Management Coalition）的工作流管理工具实现流程的自定义维护，以更好的实现为客户服务的目标。

(6) 在辅助决策层应用数据仓库与数据挖掘技术，在建立不同主题的历史数据基础上，建立数据仓库，建立组合优化模型。对有关经济运行、电力生产和销售、市场前景、负荷预测、利润目标等方面进行定性、定量分析。

5. 系统建设的思路

(1) 以机制的变革促机构的改革、观念的转变和人员素质的提高。贵州电网公司以顺应市场经济的发展和电力体制改革的趋势为出发点，建立了内部模拟市场的经营机制。在该机制强有力的作用下，各供电局（公司）为了达到最大的经济效益，主动进行了相应机构的调整和改革，理顺了企业内部管理，并且建立了相配套的各类规章制度，迫使员工在提高工作质量、效率和同时自觉强化个人素质，达到了转变电力营销观念的作用。近年来发展比较好的供电局（公司）都是与内部模拟市场的机制适应得比较好的供电局（公司），取得了只靠机构改革和思想教育无法达到的良好效果。

“95598”客户服务系统的成功建设也说明了这个问题。“95598”实际上建立的是一种崭新的电力客户服务机制，利用技术手段和带时限的闭环工作流约束每一位涉及客户服务的员工，让他们以规范的方式工作，并且工作数量、质量、效率和服务态度均在机制的全程监控之下，如果出现超时等违规现象就会被考核。在机制的约束下，供电局（公司）的服务资源被有效地调动并且高效地运转，最终实现了“优质、方便、规范、快捷”的客户服务。参与服务的企业员工为了满足机制的要求，必须不断提高服务意识和个人素质，从而也提高了企业的整体素质。同时，供电局（公司）为了该机制的顺畅运作，主动进行了相应的机构改革，强化了内部管理，以更加接近现代企业的管理制度来运作整个企业。同样，“95598”系统运转较好的供电局（公司），内部管理也较为顺畅，企业发展也更有潜力。

所以，全省统一模式的新型电力营销管理信息系统，也必须走同样的建设模式。

“95598”系统初步解决了电力客户服务的问题，营销系统就应该解决电力企业经营方面的问题，通过一系列经营机制和业务机制的建立，促进供电局（公司）经营理念的转变、机构的改革、管理体制的完善和员工素质的进一步提高，挖掘供电局（公司）内部的巨大潜力，最终达到企业利润的最大化，推进电网公司的全面发展。

（2）新型电力营销管理信息系统的总体框架。新型电力营销管理信息系统总体框架的建立，必须打破以前的思维方式。以前的营销系统，把业务层作为总体框架的基础，在业务过程管理之上再建立一系列的报表格式，对各类业务数据进行统计，再往上就是对这些报表进行分析。这种框架的缺点有两方面：一是一旦底层业务因体制改革、机构改革发生改变，必然引发以此为基础的所有上层的变动，“牵一发而动全身”，实际是对整个系统根本性的改动。要么修改软件，被动适应，要么完全推倒重来，影响是巨大的。二是整个系统的功能以业务处理为主，完全不能满足电网公司市场化运作的要求，不能从市场营销的关键因素来指导供电局（公司）的工作。

新型电力营销管理信息系统将采取自上而下的方式来建立总体框架。先从电力营销所关心的几大要素出发，在系统中建立虚拟的几大中心，再层层向下分解，建立质量管理层和营销业务层的结构，最后才落实到具体业务内容和业务流程中。这种框架，就避免了业务层变动引发系统震动的缺陷，如果出现业务层的变革，仅对相应业务进行重组即可，不会影响整个体系。而这种框架的重点和难点，在于如何科学地建立营销决策分析体系。

根据第一条的分析，该系统总体框架的建立主要目的是建立一种机制，它存在于软件系统中，相当于若干个虚拟的中心，各供电局（公司）相关部门、班组在软件的支持下完成自己的工作，就使各中心达到了管理的目的。系统的建立暂时不会对供电局（公司）的机构调整提出强制性的要求，但在上述中心运行机制的约束下，供电局（公司）会主动进行机构改革来适应。

在对电力营销理念的分析基础上，结合国内对电力企业改革方向的理论分析，新型电力营销管理信息系统在原国家电力公司提出的四层结构（客户服务层、营销业务层、工作质量管理层、决策支持层）基础上，应建立如下几大垂直体系，以最终形成四横六纵的全省营销体系：

1）客户服务体系。

主要功能：提供全方位客户服务，客户需求分析。

以“95598”客户服务系统为主要支撑，省公司建立客户服务监管中心，各供电局建立客户服务中心，全方位承担客户服务工作，包括故障报修、电费查询、业扩报装、业务变更、政策咨询、用电查询、电费交纳等。业务内容要包含现在各营业厅的工作。

在决策支持层，要根据“95598”系统收集和产生的服务数据，对客户需求进行分析，以便制定相应的营销政策。

2）负荷管理体系。

主要功能；电量抄取和负荷管理、负荷预测。

通过电能量远方采集系统和负荷管理系统，或者通过抄表部门（以后可能是专业的抄表公司）抄取所有客户的用电量（可以含分时段），发送到电费系统算费。

同时，整合SCADA系统运行数据，实时监测大、中、小客户的负荷和全网的运行情况，记录各类典型和重要客户的负荷运行特性，分析客户负荷的变化趋势，预测负荷增长情况和全网供需矛盾，为负荷政策提供准确的数据支持。

3）电费管理体系。

主要功能：计算电费，收取电费，电费统计、管理与分析。

根据负荷管理中心的抄表数据，计算所有客户的电费。

通过银行代收、代扣，以及拓展的电子商务（如网上交费系统、“95598”电话交费系统、储值卡交费系统、手机短信交费系统等），或者客户服务大厅，收取客户电费，并做到与单位财务系统的实时接口，确保电费数据的一致。

对电费、欠费进行统计、管理与分析，提出提高电费回收率、减少欠费的措施。

由于与财务系统的实时接口，省公司可以实时了解各供电局（公司）电费收缴情况，便于对电费回收的管理。

4）需求侧管理体系。

主要功能：收集并分析需求侧信息。

利用 Internet 和内部数据网，收集对电网公司利润影响最大的主要行业、主要客户的原料、生产、成本、营销等几方面的重要信息，并在各供电局（公司）间互相交流和补充，掌握重要客户的基本资料，为对应营销策略的制定提供决策支持。

5）计量资产管理体系。

主要功能：对供电企业计量资产进行全过程管理。

对供电企业的计量资产从进货后到内部校验、装出运行、定期轮换到最后报废的全过程进行跟踪管理，包括检验数据的导入、复检记录的保存等，应以条形码的使用为基础。对于各种类型、不同厂家、不同功能的计量设备的质量要能统计、分析，并提出系统的分析报告。

6 ）企业收益保障体系（用电检查）。

主要功能：用电检查工作与分析。

为保障供电企业的最大收益，行使用电检查权力，对违章用电、窃电等行为进行查处。要充分利用其他中心对客户信誉、客户电量电费、客户负荷和计量设备运行状况的分析作为工作依据，将工作的重点放在对企业收益影响最大、违章窃电可能性最大的客户群上，尽量避免盲目检查。同时履行对内稽查职能，对营销各环节进行在线稽查核实，堵塞工作中的漏洞。

(3) 新型电力营销管理信息系统的几个关键问题。

1）在工作业务流程上要彻底改变以前的思维方式，尤其是大量的审批过程要精简甚至取消。以前的业务流程中有大量的审批环节，一方面消费了宝贵的时间（因为审批人都是负责人，工作较忙，甚至经常出差，不能及时审批），另一方面给前面环节的工作人员造成一种惰性，把工作中的疏忽和失误推到审批人身上（因为审批人要对审批的工作负责）。取消审批环节后，工作的每一个环节的质量均由各环节工作人员自己负责，一旦出现问题可以在流程中找到责任人，直接考核到位。这样在把权利充分下放的同时，责任也分配到人，将各级领导尤其是班组、部门负责人事务性的劳动强度降低，工作重点放在对人的管理和部门目标的实现上。实际是利用一种约束机制，将整个企业的目标分解到每一位员工身上，让他们在系统流程的控制下顺畅地完成各项工作，最终达到总体目标。

2）融入一些新的理念。

DSM 需求侧管理理念：客户的生存，就是我们的生存。客户先有市场，我们才能有市场。所以要对需求侧管理建立一系列办法，使它真正让电力企业为客户的市场提供分析支持，营造更好的电力市场氛围。

CRM 客户关系管理理念：不了解客户，就不了解市场。从多角度深入了解现有及潜在客户的基本属性、利润价值、信用度、消费行为和倾向、电费水平、投诉记录等，对客户群进行分析分解，从而有针对性地提供不同的市场策略；将注意力集中放在高价值客户和大客户上，力求利润最大化，同时降低营运风险和成本；从多角度深入了解业务经营状况，有针对性地提高供电设备可靠性和服务资源利用效率，以更好的服务质量保留老客户同时吸引新客户，扩大市场份额。这些都是 CRM 要研究和解决的问题。

ERM 企业资源管理（或 ERP 企业资源规划）理念：企业的人力资源、资产资源、资金资源、服务资源等只有合理地配置和有效地使用才会发挥最大的效益。营销系统中也会涉及部分企业资源，我们要在这个系统中为以后整个企业的资源管理提供支持并积累使用经验。

3）充分利用近年来发展中取得的市场营销方面的经验，尽早实现在系统软件的协助下的营销决策支持分析。

4）新型电力营销管理信息系统的框架建立还需要电力系统专家在理论上的支持。以前的营销系统由各供电局（公司）自行建设，过多地纠缠在业务层的设计上，没有从专家角度进行分析，更谈不上理论的支持。营销系统是一个大型的信息系统，对电力行业和信息行业都是一个考验，只有这两方面的专家，才能从市场营销理论的高度、从电力发展的高度、从企业信息化的高度提出具有前瞻性的系统方案，才能保证系统的最大生命周期，才能保护企业在信息系统上的投资，也才能最终为企业实现最大的经济效益和社会效益。

5）系统的技术结构体系。整个电力营销管理信息系统必须全部采用 B/S 结构，并且通过一个统一的门户网站进入。营销网站对内（Intranet）对外（Internet）的门户登陆界面统一，内部登陆时使用客户名与密码配合进行论证，对某些领导可采用指定计算机的 IP 地址和物理地址配合方式自动登录，无须输入客户名与密码；外网（Internet）登入的方式以安全兼顾方便为主要目的，尽量不要采用客户名与内部固定密码配合的方式，可考虑客户名与临时随机密码（可用手机短信发送）配合等方式。

系统在设计时必须考虑跨平台的应用，以 J2EE 或 NET 技术为主，保证最终应用时实现全 B/S 模式。

(4) 省公司中心营销系统的主要模块与功能。省公司市场交易部是该系统的主要应用部门，根据前面分析的几个“中心”的营销体系结构，市场交易部也相应由各专业的负责人来使用和维护各“中心”模块功能。在各“中心”之上，有一个综合决策分析层，主要为部门和省公司相关领导提供全方位数据检索、数据分析以及决策支持。

1）客户服务中心。

a）实时在线监测各“95598”中心座席工作状态，每月生成一次各“95598”中心的工作质量考评报告。

b）实时在线监测并能统计各供电局（公司）客户服务中心业务开展情况，如新增客户数、新增容量、装表接电数量、装表接电容量、其他业务办理数量等。

c）根据业务开展数据统计分析出各供电局（公司）和全省的业务拓展速度、趋势，并给出直观的表达界面。

d）预测出各供电局（公司）及全省的业务拓展情况。

e）进行客户消费习惯、消费能力、消费趋势的分析，并提出拓展业务的建议。

2）负荷管理中心。

a）统计汇总所有关口表计的电量，计算出各供电局（公司）的下网电量、外送电量、各发电厂上网电量等。

b）统计汇总各供电局（公司）实抄电量。

c）统计汇总各重要客户、1000kVA及以上高能耗客户等的电量。

3）电费管理中心。

a）实时在线监测各供电局电费应收、实收和欠费情况。

b）与财务系统联网，实现两系统中电费数据的完全统一。

c）统计各类电费报表。

d）分析电费及电费回收的变化趋势，对可能出现的问题提前预警。

e）分析电费回收的重点客户、难点客户，并辅助提出对策。

4）需求侧管理中心。

a）负责维护全省电力需求侧管理网站，汇总各供电局（公司）重要客户的财务、原料、成本、营销等资料，从Internet收集国内甚至国际市场上各行业的上述资料。

b）统计各类需求侧管理报表，如单耗报表等。

c）分析各行业、重点客户的电力需求状况，辅助提出对应营销方案。

5）计量资产管理中心。

a）实时在线监测各供电局（公司）计量资产状况。

b）汇总各供电局（公司）计量人员资料库，对人员资质、培训等进行管理。

c）建立省网关口电能计量装置的管理数据库。

6）检查稽核中心。

a）建立全省用电检查人员管理数据库，对人员的培训、考核、聘任等进行管理。

b）汇总统计全省用电检查数据，并形成各类对外检查报表和对内稽查报表。

c）分析用电检查工作中的数据，辅助提出改进营销工作的方案。

二、贵州电力营销信息系统结构和功能简介

1. 贵州电力营销信息系统的结构

贵州电力营销信息系统的结构见图12－6－1。

2. 业扩报装管理功能简介

（1）范围定义。电力营销信息系统的业扩报装管理功能覆盖了传统业扩申请受理流程的全过程，为了提高工作质量，并实现流程的扁平化闭环管理，增加了流程自动监听功能以及工作质量考核，同时为实现受理服务承诺，增加了过程控制和时限管理，为了提高服务质量，增加客户回访功能。

在用电企业用电营销系统中的核心业务是电力销售和费用收缴，其面向的客户为该企业用电范围内的正式和临时用电客户，业扩报装作为核心业务的支撑性业务其主要功能是完成受理用电客户的各种用电申请，确定客户的各种计费、统计参数同时完成客户用电工程的审批验收、电能计量装置的安装及客户供用电合同的签订，为客户进行正常的用电及供电企业的电费收缴形成正确的客户档案。

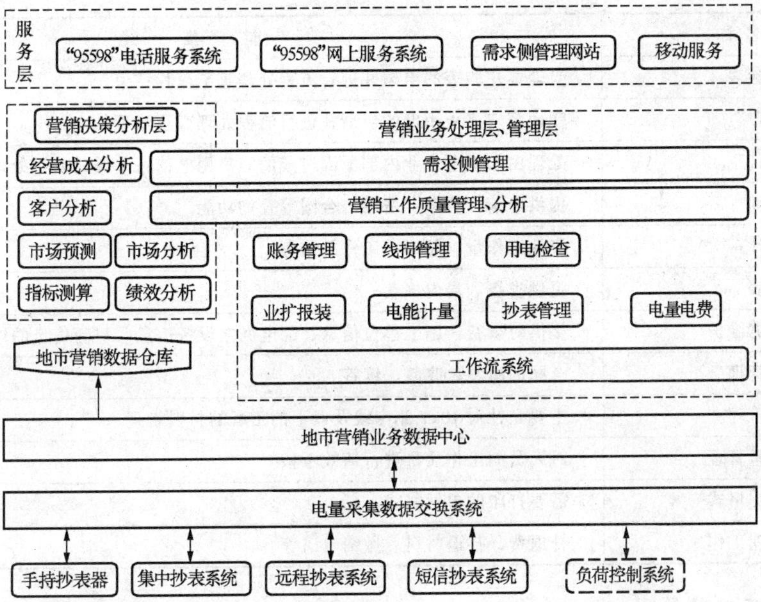

图 12-6-1 贵州电力营销信息系统的结构

(2) 功能概述。业扩报装处理日常的客户用电变更申请以申请术语为主线按照营业规则结合地区具体需求进行流程化处理，对与每种报装术语由于流程的复杂度进行粒状划分，由工作流系统进行驱动完成。根据各流程的特点将所有的报装流程分为三类，即新装类、变更类和销户类。具体的流程及功能划分见表 12-6-1。

表 12-6-1 业扩报装的流程及功能

功能名称	功能描述
低压新装（跨区域报装）	受理低压客户的报装并进行流程处理直至流程结束
高压新装	受理高压客户（10kV 及以上高压）的报装并进行流程处理直至流程结束
批量新装	完成户表客户（小区居民）的集体报装申请并进行流程处理直至流程结束
增容	受理客户的增容申请并进行流程处理直至流程结束
减容（复用）	受理客户的减容及复用申请，并进行流程处理直至流程结束
暂停（复用）	受理客户暂时停止部分容量（负荷）的用电（必须是整台或整组变压器）的报装申请及复用申请并进行流程处理直至流程结束
暂拆（复用）	受理客户暂时停止用电并拆表的报装申请及复用申请，并进行流程处理直至流程结束
暂换（复用）	受理因受电变压器故障而无相同容量变压器替代，需要临时更换大容量变压器报装申请及复用申请，并进行流程处理直至流程结束
更名过户	受理客户的更名过户申请并进行流程处理直至流程结束
事故换表	受理客户现场计量装置故障处理的报装申请并进行流程处理直至流程结束
改类（改电价）	受理客户的电价变更申请并进行流程处理直至流程结束
迁移（迁址、移表）	完成受电装置用电地址、客户计量装置迁移的报装申请受理并进行流程处理直至流程结束

续表

功能名称	功能描述
客户验表	受理客户验表的申请并进行流程处理直至流程结束
销户	受理客户终止用电的申请并进行流程处理直至流程结束
调查订正	处理由于供电企业内部原因造成的客户用电信息差错的变更处理
查询	提供申请、档案、费用、合同等查询功能
统计	统计工作量、超时、工作差错等
报表	提供省级和局内报表
基础数据维护	提供对杂费、施工单位信息、配电网主设备信息、材料信息的维护
合同管理	合同的新签、改签、续签
材料管理	主要是针对10kV非专线及以下的工程的材料管理
工作质量管理	对人员的工作质量进行绩效考核
打印单据格式	需要打印的单据格式
其他杂项工作	补退费、补退材料、撤销申请等

3. 用电检查功能简介

(1) 范围定义。用电检查子系统的功能是维护供用电双方的公共安全和利益，确保电力系统的安全经济运行，同时对内部人员工作起到监督的作用。

在用电营销系统中，用电检查系统是联结其他子系统的中间环节，同时又有自身的独立业务处理，用电检查系统的核心业务是：以工作任务书为主线的客户现场用电秩序的管理以及对内稽查职能，主要包括违约窃电管理、检查计划管理、停复电管理、配网线损管理、线损报表管理、事故处理、双（多）电源管理、进网作业电工管理、对内稽查。

(2) 功能概述。用电检查系统功能概述见表12-6-2。

表12-6-2 用电检查系统功能概述

功能名称	功能描述
用电检查主流程	多种情况启动用电检查，对不同的现场情况进行不同处理
违约窃电管理	对客户的违窃行为进行处理
检查计划管理	通过计划对客户用电情况进行检查。包括周期检查计划、非周期检查计划、专项检查计划的管理
配网线损管理	提供对于配网线损的管理。为配网线损提供统计与分析的数据
事故处理	提供对于客户用电事故的处理功能
双（多）电源管理	对用电客户的双（多）电源进行管理
进网作业电工管理	管理客户电工的档案与证书
对内稽查	对于内部工作人员的工作情况进行检查与监督
报表	提供报表统计与打印
证书资质管理	人员证书资质管理

4. 电量电费管理功能简介

(1) 范围定义。电力营销信息系统电量管理子系统功能覆盖了传统抄表以及抄表数据审核全过程。电力营销信息系统电费管理子系统功能覆盖了电费计算、电费审核以及收费全过程。

(2) 功能概述。电量电费管理系统功能概述见表12-6-3。

表12-6-3 电量电费管理系统功能概述

功能名称	功能描述
抄表管理	对抄表卡抄表本抄表器进行管理
数据采集	准备抄表数据，接收抄表数据
电量审核	对抄表数据进行审核，保证电费计算数据的正确性
基础数据	对算费、收费基础数据的参数配置
形成应收	包括电费计算、审核、形成应收等一系列对应收的管理功能
收费	包括收费、日结账

5. 计量管理功能

(1) 范围定义。电力营销信息系统计量管理功能覆盖了计量管理的主要业务，包括：资产投运前从入库到检定合格具备装出条件的整个内勤流转过程和运行计量资产的现场校验、定期轮换和异常处理，为了提高工作质量，增加了流程自动监听功能，同时为实现受理服务承诺，增加了过程控制和时限管理。

计量装置的计量准确性直接反映到供电企业的电费回收准确性，这直接影响到企业的经济效益及客户的服务质量。计量管理子系统的应用对象为供电企业的计量相关管理及业务职能部门，其主要职责是负责全区域内计量装置的购入、轮换、室内及现场试验、检定等功能确保计量装置的计量准确性。

(2) 功能概述。计量管理子系统功能概述见表12-6-4。

表12-6-4 计量管理子系统功能概述

功能名称	功能描述
电能表流转管理	负责电能表从新购库—合格库—领出的全过程管理
互感器流转管理	负责互感器从新购入库—合格表库—领出的全过程管理
计量箱流转管理	负责计量箱从新购入库—合格表库—领出的全过程管理
封印、封印钳管理	建立封印及封印钳的管理流程并对领用记录维护
标准设备管理	负责标准设备从设备建档到投入运行的全过程管理，及其相关资料的管理
仪器仪表管理	管理仪器仪表的购置—领用过程管理及对试验模板维护
计量点维护管理	提供对于计量点信息的查询功能，查询计量点详细信息；维护计量点基础数据；对系统计量点增加进行流程管理
计量装置定期校验、轮换、抽检计划管理	按计划实现运行计量装置的定期检定、轮换、抽检周期和非周期计划制定，以及对现场任务的流程处理包括领换资产、现场试验记录等
现场试验成绩管理	为了提高周期及非周期现场校验计划任务执行过程中的工作效率，将现场试验信息的处理以此单独的功能进行管理
计量装置故障处理	实现对现场运行现场计量装置故障/异常的流程化处理
计量人员管理	提供人员档案、岗位设置、资格认证、证书检定计划等管理功能

续表

功能名称	功能描述
计量基础数据维护	包括电能表、互感器、计量箱类型的维护，运行资产周期校验、轮换、抽检周期、电能表示数类型、仪器仪表参数等基础数据的维护
查询统计及报表管理	提供计量查询、统计报表的制定与管理
技术资料管理	提供FTP存储形式的资料管理
模拟库房管理	提供以树状层次方式展现的虚拟库房管理
差错订正	提供由于操作失误导致的表计及互感器档案异常的订正功能
计量其他任务管理	对于计量中非计划的工作任务，由任务的安排人员制定非计划工作的工作任务单，并确定工作的负荷属性、工作定员、工作时限，实现对其他任务的管理
计量工作管理	系统在管理资产时提供工作人员工作量的统计以及电能质量分析功能

6. 工作质量管理功能

(1) 范围定义。根据《国家电力公司电力营销管理信息系统设计规范》的规定，营销工作质量管理处在营销管理体系的第三层，其系统实现的目标是通过电力营销管理信息系统的业务层统计分析辅助进行岗位、人员的营销工作绩效考核。

营销工作质量管理要求系统提供一套具有权限控制的、可维护的、科学的分值评估体系，在业务层数据的统计分析基础之上辅助进行管理层对岗位人员的绩效考核评估。进行绩效评估的指标主要包括完成工作量、超期时限考核、营销工作差错考核、客户投诉情况。

(2) 功能概述。工作质量管理功能概述见表12-6-5。

表12-6-5　　工作质量管理功能概述

功能名称	功能描述
营销工作差错认定	实现对各岗位发生的工作差错认定流程
业务层工作质量统计	按专业、岗位、人员实现指定时间段工作量、超期业务量、工作差错量、客户满意度的统计
专业岗位人员绩效考核	根据参数分值评估体系在专业管理层实现岗位、人员的绩效考核
决策层辅助岗位人员绩效分析	进行营销业务工作绩效分析
营销工作质量考核指标参数维护	维护工作质量管理体系中涉及到的各项指标参数及考核公式

7. 辅助决策功能

(1) 范围定义。负责对营销业务处理信息和客户信息进行总体综合分析，通过对客户服务层、营销业务层、工作质量管理层等多方面的数据信息，对营销绩效、管理状态、营销能力、营销效果、市场情况、客户需求、工作质量进行多维、动态、深入地分析，及时、准确、全面地了解当前电力市场的营销状况，应用数据仓库与数据挖掘技术，在建立不同主题的历史数据基础上，建立数据仓库，建立组合优化模型，对有关经济运行、电力生产和销售、市场前景、负荷预测、利润目标等方面进行定性、定量分析。

在现有业务数据抽取的基础之上，能够进行多维度的统计查询，能够提供变化趋势（通过现有的分析方法，由软件系统提供分析结果，这是一个不断自我完善的过程）。

辅助决策划分为营销绩效、经营指标分析和测算、工作质量管理、需求侧管理、客户关系分析、数据运用分析七大部分分别面向企业的不同领导决策层。

(2) 功能概述。辅助决策功能概述见表 12－6－6。

表 12－6－6 辅助决策功能概述

功能名称	功能描述
营销绩效	营销绩效包括管理分析层的分析数据进行主题量化体现，是供电企业营销效益的体现，供决策层辅助制定经营政策
营销工作质量分析	营销工作质量分析则通过已经建立工作质量分值评估体系，对整个营销业务部门的工作质量绩效进行评估分析
经营指标分析和测算	在经营指标分析和测算中着重对电量、平均电价、电费回收率、线损、利润这几个指标进行多维度的统计、分析，并结合历史情况、影响因素，利用测算模型对指标进行分析和测算
需求侧管理	在需求侧管理部分，包括了电力供应和负荷管理、电力市场分析、能源替代分析、客户特征分析、大客户分析五大部分
客户关系	对客户关系进行管理
数据应用分析	数据应用分析

第十三章

客户服务技术支持系统

客户服务技术支持系统可分为技术支持系统和服务支持系统两大类。技术支持系统包括：电力营销管理信息系统、配电网管理信息系统、客户服务数字语音系统等一切为客户服务提供技术支持的手段和装备。服务支持系统主要指与客户服务相关的部门和场所，如营业厅、营业所、电力故障报修中心、购电网点（银行缴费点）等。客户服务中心系统就是典型的技术支持系统。

第一节 客户服务中心系统概述

电力客户服务中心系统的基础是计算机电信集成，计算机与电话通信集成。电话和 Web 网站相当于两个前端设备，这两个前端设备提供给电力客户相当多的自助服务，还使得电力企业在办理客户服务时大大简化，这些自助服务不能满足客户的需求时，人工座席便会通过电话或网站与客户直接对话，来满足客户的需求。建立客户服务呼叫中心，使各级电力企业建立了电子媒体的服务渠道，与已有的应用系统集成，建立协同工作的机制，实现信息资源利用率的最大化，同时保证可控的、优质的、快速的客户服务质量，加快企业核心效益即企业销售的实现。

客户服务中心是将企业为客户提供的服务集中在一个统一的对外联系“窗口”，最终实现一个电话解决客户所有问题的目标。“只要您一个电话，剩下的事情由我们来做”不仅有助于改善电力企业的形象，还将促使企业自身转变观念，加强内部管理，提高工作效率，实现企业经济效益与社会效益的统一。

客户服务中心整个系统的物理构成包括：程控交换机、CTI 服务器、IVR/FAX 服务器、业务代表座席、管理工作站（计费、统计、系统管理、网络管理）、电话录音留言系统、数据库服务器、应用服务器、Web 服务器、网络系统、网关等，其逻辑结构如图 13－1－1 所示。

客户代表长期与客户接触，可以充分了解客户的需求。对呼叫的统计分析可以对客户需求上升到规律性和趋势的认识，从而对市场的潜在机遇得以预先掌握。这不仅可以发展已有的业务市场，而且利用呼叫中心的强大的功能特性，还可以全方位的在客户感兴趣的方面为客户提供服务，使客户服务中心成为全民皆知的、方便高效的社会化服务中心。

一、客户服务中心系统的发展

随着技术的不断发展，“呼叫”的概念已从最初的专指电话呼叫，扩充到了现在的 Email 呼叫、Web 呼叫、Fax 呼叫及文本交谈等方式。同时，新的功能中更增加了 Web 回叫、协同浏览和口电话。呼叫中心和 Web 结合的越来越紧密，正在演变成为一种综合性的客户服务中心。

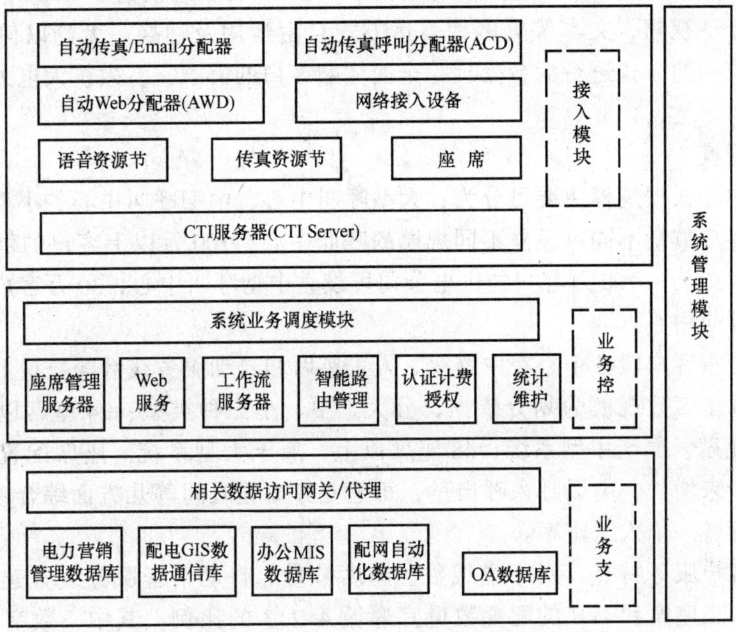

图 13－1－1 客户服务中心逻辑结构

真正的呼叫中心需要一个物理场所、实际的座席和客户代表去帮助客户。客户代表可以访问客户和公司的数据，是双方的联系纽带。那是否可以不需要人的参与而达到同样的效果，或只保留数量很少的人呢？这就是现在专家们将 Web 和呼叫中心结合起来的目的——使客户代表的工作更有效，最有价值。客户自己解决问题，自助购买产品，受过特殊训练的客户代表只需做那些机器无法替代的工作。

在某种程度上，呼叫中心实际上一直在朝这个方向努力，并已获得了一定的成功。最早的是按需传真（Fax on Demand）。如果客户在凌晨两点需要获得公司的信息，可以通过这种方式，使自己获取资料，公司就不必为加班的工作人员支付额外的加班费。它响应快速、成本低廉，可带来很高的客户满意度。

第二个自服务的阶段是 IVR（交互式语音应答系统）。通过 IVR 可以将呼叫引导到客户代表，或将客户分配到适当的等待队列，从而缩短通话时间。同时，IVR 还能为客户提供简单的数据库查询功能。

呼叫中心的发展趋势是提供自动响应和客户交互服务，这主要是因为：自动响应比业务代表提供的服务成本低。当然，自动服务也有不利的因素，例如它缺少了和客户的直接接触；客户只能得到按照规则构造起来的信息，特殊的处理还需要业务人员介入等等。

Web 是服务自动化的第三次机会。同按需传真（Fax on Demand）比较，它有很多优点：Web 是动态的，格式易于维护，可同时为大量潜在客户提供服务。此外，相对 Fax 和 IVR 而言，它的最大的优势还在于其具有的支持多媒体的能力，包括声音、图像、视频和很多其他方式。在需要图像展示和复杂的键盘输入时，Web 就会显示出具有的强大应用控制能力，而这一点正是 IVR 所缺乏的。客户可以通过 Web 呼叫中心订购产品，下载软件，也可以浏览分类目录。

未来的客户服务中心将提供电话、传真、Email、Web、短消息、WAP等方式接入和呼出，并实现语音、视频、文本等等多种表达方式自由运用及切换。无论以何种方式接入系统，都可以用统一的方式进行后台处理，全面体贴客户的需求，有效扩大电力客户服务中心的服务范围。

二、系统规模

现代呼叫中心根据规模主要可分为：大型呼叫中心、中型呼叫中心、小型呼叫中心。依供电公司电力客户数量不同可设立不同规模的呼叫中心，100万以上客户的供电公司可设立大型呼叫中心，30万～100万客户的供电公司可设立中型呼叫中心，30万客户以下的供电公司可设立小型呼叫中心。

系统规模是指客户服务中心在中继线、人工座席和自动服务线数等数量上的配置。客户呼叫中心系统以座席数规模为划分依据，分大、中、小三种类型：24座席以下，属于小型系统；24～48座席，属于中型系统；48座席以上，属于大型系统。座席配置数量应根据供电客户数量及未来增长，电话呼入呼出量，每笔业务处理时间等几方面综合考虑，建议每2万个电力客户配备一个人工座席。

根据电力客户服务特点，对中继线数、座席数量、自动语音服务线数建议配置比例如下：中继线、人工座席和IVR的配置数量宜遵循4:2:3的比例。其中，数字中继线是以30路为递增单位的，因此，在决定了座席数后，中继线数应相应设置。

三、系统技术实现

1. 软件体系结构

在电力客户服务中心的软件平台设计中，系统一般采用基于Windows平台的三层客户机/服务器结构、面向电力客户服务中心业务、集CTI和Web/Browser技术于一体的开放的体系结构。它由以下四大模块构成：接入模块、业务控制模块、业务支撑模块、系统管理模块。其中，接入模块、业务控制模块和业务支撑模块构成了整个系统软件体系结构的三个层次，而系统管理模块则横贯始终。

接入模块负责提供所有客户的接入，包括电话客户、传真客户、计算机客户、GSM客户、IP客户及特殊终端客户等的接入，实现客户服务中心系统平台与外部系统的连接，并把各种不同的接入方式转化为标准请求/响应格式。接入模块包括自动呼叫分配器（Automatic Call Distribution，简称ACD）、自动传真/Email分配器（AFD/AED）、AWD（自动Web分配器）、网络接入设备（可编程智能交换机/带语音板卡的工控机）、语音资源节点（IVR）、传真资源节点（IFR）以及座席等子模块。

业务控制模块是整个系统的核心层，完成呼叫路由、座席分配、认证授权与计费管理、呼叫维护统计管理、Web服务及工作流业务等功能。各种呼叫接入后，均由其处理后分派给最优的座席。业务控制模块包括智能路由分配、认证授权与计费管理、业务流程控制Web服务、座席管理、工作流服务以及维护统计等子模块。

业务支撑模块负责将客户数据、业务数据组织到一起，提供业务数据资源和业务运作支撑，并由业务控制模块所调用，主要解决数据的复杂性。业务支撑模块由数据访问代理和数据库组成，包括业务数据库、系统配置数据库等。

系统管理模块提供对全系统进行完善的设备管理、网络管理、运营维护管理、服务质量管理、业务信息管理及决策分析，帮助电力客户服务中心运营者用好系统，把握市场动态，不断提高电力服务质量。

基于 WindowsNT 的三层客户机/服务器体系结构是把 Internet、客户机/服务器以及 PC 计算模式集成为一体的网络分布式应用体系结构，能够充分利用集成于 Windows 平台之上的各种功能特性，满足对于客户界面、浏览、各种业务处理以及数据存储等现代分布式应用。

2. 支撑子系统

整个客户服务中心系统分为如下几个子系统。

(1) 交换接入子系统。该子系统能够让客户通过公共电话交换网（Public Switched Telephone Network，简称 PSTN)、全球移动通信系统（Global system for Mobile communications，简称 GSM）接入到电力客户服务中心，是系统的入口。

(2) 自动语音/传真子系统。该子系统是电力多媒体客户服务中心的重要组成部分，利用自动语音提示，引导客户选择服务内容和输入电力服务所需的数据，并接受客户在电话拨号键盘输入的信息，实现对计算机数据库等信息资料的交互式访问。IVR/IFR 可以取代或减少业务代表的操作，达到提高效率、节约人力、实现 24h 服务的目的，同时也可方便客户，减少客户等候时间，降低电话转接次数。

(3) CTI 子系统。CTI 子系统是整个电力多媒体客户服务中心的核心，它将电话交换系统、GSM 系统、IP 网络、Internet 与计算机系统有机地结合起来，充分利用可编程智能交换机/带语音板卡的工控机的话路交换功能和计算机系统的数据处理功能，实现计算机对呼叫系统的完全控制。

CTI 子系统是整个客户服务中心的核心，它将电话交换系统与计算机系统有机地结合起来，充分利用交换机话路交换功能和计算机系统数据处理功能，实现计算机对话务系统的完全控制。

(4) 座席子系统。座席子系统是人工信息查询与业务受理子系统，主要由为客户提供电力服务的业务代表、数字话机、微机终端和耳麦以及相应的具体业务处理应用软件等组成，为客户提供包括电话、传真、GSM 短信息、寻呼等方式的人工服务。在该系统中，根据业务代表所受理的不同任务将系统划分为：用电业务查询、用电业务咨询、用电业务受理、电力故障申报与受理、欠费催缴及通知、客户回访管理、客户投诉与建议以及综合管理等。

(5) 监控管理子系统。监控管理子系统对整个电力客户服务中心软件、硬件工作运行状态进行监视记录，对故障进行报警和恢复，对性能进行优化，提供系统级的管理和维护功能。

(6) 数据库子系统。数据库管理子系统是电力客户服务中心的数据中心，存储各种管理统计数据、呼叫记录数据、客户关系管理信息的数据库（如电话号码、联系方式等，以及为客户提供服务的各种历史数据)，提供各种业务信息资源数据库（如号码资源、话单信息、客户投诉、建议及相关处理等各种信息）等。电力客户服务中心的数据源包括电力企业已有的业务系统中的历史和当前的数据内容，有些数据可定期从业务数据库复制到客户服务中心数据库，或经过业务网关从电力企业的业务系统数据库中联机检索得到。

(7) 统计分析子系统。对座席的话务量等各种业务数据进行统计分析，为业务发展和调整提供决策依据。统计分析子系统提供全面的报表数据和多种数据的显示方式（饼图、直方图、曲线图、报表等)，为领导决策提供依据。

统计分析的主要内容有：服务质量统计、话务统计、业务统计、分类统计、岗位日志、报表生成、支持打印各种日终、月终、年终统计报表。

(8) Internet服务子系统。结合Internet技术，提供网上电力业务简介、政策法规、公告信息、业务查询、业务申请、网上缴费、网上市场调查、对市场进行综合分析等功能。客户在浏览这些页面的时候，如果遇到什么困难，还可以通过IP电话或ISDN电话的方式与客户服务中心的某一个业务代表建立话路连接，系统通过统一的“呼叫管理器”对该话路进行分配，并同时将客户的页面信息（URL地址）推送到受理客户呼叫的业务代表那里，该业务代表即可以对客户进行网上指导了。而且业务代表每打开新的一页，客户的页面都会自动做同步更新，从而实现真正的“Web同步”。

系统支持客户的网上呼叫，并能将客户自己的Web页面同步传送到某一个具体的业务代表。其中Web接入包括Web Call（即基于VOIP技术的客户PC到座席电话的呼叫）、基于ISDN或独立电话的回呼、文本交谈（chat）、文件传输、应用程序共享、电子白板、非实时任务请求等多种方式（在此就不进行介绍了），而且网上呼叫的排队策略和电话呼叫的排队策略完全一样，从而达到“两网一制”的目标。

(9) 电话录音子系统。电话录音子系统对业务代表和客户的通话进行全程同步录音，并对录音数据进行存储管理。录音设备作为客户服务中心的辅助设备，可以实现全程录音和随机监听。采用录音设备后，业务代表能够进行谈话信息整理，班长、质检人员能够浏览和监听业务代表的通话，作为质量监督检查和监控座席业务代表的工作状况的依据。在客户服务中心，电话录音将作为事实的依据。

其他的子系统还有业务处理子系统、业务网关子系统、身份认证处理子系统、信息采编子系统、公共显示和信息查询子系统。在这里不再一一介绍。

3. 应用系统集成

客户服务中心作为客户服务技术支持系统的重要组成部分，必须与“电力营销管理信息系统”、“配电网GIS管理信息系统”等系统紧密集成才能充分发挥其作用，实现方便、快捷、优质的客户服务。

各业务系统集成的数据接口可采用直接访问、共享数据库或中间文件的方式，在系统实现时采用较多的是共享数据库方式。直接访问方式是系统提供相关系统的有关信息数据读写的权限，各系统间可直接访问对方数据库的有关数据；共享数据库方式是在共用服务器上设立共享数据库，各系统将需共享的相关信息写入共享数据库，各系统通过访问共享数据库获取有关信息；中间文件方式以文件形式（TXT、DBF、Excel等）存放在预定的磁盘介质上，或通过文件传输进行数据的读写，以实现不同系统之间的数据共享。

第二节 电力客户服务中心系统

一、电力客户服务中心系统简介

针对目前各省电力公司客户服务语音系统建设情况，为了保护电力企业已有的投资，充分利用现在拥有的PBX，避免投资浪费，提出了基于电力企业现有PBX的客户服务语音系统的解决方案。总体框架结构如图13-2-1所示。

这里需要说明的是，呼叫中心这种解决方案利用了电力企业通信部门现有的PBX，而呼叫中心其他的计算机系统又不在通信部门，从客户服务语音系统整个系统的建设看来好像不完整，但是从电力企业对外服务来说，它是一个完整的体系。原因有三：其一，电力企业的

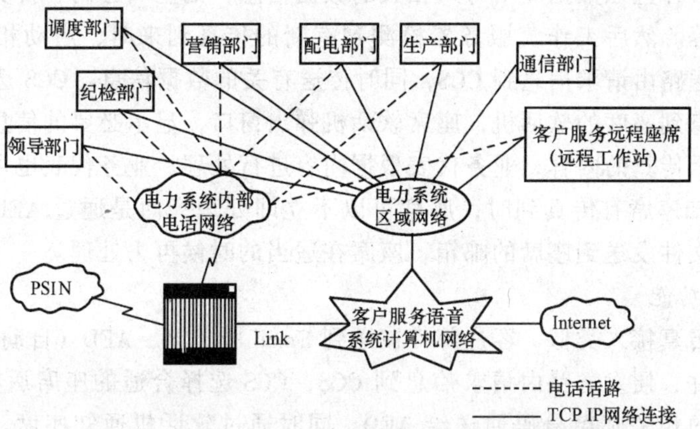

图 13-2-1 电力 Call Center 总体框架结构

客户服务系统应是一个有机的整体，它涉及企业的各个部门，包括营销、配电、生产、通信、调度等等，客户服务的顺利实现是各部门之间合作协调的结果；其二，客户服务语音系统的建立应以电力企业各部门相关支持系统为基础，充分利用现有支持系统存在的资源，减少投资；其三，客户服务语音系统的实现是为客户提供远程自动响应的一个无形窗口，客户业务的各项处理融合于系统的各个部门，一口对外，闭环管理。

电力行业的客户服务建设，它有其自身的特点，不同于电信、金融、证券等行业的客户服务中心，因而它的解决方案也有其特殊性。它应是一种集中分散性的服务体系，其特点可以归结为实时性、分散性、准确性、安全性四个方面。实时性指电力服务必须及时服务到位，许多电力服务业务都需在现场实施，服务必须实时、实效；分散性指服务范围广，客户用电性质差别大，客户服务系统虽然集中受理，但对客户服务却是分散、放射性的；准确性是指客户服务必须准确实际，切实到位，做到方便、快捷、诚实、规范；安全性是电力服务永远的宗旨。

二、电力客户服务中心系统实现功能

客户服务系统主要通过电话、网站等设施，受理各种营销业务，包括客户报装、报修、客户咨询和投诉业务的受理及答复，以及 Internet 网上营销业务的处理。供电公司对外公布一个供电特服电话号码、电话交换台，可同时受理客户的电话业务，由交换台工作人员根据客户电话内容分接给相应的工作人员受理。

（一）基本功能

1. 电话服务功能

客户电话呼入电力客户服务中心后，由 ACD（自动呼叫分配器）向 CCS（呼叫管理服务器，或称为 CTI 服务器）发送路由请求命令，CCS 启动相关的智能路由选择流程，选择合适的服务提供者（如某个 IVR 或座席），CCS 同时通知 ACD，ACD 就将呼叫转向相应的服务者。服务者确认提供服务后电话即完整地接入，可以提供服务了，否则需要重新排队，重新选择路由，直到服务提供者提供服务或者客户挂机。

2. 传真服务功能

客户通过传真机发送传真到电力客户服务中心时，IFR 上的传真接收服务流程生成相应的传真接收文件，并且在数据库中写入相关的数据信息，如主叫号码、传真起始时间、结束时间、传真页数等。然后工作流服务器检测到有新的传真到来时，启动相关的业务处理流程，由该流程发送路由请求信息到CCS，同时传送有关的数据信息。CCS选择到合适的座席后便发送相关信息到座席的软话机，座席软话机弹出窗口，显示必要的信息，业务代表确认后便在座席上显示传真的内容，业务代表根据内容进行处理。业务代表也可采用非实时方式处理，即CCS通知座席有传真到时，座席可以不立即处理，而是通过AED（自动电子邮件分配器）将传真文件发送到座席的邮箱，座席在适当的时候再去处理。

3. Email服务功能

处理流程和传真接入类似。客户邮件被送到Email服务器，AED（自动电子邮件分配器）一旦检测到新邮件，便发送路由请求信息到CCS，CCS选择合适的座席后将业务代表ID及内部邮件服务器的相关邮箱号码回送给AED，同时通过软话机通知座席。与此同时，AED将该邮件转发到业务代表的邮箱，这样当业务代表通过软话机确定处理该业务时，座席软件即可从该业务代表的邮箱中同步取到邮件信息。这里系统也提供自动回复的功能。

4. 短信息服务功能

客户通过移动电话发送和接收文本消息。短信息网关负责将短消息的请求转换为信息交换的标准请求，然后将请求提交到相应的服务端，由服务端处理信息。服务端主动的短消息推送服务也可以路由到短信息网关。

5. 全数字会议服务功能

座席卡自带的会议功能可用于建立多方会议。

6. 传呼服务功能

服务端主动地将传呼信息推送服务路由到传呼网关。传呼网关将各种不同的电力服务信息通过平台发布给登记的开机客户。

7. 基于Web的服务功能

(1) 回呼请求（Web - Call）。有两种方式：

1）客户计算机是一台多媒体电脑，安装有相关的网上电话控件（该控件可以从客户服务中心自动下载），客户上网时，通过该控件向VOIP网关以数据方式发送一个呼叫请求，VOIP网关再将数据呼叫请求转化为电话呼叫，从而变换普通的电话接入。呼叫建立后即可实现座席和客户间基于IP数据方式的通话。

2）独立电话，客户如果使用的是ISDN或者有另一部电话，则可以通过浏览器填写自己的另一个电话号码，然后通过Web Server发起一个回呼请求，呼叫中心接收到此请求后向ACD发送一个预拨号请求命令，ACD收到此请求后向CCS发送路由请求命令，选定座席后再呼叫客户输入的电话号码，客户摘机后将座席和客户连接起来，即可进行通话。

(2) 文本交谈。客户通过浏览器及Web Server向AWD（自动Web分配器）发起一个文本交谈请求。AWD收到此请求后向CCS发送一个文本文件请求命令，CCS收到此请求后，通过智能路由选择一合适的座席并通知此座席，座席确认后即可和客户进行文本交谈。此时客户与业务代表的联系是接近实时的。

(3) 非实时任务请求方式。这种方式和前面两种实时交互方式不同，客户以Web方式提交一个任务请求后，由呼叫中心进行处理。其处理流程如下：客户以Web方式提交的任务请求写入数据库，任务管理器中的相关业务处理流程检测到此项任务后，根据业务处理规程通知相关的处理人员（如座席），座席处理完成后将处理结果写入数据库，再由任务管理器的呼出业务处理流程向 ACD 或 AED 发送相关的命令，以电话、传真或 Email 方式通知客户。

(4) 导航浏览。座席可以引导客户在电力客户服务中心的网页中浏览，即保持客户的浏览器页面和座席一致，客户可通过语音、文本、视频等多种方式和客户服务中心座席实现在线咨询。Web 导航浏览功能使原本静态的信息通过传统的语音服务而成为动态的信息，它为客户提供了一种及时、多方位的交流方式，使客户感觉客服中心每时每刻都在他们的身边，随时准备为他们提供亲情服务。导航功能是对不同的服务请求进行分类、引导和定位。对于不同的接入方式所采用的设备和导航功能都是不同的。①电话客户：电话客户要先经过 ACD 的排队，然后到座席或 IVR 服务器，座席直接通过与客户的交谈来实现服务导航的功能；②计算机客户：计算机客户通过中文网站和电子邮件访问呼叫中心的业务，客户可以通过网页链接方便地实现业务功能的导航。电子邮件则需要邮件识别程序或人工方式来处理。导航的目的是完成客户的请求或形成工作单进行下一步处理。

(5) 表单共享。用于座席指导客户填写表单。要求客户填写时，座席可以看到，并且可以帮助填写，即座席在自己的浏览器上填写，结果会出现在客户浏览器上，但同时要保证机密的内容不可见。

(6) 电子白板。客户和座席间通过电子白板进行双方或多方通话，即参与的任何一方在白板上写入文字、绘图，将会出现在每一方的电子白板窗口中。另外参与各方均可临时锁定白板内容，锁定后，只有锁定方可以修改白板内容，同时只有锁定方才可解锁。

(7) 应用程序共享。客户的应用程序与座席共享。这样可以为客户提供专业性及指导性的服务，帮助网民客户完成困难的操作，排除故障。

(8) 文件传输。座席可以将一些文件直接传给对话的客户，使网民客户得到想要的资料和程序。

8. 丰富的座席呼叫服务功能

根据业务代表的职责权限可划分为普通座席和管理座席。而普通座席中又可按被服务客户接入方式的不同，分为话务座席及 Web 的座席。

(1) 普通座席的呼叫服务功能。

1) 根据呼出权限可以实现市话、本地、国内、国际长途的外拨呼叫。

2) 能以自动控制，人工的方式进行应答，应答时能显示主叫号码和被叫号码。

3) 应答呼叫、暂停受理呼入、呼叫保持、拦截呼叫、呼叫等待、呼叫转移、插入呼叫、遇忙回叫、消息通知、拨出预约、结束通话功能和回复及自动/人工回叫功能。

4) 查询当前呼叫的排队情况，显示各排队呼叫的等待时间、主叫号码。

5) 自动报号、报音、播提示音请求功能。

6) 可以按客户的要求组织，拆除会议电话，可以对会议内容进行监听。

7) 座席代答功能和联网服务功能。

8) 可利用语音播放、录音、录音调听、传真、邮件、传呼、辅助语音通道等资源实现与客户的全方位的交互。

(2) 管理座席的呼叫服务功能。管理座席除具有上述普通座席的全部功能之外，还具有以下功能：

1）呼叫排队情况监视和中继状态查询与监视。

2）查看各个座席的工作状态（空闲、占用、注册否、暂停否、暂停原因、暂停时间）。

3）能自动地同时对多名话务员的通话进行录音及录音的播放。

4）呼叫指定分配功能，强拆、强插、强制示闲/示忙功能以及动态跟踪呼叫功能。

5）管理座席可以设定拦截参数，把指定话务员的来话拦截到质检台。

6）实时监控来话的分段功能，包括每次客户呼叫中客户的状态，如：在自动语音系统中的操作步骤、按键、进入的功能，是否与座席通话、与哪个工号通话、通话时间多长等。

9. 管理维护功能

(1) 计费管理。当系统调用相应的需计费的业务模块或业务数据时即启动计费功能，所有业务话单的生成均是由应用服务器中的计费服务器（AS）来完成的，所有的计费话单时钟从计费服务器上提取。保证了时间的一致性，避免了超长话单和重叠话单的出现。

(2) 服务质量管理。提供对座席的监听、全程录音和座席状态（如等待时间、服务次数、应答速度、呼出次数、挂起次数及时间信息）统计等服务监督功能。

(3) 网络管理。网络管理软件采集网络中各种设备和设施的工作状态，并由网络管理员进行监视和分析处理，然后由网络管理员向网络设备和设施发出控制指令，以控制设备和设施的工作状态。

(4) 配置管理。实现对系统各类业务处理环节的变更、调整；实现对系统中所有可配置资源的设置、查询、增加、删除、修改等功能；实现对系统资源硬、软件的配置。

(5) 故障管理。实现对异常操作的监测、隔离和纠正。

(6) 性能管理。支持对系统设备的行为和通信活动的有效性的评价。它收集统计数据、对这些数据应用特定的算法进行分析，从而获得系统的性能参数；优化网络性能，消除网络中的瓶颈，实现网络流量的均匀分布等。

(7) 安全管理。系统采用了多种安全防护措施来保障系统的安全，如网管系统采取高级别、多层次的安全防护措施。网管系统应提供严格的操作控制和存取控制。

(8) 权限管理。实现对系统的身份确认及其权限管理，如密码系统、确认系统、权限分配系统等。一般设立四个级别：系统管理员级，班长级，资料维护员级，受理人员级。

(9) 统计管理。包括话务统计、消息流量统计等。实现对指定设备、指定路由进行话务统计，例如：统计话务总量和分组话务总量；分析分组的利用率；统计系统接通率；统计放弃的通话次数；统计放弃的通话清单，包括主叫、进入时间、等待时间；统计客户平均等待时间；统计线路利用率；统计座席利用率；统计呼叫的溢出时间、次数；统计历史通话话单；统计平均通话时间、最长通话时间。可以作出各类统计报表，设定自动打印间隔。另外，可以根据电力企业的实际使用情况生成各类报表。

(10) 业务生成管理。模块化的系统结构提供开放、灵活的接口，可根据需求灵活修改业务，从而达到全面服务客户、满足客户需求的目的。同时，也可根据市场需求，及时生成市场急需的综合业务。

(二) 业务功能

客户利用电话、传真、Web、WAP、GSM 短信息、Email、双向寻呼等终端拨打某一特服号码进入电力客户服务中心系统，系统依托电力企业各类业务技术支持系统，通过人工受理或自动语音服务等方式为各类客户提供业务咨询、业务查询、业务受理、故障报修、投诉和建议等服务。

1. 用电业务咨询

客户通过电话或 Internet 网上浏览方式来得到所需信息。客户电话拨入后，系统自动语音提示，通过按键与系统进行交互，客户自助查询所需资料（电力政策法规、业务处理流程、电量电费、停电通知、服务措施等等）；客户也可以选择座席代表进行人工咨询；客户还可通过电子邮件、短信息、网上下载等方法从 Internet 网上获得所需信息资料。

此功能主要可支持客户通过电话、传真、电子信箱、图文终端等手段进行各种业务咨询。系统主要通过自动语音播放系统和人工辅助向客户提供服务，并配以 Web 网站用以向客户提供传真点播、信息浏览，帮助客户更好地了解用电业务。此业务模块在功能上主要实现的是业务宣传和咨询服务。

用电业务咨询内容主要有：申办用电业务；办理业务申请手续；居民和营业新装及增容；低压三相、动力用电新装及增容；高压用电（专用变压器）新装及增容；过户、电表故障、移表、拆表和改电价等杂项；电力法律法规；中华人民共和国电力法；电力供应与使用条例；供用电监督管理办法；电力设施保护条例；电网调度管理条例；电网调度管理条例实施办法；供电营业规则；供电营业区划分及管理办法；用电检查管理办法；居民客户家用电器损坏处理办法；严禁以电谋私的规定；电力行业标准化管理办法；电力设施保护条例实施细则；重点用电单位节能管理办法；城市供电营业规范化服务标准；乡镇供电所规范化服务标准；贴费及用电收费标准；现行电价标准；供电服务守则；内线工艺标准；监督查询报修电话；安全用电知识；违章窃电检查及处理管理制度；营业网点；新闻发布；招标信息等。

业务咨询和宣传服务的内容，根据不同的信息采用不同的组织方法。对于政策法规这些公共性的信息，由于其变动相对小、而且属于公共公开的信息，可以采用网页的方式来组织，这样，一方面客户可以通过电脑直接在网上进行查询；另一方面，座席在对电话来访者进行服务时，也可以直接通过客户端的专用程序自动弹出或人工快速查找等方式来查看内容，根据屏幕显示的内容准确地回答客户的咨询或进行宣传。这些信息在呼叫中心内部是通过数据库系统来组织的，呼叫中心的各个系统可以通过对数据库的访问来共享这些资源。比如，自动语音应答系统、语音信箱、自动传真回复系统、电子邮件回复系统等均可以通过程序自动地调用这些资源来完成服务。

对于一些经常变动的信息，可以通过数据库连接的方式来组织，这样可以保证所有的信息均出自一个信息源，保证信息的可靠、正确、及时。由于通过电脑联网以及和其他电信部门的联网，通过数据动态服务等功能，可以快速地随时地实现数据的同步。

此类功能可通过人工方式、传真方式、网页方式、电子邮件方式、语音信箱方式、短信方式等多渠道地提供服务。

2. 电力故障报修

通过呼叫中心人工座席应答，受理各类电力故障报修并迅速作出反应。能根据故障地点、性质以计算机网络流程、电话、短消息、BP 机等方式通知相关抢修部门进行抢修。故障处理完毕后，将恢复供电信息反馈给客户并接受客户监督。

将配网地理信息系统应用到客户服务系统中，当客户拨入电话时，系统根据客户电话、客户号、故障地点等自动定位在 GIS 上，通过计算机网络流程及时准确通知相关抢修部门进行抢修。故障处理完后，将有关信息反馈到客户服务系统及客户，接受客户监督。还可结合

GPS卫星定位技术与车辆调度系统，通过GPS快速定位故障抢修车辆位置，下达抢修任务并提供到达故障点的最佳路线，指挥调度事故抢修任务。

3. 用电业务查询

用电业务查询通过人工交互式受理。受理人员根据客户要求，从服务质量标准数据库、电费数据库和其他相连的数据库查询资料，然后通过语音方式播报资料或送到客户指定的传真机或其他终端设备上。主要内容如下：

（1）电价查询。包括按不同的地区进行农村电价、城市电价查询。

（2）电费查询。根据客户的户号和年月，查询电费数据库的当月用电量和电费、电费额明细（总计及各电表的计费），以及欠费情况等。

（3）所申办的业务办理进程查询。

（4）故障申告处理结果查询。

（5）客户投诉处理结果查询。

4. 电力业务受理

客户服务系统可以实现客户电话报装和网上报装。通过电话人工应答或Internet网上录入信息，受理客户的各类新装、增容等用电业务，形成工作任务单（电子传票），传递到电力营销管理信息系统流程进行处理。处理完后，将受理情况通过网络反馈到客户服务系统，形成闭环流程管理。

通过人工或IVR系统受理客户所申办的业务，受理业务内容如下：居民用电新装及增容；低压三相、动力用电新装及增容；高压用电（专用变压器）新装及增容；客户改名、过户；电表故障；移表；拆表等。

5. 客户投诉与建议

受理客户投诉，进行投诉查询和落实，追踪投诉处理，回复客户投诉，监督和检查企业各部门的服务质量，收集和反馈社会对供电服务的意见和建议。

6. 欠费催缴与信息通知

根据各类业务工作要求，对客户费用（电费、违约使用电费、各类杂项费用）进行催缴。设置催缴费用的时间、频度，有选择地向客户进行自动拨叫并播放催缴语音；也可自动电子邮件或短信方式进行催缴。

可通过自动语音、Email、传真通知客户，提供电费结算和欠费、业扩收费或缓交到期、用电设备、计量装置停复到期、计划停电等通知服务。

7. 停限电预告

通过供电特服电话号码自动呼出、传真、网络发布、电子邮件等方式，客户服务系统向重要客户预告停限电信息。

停电通知以电话通知为主，网上发布或短信方式为辅。

8. 其他功能

客户服务系统还应有业务监督、客户服务数据分析等功能。同时结合Internet网络技术的不断发展，进一步拓展服务功能，如实现网上业务办理、网上费用支付、市场需求调研分析等。

（1）大客户服务功能。对大客户提供较高优先级的服务处理，通过电话外拨功能主动提供服务，介绍业务处理进展情况或电价优惠方法。

(2) 客户回访和满意度调查。通过电话等形式定期对重要客户进行回访，提高服务质量和客户满意度；或通过电话对客户随机调查访问，征询客户对供电电压质量、供电可靠度、供电服务质量、抄表收费等服务项目的意见，了解客户需求。

第三节 电力客户服务技术支持系统应用要求

目前，全国已统一开通“95598”这个电力客户服务专线。实际上，各个供电企业在企业内部已经建设了一个较大规模的电力客户服务技术支持系统——电力“95598”客户服务系统，实现全面协调及管理供电企业提供的所有用电服务工作。那么要想让该系统能够像前面章节所述的那样为客户提供服务，充分体现“只要您一个电话，剩下的事情由我们来做”的服务宗旨，我们的供电企业必须注重以下方面。

一、四大服务制度要求

四大服务制度即客户代表制、客户首问制、客户服务调度制和客户回访制。

1. 客户代表制

电力“95598”客户服务中心座席要代表客户。对外，实现对客户服务需求的及时响应、受理、提交；对内，协调本企业相关服务部门、班组和个人对客户要求进行服务与回复，建立企业服务与客户需求之间的有效沟通。

2. 客户首问制

第一个受理客户需求的客户代表，负责对事件全过程进行监督和督办。

3. 客户服务调度制

(1) 当调度令不影响电网安全运行时，生产调度及相关部门要服从于客户服务调度，反之，客户服务调度服从于生产调度。

(2) 电力“95598”客户服务中心客户代表在受理客户需求之后，经过任务的核实和认定，以服务承诺标准、设备的专业维护分工为依据，进行任务派工。

(3) 对于任务涉及或交叉多部门、多班组时，客户代表应承担任务的统一调度和协调。

4. 客户回访制

(1) 客户代表对处理完成的客户业务，应按照回访率分类的标准和时限，定时完成对客户的回访。回访时限由各供电企业自行制定；回访率分类标准如下：①故障抢修：30%；②投诉、举报、建议、诉求等回访率：100%。

(2) 无法回访事件须经过“95598”中心主任或相关负责人的核实，并在工作单中注明“无法回访”的原因。

(3) 回访时若出现客户不满意时，须认真分析不满意原因。如果是可以通过继续做工作使其满意的，应再次派工到相关部门进行再次处理，直到客户满意；如果不满意的原因无法根本解决或者不能在短时间内解决的，应做好解释工作，尽量取得客户的谅解，同时详细记录原因，并向其征询对供电服务的意见建议，转达至相关部门，以改进不足。

(4) 客户代表回访时应根据《用电客户受理员（试行)》、《“95598”考核标准》对回访业务各环节进行核查，凡有违反《“95598”考核标准》的，应发送电子公告至相关处理部门，并及时填写《优质服务报表》。

二、"95598"系统业务监督管理要求

（1）"95598"系统各业务流应遵循"上一环节对下一环节负责，下一环节对上环节进行监督"的原则进行。

（2）客户代表要对"95598"系统各项业务实行带时限全过程闭环监督。第一位受理客户需求的客户代表，是该事件的第一监督责任人；其他客户代表在当值期间对交接遗留事项进行监督；回访客户代表是其回访事件的第二监督责任人；"95598"中心班长及相关负责人应定期对"95598"系统业务进行抽查，是第三监督责任人。

（3）因上一环节错误销单导致业务链中断的，应重新派工，继续监督。

（4）客户代表须根据规定及时将监督出的问题提交考核意见。

三、"95598"系统部门设置、人员信息维护及权限分配应用要求

1．"95598"系统部门设置要求

（1）"95598"系统采用的是扁平面化派工模式，即客户代表根据业务受理内容与各班组的职责划分直接将业务单派至处理班组，使客户需求得到及时的响应。因此，在"95598"系统中各工作班组与其上级管理部门，即局二级机构，在"95598"系统中都应设置成平级处理部门。

（2）根据业务流转的需要，及时在"95598"系统中建立相应工作部门（班组）名称。

（3）"95598"系统部门设置由系统应用管理员维护。

2．"95598"系统人员信息维护要求

（1）系统中各部门（含各工作班组）第一负责人、局领导的信息由系统应用管理员进行维护。

（2）跨部门调动的人员信息由系统应用管理员进行维护。

（3）系统中各部门（含各工作班组）的人员信息由其第一负责人进行维护。

（4）各工作人员应对自己系统中的登录密码做个性化的更改，并注意保密。若因不修改密码或因密码泄露而引起误操作，一切后果将由该工作人员承担。

3．"95598"系统权限分配要求

（1）"95598"系统应用管理员拥有系统所有项目的操作权，原则上由呼叫中心班长掌握该客户登录密码，且登录密码应不定期更改，以保证其保密性及唯一性。

（2）系统中各部门（含各工作班组）的权限，由系统应用管理员根据该部门在业务流中所起的作用进行分派；各部门职责变化时，应及时将系统需求以书面方式通知系统应用管理员。

（3）系统中各部门（含各工作班组）第一负责人，具备其部门所有的权限。该部分权限分配由系统应用管理员进行维护。

（4）局级领导具备该系统所有的查询功能、报表统计功能、处理意见建议的功能及任务批示的权限。其权限的分配由系统应用管理员负责。

（5）各部门工作人员权限由本部门第一负责人按照内部分工和管理进行分配。

四、"95598"系统业务单填写要求

"95598"系统为全电子式办公，工作单作为唯一的工作凭证，具有档案效力，其填写内容必须真实、清楚、完整。

1．"95598"系统业务受理填写要求

（1）客户叙述的内容，应加“客户反映：”几个字，将客户所说的内容及要求简洁、明了地记录下来。

（2）客户代表派工时，应将派工目的作出明确的要求。

（3）派工单上应注明客户的联系电话，如果客户坚持不留电话的，须记录下其呼入电话号码。另外，紧急事件应与客户约好联系时间和联系地点等。

2.“95598”系统业务处理填写要求

（1）处理内容填写的总体要求是“一问一答”，首先明确客户反映情况是否属实，再叙述现场调查及处理情况的具体内容。

（2）对于要求“做出结论”的，须按“95598”考核标准对事件进行分析归类，并填写考核意见。

（3）业务单填写须真实、清楚、完整，否则纳入考核。

（4）“95598”系统业务销单的条件是：客户反映的问题全部处理完毕。如未全部处理完毕，则只能进行内联或移交处理。

（5）由于客观原因造成不能满足客户需求的，处理部门应给客户做好解释工作，并在业务单上注明答复客户的明确意见。

3.“95598”系统业务移交或内联填写要求

（1）须注明本部门的处理结果，写明遗留问题和移交处理要求。

（2）被移交或内联部门按照上一移交部门要求进行处理并销单；如仍有遗留问题，则继续移交。

4.“95598”系统业务拒工填写要求

（1）须注明拒工原因。

（2）对事件应由哪个部门处理提出相应建议。

五、“95598”系统相关服务信息维护要求

（1）将“95598”系统相关服务信息维护工作，根据本供电企业的职责分派至各部门。

（2）确定“95598”系统相关服务信息维护标准与维护周期。

（3）加强对“95598”系统相关服务信息维护的监督工作。

六、“95598”系统时限管理要求

（1）根据各局情况制定相应的具体业务时限要求，各处理班组要按规定在时间内完成工作（含业务单处理环节填写）。

（2）客户代表要严格按照规定时限对各项业务进行监督，并上报相应的考核报表。

（3）因非主观原因造成处理超时的，处理班组可在销单时，如实填写合理的超时原因，经过核实后，可免予考核。

（4）处理班组超时原因经核实不合理的，则仍按超时标准上报考核。

（5）处理班组超时原因经核实不属实的，除按超时标准考核外，还将对弄虚作假行为进行考核。

（6）“95598”系统时限管理应涵盖“95598”系统所有业务，包括内部工作单管理模块。

附录A

供电营业员工文明服务行为规范（示例）

1. 适用范围

供电营业员工包括：客户代表、装表接电、用电检查、用电稽查、营业抄表、营业收费、用电业扩、业扩施工、95598热线服务、咨询服务、电力紧急服务、负荷管理等岗位的工作人员。

2. 基础行为规范

品质、技能、纪律是文明服务行为规范的基础规范，是对供电营业员工在职业理想、职业道德、职业技能和职业纪律等方面提出的总体要求，也是落实文明服务行为规范必备的综合素质。

2.1 品质

敬业爱岗、忠于职守

2.1.1 坚持“人民电业为人民”的行业宗旨和“优质、方便、规范、快捷”的供电服务方针，牢固树立全心全意为人民服务的思想观念，做到服务人民，奉献社会，让政府放心，让客户满意。

2.1.2 强化市场意识、服务意识、效益意识、形象意识，具有强烈的职业责任感和事业心，做到对工作兢兢业业，对同志满腔热忱，对客户服务周到，维护客户与供电企业的共同利益。

2.1.3 讲究文明礼貌、仪表仪容，树立诚信观念和信用意识，真诚对待客户，做到诚实守信，规范服务，公平、公正。

2.1.4 发扬团队精神，维护企业整体形象，部门之间、上下工序之间、员工之间相互尊重，密切配合，团结协作。

2.2 技能

勤奋学习、精通业务

2.2.1 树立终身学习理念，勤奋学习科学文化知识，加强思想道德修养，积极参加文化、技术培训，努力增强综合素质，不断提高分析、认识、解决问题的能力和交往、协调、应变等方面的能力。

2.2.2 刻苦钻研业务，苦练基本功和操作技能，精通业务规程、岗位操作规范和服务礼仪，熟练掌握与本职工作相关的业务知识和专业技能。不断充实更新现代业务知识和工作技能，努力学习和运用最新的科学技术。

2.3 纪律

遵章守纪、廉洁自律

2.3.1 模范遵守国家法律、法规和规章，熟练掌握与本职业务相关的法律知识，廉洁自律，秉公办事，不以电谋私，不吃拿卡要，不损害客户利益，不循私情，按照工作程序和权限履行职责。

2.3.2 严格遵守企业的各项规章制度，自觉执行劳动纪律、工作标准、作业规程和岗位规范，不迟到，不早退，工作时间不办私事，不擅自离岗、串岗，不聊天，不做与工作无关的事情。

3. 外在形象

规范着装、仪容和举止是供电营业员工的外在表现，它既反映了员工个人修养，又代表企业的形象。

3.1 着装

统一、整洁、得体

3.1.1 服装整洁得体，端庄大方，无污渍。按规定佩戴好统一编号的服务证（牌）。

3.1.2 着西装时，打好领带，扣好领扣，不挽袖口和裤脚。衬衣下摆束入裤腰和裙腰内，袖口扣好，内衣不外露。

3.1.3 鞋、袜保持干净卫生，在工作场所不打赤脚，不穿拖鞋。

3.2 仪容

自然、大方、端庄

3.2.1 头发梳理整齐，修饰得当，不染彩色头发，不戴夸张的饰物。颜面和手臂保持清洁，不留长指甲，不染彩色指甲。

3.2.2 男员工头发长不覆额，侧不掩耳，后不触领，不留胡须。女员工淡妆上岗，工作时间不能当众化妆。

3.2.3 保持口腔清洁，工作前忌食具有刺激性气味的食品。

3.3 举止

文雅、礼貌、精神

3.3.1 精神饱满，保持微笑，注意力集中。

3.3.2 坐姿良好，上身自然挺直，不用手托腮，不翘二郎腿，不抖动腿。椅子过低时，女员工双膝并拢侧向一边。

3.3.3 站姿端正，抬头、挺胸、收腹，双手自然下垂，双脚并拢。走路步幅适当，节奏适宜。

3.3.4 避免在客户面前打哈欠、伸懒腰、打喷嚏、挖耳朵等，尽量减少不必要的手势和动作。

4. 一般行为规范

接待、会话、服务、沟通属文明服务的一般行为。供电营业员工必须从客户的需求出发，科学、规范地做好接待和服务工作，赢得客户的满意和信赖。

4.1 接待

微笑、热情、真诚

4.1.1 接待客户热情、周到、真诚，做到来有迎声，去有送声，有问必答，百问不厌。

4.1.2 属于供电企业职责范围内的业务，不论是否对口，接待人员都要认真倾听，热心引导，快速衔接，并为客户提供准确的联系人、联系电话和地址。

4.2 会话

亲切、诚恳、谦虚

4.2.1 使用文明礼貌用语，语音清晰，语气诚恳，语速平和，语意明确，语言简练，态度亲切，提倡讲普通话。严禁说脏话，尽量少用生僻的电力专业术语。

4.2.2 与客人交谈时，要认真倾听，专心致志，面带微笑，注意谈话艺术，不随意打断客人的话语。

4.3 服务

快捷、周到、满意

4.3.1 认真、仔细询问客户的办事意图，快速办理相关业务。接到同一客户较多业务时，要帮助他们分出轻重缓急，合理安排好前后顺序，缩短办事时间。

4.3.2 遇到两位以上客户办理业务时，既要认真办理前面客户的业务，又要礼貌地与后面的客户打招呼，请其稍候。

4.3.3 遇到不能办理的业务时，要向客户说明情况，争取客户的理解和谅解。

4.4 沟通

冷静、理智、策略

4.4.1 耐心听取客户的意见，虚心接受客户的批评，诚恳感谢客户提出的建议，做到有则改之，无则加勉。不能顶撞和训斥客户，更不能与客户发生争执。

4.4.2 如果属自身工作失误，要立即地向客户赔礼、道歉。

4.4.3 自己拿不准的问题，不回避，不否定，不急于下结论，应及时向领导汇报后再答复客户。

5. 具体行为规范

具体行为规范是指与业务工作更直接相关的服务规范。要通过高效、真诚、周到、优质的服务，让客户高兴而来，满意而去，为供电企业开辟更广阔的市场。

5.1 柜台服务

优质、高效、周全

5.1.1 按时营业，工作人员至少提前5min上岗，检查计算机、打印机以及触摸服务器等营业厅服务设施，做好营业前的各项准备工作。

5.1.2 实行首问负责制，被客户首先访问的工作人员，有责任引导客户办好各种手续。

5.1.3 接待客户时，应起身相迎，微笑示座，认真倾听，准确答复。客户办完业务离开时，应微笑与客户告别。

5.1.4 需要客户填写业务登记表时，要将表格双手递给客户，并提示客户参照书写示范样本填写。认真审核客户填写的业务登记表，如填写有误，应礼貌地请客户重新填写，并给予热情的指导和帮助。

5.1.5 坚持“先外后内”的原则，当有客户来办理业务时，应立即放下手中的其他工作，马上接待客户；如手中工作确实不能立即放下，应先向客户致歉，请客户稍候，并尽快接待客户。

5.1.6 因系统出现故障而影响业务办理时，如短时间内可以恢复的，应请客户稍候，并致歉；需较长时间才能恢复的，除向客户道歉外，应留下客户的联系电话，再另行预约。

5.1.7 残疾人及行动不便的客户来办理业务时，应上前搀扶，代办填表等事宜，并请客户留下联系电话和地址，以便上门服务。对听力不好的老年人，声音应适当提高，语速放慢。

5.1.8 因前一位客户办理时间过长，让下一位客户久等时，应礼貌地向客户致歉。

5.1.9 当客户的要求与政策法规及本企业制度相悖时，要向客户耐心解释，争取客户理解，不能与客户发生争执；当客户过于激动时，可由专人接待并做好进一步解释工作。

5.1.10 临下班时，对于正在处理中的业务应照常办理完毕后方可下班。下班时仍有等候办理业务的客户，不可生硬拒绝，应迅速请示领导，视具体情况加班办理。

5.2 信息服务

畅通、方便、高效

5.2.1 时刻保持电话畅通，电话铃响5声内接听（超过5声的应首先道歉），应答时要首先问候，然后报出单位名称。

5.2.2 受理客户咨询业务时，应耐心、细致地答复。不能当即答复的问题，应向客户致歉，并留下联系电话，研究或请示领导后，尽快答复。

5.2.3 接到客户电话报修时，详细询问故障情况。如判断是客户内部故障，电话引导和协助客户排除故障；如无法判断故障原因或判断确属于供电部门维修范围内的故障，要详细记录客户的姓名、电话、地址，立即通知抢修部门前去处理。

5.2.4 因线路检修引起停电时，应主动向客户致歉，并告知客户预计恢复供电的大约时间。

5.2.5 接到客户投诉或举报时，应向客户致谢，详细记录具体情况后，立即转递相关部门或领导处理。投诉电话应在5日内，举报电话应在10日内给予答复。

5.2.6 当客户打错电话时，应礼貌地做出说明。遇到骚扰电话时，应严正指出其错误行为，但不能使用脏话。

5.2.7 在接听电话过程中，重要内容要注意重复、确认。通话结束时，须等客户先挂断电话后再挂电话，不可强行挂断。

5.2.8 负责网上业务查询、报装、投诉和咨询服务的人员，要制作分门别类、色彩明快的各种表格，方便客户正确使用。网上内容应包括停电通知、电费电价、业务流程、日常用电常识及各项电力政策法规等，并设有导航服务系统和“请点击”的字样，首行文字应键入“感谢您进入××网页”字样。

5.2.9 准时打开网络服务器，及时回复业务受理情况，公布办理结果。

5.3 现场服务

安全、守信、满意

5.3.1 在服务前，应与客户预约时间，讲明工作内容和工作地点，请客户予以配合。

5.3.2 与客户会面时，应主动出示工作证件，并进行自我介绍。遵守客户内部有关规章制度，尊重客户的风俗习惯。

5.3.3 现场工作时，需借用客户物品（如椅子等），应征得客户同意，用完后先清洁再轻轻放回原处，并向客户致谢。需进入客户室内时，应先按门铃或轻轻敲门，主动出示工作证件或做自我介绍，征得同意后，戴上鞋套，方可入内。工作结束时，应及时清理工作现场并向客户致谢。

5.3.4 发现客户有违约或窃电行为时，用电检查等人员应依据有关法规礼貌地向客户指出。遇到态度蛮横，拒不讲理的客户，要及时报告有关部门，不要与其吵闹，防止出现过激行为。

5.3.5 发现因客户责任引起的电能计量装置损坏，应礼貌地与客户分析损坏原因，由客户确认，并在工作单上签字。

5.3.6 用电工程验收中，发现有不符合规程要求的问题时，应向客户耐心说明，并留下书面整改意见。尽量满足客户的合理要求，遇有客户提出非正当要求或要求无法达到时，应向客户委婉说明。

5.3.7 如损坏了客户原有设施，必须为客户恢复原貌或等价赔偿，尽力让客户满意。

5.3.8 工作中，如给交通安全等带来不便，要有安全措施，如悬挂施工单位标志、安全标志和礼貌标志等。

5.3.9 工作结束后，应清理好现场，不能留有残留物和污迹，做到设备、场地清洁。同时主动征求客户意见，并将本部门联系电话留给客户。

6. 基本文明用语

基本文明用语中列出了十条常用服务用语。各供电单位可根据具体实际和地域特点，在遵循《规范》总体要求的基础上予以适当调整。

6.1 您好，请坐，请问您需要什么帮助吗？

6.2 请稍候，我们马上为您办理！

6.3 再见，您慢走！

6.4 打扰了，再见，谢谢您的合作！

6.5 别客气，这是我们应该做的！

6.6 您好！我是××供电公司（局）的××，现在来抄表（收费、装表、换表等），请您给予支持和配合！

6.7 您好！××供电公司（局）×号为您服务。请您稍候，我们将立即派人前去修复。

6.8 您好！因为线路检修（或线路故障），导致您那里停电了，请谅解。大约会在×时送电。

6.9 （与客户交谈时）您好、请、谢谢、麻烦、再见、打扰了。

6.10 （工作出现差错时）对不起，是我不对，请原谅，欢迎您多提宝贵意见！

附录B

客户服务人员文明服务用语和服务禁语（示例）

客户服务人员文明服务用语和服务禁语（示例）见表B1。

表B1 客户服务人员文明服务用语和服务禁语

序号	服务内容	文明服务用语	服务禁语
1	称谓	老大娘、老大爷、师傅、同志、先生、女士、小姐、小朋友。	喂！老头儿、老太婆、伙计、哥们！
2	客户进门	您好！请坐！请问您有什么事？	干什么？那边等着、那边坐着。
3	为客户办理业务时	请问、请稍候，我马上为您办理。	急什么！等着！你没看见我忙着吗？
4	客户所办业务不属于自己职责时	对不起，您的事情请到××处找××同志，请往这边走。	不知道！我管不着！
5	所办业务一时难以答复需请示领导时	请稍候，我们研究一下。对不起，请留下电话号码，我们改日答复您。	我办不了！找领导去！
6	客户交款时	您这是××元钱，应找您××元，请点清收好。	快交钱！给你！拿着！
7	与客户交谈工作时	您好、请、谢谢、打扰了、劳驾、麻烦、再见。	少废话！少啰嗦！
8	客户离开时	请您走好，再见！	快走吧。
9	到客户处	您好！我是电业局的，来抄电表（收费、装表、换表等）	电业局的。
10	离开客户时	打扰了，再见！谢谢您的合作！	走了！
11	接客户电话时	您好！我是××电业局，请问您有什么事？	什么事？我忙着！不知道！
12	客户打错电话时	同志，您打错了，这里是电业局。	错了！
13	未听清楚，需要客户重复时	对不起，我没听清楚，请您再说一遍，谢谢您。	听不着！
14	接到电话问题不属于本岗位职责时	同志，对不起，请您挂××电话找××。	我不管！

续表

序号	服务内容	文明服务用语	服务禁语
15	工作出现差错时	对不起，请原谅，请多批评。	错了！有什么了不起！
16	受到客户批评时	您提的意见我们一定慎重考虑，有利于改进我们工作的，我们一定虚心接受，欢迎多提宝贵意见。	有意见找领导去！愿上哪告上哪告！
17	遇有个别客户蛮不讲理时	不用着急，有事好商量，如果您有意见，可以请有关方面解决。	你愿找谁找谁，我没法跟你谈！
18	填发电费通知单时	这是您的电费通知单。电量是××，电费是××，请收好。	给！拿着单子！
19	客户询问电价时	请您观看电子屏幕（墙上挂着图板），有不明白的地方，我给您解释。	那边，自己看去！
20	遇客户无理拒缴电费。多次做工作无效时	根据《电力法》第××条××款规定经过批准，给予停电，请做好准备。	不交电费！就给你停电！
21	客户电话预约验表时	请您××日××时在家等候，我们为您验表。	等着吧！有空就去了！
22	客户询问电表损坏原因时	对不起，电表损坏原因需经过检定才能确定，然后答复您。	不知道！
23	客户电表损坏丢失时	劳驾！您介绍一下电表损坏（丢失）的情况好吗？	赔表！
24	电表“潜动”不属于我们责任时	对不起，您家电表自转是内线漏电引起，请找房屋产权单位处理。	自己查，我们不管！
25	客户对校验结果不相信时	同志，校验结果电表误差没有超过允许范围，按规定不能退电费，请您谅解！	不信有什么办法！
26	客户怀疑电表有误差按时缴电费时	本月电费您还是按时缴纳，如果怀疑电表有误差，可以申请验表，如确有误差，我们会下月退还电费差额的。	先交了电费再说！
27	收验电表	同志，请交××元钱验表费，若电表有误差，验表费将返给您。	验表，先交钱！
28	为客户换表时	请您打开开关，看看是否有电。	换完了！自己试去吧！
29	遇有障碍物或需要借椅子等物	请您把这个挪动一下好吗？谢谢！您的椅子用完了，谢谢！	挪一边去！完了！拿去吧！

续表

序号	服务内容	文明服务用语	服务禁语
30	发现客户违章窃电时	同志，您这是违法行为。我们要依据电力法××条规定进行处理。	违章窃电还有理！
31	客户前来询问图纸审核情况时	您好！请坐！您的图纸正在审核中，请稍候。	听通知，等着吧！
32	在审核图纸发现问题时	您好，此处设计不符合规程要求，请修改一下。	标准都不知道。快改去！
33	到现场竣工验收时	我们前来竣工验收，请协助我们工作。	来验收了。
34	验收中发现问题时	经验查发现，此处不符合规程要求，请尽快修改。	怎么搞的？水平这么低！
35	客户工程验收合格	您的工程经验收合格，可以申请送电。	就算合格吧！
36	客户询问停电时	因为线路检修，系统限电，请谅解，大约在××时送电。	不知道！
37	接故障报修电话	您好！××电力服务热线，××为您服务。请您稍候，我们将立即派人前去修理。	等着吧！
38	客户报错地址未见去人修理，又来电话时	我们已经去过了，但没找到，请详细报一下您的地址。	怎么搞的！地址都说不清！让我们白跑一趟。
39	客户要求修理内线时	很抱歉，屋内设备不属于我们管辖范围，请您找产权部门处理。	我们管不着！
40	客户向我们道谢时	没关系，这是我们应该做的。	算了！算了！
41	客人参观检查工作时	您好！我叫×××，负责××工作，欢迎检查指导。	哪来的？看什么？

附录C

客户调查问卷示例（城市居民）

亲爱的客户，欢迎您参加我们的调查（需求调查）活动。希望能收集您的反馈信息，来持续改善我们的服务，您的意见对我们很重要，谢谢您对我们工作的大力支持。

________电力公司

1. 您认为电力系统开展的宣传活动效果明显吗?

□很明显　□明显　□一般　□不明显　□不知道

2. 用电中出了问题，您一般是通过哪个途径处理的?

□拨打电话95598　□找客户服务中心　□找客户代表　□找熟人

3. 您对电压质量是否满意?

□很满意　□满意　□基本满意　□不满意　□很不满意

4. 您家今年经常停电吗?

□无　□1次　□2~3次　□4~5次　□5次以上

5. 您对故障抢修是否满意?

□很满意　□满意　□基本满意　□不满意　□很不满意

6. 您觉得缴电费方便吗?

□很方便　□方便　□还可以　□不太方便　□不方便

7. 您觉得到供电部门办事方便吗?

□很方便　□方便　□还可以　□不太方便　□不方便

8. 您对"95598"电话提供的服务满意吗?（有打电话的客户填写）

□很满意　□满意　□基本满意　□不满意　□很不满意

9. 您觉得所接触的服务人员工作规范吗?（如着装、文明用语）

□很规范　□规范　□基本规范　□不太规范　□不规范

10. 您觉得供电部门在业扩、抢修、收费等方面的工作是否规范?

□很规范　□规范　□基本规范　□不太规范　□很不规范

11. 您相信供电部门提供的抄表电度、电费清单吗?

□完全相信　□相信　□基本相信　□不太相信　□不相信

12. 您对投诉、纠纷、抱怨处理的结果满意吗?（有投诉、纠纷、抱怨经历的客户填写）

□很满意　□满意　□基本满意　□不太满意　□不满意

13. 如果您曾经报装过一户一表，从申请到装表用了多长时间?（有报装一户一表的客户填写）

□3天以下　□3~5天　□5天以上

14. 您对供电部门供电和服务的总体感觉满意吗?

□很满意　□满意　□基本满意　□不太满意　□不满意

15. 您对停电前后供电企业提供的停电通知服务满意吗?

□很满意　□满意　□基本满意　□不太满意　□不满意

16. 综合安全、清洁、方便几个因素，您会选择以下哪种能源?

□电能　□液化气　□煤　□煤气

17. 您认为制约家庭用电的因素是:

□经常停电　□电价高　□转供电

18. 一、两年内您会增加电器吗?

□会　□可能会　□不会

19. 您对供电企业的最大期望是什么?

□优质服务　□减少停电次数　□降低电价　□缩短装表时间

20. 您认为供电企业目前最应改进的方面是:

□营业收费　□报装接电　□供电质量　□电价电费

□服务质量　□故障抢修　□效率低下　□服务规范

21. 您对我们的服务有何建议或要求?

答题说明：1 ~ 14 题为客户满意度调查内容，15 ~ 18 题为客户需求调查内容。

附录D

客户调查问卷示例（大客户）

亲爱的客户，欢迎您参加我们的调查（需求调查）活动。希望能收集您的反馈信息，来持续改善我们的服务。您的意见对我们很重要，谢谢您对我们工作的大力支持。

________电力公司

1. 您认为电力系统开展的优质服务活动效果明显吗？

□很明显　□明显　□一般　□不明显　□不知道

2. 用电中出了问题，您一般是通过哪个途径处理的？

□找客户代表　□拨打电话95598　□找客户服务中心　□找熟人

3. 您对电压质量是否满意？

□很满意　□满意　□基本满意　□不太满意　□不满意

4. 您单位今年经常停电吗？

□无　□1次　□2～3次　□4～5次　□5次以上

5. 您对故障抢修是否满意？

□很满意　□满意　□基本满意　□不太满意　□不满意

6. 您觉得缴纳电费方便吗？

□很方便　□方便　□还可以　□不太方便　□不方便

7. 您觉得到供电部门办事方便吗？

□很方便　□方便　□还可以　□不太方便　□不方便

8. 您对“95598”电话提供的服务满意吗？（有打电话的客户填写）

□很满意　□满意　□基本满意　□不太满意　□不满意

9. 您对停电前后供电企业提供的停电通知服务满意吗？

□很满意　□满意　□基本满意　□不太满意　□不满意

10. 您对供电企业提供的设备质量、设计水平、安装质量感到满意吗？（有报装业务工程的客户填写）

□很满意　□满意　□基本满意　□不太满意　□不满意

11. 您觉得所接触的服务人员工作规范吗？

□很规范　□规范　□基本规范　□不太规范　□不规范

12. 您觉得供电部门在业扩、抢修、收费、管理等方面的工作符合标准吗？

□很标准　□标准　□基本标准　□不太标准　□不标准

13. 您相信供电部门吗？

□完全相信　□相信　□基本相信　□不太相信　□不相信

14. 您对投诉、纠纷、抱怨处理的结果满意吗？（有投诉、纠纷、抱怨经历的客户填写）

□很满意　□满意　□基本满意　□不太满意　□不满意

15. 您对供电部门的供电和服务总体感觉满意吗？

□很满意 □满意 □基本满意 □不太满意 □不满意

16. 您认为目前执行的电价与其他能源价格（如煤气、液化气、煤）相比是：

□便宜 □不太便宜 □不便宜

17. 您认为制约您单位用电增长的因素是：

□电压不稳 □经常停电 □电价高 □市场不景气

18. 您单位在近一、两年会有新的用电增长点吗？

□有 □会下降 □与目前持平

19. 您单位内有无使用其他能源替代电能的情况？

□有 □无 □不清楚

20. 您认为供电企业目前最应改进的方面是：

□营业收费 □报装接电 □供电质量 □电价电费

□服务质量 □故障抢修 □效率低下 □服务规范

21. 您对客户代表提供的服务满意吗？

□很满意 □满意 □基本满意 □不太满意 □不满意

22. 您对我们的服务有何建议或要求？

23. 您对供用电合同中所规定的条款认为合理吗？

□合理 □基本合理 □不太合理

24. 供电企业对您单位所管辖的电气设备提出安全措施整改要求，您认为有必要吗？

□很必要 □有必要 □没必要

25. 您对我们电力市场的发展有哪些好的思路和建议？

答题说明：1～16 题为客户满意度调查内容，17～22 题为客户需求调查内容。

附录 E

“95598”现场抢修服务满意卡（示例）

（正面）：

________电力公司

客户姓名：________地址：________联系电话：________

亲爱的客户，“客户满意”是我们追求的目标，欢迎拨打电话“95598”。

95598　　电力来服务

客户满意　　政府放心

满足客户需求　　一次就做好

如果您对我们的服务不满意，可拨打监督电话××××。

（反面）：

1. 您对抢修人员到达现场的时间满意吗？

□很满意　□满意　□基本满意　□不太满意　□不满意

2. 您对抢修速度满意吗？

□很满意　□满意　□基本满意　□不太满意　□不满意

3. 您对抢修人员的态度满意吗？

□很满意　□满意　□基本满意　□不太满意　□不满意

4. 您对抢修质量满意吗？

□很满意　□满意　□基本满意　□不太满意　□不满意

5. 您对我们抢修处理的总体情况满意吗？

□很满意　□满意　□基本满意　□不太满意　□不满意

6. 您对我们的抢修工作有什么意见和建议？

设计说明：

本满意卡分为正反双面，正面为客户姓名、地址、联系电话和“95598”宣传内容，反面为客户填写内容。

附录F

GB50096—1999《住宅设计规范》第6.5条规定

6.5.1 每套住宅应设电能表。每套住宅的用电负荷标准及电能表规格。不应小于表F1的规定：

表F1 住宅的用电负荷标准及电能表规格

套 型	居室空间数（个）	使用面积（m^2）	用电负荷标准（kW）	电能表规格（A）
一 类	2	34	2.5	5（20）
二 类	3	45	2.5	5（20）
三 类	3	56	4.0	10（40）
四 类	4	68	4.0	10（40）

6.5.2 住宅供电系统的设计，应符合下列基本安全要求：

（1）应采用TT、TN－C－S或TN－S接地方式，并进行总等电位连接。

（2）电气线路应采用符合安全和防火要求的敷设方式配线，导线应采用铜导线，每套住宅进户线截面不应小于$10mm^2$，分支回路截面不应小于$2.5mm^2$。

（3）每套住宅的空调电源插座、电源插座与照明，应分路设计；厨房电源插座和卫生间电源插座宜设置独立回路。

（4）除空调电源插座外，其他电源插座电路应设置漏电保护装置。

（5）每套住宅应设置电源总断路器，并应采用可同时断开相线和中性线的开关电器。

（6）卫生间宜作局部等电位连接。

（7）每幢住宅的总电源进线断路器，应具有漏电保护功能。

6.5.3 住宅的公共部位应设人工照明，除高层住宅的电梯厅和应急照明外，均应采用节能自熄开关。

6.5.4 电源插座的数量，不应少于表F2的规定：

表F2 住宅电源插座的数量

部 位	设 置 数 量
卧室、起居室（厅）	一个单相三线和一个单相二线的插座两组
厨房、卫生间	防溅水型一个单相三线和一个单相二线的组合插座一组
布置洗衣机、冰箱、排气机械和空调器等处	专用单相三线插座各一个

附录G

一次回路图常用电气设备的图形符号表

一次回路常用电气设备的图形符号见表G1。

表G1　　一次回路常用电气设备的图形符号表

序号	设备名称	新标准GB4278		IEC
		形式1	形式2	
1	有铁芯的单相双绕组变压器			=
2	YNd连接的有铁芯三相双绕组变压器		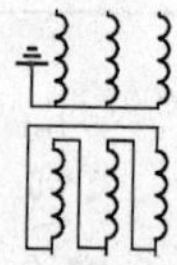	=
3	YNyd连接的有铁芯三相三绕组变压器	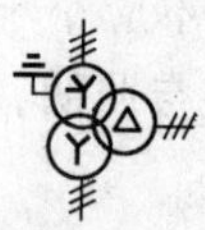	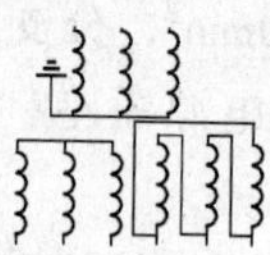	=
4	星形连接的有铁芯的三相自耦变压器		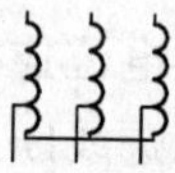	=
5	星形—三角形连接的具有有载分接开关的三相变压器	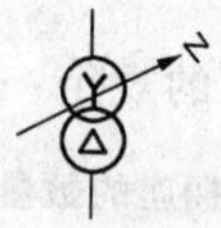	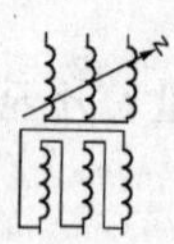	=
6	接地消弧线圈			=
7	单二次绕组的电流互感器		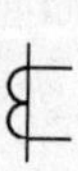	=

续表

序号	设备名称	新标准 GB4278		
		形式1	形式2	IEC
8	双二次绕组的电流互感器（有两个铁芯）	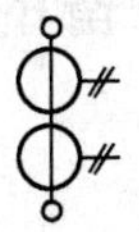	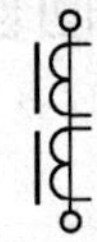	
9	双二次绕组的电流互感器（有共同铁芯）		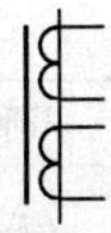	
10	三极高压断路器（1）简化			=
11	三极高压隔离开关（1）简化			=
12	带接地刀闸的隔离开关			
13	负荷开关			
14	电抗器			
15	熔断器式隔离开关			=
16	跌开式熔断器			
17	阀型避雷器			

注　表格中“=”符号表示新标准图形符号与IEC图形符号相同

附录 H

二次回路中常用设备的图形符号表

二次回路中常用设备的图形符号见表 H1。

表 H1 二次回路中常用设备的图形符号

名　称	图形符号	名　称	图形符号
动合触点 注：本符号也可用作开关一般符号	形式1 形式2 	动断触点	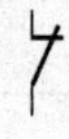
先断后合的转换触点		延时闭合和延时断开的动合触点	
延时闭合的动合触点	形式1 形式2 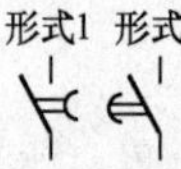	接触器动合触点	
延时断开的动合触点	形式1 形式2 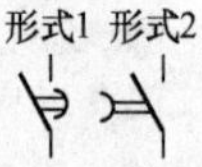	接触器动断触点	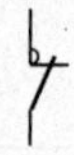
延时闭合的动断触点	形式1 形式2 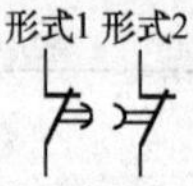	位置开关和限制开关的动合触点	
位置开关和限制开关的动断触点		热继电器动断触点	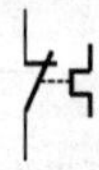
热敏开关动合触点 注：θ 可用动作温度（$t°$）代替	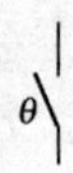	单极四位开关	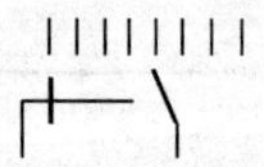
液位继电器触点（轻瓦斯继电器触点）	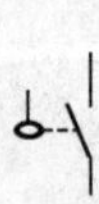	机电型指示器信号元件	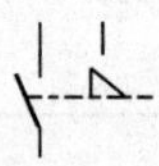
流体控制触点（重瓦斯继电器触点）	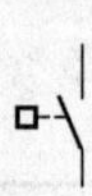	操作器件一般符号 注：多绕组操作器件可由适当数值的斜线或重复本符号来表示	形式1 形式2 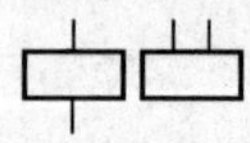
		例：双绕组操作器件组合表示法	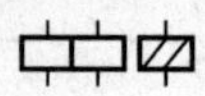
		例：双绕组操作器件分离表示法	形式1 形式2 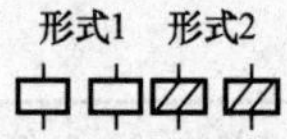

续表

名　称	图形符号	名　称	图形符号
过流继电器线圈		热继电器的驱动器件	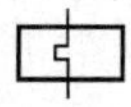
欠压继电器线圈		反时限过电流继电器线圈	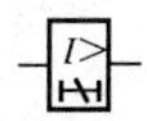
缓放继电器线圈	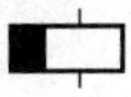	缓吸继电器线圈	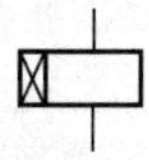
手动开关一般符号	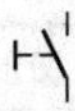	拉拔开关	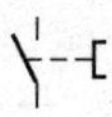
按钮开关（动合按钮）	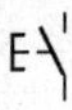	旋钮开关、旋转开关（闭锁）	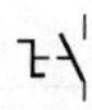
按钮开关（动断按钮）	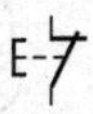	接通的连接片	形式1 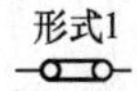 形式2 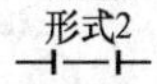
插头和插座	优选形  其他形 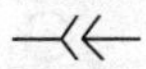	断开的连接片	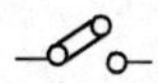
电阻器的一般符号	优选形  其他形 	电感器、线圈、绕组、轭流圈	
可变电阻器	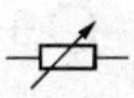	带磁芯的电感器	
电容器的一般符号	优选形 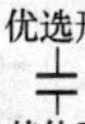 其他形 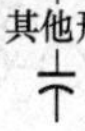	分流器	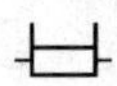
电铃	优选形 其他形  	蜂鸣器	优选形  其他形 
半导体二极管一般符号	优选形  其他形 	桥式全波整流器方框符号	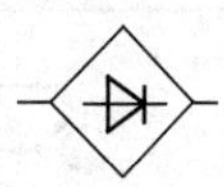
整流器方框符号		逆变器方框符号	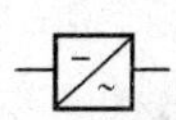
气体继电器		熔断器一般符号	

附录Ⅰ

配线和电杆的图形符号表

配线和电杆的图形符号见表Ⅰ1。

表Ⅰ1　配线和电杆的图形符号表

序号	图形符号	说　明
1	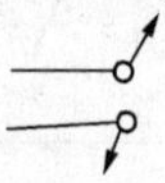	向上配线 向下配线
2	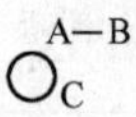	电杆的一般符号 注：可加注文字符号 A——杆材或所属部门 B——杆长 C——杆号
3	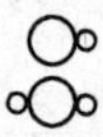	单接腿杆（单接杆） 双接腿杆（品接杆）
4		H形杆 L形杆
5	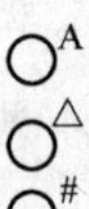	A形杆 三角杆 四角杆（井形杆）
6	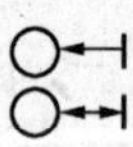	带撑杆的电杆 带撑拉杆的电杆
7	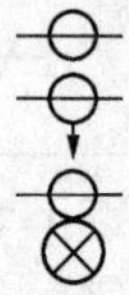	带照明灯的电杆一般画法 需要示出灯具的按照方向示出灯具图形时
8	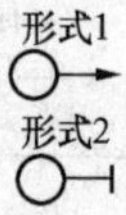	拉线一般符号（示出单方向拉线）
9	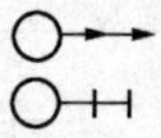	有V形拉线的电杆
10	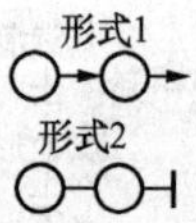	有高桩拉线的电杆
11		装设单担的电杆 装设双担的电杆 装设十字担的电杆 双十字杆 单十字担

附录J

三相三线有功电能表错接线更正系数 ε 值表

三相三线有功电能表错接线更正系数 ε 值见表 J1。

表 J1　三相三线有功电能表错接线更正系数 ε 值表

转动方向（感性）	错接线	两元件的功率	测得总功率	更正系数 ε
正转	$\dot{U}_{CA},-\dot{I}_{A};\dot{U}_{BA},-\dot{I}_{C}$	$UI[\cos(30°-\varphi)+\cos(90°-\varphi)]$	$\sqrt{3}UI\cos(60°-\varphi)$	$\frac{2}{1+\sqrt{3}\tan\varphi}$
	$\dot{U}_{BC},-\dot{I}_{C};\dot{U}_{AC},\dot{I}_{A}$	$UI[\cos(30°-\varphi)+\cos(30°-\varphi)]$	$2UI\cos(30°-\varphi)$	$\frac{\sqrt{3}}{\sqrt{3}+\tan\varphi}$
	$\dot{U}_{BC},\dot{I}_{A};\dot{U}_{AC},-\dot{I}_{C}$	$UI[\cos(90°-\varphi)+\cos(30°+\varphi)]$	$UI\cos(30°-\varphi)$	$\frac{2\sqrt{3}}{\sqrt{3}+\tan\varphi}$
	$\dot{U}_{AB},\dot{I}_{C};\dot{U}_{CB},-\dot{I}_{A}$	$UI[\cos(90°-\varphi)+\cos(90°-\varphi)]$	$2UI\sin\varphi$	$\frac{\sqrt{3}}{2\tan\varphi}$
	$\dot{U}_{AB},-\dot{I}_{A};\dot{U}_{CB},\dot{I}_{C}$	$UI[\cos(150°-\varphi)+\cos(30°-\varphi)]$	$UI\sin\varphi$	$\frac{\sqrt{3}}{\tan\varphi}$
转向不定	$\dot{U}_{BC},-\dot{I}_{A};\dot{U}_{AC},-\dot{I}_{C}$	$UI[\cos(90°+\varphi)+\cos(30°+\varphi)]$	$\sqrt{3}UI\cos(60°+\varphi)$	$\frac{2}{1-\sqrt{3}\tan\varphi}$
	$\dot{U}_{BC},\dot{I}_{A};\dot{U}_{AC},\dot{I}_{C}$	$UI[\cos(90°-\varphi)+\cos(150°-\varphi)]$	$-\sqrt{3}UI\cos(60°+\varphi)$	$\frac{-2}{1-\sqrt{3}\tan\varphi}$
	$\dot{U}_{CA},\dot{I}_{C};\dot{U}_{BA},-\dot{I}_{A}$	$UI[\cos(30°+\varphi)+\cos(30°+\varphi)]$	$2UI\cos(30°+\varphi)$	$\frac{\sqrt{3}}{\sqrt{3}-\tan\varphi}$
	$\dot{U}_{CA},-\dot{I}_{C};\dot{U}_{BA},\dot{I}_{A}$	$UI[\cos(150°-\varphi)+\cos(150°-\varphi)]$	$-2UI\cos(30°+\varphi)$	$\frac{-\sqrt{3}}{\sqrt{3}-\tan\varphi}$
	$\dot{U}_{CA},-\dot{I}_{A};\dot{U}_{BA},\dot{I}_{C}$	$UI[\cos(30°-\varphi)+\cos(90°+\varphi)]$	$UI\cos(30°+\varphi)$	$\frac{2\sqrt{3}}{\sqrt{3}-\tan\varphi}$
	$\dot{U}_{CA},\dot{I}_{A};\dot{U}_{BA},-\dot{I}_{C}$	$UI[\cos(150°+\varphi)+\cos(90°-\varphi)]$	$-UI\cos(30°+\varphi)$	$\frac{-2\sqrt{3}}{\sqrt{3}-\tan\varphi}$
反转	$\dot{U}_{CA},\dot{I}_{A};\dot{U}_{BA},\dot{I}_{C}$	$UI[\cos(150°+\varphi)+\cos(90°+\varphi)]$	$-\sqrt{3}UI\cos(60°-\varphi)$	$\frac{-2}{1+\sqrt{3}\tan\varphi}$
	$\dot{U}_{BC},\dot{I}_{C};\dot{U}_{AC},-\dot{I}_{A}$	$UI[\cos(150°+\varphi)+\cos(150°+\varphi)]$	$-2UI\cos(30°-\varphi)$	$\frac{-\sqrt{3}}{\sqrt{3}+\tan\varphi}$
	$\dot{U}_{BC},-\dot{I}_{A};\dot{U}_{AC},\dot{I}_{C}$	$UI[\cos(90°+\varphi)+\cos(150°-\varphi)]$	$-UI\cos(30°-\varphi)$	$\frac{-2\sqrt{3}}{\sqrt{3}+\tan\varphi}$
	$\dot{U}_{AB},-\dot{I}_{A};\dot{U}_{CB},-\dot{I}_{C}$	$UI[\cos(150°-\varphi)+\cos(150°+\varphi)]$	$-UI\sqrt{3}\cos\varphi$	-1
	$\dot{U}_{AB},-\dot{I}_{C};\dot{U}_{CB},\dot{I}_{A}$	$UI[\cos(90°+\varphi)+\cos(90°+\varphi)]$	$-2UI\sin\varphi$	$\frac{-\sqrt{3}}{2\tan\varphi}$
	$\dot{U}_{AB},\dot{I}_{A};\dot{U}_{CB},-\dot{I}_{C}$	$UI[\cos(30°+\varphi)+\cos(150°+\varphi)]$	$-UI\sin\varphi$	$\frac{-\sqrt{3}}{\tan\varphi}$

续表

转动方向（感性）	错接线	两元件的功率	测得总功率	更正系数 ε
转停	$\dot{U}_{AB},\dot{I}_C;\dot{U}_{CB},\dot{I}_A$ $\dot{U}_{BC},\dot{I}_C;\dot{U}_{AC},\dot{I}_A$ $\dot{U}_{CB},\dot{I}_C;\dot{U}_{BA},\dot{I}_A$ $\dot{U}_{AB},-\dot{I}_C;\dot{U}_{CB},-\dot{I}_A$ $\dot{U}_{BC},-\dot{I}_C;\dot{U}_{AC},-\dot{I}_A$ $\dot{U}_{CA},-\dot{I}_C;\dot{U}_{BA},-\dot{I}_A$		0	

参 考 文 献

1 吴安岚编著.电能计量基础及新技术.北京:中国水利水电出版社,2004
2 卢文鹏编著.发电厂变电站电气设备.北京:中国电力出版社,2002
3 傅景伟编著.电力营销技术支持系统.北京:中国电力出版社,2002
4 刁柏青,周尊国编著.电力改革环境下的客户关系管理.北京:中国电力出版社,2004
5 王崇伟编著.电力市场营销.北京:中国电力出版社,2002
6 闫刘生编著.电力营销基本业务与技能.北京:中国电力出版社,2002
7 刘运龙编著.电力客户服务.北京:中国电力出版社,2002
8 刘清汉,林虔,丁毓山编著.抄表核算收费工.北京:中国水利水电出版社,2003